V&R

Silvia Bolatzki

# Preisgegeben und wunderbar geborgen

## Seelsorge bei Trauma- und Stressfolgen

VANDENHOECK & RUPRECHT

Bibliografische Information der Deutschen Nationalbibliothek:
Die Deutsche Nationalbibliothek verzeichnet diese Publikation in der Deutschen Nationalbibliografie; detaillierte bibliografische Daten sind im Internet über https://dnb.de abrufbar.



Umschlagabbildung: BKFoxx, »Rise up in the Dirt«, Foto: © Sergiy Kadulin, 2017

Satz: SchwabScantechnik, Göttingen
Druck und Bindung: Beltz Grafische Betriebe, Bad Langensalza
Printed in the EU

**Vandenhoeck & Ruprecht Verlage | www.vandenhoeck-ruprecht-verlage.com**
E-Mail: info@v-r.de

ISBN 978-3-525-60037-5
ISBN 978-3-647-60037-6 (digital) | 978-3-666-60037-1 (eLibrary)

# Inhalt

# Geleitworte

Seelsorge und Psychologie sind längst erwachsene Geschwister, die derselben Herkunftsfamilie entstammen, sich aber recht weit voneinander entfernt niedergelassen haben, arbeiten und wirken. Aber auch die weitere Großfamilie, zu der nicht nur die Hermeneutik, die Künste und die Kunstgeschichte, die Pädagogik und die Soziologie, die Medizin und die Ethik gehören, kommt selten so hilfreich zusammen wie in der vorliegenden Studie.

Nicht nur um der traumatisierten Menschenseelen willen sollten sie sich öfter begegnen und mehr Erfahrungen austauschen und interdisziplinär reflektieren. Dieses Buch zeigt einige bislang unausgeschöpfte Möglichkeiten einer vertrauensvollen Zusammenarbeit.

Wer je Traumatisierendes erlebte, wird hier lesen und lernen, dass kein Mensch mit dieser Erfahrung allein ist und einsam bleiben muss. Traumata sind nicht nur als individuelle Widerfahrnisse, sondern als Phänomene zu verstehen, die Familien, Gemeinschaften und ganze Kulturräume geprägt haben –, sei es auf förderliche oder auf grausame Weise. Auf die Vielstimmigkeit der biblischen Schriften wird so gehört, dass in unsere Gegenwart herüberklingt, was resilienter werden lässt, tröstet und neue Ressourcen erschließt. Seelische Obdachlosigkeit gibt es ebenso seit Jahrtausenden, wie Menschen, die helfen, sich wieder eine Unterkunft für Seele überhaupt auszumalen und zu finden.

Wer je traumatisierte Menschen begleitete, wird erkennen, wie sehr alle Professionen aufeinander angewiesen sind, denn die Herausforderungen sind komplex, wenn der ganze Mensch im Blickfeld ist und wenn viele Menschen gleichzeitig mit ganz unterschiedlichen Traumafolgen umgehen müssen, wie es in und nach Kriegen, in Krisenzeiten und bei großen, aber leider alltäglichen Konflikten der Fall ist.

In diesem Buch sind einerseits die theoretischen Grundlagen, andererseits aber auch praktische Übungen zu finden, sodass nicht nur Fachleute, sondern interessierte Angehörige, Nachbarn und auch Betroffene unter den Lesenden sein werden. Die einen werden die Psalmen fortan mit anderen Augen und Herzen anschauen, Pfarrpersonen nebenbei auch Predigtideen entfalten können. Andere werden einen Impuls für das eigene, künstlerische Schaffen empfangen, in Wort oder Bild oder Ton. Wieder andere werden es hoffentlich wagen, endlich einen Seelsorger aufzusuchen. Noch andere, nicht nur Psychologinnen, werden angeregt sein durch die theologische Horizonterweiterung.

Das Buch ist also der ganzen Großfamilie zu empfehlen.

Dörte Gebhard, Pfarrerin und Privatdozentin für Praktische Theologie

Der Psalter sei ein »Spiegel der Seele« sagte schon Athanasius (295–372 n. Chr). Das Bild leuchtet unmittelbar ein. Wir finden uns wieder in Texten, die Gefühle reflektieren und Erfahrungen teilen, die urmenschlich und berührend sind. Wenn die Pilgerin betet, »ich habe meine Seele geglättet, wie ein kleines Kind bei seiner Mutter, wie ein kleines Kind, so ist meine Seele in mir« (Ps 131,2), sehen wir ein wunderbares Bild für die Gottesbeziehung. Psalm 131 gehört zu den Vertrauensliedern (wie der von der Autorin untersuchte Psalm 91).

Aber auch in den schönen Gebeten ist zuweilen ein »dunkles Tal«, das überwunden werden soll und erklingen finstere Klagen, in denen das Licht nur schwach aufflackert (wie in Psalm 88), oder Schreckensschreie wie in Psalm 69. Wer sich dem geistlichen Schatz des Psalters anvertraut, schaut auch das Dunkle, vernimmt das Seufzen der Aufgewühlten und die Not derer, die zum Himmel schreien – und hört in all dem Elend das Sehnen. Und so ist das Gebetsbuch Israels auch ein Zeugnis der zerschlagenen Herzen. Vielleicht liegt schon allein darin etwas Tröstliches? Dass die Stimmen der Leidgeplagten nicht ins Leere gehen – sie finden unser Ohr.

Silvia Bolatzkis Buch ist für Menschen geschrieben, die beruflich oder ehrenamtlich ein Ohr für die Not ihrer Nächsten haben – und darauf vertrauen, dass sie ein Wort in Gottes Ohr sagen, wenn sie Trost spenden. Seelsorgende entdecken im Psalter Bilder von Menschen, die den Boden unter den Füssen verloren haben und Bilder von Halt. Sie hören darin Worte, die den Traumatisierten aus dem Herz sprechen. Sie finden im Psalter mit Herzensaugen, was die aufgescheuchte Seele beruhigen kann. Sie imaginieren stellvertretend – bis sich auch ihr Gegenüber öffnen und Bilder der Nähe, der Güte und des Heils zulassen kann. Dorthin zu gelangen, braucht die schwer verwundete Seele viel. Gut haben Seelsorgende nicht nur sich selbst.

Das Buch weist aber auch hin auf die Schätze der neueren traumafokussierten Psychotherapien und deren Arbeitsweisen. Denn darin leuchten zahlreiche Themenfelder auf, die seelsorgerelevant sind.

Silvia Bolatzki verbindet fundiertes Fachwissen aus Psychotraumatologie, Seelsorgelehre und Bibelexegese, verbindet Theorie und Praxis – und findet hoffentlich viele Leserinnen und Leser, die dieses wichtige Buch studieren. Ja, man muss es studieren und auch ein wenig daran kauen. Es ist nicht nur leichte Kost. Aber es lohnt sich durchzubeißen. Die Beschäftigung mit dem Schweren bahnt den Weg zur Erleichterung. Es ist das Ziel – auch der traumasensiblen Seelsorge –, dass Schweres benennbar wird, dass verschlingende Abgründe sich schließen und gangbaren Wegen Platz machen, dass der Schmerz nicht mehr verleugnet werden muss, sondern ernst genommen und geglaubt wird, dass der

Körper wahrgenommen und das Körpererleben erneuert werden kann, dass Menschen frei und offen atmen, dass Wunden sich allmählich schließen und Neues wachsen kann, peu a peu.

Das Buch enthält so manche Perlen. Was Silvia Bolatzki über den Glauben Traumabetroffener sagt, sollten sich Theologinnen und Theologen ins Buch (oder besser hinter die Ohren) schreiben: «Manche Menschen lesen die biblischen Texte mit einer Brille, die geschärft ist für Gebote und Warnungen. [...] Solcherlei »Augen« brauchen eine »Umschulung«: Eine Schulung, das Lebensförderliche in den Bibeltexten zu sehen, das, was auf Leben und Freiheit zielt. Die Seelsorge ist der Ort, frühere Fehlprägungen zu korrigieren und die Augen neu zu schulen und zu öffnen für einen Gott, der ins Leben verliebt ist, der gerne Freiheit schenkt, der Menschen aus der Enge (auch aus religiöser Enge) herausholt und sie zu Mitarbeiterinnen und Mitarbeitern an seiner Welt macht.«

Prof. Dr. Ralph Kunz

# Dank

Zuerst danke ich Prof. Dr. Ralph Kunz für die Motivation, die Begleitung von Anfang an, wichtige Hinweise und den Austausch. Ebenso danke ich PD Dr. Dörte Gebhard für ihr fachliches Engagement, ihre sorgfältigen Rückmeldungen und die wertvolle Unterstützung in theologischer, konzeptioneller, sprachlicher und menschlicher Hinsicht.

Mein spezieller Dank gilt allen Traumabetroffenen, die mir im Rahmen des Universitäts-Kinderspitals Basel, im Universitätsspital Basel, in Senioren- und Altenpflegezentren, in verschiedenen Seelsorgeinstitutionen und Notfalleinrichtungen sowie in Kirchgemeinden Einblick gewährten in ihr Erleben und mich daran teilhaben ließen. Sie alle verdienen meinen Respekt für ihre Überlebenskraft und den Mut, mit dem sie ihr Leben angepackt haben.

Auch meinen Berufskolleginnen und -kollegen, professionellen Seelsorgerinnen und Seelsorgern, die Menschen mit Traumafolgen begleiteten und mir die Erlaubnis zur Wiedergabe ihrer Erfahrungen in diesem Buch gaben, danke ich.

Weiterhin danke ich den Christusträger-Brüdern in Ralligen für Schreibrefugium und Psalmgesänge. Ich danke den Schwestern von Grandchamp und den Schwestern der Communität Casteller Ring für die Möglichkeit, Kloster auf Zeit zu erleben –, auch wenn es Jahrzehnte her ist. Es hat mich auf meinem Weg zur Seelsorgerin entscheidend mitgeprägt.

Dr. Peter Streb gehört ein herzliches »Dankeschön« für den stets erfrischenden Fachaustausch im Bereich der Psychotraumatologie-Forschung, der Medizin und der traumafokussierten Psychotherapieverfahren. Sein aufmerksames Nachfragen zu »Trauma & Theologie« sowie zu »Trauma & Seelsorge« hat dieses Buch angeregt und ins Rollen gebracht. Seine umfassenden Fachkenntnisse als Arzt, Tiefenpsychologe, Verhaltenspsychologe und Psychotherapeut und seine Berufserfahrung mit den verschiedensten traumafokussierten Verfahren (unter anderem mit Komplex-Traumatisierten und Folteropfern) eröffneten mir den Zugang zu einer neuen Welt mit unbekannten Schätzen, die es zu heben galt.

Auch danke ich allen »Lesern der ersten Stunde« für ihre Rückmeldungen und Verbesserungsvorschläge: Daniel Meier (Reinach, Basel-Landschaft), Birgit Schmidhalter, Bernard Kaufmann sowie Karin und Andreas Bolatzki. Danke Dr. Ulrich Dällenbach für das Korrekturlesen mit alttestamentlich-hebräischem Fokus. Danke Dr. Christoph Ramstein und Sabine Aschmann. Danke Joy Graf, Franziska Stöckli Steger und Elisabeth Gysin.

Ein großer Dank gebührt Jana Harle von Vandenhoeck & Ruprecht für die äußerst kompetente und angenehme Begleitung des Buchprojekts sowie Elisabeth Eckstein und Agnes Karl für das sorgfältige und professionelle Lektorat.

Für die Beteiligung an den Druckkosten möchte ich herzlich danken: Der Evangelisch-reformierten Kirche Schweiz (EKS), der reformierten Kirche Aargau, der reformierten Kirche Baselland, der reformierten Kirche Bern-Jura-Solothurn, der evangelisch-reformierten Kirche St. Gallen und der evangelisch-reformierten Landeskirche des Kantons Zürich.

Tausend Dank meiner Herkunftsfamilie – für die Klänge der Rätoromanischen Sprache, die Ausflüge in die Berge und den Duft des Weihnachtsbaums in der Arvenstube. Danke Christoph und Anja – für alles, was ihr mir geschenkt habt!

Ostern 2025, Silvia Bolatzki

# Hinweise

## Bibelübersetzung

Soweit nicht anders angegeben, sind die Bibelverse der Zürcher Bibel 2007 entnommen *(ZB)*. *EÜ* steht für die Einheitsübersetzung 2004, *Elb* steht für die Elberfelder Übersetzung 1986, *Lut* für die Luther Übersetzung 2017. Für die vertiefte Auseinandersetzung mit Psalm 69 und Psalm 91 wird die sehr genaue Übersetzung von Andreas Ruwe[1] zugrunde gelegt (Kapitel 5).

## Wichtige Begriffserklärungen

Im Buch fließen verschiedene Fachwörter aus den Bereichen der Theologie, Bibelwissenschaft, Seelsorgelehre, Psychotraumatologie und Psychodiagnostik ein. Wichtige Begriffe werden unter der Überschrift »Wichtige Begriffserklärungen« am Anfang des Buches erläutert.

## Hinweis

Die Inhalte dieses Buches können Menschen triggern, das heißt, psychische Reaktionen auslösen, die schwer steuerbar sind. Das Lesen dieser Arbeit ersetzt keine seelsorgerliche, psychotherapeutische oder medizinische Betreuung. Begeben Sie sich bei Bedarf in professionelle Begleitung – vielen Menschen wird diese zu einem großen Gewinn an Lebensqualität.

---

1 RUWE (2012).

# Wichtige Begriffserklärungen

*Achtsamkeit:* Aufmerksamkeit und Selbstaufmerksamkeit. Es gibt alte und bewährte christliche Traditionen, die Achtsamkeit fördern, beispielsweise »das Gebet der liebenden Aufmerksamkeit«. Für manche traumafokussierte Psychotherapien ist das Konzept der Achtsamkeit zu einer wichtigen Methode geworden.

*Anthropologie:* Die Lehre vom Menschen. Im vorliegenden Buch ist die Anthropologie des Alten Testaments relevant, da dort die Vorstellung der leiblichen Verflochtenheit mit allen Aspekten des menschlichen Personseins, gerade auch der Gefühlswelt, stark ausgeprägt ist (s. Begriff »näfäsch«).

*AT:* Altes Testament.

*BAG:* Bundesamt für Gesundheit in der Schweiz.

*Bibelwissenschaft:* Die Wissenschaft des Alten Testaments und des Neuen Testaments, wie sie an Universitäten und Fachhochschulen gelehrt wird.

Zur Bibelwissenschaft gehören die Fachbereiche der Text- und Sprachforschung (vor allem Hebräisch, Aramäisch, Griechisch) sowie der Entstehungsgeschichte; der Archäologie und Ikonografie; der Kultur und Kulturgeschichte; der Religionswissenschaft der Kulte und Nachbarkulte Israels im Alten Orient (mit einem Fokus auf Ägyptologie und Assyriologie für die Zeit des Alten Testaments und Hellenismus für die Zeit des Neuen Testaments); des Frühjudentums und der Judaistik; der Wirkungsgeschichte, dazu gehört auch die Kunst-, Literatur- und Musikgeschichte; der Theologie und Theologiegeschichte sowie der Exegese und Hermeneutik.

*Bibelwissenschaftliche Traumaforschung:* Traumaforschung in den Fächern Altes Testament und Neues Testament, wie sie an den Universitäten und Fachhochschulen gelehrt werden.

*DBT:* Dialektisch-Behaviorale Therapie nach Marsha Linehan. Linehan entwickelte diese Therapieform zur Behandlung der Borderline-Persönlichkeitsstörung. Die therapeutische Arbeit mit der DBT bedeutete eine markante Verbesserung der Therapieerfolge. Heute wird die DBT vermehrt auch zur Behandlung komplexer Traumafolgestörungen und weiterer komplexer Störungsbilder eingesetzt.

*Diagnostik:* Das Feststellen von Krankheiten (herausfinden, was fehlt, was krank oder beschädigt ist). Dazu gehört auch die Namensgebung verschiedener Krankheiten, z. B. Dehydration, Grippe, Herzinfarkt.

*Diakonissen:* Evangelische oder reformierte Ordensschwestern, die ihre Liebe zu Jesus Christus mit tätiger Nächstenliebe verbinden und ein gemeinschaftliches Leben pflegen. Das erste Diakonissenhaus wurde 1836 in Kaiserswerth durch Theodor Fliedner gegründet.

*DSM:* Diagnostic and Statistical Manual of Mental Disorders; Deutsch: Diagnostisches und statistisches Manual psychischer Störungen. Es ist das amerikanische Diagnosehandbuch für psychische Störungen, das weltweit eingesetzt und von manchen Psychiatern und Psychotherapeutinnen seiner Genauigkeit wegen bevorzugt wird. Es wird laufend überarbeitet. Seit Mai 2013 ist das DSM-5 in Gebrauch.

*Ego-State:* Ein Persönlichkeitsanteil. Die Ego-State-Therapie arbeitet bewusst mit den verschiedenen Persönlichkeitsanteilen Traumabetroffener. *Ego-State* ist eine Metapher. Auch die Namen, die Betroffene den verschiedenen Ego-States geben, sind Metaphern (z. B. das Kind, der Verfolger). Die Arbeit mit Ego-States ist eine Arbeit mit der Imagination.

*EMDR: Eye Movement Desensitization and Reprocessing;* Deutsch: Desensibilisierung und Verarbeitung durch Augenbewegungen: Eine Traumabearbeitungsmethode, die begründet wurde durch Francine Shapiro. Die bilaterale Stimulation ist *ein* wesentlicher Bestandteil dieser Methode.

*Eschatologie:* »Die Lehre von den letzten Dingen« im Christentum: Weltgericht, Wiederkunft Jesu, Auferstehung der Toten, Neuer Himmel und neue Erde.[2]

*Exegese:* Auslegung von Texten, oft Bibeltexten.

*Hermeneutik:* Verständnis von Texten, oft Bibeltexten. Dazu gehört auch das Fragen nach der ursprünglichen Absicht des Textes (Textintention) in der Entstehungssituation. Das angemessene Verstehen und die angemessene Interpretation der Texte sind oft Gegenstand von Meinungsverschiedenheiten. Dennoch ist die Hermeneutik eine »Kernaufgabe der Theologie.« Bis vor 50 Jahren war die historisch-kritische Exegese dominant, »heute wird vermehrt an die Vielfalt der Auslegungstraditionen durch die Jahrhunderte angeknüpft«.[3]

*ICD: International Classification of Diseases;* Deutsch: Internationale statistische Klassifikation der Krankheiten und verwandter Gesundheitsprobleme. Es ist der Leitfaden der WHO. Der Leitfaden wird ständig überarbeitet und den neuen Forschungskenntnissen angepasst. Seit Januar 2022 ist die ICD-11 in Gebrauch.[4]

*Imagination:* Die Vorstellungskraft. Zur Aufrechterhaltung einer Krankheit spielt die Imagination eine wesentliche Rolle (z. B., wenn Betroffene sagen: »Ich bin vernichtet.«). Ebenso hat die Imagination bei der Gesundwerdung bedeutenden Einfluss (z. B., wenn Betroffene sagen: »Jetzt wird's besser«, »Mit diesem Arzt, dieser Medizin, dieser Operation, dieser Kur kommt die Kraft zurück.« Oder: »Mit meinem Gott kann ich über Mauern springen.«)

*Insuffizienzgefühl:* Gefühl der Unzulänglichkeit, des Nichtgenügens.

*IRRT: Imagery Rescripting & Reprocessing Therapy;* Deutsch: Imaginatives Neuschreiben und Reprozessieren. Eine Methode der Traumabearbeitung, die auf den Erkenntnissen Mervin Schmuckers (Smuckers) beruht.

*Jahwe:* s. hebräische Ausdrücke.

---

2 MOLTMANN (1964/2005); MOLTMANN (1995/2005).

3 ZIMMERMANN (2015) Hermeneutik: https://doi.org/10.23768/wirelex.Hermeneutik_.100005/ (Zugriff am 03.03.2025).

4 Schweizerische Eidgenossenschaft/Bundesamt für Statistik, 2016. https://www.bfs.admin.ch/bfs/de/home/statistiken/gesundheit/nomenklaturen/medkk.html (Zugriff am 07.01.2025).

*KIP:* Katathym-Imaginative Psychotherapie nach Hanscarl Leuner.

*Kommunität:* Klosterähnliche Gemeinschaften im katholischen, evangelischen, reformierten oder ökumenischen Rahmen; seit dem Zweiten Weltkrieg an verschiedenen Orten entstanden. Eine Blütezeit für Neugründungen war die Nachkriegszeit (nach 1945) und die 1960er Jahre.

*Komorbiditäten:* Begleiterkrankungen.

*Kontemplation:* Eine Form des schweigenden Gebets. Oft wird die Kontemplation mit Zeiten der äußeren Ruhe und der geistlichen Begleitung verbunden.

*kPTBS:* komplexe Posttraumatische Belastungsstörung. Offizielle Diagnose seit 2022 (durch die ICD-11), die von bedeutenden Psychotraumatologinnen und Psychotraumatologen vor Jahrzehnten vorgeschlagen und vorbereitet wurde (Judith Herman u. a.).

*Metaphorik:* Sprachbilder, Bildersprache.

*Narrativ:* Eine zusammenhängende Erzählung mit einer nachvollziehbaren Reihenfolge.

*NET:* Narrative Expositionstherapie, nach Maggie Schauer, Frank Neuner und Thomas Elbert.

*NT:* Neues Testament.

*PITT:* Psychodynamisch Imaginative Traumatherapie, nach Luise Reddemann.

*Poimenik:* Die Wissenschaft der Seelsorge, wie sie an Universitäten und Fachhochschulen gelehrt wird.

*Preisgegeben (Begriff im Buchtitel), Synonyme:* schwach, ausgeliefert, unsicher, machtlos, hilflos, schutzlos, ohnmächtig, ungeschützt, verraten und verkauft, ausgesetzt, drangegeben, hergegeben, bloßgestellt, weggegeben, hingeworfen, erniedrigt, verlassen, aufgegeben.

*Protektive Faktoren:* Schutzfaktoren.

*Psalmen:* Die poetischen Texte und Lieder im Alten Testament. Mit Psalmen sind *die einzelnen Lieder* gemeint; Ursprungssprache: Hebräisch. (Vereinzelt finden sich Psalmen auch im Neuen Testament; Ursprungssprache: Griechisch).

*Psalter:* Der Psalter meint das ganze biblische Buch, das 150 Psalmen umfasst. Er ist Teil des Alten Testaments. In christlichen Bibeln befindet er sich ungefähr in der Mitte der Bibel.

*Psychotherapien:* Wurden für die Begleitung von Menschen mit psychischen Krankheiten entwickelt, z. B. bei Depressionen, Angststörungen, Zwangsstörungen etc. Die Behandlung von Traumafolgestörungen gehörte von Anfang an selbstverständlich dazu. Durch die Diagnosedefinition der PTBS von 1980 wurde allerdings ein Forschungsschub ausgelöst, der zu Verbesserungen und Verfeinerungen der Therapiemethoden und teilweise auch zu neuen Therapiemethoden für Traumabetroffene führte und das Wissen um Trauma- und Stressfolgen vermehrte. Diese intensive Beschäftigung mit der Thematik erreichte zunehmend Interessierte aus weiteren Helferberufen.

*PTBS:* Posttraumatische Belastungsstörung. Die PTBS beschreibt die Kernsymptome einer Traumafolgestörung; erstmals 1980 als Krankheit definiert. Sie gilt als Stressfolgeerkrankung (Englisch: PTSD: Posttraumatic Stress Disorder).

*Resilienz:* Steht für seelische Widerstandskraft (in Traumakontexten). »Während früher fast ausschließlich die Entstehung von Krankheit interessierte, fragen wir heute: Wie schaffen Menschen es, trotz Belastungen gesund zu bleiben oder wieder gesund zu werden?«[5] Zu den Pionieren der Resilienzforschung gehören Aaron Antonovsky (Salutogenese) und Martin Seligman (Glücksforschung und Positive Psychologie).

*Ressourcenorientierung:* Eine ressourcenorientierte Therapie schaut mehr auf das Vorhandene, Hilfreiche als auf das Fehlende, Kranke. Ressourcen sind »alles, was je geholfen hat, wenn es einem schlecht ging«.[6]

Das können eigene Fähigkeiten sein (lesen, malen, Bewegung und Beweglichkeit), das können aber auch äußere Faktoren sein (ein Freund, ein Telefonkontakt) oder Glaubensressourcen (ein Gebet, ein Text).

---

5 REDDEMANN (2011/2014[8], S. 28).
6 REDDEMANN (2001/2010[15], S. 28).

*Sakrament:* Eine heilige Handlung im Rahmen des christlichen Glaubens und der christlichen Kirche. *Katholiken und Orthodoxe* kennen sieben Sakramente: Taufe, Eucharistie, Firmung, Buße/Beichte, Krankensalbung, Ehe, Priesterweihe. *Evangelische und reformierte* Kirchen kennen zwei Sakramente: Taufe und Abendmahl. Evangelische und Reformierte praktizieren seit rund 40 Jahren auch wieder die Salbung (oder Krankensalbung) und die Beichte (als informelles Beichtgespräch), zählen sie aber nicht zu den Sakramenten. Auch die Konfirmation, der Eheschluss und die Ordination zur Pfarrerin oder zum Pfarrer zählen sie nicht zu den Sakramenten, doch sie sind mit einem besonderen Segen verbunden.

*Salutogenetischer Ansatz:* Eine psychotherapeutische Richtung, die den Blick auf das richtet, was Heilung (Salus = Heil, Heilung) bewirkt. Dabei wird stets das Hilfreiche und Stärkende in verfahrenen Situationen oder im persönlichen Handeln Betroffener gesucht. Der salutogenetische Ansatz sucht und sieht grundsätzlich das »Gesunde« im Menschen, nicht das »Kranke« (Pathogene). Als Begründer gilt der Soziologe Aaron Antonovsky.

*Sanctorum Communio:* Die Kirche als Gemeinschaft der Heiligen, das heißt, die Kirche als Gemeinschaft aller Christusnachfolgerinnen und Christusnachfolger.

*Seelsorge:* Die Seelsorge ist eine über die Jahrhunderte praktizierte Begleitung von Menschen in herausfordernden Lebenssituationen als Frucht christlicher Liebestätigkeit. Sie geschieht im Horizont des Evangeliums und des Auferstandenen und ist eine vorwiegend geistliche Begleitung.[7] Seit der Entstehungszeit der Psychotherapie findet Seelsorge meist unter partiellem Einsatz psychotherapeutischer Methoden statt (s. Einleitung, Kapitel »Was ist Seelsorge?«).

*Segen:* Segnen heißt: 1. Das Gute über einem Menschen aussprechen (vom Griechischen *eulogein* bzw. vom Lateinischen *benedicere*); 2. Ein Zeichen setzen, kennzeichnen (segnen von *Signum*) und 3. Mit heilvoller Kraft begaben (vom Hebräischen *barak*). Gott ist es, der segnet (Gen 2,3; Gen 12,2; Psalm 115,12). Er will seinen Segen aber auch durch Menschen weitergeben, die in seinem Dienst stehen. Von besonderer Bedeutung ist der Aaronitische Segen (Numeri 6,24–26).

---

7 Im Gegensatz zur *Diakonie,* die genauso eine über die Jahrhunderte praktizierte Begleitung von Menschen in herausfordernden Lebenssituationen als Frucht christlicher Liebestätigkeit ist, sich aber stärker um das *Leibliche und Soziale* kümmert (z. B. Versorgung mit Nahrung und Kleidung, Krankenpflege, Gesundheitswesen, Schulen und Bildungswesen, Sozialpädagogik, Sozialarbeit).

Aber auch »ganz normale Menschen« segnen, beispielsweise Brüder segnen ihre Schwestern (Genesis 24,60). Jesus segnete die Kinder (Matthäus 19,13–15) und seine Jünger (Lukas 24,50). In den Briefen des Neuen Testaments finden sich zahlreiche Segensworte von Paulus und anderen. Sie sind als Segensgruß und Segenszusage zu verstehen.[8]

*Traumafokussierte Psychotherapie:* Ursprünglich auch *Traumatherapie* genannt (s. Traumtherapien).

*Traumapädagogik:* Entwickelte sich seit der Diagnosestellung der PTBS als neues Fachgebiet. Wichtige Publikationen und Überblickswerke der Traumapädagogik erschienen vor allem seit der Jahrtausendwende. Es handelt sich um eine Spezialisierung für Pädagoginnen und Pädagogen, die mit Kindern und Jugendlichen mit Traumafolgestörungen arbeiten. Die entsprechenden Weiterbildungen werden meist von Betreuungspersonen in Einrichtungen der Jugendhilfe, des Jungendstrafvollzugs sowie von Betreuungspersonen in Pflegefamilien und Kinderheimen besucht.

*Traumaseelsorge:* Seelsorge, die Menschen mit Trauma- und Stressfolgen begleitet. Traumaseelsorge integriert psychotraumatologisches Spezialwissen und kennt die spezifischen Herausforderungen von Trauma- und Stressfolgen für Betroffene. Die Traumaseelsorge erkennt auch spezielle Glaubensherausforderungen sowie mögliche Glaubensressourcen. Sehr passend dafür ist auch der Begriff der *traumasensiblen Seelsorge.*

*Traumatherapien:* Diese werden heute meist *traumafokussierte Psychotherapien* genannt oder auch *traumafokussierte Verfahren:* Viele von ihnen wurden explizit für die psychotherapeutische Begleitung Traumabetroffener entwickelt, erweisen sich heute aber auch als hilfreich bei weiteren psychischen Erkrankungen bzw. Beeinträchtigungen der psychischen Gesundheit (Entstehungszeit: von 1990 bis heute).

*Vulnerabilität:* Verletzlichkeit.

*WHO: World Health Organisation,* Deutsch: Weltgesundheitsorganisation.

---

8 WESTERMANN (1968); FRETTLÖH (1998/1999[3]); GREINER (2003).

## Hebräische Ausdrücke (mit hohem Bedeutungsgrad in den Psalmen und im Alten Testament)

*ḥæsæd [chäsäd]:* חֶסֶד Güte, Gnade, Gunst, Zuwendung, Solidarität, Loyalität, Liebe (in deutschen Bibelübersetzungen meist mit *Gnade* wiedergegeben).

*Jahwe:* יהוה Der Name Gottes, wie er sich selbst Mose beim brennenden Dornbusch vorstellt hat (Exodus 3). Bedeutung: »Ich bin, der ich bin«, oder »Ich werde sein, der ich sein werde«, oder »Ich bin da«. Es ist der häufigste Gottesname in der hebräischen Bibel, das heißt im Alten Testament. Er kommt 6828-mal vor. Juden sprechen diesen Namen nicht aus, aus Respekt vor dem Gebot: »Du sollst den Namen *Jahwes,* deines Gottes, nicht missbrauchen.« (Eine korrekte Lautschrift ist Gegenstand der Forschung. Oft wird einfach *JHWH* geschrieben. Der Name *Jahwe* יהוה wird in deutschen Bibelübersetzungen meist mit *der HERR* bzw. *der Herr* wiedergegeben.)

*kāvôd [kabod]:* כָּבוֹד Ehre, Glanz, Herrlichkeit, Gewicht, Schwere, Majestät; in deutschen Bibelübersetzungen meist mit *Herrlichkeit* wiedergegeben.

*næfæš [näfäsch]:* נֶפֶשׁ Kehle bzw. Rachen, Gurgel, Lebendigkeit und Lebenskraft, das Selbst, die individuelle Person. Es handelt sich um den Atem- und Sprechbereich des Körpers sowie den Trink- und Essbereich und ist als solcher im Hals-Rachen lokalisiert. In deutschen Bibelübersetzungen wird der Begriff meist mit *Seele* wiedergegeben, was zu Fehlinterpretationen führt (s. Einleitungskapitel »Menschenbilder – der Mensch als lebendige ›*næfæš*‹«).

*raḥămîm [rachamim]:* רַחֲמִים *Barmherzigkeit, Mitgefühl, Erbarmen* und sich erbarmen (als Verb) – sind Bedeutungsnuancen des einen Wortes, welches von der Wortwurzel *ræḥæm [rächäm]:* רֶחֶם *Mutterschoß, Mutterleib* abgeleitet wird. Darum lassen sich die Worte *raḥămîm* und *ræḥæm* nur ungenügend auf Deutsch übersetzen.

Da die Worte *sich erbarmen, barmherzig sein, Mitgefühl zeigen* eng mit dem Wort für den mütterlichen Körperteil zusammenhängen, verbinden sich mit der Emotion Bilder eines Ortes der körperlichen Nähe und Geborgenheit, eines Ortes der nährenden Versorgung und der Entstehungsmöglichkeit neuen Lebens.

*raḥămîm/ræḥæm* wird in deutschen Bibelübersetzungen meist mit »Barmherzigkeit« übersetzt, was eine Einschränkung der Bedeutung darstellt.

# Einleitung – Traumaseelsorge

Die Definition von Traumafolgestörungen, beginnend 1980, hat in den medizinischen, psychiatrischen und psychotherapeutischen Disziplinen in den letzten rund 45 Jahren einen Forschungsschub ausgelöst, der im Fachbereich der Seelsorge (Poimenik) vorerst wenig Beachtung fand – im Gegensatz zur Implementierung der Psychoanalyse, die von Anfang an in regem Austausch mit der Theologie und Seelsorge stand.[9] In den letzten zehn bis zwanzig Jahren haben die Erkenntnisse der Psychotraumatologie jedoch in verschiedenen theologischen Disziplinen Einzug gehalten, einerseits in der Seelsorge und andererseits in der Bibelwissenschaft.

Das Buch fragt als Erstes nach den psychotraumatologischen und theologischen Grundlagen für die Traumaseelsorge. Die Grundlagen werden anschließend einem Vergleich unterzogen. Dieser mündet in traumaspezifische Themenfelder, die benennbar werden, sowie in Aufgaben und Möglichkeiten einer traumafokussierten und aktualisierten Seelsorgepraxis.

## Zum Aufbau des Buches

### Ausgangsfrage

Als Seelsorgerin begegnete ich immer wieder Menschen mit Trauma- und Stressfolgen, am allermeisten in der Zeit als Seelsorgerin im Kinderkrankenhaus.[10] Die Not der Kinder und ihrer Eltern brachte mich zu einer Auseinandersetzung mit der Grundlagenliteratur der Psychotraumatologie, zur Forschungsliteratur über Trauma- und Stressfolgestörungen und deren Behandlungsmöglichkeiten. Meine Ausgangsfrage war: *Was ist eine fachlich fundierte Seelsorge mit Betroffenen von Trauma- und Stressfolgen?*

9 NOTH (2014), s. Einleitung, Kapitel »Wichtige Stationen auf dem Weg zur Traumaseelsorge«.

10 Das war im Jahr 2012. Zum Thema Traumaseelsorge gab es noch wenig Literatur.

In der Lektüre der Grundlagen der Psychotraumatologie sowie dem Spektrum an Behandlungsmöglichkeiten kam mir manches bekannt vor: Ich entdeckte Gemeinsamkeiten zu biblischen Texten, speziell zu den Psalmen. Daraus ergaben sich Teilaspekte meiner Ausgangsfrage:

- Gibt es Zusammenhänge oder Gemeinsamkeiten zwischen den uralten Texten der Bibel, speziell den Psalmen, und den Manualen traumafokussierter Psychotherapien?
- Falls ja: Wie sieht eine Seelsorgepraxis aus, die sich auf einen Dialog mit der Psychotraumatologie und ihre eigenen Wurzeln, die Bibeltexte, einlässt?
- Und darauf aufbauend: Gibt es spezifische Themen der Seelsorge bei der Bewältigung von Trauma- und Stressfolgen? Und welches sind die Stärken und Schätze der Seelsorge bei der Traumabewältigung?

Als Beispiel für die eigenen Wurzeln werden zunächst zwei Psalmen untersucht, Psalm 69 und Psalm 91. Der Blick wird sich auf weitere Psalmen ausweiten und hin und wieder weitere biblische Texte aufnehmen.

## Aufbau des Buches

Zunächst werden Einleitungsfragen geklärt, gefolgt von einer Einführung in die psychotraumatologischen und in die theologischen Grundlagen. Diese werden einem Vergleich unterzogen, der wichtige Erkenntnisse sichtbar werden lässt. Die Grundlagen des ersten Teils münden in Folgerungen für die Traumaseelsorge-Praxis im zweiten Teil des Buches. Zwei Schlussgedanken runden die Arbeit ab.

Die Forschungen der Psychotraumatologie haben zu einem Erkenntnisgewinn für die Psychotherapie bei weiteren Beeinträchtigungen der seelischen Gesundheit geführt. Gleiches gilt für die Seelsorge: Eine Traumaseelsorge, die psychotraumatologisches Wissen integriert, führt zu einem Gewinn für die Seelsorge ganz allgemein, auch bei anderen Krankheiten oder Leiden.

## Methoden

Diesem Buch liegt eine hermeneutische Methodik zugrunde. Sie besteht in Textanalysen aus Theologie und Psychotraumatologie.

Die wissenschaftlichen Methoden der Psychotraumatologie stützen sich auf Forschungsarbeiten der Medizin, Neurobiologie, Psychiatrie und Psychodiagnostik, der Psychotherapieforschung, der Wirksamkeitsforschung sowie Wirksamkeitsnachweisen verschiedener Psychotherapien. Zitiert werden hier ausschließlich theoriegeleitete und evidenzbasierte traumafokussierte Psychotherapien, also wissenschaftlich gestützte Traumatherapien. Ein besonderes Augenmerk gilt traumafokussierten Psychotherapieverfahren, die unter anderem mit der Kraft der Imagination arbeiten – ein Aspekt, der in den vergangenen Jahren an Bedeutung gewonnen hat.

Die wissenschaftliche Methodik der Theologie stützt sich in dieser Arbeit auf die Methoden der Bibelexegese, speziell der Rezeptionsästhetik, der historischen Forschung, der Wirkungsgeschichte, der Ikonografie sowie der Kunst- und Kulturgeschichte, Nach einer Einführung in die traumafokussierte Perspektive auf biblische Texte allgemein fällt der Fokus auf die zwei exemplarischen Texte: Psalm 69 als Schreckenspsalm und Psalm 91 als Vertrauenspsalm.

Die Textanalysen aus der Psychotraumatologie und Theologie werden miteinander verglichen. Der Vergleich mit der Psalmenexegese eröffnet Perspektiven auf seelsorgerelevante und seelsorgespezifische Themen und Traumaverarbeitungsmöglichkeiten.

## Zielgruppe dieses Traumaseelsorgebuches

Das Buch wendet sich an Fachleute aus dem Bereich der Seelsorge und Theologie, der Psychotherapie, Psychiatrie und Psychotraumatologie, der Traumapädagogik und Traumafachberatung sowie an Interessierte. Auch Betroffene können von diesem Buch profitieren.

Durch die Beispiele, Konkretionen, Anregungen und Zusammenfassungen wird es zu einem Praxishandbuch, das ebenso als Nachschlagewerk genutzt werden kann. Das Buch folgt allerdings einem klaren Aufbau und einer Argumentation, die sich am besten durch fortlaufendes Lesen erschließen.

## Beispiele aus der Seelsorgepraxis (sogenannte Fallbeispiele)

Im Buch werden Beispiele aus der Seelsorgepraxis vorgestellt, sogenannte *Fallbeispiele.* Diese verdanke ich meinen Berufskolleginnen und -kollegen, die in der Krankenhausseelsorge, Gefängnisseelsorge, Psychiatrieseelsorge, Sterbebegleitung, in Einrichtungen des Jugendstrafvollzugs, auf Palliativstationen und in der Gemeinde-Seelsorge Menschen mit Traumafolgen begleiteten. Im Berufsalltag, bei Weiterbildungen, in Supervisionen und Intervisionen sowie in den Zusammenkünften des Berufsverbandes sind wir uns begegnet und ich habe viel aus ihren Erlebnissen mit Traumabetroffenen gelernt. Zum Schutz der Betroffenen wurden die Beispiele anonymisiert und abgeändert. Der Erlebnisgehalt wurde in seiner Tragweite jedoch beibehalten, es sind wahre Geschichten.

# Begriffe im Umfeld der Seelsorge

## Der Begriff Seelsorge

Die Seelsorge ist eine über die Jahrhunderte praktizierte Begleitung von Menschen in herausfordernden Lebenssituationen als Frucht christlicher Liebestätigkeit.[11] Die Seelsorgelehre (Poimenik) wurde im Lauf der Zeit zu einem Wissenschaftszweig der christlichen Theologie, die auf einer jahrhundertelangen Tradition beruht.[12] In Forschungsarbeiten und Publikationen tauchen verschiedene Begrifflichkeiten auf: Seelsorge, religiöse Praxis,[13] Spiritualitätsbezug.

## Die Begriffe Religion, Spiritualität und Glaube

Die Begriffe Religion, Spiritualität und Glaube sind unterschiedlich gefüllt und werden teilweise synonym gebraucht. Als klärende Arbeitshypothese schlägt Michael Utsch die folgenden Merkmale vor: *Religion* ist eher als institutionalisiertes System von Glaubensüberzeugungen und Glaubenspraktiken (in Bezug auf eine transzendente Welt) zu verstehen. *Spiritualität* gilt eher als die »persönliche Suche nach etwas Heiligem und die Verbundenheit mit einem größeren Ganzen«. Diese kann religiös oder säkular gefüllt werden. *Glaube* hingegen bezeichnet eher ein inneres Vertrauen und eine verpflichtende Haltung sowie die Anerkennung einer Realität, vor allem unter Abwesenheit von Belegen.[14]

»Während *Glaube als Basis* von Religiosität und Spiritualität angesehen werden kann, ist das Verhältnis von Religiosität zu Spiritualität ein hochkontroverses Thema.«[15] So bezeichneten sich bei einer Umfrage aus dem Jahr 2018 in Deutschland 13 Prozent als religiös *und* spirituell. 22 Prozent bezeichneten sich als religiös (aber nicht spirituell), 16 Prozent bezeichneten sich als spirituell (aber nicht religiös). 49 Prozent bezeichneten sich als *weder* religiös noch spirituell.[16]

Gerade Publikationen christlichen Ursprungs greifen gerne auf den Begriff der *Spiritualität* zurück und füllen ihn inhaltlich mit *Glaube (Glaubenspraxis, Glaubensvollzug, Glaubensnuancen)*. So beispielsweise im ITE-Magazin der Franziskaner (»Ite« ist Lateinisch und heißt übersetzt: »Geht!«), wenn es einen

---

11 Grundlegende Texte für die Seelsorge sind biblische Texte des Trostes und der Barmherzigkeit: Jesaja 40,1–2a; Matthäus 25,34–36; 2. Korinther 1,3–5. Zu Barmherzigkeit (Mt 25,34–36) s. speziell: TERJUNG (2014, S. 33).

12 MORGENTHALER (2009/2017$^3$, S. 32–48).

13 AUGST (2012).

14 UTSCH/DEMMRICH (2023, S. 25).

15 UTSCH/DEMMRICH (2023, S. 30).

16 UTSCH/DEMMRICH (2023, S. 31).

Artikel übertitelt mit »Gebetsgruppen – eine Frage der persönlichen Spiritualität« (und dabei Bezug nimmt auf eine Rosenkranz- und eine Taizé-Gebetsgruppe);[17] oder drei christliche Psychotherapeuten und Dozenten in ihrem gemeinsamen Fachbuch über »Psychotherapie und Spiritualität«;[18] oder wenn der evangelische Alttestamentler Bernd Janowski das biblische Buch der Psalmen als »das Buch der unverfälschten Spiritualität«[19] charakterisiert.

### Die Begriffe Seelsorge und Spiritual Care

Der Begriff *Spiritual Care* wird oft synonym und alternativ zum Seelsorgebegriff verwendet. Auch der Begriff der Spiritual Care gründet auf christlichen Seelsorgevorstellungen (s. folgendes Kapitel »Menschenbilder«).

Gelegentlich wird auch der Begriff *spirituelle Therapie* bedeutungsgleich mit *Seelsorge* genannt.[20] Da die Begriffe synonym gebraucht werden, oft aber seelsorgerlichen Ursprungs sind, wird – auch im Blick auf diesen laufenden Diskurs – der ursprüngliche Begriff der *Seelsorge* beibehalten.

## Was ist Seelsorge?

Die Seelsorgelehre (Poimenik) ist die Wissenschaft über die Seelsorge. In den letzten hundert Jahren haben sich drei Schwerpunkte der Seelsorge herauskristallisiert: die Pastoralpsychologie, die geistliche Begleitung und die Begleitung im Horizont des Evangeliums (s. Abbildung 1). Die geistliche Begleitung und die Begleitung im Horizont des Evangeliums sind so alt sind wie das Christentum selbst, also ungefähr 2000 Jahre alt.

Die Pastoralpsychologie ist »erst« seit rund hundert Jahren Teil der Seelsorge. Diese drei Schwerpunkte der Seelsorge könnte man mit einem Dreiklang vergleichen. Sie sind miteinander verwandt und hängen voneinander ab, sodass sie auch als ein und derselbe Klang bezeichnet werden könnten, mit verschiedenen Obertönen, die jeweils mitschwingen. Dieser Dreiklang zeigt die Themenfelder und Grundlagen der Seelsorge an.

17 GAFFURI (2024, S. 30–31).

18 UTSCH/BONELLI/PFEIFER (2014/2018²).

19 JANOWSKI (2003/2006², S. 373).

20 z. B. KIRSCHT (2014): Spirituelle Traumafolgentherapie: In diesem Buch stellt er die theoretischen Grundlagen vor. Im dazugehörenden Praxishandbuch benutzt er hingegen die Begrifflichkeit der Seelsorge: KIRSCHT (2021): Wandlungsräume. Praxishandbuch traumasensible Seelsorge.

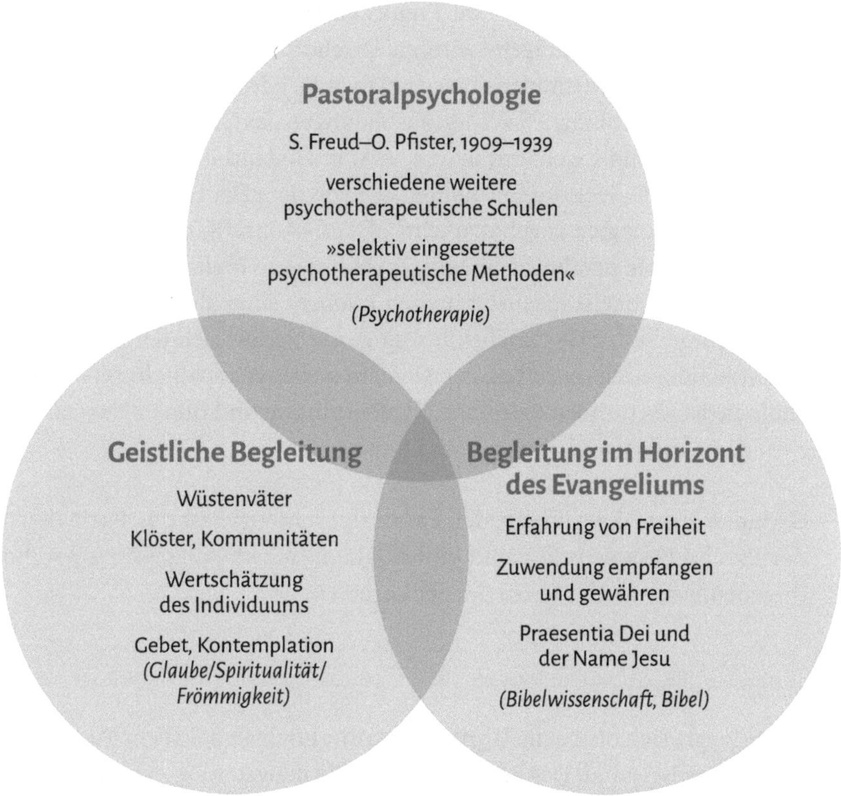


**Abbildung 1:** Christliche Seelsorge als Dreiklang von Pastoralpsychologie, geistlicher Begleitung und Begleitung im Horizont des Evangeliums (erstellt von Silvia Bolatzki)

## Pastoralpsychologie

Seit es die Psychotherapie gibt, steht sie im Gespräch mit der Seelsorge. Davon zeugt der *Briefwechsel* zwischen *Sigmund Freud und Oskar Pfister,*[21] dem Wiener Nervenarzt und dem reformierten Schweizer Pfarrer. Oskar Pfister gilt als Begründer der Pastoralpsychologie. Gleichzeitig war Oskar Pfister Wegbereiter der Psychotherapie (s. Kapitel »Wichtige Stationen auf dem Weg zur Traumaseelsorge«). Beide erkannten innere Verwandtschaften ihrer je eigenen Berufe als Arzt und Seelsorger.

21 NOTH (2014).

Nach (und bereits mit) der Zeit Freuds entstanden weitere psychotherapeutische »Schulen«, die prägend wurden. Psychotherapeutisches Wissen und psychotherapeutische Methoden flossen ein in prägende Seelsorgeausbildungen, so auch in die akademischen Seelsorgeausbildungen des CPT (Clinical Pastoral Training, vorwiegend sogenannt in den USA, in Holland und in der Schweiz) und KSA (Klinische-Seelsorgeausbildung, die von der »Deutschen Gesellschaft für Pastoralpsychologie« angeboten wird). Der Gewinn für die Seelsorge sind »selektiv eingesetzte psychotherapeutische Methoden«,[22] die in CPT und KSA sowie in weiteren Seelsorgeausbildungen intensiv eingeübt werden. Das beinhaltet Methoden der Gesprächsführung sowie Fachwissen der Sozial- und Kommunikationswissenschaften, der Medizin und Psychopathologie. Pastoralpsychologie ist aber undenkbar ohne Glaubensbezug und ohne Bezug zu den Quellen des Glaubens.

> Grundlage und Spezifikum der Pastoralpsychologie ist das Fachwissen der Psychotherapie und damit einhergehend selektiv eingesetzte psychotherapeutische Methoden in der Seelsorge.

## Geistliche Begleitung

Seelsorge zeigte sich durch die Jahrhunderte hindurch als geistliche Begleitung und geistlicher Beistand. Das begann mit den Wüstenvätern,[23, 24] setzte sich fort in Mönchtum (Benedikt von Nursia[25]), Klöstern und Kommunitäten (wie beispielsweise in Benediktinerklöstern, in Diakonissenhäusern,[26] oder in neueren Formen gemeinschaftlichen Lebens wie der Communität Casteller Ring,[27] der Jesusbruderschaft Gnadenthal[28] oder der Christusträger[29]). Klöster, Diakonissenhäuser und Kommunitäten waren stets Orte der Seelsorge und geistlichen Begleitung.

---

22 SCHADE (2019, S. 112; S. 117).
23 GRÜN (2006[9]).
24 HELL (2007/2015[11]).
25 BENEDIKT (1990; das Original erschien 534 n. Chr.).
26 KELLERHALS (2008).
27 Evangelisches Kloster Schwanberg, https://kloster-schwanberg.de/geistliches-leben/communitaet-casteller-ring/geschichte/ (Zugriff am 10.01.2025).
28 JOEST (2019).
29 ZEHENDER/DÜRR (2011).

Mit dem Zeitalter der Aufklärung und des Pietismus (die in ihrer Entstehungszeit neben Unterschieden auch bedeutende Gemeinsamkeiten aufwiesen), allen voran mit Nikolaus Ludwig Graf von Zinzendorf,[30] begann die »Hochschätzung der menschlichen Individualität«.[31] Zinzendorf schrieb: »›Glaubt's doch nicht, Brüder, dass alle Menschen über einen Kamm können geschoren werden, und studiert doch die menschlichen Charaktere besser!‹ Es ist Christus selbst, der sich in jedem Menschen in einer anderen Weise verkörpert: ›Seine Gestalt blickt aus einer jeden [Seele] mit einer anderen Schönheit heraus.‹«[32] Diese Hochschätzung des je einzelnen Menschen in seiner Individualität war neu für die damalige Zeit. Neu war auch die Schau nach innen und damit die Entdeckung der Innerlichkeit. Erstmals begannen Menschen beispielsweise, Tagebücher zu schreiben.

Seelsorge war stets auch geistliche Begleitung.[33] Wichtige Elemente der geistlichen Begleitung sind das Gebet in verschiedenen Formen und die Kontemplation verschiedener Ausprägung (wie bei Teresa von Avila und Johannes vom Kreuz,[34] oder in karmelitischen, franziskanischen und ignatianischen Exerzitien).

> Grundlage der geistlichen Begleitung und im Zentrum des Interesses ist der Glaube, die Spiritualität, die Frömmigkeit des einzelnen Menschen, der begleitet wird.

## Begleitung im Horizont des Evangeliums

Seelsorge (Poimenik) ist ein Teilbereich der Disziplin der »Praktischen Theologie«. Diese geschieht im Horizont einer frohmachenden Botschaft und als Kommunikation dieser frohmachenden Botschaft, also als Kommunikation des Evangeliums.[35] Dabei geht es nicht um das Vermitteln von Informationen oder Wissen, sondern es geht dabei um den Kern des Evangeliums, das heißt, »um das Ganze des menschlichen Lebens […], für das die Erfahrung von Frei-

30 1700–1760 n. Chr.
31 ZIMMERLING (2003, S. 102).
32 ZIMMERLING (2003, S. 102).
33 KOHLI REICHENBACH (2019²).
34 SCHMITT (2009).
35 Der Begriff stammt von Ernst Lange, 1981, s.: DOMSGEN/SCHRÖDER (2014, S. 7).

heit[36] sowie das Empfangen- und Gewähren-Können von Zuwendung[37] von elementarer Bedeutung sind«.[38]

Auch Michael Meyer-Blanck präzisiert seine Gedanken zur seelsorgerlichen Kommunikation des Evangeliums: »Etwas weniger theoretisierend formuliert: Der Name Jesu und der Bezug auf die Praesentia Dei sind die entscheidende Basis für das, was christliche, im Namen Christi geschehende Seelsorge von anderen helfenden und begleitenden Beziehungen zu Menschen unterscheidet.«[39] Übereinstimmend damit formuliert Michael Herbst die Seelsorge als »befristete Wegbegleitung von Menschen [...] im Horizont des Evangeliums und in der Erwartung, dass Christus selbst sich auf dem Weg einstellt und als Seelsorger erweist«.[40]

> Grundlage der Begleitung im Horizont des Evangeliums, das stets in die Freiheit führen will, ist die Bibel und deren sorgfältige Auslegung. Der Kern ihrer Botschaft ist die Erfahrung von Freiheit und das Empfangen- und Gewähren-Können von Zuwendung.

## Seelsorgerliche Grundlagen

Im Hinblick auf Trauma- und Stressfolgen könnte man auch formulieren: Seelsorge begleitet den Menschen und stärkt ihn in seiner Trotzkraft: Der Trotzkraft, die den Widrigkeiten des Lebens widersteht. Der Kraft, die Verzweiflung widersteht. Seelsorge stärkt den Menschen in seiner Fähigkeit, Zuwendung zu empfangen und zu gewähren. Diese Widerstandskraft wird aus der Freiheit geboren bzw. aus einem Gott, der in die Freiheit führt. Als solcher wird Gott im Alten und Neuen Testament vorgestellt.

> Seelsorge ist ein Dreiklang von Pastoralpsychologie, geistlicher Begleitung und Begleitung im Horizont des Evangeliums. Die Pastoralpsychologie stellt Wissen und Methoden für helfende Gespräche zur Verfügung. Die geistliche Begleitung betrifft den Glauben, die Spiritualität, die Frömmigkeit des

36 Die Erfahrung von Freiheit gründet auf den zwei Grunderzählungen der Bibel (des Alten und Neuen Testaments): Der Befreiung Israels aus dem Sklavenhaus Ägypten (Exodus 3) und der Befreiung des Menschen vom Tod und den Todesmächten durch die Auferstehung Jesu von den Toten.

37 Zuwendung als zeitgemäßes Wort für »Gnade«.

38 ENGEMANN (2014, S. 16).

39 MEYER-BLANCK (2007/2016³, S. 48).

40 HERBST (2012/2013²).

Gegenübers. Die Begleitung im Horizont des Evangeliums speist sich aus der befreienden Botschaft der Bibel.

## Helfende Berufe im Kontext von Trauma- und Stressfolgen

Die therapeutisch-helfenden Berufe in traumaspezifischen Kontexten werden in der Reihenfolge ihrer Entstehungszeit aufgeführt. Sie spielen nicht nur bei Trauma- und Stressfolgen eine tragende Rolle, sondern auch bei anderen Fragen der seelischen Gesundheit und der Lebensbewältigung. Sie werden hier aufgeführt, um das Profil der verschiedenen Angebote zu klären.

*Seelsorge:* Professionelle Seelsorgerinnen und Seelsorger haben ein Grundstudium in Theologie an einer Universität absolviert sowie ein Vikariat (Lehrzeit) in Kirchengemeinden und eine mehrjährige Weiterbildung in Seelsorge.[41] Seelsorge wurzelt in der jüdischen und christlichen Tradition, die eine wertoffene Haltung und Offenheit gegenüber Menschen anderer Konfessionen oder Religionen ermöglicht sowie gegenüber Menschen ohne konfessionelle oder religiöse Bindung. (Laien-Seelsorgerinnen und Laien-Seelsorger haben indes eine kurze oder keine Ausbildung.)

*Psychiatrie:* Psychiaterinnen und Psychiater haben ein Grundstudium in Medizin an einer Universität absolviert und sich danach auf die Behandlung psychischer Erkrankungen spezialisiert. Einzig sie dürfen rezeptpflichtige Medikamente verschreiben. Viele haben zudem eine Weiterbildung in Psychotherapie. Die Kosten für ihre Behandlung werden von Krankenkassen übernommen.

*Psychotherapie:* Psychotherapeutinnen und Psychotherapeuten haben ein Grundstudium in Medizin oder Psychologie an einer Universität absolviert und eine mehrjährige Weiterbildung in einer von den Krankenkassen anerkannten Therapierichtung, der tiefenpsychologisch fundierten Psychotherapie, der Psychoanalyse, der Verhaltenstherapie oder der systemischen Psychotherapie.

---

41 Anders als der Gebrauch des Wortes »Seelsorge« für die wissenschaftliche Fachdisziplin der Poimenik ist der Gebrauch des Wortes in der röm.-kath. Kirche: Sie bezeichnet manchmal regionale Einheiten als »Seelsorgeraum« und Priester und Pastoralassistenten als »Seelsorger«. Eine professionelle Weiterbildung in Seelsorge mit integrierter Pastoralpsychologie ist dabei nicht mitgemeint.

*Traumafokussierte Psychotherapie:* Traumafokussierte Psychotherapeutinnen und Psychotherapeuten haben nach der psychotherapeutischen Ausbildung noch zusätzlich eine oder mehrere Ausbildungen in traumafokussierten Psychotherapieverfahren absolviert.

(*Traumatherapie:* Vom Begriff *Traumatherapie* distanziert sich die Fachwelt zunehmend, da er zu oft inadäquat eingesetzt wurde.)

*Beratung:* Beraterinnen und Berater haben kein Grundstudium in Theologie, Medizin oder Psychologie an einer Universität absolviert, sondern kommen aus anderen Berufen. Meist haben sie eine berufsbegleitende Ausbildung als Berater durchlaufen.

*Begleitung:* Manche Interessierte, die an einer niederschwelligen, kurzen Einführung in Gesprächsführung teilgenommen haben, nennen sich Begleiterin oder Begleiter.

*Supervision:* Anfangs war es nur Psychotherapeutinnen und Psychotherapeuten möglich, sich in Supervision weiterzubilden. Heute gibt es verschiedene Ausbildungsmöglichkeiten in Supervision. In Gruppensitzungen oder in Einzelsupervisionen steht das eigene Handeln im helfenden Beruf (beispielsweise als Ärztin oder Seelsorger) im Fokus. Die Gruppengespräche werden geleitet von der Supervisorin oder dem Supervisor.

*Coaching:* Private Anbieter oder Fachhochschulen bilden auf sehr unterschiedlichen Niveaus Coaches aus. Im Coaching geht es oft um spezifische berufliche oder firmeninterne Herausforderungen.

*Traumapädagogik:* Berufstätige aus Pädagogik, Heil- und Sonderpädagogik, Sozialarbeit, Agogik und Lehramt absolvieren eine ein- bis zweijährige Weiterbildung in Traumapädagogik, um Kindern und Jugendlichen mit Traumafolgen adäquat begegnen zu können.

*Traumafachberatung:* Eine Ausbildung in Traumafachberatung spricht Berufstätige aus verschiedenen Berufsgruppen an, die sich zum Thema weiterbilden möchten und mit traumabetroffenen Menschen arbeiten, beispielsweise in der Sozialarbeit, in Berufsintegrationsprogrammen oder in der Flüchtlingshilfe.

*Traumaseelsorge:* Seit 2010 etablieren sich Arbeiten (Literatur, Forschung, Ausbildungsgänge), die sich auf eine Integration traumatherapeutischen Wissens in die Seelsorgelehre und für die Seelsorgepraxis spezialisieren. Sehr passend dafür ist auch der Begriff der *traumasensiblen Seelsorge.*

Professionelle Traumaseelsorgerinnen und -seelsorger arbeiten in den Kontexten von Krankenhäusern, Kliniken, Intensivstationen, Gefängnissen, Einrichtungen der Senioren- und Altenpflege und -Betreuung, in Kirchengemeinden, spezialisierten kirchlichen Beratungsstellen, Kriseninterventionsstellen, bei der Telefon- und Internet-Seelsorge, in Notfallteams, Careteams und auf Palliativstationen.

## Die Frage nach dem Sinn traumaspezifischer Vorgehensweisen

Traumatische Ereignisse und Traumafolgen wurden in medizinischen Publikationen erstmals nach den beiden Weltkriegen thematisiert. Nach dem Ersten Weltkrieg sprach man von sogenannten »Kriegs- oder Gefechtsneurosen«, von »Granatenschock« (shell shock) und »Kriegszitterern«.[42] Nach dem Zweiten Weltkrieg entdeckte man vergleichbare Symptome bei Überlebenden von Konzentrations- und Vernichtungslagern und später bei Vietnamveteranen und Überlebenden sexueller Gewalt.[43] 1980 wurde die »Posttraumatische Belastungsstörung«, kurz PTBS, erstmals als neue Diagnose in ein Diagnosemanual aufgenommen, ins damalige DSM-III. Im deutschsprachigen Raum kommen sowohl die Klassifikationssysteme DSM wie auch ICD zur Anwendung.

Seither wurde die Posttraumatische Belastungsstörung mit großer Aufmerksamkeit erforscht, anfänglich in den Fachdisziplinen der Medizin, Psychopathologie und Neurobiologie. Darauf aufbauend sowie im Austausch mit den Erfahrungen Betroffener wurden spezielle Traumatherapien entwickelt, die heute traumafokussierte Psychotherapien genannt werden.

Die Erkenntnisse der Psychotraumatologie wurden in der Pädagogik intensiv aufgenommen und die Traumapädagogik[44] als eigenständiges Kompetenzgebiet etabliert. Inzwischen gibt es in Deutschland 26 anerkannte Ausbildungsinstitute für »Traumapädagogik und Traumazentrierte Fachberatung«.[45]

In der Theologie wurden die Definitionen der Traumaforschung nach der Jahrtausendwende explizit aufgenommen. Allerdings sind Katastrophen und Extremereignisse mitsamt ihren verstörenden Folgen seit jeher Themen der Theologie. Traumaspezifische Begriffe tauchten fast gleichzeitig auf in Publikationen der Bibelwissenschaften des Alten Testaments und in Publikationen der

---

42 MAERCKER (2003², S. 4, Hervorhebungen durch die Autorin).

43 HERMAN (2010³).

44 WEISS/KESSLER/GAHLEITNER (2016). Zu den Pionieren der Traumapädagogik zählen u. a. Michael Borbonus und Wilma Weiss. Weiss war Mitbegründerin der Bundesarbeitsgemeinschaft für Traumapädagogik BAG-TP. Seit den 1990er Jahren gibt es Institute für »Traumapädagogik und -therapie«.

45 SCHMID (2011/2019³, S. 778–806).

Seelsorgelehre (Poimenik). Neutestamentliche Publikationen erschienen auch, sind aber gegenüber alttestamentlichen deutlich in der Minderzahl.

Mittlerweile ist ein weites Feld an Traumatherapien, -ausbildungen und -instituten entstanden. Betroffene stellen sich gerne selbst die Diagnose (»Ich bin traumatisiert.«), Journalisten stellen die Diagnose pauschal ganzen Menschengruppen oder Gesellschaftsschichten (»Sie sind traumatisiert.«), Jugendliche beschimpfen einander mit Begrifflichkeiten wie »Du Opfer!«. Psychiaterinnen und Psychiater beklagen eine einseitige Fokussierung auf den Traumabegriff zu Ungunsten einer ausgewogenen Wahrnehmung psychischer Gesundheit und psychischer Beeinträchtigungen – die alle dasselbe Maß an Interesse und Würdigung verdienen.

Bedingt durch diesen übermäßigen und teilweise inflationären Gebrauch des Traumabegriffs ist nicht ausgeschlossen, dass die Traumadiagnose weitere Eingrenzungen durchlaufen wird und die Diagnosen präzisiert und umbenannt werden, wie dies in der ICD-11 (seit 1. Januar 2022 in Kraft) teilweise bereits geschehen ist.

Diese Entwicklungen bedingen einerseits einen zurückhaltenden und sorgfältigen Umgang mit den Begrifflichkeiten rund um Trauma- und Stressfolgestörungen und eine Offenheit gegenüber Veränderungen der medizinischen Definitionen und Diagnostik.

Doch zur Behandlung von Traumafolgestörungen wurden in den vergangenen zwei Jahrzehnten enorme Fortschritte erzielt. Zugleich hat die Forschung das Wissen zu Trauma- und Stressfolgen sowie zu Dissoziation ausgeweitet und präzisiert. Darum macht »angesichts der Fülle an neuen Erkenntnissen in der Psychotraumatologie«[46] die Wahrnehmung solch neugewonnener Erkenntnisse durch Seelsorgende Sinn und bedarf der Integration in die Seelsorgelehre und Seelsorgepraxis. Die mithilfe der Psychotraumatologie erarbeiteten effektiven Therapie-Tools bewähren sich sowohl bei weiteren Erschütterungen der seelischen Gesundheit als auch in weiteren Fachgebieten, sei dies in der Pädagogik (Traumapädagogik) oder in der Seelsorge (Traumaseelsorge).

> In der Traumaseelsorge geht es um eine traumainformierte Gesprächsführung und eine durch Traumaerkenntnisse aktualisierte Seelsorgepraxis, die allen Leidenden zugutekommt.

46 GYSI (2020/2022).

# Menschenbilder – der Mensch als lebendige »næfæš«

## Menschenbilder im Wandel

Lange Zeit herrschte in der abendländischen Medizin ein duales Menschenbild. Descartes unterteilte den Menschen in einen physischen Körper, der leistungsfähig und endlich ist (res extensa), und eine Seele, die Unsterblichkeit und Denkvermögen besitzt (res cognitans).[47] Der Mensch wurde als bestehend aus Leib und Seele betrachtet. Diese Sicht beschreibt ein duales Menschenbild (ein zweidimensionales Menschenbild).

Das bio-psycho-soziale Menschenbild[48] löste dieses Modell als ein dreidimensionales Menschenbild ab. Es weitete die Sicht aus auf das soziale Umfeld sowie psychologische und emotionale Einflüsse. Die Behandlungsmethoden wurden dadurch ganzheitlicher. Dies zeigte sich in der Medizin zunächst im neuen Spezialgebiet der Psychosomatik, die bald durch die Sozialmedizin fruchtbar ergänzt wurde.

## *Cicely Saunders vierdimensionales Menschenbild:* Das bio-psycho-sozial-spirituelle Modell

Die Britin Cicely Saunders[49] geht von einem vierdimensionalen Menschenbild aus, dem bio-psycho-sozial-spirituellen Menschenbild (s. Abbildung 2). Der Mensch wird dabei wahrgenommen mit seinen körperlichen, emotionalen, sozialen und geistlichen Befindlichkeiten. Cicely Saunders war Ärztin und Schmerzforscherin in Großbritannien und gilt als Pionierin der Palliativmedizin und der Palliativ Care-Bewegung.

Durch ihre Forschungsarbeit konnte sie die medizinische Welt von der Dringlichkeit einer adäquaten Schmerzbehandlung überzeugen und trug wesentlich dazu bei, dass Patientinnen und Patienten heute in ihrem Schmerzerleben ernst genommen werden.

Neu bei Cicely Saunders ist das klare Benennen der geistlichen Dimension (Englisch: spiritual dimension) als konstituierend für das Menschenbild. Diese Dimension prägte früher die Medizin und Krankenpflege ganz selbstverständ-

---

47 SCHOTT (2005, S. 102), https://www.aerzteblatt.de/archiv/47410/Medizingeschichte(n)-Physiologie-Mensch-als-Maschine (Zugriff am 10.01.2025).

48 EGGER (2017).

49 SAUNDERS (2009); s. auch: HOLDER-FRANZ (2012).

lich. Bei Florence Nightingale[50] und Liliane Juchli,[51] den großen Pionierinnen der Krankenpflege, erwuchs ihre intrinsische Motivation zur Krankenpflegeforschung und -ausbildung aus ihrem christlichen Glauben und ihrer Liebe zu den Kranken, in denen sie das Gesicht Christi sahen (Matthäus 25,36).

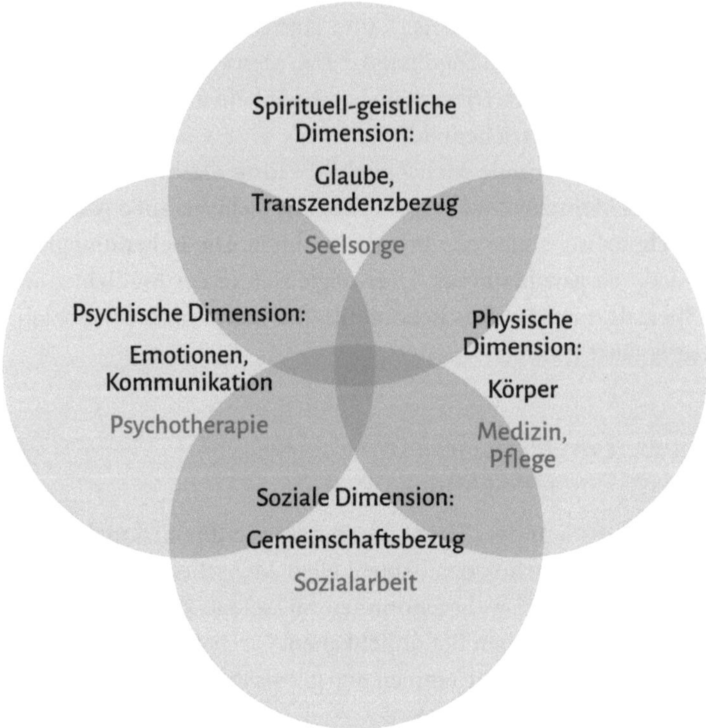


**Abbildung 2:** Cicely Saunders vierdimensionales Menschenbild: Das bio-psycho-sozial-spirituelle Modell. Kursiv stehen die für das jeweilige Fachgebiet zuständigen Professionen (erstellt von Silvia Bolatzki)

---

50 NIGHTINGALE (2021$^5$; Erstauflage 1859, nach Nightingales Heimkehr vom Krimkrieg). Florence Nightingale (1820–1910) war als Britin Unitarierin (aus der Reformation stammend) und unter anderem von der Kaiserswerther Diakonie beeinflusst.

51 JUCHLI (1973$^1$; seither in zahlreichen Neuerscheinungen und unter neuen Titeln wieder aufgelegt). »Die Juchli« gilt immer noch als maßgebliches Lehrwerk für die Krankenpflege im deutschsprachigen Raum. Liliane Juchli (1933–2020) war Schweizerin und römisch-katholische Ordensschwester der Barmherzigen Schwestern vom Heiligen Kreuz (Ingenbohler Schwestern).

Cicely Saunders Konzept entstand im Bemühen um eine Verbesserung der Versorgung sterbender Menschen, was sich als Palliativmedizin etablierte. Ihr vierdimensionales Menschenbild wurde von der WHO[52] und vom schweizerischen BAG[53] übernommen. Die Definition der WHO für Palliativmedizin lautet: »Palliativmedizin/Palliative Care ist ein Ansatz zur Verbesserung der Lebensqualität von Patienten und ihren Familien, die mit Problemen konfrontiert sind, welche mit einer lebensbedrohlichen Erkrankung einhergehen. Dies geschieht durch Vorbeugen und Lindern von Leiden durch frühzeitige Erkennung, sorgfältige Einschätzung und Behandlung von Schmerzen sowie anderen Problemen körperlicher, psychosozialer und spiritueller Art.«[54] Damit hat sich das bio-psycho-sozial-spirituelle Menschenbild auf internationaler Ebene durchgesetzt.

## Die Funktion der Seelsorge im vierdimensionalen Menschenbild

Der Begriff der Spiritualität ist – gerade durch die Übernahme des Begriffs durch die WHO und das BAG in der Schweiz – zu einem fluiden Begriff geworden, der in der deutschsprachigen Wissenschaft kontrovers diskutiert wird.[55] Seit der Einführung der »Nationalen Strategie Palliative Care« (durch das Gesundheitswesen, BAG, in der Schweiz im Jahr 2010)[56] übernahm der Gesetzgeber den aus England stammenden Begriff der *Spiritual Care* als neudeutsches Wort, das im Jahr 2000 im deutschsprachigen Raum noch kaum anzutreffen war.[57]

Cicely Saunders meinte mit *Spiritual Care* die Sorge für die geistliche Dimension. Dazu gehört der Glaube Betroffener im Rahmen ihrer Glaubensgemeinschaft oder ihrer spirituellen Beheimatung.[58] Die zuständige Profession für die

52 https://www.who.int/cancer/palliative/definition/en/ (Zugriff am 10.01.2025).

53 Das BAG hat 2010–2015 die Nationale Strategie für Palliative Care entwickelt. https://www.bag.admin.ch/bag/de/home/strategie-und-politik/nationale-gesundheitsstrategien/palliative-care.html (Zugriff am 21.03.2025).

54 WHO Definition von Palliative Care, 20, Englischer Originaltext: »Palliative care is an approach that improves the quality of life of patients and their families facing the problem associated with life-threatening illness, through the prevention and relief of suffering by means of early identification and impeccable assessment and treatment of pain and other problems, physical, psychosocial *and* spiritual.«, https://www.who.int/news-room/fact-sheets/detail/palliative-care (Zugriff am 03.03.2025).

55 KUNZ/KOHLI-REICHENBACH (2012).

56 Darin wird *Spiritual Care* explizit als Auftrag einer umfassenden *Palliative Care* beschrieben.

57 NAUER (2015); Eine differenzierte Auseinandersetzung dazu s.: NAUER (2007/2014[3], S. 329–376).

58 Die These, es könnte eine »neutrale Spiritualität« geben, hält der Realität nicht stand. Jede Spiritualität speist sich aus bestimmten Quellen. Darum muss sich Spiritualität verorten können. Das heißt, sie muss ihre Quellen und ihre Herkunft benennen können, um gesprächsfähig und dialogfähig zu bleiben.

geistliche Dimension ist die Seelsorge. Auch Simon Peng-Keller bezeichnet die (Klinik-)Seelsorge als spirituelle Profession (also als geistlichen Beruf).[59] Fachpersonen verwenden die Begriffe *Seelsorge und Spiritual Care* oft synonym. Ausbildungsinstitute und Fachpublikationen benutzen verschiedene Begriffe: *Seelsorge, Pastoral Counselling and Pastoral Psychology, Pastoralpsychologie, Pastoral Care, Spiritual Counselling, Spiritual Care und Religious Care.* Der Diskurs ist noch in vollem Gange, doch es entsteht der Eindruck, dass die Begriffe einander eher ablösen als ergänzen. Ich stütze mich auf Simon Peng-Kellers und auf Cicely Saunders Verständnis. Cicely Saunders, die Urheberin der Palliative Care-Bewegung und damit auch des neudeutschen Begriffs der Spiritual Care, lebte ihren Glauben als anglikanische Christin in großer Offenheit gegenüber anderen Glaubensüberzeugungen.[60] Der erste Spender für Saunders Hospiz in London war der polnische Jude David Tasma.[61]

## Cicely Saunders Schmerzkonzept: Total Pain

Cicely Saunders prägte im Rahmen ihrer Palliative Care- und Schmerzforschung auch den Begriff »Total Pain«[62] als Begriff für einen mehrdimensionalen, allumfassenden Schmerz.[63] Saunders beobachtete diesen vierfachen Schmerz am Lebensende: Das körperliche Leiden (z. B. Organschmerzen, Muskelverkrampfungen, Übelkeit, Atemlosigkeit, Durst, Schwitzen), das psychische Leiden (z. B. Angst, Traurigkeit, Scham, Unsicherheit, Regression, Verzweiflung), das soziale Leiden (z. B. den Verlust eines Kindes, Partners, Elternteils, Freundes; der Schmerz des Loslassens und der Trennung, wegfallende Fürsorge-Aufgaben), und geistlich-spirituelles Leiden (z. B. Zweifel an Gott, wie man ihn bisher verstanden hat; Zweifel an Konzepten des Weiterlebens nach dem Tod, die bisher prägend waren; Fragen nach Sinn und Sinnlosigkeit des vergangenen Lebens; unverarbeitete Schuld; Unversöhnlichkeit; Vernichtungsängste).

---

59 PENG-KELLER (2021, S. 199–212).

60 Cicely Saunders konnte 1967 das St. Christopher's Hospice eröffnen, das 120 Patientinnen und Patienten Platz bot. Da ihr die Seelsorge und geistliche Begleitung so wichtig waren, ließ sie an zentraler Stelle eine Kapelle bauen. Saunders selbst pflegte engen Kontakt zu Christen verschiedenster Traditionen sowie zu Klöstern und Kommunitäten, unter anderem auch zu den evang.-ref. Schwestern von Grandchamp in der Schweiz (s. HOLDER-FRANZ 2012, S. 66).

61 HOLDER-FRANZ (2012, S. 44).

62 Cicely Saunders legte 1957 ihr medizinisches Examen ab. »Schon bald veröffentlichte sie erste Artikel zu einer Definition von Schmerz, welche die Palliativ-Medizin später als ›total pain‹ bezeichnen wird.« SAUNDERS (2009, S. 8).

63 SAUNDERS (2006, S. 220).

Total Pain beschreibt einen Zustand allumfassenden Schmerzes. Eine Traumafolgestörung beschreibt hingegen mögliche Folgen von Erlebnissen, die oft mit allumfassendem Schmerz verbunden waren.

Das bio-psycho-sozial-spirituelle Menschenbild integriert prägende Dimensionen des Menschseins, auch sein geistlich-spirituelles Erleben, seinen Glauben, seinen Transzendenzbezug. Diese vierte Dimension stand stets im Fokus der Theologie und Seelsorge.

Menschen mit Trauma- und Stressfolgen erleben auch geistlich-spirituelles Leiden (Spiritual Pain). Dazu gehören Phänomene wie ein erschüttertes Weltbild und ein erschütterter Glaube, das Erleben einer »Gottesfinsternis«, Zweifel an Gott und allem, was bisher prägend war, Fragen nach Sinn und Sinnlosigkeit, Fragen nach dem Umgang mit Schuld und Versöhnung sowie nach dem Weiterleben nach dem Tod. Seelsorgerinnen und Seelsorger sind spezialisiert auf diese Fragestellungen. Sie sind nicht jene, die Antworten bereithalten. Sie sind vielmehr jene, die präsent bleiben, wenn diese Fragen und Anfragen kommen, und Menschen in ihren Ausweglosigkeiten und dunklen Tälern begleiten.

Dies geschieht in einer Haltung des Glaubens, der Hoffnung und der Liebe.

## Das alttestamentliche Menschenbild: Der Mensch als lebendige »næfæš«

Ein Problem im Verständnis alttestamentlicher Texte ist das hebräische Wort næfæš,[64][65] welches in deutschen Bibeln mit Seele übersetzt wird. Die Wortbedeutung von næfæš ist aber eine ganz andere, als heutige Menschen sich unter *Seele* vorstellen.

Bernd Janowski erklärt Genesis 2,4–7 zum Grundlagentext der biblischen Anthropologie, also des alttestamentlichen Menschenbildes. Janowski unterteilt den Text über die Erschaffung des Menschen in einen ersten Teil mit Zeit- und Umstandsangaben und einen zweiten Teil mit einem Handlungsansatz: Diese

64 *næfæš:* נֶפֶשׁ Kehle, Leben, das Selbst, die Lebenskraft, die individuelle Person. Es handelt sich um den Atem- und Sprechbereich sowie den Trink- und Essbereich und ist als solcher im Hals-Rachen lokalisiert (in deutschen Bibelübersetzungen meist mit *Seele* wiedergegeben), *s. Wichtige Begriffserklärungen.*

65 Die internationale Umschrift des hebräischen Wortes נֶפֶשׁ lautet *»næpæš«* bzw. *»næfæš«*. Sie ist wichtig für internationale Publikationen, damit das Wort in verschiedenen Sprachen möglichst gleich ausgesprochen wird. Für diese deutsche Ausgabe wird vereinfacht die deutsche Umschrift »næfæš« geschrieben.

Handlung beinhaltet einerseits die Formung des Menschen und andererseits die Belebung des Menschen:

> Genesis 2,4b: »An dem Tag, als JHWH Elohim Erde und Himmel machte *(Zeitangabe)*
> 5–6: während noch kein einziges Gesträuch des Feldes [...] entstanden war [...] *(Umstandssätze)*
> 7: da formte JHWH Elohim den Menschen aus Erdkrume vom Ackerboden [...] *(Formung)*
> und blies in seine Nase den Hauch des Lebens [nischmat chajm]
> Da wurde der Mensch zu einem lebendigen Wesen [næfæš chajah].« *(Belebung)*[66]

Indem Jahwe den Menschen aus Erde (Erdkrume oder Erdenstaub) formt und Lebensatem in seine Nase bläst (napah), handelt Gott in doppelter Weise: Er formt und er belebt; beide Erschaffungsweisen hängen eng miteinander zusammen. Mit dem Ergebnis: »da wurde der Mensch zu einem lebendigen Wesen/Lebewesen. [...] Das heißt auch, dass der Mensch nicht ein vitales Selbst *hat,* sondern ein vitales Selbst *ist.*« Janowski fährt fort: »Genesis 2,7 unterscheidet nicht Leib und ›Seele‹, sondern realistischer Leib und Leben.«[67] Der Mensch ist also nach hebräisch-alttestamentlichem Verständnis næfæš-chaja, ein lebendiges Wesen.

Durch die (Fehl-)Übersetzung des hebräischen Wortes næfæš mit dem deutschen Wort Seele finden viele Fehlinterpretationen der alttestamentlichen Textstellen statt. Darum untersucht Janowski weitere Wortfelder des Wortes næfæš.

Das Wort *næfæš* נֶפֶשׁ

1. næfæš bedeutet zunächst Kehle: Die næfæš lässt sich körperlich verorten in der Kehle, im Rachen oder Schlund. Diese Bedeutung ist grundlegend und scheint immer wieder durch. In der Verbform wird es mit aufatmen übersetzt. Beispiele: Jes 5,14; Jon 2,6; Ex 23,12; Ex 31,17 (»am siebten Tag aber ruhte er und atmete er auf«).
2. næfæš heißt auch: das Verlangen, das Begehren, die körperliche Bedürftigkeit des Menschen: z. B. Appetit, Hunger, Durst (Spr 13,25), Gier (Es 15,9) oder als Wunsch, Sehnsucht, Bedürfnis (Ps 35,25).
3. næfæš heißt auch: die Vitalität, die sprudelnde Lebensenergie, die Lebenskraft: z. B. Ps 103,1–2; Ps 143,11.

---

66 JANOWSKI (2019, S. 48–49). Um der einfacheren Lesbarkeit willen werden die ursprünglich hebräischen Worte in deutscher Umschrift (nicht in internationaler Umschrift wie bei z. B. Janowski) wiedergegeben.

67 JANOWSKI (2019, S. 49–50).

4. næfæš heißt auch: das individuelle Leben, bei Mensch oder Tier: z.B. Gen 9,9–10: Siehe, ich richte einen Bund auf mit euch und euren Nachkommen nach euch und mit allen Lebewesen (kol-næfæš hahajah), die bei euch sind.
5. næfæš heißt auch: das Lebewesen, die einzelne Person: z.B. Ex 12,15.

So wird næfæš im Alten Testament verwendet.[68]

## Der Bedeutungswandel des Wortes: Von »næfæš« נֶפֶשׁ (Hebräisch) zu »psyche« ψυχή (Griechisch)

In der Septuaginta (der ersten griechischen Übersetzung des Alten Testaments) wurde für næfæš das griechische Wort *psyche* gewählt. Im Wort *psyche* fließen griechisch-philosophische Vorstellungen mit ein, die Leib und Seele dualistisch (als getrennt) ansehen. Diese Trennung von Körper und Seele entspricht nicht dem älteren, alttestamentlich-hebräischen Begriff der næfæš. Im alttestamentlichen Verständnis lassen sich Leib und Seele nicht trennen. Die næfæš gehört als Kehle, Aufatmen, Bedürftigkeit, das Selbst, das Wesen und die Lebenskraft, die Individualität und das Personsein zusammen – das alles ist næfæš[69] und all das ist untrennbar voneinander.

> Das Alttestamentliche Menschenbild beschreibt den Menschen als næfæš chaja, als lebendiges Wesen.

Dazu gehört seine Kehle als zuständiges Organ für den Vollzug des Atmens, Sprechens, Essens und Trinkens, seine Gurgel, sein Rachen. Zur næfæš gehören die leiblichen Bedürfnisse und das Begehren, aber auch die Lebensenergie und Lebenskraft, die Individualität des Menschen und sein unverwechselbares Wesen, sein Personsein. Der Mensch als næfæš chaja, als lebendiges Wesen, könnte auf Deutsch auch zusammenfassend so wiedergegeben werden: Der Mensch als ein atmend-sprechend-schluckendes Lebewesen.

Die Übersetzung des Wortes næfæš mit Seele greift zu kurz und birgt Gefahren. Dennoch übersetzen es die deutschsprachigen Bibeln mit dem Wort Seele. So schleicht sich beim Lesen die Vorstellung einer Dualität von Körper und Seele ein, die es in der hebräischen Sprache nicht gibt. Genauer wäre bei-

68 JANOWSKI (2019, S. 53–58).
69 JANOWSKI (2019, S. 57–58).

spielsweise die Übersetzung mit »Kehle«, »bedürftiger Mensch mit Hunger und Durst«, »vitales Lebewesen«, atmendes Wesen«.

Im alttestamentlichen Menschenbild gibt es keine Trennung von Körper und »Seele«. Es gibt auch keine Hierarchie: Es ist alles gleich wertvoll und kostbar.

Seelsorge bemüht sich um den Menschen im Sinne des hebräischen næfæš-Begriffs: Der Mensch als lebendiges Wesen, der Mensch in seinem Personsein und seinen vitalen Lebensvollzügen steht im Zentrum; der Mensch als atmendes, sprechendes, hungriges, bedürftiges und individuelles Lebewesen. Gerade diese Lebensvollzüge sind bei Traumafolgen beeinträchtigt (zugeschnürter Hals, Blockaden, Kurzatmigkeit, Kloß im Hals, Appetitlosigkeit, Sprachlosigkeit) und bedürfen der Aufmerksamkeit und Zuwendung.

## Wichtige Stationen auf dem Weg zur Traumaseelsorge (Poimenik)

In diesem Kapitel werden einige Meilensteine der Traumaseelsorge in Literatur und Forschung vorgestellt. Sie sind in chronologischer Reihenfolge aufgeführt.

Der Umgang mit Schrecken und Katastrophen beschäftigt die Menschheit, seit es sie gibt, was sich auch in den Texten der großen Religionen und explizit in der Bibel niedergeschlagen hat. Eine konkrete psychotraumatologische Terminologie in Seelsorgekonzepten findet sich allerdings erst seit dem Jahr 2000. Es werden hier dennoch ältere Publikationen vorgestellt (vor dem Jahr 2000), die wichtige Themen der Psychotraumatologie und Traumaseelsorge (mit anderer Begrifflichkeit) aufnehmen oder inhaltlich vorbereiten.[70]

### Vorkriegszeit (vor dem Zweiten Weltkrieg)

Als frühes Dokument eines fruchtbringenden Austauschs zwischen Tiefenpsychologie und Seelsorge ist der Briefwechsel zwischen Sigmund Freud, dem jüdischen Wiener Nervenarzt, und Oskar Pfister, dem reformierten Schweizer Pfarrer und Gründer der Pastoralpsychologie, in den Jahren 1930–1939 zu

70 Die Zusammenstellung erhebt keinen Anspruch auf Vollständigkeit. Es werden allerdings Werke vorgestellt, die an Universitäten, in professionellen Seelsorgeausbildungen, in psychiatrischen Weiterbildungen und in Ausbildungen in »traumafokussierter Psychotherapie« angeboten werden. Die spezifische *psychotraumatologische Fachliteratur*, die psychotraumatologische Terminologie verwendet, wird ab Kapitel 1 vorgestellt (Psychotraumatologische Grundlagen).

nennen.[71] Oskar Pfister war das vierte Kind eines reformierten Zürcher Pfarrers und einer Klavierlehrerin. Der seelsorgerliche Beruf des Vaters prägte ihn genauso wie die pietistische Frömmigkeit seiner Mutter, die nach dem frühen Tod von Oskar Pfisters Vater in eine Herrnhuter Brüdergemeine[72] übersiedelte.

Nach Theologiestudium und Promotion lehnte Oskar Pfister drei Angebote für universitäre Lehrstühle ab und gab dem Pfarramt und den ihm anvertrauten Menschen Vorrang. Pfister verhalf der Freud'schen Methode am Burghölzli, der Zürcher psychiatrischen Klinik unter der Leitung Bleulers zum Durchbruch und machte somit die Schweiz zu »Freuds erstem Land«.[73] Auch unter Pädagogen engagierte sich Pfister mit Vorträgen für die Integration der Psychoanalyse: »In einer Stunde verreise ich nach Basel, um vor der Lehrerschaft im Bernoullianum einen Vortrag über Psychoanalyse und Schule zu halten. Es ist bereits der fünfte, den ich vor Lehrern dieses Jahr vom Stapel lasse.«[74] Unter Pädagogen wuchs das Interesse an der Psychoanalyse, über die Theologen hingegen bemerkt Pfister: »Die Theologen sind zu sehr in dummes Prinzipiengezänk verrannt, als dass sie sich um das seelische Wohl der Laien – und ihr eigenes! – viel kümmern wollten.«[75] Dennoch gilt Oskar Pfister heute als ein Gründer der Pastoralpsychologie, weil er die Psychoanalyse in sein seelsorgerliches Schaffen und Lehren integrierte. Die Weltanschauungen Freuds und Pfisters standen allerdings in klarem Widerspruch zueinander:

> »Der im Glauben verwurzelte Pfarrer [Oskar Pfister] begegnete einem Wissenschaftler [Sigmund Freud], der keinen Hehl aus seiner atheistischen Weltanschauung machte. Betreffend Freuds Ablehnung des Religiösen bemerkte Pfister, dass ›Freuds Religionsersatz im Wesentlichen der Aufklärungsgedanke des 18. Jahrhunderts in stolzer moderner Auffrischung‹ sei.[76] Doch Pfister war überzeugt von den Entdeckungen Freuds, etwa in Bezug auf die Entwicklung der Sexualität des Kindes. Später, als in den Zeitungen Zürichs Vorbehalte gegen Freuds Psychoanalyse geäußert wurden, blieb ihm Pfister treu. [...] Der von Professorin Isabelle Noth 2014 herausgebrachte Briefwechsel zwischen Freud und Pfister legt ein beredtes Zeugnis ab von einer vornehmen, aber unmissverständlichen Auseinandersetzung zwischen beiden Exponenten. 1927

71 NOTH (2014).
72 Diese Kirche schreibt sich interessanterweise ohne »d« im Wort Gemeinde, also »Brüdergemeine«.
73 FISCHER (2013).
74 NOTH (2014, S. 146).
75 NOTH (2014, S. 221).
76 NOTH (2014, S. 238).

> publizierte Freud die Schrift ›Die Zukunft einer Illusion‹, nicht ohne Seitenblick auf Pfisters Glaube und Religion, denen er völlig ablehnend gegenüberstand. Jegliche Form des Religiösen hielt er für einen illusorischen Ausdruck von Erfindungen.
>
> Oskar Pfister nahm den zugespielten Ball auf und konterte selbstbewusst mit der Schrift ›Die Illusion einer Zukunft‹ (1928). Darin bedauerte er, dass Freud sämtliche Religionen als Projektion verwarf, ja als ›universale Neurose‹ hinstellte, während Pfister in der reif gewordenen und geläuterten religiösen Grundhaltung des Menschen eine Äußerung paulinischer Freiheit erkannte.«[77]

Dem fruchtbaren Gespräch zwischen den beiden Protagonisten aus Psychoanalyse und Seelsorge folgt rund 100 Jahre später das Gespräch zwischen Psychotraumatologie und Seelsorge – heute mit vielerlei Protagonisten auf beiden Seiten.

## Kriegsjahre, Zweiter Weltkrieg

Der Wiener Neurologe und Psychiater Victor E. Frankl verfasste bereits zu Zeiten vor der Traumadiagnose wesentliche Forschungsbeiträge. Das Buch »Ärztliche Seelsorge« bezeichnete Frankl selbst als sein Hauptwerk. Interessant ist Frankls Kombination der Begriffe ärztlicher und seelsorgerlicher Tätigkeit unter Auslassung der Begriffe »Therapie« oder »Psychotherapie«. Die Erstfassung des Werkes entstand 1942, die Erstpublikation 1946.[78] Bleibende Bedeutung behält auch Frankls Werk »... trotzdem Ja zum Leben sagen. Ein Psychologe erlebt das Konzentrationslager«.[79] Sein Buch wurde in 26 Sprachen übersetzt. Viktor Frankl überlebte vier Konzentrationslager. In dieser Zeit wurde ihm unter anderem die Vorstellung, wie er später über die möglichen Auswirkungen einer KZ-Haft auf ein Menschenleben lehren würde, zur Überlebenshilfe. Seine Bücher hatten entscheidenden Einfluss auf das Fachgebiet der Psychotraumatologie, der durch die Fokussierung auf die von Frankl begründete Logotherapie manchmal vergessen wird. Seine Zugangsweise war allerdings weniger tiefenpsychologisch-rückwärtsschauend, sondern eher zielgerichtet-vorwärtsgewandt.

Sowohl Frankls wie auch Freuds und Pfisters Werke thematisieren Trauma auslösende Erlebnisse ihrer Patientinnen und Patienten sowie typische Traumasymptome und den heilsamen ärztlich-therapeutischen oder seelsorgerlichen Umgang damit.

---

77 LEIMGRUBER (2023), https://www.kath.ch/newsd/psychologie-fuer-pfarrer-oskar-pfister-war-ein-freund-von-sigmund-freud/ (Zugriff am 10.01.2025).

78 FRANKL (1942/2011).

79 FRANKL (1946/2018).

## 1990er Jahre

Prägend für die Seelsorgelehre und Pastoralpsychologie wurde Isidor Baumgartners *Pastoralpsychologie.* Darin vergleicht er die Praktische Theologie und die Praxis heilender Seelsorge mit dem Emmausweg (Luk 24,13–35).[80]

## Ab dem Jahr 2000

Der Schweizer Psychiater und Klinikdirektor Daniel Hell gab ein Buch heraus mit dem Titel »Die Haltung in der therapeutischen und seelsorgerlichen Beziehung«.[81] Mit seinem Buchtitel weist er auf die Zusammenhänge der beiden Berufe hin, die sich durch dieselbe Haltung gegenüber Hilfesuchenden ausweisen.

Zu nennen sind die Arbeiten von Ingeborg Roessler[82], Helmut Schütz[83] und Kerstin Lammer.[84] Sehr ausgiebig ist das von verschiedenen Fachleuten herausgegebene Buch »Trauma und Trauer. Impulse aus christlicher Spiritualität und Neurobiologie« von Ursula Gast, Elisabeth Christa Markert, Klaus Onnasch und Thomas Schollas.[85]

Pioniere im Bereich der Traumaseelsorge sind Sabine Haupt-Scherer und Uwe Scherer. Sie boten als erste eine zweijährige Langzeit-Weiterbildung zum Thema »Traumazentrierte Seelsorge« an.[86] Zu den Weiterbildungsmodulen gehörten psychotraumatologische Grundlagen und die wichtigsten Erkenntnisse traumatherapeutischer Konzepte wie auch die konkrete Arbeit mit Erinnerungen, Stabilisierung, Teilearbeit und Imaginationsübungen. Seelsorgemethoden, Themen der Seelsorge und der Praxisbezug wurden sorgfältig mit einbezogen. Maßgebende Wegmarker ihres Konzepts werden im Aufsatz »Einen Schritt voran folgen«[87] beschrieben.

80 BAUMGARTNER (1990).
81 HELL (2006).
82 ROESSLER (2007/2016$^3$, S. 451–475, speziell S. 463–468).
83 SCHÜTZ (2008).
84 LAMMER (2009).
85 GAST/MARKERT/ONNASCH/SCHOLLAS (2009).
86 Weiterbildung »Traumazentrierte Seelsorge« in zwei Jahren, viermal eine Kurswoche, im Seelsorgeinstitut Bethel, 2009–2011 und in den darauffolgenden Jahren.
87 HAUPT-SCHERER/SCHERER (2011).

## Ab 2010

2011 verfasste die Fachärztin für Psychosomatische Medizin und Psychotherapie, Julia C. Seidler, einen Aufsatz zu »Spiritualität und traumatherapeutischen Ansätzen«[88] im »Handbuch der Psychotraumatologie«.

Von Kirstina Augst stammt ein Entwurf zu einer Traumatheologie bzw. Traumaseelsorge: »Auf dem Weg zu einer traumagerechten Theologie. Religiöse Aspekte in der Traumatherapie – Elemente heilsamer religiöser Praxis«.[89]

2014 erschien »Psychotherapie und Spiritualität. Mit existenziellen Konflikten und Transzendenzfragen professionell umgehen« von Michael Utsch, Raphael Bonelli und Samuel Pfeiffer.[90] Bemerkenswert darin sind vor allem die Kapitel »Traumaverarbeitung und Spiritualität« sowie das Kapitel über Berührungspunkte zwischen Psychotherapie und Spiritualität.

Das Buch »Der Emmausweg als Spirituelle Traumafolgen-Therapie«[91] von Ralph Kirscht aus dem Jahr 2014 wird ergänzt durch sein späteres Buch »Wandlungsräume. Praxishandbuch traumasensible Seelsorge«.[92] Er beschreibt eine spirituelle Traumafolgen-Therapie und traumasensible Seelsorge als einen Weg durch Wandlungs- und Möglichkeitsräume. Kirscht bietet konkrete Methoden und Übungsanleitungen, die traumafokussierten Psychotherapien und einer kreativ-narrativen Bibelexegese entnommen sind. Sein Buch weist eine hohe Praxisrelevanz auf. Er bietet eine fundierte Positionierung innerhalb heutigen psychotraumatologischen Wissens, traumatherapeutischer Angebote und theologischen Fachwissens.[93]

2018 erschien »Traumatisierte Menschen begleiten: Ein Arbeitsbuch für christliche Gemeinden«. Das Autorenteam Harriet Hill, Margaret Hill, Richard Baggé und Pat Miersma[94] konzipierten ein Arbeitsbuch für die Gruppenarbeit mit Traumabetroffenen in christlichen Gemeinden, das mittlerweile aus dem Englischen in 28 Sprachen übersetzt ist.

Dann erschienen zwei Dissertationen im Fachbereich der Seelsorge: Andreas Stahl, »Traumasensible Seelsorge. Grundlinien für die Arbeit mit Ge-

88 SEIDLER (2011/2019³, S. 928–937).
89 AUGST (2012).
90 UTSCH/BONELLI/PFEIFER (2014/2018²).
91 KIRSCHT (2014).
92 KIRSCHT (2021).
93 Mit der Emmaus-Geschichte als Grundlage für sein Seelsorgemodell steht Kirscht in der Tradition Isidor Baumgartners, integriert aber unzählige neue Erkenntnisse der Psychotraumatologie und Seelsorgelehre.
94 HILL/HILL/BAGGE/MIERSMA (2018).

waltbetroffenen«.[95] Stahl unternimmt als Erster die Auswertung quantitativer und qualitativer Studien, welche die Zusammenhänge zwischen Traumata und Religiosität untersuchen. Er setzt auch theologische Schwerpunkte, indem er erschwerende und hilfreiche religiöse Erfahrungen Betroffener differenziert und die Ambivalenz wichtiger theologischer Themen erklärt. Zum Schluss stellt er Grundlinien vor, die er in einer »traumasensiblen Seelsorge«, einer »traumasensiblen Kirche« und einer »traumasensiblen Spiritualität« verortet. Damit legt Stahl wichtige Grundlagen für eine traumagerechte Seelsorge.

Miriam Schade, »Dem Schrecklichen begegnen«[96], hat sich mit den Fragen nach einer hilfreichen Seelsorge mit traumabetroffenen Kindern auseinandergesetzt und dabei ihre Erfahrungen aus dem südamerikanischen Kontext einfließen lassen. Mit Blick auf die Besonderheiten kindlicher Traumatisierungen und kindgerechte Zugangsweisen bettet Miriam Schade die Seelsorge als »emotionspsychologisches Interaktions- und Beziehungsgeschehen« in den Kontext des Zusammenlebens mit akuttraumatisierten Kindern ein und widmet der Bedeutung der Emotionen für die Seelsorge anschließend fast 200 Seiten. Die daran anknüpfenden »Handreichungen und Methoden« für die Praxis sind sehr konkret und gut umsetzbar. Ein besonderes Augenmerk gilt der Kontaktaufnahme mit betroffenen Kindern, Ritualen, einer vertrauensvollen Beziehung, der Kreativität, explizit geistlichem Handeln sowie der Resilienzförderung.

### Ab 2020

Maike Schult setzt sich in »Ein Hauch von Ordnung«[97] mit den Grenzen des Sagbaren auseinander und findet in der Weltliteratur und der Bibel einerseits Räume für Findungsprozesse und andererseits Darstellungen von Gefühlserbschaften, die sich über Generationen erstrecken können. Seelsorge wird dabei zu einer »Zeitzeugin«, die sich auch an den Grenzen des Sagbaren bewegen und »einen Hauch von Ordnung« einbringen kann.

Thomas Thiel widmet sich der Frage, wie Seelsorge im Umfeld militärischer und kriegerischer Auseinandersetzungen aussehen kann. Dabei richtet er einen Fokus auf traumatisierte Menschen im Kontext von Scham, Schuld, Macht und Gewalt.[98] Diesen Themen begegnete er bei Soldaten und Soldatinnen, die im Krieg mit Gewalt von allen Seiten konfrontiert wurden, auch mit eigener Ausübung von Gewalt. Thomas Thiel schöpft aus reichen psychotraumatologischen

95 STAHL (2019).
96 SCHADE (2019).
97 SCHULT (2023).
98 THIEL (2023).

Kenntnissen, theologischer Tiefe und philosophischer Weite. Thiel zeigt heilsame Wege auf, wie sie nur von der Seelsorge angeboten werden können. Dazu gehört beispielsweise die Seelsorge als Hilfe zur Heilung von der Vergangenheit oder der Weg von der Beichte zur Vergebung und schließlich zum Segen.[99]

## Wichtige Stationen der bibelwissenschaftlichen Traumaforschung

Dieses Kapitel verschafft einen Überblick über Pioniere der bibelwissenschaftlichen Traumaforschung in chronologischer Reihenfolge.

### 1980er Jahre: Traumarelevante Entdeckungen in den Psalmen

Als Psychotherapeut und Theologe schrieb Helmut Jaschke[100] 1989 ein frühes Büchlein mit hohem Gültigkeitswert im Schnittbereich der Psychotherapie und Psalmenexegese mit dem Titel »Aus der Tiefe rufe ich, Herr, zu dir. Psychotherapie aus den Psalmen«. Er findet therapeutische Prozesse mit Rückbezug auf Erich Fromm in den Psalmen, ortet den Raum »vor Jahwe« als therapeutischen Raum und die »Sehnsucht nach der schützenden und nährenden Mutter«, beispielsweise in Psalm 22, als Angebot zur Regression, das gleichsam Teil tiefenpsychologischer Therapien ist. Von bleibender Relevanz, auch für heutige traumafokussierte Therapie- und Seelsorgeprozesse, sind Jaschkes Gedanken zur Klage sowie seine Gedanken zur Auseinandersetzung mit den Feinden.[101] In späteren Jahren machte Helmut Jaschke eine EMDR-Ausbildung und spezialisierte sich damit zum traumafokussierten Psychotherapeuten.

### 1990er Jahre

Auch Wunibald Müller, Theologe und Psychotherapeut, verfasste 1993 mit »Meine Seele weint«[102] ein knappes Buch zur therapeutischen Wirkung der Psalmen für die Trauerarbeit. Müller wendet sich an Trauernde, wenn sie im Schmerz zu versinken drohen, sowie an Betroffene einer »Anhaltenden Trauerstörung«, wie sie neu als Krankheit in die ICD-11 aufgenommen wurde.

---

99 Die Publikationen sind bis zum Jahr 2023 berücksichtigt.
100 JASCHKE (1989).
101 S. 17 ff., S. 29 ff., S. 42–57, S. 822–112.
102 MÜLLER (1993).

Prägend wurde Walter Dietrichs (und Christian Links) zweibändiges Werk »Die dunklen Seiten Gottes«.[103][104] Der Alttestamentler Walter Dietrich geht ausführlich auf »Allmacht und Ohnmacht« sowie auf »Willkür und Gewalt« ein. Problematische Vorstellungen, wie die eines »Gottes der Rache« werden durchleuchtet und durch die Einbettung dahingehend gedeutet, dass sie Lebensmöglichkeiten eröffnen, statt sie zu verschließen.

Jürgen Ebach vertiefte sich anhand der Hiobsgeschichte[105] in die Thematik der Auseinandersetzung mit Gott angesichts unschuldigen, unermesslichen Leidens. Auf die Frage: »Warum trifft mich solch großes, sinnloses Leid?« wies Hiob jegliche religiösen Antwortversuche seiner Freunde zurück. Ja, Hiob wagte es, Gott herauszufordern (Hiob 29–31). Die Tradition des »Streitens mit Gott« ist im Judentum verankert und bekannt, im Christentum galt es, dies in den 1990er-Jahren neu zu entdecken.

Ulrike Bail geht in eine ähnliche Richtung mit ihrem wegweisenden Buch »Gegen das Schweigen klagen. Eine intertextuelle Studie zu den Klagepsalmen Ps 6 und Ps 55 und der Erzählung von der Vergewaltigung Tamars«.[106] Überraschend und treffsicher sind Ulrike Bails Übersetzungen und Interpretationen der Psalmtexte. Sie benennt die »Sprachmacht der Gewalttäter«, wie sie in verschiedenen Klagepsalmen zum Ausdruck kommt, aber ebenso die »Entlarvung der Sprachmacht der Gewalttäter«. Sie schreibt vom Verstummen Betroffener und deren »Widerstand gegen das Schweigen«. In Psalm 6 entdeckt sie die »Totalität des Schreckens«, eine »Topografie des Schreckens« und eine »Chronologie des Schreckens«.

Ohne von Traumatisierung zu schreiben, trifft Ulrike Bail zentrale Themen Traumabetroffener und verortet sie in den alttestamentlichen Texten der Psalmen und Samuelbücher. Als entscheidender Impuls darf Ulrike Bails Wahrnehmung gelten, psychotraumatologische Symptome in den poetischen Texten der beiden Psalmen beschrieben zu finden und diese auch weiteren Betroffenen als sprachermöglichende und sprachermächtigende Texte in den Mund zu legen, um damit das Verstummen zu durchbrechen. Anklänge an Ulrike Bails Buch und von ihr geprägte Begrifflichkeiten finden sich in zahlreichen späteren Publikationen zu Psalmen und Traumafolgen, teilweise ohne Quellenangabe.

---

103 DIETRICH/LINK (1995/1997²).
104 DIETRICH/LINK (2000).
105 EBACH (1995/2007³); EBACH (1996/2005²).
106 BAIL (1998, S. 31 ff., S. 68 ff., S. 60 ff., S. 118 ff., S. 121 ff., S. 130 ff.).

## Ab 2000

Der Alttestamentler Bernd Janowski untersucht im Buch »Konfliktgespräche mit Gott« die Anthropologie der Psalmen.[107] Speziell in der jüdischen Tradition, gerade in den Psalmen, kommt die direkte Anrede Gottes ungeschönt daher. Das Konfliktgespräch in Psalm 22 enthält nicht weniger als die Gottesfrage Traumabetroffener in verdichteter Weise (»Gott, warum ...?!«) – damit trifft Janowskis bibelwissenschaftlich-alttestamentlicher Beitrag ins Zentrum der Fragen Traumabetroffener.

Ähnlich argumentiert die Neutestamentlerin Monika Fander in ihrem kürzeren Beitrag »›Mein Gott, mein Gott, warum hast du mich verlassen?‹ (Kriegs-)Traumatisierung als Thema des Markusevangeliums«.[108]

Ob und wie sich Theologie betreiben lässt in einer zerrissenen Welt, bedenkt die New Yorker Professorin Serena Jones in ihrem 2009 erschienenen Buch »Trauma and Grace. Theology in a ruptured World«. Ihre Traumastudien beziehen sich auf Langzeitüberlebende sexueller Gewalt, auf Kriegsheimkehrer und an den Rand Gedrängte. Jones erarbeitet, wie tief Gottes Liebe zu dieser Welt gerade in ihrer Zerbrochenheit ist und wie zentral die Botschaft der Hoffnung, der Liebe und der Gnade die Bedürfnisse Betroffener trifft.

## Ab 2010

2010 publizierte die Bostoner Professorin Shelly Rambo einen theologischen Entwurf für Traumabetroffene: »Spirit and Trauma. A Theology of Remaining«.[109] Sie plädiert für eine Neubesinnung der Theologie, die nicht übereilt die Auferstehungshoffnung verkündet, also eine Theologie, die nicht vorschnell zum Osterereignis fortschreiten soll nach dem Erschütterungserleben von Karfreitag. Vielmehr soll die Theologie dem (Kar-)Samstagsereignis Raum geben, also der Zeit des Verlusts und der Ungewissheit und damit das Aushalten der Erschütterung ernst nehmen. In einer Neuinterpretation des johanneischen »Bleibens« (Joh 15,4) erwartet sie Neuerfahrungen, die aus der Tiefe der Erschütterung erwachsen können. Sieben Jahre später nimmt Shelly Rambo das Traumathema nochmals auf in »Resurrecting Wounds. Living in the Afterlife of Trauma«.[110]

107 JANOWSKI (2003/2006$^2$).
108 FANDER (2005, S. 116–156).
109 RAMBO (2010).
110 RAMBO (2017).

Die Alttestamentlerin Ruth Poser deutete 2012 »Das Ezechielbuch als Traumaliteratur«.[111] Sie nimmt die Traumafachsprache explizit auf und interpretiert das Ezechielbuch in seinem Gesamtentwurf als Traumaliteratur aufgrund der nationalen Katastrophe des Belagerungskrieges und der Stürmung Jerusalems in den Jahren 587/586 v.Chr. Poser interpretiert die Leiden Ezechiels, die sich in körperlichen Einschränkungen wie Lähmungserscheinungen und Verstummen ausdrücken, als Traumafolgen und Traumasymptome, die sowohl für den Einzelnen (den Propheten Ezechiel) als auch exemplarisch für die Leiden des ganzen Volkes stehen.

Eine neutestamentliche Publikation legte Andreas Bedenbender zum Markusevangelium vor: »Frohe Botschaft am Abgrund: Das Markusevangelium und der Jüdische Krieg«.[112] Bedenbender interpretiert das Markusevangelium als »Krisendokument« eines traumatischen Ereignisses, nämlich als Reaktion auf den Jüdischen Krieg und die Zerstörung Jerusalems im Jahre 70 n.Chr. Dieses Ereignis hinterließ im jüdischen Volk eine tiefe Wunde.

Bernd Janowskis Buch »Ein Gott, der straft und tötet?«[113] war bereits nach einem Jahr vergriffen. Der Alttestamentler hat – wie schon Walter Dietrich[114] – das Bedürfnis von Bibelleserinnen und Bibellesern erkannt, gerade auch Texte mit verstörenden Gottesbildern zu verstehen: Ein strafender Richter? Ein Gott der Vergeltung? Ein Gott der Gewalt? Ein Gott der Rache? Bernd Janowski versteht es, Missverständnisse zu klären und schwierige Texte ernst zu nehmen, ohne sie zu beschönigen. Traumabetroffene sind nicht selten von Gottesbildern geprägt, die ihre Krankheit stabilisieren, statt sie daraus zu lösen und zu befreien. Sie finden für diese beängstigenden Texte fachspezifische Richtigstellungen durch die Exegese Bernd Janowskis (wie auch Walter Dietrichs), die aufbauende und heilsame Gottesbilder wieder ermöglichen. Oft finden Menschen ihre eigenen traumatogenen Geschichten in »schwierigen« biblischen Texten beschrieben und fühlen sich gerade auch durch sperrige Geschichten und Gestalten der Bibel verstanden.

Noch weiter geht David Carr, wenn er in seinem 2014 erschienenen Buch »Holy Resilience« vorschlägt: »Human trauma gave birth to the Bible«; er deutet menschliche Traumatisierungen als Geburtsstunde biblischer Texte. Die Fähigkeit der Bibel, Leiden zu benennen, sieht Carr als Hauptgrund, warum diese Texte über die Jahrtausende ihre Relevanz behalten haben.[115]

---

111 POSER (2012).

112 Die Bedenbender später zusammenführt in: BEDENBENDER (2013).

113 JANOWSKI (2013/2018$^3$).

114 DIETRICH/LINK (1995/1997$^2$; 2000).

115 CARR (2014).

Gleichermaßen interpretiert »Bible Through the Lens of Trauma«, herausgegeben von Elizabeth Boase und Christopher Frechette, in einem Sammelband die verschiedenen Traumatheorien als Hilfen zum Verständnis biblischer Texte.[116]

Weitere traumarelevante Entdeckungen in den Psalmen macht Bernd Janowski: In seinem Beitrag über »Das erschöpfte Selbst«[117] fragt Janowski am Beispiel der Depression nach der Erforschung von Gefühlen in Kulturen wie dem Alten Israel.

Auch Till Magnus Steiner geht in einem Artikel auf die Psalmen als mögliches Anti-Depressivum ein.[118]

»History Trough Trauma: History and Counter-History in the Hebrew Bible« von Tiffany Houck-Loomis attestiert den Texten der Heiligen Schrift sowohl ein Potenzial zu verstören wie auch ein Potenzial zu heilen.[119] Ähnlich argumentiert David Janzen 2018 in »Trauma and the Failure of History. Kings, Lamentations, and the Destruction of Jerusalem«.[120] Gleichermaßen liest James Yansen im Buch »Daughter Zion's Trauma«[121] die Klagelieder durch die Brille der Psychotraumatologie.

## Ab 2020

Die Alttestamentlerin Christl M. Maier veröffentlichte 2020 einen Aufsatz zu Jeremia 40–44: »Wer schreibt Geschichte? Ein kulturelles Trauma und seine Träger im Jeremiabuch«.[122] Im ersten Teil eines Jeremiakommentars, »Jeremia 1–25«, bedient sie sich[123] verschiedener exegetischer Zugänge, unter welchen die Traumaforschung wiederum einen prominenten Platz einnimmt. »Dabei wird deutlich, wie das Jeremiabuch ein kulturelles Trauma zu bearbeiten sucht und angesichts von Krieg, Hunger und Vertreibung um ein Gottesbild ringt, das geeignet ist, die Geschichte zu verstehen und zugleich Hoffnung auf eine bessere Zukunft zu vermitteln.«[124]

Nikolett Móricz verfasste 2021 eine Arbeit zur Phänomenologie des Traumas in vier ausgewählten Psalmen: »›Wie die Verwundeten – derer du nicht mehr gedenkst‹. Zur Phänomenologie des Traumas in den Psalmen 22, 88, 107 und

---

116 BOASE/FRECHETTE (2016).
117 JANOWSKI (2016, S. 77–123).
118 STEINER (2017).
119 HOUCK-LOOMIS (2018).
120 JANZEN (2013).
121 YANSEN (2019).
122 MAIER (2020).
123 MAIER (2022).
124 MAIER (2022, Buchbeschreibung).

137«.[125] Móricz findet traumaspezifische Themen beispielsweise in einer »Narrativen Identität« oder in Klage und Lob als »erinnerte Heilungsnarrative«. Sie beleuchtet Orte und zeitgebundene Schreckensereignisse, »Mini-Erzählungen« in einzelnen Textabschnitten, findet traumabedingte Körperzustände in den untersuchten Psalmen beschrieben (»gefesselt in Finsternis und Todesschatten«) und Texte, die von einer »Überlebendenschuld« und Identitätsbildungsprozessen des Volkes Israel zeugen. Es ist die erste Monografie, die sich explizit (mit den Begrifflichkeiten der Psychotraumatologie) dem Thema »Psalmen und Traumafolgen« widmet.

Nach einer Tagung zu »Traumaforschung und alttestamentlicher Exegese« in Heidelberg gaben Dorothea Erbele-Küster, Manfred Oeming und Nikolett Móricz 2022 die Tagungsbeiträge heraus unter dem Titel »Gewaltig wie das Meer ist dein Zusammenbruch (Klgl 2,13). Theologische, psychologische und literarische Zugänge der Traumaforschung«.[126] Die Tagungsbeiträge stammen vornehmlich von Alttestamentlerinnen und Alttestamentlern. Sie benennen »das vielfältige methodologische Instrumentarium der Trauma-Hermeneutik« – eine Terminologie, die neu ist für die Theologie und die biblische Hermeneutik.

»Resilienznarrative im Alten Testament« entdecken Judith Gärtner und Barbara Schmitz (Hrsg.) 2022.[127] Sie führen die Artikel der Tagung »Resilienz in Religion und Spiritualität. Aushalten und Gestalten von Ohnmacht, Angst und Sorge« zusammen (Rostock 2020). Im Vorwort schreiben sie: »Der Resilienzbegriff, der selbst kein Begriff der alttestamentlichen Quellensprache ist, hat in den letzten Jahren als Interpretationskategorie biblischer Überlieferung zunehmende Beachtung gefunden, um vor allem Ergebnisse aus der Psychologie für das Verständnis alttestamentlicher Texte fruchtbar zu machen.« Die Terminologie der »Resilienznarrative« sowie derselben »als Interpretationskategorie biblischer Überlieferung« sind neu. Früher sprach man stattdessen von »Lebensbewältigungs-Geschichten« der Bibel.

## Fazit aus dem Literatur- und Forschungsüberblick

> In der Theologie, vor allem in den Fachgebieten der Seelsorge und Bibelwissenschaft, hat in den vergangenen zwanzig Jahren eine intensive Forschungstätigkeit eingesetzt, die sich auf die Erkenntnisse der Psychotraumatologie stützt. Momentan übertreffen die Publikationen der bibelwissenschaftlichen Trauma-

125 MORICZ (2021).
126 ERBELE-KÜSTER/OEMING/MORICZ (2022).
127 GÄRTNER/SCHMITZ (2022).

forschung sogar die Publikationen der Seelsorgelehre bzw. der Traumaseelsorge. Die Aufnahme der Psychotraumatologie als Nachbarwissenschaft führt zu begrifflichen Neuschöpfungen wie beispielsweise »Trauma-Hermeneutik«.[128]

Die Seelsorge-Publikationen und die bibelwissenschaftliche Traumaforschung weisen auf Zusammenhänge und Interdependenzen zwischen den drei Fachgebieten hin (s. Abbildung 3).

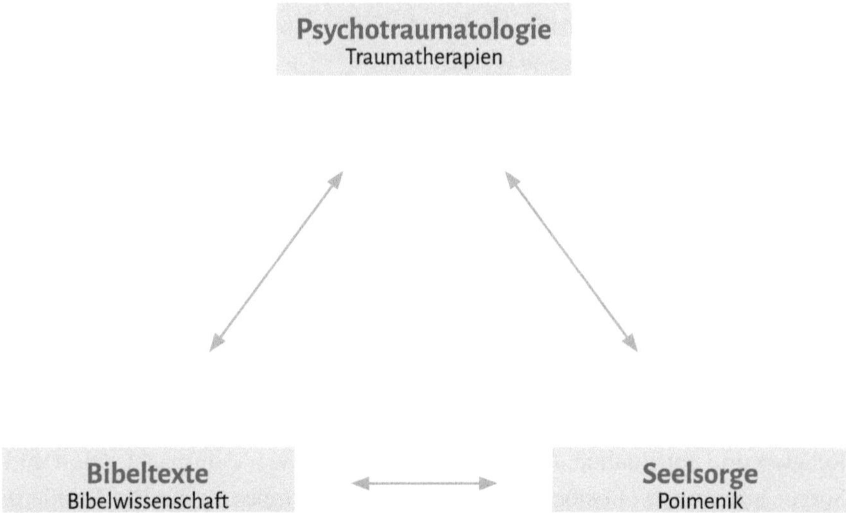


**Abbildung 3:** Interdependenzen zwischen Psychotraumatologie, Bibeltexten und Seelsorge (erstellt von Silvia Bolatzki)

Die Verwandtschaft alttestamentlicher und neutestamentlicher Texte mit traumaassoziierten Themen mag erstaunen. Doch sie beschreiben Menschen in Not, Auseinandersetzungen und Ausweglosigkeiten. Die Kraft dieser Texte wurde für die Seelsorge zeitweise unterschätzt.

Im Folgenden wird der Frage Raum gegeben, wie eine Seelsorgepraxis aussieht, die sich auf den Dialog mit der Psychotraumatologie und ihre eigenen Wurzeln, die Bibeltexte, einlässt? Als Beispiel für die eigenen Wurzeln werden zunächst zwei Psalmen untersucht, Psalm 69 und Psalm 91. Später kommen weitere Psalmen und Bibeltexte in den Blick.

Zuerst aber geht es um die Klärung der psychotraumatologischen Grundlagen, die seit 1980 zu einem neuen Forschungsgebiet führten: zur Psychotraumatologie.

128 ERBELE-KÜSTER/OEMING/MORICZ (2022).

# TEIL I

## Grundlagen

# 1 Psychotraumatologische Grundlagen

Immer deutlicher zeigt sich, dass psychischen Beeinträchtigungen traumatische Erlebnisse zugrunde liegen können, die in der Erinnerung, in der Gefühlswelt und im Körper Spuren hinterlassen haben.

## 1.1 Die Posttraumatische Belastungsstörung (PTBS): Eine »neue« Diagnose

Die Posttraumatische Belastungsstörung (PTBS) wurde erstmals 1980 in ein Krankheits-Klassifikationssystem aufgenommen, ins amerikanische DSM-III.[129][130] Die Forschungen der vorausgehenden Jahre führten »zu einer breiten Akzeptanz der Erkenntnis, dass extreme Gewalterfahrungen auch ohne Vorschädigung zu behandlungsbedürftigen Störungen führen können«.[131] Die PTBS gehört zum »Kernbereich der Psychotraumatologie«. Sie gilt als »*die* prototypische Erkrankung in diesem Feld. […] Die Einführung der PTBS als eigenständige diagnostische Kategorie im DSM-III hat die Grundlagen und klinische Forschung extrem stimuliert.«[132]

1991, also elf Jahre später, wurde die PTBS auch in die ICD[133] aufgenommen. Es handelte sich um die ICD-10, die ab Januar 2022 durch die ICD-11 abgelöst wurde. Dabei gilt zu beachten: »Im Bereich Trauma und Dissoziation werden mit dem ICD-11 markante Verbesserungen eingeführt.«[134] Diese neuen

129 Erklärung unbekannter Abkürzungen s. *Wichtige Begriffserklärungen.*

130 MAERCKER (2009$^3$, S. 10).

131 S. 9.

132 Hervorhebung durch SPITZER/WINGENFELD/FREYBERGER (2011/2019$^3$, S. 127).

133 https://www.micado-online.de/Portals/0/Dateien/Downloads/Dokumente/PUBLIK/ICD_2018 (Zugriff am 28.02.2025)

134 GYSI (2018, S. 1).

Definitionskriterien sind spezifischer und anders gruppiert und somit eine Hilfe beim Unterscheiden verschiedener Traumafolgen.

## Psychotraumatologie

»Das Wort ›Psychotraumatologie‹ wurde 1991 in Zusammenhang mit der Gründung des Deutschen Instituts für Psychotraumatologie (DIPT) durch eine Gruppe in diesem Bereich tätiger Fachleute aus Psychologie, Medizin, Rechtswissenschaft, Psychoanalyse und Psychotherapie um [Gottfried] Fischer erstmals in Deutschland verwendet [... sowie] in Amerika Anfang der 1990er-Jahre.«[135]

## Auslösendes Ereignis

Traumafolgestörungen werden durch ein oder mehrere belastende Ereignisse ausgelöst (auslösendes Ereignis).

Seit Januar 2022 ist die ICD-11 in Kraft. Die Definition gemäß ICD-11 definiert neu: »Traumata entstehen, wenn Menschen einem Ereignis oder einer Serie von Ereignissen mit außergewöhnlicher Bedrohung oder katastrophenartigem Ausmaß ausgesetzt sind.«[136]

Das ehemalige Diagnosemanual DSM-IV-TR definierte: Ein Trauma entsteht durch »ein Ereignis oder Ereignisse, die eine Konfrontation mit tatsächlichem oder drohendem Tod oder ernsthafter Verletzung oder Gefahr für eigene oder fremde körperliche Unversehrtheit«[137] enthalten. Zum Verständnis hilfreich ist außerdem die ältere Definition nach Fischer und Riedesser. Diese ist für die Praxis bestimmt und hält sich nicht streng an die Diagnosekriterien der ICD und des DSM. Fischer und Riedesser verstehen das Trauma als »ein vitales Diskrepanzerlebnis zwischen bedrohlichen Situationsfaktoren und den individuellen Bewältigungsmöglichkeiten, das mit Gefühlen von Hilflosigkeit und schutzloser Preisgabe einhergeht und so eine dauerhafte Erschütterung von Selbst- und Weltverständnis bewirkt«.[138]

Trauma auslösend sind Ereignisse jeweils dann, wenn sie die menschlichen Regulations- und Kompensationsmöglichkeiten überfordern.

---

135 MAERCKER (1997/2009³, S. 4).
136 GYSI (2021/2022², S. 18).
137 FEGERT/BROWN/RASSENHOFER/SUKALE (2020, S. 317).
138 FISCHER/RIEDESSER (2009⁴, S. 84).

## Symptome der PTBS

Für die Diagnose einer PTBS müssen fünf Kriterien erfüllt sein. Es handelt sich dabei um die folgenden Symptome bzw. Symptomgruppen:

- Das Erlebnis eines traumatisierenden Ereignisses mit der Gefahr tödlicher Bedrohung.
- Intrusionen (unwillkürliche und belastende Erinnerungen an das Ereignis).
- Vermeidungsverhalten und allgemeiner emotionaler Taubheitszustand.
- Anhaltendes physiologisches Hyperarousal, das heißt Übererregung: Das autonome Nervensystem reagiert früher und stärker, dadurch kommt es schneller zu körperlichen Stresssymptomen.
- Die Symptome dauern länger als einen Monat.[139]

Meist werden diese fünf auf die klassischen drei Symptomgruppen reduziert, auf Wiedererleben (Intrusionen), Vermeidung und Übererregung (Hyperarousal),[140] die sogenannte *Traumatrias* (s. Abbildung 4).[141]

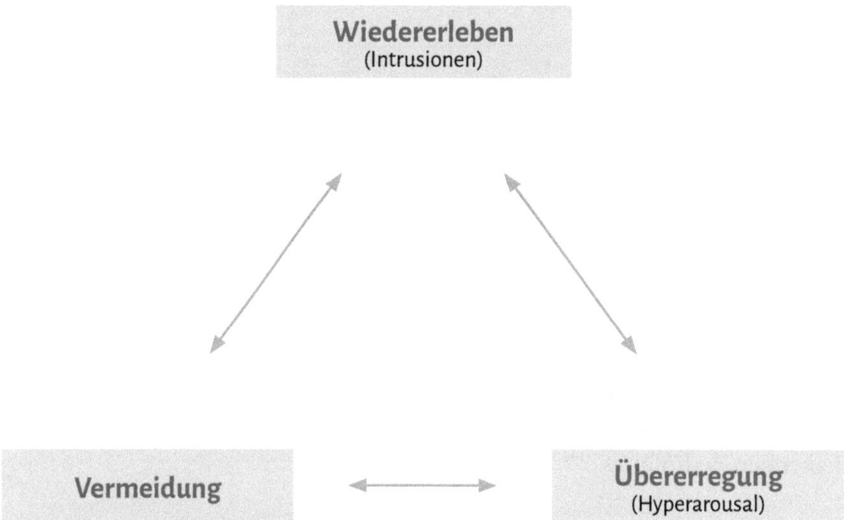


**Abbildung 4:** Symptomdreieck der Posttraumatischen Belastungsstörung (PTBS), auch *Traumatrias* genannt (erstellt von Silvia Bolatzki)

139 MAERCKER (2009³, S 14).
140 S. 17.
141 GYSI (2021/2022², S. 15).

### Wiedererleben in der Gegenwart (Intrusionen)

Beim traumatischen Wiedererleben in der Gegenwart werden die Ereignisse erinnert, ohne diese Erinnerungen selbst steuern zu können. Dazu gehören auch Körpersensationen, körperliche Reaktionen oder innere Bilder und Albträume.

Diese Erinnerungsfragmente, auch *Intrusionen* genannt, tauchen häufiger auf, als der Betroffene ertragen kann, und führen dadurch zu einem Belastungsgefühl. »Oftmals kommt es zu einem subjektiv erlebten Überflutungszustand durch diese inneren Bilder«,[142] Flashbacks und Körpersensationen.

Das Wiedererleben kann sich aber auch als *Konstriktion* zeigen. Die Konstriktion ist das Gegenteil der Intrusion: Fühlt man bei der Intrusion zu viel, so fühlt man bei der Konstriktion zu wenig. Die konstriktive Symptomatik fühlt sich an wie eine emotionale Betäubung. Dazu gehören Lustlosigkeit/Anhedonie, Freudlosigkeit, Leere, Numbing (ein Abflachen der allgemeinen Gefühlsfähigkeit). Betroffene beschreiben es auch als Versteinern, Versanden, innerliches Absterben (was sich auch in einer Depression oder Somatisierungsstörungen ausdrücken kann).[143]

### Vermeidung

Betroffene vermeiden Gedanken an das Geschehen (aktives Erinnern), vermeiden Orte und Zeiten des Geschehens (Besuche am Ort, Jahrestage) oder Gefühle und Situationen, die an das Geschehen erinnern (beispielsweise vertrauensvolle Beziehungen eingehen).

### Übererregung: erhöhte Reagibilität (Hyperarousal)

Die Übererregung betrifft eine »Form von erhöhter Wachsamkeit oder gesteigerter Schreckreaktion durch die subjektive Wahrnehmung einer anhaltenden Bedrohung«.[144]

### Zur Unterscheidung von normalen Erinnerungen und Intrusionen

*Intrusionen* (traumatisches Wiedererleben) sind unwillkürliche und belastende Erinnerungen an das traumatische Ereignis, die überflutend einherkommen,

---

142 MAERCKER (2009³, S. 18).
143 Intrusive, konstriktive, dissoziative Symptomatik gemäß SACHSSE/SACK (2012, S. 8–9).
144 MAERCKER (2021, S. 21).

häufig in Form von Flashbacks, Erinnerungsfetzen, Albträumen oder Körperempfindungen. Sie lassen sich nicht willentlich steuern. Eine hilfreiche Gegenüberstellung zur Unterscheidung von gewöhnlichen gegenüber traumatischen Erinnerungen findet sich bei Jan Gysi.[145]

*Normale Erinnerungen* sind im Hirn in der Region des Neokortex abgespeichert, sind autobiografisch (Teil der eigenen Geschichte), sind rekonstruktiv (bauen auf, helfen, die eigene Geschichte zu verstehen), haben eine soziale Funktion (z. B. anderen Anteil geben am Erlebten), unterstehen willentlicher Kontrolle und sind in die Lebensgeschichte integriert. Die sich erinnernde Person ist zeitlich orientiert und hat ein Narrativ zum Geschehenen, indem sie davon erzählen kann und Sprache dafür findet.

*Traumatische Erinnerungen (Intrusionen)* Traumatische Reize werden nicht in das explizite Gedächtnis eingespeist, sondern primär im impliziten Gedächtnis als zusammenhanglose Sinneseindrücke olfaktorischer, visueller, akustischer oder kinästhetischer Art fragmentiert; es kommt zu einer Blockade der Informationsverarbeitung, die zu einer Desynchronisation von expliziten und impliziten Gedächtnisfunktionen führt.[146] Die Erinnerungen sind »traumatisch«, das heißt nicht autobiografisch. Sie kommen zusammenhangslos und sind nicht verstehbar. Sie sind reproduktiv, drängen sich auf und sind keine Hilfe im Verstehen der eigenen Geschichte. Sie haben auch keine soziale Funktion wie beispielsweise das gemeinsame Gedenken an die Vergangenheit. Sie entziehen sich willentlicher Kontrolle und sind nicht in die eigene Lebensgeschichte integriert. Die Person ist während der Intrusion zeitlich desorientiert und hat oft somatosensorische Eindrücke in Form von Bildern, »Film-Fetzen«, Gerüchen oder Körpersensationen.

## 1.2 Differenzierungen

### Unterscheidung zwischen man-made disaster und Katastrophen/Unfällen

Man unterscheidet zwischen menschlich verursachten Traumata[147] (man-made-disaster) und Naturkatastrophen oder Unfällen, die nicht durch Menschenhand herbeigeführt wurden.

145 GYSI (2015, S. 43).
146 BERING/FISCHER/JOHANSEN (2005); diesen Hinweis verdanke ich Agnes Karl.
147 In Fachpublikationen ist die Pluralform *Traumata* gebräuchlich (griechische Pluralform), doch immer mehr setzt sich auch die Pluralform *Traumen* durch.

Zu den Katastrophen, Unfällen und berufsbedingten Traumata gehören »Naturkatastrophen, technische Katastrophen, berufsbedingte Katastrophen oder Notfall-Einsätze (in Militär, Polizei, Feuerwehr und Rettungsdiensten, in sogenannten Blaulichtberufen), berufsbedingte Unfälle und Verkehrsunfälle«.[148]

Als »man-made disaster« (von Menschenhand herbeigeführte Traumen) gelten körperliche oder sexuelle Misshandlung in der Kindheit, familiäre Gewalt, kriminelle Gewalt und organisiertes Verbrechen, Kriegserlebnisse, Geiselnahme, Vergewaltigung, Folter und politische Inhaftierung, Aufenthalt in Konzentrations- und Vernichtungslagern und Massenvernichtung. Wie sehr Gewalthandlungen an Kindern ein Thema sind und wie weit sich die Gewalt durch die Corona-Pandemie und die Lockdowns im Jahre 2020 verschärft hat, fasst Bernd Siggelkow für den Standort Deutschland zusammen:

> »Im Jahr 2020, also während der Corona-Maßnahmen, stieg die Zahl der Kindesmisshandlungen um 10,8 Prozent von 4100 auf 4542 Fälle. Bei den unter 6-jährigen Kindern stieg die Zahl sogar auf 11,5 Prozent, das sind dann 1967 Kinder.
>
> Viel größer ist die Zahl der sexuell missbrauchten Kinder, deren Zahl zum Vorjahr um 6,1 Prozent stieg. 16921 Kinder, allein das ist unvorstellbar. Doch es kommt noch schlimmer: Über 152 erschlagene oder zu Tode geprügelte Minderjährige. 134 Kinder und Jugendliche überlebten einen Tötungsversuch, hiervon waren sogar 66 unter 6 Jahren.«[149]

## Typ I-, Typ II- und Typ III-Trauma sowie weitere Differenzierungen

Die Unterscheidung von Typ I- und Typ II-Trauma hat sich durchgesetzt. Neuerdings wird die Möglichkeit eines Typ III-Traumas erwogen:

Als Typ I-Trauma bezeichnet man kurzdauernde traumatische Ereignisse wie Naturkatastrophen, Unfälle, technische Katastrophen und kriminelle Gewalttaten (Überfälle, Schusswechsel).[150]

Von einem Typ II-Trauma spricht man bei längerdauernden, wiederholten Traumatisierungen. Dazu gehören Geiselhaft, mehrfache Folter, Kriegsgefangenschaft, KZ-Haft, wiederholte körperliche oder sexuelle Gewalt (Kindesmissbrauch, Kindesmisshandlung, Vergewaltigung), chronische Vernachlässigung und unberechenbares Verhalten der Peiniger. Typ-II-Traumatisierungen sind

---

148 Aufzählung nach MAERCKER (2003$^2$, S. 4).
149 SIGGELKOW (2021, S. 26).
150 Auflistung nach MAERCKER (2003$^2$, S. 5).

häufig gekoppelt mit dem Erleben von Demütigung und extremer Hilflosigkeit und führen zu tiefgreifenden Erschütterungen: Überlebenswichtige Grundannahmen wie das Selbstbild, der Selbstwert und auch die Vertrauenswürdigkeit anderer Menschen können massiv beschädigt werden.[151] Die Leidensdimensionen und Leidensausmaße sind beim Typ II-Trauma gegenüber dem Typ I-Trauma massiv erhöht.

Das Typ III-Trauma beschreibt Jan Gysi als »Folgezustände von organisierter Gewalt und online vermittelte Traumata, beispielsweise sexualisierte Gewalt in Internetforen oder den sogenannten Loverboy-Missbrauch«.[152] Loverboys sind jugendliche Zuhälter, die Mädchen im Teenageralter durch Manipulation, dem Vorspielen echten Verliebtseins und echten Interesses in die Prostitution zwingen.

Des Weiteren beschreibt Jan Gysi das »Bindungstrauma« nach dem Erleben von »Vernachlässigung, früher emotionaler Gewalt und früher körperlicher Gewalt«.[153]

Das »medizinische Trauma« kann sich bei chronischen Erkrankungen mit belastender Prognose oder nach Behandlungen auf der Intensivstation ausbilden.[154]

Ein »kumulatives Trauma« bezeichnet eine Häufung belastender Ereignisse, die zu Traumafolgesymptomen führen. Es wurde schon 1963 beschrieben.[155] Es kann vorkommen, dass erst das wiederholte Erleben belastender Ereignisse oder die Häufung belastender Ereignisse eine PTBS hervorrufen. Das gilt für Betroffene von Gewalt und anderen potenziell traumatisierenden Ereignissen. Es kann aber auch bei Menschen auftreten, die im Berufsumfeld wiederholt traumatogenen Ereignissen ausgesetzt sind, beispielsweise Rettungskräfte, medizinisches Fachpersonal oder Lokomotivführer.

## Geschlechtersensible und gendersensible Wahrnehmungen:

Im Rahmen der Traumapädagogik zeigen sich bei der Arbeit mit traumabetroffenen Jugendlichen geschlechtsspezifische Unterschiede. Heidi Zorzi

151 JANOFF-BULMAN (1992).
152 GYSI (2021), https://www.youtube.com/watch?v=JhfT_JT5wWQ (Zugriff am 11.01.2025); MAERCKER (2021/2022$^2$, S. 8).
153 GYSI (2021).
154 GYSI (2021).
155 ANDREATTA/CREPALDI (2021, S. 324–333).

unterscheidet – basierend auf den Forschungsarbeiten von Judith Herman[156] – vier Bereiche, die Unterschiede erkennbar werden lassen.[157]

*Traumaprofil:* Bei Mädchen stehen eher Bindungstraumatisierungen im Vordergrund mit den dazugehörigen Komponenten Verführung und Verrat. Jungen erleben häufiger Unterwerfungs- und Kampf-Traumatisierungen.

*Täterprofil:* Sexuelle Traumatisierungen gehen »bei Mädchen eher mit einer traumatischen Bindung an den Täter einher, bei Jungen handelt es sich seltener um nahe Bezugspersonen.«[158]

*Vorherrschende Emotionen:* Im emotionalen Erleben damals und im traumatischen Wiedererleben im Hier und Jetzt berichten Mädchen häufig von Todesangst, Scham und Verzweiflung. Sie nehmen auch abgewehrte Schuldgefühle des Täters eher auf sich. Ein Gefühl des Beschmutzt- und Minderwertigseins begleitet die Erinnerungen. Jungen fühlen sich vorwiegend gedemütigt, sie neigen eher dazu, die Ängste zu unterdrücken, zeigen aber viel offener Wut- und Rachegefühle.

*Vorherrschende Symptome und vorherrschendes Verhalten:* Bei Mädchen zeigen sich eher Anpassungsverhalten und Unterwerfung. Auch internalisierende Verhaltensweisen (Selbstbeschuldigungen oder Gewalt gegen sich selbst), die sich in selbstverletzendem Verhalten äußern, sind bei Mädchen öfter beobachtbar. »Als Mütter werden sie später häufig ›gefühlstaub‹ gegenüber Traumatisierungen ihrer Kinder oder anderer und gehen öfter Partnerschaften mit misshandelnden Männern ein. Jungen reagieren eher externalisierend, beispielsweise mit aggressiven Impulsdurchbrüchen anderen gegenüber oder dissozialen Verhaltensweisen und identifizieren sich als Erwachsene eher mit dem ›starken Täter‹.«[159] Solch nach außen agierte Stresskompensation führt auch häufiger zu Delinquenz. Das gilt auch für Erwachsene: »Im Strafvollzug befinden sich 33-mal so viele Männer wie Frauen.«[160]

---

156 HERMAN (1992/1997, S. 169).

157 Zusammenstellung in Anlehnung an: ZORZI (2019, S. 123–124). Inwiefern diese Unterschiede einer soziokulturellen Prägung entspringen und wie weit sie auf körperlichen Voraussetzungen gründen, ist ein Gegenstand der Forschung, der kontrovers diskutiert wird. Dazu auch: GAHLEITNER (2013/2018, S. 394–408); SPITZER/WINGENFELD/FREYBERGER (2011/2019, S. 127–146).

158 ZORZI (2019, S. 123).

159 ZORZI (2019, S. 123).

160 KURATLE/MORGENTHALER (2015, S. 210).

### Das Ausmaß der inneren Not

Martin Sack hat die großen Unterschiede im Ausmaß des Leidens Betroffener in einer Umfrage herausgearbeitet. Dabei richtete er sein Augenmerk auf vier Symptomkomplexe, allesamt Kennzeichen erhöhten Leidens, nämlich auf Stigmatisierung, Schuldgefühle, Scham und Isolationsgefühle und erfragte bei Betroffenen, wie stark sie diese Gefühle erlebten. Dabei fand er gravierende Unterschiede im »Ausmaß des Leidens«: Ein multiples Trauma führte zu bis zu fünffach erhöhtem »Leidensausmaß« gegenüber einem Einzeltrauma. Ein multiples Trauma mit der zusätzlichen Diagnose einer komplexen Posttraumatischen Belastungsstörung (s. folgendes Unterkapitel: »Die komplexe Posttraumatische Belastungsstörung«) führte zu bis zu 24-fach erhöhtem Leidensausmaß.[161] Martin Sacks Untersuchung relativiert damit den Traumabegriff. Seelsorgerinnen begegnen nicht selten in Alten- oder Pflegeheimen Personen mit den Symptomen einer komplexen Posttraumatischen Belastungsstörung und weiteren Begleiterkrankungen. Nur sehr wenige hochaltrige Menschen nutzten die Möglichkeit psychotherapeutischer oder traumatherapeutischer Hilfe.

## 1.3 Die komplexe Posttraumatische Belastungsstörung (kPTBS)

Menschen mit schweren und anhaltenden Traumafolge-Symptomen, die oft aus früher Kindheit herrühren, wird die Diagnose der PTBS zu wenig gerecht. Die Bandbreite von Traumafolge-Symptomen zeigte sich in den 1960er Jahren, als erste Publikationen über die Folgen von KZ-Haft und Verfolgung erschienen, und spätere in Publikationen über die Folgen sexueller Gewalt und des Vietnamkrieges.[162]

Eine Gruppe um Judith Herman und Bessel van der Kolk hat darum die Diagnose der komplexen Posttraumatischen Belastungsstörung (kPTBS) vorgeschlagen und vorbereitet.[163] Seit Januar 2022 ist sie nun definitiv in die ICD-11 als Krankheitsdiagnose aufgenommen worden. (Davor hieß die Diagnose für eine komplexe Posttraumatische Belastungsstörung »anhaltende Persönlichkeitsänderung nach Extrembelastung«.)

161 SACK (2010).
162 HERMAN (2010³).
163 SACK (2005).

## Auslösendes Ereignis bei der komplexen Posttraumatischen Belastungsstörung (ICD-11)

Das auslösende Ereignis der kPTBS ist »ein extrem bedrohliches oder entsetzliches Ereignis oder eine Reihe von Ereignissen, meistens längerdauernde oder wiederholte Ereignisse, bei denen Flucht schwierig oder unmöglich war (z. B. Folter, Sklaverei, Genozidversuche, längerdauernde häusliche Gewalt, wiederholter sexueller oder körperlicher Kindesmissbrauch)«.[164]

Die kPTBS beinhaltet die Symptomtrias der PTBS: Wiedererleben, Vermeidung und Übererregung. Dazu kommen drei zusätzliche Symptommuster:

- Affektregulationsstörung,
- Probleme mit dem Selbstbild,
- Probleme in Beziehungen.[165]

Auch Maercker beschreibt diese »anhaltenden und umfassenden Störungen«:

- »Affektives Funktionieren: affektive Fehlregulation, erhöhte emotionale Reagibilität, gewalttätige Ausbrüche, Tendenz zu dissoziativen Zuständen unter Belastung.
- Funktionen des Selbst: Überzeugung von sich selbst als schwach, zerbrochen und wertlos; generalisierte Gefühle von Scham, Schuld.
- Beziehungsfunktionen: Schwierigkeiten, Beziehungen aufrechtzuerhalten oder sich anderen nahe zu fühlen.«[166]

Schmid, Fegert und Kölch schreiben dazu: »Die psychischen Folgen dieser wiederholten interpersonellen Traumatisierungen durch körperliche und emotionale Kindesmisshandlung und/oder sexuellen Missbrauch oder frühkindliche Vernachlässigung sind sehr vielfältig und nur bedingt mit den Folgen von einzelnen traumatischen Erlebnissen, wie einem Unfall oder einer Naturkatastrophe, zu vergleichen.«[167]

Sack, Schellong und Sachsse fassten bereits 2013 die Symptome der kPTBS übersichtlich zusammen. Sie benannten Störungen der Affekt- und Impulsregulation (Gefühlsregulation), Scham, posttraumatische Insuffizienzgefühle, dissoziative Symptome, Somatisierung, Störungen in der Selbstwahrnehmung

164 GYSI (2018, S. 1); MAERCKER (2021, S. 22).
165 GYSI (2021/2022², S. 15).
166 MAERCKER (2021, S. 223).
167 SCHMID/FEGERT/KÖLCH (2010, S. 260).

und Sexualität sowie der Beziehungsgestaltung und schließlich Veränderungen der persönlichen Glaubensvorstellungen und Wertehaltungen.[168]

Martin Sack fasst in seiner Studie zusammen, in welchen Bevölkerungsgruppen die kPTBS am häufigsten vorkommt. Gemäß seiner Studie sind dies Folteropfer (66 Prozent), Kriegsheimkehrer und Kriegsveteranen verlorener Kriege (beispielsweise Vietnamveteranen in den USA, 57 Prozent) und Opfer sexueller Gewalt (50 Prozent).[169]

Als Besonderheiten wiederholter interpersoneller Traumatisierungen während der Kindheit benennen Marc Schmid, Jörg M. Fegert und Michael Kölch:
- die Häufigkeit und Intensität,
- dass diese meist im Geheimen stattfinden und
- oft mit Sprechverboten belegt sind.

Zu den Folgen fassen sie Nachstehendes zusammen:
- Die Betroffenen bekommen nach der Traumatisierung nicht die notwendige soziale Unterstützung.
- Betroffene erleben keine emotionale Validierung (Ernstnehmen, Wertschätzung, Würdigung).
- Zudem wird ihnen in ihrem unmittelbaren sozialen Umfeld oft nicht geglaubt.
- Nicht selten wird ihnen gar die Schuld für die Traumatisierung gegeben.
- So können die Heranwachsenden keinen Schutz und Trost erfahren.[170]

Die Symptome komplexer Traumatisierungen fassen Williams und Poijula wie folgt zusammen: »Massives Leugnen [der Ereignisse bzw. des Erlebens], Selbstbetäubung von Teilen des eigenen Körpers, Dissoziation, Selbsthypnose, Fortbestehen von Bindungen an Menschen, die sie verletzt haben, Autoaggression in Form von Selbstschädigung, genereller Gefühlsmangel, überwältigende Wut, chronische Traurigkeit, Verlust der Erinnerung an einen großen Teil der Kindheit, Gleichgültigkeit gegenüber Schmerz, Unfähigkeit, die Gefühle anderer Menschen nachzuempfinden, Unfähigkeit, eigene Emotionen zu benennen oder die Emotionen anderer zu erkennen, Unbehagen hinsichtlich Intimität und Nähe, starke Tendenz zu emotionaler Distanzierung, Bedürfnis, sich ganz generell vor Schmerzen und Verletzungen zu schützen.«[171]

168 SACK/SACHSSE/SCHELLONG (2013/2018, S. 3).
169 SACK (2005, S. 13).
170 SCHMID/FEGERT/KÖLCH (2010, S. 260–261).
171 WILLIAMS/POIJULA (2012/2017², S. 205–206).

## Fallbeispiel: Frau Laube

Pfarrerin Aufdermaur hält den wöchentlichen Gottesdienst im Pflegeheim. Eine Teilnehmerin fragt sie, ob sie nicht einmal Frau Laube besuchen könnte. Sie sei auch Bewohnerin im Pflegeheim, schaffe es aber nicht, zum Gottesdienst zu kommen, obwohl sie einem Besuch der Pfarrerin sicher nicht abgeneigt wäre. Frau Aufdermaur meldet sich bei Frau Laube an und besucht sie. Frau Laube hat dunkle Augenringe, blickt die Pfarrerin kurz aus traurigen Augen an und starrt dann ins Leere. »Es ist alles so dunkel. Alle sind so böse zu mir«, beginnt sie. Sie schwenkt den Kopf. »Diese Krankheit macht mich noch verrückt. Die Ärzte sagen, sie können jetzt auch nichts mehr tun. Ich habe immer Schmerzen. Trotz Schmerzpflaster und starker Medikamente (Morphin und weitere Opiate) [...] Ich sehe einfach keinen Ausweg mehr. Ich habe mich jetzt bei Exit (einer Schweizer Sterbehilfe-Organisation) gemeldet.«

Im Verlauf weiterer Besuche erzählt Frau Laube: »Das war schon immer so, schon als Kind, [...] seit ich denken kann. Mein Vater starb, als ich fünf war. Danach waren alle böse zu mir.« Sie weiß auch die Ursache: »Mein Stiefvater hat mich geplagt, als ich in der 5. Klasse war. Dann kam er zu mir ins Bett – und da, [...] immer wieder.« Sie stockt. »Und später mein Mann: Er trank, und dann schlug er mich. Ich arbeitete und hatte nicht genug Geld, um das Nötigste für die Kinder zu kaufen. Da ließ ich mich halt scheiden. Aber mein zweiter Mann war nicht besser. Und nach seinem Tod hat mir sein Sohn alles weggenommen. Und jetzt kommen meine Enkel nicht zu Besuch. Nur meine Tochter kommt manchmal. Aber sie ist auch arbeitslos. Mein Sohn hat fast keine Zeit. Er arbeitet halt auch für seine Kinder und Enkel. Der dritte, der Jüngste, ist in Thailand. Von dem höre ich fast nie etwas. Aber ich habe doch so viel für meine Kinder getan, mein Leben lang habe ich geschuftet. Und jetzt lassen sie mich alle im Stich. Sogar die Nachbarin ist böse zu mir. Immer schimpft sie mit mir und spricht schlecht über mich. Ich weiß nicht [...] vielleicht bin ich ja an allem selbst schuld!«

Frau Laube benennt Symptome von Hoffnungslosigkeit, Traurigkeit, Misstrauen, Isolation, Schuldgefühle und Gefühle von Hilflosigkeit und Ohnmacht, und sie erwägt die Möglichkeit eines selbstgewählten Todeszeitpunktes durch eine Suizid-Beihilfe-Organisation. Den Hinweis auf eine Psychotherapie wehrt sie genauso vehement ab wie die Frage, ob sie mit ihren Ärzten die Frage nach Psychopharmaka besprechen möchte. Wenn die Pfarrerin fragt, ob sie mit ihr beten oder ihr einen Segen zusprechen soll, sagt sie jedes Mal ja. Es ist einer der wenigen Augenblicke, in denen ein Lächeln über ihr Gesicht huscht. Die Pfarrerin besucht sie in regelmäßigen, größeren Abständen, in der Hoffnung, dass das Beziehungsangebot ihr eine Überlebenshilfe sei. Frau Laube starb zwei Jahre, nachdem sie die Seelsorgerin kennengelernt hatte, an den Folgen ihrer Krankheit.

### Therapie der komplexen Posttraumatischen Belastungsstörung

Sachsse und Sack schlagen für die Behandlung komplexer Traumafolgestörungen eine Kombination von Therapieelementen aus traumafokussierten Psychotherapien und aus der Therapie bei Beziehungs- und Persönlichkeitsstörungen vor.[172] Diese Vorschläge werden zunehmend aufgenommen.

## 1.4 Die strukturelle Dissoziation der Persönlichkeit

Das Konzept der strukturellen Dissoziation geht von der Vorstellung verschiedener Persönlichkeitszustände aus, die sich nebeneinander und teilweise widersprüchlich zueinander zeigen können. Als erster beschrieb Pierre Janet dieses Phänomen im Jahr 1907.[173] Man spricht von dem »Anscheinend normalen Persönlichkeitsanteil« (ANP, apparently normal part of the personality), der den Alltag bewältigen kann, und von dem »Emotionalen Persönlichkeitsanteil« (EP, emotional part of the personality), der Traumaspuren verkörpert. Das kann einer oder das können mehrere Emotionale Persönlichkeitsanteile sein.

Die strukturelle Dissoziation beschreibt gemäß ICD-11[174] Persönlichkeitsanteile mit je eigenem Ich-Bewusstsein, sowie eigenen Erlebens-, Wahrnehmungs- und Verhaltensmustern. Die »unterschiedlichen Persönlichkeitszustände (›personality states‹) sind verbunden mit deutlichen Unterbrüchen des Selbsterlebens und der eigenen Wirksamkeit«.[175]

»Sind beispielsweise Affekte oder Empfindungen dissoziiert, befinden sie sich trotzdem noch im Kontext eines ›Ich‹: ›Ich bin entsetzt‹. ›Ich habe Bauchschmerzen‹. Dieses Ich-Empfinden kann sehr stark von einem anderen Ich-Empfinden abweichen, das gleichzeitig existiert: ›Ich bin nicht entsetzt; Ich empfinde keinen Schmerz; Ich empfinde nichts.‹«[176] Es können sich auch meh-

172 SACHSSE/SACK (2012, S. 82).

173 VAN DER HART/NIJENHUIS/STEELE (2006/2008, S. 47).

174 In der ICD-10 wurde sie »Multiple Persönlichkeit« genannt. Diese Definition gilt als veraltet. Heute gilt die Diagnose der »dissoziativen Identitätsstörung«, welche mit präziseren Symptombeschreibungen arbeitet.

175 GYSI (2018, S. 4).

176 VAN DER HAART/NIJENHUIS/STEELE (2008, S. 47).

rere emotionale Persönlichkeitsanteile gleichzeitig zeigen. Alle zusammen bilden die »Gesamtpersönlichkeit (entire individual)«.[177] Wenn ein Persönlichkeitszustand dominant ist und im Alltag funktioniert, handelt es sich um eine partielle dissoziative Identitätsstörung. Wenn ein ständiger »Wechsel zwischen Zuständen, verbunden mit Veränderungen von Empfindungen, Wahrnehmungen von Affekten, Kognitionen, Erinnerung, motorischer Kontrolle und Verhalten« stattfindet, spricht man von einer dissoziativen Identitätsstörung.[178] Mit Einführung der ICD-11 wird die strukturelle Dissoziation der Persönlichkeit als eigene Krankheitsachse (innerhalb von »5 Trauma- und Dissoziationsachsen«) vorgeschlagen.[179]

Manche Fachbücher unterscheiden Ego-States von dissoziativen Persönlichkeitszuständen. Die Ego-States-Persönlichkeitsanteile seien nicht dissoziiert, sie behielten jeweils den Ich-Bezug und es gebe keine Amnesien oder schwere Depersonalisationssymptome. Die dissoziierten Persönlichkeitszustände (ANP, EP) hingegen zeigten ein teil- oder volldissoziiertes Handeln, jeder Anteil könne exekutive Kontrolle übernehmen, sodass sich die Symptome einer Amnesie oder schweren Depersonalisation zeigen könnten.[180] Diese Unterscheidung ist eine Klärungshilfe für Psychodiagnostiker, in der psychotherapeutischen Praxis werden die formulierten Grenzen teilweise als fließend wahrgenommen.

Allerdings werden mit der ICD-11 weitere dissoziative Störungen definiert: »Im Bereich der dissoziativen Störungen sind die Anpassungen in der ICD-11 besonders ausgeprägt, unter anderem, weil einige neue Diagnosen eingeführt werden. Die bekannteste ist die *Dissoziative Identitätsstörung*. Hierbei werden die partielle dissoziative Identitätsstörung, die dissoziativen Amnesien, die Depersonalisations- und Derealisationsstörung und weitere dissoziative Erkrankungen unterschieden.[181]

Für dissoziierte Persönlichkeitszustände wird unter anderem die *Kapsel-Metapher* verwendet.[182] Die Erinnerungen werden sozusagen »eingekapselt« und »abgekapselt« und sind damit dem Betroffenen nicht mehr bewusst zugänglich und als Erinnerung nicht mehr bewusst »abrufbar«.

Die strukturelle Dissoziation kann zu schweren Störungsbildern bis hin zur Wertigkeit von Persönlichkeitsstörungen reichen.[183]

---

177 S. 49.
178 GYSI (2021/2022², S. 15).
179 S. 19–20.
180 S. 19–20.
181 GYSI (2021/2022², S. 3).
182 SCHUBBE (2014, S. 33–37).
183 MATTHESS (2006/2013², S. 113–135).

»Dissoziation ist heilbar« titelt Michaela Huber einen Abschnitt in ihrem Buch. Und das sind gute Neuigkeiten. »Aber es dauert. Und je tiefer die strukturelle Dissoziation Bestandteil der Persönlichkeit geworden ist, umso länger.«[184] Es brauche vor allem Durchhaltevermögen, einen starken Willen und das Glück, kompetente Begleitpersonen auf diesem Weg zu finden. Wie so ein Weg aussehen könnte, beschreiben Suzette Boon und Kollegen in ihrem hilfreichen Arbeitsbuch »Traumabedingte Dissoziation bewältigen«, in welchem sie »Ein Skills-Training für Klienten und ihre Therapeuten« vorstellen.[185]

## 1.5 Weitere Trauma- und Stressfolgestörungen

Zu den Traumafolgestörungen gehört nicht nur PTBS. Sie ist die bekannteste und am häufigsten diagnostizierte Störung. In der ICD-11 werden die vier unten genannten Traumafolgestörungen neu als *Belastungsbezogene Störungen* (englisch »disorders specifically associated with stress«) aufgelistet.[186] »Dass die ICD-11 auf den Begriff ›Traumastörungen‹ als Gruppenbezeichnung verzichtet und stattdessen auf ›Belastungsbezogene Störungen‹ ausweicht, rührt daher, dass die WHO etwas gegen die von ihr international festgestellte Überkonjunktur des Traumabegriffs unternehmen wollte, welche […] weite Bereiche anderen wichtigen psychopathologischen Wissens in Vergessenheit geraten lässt.«[187]

Betreffend Traumafolgen führt die ICD-11 weitere markante Änderungen ein. Neu werden traumaassoziierte Diagnosen unter dem Titel *Trauma- und Stress-Störungen* aufgeführt, nämlich:

- Posttraumatische Belastungsstörung (PTBS),
- komplexe Posttraumatische Belastungsstörung (kPTBS; neu in der ICD-11),
- Anpassungsstörung,
- Anhaltende Trauerstörung (»Prolonged Grief Disorder«; neu in der ICD-11).[188]

Aus der ICD-10 wegfallende Krankheitsdiagnosen sind die *akute Belastungsreaktion* und die *andauernde Persönlichkeitsänderung nach Extrembelastung* (diese wird durch die »komplexe Posttraumatische Belastungsstörung« abgelöst).

---

184 HUBER (2011, S. 44).

185 BOON/STEELE/VAN DER HART 2013; HUBER (2011/2013).

186 GYSI (2021/2022).

187 MAERCKER (2019$^5$).

188 GYSI (2021/2022, S. 15; S. 23). Als stressbezogene Störung listet Andreas Maercker außerdem auf: Die *Reaktive Bindungsstörung* und die *Beziehungsstörung mit Enthemmung:* MAERCKER & ICD-10 Revision Working Group (2021, S. 15).

Diese Änderungen zeigen, dass Diagnosedefinitionen einem Wandel unterworfen und teilweise umstritten sind. So bewegt ebenfalls die Frage, ob Trauer eine Krankheit sei.[189] Neuerdings wird es Betroffenen durch die Diagnose der *Anhaltenden Trauerstörung* möglich sein, dafür eine psychotherapeutische Behandlung zu erhalten, die gegebenenfalls durch die Krankenkassen übernommen wird.

## Die Anhaltende Trauerstörung (Prolonged Grief Disorder)

Sie wird definiert als »verlängerte Trauerstörung, bei der nach dem Tod eines Partners, eines Elternteils, eines Kindes oder einer anderen nahestehenden Person eine andauernde und tiefgreifende Trauerreaktion auftritt, charakterisiert durch ein starkes Verlangen nach der verstorbenen Person und verbunden mit intensivem emotionalem Schmerz, z. B. Traurigkeit, Schuld, Wut, Leugnen, Beschuldigen, Schwierigkeiten mit dem Akzeptieren des Todes, Gefühl einen Teil von sich selbst verloren zu haben, einer Unfähigkeit zu positiven Gefühlen, emotionale Taubheit und Schwierigkeiten, sich in soziale oder andere Aktivitäten zu begeben.«[190] Außerdem dauert sie länger als sechs Monate und ist nicht erklärbar mit den kulturellen, sozialen oder religiösen Normen der Lebenswelt Betroffener.

## Die Anpassungsstörung

Die Anpassungsstörung beschreibt mildere Symptome als eine PTBS, die Symptome stellen aber dennoch eine (leichtere) psychische Beeinträchtigung dar. Sie sind Reaktionen auf einen psychosozialen Stressor wie Scheidung, Krankheit, Behinderung, Arbeitslosigkeit oder Konflikte zu Hause oder am Arbeitsplatz. »Die Störung ist charakterisiert durch eine ausgeprägte Beschäftigung mit dem Stressor und seinen Konsequenzen, mit exzessiven Sorgen, wiederholten und belastenden Gedanken an den Stressor, oder konstantes Gedankenkreisen.«[191] Außerdem verschwinden die Symptome in der Regel innerhalb von sechs Monaten.

189 Eine detaillierte Auseinandersetzung dazu: LAMMER (2014, S. 19–27).
190 GYSI (2018, S. 2).
191 S. 3.

## 1.6 Begleiterkrankungen (Komorbiditäten)

Eine PTBS kann mit weiteren Symptomen und Krankheiten einhergehen Die Abklärung der Begleiterkrankungen (Komorbiditäten) obliegt ebenfalls den spezialisierten Psychiatern, psychosomatisch spezialisierten Ärzten, Psychologen und Psychodiagnostikern.

Häufige Krankheitsfolgen von Traumatisierung sind Depressionen und Angststörungen. Manche Begleiterkrankungen sind gleichzeitig als Versuche zu werten, die Traumasymptome zu regulieren und mit ihnen klarzukommen. Dazu gehören Suchterkrankungen, Essstörungen und Zwangsstörungen. Weitere Begleiterkrankungen mit oder ohne Zusammenhang zum Trauma sind Bipolare Störungen, Schizophrenie, ADHS, Autismus-Spektrum-Störungen, maladaptives Tagträumen sowie das gehäufte Auftreten körperlicher Erkrankungen und körperlicher Verletzungen.[192]

## 1.7 Schutzfaktoren (protektive Faktoren)

Es gibt Faktoren, welche die Entstehung einer PTBS verhindern helfen. Sie werden Schutzfaktoren oder protektive Faktoren genannt. Ebenso gibt es Einflüsse, die zur Entstehung einer Traumafolgestörung beitragen.

### Mitwirkende Faktoren bei der Entstehung einer PTBS

Bei der Entstehung einer PTBS sind vier Faktoren mitentscheidend:
- Das traumatogene Ereignis spielt eine Rolle, z. B. erlittene Gewalt.
- Die Reaktion der nächsten Angehörigen, z. B. die beruhigende Umarmung einer Mutter oder die Gefühlskälte einer Mutter.
- Die Reaktion des erweiterten Umfeldes, z. B. eine anteilnehmend-zuhörende Freundin oder die Verspottung durch eine Freundin.
- Die Reaktion von Fachleuten, z. B. eine aufmerksame, verständnisvolle Psychotherapeutin oder eine kühl-distanzierte Psychotherapeutin.[193]

Diese Faktoren spielen eine Rolle bei der Entwicklung einer PTBS nach einer Extrembelastung. Dabei gibt es große Unterschiede: KZ-Haft als auslösendes Ereignis löst viel häufiger eine PTBS aus als ein Unfall. Die Qualität der Be-

192 GYSI (2021/2022², S. 15).
193 GYSI (2015, S. 18–25).

ziehungen im nächsten Umfeld nach einem belastenden Ereignis prägt entscheidend mit, ob sich Trauma- und Stressfolgestörungen ausbilden oder nicht. Gerade dieses Wissen gebietet Vorsicht in der Benennung auslösender Ereignisse. Nicht jeder, der Gewalt erlebt, entwickelt eine PTBS. Nicht jede, die den Tod eines jungen und geliebten Menschen erlebt, entwickelt eine Anhaltende Trauerstörung.

## Faktoren, die vor der Entstehung einer PTBS schützen (protektive Faktoren)

Ulrich Sachsse und Martin Sack zählen protektive Faktoren auf, die bei potenziell traumatisierenden Ereignissen helfen können.

Zu den Schutzfaktoren gehört das Bindungsverhalten, gerade in seinen körperlichen Ausdrucksformen wie Umarmungen oder Streicheln. Es wirkt sowohl als Anxiolytikum (angstlösend) wie auch als Antidepressivum und als Schutz gegen Traumafolgen. Inwieweit das Bindungshormon Oxytocin dabei eine Rolle spielt, ist weiterhin Gegenstand der Forschung.

Ein soziales System schützt: Ein Ort, an dem Menschen erzählen dürfen, ohne ausgefragt oder verurteilt zu werden.

Wichtig ist, dass die Zuhörenden Betroffene ernst nehmen. Dazu gehört eine validierende, das heißt wertschätzende Kommunikation. Diese Bestätigung der Zuhörenden kann sich in bestätigenden Lauten äußern, in mitgehenden Körperreaktionen (Kopfnicken, Kopfschütteln, aufmerksamen Augen) oder sie kann sich in Sätzen ausdrücken, wie beispielsweise:

- »Dir ist wirklich Unrecht geschehen.«
- »Du bist nicht schuld.«
- »Es ist nicht recht, was dir angetan wurde«.
- »Es ist gut, dass du es erzählt hast.«

Solche Sätze »ungeteilter Loyalität«[194] wirken entlastend. Falls es einer genaueren Auseinandersetzung bedarf, wird dafür später mehr Zeit zur Verfügung stehen, doch als erste Reaktion sollten keine Schuldzusammenhänge hergestellt werden. (Eine Ausnahme sind polizeiliche Ermittlungen, die gerade durch die Schuldklärungsfrage sehr belastend sein können.)

Es gibt Sätze, die helfen, sich in Zeit und Raum zu reorientieren. Sie tragen zur Beruhigung bei. Das sind Sätze wie:

---

194 SACHSSE/SACK (2012, S. 11).

- »Es ist vorbei.«
- »Du bist jetzt in Sicherheit.«
- »Die Hilfe ist unterwegs.«
- »Wir werden uns um dich kümmern.«

Betroffene sind oft desorientiert nach einem belastenden Ereignis. Sie fühlen sich verloren in Raum und Zeit, spüren ihren Körper möglicherweise nicht mehr oder wissen nicht mehr, was sie jetzt als nächstes tun wollten. Darum können obige Sätze weiterhelfen.

Das Angebot eines Glases Wasser kann helfen, wieder in Kontakt mit dem eigenen Körper und seinen Bedürfnissen zu kommen.

Außerdem ist ein sicherer Schlaf wichtig. Einschlafhilfen können auf psychotherapeutischem, atemtherapeutischem oder medizinischem Weg erreicht werden. Das reicht von Verständnishilfen und Imaginationsübungen bis hin zu Atemübungen oder einem zeitlich begrenzt eingesetztem Schlafmedikament. Abzuraten ist von allen abhängig machenden Substanzen.

Auch wenn Träume hin und wieder verstörend sein können, so sind sie dennoch eine Verarbeitungshilfe bei emotionalen Belastungen, schwerwiegenden Lebensereignissen und Traumafolgestörungen

Als ersten protektiven Faktor nennen Sachsse und Sack eine »religiöse, philosophische und spirituelle Orientierung«.[195]

## 1.8 Was wirkt in der Psychotherapie?

Was macht eine Psychotherapie erfolgreich bzw. eine Patientin oder einen Patienten gesund? Die Psychotherapieforschung spricht bei dieser Frage von »Wirkfaktoren«. Die Ergebnisse verschiedener Forschungsarbeiten gleichen sich, sind aber nicht ganz identisch.

### Die therapeutische Beziehung

Als wichtigstes Merkmal einer gelingenden Psychotherapie wird seit den Forschungen Klaus Grawes eine gute therapeutische Beziehung genannt.[196]

---

195 S. 9–11.

196 FREI (2023). https://www.klaus-grawe-institut.ch/blog/die-therapeutische-beziehung-als-zentraler-wirkfaktor-der-psychotherapie/ (Zugriff am 11.01.2025).

Betroffene tragen aus frühen prägenden Beziehungen häufig Verletzungen mit sich, und die Psychotherapie bietet die Möglichkeit, korrigierende emotionale Erfahrungen zu machen, das heißt, heilsame, korrigierende Beziehungserfahrungen.

> »Mit einer bedürfnisorientierten Beziehungsgestaltung wird der optimale Kontext für erfolgreiche Lern- und Veränderungseffekte in der Psychotherapie geschaffen. Daher ist eine auf den jeweiligen Patienten zugeschnittene Psychotherapie besonders wichtig, wo gemeinsam mit dem Patienten unter anderem die individuellen Wünsche und Bedürfnisse sowie die bisherigen Verhaltensmuster zur Erreichung derselben herausgearbeitet werden. Zudem werden Möglichkeiten eruiert, wie die oben genannten Bedürfnisse in Zukunft besser befriedigt werden können.«[197]

Joachim Küchenhoff, ehemaliger Chefarzt der psychiatrischen Klinik Liestal und Professor für Psychiatrie und Psychotherapie in Basel, bietet in seinem übersichtlichen Werk mit zahlreichen Fallbeispielen Einblick in die Bedeutung der therapeutischen Beziehung, deren Aufbau und Gestaltung und benennt explizit die »Beziehungsarbeit als therapeutisches Instrument«.[198]

Der Aufbau einer guten, tragfähigen Beziehung, die sowohl einen Bewusstwerdungs- wie auch Veränderungsprozess ermöglicht, braucht Zeit, und je schwerer die Verletzung, desto mehr Zeit braucht es in der Regel.

Patientinnen und Patienten nennen auf die Frage nach den Merkmalen einer guten therapeutischen Beziehung: Vertrauen, Einfühlungsvermögen, Sympathie, genügend Zeit, ein lösungsorientiertes Vorgehen sowie einen respektvollen Umgang.[199]

Menschliches Verhalten ist darauf ausgerichtet, grundlegende Bedürfnisse zu befriedigen. Nach Klaus Grawe ist die Erfüllung der nachfolgend genannten Bedürfnisse eine wesentliche Quelle für ein glückliches und zufriedenes Leben:

Das Bedürfnis nach Orientierung und Kontrolle, das Bedürfnis nach Bindung, das Bedürfnis nach Lustgewinn und Unlustvermeidung sowie das Bedürfnis nach Selbstwerterhöhung.[200] Diese Bedürfnisse spielen auch im Rahmen der Psychotherapie und insbesondere des Aufbaus einer tragfähigen therapeutischen Beziehung eine entscheidende Rolle.

---

197 FREI (2023).
198 KÜCHENHOFF/MAHRER KLEMPERER (2008/2018, S. 294–334).
199 HERMER/RÖHRLE (2008).
200 GRAWE (2000).

### Wirkfaktoren der Psychotherapie nach Klaus Grawe

Klaus Grawe war Verhaltenstherapeut und Therapiewirksamkeits-Forscher.[201] Er hat aufgrund zahlreicher Forschungsergebnisse vier Wirkprinzipien der Psychotherapie zusammengefasst:

1. Bei der Ressourcenaktivierung[202] werden eigene Möglichkeiten und Stärken wiederentdeckt.
2. Eine Problemaktualisierung ermöglicht das Durchleben des sich in aktuellen Situationen zeigenden Grundproblems in der therapeutischen Beziehung und neue Erfahrungen damit.
3. Eine aktive Hilfe zur Problembewältigung, angestoßen durch Therapierende, ermöglicht einen besseren Umgang mit scheinbar unlösbaren Problemen.
4. Die Klärung und Bewusstwerdung auch unbewusster Ziele und der Bedeutung der bisher angewendeten Strategien.

Eine gute Psychotherapie arbeitet mithilfe dieses Wissens auf allen Ebenen und hilft dem Patienten, sich selbst zu helfen. Nicht allein, sondern mit Unterstützung. Aus kleinen Schritten der Problembewältigung werden dabei größere, aus zaghaften stärkere. Rückfälle (in alte Muster, die nicht weiterhelfen) sind ganz normal und gehören zum Weg der Veränderung.

## 1.9 Traumafokussierte Psychotherapien: Ein Überblick

Aufgrund der ausgedehnten Forschungstätigkeit der Psychotraumatologie, die auf die Diagnosedefinition der PTBS 1980 folgte, entstanden neuere Therapien für Traumafolgestörungen, die meist multimodal ausgerichtet sind. Die hier besprochenen Therapien sind erforscht und im Alltag erprobt und bewährt (evidenzbasierte, wissenschaftlich erforschte Psychotherapien). Diese werden

---

201 LANG (2003).

202 GRAWE/GRAWE-GERBER (1999, S. 63–73): Darin benennen Grawe/Grawe-Gerber das Anknüpfen an positive Möglichkeiten, Eigenarten, Fähigkeiten und Motivationen mit einer Fokussierung auf eigene Potenziale und Stärken, die auch in der Therapie erfahrbar und ernst genommen werden. Diese Art von Ressourcenorientierung verstehen Grawe/Grawe-Gerber dabei eher als *therapeutische Haltung*, denn als therapeutische Technik.

seit 2019 nach AWMF-Richtlinien[203] *traumafokussierte Psychotherapien* genannt (oder auch *traumafokussierte Verfahren in der Psychotherapie*).[204]

Die Mehrzahl dieser traumafokussierten Therapieverfahren sind vergleichsweise jung, das heißt, sie wurden in den letzten zwanzig bis dreißig Jahren entwickelt, auch wenn oft altbewährte Methoden Bestandteil der Therapieverfahren sind.

Zu den *Psychodynamischen Therapien* (entstanden aus der psychoanalytischen Tradition) zählen die Katathym-Imaginative Psychotherapie (KIP) nach Hanscarl Leuner, die Psychodynamisch Imaginative Traumatherapie (PITT) nach Luise Reddemann, die Psychodynamische Traumatherapie nach Milton J. Horowitz und die Mehrdimensionale Psychodynamische Traumatherapie (MPTT) nach Gottfried Fischer und Peter Riedesser.[205] Obwohl diese eine psychodynamische Grundausrichtung haben, sind sie multimodal aufgebaut (auch mit Elementen aus anderen Therapierichtungen).

Den *kognitiven Verhaltenstherapien* zugeordnet werden die Prolongierte Exposition nach Edna B. Foa, die Kognitive Therapie nach Anke Ehlers & David M. Clark, die Kognitive Verarbeitungstherapie nach Patricia Resick, die Schematherapie nach Jeffrey E. Young,[206] das Imaginative Reprozessieren nach Mervin Smucker (IRRT, Imaginative Rescripting and Reprocessing Therapy), die Testimony Therapy[207] und die Narrative Expositionstherapie (NET).[208]

Zu den *Humanistisch-Existentiellen Therapien* gehört beispielsweise die Gestalttherapie nach Fritz Perls, Laura Perls und Paul Goodman. Sie setzten entscheidende Akzente für verschiedenste Teile-Modelle, wie sie beispielsweise in der Systemischen Therapie (Inneres Team) oder in der Ego-State-Therapie (Persönlichkeitsanteile) zur Anwendung kommen. Auch die Logotherapie und Existenzanalyse[209] gehören zu den Humanistisch-Existenziellen Therapien.

---

203 AWMF ist die Arbeitsgemeinschaft der wissenschaftlichen medizinischen Fachgesellschaften. SCHÄFER/GAST/HOFMANN/ KNAEVELSRUD/LAMPE (2019).

204 Im Folgenden werden ausschließlich erforschte Verfahren mit wissenschaftlich belegtem Wirksamkeitsnachweis vorgestellt.

205 FISCHER (2000).

206 YOUNG/KLOSKO/WEISHAAR (2006/2008).

207 NEUNER/SCHAUER/ELBERT (2001, S. 585–600).

208 NEUNER/CATANI/SCHAUER 2021.

209 urspr. nach Viktor Frankl mit dem Ziel, Menschen auf der Suche nach Orientierung und Sinn zu begleiten. Literature: FRANKL (1946/2007[28]/2013[3]); BATTHYANY (2016).

## Testimony Therapy

Die Testimony Therapy[210] wird vor allem bei politischen Opfern von Gewalt und Folteropfern angewendet. Sie entstand in den 1980er Jahren für die Behandlung der Verfolgten des Pinochet-Regimes in Chile.[211] Die Betroffenen werden aufgefordert, ihre Geschichte von staatlicher Gewalt zu erzählen und aufzuschreiben, damit aus den bruchstückhaften Erinnerungen ein Ganzes entsteht. Zum Schluss unterschreiben die Therapeutin und die Betroffenen das Dokument, das auch für Menschenrechtsorganisationen dienen kann. Es geht darum, mit den belastenden Erfahrungen nicht allein zu bleiben, dem Verstummen etwas entgegenzuhalten und die Öffentlichkeit zu informieren. Es geht darum, gehört zu werden.[212]

## Hypno- und Hypnosystemische Therapien

Der hypnotherapeutische Ansatz nach Milton Erickson[213] wurde bedeutend für verschiedene Traumatherapieschulen (zu diesem Ansatz siehe Kapitel 2.2: »Imagination … in der Hypno- und Hypnosystemischen Therapie«).

Auch die *Ego-State-Therapie, EMDR* und die *Dialektisch-Behaviorale Therapie* sind traumafokussierte Therapien neueren Ursprungs (seit den 1980er bis 1990er Jahren), die altbewährte Methoden mitintegrieren (zu diesen Ansätzen siehe Kapitel 2.2: »Imagination in traumafokussierten Psychotherapien« – »In der EMDR-Therapie«, »In der Ego-State-Therapie« und »In der Dialektisch-Behavioralen Therapie«).

## Körperbezogene Therapien

Immer klarer zeigt sich die Relevanz des Körpererlebens bei Betroffenen von Trauma- und Stressfolgen. Am häufigsten sind Körperbildstörungen sowie das Erleben belastender Körpersensationen.[214] Die Mächtigkeit körpersensorischer Störungen lässt sich am besten mit körperbezogenen Therapien behandeln.

---

210 MAERCKER (2009[3], S. 144; S. 316).
211 CIENFUEGOS/MONELLI (1983, S. 43–51).
212 NEUNER/SCHAUER/ELBERT (2001).
213 ERICKSON/ROSSI (2016/2022[14]).
214 MARLOCK/WEISS (2006). KÜCHENHOFF/PUSPA (2012/2013[2]).

## Entspannungstherapien und Entspannungsverfahren

Körperliche Entspannung hängt zusammen mit einer bewussten Körperwahrnehmung. Die Entspannungsverfahren fördern die bewusste Körperwahrnehmung und ermöglichen neue Zugänge zum Körpererleben. Etabliert haben sich insbesondere drei Entspannungstechniken:

Die Entspannung nach Hedi Haase,[215] die auf Konzepten von Alice Schaarschuch (1920) beruht und 1970 von Hedi Haase weiterentwickelt wurde.

Zur gezielten Entspannung wird außerdem die Progressive Muskelrelaxation (PMR) nach Edmund Jacobson eingesetzt.[216] Er publizierte erste Forschungsergebnisse bereits 1908 an der Universität Harvard. Als Arzt wies er die Zusammenhänge zu Erkrankungen nach und erarbeitete damit Grundlagen für die Linderung psychosomatischer Krankheiten. Die PMR wird als fortschreitende Entspannung verstanden, die durch gezielte Übungen erreicht wird.

Auch Autogenes Training gilt als Selbstberuhigungsverfahren,[217] ein Verfahren, das die Kraft der Selbstbeeinflussung nutzt (Autosuggestion) mit dem Ziel der Entspannung. Diese Entspannungsmethoden sind nicht allein traumaspezifisch, da ihre Wirksamkeit lange vor der Traumadiagnose, also vor 1980, erforscht wurde und als gesichert galt.

## Atemtherapie

Die Atemtherapie dient der Beruhigung und Selbstberuhigung, gerade bei Hyperarousal, Hypervigilanz und Panikattacken. Ilse Middendorf sprach explizit nicht von einer Steuerung des Atems, sondern davon, sich ihm zu überlassen, mit ihren bekanntgewordenen Sätzen: »Der Atem kommt – der Atem geht – der Atem macht eine Pause, bis er von selbst wiederkommt. [Dabei erleben Menschen:] Der Atem kann unmittelbar erfahren und aufmerksam wahrgenommen werden.«[218]

Die Atem- und Entspannungsübungen wirken stressreduzierend und werden daher bei Trauma- und Stressfolgestörungen erfolgreich eingesetzt. Sie helfen, Spannungszustände zu lösen und körperliche Schmerzen zu lindern. Für die Atemtherapie gibt es spezialisierte Ausbildungsgänge. Doch auch Gesprächspsychotherapeutinnen und Physiotherapeuten leiten oft Atem- und

215 HAASE/EHRENBERG/SCHWEIZER (1985).
216 JACOBSON (1934/2019[9]); BERNSTEIN/BORKOVEX (2007).
217 SCHULTZ (1932/1970).
218 MIDDENDORF (1984/2007[9], S. 18–22).

Entspannungsübungen an. Diese eignen sich auch als Gruppenherapie-Angebote und werden gerne ergänzend zu gesprächsfokussierten Psychotherapiemethoden angeboten.

## Bewegungstherapien

Zu den Bewegungstherapien gehören beispielsweise die Tanztherapie oder der Ausdruckstanz. Auch die Bewegungsmethoden nach Feldenkrais und die Franklin-Methode sind geeignet für eine bessere Körperwahrnehmung. Auch diese Therapien sind älter als die Diagnosen der Trauma- und Stressfolgestörungen. Verschiedene Professionen, gerade auch kreative und künstlerische Berufe, haben solche bewegungstherapeutischen Methoden in ihre Ausbildung und Berufstätigkeit integriert. Dazu zählen Musikerinnen, Tänzer, Schauspielerinnen, Lehrer sowie Managerinnen.

## Neuere Körpertherapien

Sack und Sachsse stellen weitere körpertherapeutische Methoden vor, die sich in den letzten Jahren etabliert haben: Konzentrative Bewegungstherapie, die mit der Wahrnehmung des eigenen Körpers und der Bewegung arbeitet; Trauma-adaptiertes Yoga, welches eine achtsame Selbst- und Körperwahrnehmung mit sanften Bewegungen und Körperübungen verbindet oder die Pesso-Therapie, die im Rahmen einer Gruppenerfahrung oder Einzeltherapie mit Rollenspielen und »idealen Ersatzfiguren« eine korrigierende heilsame Erfahrung ermöglichen will. Somatic Experiencing ist ein Ansatz von Peter Levine, der in den Körperreaktionen, die sich beim Durcharbeiten eines Traumas zeigen, entscheidendes Heilungspotenzial entdeckte, beispielsweise im sogenannten »Abzittern«.[219] Kurz beleuchten Sack und Sachsse auch das vom Thai-Chi stammende Qigong, bei welchem in achtsamer Durchführung der sogenannten acht Brokat-Übungen[220] eine sanfte Körperwahrnehmung ermöglicht wird und sanfte Bewegungen durchgeführt werden, um so körperlich neue Erfahrungen zu ermöglichen. Auch verschiedene, aus der Akupunktur hergeleitete Klopf-Techniken (Thought Field Therapy, Emotional Freedom Technique und Meridian-Tapping)[221] werden in Psychotherapien gerne ergänzend hinzugezogen. Diese neueren Körpertherapien unterstützen die Körperwahrnehmung und Körperberuhigung.

---

219 LEVINE (1999, 2007, 2011).
220 SCHEIBENZUBER (2016).
221 SACK/SACHSSE ($2013^6$/2018, S. 280–287).

## Weitere Kreativtherapien

Die Kreativtherapien werden bei vielfältigen Krankheitsbildern eingesetzt, nicht nur bei Trauma- und Stressfolgen. Zu den bedeutendsten Kreativtherapien gehören die Kunsttherapie und die Musiktherapie. Längere, seriöse Ausbildungsgänge sichern die Qualität, und viele spezialisierte Kliniken arbeiten mit Kunst- und Musiktherapeutinnen und -therapeuten zusammen.

## Aufgaben und Wirkbereiche der traumafokussierten Psychotherapie nach Martin Sack

Der Psychotraumatologe Martin Sack benennt vier Aufgaben und Wirkbereiche traumafokussierter Psychotherapien:

1. Fähigkeiten und Fertigkeiten entwickeln (kognitive Ebene). Dazu gehört Psychoedukation, Verhaltensmodifikation und die Förderung von Ich-Funktionen, z. B. Mentalisierung.[222]
2. Korrigierende Erfahrungen machen (emotionale Ebene) mithilfe einer Modifikation impliziter (fragmentierter) Erinnerungen, dem Befriedigen individueller Entwicklungsbedürfnisse und dem Ermöglichen von Bewältigungserfahrungen.
3. Wachstum und Reifung unterstützen (personale Ebene) in Form der Individuation und einer nachgeholten Persönlichkeitsentwicklung, der Förderung persönlicher (kreativer) Ressourcen und einer Wertorientierung und Sinnfindung.
4. Einen Bezug zur Welt und zum Kosmos ermöglichen (transpersonale Ebene), wobei sich Menschen als eingebunden in soziale Bezüge erleben und eine spirituelle Lebensperspektive entwickeln können.

Wichtig bleibt eine gleichzeitige Ressourcenaktivierung in allen Bereichen.[223] Martin Sack beschreibt vier unterschiedliche Wirkbereiche der Psychotherapie und berührt damit die bei Cicely Saunders beschriebenen Aspekte des bio-psycho-sozial-spirituellen Menschenbildes.[224] Die transpersonale, spirituelle Ebene

---

222 FONAGY/GERGELY/JURIST (2002). Seit Fonagy wird der Begriff der Mentalisierung in Psychotherapien vermehrt aufgegriffen. Mentalisierung lässt sich als Fähigkeit zur Empathie und Selbstempathie bzw. Achtsamkeit zusammenfassen. Sie umfasst »nicht nur das Einfühlen in Emotionen, sondern auch das Reflektieren bzw. das Sich-Hineinversetzen beispielsweise in Einstellungen, Überzeugungssysteme und subjektive Bedeutungen.« (EBERWEIN 2015).

223 SACK (2014, S. 43).

224 SAUNDERS (2009); HOLDER-FRANZ (2012).

gehört zum Kerngebiet seelsorgerlicher Kompetenzen. Dass Psychotherapeuten und Ärztinnen die Entwicklung einer spirituellen Lebensperspektive als integralen Bestandteil eines Gesundungsprozesses betrachten, ist ein Wandel insbesondere in den tiefenpsychologisch-analytisch ausgerichteten Therapieschulen, den sogenannten psychodynamischen Psychotherapien. Dieser Gesinnungswandel findet immer mehr offiziell Eingang in medizinische und psychotherapeutische Konzepte.

## Therapieziele bei Traumafolgen

Neurobiologisch gesehen könnte man das Ziel einer Traumatherapie so beschreiben: »Die fragmentarischen Informationen der Stammhirn-Erinnerungen (mit den entsprechenden Flucht-Kampf-Erstarrungs-Reaktionen) werden ins verbale, explizite Gedächtnis des Neokortex integriert.«[225]

Psychologische Gesichtspunkte für den Erfolg einer Traumatherapie zeigen sich im Wesentlichen an Veränderungen in drei Bereichen:

1. Die betroffene Person kann sich an das belastende Ereignis freiwillig erinnern, ohne innerlich zum Erinnern gezwungen zu werden. So werden die Intrusionen abgemildert oder verschwinden ganz.
2. Mit der Erinnerung einhergehend treten keine gravierenden Symptome mehr auf. Zu den gravierenden Symptomen zählen Hypervigilanz (überhöhte Wachsamkeit, Übersensibilität gegenüber bestimmten Sachen oder Ereignissen) sowie Hyperarousal (Übererregung), Intrusionen, Suchtdruck, Dissoziation und Suizidalität.
3. Das Leben muss nicht mehr um Trigger (Auslöser-Reize) herum organisiert werden; das ist ein Zeichen dafür, dass das Vermeidungsverhaltens nicht mehr nötig ist.[226]

Die Therapie ist gelungen, wenn in allen Bereichen der sogenannten Trauma-Trias (beim Wiedererinnern, bei Übererregung und Vermeidung) Bearbeitung, Entlastung und Linderung möglich wurde.

---

225 GYSI, Posttraumatische Störungen, Formen und Therapieempfehlungen, www.jangysi.ch (Zugriff am 11.01.2025).

226 ebd.

## Psychologische erste Hilfe

Zur psychologischen ersten Hilfe gehört die Förderung der körperlichen und emotionalen Sicherheit, die Reduktion der Belastung, Psychoedukation (Erklärung der Reaktion mithilfe psychologischen Fachwissens) und das Vermitteln von weiteren Anlaufstellen (Opferhilfe, medizinische Hilfe, psychotherapeutische Versorgung, seelsorgerliche Anlaufstelle, Rechtsberatung).[227]

227 GYSI (2019, S. 20).

# 2 Die Bedeutung der Imagination in der Psychotraumatologie

Das Wort Imagination stammt vom lateinischen Wort »Imago« ab und bedeutet Bild, Abbild oder Bildnis. »Imagination ist die Phantasie oder Einbildungskraft, das bildhaft anschauliche Denken. Imaginieren meint demgemäß: sich etwas vorstellen, einbilden, ersinnen, etwas bildlich anschaulich machen.«[228] Imaginationen entziehen sich der Fassbarkeit, aber ihre Wirksamkeit lässt sich erkennen und erfahren.

Wie wirken Imaginationen?

1. Imagination steht für die eigene Vorstellungskraft, für das anschauliche, bildliche Vorstellungsvermögen. Dieses Denken in Bildern »ist eine frühe Stufe des Denkens und gilt als primäre Bewusstseinstätigkeit des Menschen«.[229]
2. »Imagination ist prärational und geht der Fähigkeit der Verbalisation voraus. [...] Es ist ein entwicklungsgeschichtlich frühes Ausdrucksmittel mit einem starken affektiven Gehalt.«[230]
3. In der Imagination ist die Überwindung von Zeit und Raum möglich (wie beispielsweise im Nachtrauern oder im Wiedererleben einer kindlichen Glückserfahrung).
4. Auch im Gespräch zwischen zwei Gesprächspartnern wie in der Therapie oder Seelsorge entsteht ein gemeinsamer imaginärer Raum, in dem sich das Geschehen abspielt.
5. Die Imagination hilft, tiefere Bewusstseinsschichten zu explorieren sowie Konflikte und Ressourcen freizulegen. Es gibt unwillkürliche Bilder (Träume, Flashbacks). Es gibt den Tagtraum und Fantasien, die sich steuern las-

228 CÖPPICUS LICHTSTEINER (2013, S. 1).
229 S. 2.
230 S. 2.

sen, gerade bei Kindern. Die Bereitschaft zur Imagination lässt sich erhöhen durch Entspannung, Suggestion, Hypnose, Musik, Tanz, Gebet und Meditation.

Imagination spielte bereits vor 3000 Jahren eine Rolle in den Heiltraditionen verschiedener alter Kulturen und verschiedener Völker. Auch in der Entstehungszeit biblischer Texte und in der Kultur Israels und seiner Nachbarvölker waren die Imagination und inneren Bilder prägend. Funde alter Gegenstände offenbaren eine reiche Bildwelt einstmaliger Vorstellungen.

Christliches Beten und Meditieren war seit jeher eine Auseinandersetzung mit Bild und Text. Ignatius von Loyola entdeckte in seiner Genesungszeit Tagträume über das Leben Jesu, die ihm innere Ruhe gaben und zur radikalen Nachfolge bewegten. Er schrieb: »Nicht das Vielwissen sättigt und befriedigt die Seele, sondern das Verspüren (sentir) und Verkosten (gustar) der Dinge von innen her (internamente).«[231] »Die wissenschaftliche Psychotherapie des 20. Jahrhunderts hat sich zögernd der Methode der Imagination wieder angenähert und sie zugleich aus dem religiösen Kontext herausgelöst.«[232]

## 2.1 Metapherngeleitete imaginative Verfahren in der Psychotherapie

*Sigmund Freud* setzte ab 1895 die Hypnose ein, vor allem in Form der verbalen Suggestion, um die Erinnerung in Form von inneren Bildern wachzurufen. Seine von ihm behandelten »hysterischen Krankheitsbilder« werden heute vorwiegend als Trauma- und Stressfolgestörungen diagnostiziert. Mithilfe der »freien Assoziation« suchte Freud hinter den »Verbildlichungen« und Einfällen den unbewussten Gedankengang.[233] Von den anfänglichen Bild-Assoziationen gab er später aber den verbalen assoziativen Methoden den Vorrang.

*Carl Gustav Jung* entwickelte hingegen für die Auswertung von Träumen eine Methode der aktiven Imagination. Der Klient beschreibt seinen Traum und erlebt ihn bildhaft nochmals mit, um mit dem Therapeuten sein Empfinden dabei zu besprechen und sich seinen Reaktionen zu stellen. Stimmungen, Gefühle und Bilder helfen, sich seiner Probleme bewusst zu werden und vielleicht

231 zitiert nach CÖPPICUS LICHTSTEINER (2013, S. 8).
232 CÖPPICUS LICHTSTEINER (2013, S. 10).
233 CÖPPICUS LICHTSTEINER/SCHIESS (2004, S. 3).

sogar einen Lösungsweg zu finden. 1916 entwickelte C. G. Jung, sich selbst in einer Krise befindend, die Methode der »Aktiven Imagination«.[234]

Auf Freud und Jung folgten Schultz (spontan auftretende Imaginationen, 1932), Kretschmer, Desoille und Happich und ab 1948 Hanscarl Leuner mit der Katathym-Imaginativen Psychotherapie.[235] Heute sind imaginative Techniken in fast allen Therapieformen auf sehr unterschiedliche Weise integriert: Imagination geschieht auch dann, wenn wir uns erinnern. So kann allein schon das Gespräch mit jemandem eine Imagination anregen.[236]

> Die heutige Hirnforschung bestätigt, »dass Vorstellungen das Gehirn fast genauso beeinflussen und formen können wie echte Erfahrungen. [Untersuchungen wiesen bereits in den 1980er-Jahren darauf hin,] dass Vorstellungsbilder im Körper zu nachweisbaren Veränderungen führen, [ja,] dass lebhafte Visualisierung dieselben Gehirnzellen aktiviert wie die vorgestellte Handlung selbst.«[237]

## Metaphern und metaphorische Konzepte

### *Metaphern*

Die Imagination wird geformt durch innere Bilder. Werden Bilder verschriftlicht, so entstehen Wortbilder, Sprachbilder, auch Metaphern genannt. Das Wort Metapher kommt aus dem Griechischen *metapherein* und heißt übersetzt hinübertragen, das heißt, ein Wortbild oder Sprachbild transportiert einen Inhalt auf eine andere Ebene.

### *Fachbegriffe in den traumafokussierten Psychotherapien*

In traumafokussierten Psychotherapien wird bevorzugt mit Metaphern gearbeitet. Mit dem Begriff Metapher meinen Traumatherapeuten Wortbilder und Sprachbilder: Worte, die ein Bild für etwas brauchen, das sonst schwer vorstellbar oder beschreibbar ist.

Häufig verwendete Metaphern in Traumatherapien sind beispielsweise *das Innere Kind*, die Metapher der *Überflutung (oder Überflutungszustände)* für das momentane, bedrohliche Erleben Betroffener. Auch das Bild eines zerrissenen Filmstreifens, der dem Begriff des *Filmrisses* zugrunde liegt, und

---

234 S. 4.
235 CÖPPICUS LICHTSTEINER (2013, S. 10).
236 REDDEMANN (2011/2014[8], S. 149).
237 S. 97.

des *Flashbacks* (Rückblende) als Bild für blitzartiges Zurückversetztsein bei Nachhallerinnerungen sind bekannte Metaphern bei Traumafolgesymptomen. Priebe und Dyer[238] beschreiben die *Kapsel*-Metapher zum Verständnis einer Dissoziation:[239] Das Bild veranschaulicht die Erinnerungen als eingekapselt, eingeschlossen oder abgeschlossen in einem Behälter und somit als nicht mehr unmittelbar zugänglich. Selbst traumatherapeutische Buchtitel sind geprägt von metapherngeleiteten Redewendungen, wie Reddemanns Bücher für Betroffene »Eine Reise von 1.000 Meilen beginnt mit dem ersten Schritt« und »Der Weg entsteht unter deinen Füßen« oder Michaela Hubers Buch »Der innere Garten«.[240]

### Metaphorische Konzepte

Für unsere Sprache bedeutsam ist nicht nur die Metaphorik, sondern auch zusammenhängende metaphorische Konzepte. Es folgt ein kurzer Einblick in die Bedeutung der metaphorischen Konzepte, da diese nicht nur unsere Sprache, sondern auch unser Weltbild, unsere Wahrnehmung und unsere Wertvorstellungen formen.

Lakoff und Johnson,[241] die sich viel mit Metaphern beschäftigten, sprechen von verschiedenen Metaphernkategorien. Häufig im Sprachgebrauch sind *Orientierungsmetaphern:* Nehmen wir als Beispiel Freuds Vorstellung eines Über-Ichs (in seiner Vorstellung von Ich, Es und Über-Ich als den drei handlungsleitenden inneren Instanzen eines Menschen). Das sogenannte Über-Ich steht in Wechselseitigkeit zu einem ganzen System, nämlich dem System der *Orientierung im Raum.* Das leitende metaphorische Konzept (bei der Metapher Über-Ich) lautet:

- *Kontrolle oder Macht auszuüben ist oben; Kontrolle oder Macht ausgesetzt sein ist unten.*[242] Beispiele: Er ist auf der Höhe seiner Macht. Sie hat das Oberkommando. Er gehört zu den oberen Zehntausend.

Diese Orientierungsmetapher hat mit der Orientierung im Raum zu tun: *oben-unten.* Es gibt eine ganz einfache Grundlage der Metapher *Macht ist oben:* Im Kampf unter Geschwistern ist der Größere oft der Stärkere, und der Sieger ist bei Beendigung der Rauferei meist oben. Andere Orientierungsmetaphern im

---

238 PRIEBE/DYER (2014).

239 SCHUBBE (2014, S. 33).

240 REDDEMANN (2004/2009/2010[5]); REDDEMANN/WETZEL (2011); HUBER (2010).

241 LAKOFF/JOHNSON (1997/2018[9], S. 22).

242 S. 22–25. Die Namen der metaphorischen Konzepte werden hier wörtlich nach Kaloff und Johnson *kursiv* wiedergegeben. Die Beispiele stammen von SB.

Raum beziehen sich auf *innen-außen, vorne-hinten, dran-weg, tief-flach, zentral-peripher.* Weitere Orientierungsmetaphern im Raum sind in unserer Kultur beispielsweise:

- *Glücklich sein ist oben; traurig sein ist unten.* Beispiele: Sophie war in Hochstimmung. Hans war niedergedrückt.
- *Gesund sein und Leben sind oben; Krankheit und Tod sind unten.* Beispiele: Das Pfeiffersche Drüsenfieber zwang ihn in die Knie. Nach der Antibiotikabehandlung ging es bergauf.
- *Hoher Status ist oben; niedriger Status ist unten.* Beispiele: Er stieg die Karriereleiter hoch. Der Stellenwechsel war der gesellschaftliche Abstieg.
- *Gut ist oben; schlecht ist unten.* Beispiele: Seine Höchstleistung war die Goldmedaille, die er 1987 errang. Die Besucherzahlen erreichten ein Rekordtief.
- *Verstand ist oben; Gefühl ist unten.* Beispiele: Sie ist eine hochqualifizierte Wissenschaftlerin. Als er im Vorstellungsgespräch auf die Gefühlsebene abglitt, entschieden sie sich für den anderen Kandidaten.

Solche metaphorischen Konzepte machen sichtbar, welche Werte in einer Gesellschaft von Bedeutung sind.

### *Metaphern in der Theologie und im Alltag*

In der Psychotraumatologie ist der Gebrauch des Metapherbegriffs eine Selbstverständlichkeit ohne weiteren Erklärungsbedarf, anders als bei Linguisten, Philosophen und Theologen, wo sich die Metapherdiskussion in verschiedenen Metaphertheorien niederschlägt.[243] Im Hinblick auf die Metapherdiskussion in der Theologie lässt sich zusammenfassend sagen: Religiöse Sprache ist metaphorisch und unterscheidet sich darin nicht von Wissenschafts- und Alltagssprache.[244]

Denn gerade für die Verständigung im Alltag gilt: »Wer auch immer kommuniziert, verwendet Metaphern, […] Wer auch immer denkt, strukturiert den Kosmos seines Bedeutungsuniversums durch Metaphern. Metaphorische Rede ist häufig der Poesie zugerechnet worden, doch Lakoff und Johnson räumen damit […] gründlich auf. Sie zeigen die universelle Bedeutung der Metapher und deren Unverzichtbarkeit, und liefern eine […] überzeugende Theorie, warum die Metapher als das zentrale Sinnesorgan für unsere soziale und kognitive Welt bezeichnet werden muss. […] Sie zeigen, dass die Alternative zur Metapher nicht der akademisch gereinigte Begriff, sondern die alternative Metapher ist. […] Metaphern sind nicht nur […] Elemente der Sprache, sondern

243 BUNTFUSS (1997).
244 HARTL (2008).

des Denkens, der Kognition – eines Denkens, das auf die Imagination nicht verzichten kann. [... Denn] die Metapher erzeugt einen mentalen Raum zwischen Logik und Phantasie, und dort spielen sich zentrale therapeutische Prozesse ab.«[245] Sehr schön ist die Bedeutung der Kraft metaphorischer Sprache in einem Aufsatztitel des Neutestamentlers Jörg Frey ausgedrückt: »Das Bild als Wirkungspotenzial«.[246]

### *Metaphern in der traumafokussierten Psychotherapie*

Onno van der Hart, Fachmann für komplexe Traumafolgestörungen, schreibt: »Die Nutzung von Metaphern und Gleichnissen kann dem Patienten helfen, mentale Inhalte zu erkennen, zu verbalisieren und auf sie einzuwirken.« Er erläutert dies am Beispiel eines Patienten:

Der Patient beschreibt seine Körperempfindung im Bauch »wie ein brodelnder Kessel«. Diese Metapher gilt es im Gespräch aufzunehmen und dadurch mehr über den Hintergrund zu erfahren mit Fragen wie:

- »Was brodelt im Topf?«
- »Was lässt den Topf brodeln?«
- »Gibt es etwas, wodurch das Brodeln beruhigt werden könnte?«
- »Wenn das Brodeln sprechen könnte, was würde es dann sagen?«[247]

Die vom Patienten selbst gebildete Metapher hilft dem Therapeuten, sich auf die Stresssymptome des Patienten einzulassen, die zugrundeliegende Problematik zu ergründen und Wege der Bewältigung zu imaginieren.

> Metaphorische Konzepte strukturieren die Alltags- und die Fachsprache. Einzelne Metaphern helfen, etwas schwer Sagbares in Worte, in Wortbilder zu fassen. Auch die Imagination arbeitet mit Metaphern.

245 BUCHHOLZ, im Vorwort zu: LAKOFF/JOHNSON (1997/2018$^{9}$, S. 7–9).
246 FREY (2000, S. 331).
247 VAN DER HART/NIJENHUIS/STEELE (2008, S. 336).

## 2.2 Imagination in traumafokussierten Psychotherapien (Traumatherapien)

Imaginative Verfahren sind in verschiedenen Traumatherapierichtungen ein konstitutiver Bestandteil geworden. Im Folgenden werden traumafokussierte Psychotherapien vorgestellt, die mit der Imagination als zentralem Bestandteil ihrer Methodik arbeiten. Diese evidenzbasierten Psychotherapien haben sich in den letzten Jahrzehnten etabliert.

Die Ausbildungsgänge dieser traumafokussierten Psychotherapien richten sich an spezialisierte Fachkräfte der Psychotherapie. Die Forschungsergebnisse zu den traumafokussierten Verfahren und deren Vorgehensweisen werden in Fachbüchern vorgestellt.

> Wenn im Folgenden beschrieben wird, wie die Imagination in Psychotherapien eingesetzt wird, so ist das keine Anleitung für Seelsorgerinnen und Seelsorger. Die Beschreibungen sollen eine Verstehenshilfe sein für das, was in einer Psychotherapie – unter anderem – geschehen kann. Sie sind als Information gedacht. Zugleich wird damit ein knapper Einblick in wichtige traumafokussierte Psychotherapien und deren Vorgehensweise gewährt.

### 2.2.1 In der Katathym-Imaginativen Psychotherapie (KIP)

Als erste Therapierichtung mit zentralem Fokus auf Imagination ist die Katathym-Imaginative Psychotherapie (KIP) von Hanscarl Leuner (1955) zu nennen, die lange vor der Diagnosedefinition der PTBS entstand. Das psychodynamische Therapieverfahren wird mit Erfolg bei Trauma- und Stressfolgestörungen eingesetzt. Die vorerst »Katathymes Bilderleben« genannte Methode arbeitet mit dem geleiteten Tagtraum, der Symbolbilder enthält (z. B. »Wiese«, »Waldrand«) Die Therapeutin leitet die inneren Bildreisen an und ermöglicht durch ihre Unterstützung und Begleitung innere Änderungsprozesse. Alles geschieht mithilfe der eigenen Vorstellungskraft. Erstaunlicherweise ändern sich im Verlauf der Arbeit die inneren Bilder und Vorstellungen, ohne direkt von der Therapeutin beeinflusst zu werden.[248]

---

248 LEUNER (1978/1986, S. 149–194; S. 150)

### 2.2.2 In der Psychodynamisch Imaginativen Traumatherapie (PITT)

Die Psychodynamisch Imaginative Traumatherapie wurde von Luise Reddemann entwickelt. Sie leitete von 1985 bis 2003 die Klinik für Psychotherapie und psychosomatische Medizin des Evangelischen Johannes-Krankenhauses in Bielefeld. Ein Schwerpunkt dieses Therapieverfahrens liegt in der Arbeit mit Imaginationen mit dem Ziel, Stressmanagement-Techniken zu erlernen. Wichtige Grundzüge der PITT-Methode sind:

- Stabilisierung und Stabilität,
- keine Entfaltung der Pathologie in der therapeutischen Beziehung,
- die Förderung von Selbstheilungskräften durch ressourcenaktivierende Zugangsweisen,
- die Nutzung von Elementen verschiedener Therapieschulen mit einem Schwerpunkt auf imaginativen Techniken.[249]

Reddemanns Buchtitel fasst den inhaltlichen Schwerpunkt ihrer Zugangsweise zusammen: »Imagination als heilsame Kraft«.[250] Es wendet sich an Betroffene und Fachleute. »Psychodynamisch Imaginative Traumatherapie – Das Manual«[251] ist das Lehrbuch für Fachleute.

Ziel der imaginativen Techniken ist stets, Gegenbilder zu den Schreckensbildern zu finden. Diese Bilder vermitteln den Betroffenen ein Gefühl der Kontrolle anstelle des Ausgeliefertseins, des Schönen statt des Schreckens, der Kraft statt der Hilflosigkeit. »Man kann aber auch damit beginnen, sich die folgenden Übungen eher wie Geschichten zu erzählen. [...] [und] der Körper kann sich dabei entspannen, und zwar gerade so viel, wie er möchte.«[252] schreibt sie. Es geht darum, sich das, was man gebraucht hätte, heute selbst zu geben. Denn »das, was uns heute plagt, ist nicht das, was geschehen ist, sondern die Bilder davon im Kopf, und diese Bilder können wir verändern.«[253]

Zu den prominentesten Imaginationsübungen gehören: *Der sichere Ort,*[254] *die helfenden Wesen*[255], *ein Gepäck ablegen,*[256] *die Tresorübung, der innere Gar-*

---

249 REDDEMANN (2012, S. 118).
250 REDDEMANN (2001/2010[15]).
251 REDDEMANN (2011/2014[8], S. 96).
252 REDDEMANN (2001/2010[15], S. 41).
253 S. 57.
254 S. 45.
255 S. 46–47.
256 S. 50–51.

*ten*[257][258] und die *Baumübung.* Diese (und weitere wichtige Übungen) werden in Teil I, Kapitel 5.1: »Die Metaphorik der Imaginationsübungen« detaillierter vorgestellt (s. auch Teil II, Kapitel 3.5 »Was tun bei emotionaler Überflutung? – Distanzierungstechniken«).

Mit ähnlichen Imaginationsübungen und Metaphern arbeiten auch Michaela Huber,[259] Martin Sack und Ulrich Sachsse, Gottfried Fischer und Peter Riedesser.[260] Mit Luise Reddemann betonen sie die Möglichkeit einer eher schonenden Zugangsweise *(schonende Traumatherapie).*

Reddemann arbeitet beispielsweise auch mit der Übung des *inneren Teams* (ein Konzept, das sich bereits bei Jean Houston und Friedemann Schluz von Thun findet[261]). Dabei werden Selbstanteile aus verschiedenen Lebenszeiten an einen Tisch und zur Diskussion einer wichtigen Frage gebeten. Die heutige Person ist dabei gleichzeitig Autorin, Regisseurin, Dramaturgin und Zuschauerin.[262]

Auch die Arbeit mit Körpertherapien, Körperwahrnehmungsübungen und Atemübungen sowie Kreativtherapien, die meist durch Co-Therapeutinnen und Co-Therapeuten angeboten werden, sind wichtiger Bestandteil der PITT.

### 2.2.3 In der EMDR-Therapie

»EMDR steht für *Eye Movement Desensitization and Reprocessing* und wurde von Francine Shapiro ab 1980 eigens für die Behandlung von Traumafolgestörungen entwickelt. Man könnte es übersetzen als *Verarbeiten und Desensibilisieren durch Augenbewegungen.*«[263] Dabei wird durch bilateralte Stimulation einerseits und alternierende Bewusstseinszustände andererseits eine Traumakonfrontation herbeigeführt. Die bilaterale Stimulation wird meist durch Augenbewegungen (Blickwechsel) oder durch abwechselndes Tapping (mit den Händen auf die Oberschenkel) erzeugt.[264]

---

257 S. 52.
258 HUBER (2010).
259 HUBER (2003; 2003/2009[4]).
260 FISCHER/RIEDESSER (2009[4]).
261 SCHULZ VON THUN (1999/2001[29]).
262 REDDEMANN (2001/2010[15], S. 47–48).
263 https://www.emdria.de/emdr/was-ist-emdr (Zugriff am 11.01.2024).
264 Der Wirksamkeitsfaktor dieser Methode ist Gegenstand der Forschung, vor allem die Frage, ob er auf bilateraler Stimulation der beiden Hirnhälften (durch Augenbewegungen oder Tapping) beruhe oder auf einer Ablenkung der gleichzeitig erinnerten Traumainhalte durch Augenbewegungen und somit an einer Stressreduktion während der Traumakonfrontation oder auf dem Wechsel der Bewusstseinszustände zwischen dem Gespräch mit dem Therapeuten und dem Wiedererleben der erinnerten traumatischen Inhalte.

Teil der EMDR-Methode ist allerdings nicht ausschließlich die Traumakonfrontation mithilfe der gleichzeitigen Augenbewegungen. Das Standardverfahren besteht aus neun Phasen: Phase der Anamnese, der Vorbereitung, der Bestandsaufnahme, der Desensibilisierung, des Etablierens einer positiven Kognition, aus der Behebung belastender Körpererinnerungen, aus der Phase des Abschließens und des Nachfragens in der nächsten Therapiesitzung und der erneuten Bearbeitung nach Bedarf. Die bilaterale Stimulation wird meist durch Augenbewegungen (Blickwechsel) oder durch abwechlelndes Tapping (mit den Händen auf die Oberschenkel) erzeugt. [265]

Vor allem in der Vorbereitungsphase kommen Imaginationsübungen zum Einsatz. Doch auch zwischen den belastenden Traumakonfrontationen mithilfe der bilateralen Stimulation und zwischen den Therapiesitzungen wird die Anwendung der Imaginationsübungen empfohlen.

Als Erstes wird das »Visualisieren eines sicheren/ruhigen Ortes« geübt[266] (s. Teil I, Kapitel 5.1, »Übung 1: Der sichere Ort«).

Als Nächstes wird die »Lichtstrom-Technik« erlernt. Francine Shapiro berichtet, »dass damit der Stressabbau in etwa 90 Prozent der Fälle gelang«.[267] (s. Teil I, Kapitel 5.1, »Übung 17: Licht-Übung«, auch Lichtstrom-Übung genannt).

Bei der Erinnerung belastender Ereignisse, die Betroffene sich selbst kaum vergeben können, obwohl sie keine Schuld trifft, werden diese gebeten, sich vorzustellen: »Und wenn das ihr Kind wäre?«[268] Ein Kriegsveteran kam nicht darüber hinweg, dass sein Freund im Gefechtsfeuer gestorben war, während er – nach Anweisung des Vorgesetzten – seinen Kopf unten behielt und dem Freund nicht zu Hilfe eilte. Der Kriegsveteran wurde in sanftem Ton gefragt, was denn seine 19-jährige Tochter in dieser Situation hätte tun sollen. Natürlich hätte sie den Kopf unten behalten sollen, war die schnelle Antwort des Kriegsveteranen. Ähnlich wurde eine Klientin, die sich immer wieder schuldig fühlte an ihrem sexuellen Missbrauch in der Kindheit, gefragt, ob sie ihrem eigenen Kind nach einem sexuellen Missbrauch die Schuld an diesem Ereignis geben würde. »Natürlich nicht!« War ihre entsetzte Antwort. Die Therapeutin antwortet dann jeweils: »Bleiben Sie bei diesem Gedanken«, und beginnt dann mit den Augenbewegungen.[269]

Auch Geschichten und Vergleiche werden in der EMDR-Therapie eingesetzt.[270] Imagination ist also auch hier von entscheidender Bedeutung.

---

265 SHAPIRO (2018/2022[3], S. 300–303).

266 S. 341–343.

267 S. 346–348.

268 S. 370–371.

269 S. 370.

270 S. 371.

## 2.2.4 In der Imagery Rescripting & Reprocessing Therapy (IRRT)

Die Imagery Rescripting & Reprocessing Therapy (IRRT) stammt von Mervin Smucker bzw. Schmucker und wurde mit Rolf Köster weiterentwickelt.[271] Auf Deutsch könnte man die Methode »Imaginatives Neuschreiben und Reprozessieren« nennen.

Die Imagination wird dabei zunächst eingesetzt zur Aktivierung von Emotionen und Erinnerungen.[272] Die Methode beruht im Wesentlichen auf verhaltenstherapeutischen Ansätzen. Sie arbeitet mit dem Wiederbeleben belastender Erinnerungen, welche sie mithilfe der Imagination umgestaltet bzw. umschreibt oder neuschreibt (Rescripting). Mit Worten aus der Filmsprache: Das Drehbuch wird neu geschrieben. Dies geschieht in einem dreiphasigen Prozess, wie auf einer inneren Bühne oder in einem inneren Film:

1. Phase 1: Erinnerungsphase: Der oder die Betroffene erzählt das belastende Geschehen von damals.
2. Phase 2: Eingreifen: In das erinnerte Geschehen wird während der belastendsten Situation (beim sogenannten Hotspot) eingewirkt, indem das heutige Ich die damalige Szene betritt, helfend eingreift und so das Skript ändert (das Geschehene, wie es als Erinnerung abgespeichert ist, wird so geändert). Dabei geht es im Wesentlichen um eine Täterentmachtung in der Imagination.
3. Phase 3: Trostphase, Beruhigungsphase: Das betroffene Kind von damals (oder der betroffene Erwachsene) erhält Trost, Beruhigung und Versorgung durch das heutige Ich (die heutige, erwachsene Person).

Dieser dreiphasige Prozess der Traumabewältigung wird auf einen Tonträger (Tonband, Smartphone, USB-Stick o.Ä.) aufgenommen mit dem Ziel, sich das Geschehen zu Hause einige Male anzuhören, die dazugehörenden Emotionen zu beobachten und zu protokollieren, um dadurch zu einer Habituation, zu einer Gewöhnung, zu kommen und den damit verbundenen Schrecken zu reduzieren.

*Phase 1:* In der ersten Phase geht es um die Reaktivierung der traumatischen Erinnerung. Die Patientin erzählt das Erlebte in der Gegenwartsform, als ob es soeben geschehen würde: »Ich trete ein in die Küche, und da sitzt der Kater. Ich gebe ihm gerade sein Futter, da …« Die Präsenz der Therapeutin, zu der sich bereits eine tragfähige therapeutische Beziehung etabliert hat, gewährt die nötige

---

271 SCHMUCKER/KÖSTER (2014/2015²).). Der in den USA Geborene Mucker publizierte dort unter dem Namen »Mucker«; im deutschsprachigen Raum nennt er sich »Schmucker«.

272 SCHMUCKER/KÖSTER (2014/2015², S. 31).

Sicherheit und den Resonanzraum. Das Gehörtwerden und Ernstgenommenwerden ist dabei genauso wesentlich wie in allen anderen Therapierichtungen.

*Phase 2:* Beim zweiten Durchgang der Erlebnisschilderung betritt die Person als heutige, erwachsene, handlungsfähige, zielorientierte Person die innere Bühne, greift zugunsten der damaligen Betroffenen ein und verändert das Geschehen. Das geschieht durch Täterkonfrontation mit dem Ziel der Täterentmachtung. Alles geschieht allein mithilfe der Vorstellungskraft in der Imagination. (In der IRRT spricht man von dabei von der subjektiven Symbolebene).

Bei der Täterkonfrontation und Täterentmachtung ist es wichtig, dass der Feind – in der Vorstellung – am Schluss tatsächlich entmachtet ist. Das kann auch durch Versöhnung geschehen (indem der Täter beispielsweise sein Verhalten einsieht und sich entschuldigt). Nach der Täterentmachtung geht es darum, den schreckenerregenden (Erinnerungs-)Bildern von damals (die aber immer noch aktiv sind) neue Bilder gegenüberzustellen, die die zerstörerische Macht der vorherigen Bilder aufheben und sie durch neue Bilder ersetzen.

*Phase 3:* In der dritten Phase schließlich geht es um die Selbstberuhigung und Selbsttröstung. Das geschieht durch den Trost der heutigen, erwachsenen Person für das damalige (kleine) hilflose Ich. Das entspricht der *Arbeit mit dem Inneren Kind,* wie sie aus anderen Therapiemethoden bekannt ist. Das heutige Ich beruhigt das Innere Kind, tröstet es, kleidet es, füttert es, gibt ihm Schönheit zurück, gewährt ihm Aufmerksamkeit oder spielt mit ihm – was immer es braucht.

Menschen, die mithilfe einer IRRT-Sitzung eine Täterkonfrontation, Täterentmachtung und anschließend Fürsorglichkeit und Trost erleben, wissen, dass alles »nur« in der Vorstellung geschehen ist. Trotzdem berichten sie übereinstimmend, sie hätten sich danach besser gefühlt.

Speziell an dieser Methode des Imaginativen Neuschreibens und Neugestaltens der inneren Bilder der eigenen Geschichte ist das Erleben von Selbstwirksamkeit: Das heutige Ich tritt selbst als Retter in Erscheinung und hilft dem Kind. Die so erlebte Selbstwirksamkeit ist eine Gegenerfahrung zur erlittenen Ohnmacht, Hilflosigkeit, Lähmung, Erstarrung oder zur Erfahrung des Ausgeliefertseins. Ein neues Selbstbild kann entstehen, ein Bild von Stärke, Befähigung, Widerstandskraft und Sieg.

Die IRRT-Methode eignet sich auch für die Bearbeitung einer Anhaltenden Trauerstörung, bei Angststörungen und weiteren Krankheitsbildern.

### 2.2.5 In der Narrativen Expositionstherapie (NET)

Bei der Narrativen Expositionstherapie[273] (NET) geht es darum, den erlebten Schrecken in Worte fassen und erzählen zu können. Sie kommt damit nahe an die Testimony Therapy heran. Ziel ist, dem zusammenhanglos gewordenen Erleben des Schreckens wieder eine innere Struktur und chronologische Abfolge zu geben, um die Erinnerung wieder einordnen und versprachlichen zu können, damit sie so zu einem abrufbaren Gedächtnisinhalt wird. Zur Verdeutlichung, Verinnerlichung und Vertiefung werden symbolische Gegenstände entlang einer Schnur (Lifeline) ausgelegt, die für das bisherige Leben steht: Steine für schwere, bedrückende Ereignisse (Problemaktualisierung) und Blumen für gelungene, beglückende, stärkende Erlebnisse (Ressourcenaktivierung). Die NET wurde von Frank Neuner, Thomas Elbert und Maggie Schauer an der Universität Konstanz entwickelt. Sie gilt als Expositionstherapie, bei der eine Konfrontation mit den traumatischen Ereignissen von Anfang an eingeplant wird. Zu den Expositionssitzungen gehören eine Einleitung, ein Höhepunkt und ein Ende. Diese werden eigebettet in den Aufbau einer tragenden Beziehung, eine Auftaktphase und Psychoedukation. Die NET wird auch bei traumatisierten Gewalttätern angewendet,[274] aktuell auch in Kriegsgebieten auf dem afrikanischen Kontinent (Kindersoldaten, Männer, die ihre Familien verteidigten, u.a.).

Die Gegenstände können auch variieren, wissen wir beispielsweise doch von afrikanischen Frauen wie Esther Mujawayo[275] aus Ruanda, dass Blumen für sie keinen Wert als Geschenk hatten in Afrika. Bei Besuchen waren Nahrungsmittel als Geschenke wertvoll. Das größte Geschenk war ein Tier wie eine Ziege oder ein Schaf, weil es Nahrung oder sogar ein kleines Auskommen bedeutete. So wären bei der Arbeit mit einer traumatisierten Afrikanerin vielleicht Früchte (oder kleine Ziegen oder Schafe aus Holz oder Filz) zu wählen für Gelungenes, Stärkendes und Beglückendes. Es ist dem therapeutischen Prozess förderlich, die Arbeit mit der Lifeline sorgfältig vorzubereiten, um solche Gepflogenheiten berücksichtigen zu können. Wesentliche Bestandteile der NET sind auch die Verschriftlichung der eigenen Geschichte und das Vorlesen derselben.[276] So wird sowohl eine chronologische Einordnung des Geschehens, die Nachvollziehbarkeit, die Klarheit der Schrecken und des Hilfreichen sowie die Benennbarkeit und Erzählbarkeit miterlebt oder erstmals erlebt.

---

273 SCHAUER/NEUNER/ELBERT (2005/2011²); NEUNER/CATANI/SCHAUER (2021).
274 NEUNER/CATANI/SCHAUER (2021, S. 70).
275 MUJAWAYO (2005/2007²).
276 NEUNER/CATANI/SCHAUER (2021, S. 43 f., S. 65 f.).

### 2.2.6 In der Hypno- und Hypnosystemischen Therapie

Milton H. Erickson (1901–1980) begründete die Hypnotherapie (auch hypnotherapeutischer Ansatz oder angewandte Hypnotherapie) genannt. Erickson entdeckte durch eigene Erfahrung die prägende Kraft der inneren Bilder. Als 18-Jähriger erkrankte er an Kinderlähmung und fiel ins Koma. Drei Tage später erwachte er aus dem Koma und war bewegungsunfähig. Er verbrachte seine Tage im Schaukelstuhl und entdeckte dabei die Kraft der Imagination, während er den Kindern beim Spiel zusah. So beeindruckt z. B. die Geschichte, wie Milton Erickson einem Alkoholkranken riet: »Gehen Sie in den Botanischen Garten und sehen Sie sich den Kaktus an. Und dann überlegen Sie: Wie ist es möglich, dass dieser Kaktus lebt, ohne einen einzigen Tropfen Wasser?« Der Mann kam nie wieder zu ihm. Nach Jahren kam eine junge Frau zu ihm und sagte: »Sie sind der Mann, der meinen Vater vom Alkohol geheilt hat.«[277]

Wesentlicher Bestandteil der Hypnotherapie ist die Arbeit mit der Kraft der Imagination, mit Geschichten und Anekdoten. Die fantasierten Konstrukte werden zur Veränderungsmotivation für Betroffene mit verschiedensten psychischen Beeinträchtigungen.

Gunther Schmidt hat Ericksons Ansätze ausgebaut und wiederum einen eigenen Zugang entwickelt. Er integriert in der Hypnosystemischen Therapie sowohl hypnotherapeutische wie systemische Therapieansätze.[278] Die hypnosystemische Therapie fand Eingang in weitere traumafokussierte Therapien (beispielsweise in die Ego-State-Therapie, die PITT und die IRRT).

Die Hypnotherapie nach Milton Erickson und in ihrer Erweiterung die Hypnosystemische Therapie nach Gunther Schmidt arbeiten dezidiert mit der Kraft der Imagination: Mit Bildern, Metaphern, Anekdoten und Geschichten. Es geht dabei nicht um Schauhypnose oder Beeinflussung zu willenlosen Handlungen, sondern um die klinische Hypnose, das heißt, um die Nutzung der Kraft der inneren Bilder, um die Nutzung der eigenen Vorstellungskraft, die sowohl die Krankheitsentstehung wie auch den Gesundungsprozess wesentlich mitprägen.

---

277 TRENKLE (2014). Die Quelle der Geschichte ist nicht auffindbar (Bernhard Trenkle, Milton Erickson, Gunther Schmidt?).

278 SCHMIDT (2018).

### 2.2.7 In der Ego-State-Therapie

Die Ego-State-Therapie arbeitet mit verschiedenen Persönlichkeitsanteilen (Ego-States). Für die verschiedenen Persönlichkeitsanteile werden auch die synonymen Begriffe »Selbstanteil«, »Ich-Zustand« und »Ego-State« verwendet.[279] John Watkins und Helen Watkins entwickelten diese Methode ab 1980.

Als Wurzeln der Ego-State-Therapie gelten Pierre Janets (1859–1947) Erkenntnisse über Dissoziation. (Janet sprach nach zahlreichen Feldstudien auch als Erster von einem Unterbewusstsein und Bewusstsein. Freud, Jung und Adler bauten ihre Konzepte auf Janets Forschungsergebnissen auf.) Janet beschrieb als Erster, was heute mit »Dissoziation« bezeichnet wird und als Verständnismodell in der Psychotraumatologie gilt.[280, 281]

Das Konzept der verschiedenen Persönlichkeitsanteile und deren therapeutische Nutzung wurde durch Paul Federn (1871–1950) wiederentdeckt und aufgenommen.[282, 283]Neben Paul Federn als ein Urheber der Ego-State-Therapie[284] ist auch dessen Student Eric Berne (1920–1970) und die von ihm entwickelte Transaktionsanalyse zu nennen. Eric Berne benannte explizit drei Ego-States, drei verschiedene Ich-Zustände: Das Kind-Ich, das Eltern-Ich und das Erwachsenen-Ich.

Methodische Relevanz hat der hypnotherapeutische Ansatz von Milton Erickson in der Ego-State-Therapie.[285] Die Ausbildung zur Ego-State-Therapeutin beginnt mit einer Einführung in die Hypnotherapie.

Die Ego-State-Therapie sieht die Persönlichkeit als inneres System von Persönlichkeitsanteilen. Diese Teilpersönlichkeiten existieren miteinander und nebeneinander: »Täterintrojekte [verinnerlichte Täteranteile] stehen neben dem verletzten kleinen Kind, Helferpersönlichkeiten koexistieren mit Opferanteilen.«[286] Daneben gibt es auch herausfordernde Anteile wie Innere Kritiker, Innere Richter, Innere Verneiner.[287] Sie alle gehören zur selben Person, haben aber nicht dieselben Ziele.

Fachleute unterscheiden den »Anscheinend normalen Persönlichkeitsanteil« (ANP, apparently normal part of the personality) vom »Emotionalen Persön-

279 FRITZSCHE/HARTMANN (2010/2016³).
280 GAST (2005, S. 77–89); ELLENBERGER (1973).
281 WATKINS/WATKINS (2003/2012³, S. 45).
282 FEDERN (1952).
283 WATKINS/WATKINS (2003/2012³, S. 11).
284 (S. 30–31; S. 45).
285 FRITZSCHE/HARTMANN (2010/2016³, S. 10–11).
286 PEICHL (2007/2017⁶).
287 PEICHL (2013).

lichkeitsanteil« (EP, emotional part of the personality).[288] Der ANP steht für die »Gast-Persönlichkeit«: Sie zeigt sich im Alltag und ist oft arbeits- und funktionsfähig. Der EP oder mehrere EP stehen für die abgespaltenen (dissoziierten) Anteile, die sich je nach Situation zeigen. Die Techniken der Ego-State-Therapie bestehen in der Kontaktaufnahme mit den Ich-Zuständen über die »Affekt-Brücke«, in diagnostischen Erkundigungen, im Einsatz erwachsener Ich-Zustände als Helfer (in der Imagination), in der Auseinandersetzung mit kritischen Ich-Zuständen und in der Arbeit mit Imaginationsübungen.[289]

Bereits Pierre Janet ging von einem Dreiphasenmodell in der Therapie aus (I. Stabilisieren, II. Bearbeiten des Traumas, III. Integrieren). Dieses wurde durch Philips und Frederik 2003 erweitert.[290] Die Ego-State-Therapie nach Watkins und Watkins folgt den obengenannten drei Phasen, unterteilt die mittlere allerdings, sodass vier Phasen resultieren: 1. Stabilisierung; 2. Schaffung eines Zugangs zum traumatischen Material; 3. Auflösen der traumatischen Erfahrung; 4. Integration und Entwicklung einer neuen Identität.[291] Bekannt geworden ist dieses Konzept als SARI-Modell:

- S Safety and Stabilisation (Sicherheit und Stabilisierung)
- A Accessing (Zugang zum traumatischen Erlebnis schaffen)
- R Resolving and Restabilisation (Auflösen der traumatischen Erfahrung und Restabilisierung)
- I Integration and Identity (Integration und Identitätsfestigung).[292]

Die Kraft der Imagination ist wesentlicher Bestandteil der Ego-State-Therapie. Alle imaginativen Übungen werden eingeleitet mit der Anweisung, sich bequem hinzusetzen, nichts tun zu müssen, was man nicht möchte, den eigenen Körper gut zu spüren, tief auszuatmen und die Augen zu schließen. So ist die Patientin in Halbtrance und kann sich besser auf die Imagination einlassen. Eine grundlegende Imaginationsübung ist »Der sichere Ort«.[293] Als weitere Imaginationsübungen werden eingesetzt: »Innere Helfer«[294] oder »Innere Versorger und Beschützer«,[295] »Die Bildschirmtechnik«, »Durch die Tür des Vergebens gehen«,[296]

---

288 MAERCKER (2009[3], S. 265).
289 WATKINS/WATKINS (2003/2012[3], S. 142, S. 145, S. 156, S. 167, S. 169, S. 171).
290 FRITZSCHE/HARTMANN (2010/2016[3], S. 76).
291 S. 77.
292 S. 11.
293 SHAPIRO (2018/2022, S. 175–176, S. 341).
294 FRITSCHE/HARTMANN (2010/2016[3], S. 87–91).
295 SHAPIRO (2017, S. 65–68).
296 WATKINS/WATKINS (2003/2012[3], S. 171–172); PEICHL (2007/2017[6], S. 207).

»Die Reise zur inneren Beraterin«,[297] »Das Schurkenschrumpfen«,[298] »Der innere Kontrollraum«,[299] auch »Arbeit mit dem inneren Beobachter«[300] genannt, und die »Nachträgliche Selbstbemutterung«. Bei dieser Übung wird in der Imagination darauf hingearbeitet, eine fürsorgliche Bezugsperson in der Kindheit zu erschaffen. Es ist eine Technik des »nachträglichen Nährens« (renurturing) und der kreativen Selbstbemutterung.[301]

Die Ego-State-Therapie arbeitet mit traumaassoziierten Selbstanteilen, mit kranken Selbstanteilen und mit ressourcenreichen Selbstanteilen. Speziell geeignet ist die Ego-State-Therapie für den Umgang mit lebensfeindlichen oder therapiefeindlichen inneren Anteilen, den sogenannten »Täterintrojekten«.[302] Täterintrojeke zeigen sich beispielsweise in therapiestörendem Verhalten, in Selbstsabotage oder selbstgefährdendem Verhalten. Es sind die Selbstanteile, die unbewusst und unerkannt eine Gesundung verhindern wollen. Diese Täterintrojekte sind Selbstanteile, welche die Tätersicht übernommen haben und Teil der betroffenen Person wurden. Sie können sich in Sätzen zeigen, wie:

- »Der Täter hat recht; Er weiß es.«
- »Das geschieht dir recht, weil du es provoziert hast.«
- »Wenn du so saublöd dreinschaust, musst du dich nicht wundern, dass du geschlagen wirst.«
- »Wenn du darüber sprichst, bist du schuld, wenn die Familie auseinandergerissen wird.«
- »Du hast es ja so gewollt.«
- »Deine Bedürfnisse zählen nicht.«
- »Du bist nichts wert.«
- »Du machst alles falsch.«
- »Dich sollte es gar nicht geben.«

Das sind Botschaften, die Traumabetroffene von ihren Peinigern zu hören oder zu spüren bekamen. Sie waren so stark, dass sie sich nicht überhören ließen und Teil des inneren Selbstbildes geworden sind. Sie können so dominant werden, dass andere Selbstanteile schwach werden oder verschwunden zu sein scheinen.

Täterintrojekte können sich auch gegen Helfer und Helferinnen richten. Beispielsweise mit Sätzen wie:

---

297 PEICHL (2013, S. 207).
298 S. 110–111.
299 PEICHL (2007/2017[6], S. 207–208).
300 FRITZSCHE/HARTMANN (2010/2016[3], S. 91–93).
301 PEICHL (2007/2017[6], S. 207).
302 PEICHL (2007/2017[6]) sowie: PEICHL (2013).

- »Der Therapeut will dich zerstören.«
- »Die Seelsorgerin will dir nur schaden.«
- »Die sitzt hier in ihrem schicken Büro und hat keine Ahnung vom Leben.«
- »Der hockt hier und will nur dein Geld nehmen.«

Solcherlei Täterintrojekte, die sich gegen Menschen in Helferberufen richten, haben ein Interesse daran, Heilung zu verhindern. Sie sind ausgesprochen gegen positive Veränderungen und Erleichterungen, die durch die therapeutische Beziehung möglich werden könnten. Vielleicht, weil diese Veränderungen auch Angst machen. Und manchmal ist es einfacher, in alten Denkstrukturen zu verharren.

In der Therapie geht es darum, diese herausfordernden Anteile genauso wie die hilfreichen und verletzten Anteile einer Person »an einen Tisch zu bekommen«, sie alle willkommen zu heißen und freundlich zu behandeln. Ganz wesentlich ist, die störenden Anteile nicht abzuweisen –, das ist das ihnen bekannte und das von ihnen erwartete Benehmen einer Person mit Autorität.

Therapeutinnen und Therapeuten erhalten durch die Arbeit mit Täterintrojekten Einblick in das Erleben, die Emotionen und manchmal in die Entstehungsgeschichte der Symptomatik ihrer Patienten. Es ist eine Verständnis- und Therapiehilfe, insbesondere bei Selbstsabotage oder Therapiesabotage in Form von Therapiestillstand, Blockaden oder passivem Widerstand gegen die Therapie trotz grundsätzlicher Bereitschaft und grundsätzlichem Willen zur Genesung.

Die Ego-State-Therapie wird vorzüglich bei der Behandlung einer komplexen Posttraumatischen Belastungsstörung (kPTBS) oder bei dissoziativen Störungen eingesetzt. Das Primärziel ist dabei eine »Förderung der inneren Verbundenheit und der Beziehungen zwischen alternierenden Teilpersönlichkeiten und die Entwicklung eines zunehmenden Gefühls für ein einheitliches und alltagstaugliches Selbst. Das übergeordnete Therapieziel bleibt die vollständige Integration aller Teilidentitäten in die Gesamtpersönlichkeit.«[303]

Roland Stettler verschweigt nicht, dass die Methode der Wahl bei einer kPTBS oder bei dissoziativen Störungen eine hochfrequente ambulante Einzeltherapie (mit Methoden aus verschiedenen Therapiekonzepten) ist, und dass die durchschnittliche Therapiedauer 4–8 Jahre beträgt.[304]

303 STETTLER (2004, S. 14).
304 STETTLER (mündlich im Vortrag, 2004).

## 2.2.8 In der Dialektisch-Behavioralen Therapie (DBT)

Seit der Aufnahme der komplexen Posttraumatischen Belastungsstörung als offizielle, neue Diagnose (seit 2022 in der ICD-11) wird zur Behandlung derselben explizit auch die Dialektisch-Behaviorale Therapie (DBT) nach Marsha Linehan empfohlen.[305] Linehan entwickelte diese Therapie zur Behandlung von Borderline-Persönlichkeitsstörungen. Diese galten lange Zeit als schwer behandelbare, vielschichtige psychische Krankheit und als große Herausforderung für Psychiaterinnen und Psychotherapeuten. Die »Dialektik« der DBT besteht einerseits in einer Haltung der radikalen Akzeptanz und andererseits in der Chance zur Veränderung durch harte Arbeit.

Wie äußert sich eine Borderline-Persönlichkeitsstörung? Die ICD-11 zählt neun Diagnosekriterien auf, von denen mindestens fünf zutreffen müssen:

- »Verzweifelte Bemühungen, reales oder eingebildetes Verlassen Sein zu vermeiden
- Muster von instabilen und intensiven zwischenmenschlichen Beziehungen
- Identitätsstörung, die sich in einem ausgeprägten und anhaltend instabilen Selbstbild oder Selbstwertgefühl manifestiert
- Tendenz zu unüberlegtem Handeln in Zuständen hohen negativen Affekts, was zu potenziell selbstschädigendem Verhalten führt
- Wiederkehrende Episoden von Selbstverletzungen
- Emotionale Instabilität durch ausgeprägte Stimmungsreaktivität
- Chronisches Gefühl der Leere
- Unangemessene, intensive Wut oder Schwierigkeiten, Wut zu kontrollieren
- Vorübergehende dissoziative Symptome oder psychoseähnliche Züge in Situationen mit hoher affektiver Erregung.«[306]

Menschen mit Borderline-Persönlichkeitsstörung wurden von Fachpersonen der Psychotherapie oft nur zögerlich angenommen, da die Therapieerfolge bescheiden blieben (ein Therapieerfolg wäre beispielsweise eine Verbesserung der Symptomatik oder eine Zunahme an Lebensqualität für die Betroffenen). Im Vergleich zu bisherigen Therapieverfahren zeigten Marsha Linehans neue Behandlungsansätze allerdings erstaunliche Fortschritte im Genesungsprozess. Heutige Psychiater nennen die Behandlung von Menschen mit einer Borderline-Persönlichkeitsstörung respektvoll eine »Königsdisziplin für Therapeuten«, weil sie hohe Anforderungen an diese stellt.

---

305 LINEHAN (1993/1996/2008²/2017).

306 AWMF-Richtlinien, S3-Leitlinie Borderline-Persönlichkeitsstörung (2022, S. 32–34).

»Neben den dialektischen Strategien sind völlig neue und bisher unbekannte, höchst wirksame Interventionen enthalten, sodass Kreativität und Effektivität zugleich gegeben sind. Auch bislang schwierigste, kaum voranschreitende und belastende Therapien stagnieren nicht mehr.«[307] Als Professorin für Psychologie an der Universität Seattle, Washington und Leiterin eines Intensivtherapiezentrums für Betroffene von Borderline-Persönlichkeitsstörungen konnte Linehan »das erste empirisch in seiner therapeutischen Wirksamkeit geprüfte Behandlungskonzept vorstellen. Ausgehend von der kognitiven Verhaltenstherapie […], hat sie ein innovatives komplexes Therapiesystem entwickelt, in dem sich interaktionelle Beziehungsarbeit in Einzelsitzungen einerseits und das Training psychosozialer Fertigkeiten im Gruppensetting andererseits die Waage halten.«[308] So bietet beispielsweise die Clienia-Spezialklinik ein »Neues Traumatherapie-Programm für Jugendliche« und wird »als Vorreiter […] das erste DBT-PTBS-Programm implementieren«.[309]

Ein Hauptakzent der DBT liegt auf dem Erlernen neuer Fertigkeiten, sogenannten *Skills.* Im Skillstraining erlernen Patientinnen und Patienten kognitive, emotionale und handlungsbezogenen Fertigkeiten, die in Stress- und Krisensituationen zur Anwendung kommen. Auch für die Regulierung belastender Gefühle, innerer Spannungszustände und negativer Gedanken und Selbstbilder sind sie nützlich. Die erlernten Skills stellen zudem ein Verhaltensrepertoire dar –, und allein schon dieses Vorhandensein von Handlungsoptionen ist ein Mittel gegen sich anbahnende Ohnmachtsgefühle.

Die Arbeit mit Imagination ist kein Hauptbestandteil der DBT. Dennoch betont Marsha Linehan die Bedeutung der Vorstellungskraft in Form einfacher Analogien, Anekdoten, Parabeln, Märchen und Geschichten und die Chancen, sie für den Genesungsprozess zu nutzen.

In verschiedenen Übungen schlägt Marsha Linehan die Arbeit mit Imagination vor. Zum Aufbau von Bewältigungsstrategien empfiehlt sie beispielsweise auf einem Arbeitsblatt, wie sich eine herausfordernde Situation im Voraus durch die Kraft der Vorstellung vorbereiten lässt. Sie gibt auf dem Arbeitsblatt konkrete Anweisungen dazu:

- »Stellen Sie sich die Situation so lebendig wie möglich vor.«
- »Stellen Sie sich JETZT in der Situation vor, und nicht als Beobachter der Situation.«
- »Proben Sie in Ihrer Vorstellung die wirkungsvolle Bewältigung.«

---

307 LINEHAN (2015/2017²).

308 LINEHAN (1996/2008²/2017).

309 https://www.clienia.ch/de/news/traumatherapie-programm-jugendliche/ (Zugriff am 20.01.2025).

- »Proben Sie in Ihrer Vorstellung ganz genau, was Sie tun können, um die Situation effektiv zu bewältigen.«
- »Proben Sie Ihre Handlungen, Ihre Gedanken, das, was Sie sagen und wie Sie es sagen.«
- »Proben Sie auch, wie Sie effektiv mit neuen auftauchenden Problemen umgehen.«
- »Proben Sie, wie Sie Ihre am meisten befürchtete Katastrophe effektiv bewältigen.«
- »Machen Sie nach dem Proben eine Entspannungsübung.«[310]

Diese Übungen mithilfe der Vorstellungskraft arbeiten mit neuen Bildern von sich selbst, mit neuen Handlungsmöglichkeiten und konkreten Bewältigungsoptionen der alltäglichen Herausforderungen.

Die DBT wurde bereits in den 1980er-Jahren von Marsha Linehan entwickelt. Die obigen Vorschläge erinnern in mancherlei Hinsicht an die Bewältigungsstrategien der IRRT, die etwas später entstand, in den 1990er-Jahren. Die IRRT bezieht sich stark auf das traumatische Ereignis damals und beeinflusst in der Vorstellung das damalige Geschehen. Die DBT hingegen bezieht sich auf heutige Herausforderungen und bereitet die Alltagsbewältigung heute in der Imagination vor.

### 2.2.9 Imagination in Bewegungs- und Kreativtherapien

Auch die *Kunsttherapie, Musiktherapie sowie Körpertherapien, Bewegungs- und Tanztherapien* sind ohne die Kraft der Imagination undenkbar. Sie alle gehen von Imaginationen aus, setzen diese um und nutzen ihre heilsame Kraft, um emotionale Inhalte darzustellen, auszudrücken oder (neue) Körper- und Bewegungsbilder zu etablieren.

Die Bedeutung der Imagination hat Einzug gehalten in allen Bereichen der Bewegung, der Körperwahrnehmung und des Körperbewusstseins. Selbst im Sport und Spitzensport ist die Arbeit mit der Kraft der Imagination nicht mehr wegzudenken. Beispielhaft für die Imagination in Bewegungsberufen wie Tanz und Sport steht die *Franklin-Methode,* eine physische Trainingsmethode, die sich primär auf die Imagination konzentriert und mit Erfolg von New York bis London (Royal Ballett School) und auch in der Schweiz gelehrt und praktiziert wird.[311]

---

310 LINEHAN (2017, S. 267).
311 FRANKLIN (2020/2021[2]).

## 2.3 Die Metapher der Selbstanteile in verschiedenen Psychotherapiekonzepten (Teilearbeit)

Die Arbeit mit verschiedenen Selbstanteilen ist eine Methode der Wahl in vielen traumafokussierten Psychotherapiekonzepten. Manche Therapeutinnen und Therapeuten sprechen auch einfach von *Teilearbeit.* Die Metaphorik für die sogenannten Selbstanteile variiert, doch die Grundannahme ist dieselbe: Der Mensch sei in sich selbst nicht immer ungeteilter Meinung, in ihm seien verschiedene Anteile zu einem Thema abrufbar, die sogenannten *Selbstanteile, Persönlichkeitsanteile* oder *Ich-Zustände,* und diese verfolgen nicht immer dasselbe Ziel.

Ein ähnliches Konzept verschiedener Ich-Zustände findet sich bereits bei *Sigmund Freud (Psychoanalyse)* mit Ich, Über-Ich und Es (analytisches und psychodynamisches Therapiemodell). Allerdings geht Freud von der Vorstellung aus, die Letztgenannten seien lediglich »unbewusst«, und nicht »abgespalten«, darum entsprechen sie nicht dem Konzept der Ich-Zustände heutiger Psychotraumatologen.

Es entwickelten sich verschiedene Teile-Modelle mit je eigenen Begriffen:

- Friedemann Schulz von Thun (Kommunikationspsychologie): *Inneres Team*
- Melanie Klein, Otto F. Kernberg: *Objektbeziehungs-Repräsentanten*
- Hal und Sidra Stone: *Stimmendialog (Voice Dialogue)*
- Virginia Satir (Familientherapie, Systemische Therapie): *Inneres Team, Innere Bühne, Theater des Inneren*
- Gunther Schmidt und Richard C. Schwartz (Systemische Therapie) sprechen von der *Konferenz der inneren Familie* oder dem *inneren Parlament.*
- Fritz Perls, Laura Perls und Paul Goodman (Gestalttherapie): *Der »leere Stuhl«* steht für einen Persönlichkeitsanteil, das Gespräch mit ihm wird aufgenommen.
- Eric Berne (Transaktionsanalyse) benennt die Ich-Zustände als Ego-Images bzw. *Ego-States,* also als Ich-Zustände. Die Transaktionsanalyse unterscheidet *Kind-Ich, Eltern-Ich und Erwachsenen-Ich.*
- Jeffrey Young (Schematherapie): *neuronale Netzwerke* oder *affektiv-kognitive Schemata.*[312] (Diese entsprechen allerdings weniger der Vorstellung von Selbstanteilen als vielmehr dem *Lebensstil*-Konzept bei Alfred Adler und dem *Lebensskript*-Konzept der Transaktionsanalyse bei Eric Berne.)

312 PEICHL (2012/2019³, S. 26; 2007/2017⁶).

## 2.4 Das sogenannte Innere Kind bzw. Innere-Kind-Anteile in verschiedenen Psychotherapieverfahren

In vielen Psychotherapieverfahren und speziell in der Traumatherapie wird heute mit der Metapher des sogenannten »Inneren Kindes« gearbeitet. Dieser Ansatz ist methodenübergreifend und das Ziel ist, zu einer Haltung der Liebe, Aufmerksamkeit und Fürsorglichkeit für sich selbst zu gelangen (Selbstfürsorge). Viele traumatisierte Betroffene haben den Zugang zu ihrem Inneren Kind oder zu Inneren Kind-Anteilen verloren und müssen ihr Inneres Kind mit seinen verletzten Anteilen und mit seinen Ressourcen erst kennenlernen. Einen hilfreichen Überblick zur Entstehung dieser therapeutischen Arbeit mit dem Inneren Kind bieten Willy Herbold und Ulrich Sachsse.[313]

Sigmund Freud als Akzentgeber der heutigen psychotherapeutischen Richtungen arbeitete selbst nicht mit der Metapher des Inneren Kindes.[314] Sich mit den inneren Zuständen (States) der Kindheit zu befassen, gehört allerdings in die lange Tradition der analytischen Psychologie und der psychodynamischen Ansätze. Freud und seine Schülerinnen und Schüler bezeichnen diese eher als innere Bilder des eigenen Kindseins und innere Bilder der Eltern, denen zentrale Bedeutung zukommt, denn sie prägen die heutigen realen Beziehungen und die Beziehungsgestaltungen. Angestrebt wird dabei ein Dialog zwischen dem bewussten »Ich« und diesen inneren Bildern, die sich verschiedentlich zeigen: in Fantasien, Träumen oder Imaginationen.

Carl Gustav Jung entwickelte bereits 1940 den »Archetyp des Kindes«, den er als »göttliches Kind« bezeichnete. Er sah in diesem Motiv verschiedene Mythologien vereint: frühe Geburt, Gefährdung, Unüberwindlichkeit, Gegensatzintegration und die Erlangung heilbringender Kräfte. Dabei bezog sich Jung »im Wesentlichen auf das Weihnachtsgeschehen und auf das Christus-Kind«.[315] In einer psychodynamisch ausgerichteten Therapie geht es darum, dieses Innere Kind teilnehmend zu begleiten.[316]

Das Konzept des Inneren Kindes taucht dann in mehreren Therapieschulen auf, beispielsweise im Psychodrama (Jacob Levy Moreno), in der Transaktionsanalyse (Eric Berne) oder der Gestalttherapie (Fritz Perls, Laura Perls und

---

313 HERBOLD/SACHSSE (2007/2012²).

314 Sigmund Freud betont mit seinem Phasenmodell eher *die Kraft* kindlicher oder *frühkindlicher Bedürfnisse und Verhaltensweisen,* die sich bei seinen Patientinnen und Patienten im Erwachsenenalter zeigten. Bei C. G. Jung korrespondiert *das Kind* eher mit dem *Archetyp der Mutter oder Großen Göttin.*

315 Aufzählung nach BOLLE (2007/2012², S. 17).

316 S. 43.

Paul Goodman). Die Arbeit mit dem Inneren Kind ist Bestandteil der Hypnosystemischen Psychotherapie nach Milton H. Erickson, neuerdings in der Schematherapie (Roediger) und insbesondere in der Ego-State-Therapie (John und Helene Watkins, Jochen Peichl).[317] Auch in der Psychodynamisch Imaginativen Traumatherapie (Luise Reddemann),[318] in der EMDR-Therapie (Francine Shapiro), in der Imagery Rescripting & Reprocessing Therapy (Mervin Schmucker/Rolf Köster),[319] in den Ansätzen von Michaela Huber, Gottfried Fischer/Peter Riedesser, Martin Sack, Ulrich Sachsse sowie Wolfgang Wöller[320] wird mit dem »Inneren Kind« gearbeitet.[321]

Dieses Konzept des Inneren Kindes hat sich so fruchtbar umsetzen lassen, dass »selbst Ratgeber und Lebenshilfe-Bücher die Aussöhnung mit dem Inneren Kind propagieren. [Doch ist] durchaus Vorsicht gegenüber der allzu raschen Bemächtigung und Nutzbarmachung des Inneren Kindes«[322] geboten, gerade bei schwerwiegenden Irritationen der Persönlichkeit, die einer längeren therapeutischen Beziehungserfahrung bedürfen, damit sich die Strukturen in der Tiefe wirklich wandeln können.

## Angenehme und unerfreuliche Innere-Kind-Zustände (nach Ulrich Sachsse)

### *Angenehme Innere-Kind-Zustände (nach Ulrich Sachsse)*

Angenehme Erfahrungen, gute Zeiten und schöne Erinnerungen sind im Bearbeitungsprozess psychischer Schwierigkeiten mindestens genauso wichtig wie schwere, belastende Ereignisse. Ein Teil der Therapie konzentriert sich auf die Arbeit mit diesen guten Erinnerungen, den Ressourcen: »Angenehme Innere-Kind-Zustände sind die vielleicht wichtigste Kraftquelle, die wichtigste Ressource, die wir haben«,[323] schreibt Sachsse. Das können Erinnerungen an die Zeit als Kleinkind, Schulkind oder Jugendliche sein. Es gibt »angenehme regressive

317 SACHSSE (2007/2012², S. 65).
318 REDDEMANN (2007).
319 SCHMUCKER/KÖSTER (2019).
320 WÖLLER (2006, S. 371–382).
321 In neuerer Zeit wurde die Arbeit mit der Metaphorik des Inneren Kindes stark vorangetrieben und einer sehr breiten Leserschaft zugänglich gemacht. Prägend waren dabei: BRADSHAW (1992); PAUL/CHOPICH (1993/2019).
322 BOLLE (2007/2012², S. 7).
323 SACHSSE (2007/2012², S. 65).

Zustände, die Sie vielleicht kennen und selbst manchmal gezielt herbeiführen. Solche angenehmen Innere-Kind-Zustände sind beispielsweise«:[324]

*Säuglingszeit:* Bäder, Babyöl, Massagen, Kakao.

*Kleinkindzeit:* schöne Bilder anschauen, Natur erkunden, staunend die Schnecke betrachten oder dem Bach lauschen, Essen wie Grießbrei, Apfelmus, Schokolade, Kassetten und CDs mit Kinderliedern, Fernsehen mit Teletubbies.

*Alter: 3 bis 6:* Erkundungen in der Natur, Rennen, Tanzen, Ballspielen, Frisbee, Schwimmen, Laufrad, Fahrrad, Märchen und Kindergeschichten, CDs mit Benjamin Blümchen, Kindersendungen wie Lauras Stern oder Conny, Kinderbücher.

*Alter: 7 bis 11:* Sport, Kameradschaft, Vereine, Essen: Hamburger, Spaghetti, Pommes – eigentlich alles, was frei ist von Vitaminen, Mineralstoffen und was sonst noch beim Essen stört (eine Formulierung, die Ulrich Sachsses trockenem Humor entstammt), CDs, z. B. Die drei Fragezeichen, Kinderbücher von Astrid Lindgren, alle Fernsehsendungen unter 12 FSK, Fußballspiele, Autorennen, Sportsendungen.

*Jugendlichenalter:* Kleidung, Shoppen, Kosmetik, Sport, Leistungssport, Essen von radikal vegan bis Delfin-Steak, Musik zwischen Rammstein und Hildegard von Bingen.

Vielleicht tauchen konkrete Erinnerungen auf, die besonders schön sind. Diese gilt es zu würdigen und das Erinnerungsbild auszuweiten, beispielsweise durch das Erfragen von Details:

- Wo war das?
- Wie alt waren Sie, als das geschah?
- Was hat Sie so gefreut?
- Wo spüren Sie diese Freude im Körper?
- Welche Kleidung trugen Sie?
- Wie sah die Umgebung aus?
- Welche Jahreszeit war gerade? Woran sah man das?
- Wonach roch es dort?

Die Fragen nach Details helfen, das schöne Bild in der Vorstellung zu verstärken und ihm Raum zu geben. So können auch die assoziierten erfreulichen Emotionen Raum bekommen und mit der Therapeutin geteilt werden. Die Kraft der schönen Erinnerung wächst.

---

324 S. 69.

### *Unerfreuliche Innere-Kind-Zustände (nach Ulrich Sachsse)*

Unerfreuliche Innere-Kind-Zustände sind oft mit Gefühlen von Hilflosigkeit, Angst oder Scham verbunden. Auslöserreiz oder Auslösersituation (Trigger) für den Erwachsenen ist nicht selten ein Gefühl der Ohnmacht, der Preisgabe oder des Ausgeliefertseins – also für ein Kleinkind typische Zustände, ist es doch komplett auf die Menschen in seiner Nähe und deren Wohlwollen angewiesen und ihnen damit auch ausgeliefert.

Die nahestehenden Menschen eines Kleinkindes reagieren glücklicherweise meist mit Liebe, Fürsorge, Pflege und Zuwendung –, doch wo diese elementare Versorgung unterblieb und/oder Gewalt (physische Gewalt in Form von Schlägen, Prügeln u.a., oder sexuelle Gewalt) angewendet wurde oder Ausschluss aus der Gemeinschaft erfolgte (in den Keller sperren, Alleinlassen, aufs Zimmer schicken), können sich solche Momente des Mangels und des Schmerzes einprägen. Auch die extreme Vernachlässigung (nicht füttern, nicht beachten) hinterlässt tiefe Narben. Das Erleben von Hilflosigkeit, Ohnmacht und Verlassenheit oder Einsamkeit im Erwachsenenalter baut dann eine »Brücke« in die Vergangenheit, die sogenannte »Affekt-Brücke«. Auch im Kindergarten und in der Schule können Situationen der Kränkung, der Beschämung oder der Bloßstellung geschehen, und Schulkinder haben manchmal noch nicht die Möglichkeit, sich adäquat dagegen zu wehren.

Eine Hausaufgabe zur Förderung der Erinnerung an angenehme Innere-Kind-Zustände könnte lauten:

- »Bitte notieren Sie jeden Abend eine Situation des Tages, in der Sie sich in einem angenehmen Kind-Zustand befunden haben. Wenn möglich, führen Sie mindestens einmal am Tag eine solche Situation herbei, wenn Sie sich nicht spontan einstellt.«[325] Oder:
- »Lassen Sie Ihr Leben Revue passieren hinsichtlich der Frage, wann Sie angenehme Innere-Kind-Zustände erlebt haben. Wenn Sie das täglich machen, profitieren Sie am meisten davon.«[326]

Auch dies hilft, dem Schönen Raum zu geben in der Erinnerung, in den Gedanken und damit auch im heutigen Empfinden.

325 SACHSSE (2007/2012², S. 72).

326 Die Befunde der Hirnforschung beweisen heute unumstritten, dass eine täglich wiederholte Tätigkeit das zugehörige Gehirnareal in der Großhirnrinde vergrößert (SACHSSE, 2007/2012², S. 75).

## 2.5 Imaginationsübungen – Ein Spezifikum der Psychotraumatologie

Imaginationsübungen wurden zu einer Methode erster Wal in der therapeutischen Arbeit mit Betroffenen von Trauma- und Stressfolgen. Einerseits dienen sie dem Stabilisieren Betroffener in der *Anfangsphase* einer Psychotherapie. Sie geben den Betroffenen Sicherheit, sich überhaupt an die belastenden Erinnerungen heranzuwagen. Andererseits erhalten die Imaginationsübungen in der *Konfrontationsphase* mit den traumatischen Erinnerungsfetzen eine bedeutende Rolle. Sie werden zu einem Anker, der notfalls ausgeworfen wird. In Zeiten unerträglicher innerer Zustände werden Imaginationsübungen als Hilfe zur Distanzierung eingesetzt. In der *Integrationsphase* helfen sie, die neugewonnene Sicherheit zu vertiefen.

> Imaginationsübungen sind eine Methode erster Wahl in traumafokussierten Psychotherapien. Sie leisten Unterstützung sowohl in der Anfangsphase, der Konfrontationsphase, wie auch in der Integrationsphase. Sie werden eingesetzt als Hilfe zum Stabilisieren und Konfrontieren, aber auch zur Distanzierung von belastenden Flashbacks und-nachhallenden Körpersensationen.

### Die Metaphern der Imaginationsübungen

Jede Imaginationsübung wird bestimmt durch eine Metapher, die Leitmetapher. Es ist jeweils ein inneres Bild, das unterstützend imaginiert wird und Betroffenen hilft, sich selbst sozusagen anders zu sehen bzw. in einer neuen Umgebung wahrzunehmen.

In Kapitel 5.1 werden 20 bewährte Imaginationsübungen mit ihrer Metaphorik vorgestellt, die in der Psychotraumatologie bevorzugt zum Einsatz kommen.

> Die Imaginationsübungen mit ihren Metaphern haben sich in den letzten zwei Jahrzehnten etabliert. Die bekannteste Imaginationsübung ist »Der sichere Ort«.

# 3 Theologische Grundlagen

Wie nahe theologisches Nachdenken traumarelevante Themen umkreist, zeigte bereits das Einleitungskapitel dieses Buches (»Wichtige Stationen auf dem Weg zur Traumaseelsorge/Poimenik«; »Wichtige Stationen der bibelwissenschaftlichen Traumaforschung«). Die psychotraumatologische Terminologie konnte erst seit der Diagnosefindung der PTBS 1980 Einzug in diesen Wissenschaften halten, die Auseinandersetzung mit dieser Thematik indes ist älter. Die Publikationen und Forschungsarbeiten zu traumasensiblen Fragestellungen innerhalb der Theologie haben in den letzten zwanzig Jahren exponentiell zugenommen, allen voran in der Bibelwissenschaft.

## 3.1 Die Bibel und ihre verschiedenen Auslegungstraditionen

Durch die Jahrtausende hindurch wurden biblische Texte immer wieder wahrgenommen als Texte, die Grunderfahrungen des Menschseins aufnehmen. Dazu gehören auch Erlebnisse von Schrecken, Gewalt und Tod. Die Texte begründeten durch die Jahrtausende hindurch verschiedenartige Auslegungstraditionen: Die Auslegungen der Wüstenväter in den sogenannten »Apophtegmata Patrum« (Sprüche der Wüstenväter),[327] die Auslegungen der Alten Kirche, die Beiträge der Orden (Mönche, Nonnen) und mittelalterlichen Mystikerinnen und Mystiker und der Reformationszeit sowie aus der Zeit der Aufklärung und münden in die Auslegungstraditionen der Neuzeit.[328]

Beginnend mit dem vorletzten und letzten Jahrhundert haben sich vor allem die folgenden erkenntnisorientierten Auslegungstraditionen durchgesetzt: Der

327 HELL (2005; 2007/2015[11]).
328 Auflistung teilweise in Anlehnung an LUZ (2014).

historisch-kritische, literaturwissenschaftliche, sozialgeschichtliche, befreiungstheologische (und als einen Teil davon der feministische), der tiefenpsychologische und der intertextuelle Zugang.[329] Auch erfahrungsorientierte Auslegungstraditionen[330] haben sich etabliert, beispielsweise das Bibliodrama (der Gestalttherapie mit Figurenstellen entstammend), der Bibliolog (in Anlehnung an die rabbinische Tradition mit Wortbeiträgen und kontroversen Meinungen),[331] weitere Kreativmethoden (mit Tanz, Farben, Naturmaterialien, Ton etc.), das sogenannte Bibelteilen (gesprächsorientierter Zugang) und die Lectio Divina (mit den vier Elementen Lectio, Meditatio, Oratio, Contemplatio). Von einem »vielfältigen methodologischen Instrumentarium der Trauma-Hermeneutik« ist erstmals 2022 zu lesen (s. Einleitung, Kapitel: »Wichtige Stationen der bibelwissenschaftlichen Traumaforschung«)[332].

Die historische Einordnung der Texte hat sich als wichtiger Zugang unserer Zeit etabliert. Dieser historisch-kritische Zugang fragt als erstes durch Textstudium in den Ursprachen (Hebräisch und Griechisch) und Textvergleich nach der Ursprungsfassung, einer angemessenen Übersetzung und Einordung in den textuellen Kontext. Er analysiert die Sprache und die Textebenen, Form und Gattung, Entstehungsgeschichte und Motive des Textes und stellt einen religionsgeschichtlichen Vergleich mit den Nachbarvölkern und Nachbarreligionen Israels an. Aufgrund dieser historischen Gegebenheiten und Vorarbeiten kommt er zu einer Interpretation des Textes.[333] Dieser Zugang nimmt das geschichtliche Umfeld der Entstehungszeit des Textes ernst und hilft dadurch, ihn besser zu verstehen.

Die Wirkungsgeschichte der Texte des biblischen Kanons andererseits berücksichtigt die Spuren, die ein biblischer Text in der Menschheitsgeschichte hinterlassen hat, wobei bereits das Neue Testament als Wirkungsgeschichte des Alten Testaments zu betrachten ist (mit beachtlichen Neueinsätzen: Dem Leben Jesu, seinem Tod und seiner Auferstehung und der Entstehung der Kirche). Die Wirkungsgeschichte äußert sich in der Geschichte der letzten 2000 Jahre, sowohl in historischen, soziologischen und kirchlichen wie auch in kulturellen Entwicklungen (Literatur-, Kunst- und Musikgeschichte). »Da der Ausleger

329 Zu den verschiedenen Auslegungstraditionen s. auch LUZ (1992/2007⁵); BERG (1991/1996³); OEMING (2013⁴).

330 Zusammenstellung größtenteils nach POHL-PATALONG (2010, S. 73–124).

331 PIZELE (2012), Pizele ist Begründer des Bibliologs; s. auch: POHL-PATALONG (2013³).

332 ERBELE-KÜSTER/OEMING/MORICZ (2022).

333 KAISER (2016, S. 2).

immer schon in der Wirkung der Texte steht, ist die Aufarbeitung der Wirkungsgeschichte dabei unabdingbar.«[334]

Der rezeptionsästhetische Zugang geht davon aus, dass die Leserinnen und Leser als Rezipientinnen und Rezipienten eine zentrale Rolle beim Verstehen eines Textes spielen. Dieser Zugang hebt die Texte aus ihrer Entstehungssituation heraus. (Die Intention der Verfasser und die Entstehungsbedingungen sind dabei nicht Gegenstand des Verstehens.) Dabei steht der Akt des Lesens und die Interpretation der Lesenden im Vordergrund. Dies eröffnet vielfältige Deutungsmöglichkeiten, je nach Lesegruppen. Im rezeptionsästhetischen Zugang liegt der Sinn nicht im Text an sich, sondern wird von den Leserinnen und Lesern produziert.

Nach Ulrich Luz geht es bei der Lektüre biblischer Texte nicht nur darum, die Texte, sondern auch sich selbst besser verstehen zu wollen. Eigene Erfahrungen und Gefühle dürften dabei nicht ausgeklammert werden. Die Interpretation muss nicht nur für den Text, sondern auch für die Rezipientinnen und Rezipienten stimmen. »Die übliche wissenschaftliche Exegese bedeutet [...] die Ausblendung eines Lebenszusammenhangs, der für das Verstehen von Texten konstitutiv ist.«[335] Um den Lebenszusammenhang nicht auszublenden, bietet sich die rezeptionsästhetische Auslegung an.

Die folgende Psalmeninterpretation ist vorwiegend der rezeptionsästhetischen[336] Exegese verpflichtet. Sie nimmt aber auch traumaspezifische und historisch-kritische Zugangsweisen, darunter auch bildnerische (ikonografische) Aspekte des Alten Orients auf (Kapitel 4.1 und 4.2). Einblicke in die neutestamentliche und frühkirchliche Wirkungsgeschichte sowie in die Kunst- und Musikgeschichte finden sich vorwiegend in Teil II.

## 3.2 Traumafokussierte Wahrnehmungen biblischer Texte

Die Bibel hat durch Jahrhunderte hindurch Menschen in ihrer Vulnerabilität angesprochen (Einleitungskapitel). Menschen mit Traumabiografien finden in biblischen Texten Spuren ihres Erlebens: Resonanzräume ihrer Gefühle und Erfahrungen. Gerade der rezeptionsästhetische Zugang kommt diesem Erleben

334 LUZ (2014, S. 400).
335 S. 400.
336 s. dazu auch ERBELE-KÜSTER (2001/2013).

entgegen, denn »jeder Textsinn [erschließt sich] erst im ›Gespräch‹ zwischen dem Text und dem Interpreten«.[337]

Doch biblische Texte standen gleichzeitig stets in der Gefahr, missverstanden und missbraucht zu werden, um Unrecht, Verfolgung, Dominanz und Gewalt zu rechtfertigen.

## Ein Missbrauch biblischer Texte: Legitimierung von Gewalt

Zu diesem missbräuchlichen Umgang gehört vor allem die Legitimierung von Gewalt gegenüber Frauen, Kindern, Alten und Schwächergestellten. Das kann das Legitimieren sexualisierter Gewalt,[338] körperlicher Gewalt, der Prügelstrafe[339] oder finanzieller Unterdrückung sein wie auch Legitimierung von Sklaverei, Unterdrückung von Völkern, vermeintliche Legitimierung von Kriegen, ausbeuterische Arbeitsverhältnisse, Begründungen zum Ausschluss aus geistlichen Ämtern und Missbrauch geistlicher Ämter,[340] moralischer Druck, Gesetzlichkeit und Härte und Missbrauch des Elterngebots.

Dennoch gilt: »Abusus non tollit usum«, der Missbrauch hebt den (rechten, angemessenen) Gebrauch nicht auf, auch nicht im Hinblick auf die Texte des Alten und Neuen Testaments. Denn sie haben immer auch Hoffnung, Freiheit und Glauben geweckt und unzählige Werke der Liebe, des Erbarmens, der Barmherzigkeit und des Neubeginns mitten in der Not begründet.

## Gewalt und Gewaltüberwindung als Thema biblischer Texte

Gewalt ist ein wiederkehrendes Thema in biblischen Texten. Gewalt gegen Einzelne, Gewalt gegen Männer, Frauen und Kinder, kriegerische Auseinandersetzungen, Tötungs- und Vernichtungswille gegenüber Israel und anderen Völkern. Selbst das Gottesbild als solches ist nicht frei von Gewalt.[341]

Die Thematik der Gewalt in der Bibel bedarf einer sorgfältigen Auseinandersetzung, die mehr Raum beansprucht, als hier zur Verfügung steht. Es werden

---

337 BLUM (1984, S. 506).
338 HASLBECK (2010, S. 83–92); KERSTNER/HASLBECK/BUSCHMANN (2016, S. 47–133).
339 JASCHKE (2013).
340 Ein erschütterndes Beispiel findet sich unter anderem bei: ALTMANN (2011).
341 DIETRICH/LINK (1995/1997²).

in der Bibel aber Wege der Überwindung von Gewalt[342] vorgezeichnet und vorgeschlagen sowie eindrückliche Gegenbilder vorgestellt.[343]

> Dass biblische Texte eingesetzt wurden, um Menschen zu unterdrücken und ihnen zu schaden, ist eine Realität. Eine sorgfältige Schulung im verantwortungsvollen Umgang mit biblischen Texten ist deshalb unabdingbarer Bestandteil in der Ausbildung von Theologinnen und Seelsorgern. Seelsorge nimmt, wo immer möglich, das Leiden ernst, korrigiert destruktive Bibelinterpretationen und destruktive innere Bilder und hilft, lebensförderlichen Bildern und Interpretationen Raum zu geben.

## 3.3 Traumaspezifische Themen in biblischen Texten

Bei einer traumafokussierten Lektüre biblischer Texte stößt man auf verschiedene traumaspezifische Themen. Dazu gehören beispielsweise Texte, die stressauslösende Ereignisse und Stressfolgen beschreiben, nach Ursachen und Bewältigungswegen fragen, oder Texte, die Versuche der Versprachlichung darstellen. Textsorten, welche im folgenden Kapitel beschrieben sind.

### 3.3.1 Naturkatastrophen

Die Sintflutgeschichte beschreibt eine großräumige Naturkatastrophe (Genesis 7–8).

Auch Naturkatastrophen, die zur Rettung Israels beitrugen, werden berichtet: Von Sternenkampf und reißenden Wassern berichtet das Deborahlied, Richter 5,20–21. Von Hagel lesen wir in Exodus 9,18–34 und Josua 10,11–14 (Da warf der HERR große Steine vom Himmel auf sie herab.). Von einem Erdbeben, das zum Schrecken der Feinde Israels und zu deren Rettung beitrug, wird in 1 Sam 14,15 berichtet.

Zu den bekanntesten Naturkatastrophen, die schließlich zu Israels Befreiung beitrugen, gehören acht der zehn Plagen über Ägypten: Genesis 7,14–10,29: Wasser wird zu Blut, es kommen Frösche, Mücken und Stechfliegen, Viehpest, Hagel, Heuschrecken und Finsternis.

---

342 CRÜSEMANN (2004, S. 251–268).

343 DIETRICH/MAYORDOMO (2005); SCHMID/PFEIFER (2016), https://www.kath.ch/newsd/theologe-bibel-enthaelt-erzaehlungen-von-gewalt-ruft-aber-nicht-dazu-auf (Zugriff am 20.01.2025); SCHNOCKS (2017, S. 338–353); OEMING (2017, S. 226–241); SCHOLZ (2021).

### 3.3.2 Familiäre, körperliche und sexuelle Gewalt

#### *Familiäre Gewalt*

Bereits auf den ersten Seiten der Bibel findet sich die erste Geschichte familiärer Gewalt: Der Brudermord um Kain und Abel (Genesis 4). Weitere Geschichten familiärer Gewalt finden sich auch in den Erzählungen um Lot (Genesis 19,7–8 und Verse 30–38), in den Erzelternerzählungen (Genesis 22), unter den Jakobskindern Dina, Simeon und Levi (Genesis 34), in den Josefserzählungen (Mordabsichten, Gefangenschaft und Menschenhandel (Genesis 37–50) und in den Königserzählungen des Hauses David (in 2 Samuel 13) mit Waffengewalt und Familienkrieg im Rahmen der Klärung der Thronfolge (2 Samuel 15–19).

#### *Körperliche Gewalt und »das Leiden des Gerechten«*

Verschiedenste Texte beschreiben körperliche Gewalt, gerade auch gegenüber Unschuldigen. »Das Leiden der Gerechten« betrifft Nabot mit seinem Weinberg genauso wie David vor dem Beginn seiner Königszeit, verschiedene Propheten und auch Jesus aus Nazareth und seine Nachfolgerinnen und Nachfolger seit der ersten Generation. Sie alle leiden grundlos, als Unschuldige, als Gerechte. Bemerkenswert sind die Texte über physische Gewalt gegen den Propheten Jeremia als Teil der sogenannten »Konfessionen des Jeremia«.[344] Physische Gewalt wird außerdem gegen den »Gottesknecht« beschrieben (im 3. und 4. der sogenannten Gottesknechtslieder, Jes 50,6 und Jes 52,13–53,12). Auch die Figur des Hiob gehört in die Reihe derer, die um ihrer Rechtschaffenheit willen leiden.

Neutestamentliche Texte betreffen zunächst die Passion Johannes des Täufers (Mk 6,17–29 und Mt 14,3–12) und die Passion Jesu (Mt 26,36–27,56; Mk 14,32–15,47; Luk 22,39–23,56 und Joh 18,1–19,42). In Apg 12,1–3 wird sodann von der Passion des Jakobus berichtet, in Apg 7,58 von der Passion des Stephanus. Apg 7,58, Apg 9,1–3 und Apg 22,3–21 beschreiben das Wüten des Paulus gegen die Christus-Nachfolgerinnen und -Nachfolger. Es sind seltene Texte, die einen Gewalttäter beschreiben, der sich im Nachhinein seinen Taten stellen konnte.

Die Seligpreisungen bei Matthäus (Mt 5,1–12) nehmen dieses Leiden um der Gerechtigkeit willen auf und bestätigen ihre bleibende Aktualität, stellen

344 in Jer 11,19 (Tötungsabsichten); Jer 12,4 (Hunger); Jer 15,15.18 (Verfolgung, Schmerzen, Wunden); Jer 17,14–18 (Schrecken und Verfolgung, evtl. Krankheit); Jer 18,18–23 (Mordanschläge). Jer 38,3–6.26 berichtet erneut von Tötungsabsichten, Folter im Schlamm-Gefängnis und dem drohenden Hungertod Jeremias.

dieses aber gleichzeitig unter eine Verheißungsmetaphorik mit starker Ausstrahlungskraft (»Ihrer ist das Himmelreich.«; »Sie werden getröstet werden.«; »Sie werden das Erdreich besitzen.«; »Sie werden satt werden.«; »Sie werden Barmherzigkeit erfahren.«; »Sie werden Gott schauen.«).

#### *Sexuelle Gewalt*

Verschiedene Geschichten erzählen von sexueller Gewalt:

- Die Vergewaltigung Dinas durch Sichem (Gen 34,1–31).
- Die sexuelle Gewalt Rubens gegen Bilha, die Nebenfrau seines Vaters Jakob (Gen 36). Gemäß Gen 49,4 wird Ruben wegen dieser Tat die Vorrangstellung des Erstgeborenen abgesprochen.
- Sexuelle Gewalt gegen Fremde und gegen Männer in Sodom (Gen 19,1–11).
- Die Massenvergewaltigung der Frau eines Mannes aus dem Stamm Levi in Gibea (Richter 19,26–28).
- Die Vergewaltigung der schönen Königstochter Tamar durch ihren Halbbruder Amnon (2 Sam 13,1–22).

Frank Crüsemann fasst die biblische Bewertung und Beurteilung sexueller Gewalt gegen Frauen zusammen: »Sexuelle männliche Gewalt gegenüber Frauen ist eine der Hauptausdrucksformen dieser Hauptlinie einer biblischen Sündenlehre. [...] Das einzige Mittel ist das Recht. Und da setzt das biblische Recht der Tora Gewalt gegen die sexuelle Selbstbestimmung der Frau mit der Tötung eines Menschen gleich, denn es ist, wie es in 5. Mose 22, 26 heißt, eine Zerstörung der Seele, des Lebens selbst, die rechtlich gleichbehandelt werden muss wie eine Zerstörung des Leibes.«[345]

### 3.3.3 Kriege und Kriegsgewalt

#### *Grausamkeit, Gewalt und Kriege zwischen Stämmen und Nachbarvölkern sowie Thronfolgekriege*

- Kaum ist Israel in die Freiheit aufgebrochen, wird es bedroht vom Vernichtungswillen anderer Völker (Amalek, Edom, Midian etc.).
- Richter 1,6–7: Kanaaniter und der Stamm Juda: Daumen und großer Zeh abgehauen;

345 CRÜSEMANN (2000).

- 2 Samuel 10,1–5: Demütigung der Männer Davids durch die Ammoniter: Sie schnitten ihnen die Bärte und Kleider zur Hälfte ab, bis zum Gesäß: »Als man das David berichtete, sandte er ihnen Boten entgegen, denn die Männer waren sehr geschändet.«
- 2 Samuel 4: Enthauptung König Isch-Boschets durch die Brüder Baana und Rechab und die Reaktion Davids: David lässt den beiden Brüdern, die Isch-Boschets Kopf zu David bringen, Hände und Füße abschlagen und sie aufhängen. Isch-Boschets Kopf dagegen bereitet David ein würdiges Begräbnis.
- Gewalt im Rahmen der Klärung der Königsnachfolge;
- Nicht nur die Thronfolgegeschichten rund um David berichten von Gewalthandlungen, sondern auch die Thronbesteigungsgeschichten rund um Salomo, Rehabeam und Jerobeam, Omri, Jehu, Athalia, Joasch etc.

Die alttestamentlichen Texte berichten also von Gewalt und Grausamkeiten zwischen verschiedenen Völkern des Alten Orients sowie im Volk selbst. Sie beschönigen nichts, sondern malen ein recht realistisches Bild der Gewaltereignisse der damaligen Zeit.

### *Großräumige kriegerische Ereignisse und Gewaltherrschaft*

- Kriegerische Ereignisse und bezeugte Gewaltherrschaft fanden auch in den Prophetenbüchern ihre Niederschrift, erinnert sei beispielsweise an die Beschreibung der »Blutstadt Ninive«, der Hauptstadt Assurs, die im Prophetenbuch Nahum als Stadt des Unrechts und der Gewalt dargestellt wird: *»Wehe der Blutstadt! Ganz erfüllt mit Lüge und Gewalttat! Das Rauben hört nicht auf. – Peitschenknall und lautes Rädergerassel! Jagende Pferde und springende Wagen, wilde Reiter, flammendes Schwert und blitzender Speer! Eine Menge von Erschlagenen, Haufen von Toten und Leichen ohne Ende«* (Nah 3,1–3, Elb).
- Jesaja 21 und 22 berichtet von dem Belagerungskrieg Jerusalems.
- Die Geschichts- und Prophetenbücher beschreiben Vertreibung und Deportation (unter Assur und Babylon).
- Jeremia 52 gibt Einblick in die Zerstörung Jerusalems.
- Insgesamt zeichnet das Buch der Threni/Klagelieder die Schrecken des Krieges.
- Selbst das Aufschlitzen schwangerer Frauen wird als entmenschlichte Kriegstat mehrfach berichtet (Amos 1,13; 2 Kön 8,12; 2 Kön 15,16; Hosea 14,1).

Die Eroberung Israels durch die Assyrer und Judas durch die Babylonier wird als besonders grausam geschildert. Historiker sprechen darum von der »nationalen Katastrophe«, die von Überlebenden als »Stunde Null« in ihren Gedanken bewahrt wurde.[346] Die Zerstörung des Tempels in Jerusalem wurde als nationale, aber auch als spirituelle Katastrophe gedeutet.

Weitere Katastrophen kommen zur Sprache:

- 2 Sam 21,1 beschreibt eine Hungersnot.
- 2 Sam 24,15 beschreibt eine Epidemie.
- Von Infantizid (weiträumigem Kindermord) wird berichtet in Exodus 1,15.22, Jeremia 31,15 und Matthäus 2,12–18.

Das Alte Testament erzählt ungeschönt von der Realität brutaler Ereignisse und unfassbaren Leidens.

### 3.3.4 Erstarren, Schweigen und Verstummen

#### *Erstarren*

Zahlreiche biblische Texte weisen hin auf Unsagbares oder deuten das Verstummen nach erlebtem Schrecken an:

Dazu gehört das Erstarren von Lots Frau (Gen19,26): *»Und Lots Frau sah hinter sich und ward zur Salzsäule.«* Das Erstarren von Lots Frau kann sehr verschieden gedeutet werden. In traumafokussierter Leseart könnte das Erstarren von Lots Frau als Numbing betrachtet werden. Zum Numbing gehören inneres Erstarren, das sich auch äußerlich zeigen kann in Kälte, Gefühllosigkeit, körperlicher Unempfindlichkeit gegenüber Temperatur oder Schmerz sowie in abgehackten Bewegungen.

Aus psychotraumatologischer Perspektive könnte das Werden zur Salzsäule von Lots Frau auch als Depression oder als plötzlicher Tod, beispielsweise durch Herzstillstand, gedeutet werden. Das Mitansehen müssen, wie die einst grüne, fruchtbare Wohnstätte in Trümmern und Rauch·aufgeht mitsamt dem eigenen Haus und allem Besitz, könnte auch eine tödliche Stressreaktion auslösen.

#### *Schweigen und Verstummen*

- 1 Samuel 13,10–20 berichtet über die vergewaltigte Tamar als eine Redende, die sich für sich selbst einsetzen will (V12-13), aber zum Schweigen gebracht wird.[347] Damit verstummt Tamar nach der Vergewaltigung durch ihren Halbbruder Amnon.

---

346 SCHÜTTE (2016).

347 Zu Recht nimmt Ulrike Bail diese Geschichte als Beispiel für das »zum Schweigen bringen« vergewaltigter Menschen und plädiert dafür, Verstummten eine Stimme zu geben und klagen zu helfen, nicht zuletzt mithilfe der Psalmen 6 und 55. s. BAIL (1998).

- Richter 19,26–28 erzählt von der Massenvergewaltigung der Frau eines Leviten. Ihr Mann fand sie am darauffolgenden Morgen auf der Schwelle liegend. Auf seine Frage hin heißt es: »*… aber niemand antwortete.*« Die abschließenden Sätze machen deutlich, dass ob dem Gehörten jeder und jedem die Sprache versagt: »*So etwas wie das hier ist nicht geschehen, noch wurde es gesehen seit dem Tag, da die Söhne Israel aus dem Land Ägypten heraufgezogen sind, bis zu diesem Tag. Richtet euer Herz darauf, beratet und redet.*«
- 1 Samuel 4,20 (Elb) berichtet das Verstummen der Frau des Pinhas unter der Geburt: »*Und als sie im Sterben lag, sagten die Frauen, die um sie her standen: ›Fürchte dich nicht, denn du hast einen Sohn geboren!‹ Aber sie antwortete nicht und nahm es nicht mehr zu Herzen.*« Ihr Schweigen steht für das endgültige Schweigen.
- Leviticus 10,1–3 berichtet von einem unerlaubten Feueropfer durch die Söhne Aarons und ihren sofortigen Tod. Aarons Reaktion darauf wird so beschrieben: »Und Aaron schwieg.«

### *Verstummen und Wortkargheit bei Menschen und als Erzählstil*

Elie Wiesel überlebte als jüdisches Kind die drei Konzentrationslager Auschwitz, Monowitz und Buchenwald. Er hat später Auslegungen zu verschiedenen Texten der jüdischen Bibel verfasst. In der Erzählung der Opferung Isaaks (im Judentum Akeda genannt, d.h. die Bindung Isaaks; Gen 22,1–19) beschreibt Elie Wiesel die Figur des Abraham:

> »Und Abraham gehorcht ohne Widerspruch, sucht nicht zu verstehen oder Zeit zu gewinnen, er sagt kein einziges Wort und vergießt keine Träne. Er spricht mit niemandem darüber, nicht mal mit seiner Frau Sarah. Er wartet ganz einfach den nächsten Morgen ab und schirrt, während sie noch schläft, den Esel an. […] Er schlägt den Weg zum Berg Moria ein, und nach drei Tagen – die nach Kierkegaard länger waren als die viertausend Jahre, die uns von dem Ereignis trennen – lassen Vater und Sohn die Knechte und den Esel zurück und beginnen den Aufstieg ins Gebirge.«[348]

Doch nicht nur der wortkargen Gestalt Abrahams gilt Elie Wiesels Aufmerksamkeit, sondern ebenso dem Erzählstil:

---

348 WIESEL (1980, S. 77).

> »Sogar die Form des Berichts hat nichts Vergleichbares im Buch der Bücher und verschlägt uns in ihrer Nüchternheit und Wucht den Atem. [...] Der biblische Bericht ist von beispielloser Klarheit, Strenge und Intensität. Kein Wort zu viel, keine unnötige Geste. Treffende Bilder, eine nüchterne Sprache und Dialoge hart wie Stein, bei denen uns der Atem stockt.«[349]

Diese Beschreibung des Erzählstils der Akeda durch Elie Wiesel lässt seinen Weg als Junge erahnen, den er mit seinem eigenen Vater gehen musste und der ihn an die Grenze des Sagbaren führte. Die Rückkehr Elie Wiesels geschah allerdings ohne den Vater. Er war in den Flammen aufgegangen.

#### *Verstummen in den Psalmen*

Auch in den Psalmtexten wird Schweigen und Verstummen mehrmals thematisiert. In Psalm 38,14–15 schreibt ein Betroffener: *»Ich aber bin wie ein Tauber, höre nicht hin, und wie ein Stummer, der seinen Mund nicht auftut. Ich wurde wie ein Mann, der nicht hört und in dessen Mund keine Widerreden sind.«*

Die Kommunikation mit der Außenwelt ist nicht mehr möglich. Traumafolgen können den Hals zuschnüren, verstummen lassen, den Redefluss durch Stottern unterbrechen oder die Erinnerung unterbrechen, damals und heute. Das Verstummen wird als krankmachende Macht beschrieben, der schwer zu entfliehen ist.

## 3.4 Traumaspezifische Textsorten

Bei einer traumafokussierten Lektüre biblischer Texte werden auch verschiedene traumaspezifische Textsorten entdeckt, die im Folgenden näher erläutert werden.

### 3.4.1 Bericht eines Betroffenen in Ich-Form (Traumafolgen)

Das Jesajabuch schildert retrospektiv typische Traumafolgereaktionen eines Einzelnen auf ein traumatogenes Ereignis, nämlich die Reaktion Jesajas auf die Schauung (Vision) des bevorstehenden Krieges: die Eroberung Jerusalems durch die Babylonier unter König Nebukadnezar im Jahr 587 v. Chr. Die geschauten Kriegsbilder lösen beim Propheten in der Sprache und Begrifflichkeit der Psychotraumatologie die folgenden Reaktionen aus (Tabelle 1):

349 S. 75; S. 85.

**Tabelle 1:** Die Reaktion Jesajas und die Traumafolgen (in der Sprache der Psychotraumatologie)

| BIBLISCHER TEXT<br>Jesaja 21, 2–5 (ZÜ) | TRAUMAFOLGEN *(in der Sprache der Psychotraumatologie)* |
|---|---|
| 2 Eine harte Schau wurde mir gewährt: | *Härte des Gesehenen* |
| Der Betrüger betrügt, und der Verwüster verwüstet! | *zerstörende Dimensionen der Ereignisse* |
| Elam, ziehe herauf! Medien, belagere! [...] | *Kriegsrufe* |
| 3 Darum ist ein Zittern in meinen Hüften, | *körperliche Reaktion, Tremor* |
| Wehen haben mich gepackt | *körperlicher Schmerz* |
| wie die Wehen einer Gebärenden. | *(bis zur Schmerzskala 10, von 1–10)* |
| Ich bin so verstört, dass ich nicht hören, | *traumatische Taubheit* |
| so entsetzt, dass ich nicht sehen kann. | *traumatische Blindheit* |
| 4 Wild schlägt mein Herz, | *Hyperarousal (Diagnosekriterium)* |
| Entsetzen hat mich überfallen, | *Entsetzen (Diagnosekriterium)* |
| hat mir die Dämmerung, an der ich meine Freude hatte, | *Unfähigkeit, sich wieder zu freuen* |
| zum Schrecken gemacht. | *erschüttertes Weltbild* |
| 5 Den Tisch bereiten, die Sitzordnung bestimmen, | *Gedankenfetzen* |
| essen, trinken! | *Unfähigkeit zu klarer Kommunikation* |
| Auf, ihr Fürsten, salbt den Schild! | *Kriegsgeräte* |

| TEXT<br>Jesaja 22,4–7 (ZÜ) | *TRAUMAFOLGEN (in der Sprache der Psychotraumatologie)* |
|---|---|
| 4 Darum habe ich gesprochen: | *Redebeginn* |
| Schaut mich nicht an, | *Vermeidung (Diagnosekriterium)* |
| ich weine bitterlich. | *Trauer, Bitterkeit (Komorbidität)* |
| Versucht nicht, mich zu trösten | *Untröstlichkeit, Ablehnung der Trostversuche* |
| über die Verwüstung der Tochter meines Volks. | *Bild der Verwüstung einer jungen Frau* |
| 5 Denn es ist ein Tag der Verwirrung, | *Unfassbarkeit der Gedanken* |
| der Zertretung und des Umherirrens, | *Desorientierung* |
| ein Tag des Herrn, Jahwes der Heerscharen, | *Erklärungsversuch* |
| im Tal der Schauung. | |
| Lärm lässt er erschallen und Schreie hin zum Gebirge. | *traumatogene Geräusche (Lärm, Schreie)* |
| 6 Und Elam erhob den Köcher, | *Kriegsbilder, Kriegsgeräte* |
| da waren bemannte Wagen, Reiter, | *Beschreibung überlegener Feinde* |
| und Kir zog die Hülle vom Schild. | *Waffen, bevorstehender Schrecken* |
| 7 Und deine erlesenen Täler waren voller Wagen, | *Übermacht des Feindes* |
| und die Reiter bezogen Stellung gegen das Tor. | *Unausweichlichkeit der Bedrohung* |

Es erstaunt, wie viele Traumadiagnose-Symptome sich in diesen beiden Texten finden. Die Begrifflichkeit der Psychotraumatologie passt. Beschrieben wird nicht weniger als eine Erschütterung auf körperlicher (zitternde Hüften, starke Schmerzen, traumatische Taubheit, traumatische Blindheit), emotionaler (Angst), sozialer (die Tochter meines Volkes als Bild für das Volk, ihre Verwüstung als Bild für deren Zerstörung) und geistlicher Ebene (erschüttertes Weltbild, die einst geliebte Dämmerung wird zum Schrecken).

### 3.4.2 Biblische Texte als Überlebensliteratur

Es gibt biblische Texte, die als »Überlebensliteratur« bezeichnet werden könnten: Texte, die als Verarbeitungstext, Deutungsversuch oder Traumabewältigungsversuch infrage kommen, wie:

- Das Buch der Richter als Antwortversuch auf die Frage: Warum geht es Israel so schlecht? Warum sind die Unterdrücker so stark und übermächtig?
- Das deuteronomistische Geschichtswerk als Ganzes könnte als Antwortversuch auf die Gründe für den Untergang Israels gelesen werden.[350]
- Das Prophetenbuch Ezechiel deutet Ruth Poser als Traumaliteratur vor dem Hintergrund des Belagerungskrieges mit Hunger, Durst, Kämpfen, Trümmern, Kriegsniederlage, Kriegsgräueln und dem anschließenden Marsch nach Babylon und Aufenthalt im Land der Eroberer.[351]
- Das Esterbuch deutet Erich Zenger als Verarbeitung des Themas »Das Schweigen Gottes« nach der Deportation aus der Heimat und dem Wohnen im fremden Land. Der Gottesname wird im ganzen Buch Ester nicht genannt: »Das Gottesschweigen von Ester ist sein theologisches Programm. [...] Dieses Sich-Verbergen ist keine Abwesenheit, sondern eine ›Anwesenheit in Verhüllung‹. [...] Das Esterbuch ist von daher eine Theodizee-Theologie angesichts der katastrophischen Gefahr jüdischer Existenz in dieser Welt.«[352]
- Auch das Markusevangelium wird neuerdings von manchen Bibelwissenschaftlern als Traumaliteratur gelesen, entstanden in den Jahren nach der kriegerischen Eroberung des Landes und der Zerstörung Jerusalems 70 n.Chr. durch die Römer. Es wird gelesen als Text Betroffener, die versuchten, die erlebte Katastrophe zu verarbeiten.[353]

Einige Deutungsmöglichkeiten biblischer Texte als Traumaliteratur wurden im Eingangskapitel erwähnt (Bibelwissenschaftliche Traumaforschung).

> »Human Trauma gave birth to the Bible«,[354] schreibt David Carr zusammenfassend. Er sieht das Erleben von Erschütterungen als Geburtsstunde biblischer Texte und die Texte als deren Verarbeitungsversuch. Die Fähigkeit dieser Texte, Katastrophen und Leid nicht auszublenden, deutet Carr als Grund, warum diese biblischen Texte von bleibender Aktualität sind.

350 NAUMANN (2017, S. 130–131).
351 POSER (2012).
352 ZENGER (2015$^{9}$, S. 386).
353 POSER (2011, S. 37–38); BEDENBENDER (2013); FANDER (2005, S. 116–156).
354 CARR (2014).

### 3.4.3 Biblische Geschichten als Ressourcengeschichten und Resilienztexte

Einige biblische Geschichten erfreuen sich besonderer Beliebtheit, so beispielsweise die Geschichte von Josef, von David und Goliath, von Daniel in der Löwengrube oder dem Engel, der zu Maria kam.

Als Seelsorgerin im Kinderkrankenhaus brachte ich den Kindern in meinem Spiele- und Geschichtenrucksack jeweils eine Auswahl an Spielen und Geschichten mit. Wenn mir die Gelegenheit passend schien, fragte ich das betroffene Kind (und seine Eltern): »Möchtest du eine biblische Geschichte hören?« Falls sie das wollten, legte ich ihnen einige Geschichten zur Auswahl vor, die je nach Jahreszeit und Situation variierten. Das waren kleine, farbige Bilderbücher.[355] Dabei machte ich eine interessante Erfahrung: Die Jungen wählten oft die Geschichte vom Schiff im Sturm. (Auch die Geschichte von Josef im Brunnen, der später »Unterkönig« wird, war sehr beliebt.) Die Mädchen wählten am häufigsten die Geschichte von der Auferweckung der Tochter des Jaïrus. (Auch die Weihnachtsgeschichte war sehr beliebt.)

> Beim Eruieren von Lieblingsgeschichten in der Seelsorge kann die Frage weiterhelfen: »Bei welcher Geschichte wärst du gerne dabei gewesen?«

Viele »Lieblingsgeschichten« der Bibel sind Geschichten von Mangel, Bedrohung und Leid, die eine Wende nehmen und ein gutes Ende haben. Diese Hoffnungsperspektive lässt die Geschichten zu Ressourcengeschichten und Resilienztexten werden – zu Geschichten, die zu Kraftquellen werden in Zeiten der Dürre und zu Widerstandstexten in Zeiten der Bedrohung.

Auch Gabriel, ein fünfjähriger Junge, hat die biblischen Geschichten als Ressourcengeschichten entdeckt. In schwerkrankem Zustand hat der Junge einen Weg gefunden, mitzuteilen, was er will.

#### Fallbeispiel Gabriel auf der Kinderonkologie-Station

Der fünfjährige Gabriel liegt auf der kinderonkologischen Abteilung eines spezialisierten Krankenhauses. Seine Krebserkrankung erfordert mehrere Chemotherapie-Behandlungszyklen mit längeren Aufenthalten. Nicht jeder

355 Die Kinder wählten gerne die kleinen Bilderbücher (mit biblischen Geschichten) des Don Bosco Verlages, München, mit Bildern von Petra Lefin, oder die kleinen Bilderbücher der Deutschen Bibelgesellschaft Stuttgart, mit Bildern von Kees de Kort.

Behandlungszyklus hat dieselben Nebenwirkungen. Beim ersten und zweiten Krankenhausaufenthalt lernen Gabriel und seine Eltern den Krankenhausseelsorger, Pierre Longchamp kennen. Schnell merkt Pierre Longchamp, dass der christliche Glaube Gabriels Eltern wichtig ist und ihnen Halt gibt. Er fragt sie, ob sie an einer Kinderbibel für Gabriel interessiert wären. Er fragt auch Gabriel. Alle drei bejahen. Der Seelsorger bringt drei verschiedene Exemplare an Kinderbibeln mit, sodass sie auslesen können. Sie überlassen die Wahl Gabriel. Er wählt die größte, dickste, mit farbigen Bildern, die die ganze Seite füllen, eine Bibel, die nicht viel Text beinhaltet. In der ausgewählten Bilderbibel sind 15 Geschichten des Alten und 17 Geschichten des Neuen Testaments dargestellt. »Da gibt's immer wieder mal was zu schauen oder zu erzählen«, denkt der Krankenhausseelsorger.

Beim dritten chemotherapeutischen Behandlungszyklus ist Gabriel sehr geschwächt. Er mag nicht spielen oder malen. Meist liegt er im Bett, mit geschlossenen Augen, und reagiert wenig oder gar nicht, wenn jemand den Raum betritt. Die Mutter berichtete im Nachhinein: »Das Fieber bewegte sich tagelang um die 40 Grad Celsius und darüber, die Antibiotika blieben wirkungslos. Die Ärzte sprachen offen mit uns: ›Wir versuchen jetzt noch das eine Antibiotikum, dann ein Pilzmedikament, und dann stehen wir am Berg.‹« Gabriels Mutter meinte sichtlich berührt, im Rückblick nach zwölf Jahren: »Es war der Tiefpunkt.«

Als Pierre Longchamp wieder mal vorbeischaut, erzählt Gabriels Vater, der gerade im Zimmer ist: »Wissen Sie, was? Gabriel hat immer wieder auf die Kinderbibel gezeigt. Wir haben sie mitgebracht von zu Hause. Gabriel wollte, dass ich ihm vorlese. Er war so schwach, dass er nicht mal die Augen aufmachte. Er hat nicht mal die Bilder angeschaut. Immer wieder zeigte er auf die Kinderbibel. Bis ich ihm alle Geschichten vorgelesen hatte.« Der Vater und der Seelsorger können es kaum fassen. »Offenbar gibt es ihm Kraft«, schließen sie aus Gabriels Benehmen.

Waren es die Geschichten, die Gabriel Kraft gaben? Oder die Stimme des Vaters? Oder die verinnerlichten, farbigen Bilder? War es Gabriels feines Gespür für den Vater, den die Geschichten selbst stärkten und der durch das Vorlesen sein eigenes Ohnmachtserleben eindämmen konnte? Oder war es Gott selbst, der wirkte – geheimnisvoll und stark, verborgen in diesen Geschichten, die sich nicht jedem Menschen in gleicher Weise erschließen? Das bleibt Gabriels Geheimnis.

### 3.4.4 Rechtssammlungen zu traumarelevanten Verbrechen

Normative Texte des Alten Testaments können traumarelevante Themen betreffen. Die Gesetzestexte sind einerseits ein Einblick in die Kultur der Entstehungszeit Israels und der sie umgebenden Kulturen. Andererseits zeugen diese Rechtssammlungen Israels manchmal auch von einer Gegenkultur. So steht beispielsweise das sogenannte Talionsrecht (das ist die Gewährung einer Ersatzleistung) als Deeskalation von Blutrache.

Zu diesen traumarelevanten Verbrechen gehören beispielsweise:

- Mord und vorsätzliche Tötung (»Du sollst nicht töten« bzw. »Du sollst nicht morden«, als eines der Zehn Gebote in Ex 20,2–17 und Dtn 5,6–21).
- Unterscheidung von vorsätzlicher und unbeabsichtigter Tötung (Ex 21,12–13).
- Schutz vor Blutrache bei unbeabsichtigter Tötung (Ex 21,14).
- Gebote zum Schutz der vulnerabelsten Menschen der damaligen Zeit und Kultur: Fremde, Witwen und Waisenkinder (Ex 22,20–21; Dtn 10,18; Sach 7,10).
- Verbot von Menschenraub und Menschenhandel (Ex 21,16–17).
- Körperverletzung mit bleibenden Schäden (Ex 21,22–27: Talionsrecht, d.h. Ersatzleistung).
- Inzest und inzestuöse Beziehungen (Lev 18).
- Pädosexualität und sexuelle Gewalt gegen Kinder[356] (1 Kor 6,9; 1 Tim 1,9–10).
- Vergewaltigung (Dtn 22,23–28).
- Selbst das Elterngebot *Ehre Vater und Mutter* aus den Zehn Geboten (Ex 20,12; Dtn 5,16) beabsichtigt den Schutz der Schwachen, nämlich der Betagten und gebrechlichen Alten.

Diese uralten Rechtstexte bedürfen der Auslegung. Viele können heute nicht mehr gültig sein (z.B. das Gebot, jene zu steinigen, die den Sabbat nicht einhalten). Doch die Rechtstexte bezüglich traumarelevanter Verbrechen belegen die zeitlose Aktualität der Thematik, den zeitlosen Versuch, Verbrechen einzudämmen sowie das Ringen um den adäquaten Umgang mit Übeltätern und Geschädigten.

Gerade das Elterngebot bedarf der Erläuterung, da es nicht selten zur Legitimierung von Gewalt gegen Kinder missbraucht wurde. Das Gebot »Ehre Vater und Mutter« wendet sich an erwachsene Kinder und beabsichtigt die Versorgung alter und gebrechlicher Eltern: »Das Gebot, die Eltern zu ehren, richtet sich (wie der gesamte Dekalog) an erwachsene Kinder, die in der Regel selbst Eltern sind. […] Die Eltern ehren heißt dann: nicht ›schlagen‹ (Ex 21,15), ›verfluchen‹ (Ex 21,17), ›herabsetzen‹ (Dtn 27,16), ›bestehlen‹ (Spr 28,24), ›verachten‹ (Spr 30,17; Spr 23,22), ›Gewalt antun und verjagen‹ (Spr 19,26). Be-

356 Am meisten Klarheit schafft der Begriff der »sexuellen Gewalt gegen Kinder«. Vgl. HUXOLL (2002); BRACHMANN (2017, S. 7584); BAADER (2019, S. 254–276).

sonders die beiden zuletzt genannten Texte zeigen, dass das Gebot sein Profil in der Lebenslage alter Eltern erhält, die sich nicht mehr selbst versorgen können und von ihren erwachsenen Söhnen abhängig sind.«[357] Das Gebot »Ehre Vater und Mutter« war also als Schutz vor der Ausübung von Gewalt gegenüber alten Menschen gedacht. Viel zu oft wurde es ins Gegenteil verkehrt, und Eltern schlugen ihre Kinder, wenn sie ihnen nicht gehorchten. Das ist eine Verkehrung der Absicht des Gebotes, das darauf abzielte, stets die Schwächsten in der Gesellschaft zu schützen. Wer immer noch Kinder schlägt, muss klar konfrontiert und korrigiert werden: Er versündigt sich gemäß der Jesusrede in Matthäus 18,6 gegenüber dem Kind und muss sofort damit aufhören. Wer sein Unrecht einsieht, sollte umkehren und das Kind um Vergebung bitten. Auch eine Form der Wiedergutmachung gehört gemäß biblischer Weisung zur Umkehr.

### 3.4.5 Biblische Texte als Notschrei, als Schrei vor Gottes Angesicht

Biblische Texte als Notschrei begegnen vor allem in den Psalmen. Zahlreiche Psalmen beginnen mit einem Aufschrei, mit dem sich Betroffene an Gott wenden. Auch wenn die Psalmen zu den poetischen Texten der Bibel gehören, sind sie doch voller Schreie: Seufzer, Klagen, Anklagen und Rufen zu Gott hin steht neben ausgelassenem Lobpreis, Dankesliedern und Freudengesängen. In den Psalmen wird auch Aufbegehren und Gottesanklage als Glaubensvollzug verstanden.

Viele Psalmen sind nur als Gebetsschrei zu verstehen. Solche »Klagelieder Einzelner« sind beispielsweise Psalm 3, 6, 22, 42 f., 69, 88, 116, 130. »Klagelieder des Volkes« sind beispielsweise Psalm 80 oder Psalm 89 und die fünf Klagelieder im Buch der Klagelieder/Threni (Klgl 1–5). Ein Klagelied des Königs Hiskia findet sich in Jesaja 38, und die sogenannten »Konfessionen des Jeremia« stehen in Jeremia 11,18–23; 12,1–6; 15,10–21; 17,12–18; 18,18–23; 20,7–18.

Die wohl ergreifendste, längste und aussagekräftigste Klage findet sich im *Buch der Klagelieder/Threni.* Sie nimmt Bezug auf die Zerstörung Jerusalems durch die Babylonier 587 v. Chr. Drei der fünf Klagelieder beginnen mit dem unüberbietbaren Schmerzensschrei »Wehe!«, nämlich Lied I, II und IV. Es ist der Ruf der Totenklage. Darum wird das Buch in der jüdischen Tradition »Echa« (êkhāh »Ach!«) genannt. Im Talmud ist mehrfach der Name »Qinot« (qînôt) *Leichenklagelieder* belegt.[358]

357 KÖCKERT (2007/2012), https://www.bibelwissenschaft.de (Zugriff am 20.01.2025). Der Missbrauch des Elterngebots zu erzieherischen Zwecken (von Erwachsenen gegenüber Kindern) ist aufs Schärfste zu verurteilen und zu konfrontieren, wo immer er begegnet.

358 KOENEN (2014), https://www.bibelwissenschaft.de (Zugriff am 20.01.2025).

Nachfolgend ein Beispiel aus dem Buch der Klagelieder (Threni) in Wir-Form, also als gemeinsame Klage, mit möglichen beschriebenen Traumafolgen (Tabelle 2):

**Tabelle 2:** Klagelied und mögliche Traumafolgen (in der Sprache der Psychotraumatologie)

| TEXT Klagelieder 5,3–4.11-12 (ZÜ) | *TRAUMAFOLGEN (in der Sprache der Psychotraumatologie)* |
|---|---|
| 3 Wir sind Waisen geworden, da ist kein Vater, | Rechtlosigkeit, Schutzlosigkeit |
| Witwen gleich sind unsere Mütter. | Armutsbetroffenheit |
| 4 Gegen Silber dürfen wir von unserem Wasser trinken, | Durst, Mangel, Ausbeutung |
| gegen Bezahlung kommt unser Holz. [...] | Hunger, Kälte, Ausbeutung |
| 11 In Zion hat man Frauen Gewalt angetan | (sexuelle) Gewalt gegen Frauen |
| Jungfrauen in den Städten von Juda. | (sexuelle) Gewalt gegen junge Mädchen |
| 12 Fürsten sind erhängt worden von ihrer Hand. | Männermorden, Gewalt gegen Männer |
| Den Ältesten hat man die Ehre verweigert. | Beschämung betagter Männer |
| Junge Männer hat man genommen, | Freiheitsberaubung junger Männer |
| damit sie die Handmühle bedienen, | Zwangsarbeit |
| und unter der Last des Holzes sind Knaben gestrauchelt. | ausbeuterische Arbeitsverhältnisse |

Die Texte der Klagelieder sind voll Schmerzens- und Schreckensbilder. Sie können Leserinnen und Leser verstören. Sie können aber auch zum Identifikationsangebot im unaushaltbaren Schmerz werden. Es sind Schreie vor Gottes Angesicht.

### 3.4.6 Ein Sonderfall: Die Passionsgeschichte Jesu

Der Passionsgeschichte Jesu kommt in den vier Evangelien sowie in der Heils- und Wirkungsgeschichte eine herausragende Rolle zu. Die Geschichte des Verrats, der Verhöre, der Kreuzigung und Auferstehung Jesu ist in ihrer Aussagekraft unerschöpflich. Sie verändert Menschenleben seit jenem Freitag ums Jahr 30 n. Chr. und seit jenem Ostermorgen, der alle fassungslos zurückließ.

Die Passionsgeschichte Jesu ist beispiellos und einzigartig. Hier soll lediglich kurz angedeutet werden, dass diese Passionsgeschichte auch aus traumasensibler Perspektive Menschen berühren kann. »Ich las die Passionsgeschichte als Foltergeschichte«, äußerte eine von sexueller Gewalt in der Kindheit mehrfach traumatisierte Frau.

Die Passionsgeschichte kann im Leben Traumabetroffener einen speziellen Raum einnehmen. Es darf nicht übersehen werden, dass zwei Schreie des gekreuzigten Jesus aus Nazareth in der Stunde maximalen Schmerzes Psalmenzitate waren (Ps 22,2; Ps 31,6). Ob der Nazarener am Kreuz den ganzen Psalm 22 gebetet hat, wird kontrovers diskutiert.[359]

## 3.5 Die Psalmen als Resonanzraum im Leiden

Traumabetroffene finden in Psalmen einen Raum; einen Resonanzraum, der ihr Ergehen aufnimmt und ihm Klang verleiht; er verleiht ihm Ton, Wort, Stimme und Ausdruck.

Bernd Janowski weist hin auf die Psalmen als häufigste Schriftzitate im Neuen Testament (110 wörtliche Psalm-Zitate) mit einer hervorragenden Rolle in der Passionsgeschichte Jesu, wie sie der Evangelist Markus beschreibt: An neun Stellen wird im Markusevangelium aus den Psalmen zitiert oder darauf hingewiesen.[360] Dazu kommen sechs weitere Stellen mit sprachlichen und

---

359 JANOWSKI (2003/2006², S. 361). Darin wird zusammenfassend Rudolf Bultmanns Sicht von Ps 22,2 als einzelnem Schrei der Gottverlassenheit und einem Tod in Verzweiflung der Sicht Hartmut Geses gegenübergestellt, welcher den gesamten Psalm 22 als Gebet des Gekreuzigten versteht.

360 »Der mit mir isst«, Ps 41,10 in Mk 14,18 und »Betrübt ist meine Seele zu Tode«, Ps 42,6.12; 43,5; 55,2–6 in Mk 14,34; »Der Geist ist willig«, Ps 51,14 in Mk 14,38; »Sitzen zur Rechten der Kraft«, Ps 110,1 (und Dan 7,13) in Mk 14,62; Teilung der Kleider, Ps 22,19, in Mk 15,24; Kopfschütteln der Vorübergehenden, Ps 22,8, in Mk 15,29; Verspottung des Gerechten, Ps 22,9; Ps 55,23, in Mk 15,30 f.; »Mein Gott, mein Gott, warum hast du mich verlassen?« Ps 22,2, in Mk 15,34; Tränken mit Essig, Ps 69,22, in Mk 15,36.

motivischen Anspielungen auf die Psalmen.[361] Die Psalmensprache bot einen Resonanzraum im Leiden, nicht nur dem Nazarener vor 2000 Jahren. Menschen im Leiden haben sich stets neu in diesem Resonanzraum wiedergefunden.

## »Nachtherbergen für die Wegwunden« – Ein Resonanzraum bei Poetinnen und Poeten

Poetinnen und Poeten haben in den Psalmen einen Resonanzraum im Leiden gefunden. Zwei Beispiele sollen dies stellvertretend für weitere erläutern.

Nelly Sachs hat mit ihrer Poesie ein Bild gemalt für diese Wirkkraft der Psalmen. In Schweden verfasste sie das folgende Gedicht:

> Aber im Mannesjahr
> maß er, ein Vater der Dichter,
> in Verzweiflung
> die Entfernung zu Gott aus,
> und baute der Psalmen Nachtherbergen
> für die Wegwunden.
>
> Nelly Sachs.[362]

Nelly Sachs nennt König David, den Verfasser von Psalmen, einen Vater der Dichter, der Nachtherbergen baut. Diese »Nachtherbergen« König Davids stehen bei Nelly Sachs im Kontrast zum Gedicht »O die Schornsteine/auf den sinnreich erdachten Wohnungen des Todes«. Die Bilder von Konzentrationslager, Tod und Vernichtung (Wohnungen des Todes) kontrastieren mit den durch König David erbauten Schutzräumen (Herbergen des Lebens).

Nelly Sachs, die durch die Erfahrungen als Jüdin in Deutschland ging, die Folter ihres Geliebten mitansehen musste und der die Flucht aus Deutschland in letzter Sekunde gelang, erlebte sich selbst als eine »Wegwunde«. Sie war für den Rest ihres Lebens psychisch schwer gezeichnet.

Sie, die durch ihren Weg Verwundete, fand »Nachtherbergen«, einen Raum, der birgt und schützt und bewahrt. Sie fand in den Psalmtexten Ruhe und Unterbrechung der Gedanken in der Nacht –, auch wenn ihr Leben eine stets neue Suche danach blieb.

---

361 JANOWSKI (2003/2006², S. 355).
362 SACHS (1988, S. 104).

Wie ihr erging es weiteren Betroffenen von Unrecht, Gewalt und Erschütterungen, unter ihnen Paul Celan (der Nelly Sachs zeitlebens eng verbunden blieb), Rose Ausländer, Hilde Domin, Else Lasker-Schüler und Ernesto Cardenal, um nur einige wenige zu nennen. Sie lasen die Psalmen als Betroffene von Grausamkeit und fanden sich darin wieder, sowohl als den Wetterstürmen Ausgesetzte wie auch als Unterschlupf Findende.[363] Ihre Poesie weist enge Verwandtschaften mit der Psalmenpoesie auf, ihre Textinhalte lassen Traumaerfahrungen anklingen.

Das zweite Beispiel ist Rainer Maria Rilke. Er formulierte in einem Brief an seinen Verleger:

> »Ich habe die ganze Nacht einsam hingebracht [...] und habe schließlich die Psalmen gelesen, eines der wenigen Bücher, in denen man sich restlos unterbringt, mag man noch so zerstreut und angefochten sein.«[364]

Rilke barg sich darin wie ein verlorener Bergsteiger in der Schutzhütte, im warmen Haus. Rilke beschreibt einen Ort der Unterbringung und des Unterschlupfs.

## Ein Resonanzraum für Theologinnen und Theologen (Wirkungsgeschichte)

Große Theologinnen und Theologen haben sich mit Psalmen auseinandergesetzt, sodass man von einer einmaligen Wirkungsgeschichte in der Theologie sprechen kann. In ihnen scheint eine »Universalität des Leidens«[365] zur Sprache zu kommen, die durch die Jahrtausende Anklang fand. Nachfolgend stehen beispielhaft drei Stimmen aus dem vielstimmigen Chor bedeutender Theologen, die sich in besonderer Weise von den Psalmen ansprechen ließen.

Als Beispiel möchte ich hier Aurelius Augustinus, Martin Luther und Johannes Calvin aufführen.

Der Kirchenlehrer *Aurelius Augustinus* prägte Generationen von Theologinnen und Theologen verschiedenster Konfessionen. In den »Confessiones« (Bekennt-

---

363 HELL/WIESMÜLLER (1999, S. 158–204); BACH/GALLE (1989); STADLER (1989); KURZ (1978).

364 RILKE (1934, S. 247).

365 YALOM (1970/2007⁹). Irvin Yalom spricht von einer »Universalität des Leidens«, die vorwiegend in der Gruppen-Psychotherapie Betroffenen und Leidenden eine neue Wahrnehmung ermöglichen kann.

nisse, geschrieben 397–401 n. Chr.), seinem berühmtesten Werk, schreibt Augustinus über seine Kindheit:

> »Dann gab man mich in die Schule, um die Buchstaben zu lernen, eine Kunst, deren Nutzen ich Ärmster nicht begriff. Zeigte ich mich aber lässig im Unterrichte, so bekam ich Schläge. [...] Wir fanden aber auch, o Herr, Menschen, die zu dir riefen, und wir lernten von ihnen, indem wir soviel von dir begriffen wie uns möglich war: du müsstest etwas Großes sein und könntest uns, wenngleich unseren Sinnen nicht wahrnehmbar, erhören und uns zu Hilfe kommen. So begann ich denn schon als Knabe zu dir zu rufen, zu dir, ›meine Hilfe und Zuflucht‹ [Zitat Ps 17,3], und dich anzurufen, sprengte ich die Bande meiner Zunge, und so klein ich war, flehte ich doch mit nicht kleiner Inbrunst zu dir, dass ich nicht mehr in der Schule Schläge bekäme. Und da du mich nicht erhörtest, ›was mir zum Heile gereichte‹ [Zitat Ps 21,3], so lachten die Erwachsenen, darunter sogar meine Eltern, die doch sicherlich mir kein Übel wünschten, über Schläge, die ich wenigstens damals als ein großes und schweres Übel empfand. [...] Sollte wirklich ein gerechter Richter die Schläge, die ich als Knabe für mein Ballspiel erhielt, ganz in der Ordnung finden?«[366]

Augustinus' Erzählungen aus seiner Kindheit und die erinnerten Schreckensereignisse sind gespickt mit Psalmenzitaten. 392 n. Chr. verfasste Augustinus die »Ennarationes in Psalmos« (Erklärungen zu den Psalmen), neben den »Confessiones« sein persönlichstes Werk. Augustinus deutete die Psalmen durchgehend christologisch.[367]

Augustinus' Gebet als Kind zeigt eine große Nähe zu heutigen Kindergebeten in der Situation des Ausgeliefertseins. Seine Worte »Dich anzurufen, sprengte ich die Bande meiner Zunge« zeugen von der bedrohlichen Macht des Verstummens, die Augustinus zu überwinden vermochte. »[...] und so klein ich war, flehte ich doch [...] zu dir, dass ich nicht mehr in der Schule Schläge bekäme.« Augustinus' Erinnerung an seinen kindlichen Gebetsschrei »mit nicht kleiner Inbrunst«, dass er in der Schule keine Schläge mehr bekäme, entspricht dem Wunsch nach Beendigung der Gewalt. Und er entspricht der bitteren Tatsache, die eine gemeinsame Erfahrung Traumabetroffener ist: die Tatsache, dass ein

---

366 AUGUSTINUS, Bekenntnisse/Confessiones, Kapitel 9, EMMENEGGER (Hrsg.), https://bkv.unifr.ch/de/works/cpl-251/compare/aug-conf-bkv/11/aug-conf-csel (Zugriff am 07.03.2025).

367 »Psalmus vox totius Christi – Der Psalm ist die Stimme des ganzen Christus.« MAYER (2004), https://www.augustinus.de/einfuehrung/86-texte-ueber-augustinus/201-die-psalmen-der-bibel-als-quelle-christlicher-spiritualitaet (Zugriff am 20.01.2025).

göttliches Eingreifen ausblieb und obendrauf die Erwachsenen die Leiden des Kindes durch ihr Lachen erhöhten, statt es zu beenden.

Auch *Martin Luther* berichtete von Schlägen in der Kindheit. Als Theologe beschäftigte er sich mehrfach und ausgiebig mit dem Psalter. Er schrieb 1513–1515 »Handschriften zum Psalmenkommentar«, 1519–1521 »Operationes in Psalmos«, und schließlich den »Psalter, 1528«. In der Vorrede zum Psalter, 1528, schreibt Luther:

> Das menschliche Herz ist dort [in den Psalmen] beschrieben »wie ein Schiff auf einem wilden Meer, welches die Sturmwinde von den vier Orten der Welt treiben«. Dazu schrieb er: »Da siehest du allen Heiligen ins Herz wie in schöne lustige Gärten, ja wie in den Himmel, wie feine, herzliche, lustige Blumen darinnen aufgehen von allerlei schönen, fröhlichen Gedanken gegen Gott und seine Wohltat. Wiederum, wo findest du tiefere, kläglichere, jämmerlichere Worte von Traurigkeit als die Klagepsalmen haben? Da siehest du abermals allen Heiligen ins Herz wie in den Tod, ja wie in die Hölle.«[368]

Luthers Beschreibungen zeugen von einer Fähigkeit, seelisches Leid wahrzunehmen und zuzulassen. Er erschrickt nicht vor den dunkelsten Seiten des Menschseins, die er in den Psalmen beschrieben findet, und streicht auch diese nicht aus der Wahrnehmung der Psalmtexte. Gleichzeitig nimmt er auch die Psalmtexte wahr, die ein fröhliches, frühlingshaftes Bild malen.

*Johannes Calvin* erlebte selbst die Flucht aus Frankreich und wohnte als Flüchtling in Strasbourg und Genf, Städten mit Glaubensflüchtlingen aus verschiedenen europäischen Ländern, allen voran aus Italien, Frankreich und Österreich. Er sah die Verfolgten Frankreichs vor die Wahl gestellt, Flucht oder Martyrium zu wählen, ohne eine dritte Option zu haben. In seinen Briefen an Gefangene und Hinterbliebene erweist er sich als feinfühliger Seelsorger. Als solcher liest er auch das Buch der Psalmen. So schreibt er im Vorwort zum Psalmenkommentar von 1557:

> »Mit gutem Grund nenne ich gewöhnlich das [Psalm-] Buch eine Aufgliederung aller Teile der Seele. Denn jede Regung, die jemand in sich empfindet, begegnet als Abbild in diesem Spiegel. Ja, hier hat uns der Heilige Geist alle Schmerzen, Traurigkeit, Befürchtungen, Zweifel, Hoffnungen, Sorgen, Ängs-

---

368 LUTHER (1967/1989/2005$^4$, S. 67).

te, Verwirrungen, kurzum all die Gefühle, durch die Menschen innerlich hin und her geworfen werden, lebensnah vergegenwärtigt. Die übrige Schrift enthält die Gebote, die Gott seinen Dienern mitgeteilt hat, um sie uns zu verkündigen. Hier aber reden die Propheten selbst mit Gott, und weil sie ihre geheimen Gedanken ans Licht bringen, sprechen sie jeden von uns an und bringen uns zur Selbstprüfung. Auf diese Weise bleibt keine der vielen Schwächen, denen wir unterworfen sind, auch keine der vielen Fehler, die in uns reichlich vorhanden sind, verborgen. Es ist ein seltener und außerordentlicher Erfolg, wenn das Herz offenbar wird, nachdem all seine Schlupfwinkel durchforscht sind und es vom schlimmsten Verderben, der Heuchelei, gereinigt ist.«[369]

Eingebunden in theologische Begrifflichkeiten seiner Zeit muten Calvins Worte heute streckenweise wie Worte aus einem Psychotherapie-Handbuch an, wenn er von Ängsten, Sorgen und verborgenen Schlupfwinkeln des Herzens schreibt. (Traumafokussierte Psychotherapeuten sprechen heute von abgekapselten Erinnerungen.)

Wirkungsgeschichtlich bedeutsam ist schließlich auch der »Genfer Psalter« mit den 150 gereimten und vertonten Psalmen, welcher für den Gemeindegesang prägende Kraft entfaltete.[370] Auf die resilienzfördernde Kraft der Musik und des Singens weisen heute wieder vermehrt Psycho-, Musik- und Traumatherapeuten hin.[371]

Wie Psalmen zu einem Resonanzraum im Leiden werden können, hat Manfred erlebt anlässlich eines Besuches von Pfarrer Herter. Diese Erinnerung hat ihn geprägt.

---

369 CALVIN (2008, S. 21).

370 »Der Genfer Psalter, das Gesangbuch der Gemeinde Johannes Calvins, enthielt die Umsetzung aller 150 biblischen Psalmen in gereimter Form für den Gesang im Gottesdienst. Aufbauend auf Vorbilder im deutschen Sprachraum, die er als Glaubensflüchtling in Straßburg kennengelernt hatte, betrieb Calvin die vollständige Bereimung des Psalters in französischer Sprache und die Vertonung mit neugeschaffenen Melodien. Das so entstandene Gesangbuch wurde planmäßig verbreitet und entwickelte sich zum Erkennungszeichen reformierter Gemeinden in ganz Europa. Als Ausgangspunkt von Übersetzungen, Nachbildungen und konfessionellen Gegenentwürfen wirkte es weit über Genf und die reformierte Kirche hinaus und wurde zu einem der meistgedruckten Werke der europäischen Frühneuzeit.« JÜRGENS (2010), http://ieg-ego.eu/de/threads/europaeische-medien/medien-des-religioesen-transfers/henning-p-juergens-der-genfer-psalter (Zugriff 07.03.2025).

371 REDDEMANN (2006/2011[6]).

### Fallbeispiel: Manfred, Mitglied der Familie Walther

Familie Walther sitzt zusammen, sechs Monate nach dem Suizid des jüngsten Sohnes, als Pfarrer Herter sie besucht. Er ist der Familie bekannt und hat sich diese Zeit genommen, obwohl er jetzt als Klinik-Seelsorger einer großen Universitätsklinik tätig und somit »nicht für sie zuständig« ist, was die Familie ihm hoch anrechnet. Er war früher ihr Gemeindepfarrer, hat ihre drei Kinder getauft, und sie blieben stets verbunden. Der Vater kann seinen Redeschwall nicht stoppen, die Mutter sitzt still und bedrückt, die zwei Brüder sind hilflos, möchten gerne etwas sagen, allein, es fehlen die Worte. Es fehlt auch der Raum, zur Sprache zu kommen. Pfarrer Herter versucht mit der Familie zusammen, die Tat zu verstehen, fragt auch die Schweigenden in der Runde nach ihrem Ergehen, lauscht den Erklärungsversuchen, sieht da und dort Vermeidungstendenzen, allein, die Not ist groß und er wird nicht viel in dieser Situation komplexer Not und Herausforderungen ausrichten können. Zum Schluss schlägt er der Familie vor, einen Psalm vorzulesen. Alle stimmen zu. »Herr, du erforschst mich und kennst mich. Ob ich stehe oder liege, du verstehst meine Gedanken von Ferne. [...] Nähme ich Flügel der Morgenröte und bliebe am äußersten Meer, so würde auch dort deine Hand mich führen und deine Rechte mich halten. Spräche ich: Finsternis soll mich decken, und Nacht sei das Licht um mich her! So wäre auch Finsternis nicht finster bei dir, und die Nacht leuchtete wie der Tag. Die Finsternis wäre wie das Licht«, liest er; Worte aus Psalm 139. Manfred, der älteste Sohn, erkennt in den »Flügeln der Morgenröte« seinen Konfirmationsvers.

Sieben Jahre später denkt Manfred während einer religionspädagogischen Weiterbildung zur Theodizee-Frage: »Pfarrer Herter war so verständnisvoll wie der Theologieprofessor und Referent da vorne. Er hat am besten reagiert auf das Unsagbare. Er hat nichts beschönigt, und doch brachte sein Besuch Hoffnung. (Warum gerade sein Besuch Hoffnung brachte, weiß er gar nicht so recht.) Ich will auch Pfarrer werden.«

Als Manfred im Rahmen seiner ersten Pfarrstelle erstmals einen Mann beerdigen muss, der durch Suizid sein Leben beendete, wird Manfred angst und bange. Er denkt zurück an Pfarrer Herter. »Finsternis ist nicht finster bei dir, und die Nacht leuchtet wie der Tag.« Erst allmählich beginnt er, die Tragweite dieser Worte zu verstehen. Das Trostpotenzial wird tiefer, es weitet sich aus.

Manfred erlebte in der Trauersituation – Psychologen sprechen von erschwerter Trauer – etwas Wohltuendes durch Pfarrer Herter, das er vorerst nicht verorten oder gar erklären konnte. Neben der verständnisvollen Präsenz von Pfarrer Herter und seiner Anteilnahme war da dieses Bild: Ein innerliches Bild von

Finsternis, die nicht finster ist, sondern hell wird wie der Tag. Die Begegnung mit der Leidensthematik in einer religionspädagogisch-theologischen Weiterbildung prägte Manfreds spätere Berufswahl, bei welcher er die Theologie erneut als Türöffnerin zu neuen, inneren Bildwelten erlebte. In der beruflichen Herausforderung, der Beerdigung eines Suizidbetroffenen, stieg das Bild des alten Psalmverses erneut auf in Manfreds Erleben und wurde ihm selbst zum Trost, zu einem Hoffnungsbild, dessen Strahlkraft sich nicht abschwächte, sondern eher verstärkte.

## Der Resonanzraum ist nicht der Text: Die Relevanz bewährter exegetischer Methoden

Die Psalmen üben eine ununterbrochene Anziehungskraft aus: Auf Theologie und Wirkungsgeschichte, Poesie, Kunst, Musik und genauso auf einfache Menschen, die die Texte lesen und von ihnen berührt werden.

Dabei sind Psalmentexte für Betroffene von ihrer Entstehungszeit bis heute zu einem Resonanzraum im Leiden geworden. Das darf nicht darüber hinwegtäuschen, dass dieser Resonanzraum nicht der Text selbst ist. Auch die Entstehungszeit, das Umfeld, die Sozialgeschichte, politische Ereignisse, die klimatischen Verhältnisse, weltanschauliche Einflüsse und weitere Faktoren bleiben maßgebend für eine sorgfältige Textinterpretation. Der rezeptionsästhetische Ansatz ist als *eine* exegetische Variante der verschiedenen Auslegungsmöglichkeiten zu verstehen. Daher behalten die herkömmlichen exegetischen Methoden ihre Relevanz und Notwendigkeit.[372]

---

372 Bernd Janowski betont beispielsweise zu Recht die Bedeutung der Terminologie und Semantik in Bezug auf das von ihm untersuchte Gebiet der Depressionen in den Psalmen. Gerade die alttestamentliche Wissenschaft leistet hier unersetzbare Grundlagenarbeit. JANOWSKI (2017, S. 81).

# 4 Psalm 69 und Psalm 91 aus traumafokussierter Perspektive

Traumabetroffene finden Resonanzräume ihres eigenen Erlebens in Psalmen und Psalmabschnitten. Sie stoßen auf Themen, die sie betreffen. Sie finden die Gottesfrage so, wie sie sich ihnen stellt, in scharfer Zuspitzung. Sie finden die Beschreibung von Emotionen, die ihnen bekannt vorkommen. Und sie finden Bilder (Metaphern), die ihrem Erleben Ausdruck verleihen können und ihnen so wieder einen Weg in die Mitteilbarkeit und damit in die Gemeinschaft ermöglichen.

Psalm 69 und Psalm 91 sind zwei besondere Perlen aus traumasensibler Sicht: Die darin präsentierten Beschreibungen der Abgrundtiefen und des Vertrauens sind von starker Aussagekraft. In der Untersuchung der beiden Psalmen richtet sich der Fokus auf 1. Thematische Inhalte, 2. Metaphorik, 3. Emotionen und 4. Körpererleben.

## 4.1 Psalm 69: Preisgegeben – Ein Schreckenspsalm

Tabelle 3 fasst die thematischen Inhalte, die Metaphorik, die Emotionen und die Körperwahrnehmungen und Körperdimensionen zusammen, die im Psalm benannt werden oder im Wortbild mitschwingen.

Dieser tabellarische Überblick benennt Details und Nuancen, die nicht sofort ins Auge springen. Damit macht die überblicksartige Tabelle aufmerksam auf die Vielschichtigkeit des Textes.

Der Psalmtext folgt hier der Übersetzung Andreas Ruwes, die sich durch philologische Genauigkeit und gute Lesbarkeit auszeichnet.[373]

373 RUWE (2012, S. 101–103). Anders als bei Andreas Ruwe wird der Gottesname, wo er als Tetragramm im hebräischen Text steht, hier als *Jahwe* wiedergegeben. Die Gottesbezeichnung *Zebaoth* aus dem hebräischen Text wird so beibehalten (Vers 7).

**Tabelle 3:** Themen, Metaphorik Emotionen, Körpererleben in Psalm 69

| Psalm 69: Text | Thematische Inhalte |
|---|---|
| 1 Dem Leiter, nach der Weise »Lilien«, von David. | Poet, Melodie, musikalische Anleitung |
| 2 »Rette mich, Gott, | **Ein Hilfeschrei (Aufschrei)** |
| denn das Wasser ist mir bis an die Kehle gekommen. | **Beschreibung des Schreckens** |
| 3 Ich bin in tiefem Schlamm versunken, | Abgrund und versinken |
| und kein Grund ist da. | Bodenlosigkeit |
| Ich bin in Wassertiefen geraten, | Wassermassen |
| und die Flut hat mich überschwemmt. | Überschwemmt werden |
| 4 Ich bin erschöpft durch mein Rufen, | Müdigkeit, Erschöpfung |
| mein Rachen glüht, | entzündeter Hals, Stimmbänder |
| matt geworden sind meine Augen | Sehverlust |
| vom Harren auf meinen Gott. | lange Wartezeiten |
| 5 Zahlreicher als die Haare meines Kopfes | Übermacht der Feinde |
| sind die geworden, die mich grundlos hassen. | Unschuld des Betroffenen |
| Mächtig sind, die mich zum Schweigen bringen, | Feinde: Übermacht |
| mich mit Lüge anfeinden. | Unrecht: Lügen, verbale Gewalt |
| Was ich nicht geraubt habe, das soll ich ersetzen. | Verleumdung, Falschaussage, Lüge |
| 6 Gott, du selbst kennst meine Torheit, | Torheit, unverständiges Handeln |
| meine Verschuldungen sind dir nicht verborgen. | Schuldeinsicht, Schuldbekenntnis |
| 7 Die auf dich harren, sollen durch mich | Fürbitte für Freunde |
| nicht zuschanden werden, Herr, Jahwe Zebaoth. | Hoffnung auf helfende Heere |
| Die dich suchen, sollen durch mich | Fürbitte, Gefährdung seiner Freunde |
| nicht beschämt werden, Gott Israels! | Gottsuche |
| 8 Denn deinetwegen ertrage ich Schmach, | Grund der Schmach: Der Gott Israels |
| hat Scham mein Gesicht bedeckt. | Scham, Beschämung, Gesichtsverlust |
| 9 Entfremdet bin ich meinen Brüdern. | familiäre Entfremdung |
| Ein Fremder geworden den Söhnen meiner Mutter. | familiäre Trennung |
| 10 Denn der Eifer um dein Haus hat mich verzehrt, | Eifer um Gottes Haus |
| und die Schmähungen derer, die dich schmähen | gesteigertes Schmähen |
| sind auf mich gefallen. | was Gott galt, trifft den Beter |

| Metaphorik | Emotionen | Körperdimensionen |
|---|---|---|
| Lilie: Florale Metaphorik | | Singen in Gemeinschaft, Stimme/ Ohr |
| | Angst, Erhörungshoffnung | schreien, Stimme, Kommunikation |
| Wassermetaphorik | Bedrohungsgefühl, Schrecken | Erstickungsgefahr |
| Schlamm-, Tiefenmetaphorik | Panik, Wehrlosigkeit, Hilflosigkeit | Stand verlieren, ausgelieferter Körper |
| Loch-, Bodenmetaphorik | Hilflosigkeit, Ohnmacht | Halt verlieren, Kontrollverlust |
| Wasser-, Tiefen-, Flutmetaphorik | | ertrinken, ausgelieferter Körper |
| Überflutungsmetaphorik | Hilflosigkeit, Ohnmacht | Ertrinken, ersticken |
| | Erschöpfung, hoffnungslos | müde, erschöpft, kraftlos |
| | Angst vor Stimmverlust | Entzündung, Stimmverlust, Schmerz |
| | Unsicherheit | Augenleiden, Sehverlust |
| Durchhaltemetaphorik | strapazierte Geduld | |
| Haar-, Mengenmetaphorik | Minderheit, Minderwert | Unterlegenheit |
| | Ablehnung, gehasst werden | |
| | Vernichtungs-Angst, Ohnmacht | Schwäche, Vernichtungsgefahr |
| Kriegs-, Waffenmetaphorik | Bedrängung, Einengung | |
| | ungerecht behandelt, beschuldigt | (drohende Armut?) |
| | Hoffnung auf göttl. Gerechtigkeit | |
| Öffentlichkeit-Verborgenheit | Bedrückung? Erleichterung? | |
| | Beschämung, Fürsorge | beschämt dastehen |
| Zebaoth: Armeen-, Militärmetaphorik | Hoffnungsschimmer | (Gott: unglaubliche Kräfte) |
| | Beschämung, Fürsorge | Schamröte |
| Suchmetaphorik | Neugierde | |
| | Schmach, Scham, Demütigung | |
| Zudecken | Schande, Scham, Demütigung | Gesichtsverlust, Verlust d. Ehre |
| | Entfremdung, Einsamkeit | Familienbande, Entfremdung |
| | Isolation | Isolation, Einsamkeit |
| (Gottes) Hausmetaphorik, Fressmetaphorik | Eifer, in Joh 2,17 als Zorn gedeutet | starke Erregung, Hyperarousal |
| | beschämt, gedemütigt | |
| (hinunter-)fallen: Raummetaphorik | überwältigt | Schwere, Last, Gewicht tragen |

| Psalm 69: Text | Thematische Inhalte |
|---|---|
| 11 Und da ich weinte, während ich fastete, | Trauer und Fasten |
| und das brachte mir große Schmähungen. | Schmach, Demütigung |
| 12 Ich nahm den Sack als Kleid, | Trauer-Ritus |
| und wurde für sie zum Spottwort. | Spott, Beschämung |
| 13 Die im Stadttor sitzen, reden über mich – | Geschwätz von Richtern und Mächtigen |
| ebenso die Lieder der Biertrinker. | Spottlieder, Rausch der Feinde |
| 14 Ich aber richte mein Gebet an dich, | Rückkehr in die Gottesbeziehung |
| Jahwe, zur wohlgefälligen Zeit! | Wandel der Zeiten |
| Gott, in deiner großen Güte [ḥæsæd] | Apell, Gottes Wesen: Liebeskraft |
| antworte mir | **Zwei Hilfeschreie** (Imperative, 14 f.) |
| mit deiner verlässlichen Hilfe. | Wirkmächtigkeit Gottes |
| 15 Rette mich aus dem Schlamm – | herausgerissen werden |
| ich will nicht versinken! | Beschreibung des Schreckens, Lebenswille |
| Ich will denen entrissen werden, die mich hassen, | Feinden entrissen werden |
| und aus Wassertiefen! | Gefährdungsgrad |
| 16 Die Wasserflut soll mich nicht überschwemmen, | Todesbedrohung: Ertrinken |
| die Tiefe mich nicht verschlingen! | Todesbedrohung: Versinken |
| Die Brunnengrube krümme nicht | 3-faches »Nicht/Nein«: Abwehrversuche |
| ihren Schlund über mir! | verschlingende Übermacht |
| 17 Antworte mir, Jahwe, | **Sieben Hilfeschreie** (Appelle, 17 ff.) |
| denn deine Gunst ist gut [ḥæsæd]. | Gottes Wesen: Zuwendungskraft |
| Nach der Größe deines Erbarmens [raḥămîm] | Gottes Wesen: Erbarmen, Fülle |
| wende dich zu mir; | Bitte um Zuwendung |
| 18 verbirg dein Antlitz nicht vor deinem Knecht, | Gottes Wesen: Verborgenheit |
| denn ich bin in Not. Antworte mir schnell! | Wiederholte Bitte, Dringlichkeit |
| 19 Nähere dich doch zu meiner Kehle, erlöse sie, | Bitte um Nähe und Erlösung |
| um meiner Feinde willen befreie mich! | Bitte um Befreiung, Feinde |

| Metaphorik | Emotionen | Körperdimensionen |
|---|---|---|
| | Traurigkeit, Appetitlosigkeit | weinen, Hunger, Schwäche |
| | beschämt, gedemütigt | |
| (Sack-, Kleidmetaphorik) | Trauer, Selbstminderung | Schönheits- und Statusverlust |
| | verspottet, ausgeliefert | dem Spott ausgeliefert |
| Tor: Gerichts- und Rechts-metaphorik | rechtlos, preisgegeben | ungerechter Justiz ausgeliefert |
| | ohnmächtig, ausgeliefert | öffentliche Bloßstellung |
| | Widerstandskraft, Vertrauen | Wechsel der Blickrichtung, Sprache |
| | Annahme, Wohlwollen | |
| Mengenmetaphorik: Fülle, Über-fluss | Hoffnung auf Liebe, Gunst | imaginierte Beruhigung, Stillung |
| Ohr, hören | | Kommunikation, Hören |
| | Verlässlichkeit, Vertrauen | |
| Schlamm-, Tiefenmetaphorik | Angst, Verzweiflung | Bodenlosigkeit, versinken |
| versinken | bodenlos, haltlos | Vernichtungsgefahr: ertrinken |
| Festhalten-, Gefangenen-metaphorik | gehasst, gefangen, preisgegeben | Gefangenschaft, Preisgabe |
| Wasser-, Tiefenmetaphorik | Panik, Verzweiflung | Vernichtungsgefahr: ersticken |
| Wasser-, Flutmetaphorik | ausgeliefert, Panik, unsicher | Vernichtungsgefahr: ertrinken |
| Rachen- u. Abgrundmetaphorik | wehrlos, bodenlos | Vernichtungsgefahr: Sturz und Fall |
| Loch-, Brunnen-, Gefängnis-metaphorik | verschlungen, haltlos | Vernichtungsgefahr: Gefangen-schaft |
| Rachen-, Schlund-, Tier-metaphorik | Vernichtungsangst | Vernichtungsgefahr: verzehrt werden |
| Ohr, hören | Hoffnung | Stimme, Hören |
| | Zuwendung, Solidarität | Beziehungsdimension |
| Größe: Raummetaphorik | Mitgefühl, Barmherzigkeit | Zuwendung |
| Wende- und Gesichtsmetaphorik | Annahme, Zuwendung | Geborgenheit, Nähe, Wärme |
| Gesichts-, Versteck-, Knecht-metaphorik | Verlassenheit, Verlorenheit | fehlendes Visavis (Ansehen, Würde) |
| Enge-Weite, Raummetaphorik; Zeitmetaphorik | geängstigt, bedrängt | Enge, Gefangenschaft |
| Raum-, Nähe-, Fessel- u. Löse-metaphorik | Wunsch nach Nähe, bedrängt | würgende Kehle, Einengung |
| Gefangenschaftsmetaphorik | | Gefangenschaft, Preisgabe |

| Psalm 69: Text | Thematische Inhalte |
|---|---|
| 20 Du weißt selbst um | Tiefe der Beziehung (du erkennst) |
| meine Schmach, Schande und Beschimpfung; | Demütigung, Beschämung |
| gegenwärtig sind dir all meine Bedränger. | Feinde; Gott sieht sie |
| 21 Die Schmach hat mein Herz gebrochen | Scham, Herzschmerzen |
| und es wurde unheilbar. | Wunde ohne Aussicht auf Heilung |
| Und da hoffte ich auf Anteilnahme, aber da war keine, | kein Mitgefühl |
| und auf Tröstende, aber ich fand keine. | kein Trost |
| 22 Sie aber gaben mir Gift in mein Essen, | Nahrung: Gefahr durch Vergiftung |
| und gegen meinen Durst ließen sie mich Essig trinken. | Trinken: Säure statt Durststillung |
| 23 Ihr Tisch soll vor ihnen zur Schnappfalle werden, | *Rachephantasien I: Feindentmachtung* |
| für die Selbstzufriedenen zum Fangholz! | Feinde: Umkehrung der Verhältnisse |
| 24 Ihre Augen sollen sich verfinstern, | Feinde: Tat soll auf sie zurückfallen |
| dass sie nicht mehr sehen, | Feinde: Umkehrung der Verhältnisse |
| und ihre Hüften dauerhaft wanken! | Wunsch: geschwächte Feinde |
| 25 Gieß deinen Zorn über sie aus, | Feinde: unter Gotteszorn |
| die Glut deines Wutschnaubens ereile sie! | Feinde: unter göttl. Wut und Glut |
| 26 Ihr Lagerplatz soll verwüstet werden, | Feinde: unbewohnbarer Ort |
| kein Bewohner sei mehr in ihren Zelten. | Menschenleere, Unbewohnbarkeit |
| 27 Denn sie haben verfolgt | Verfolgung des Gerechten |
| den du selbst geschlagen hast, | Involviertheit Gottes |
| und von der Qual derer, die du durchbohrt hast, | Waffengewalt, Klimax des Sadismus |
| machen sie Erzählungen. | Skrupelloses Berichten, Sarkasmus |
| 28 Füg Schuld ihrer Schuld hinzu, | *Rachephantasien II: Leben in Sicherheit* |
| dass sie nicht in deine Gerechtigkeit kommen! | Zukunft: Ort der Gerechtigkeit Gottes |
| 29 Sie sollen aus dem Buch des Lebens getilgt werden, | Zukunft: Feindentmachtung, Leben |
| nicht bei den Gerechten eingetragen sein! | Zukunft: Gemeinschaft der Gerechten |
| 30 Ich aber bin elend und einer, der Schmerzen hat, | Rückkehr in die Selbst-Beziehung |
| deine Rettung, Gott, soll mich hochbringen! | **Ein Hilfeschrei** |
| 31 Ich will den Namen Gottes | *Hallel I: Lobpreis des Psalmisten* |
| mit einem Lied rühmen, | Lied, Gesang |
| will ihn großmachen mit einem Danklied, | Gott ehren, danken |

| Metaphorik | Emotionen | Körperdimensionen |
|---|---|---|
| erkennen: Mit-Wissender | Solidarität | Verbundenheit |
| | Schmach, Scham, Schande | (z. B. Erröten, Mundtrockenheit) |
| Augen: Mit-Sehender | Solidarität, Gemeinschaft | gesehen, beachtet werden |
| Herz-, Bruchmetaphorik | Beschämung, innerer Bruch | Herzschmerzen |
| | Hoffnungslosigkeit | somatische und psych. Krankheit |
| | Einsamkeit, Unverstandensein | soziale Isolation |
| | Ungetröstetsein, Enttäuschung | Tränen, Trauer |
| Ess-, Giftmetaphorik | Todesangst | Hunger, Vergiftung, Mordversuch |
| Trink-, Säuremetaphorik | Häme, Gemeinheit, Sadismus | Durst, Säure |
| Tisch-, Fallen-, Jagdmetaphorik | Rachegefühle, Zorn | zerstörte Tischgemeinschaft der Feinde |
| Fallen-, Jagdmetaphorik | Genugtuung, Gerechtigkeit | Feinde: Gefangenschaft |
| sehen, Augenmetaphorik | Gerechtigkeitsbedürfnis | Feinde: Sehverlust |
| sehen, Augenmetaphorik | Rache – Sicherheit f. d. Beter | Feinde: Blindheit |
| Kampf- und Fortpflanzungs-metaphorik | Rache – Sicherheit f. d. Beter | Stand verlieren, Kampfunfähig-keit |
| Flüssigkeits-, Raummetaphorik | Hass, Wut, Zorn | Feinde: »übergossen« |
| Glut-, Feuer-, Nasenmetaphorik | Rachewunsch, Zorn | Feinde: der Glut ausgesetzt |
| Nomaden-, Wohnmetaphorik | Rachewunsch, Todeswunsch | F: Unbewohnbarkeit, Hunger, Durst |
| Zelt-, Wohnmetaphorik | Hass, Zorn, Todeswunsch | Feinde: kein Wohnort, Tod |
| Verfolgungs-, Jagdmetaphorik | Angst, Panik | gejagt werden: körperl. Stress |
| Schlägemetaphorik | erniedrigt, ohnmächtig | Schläge und Verschärfung ders. |
| Waffen-, Wundenmetaphorik | wehrlos, ausgeliefert | Schmerz, Tod, qualvolles Sterben |
| | preisgegeben | |
| Mengenmetaphorik | Zorn | 28-29: Ziel: Leben in Sicherheit |
| Drinnen-Draußen, Raum-metaphorik | Hoffnung auf Trennung | Isolation d. Täter, Sicherheit f. Beter |
| Buch-, Lösch-, Ortsmetaphorik | Hoffnung auf Trennung | unerreichbarer Ort f. Betroffene |
| Schrift-, Listen-, Ortsmetaphorik | Hoffnung auf Gerechtigkeit | Sicherheit durch Trennung v Tätern |
| | elend, ausgeliefert | Wende d. Blickrichtung, Schmerz |
| Tiefen-, Höhen-, Raummetaphorik | Verzweiflung, Hoffnung | Wende d. Blickrichtung, Beziehung |
| Gottesbild- u. Namensmetaphorik | Stimmungsumschwung Freude | neue Blickrichtung, persönl. Jubel |
| | Freude, Zugehörigkeit | singen, Stimme, Melodie |
| Höhen-, Raummetaphorik | Ehrerbietung, Dankbarkeit | Dankesgeste, Adorante-Haltung |

| Psalm 69: Text | Thematische Inhalte |
|---|---|
| 32 und das wird Jahwe lieber sein als ein Rind, | Vorliebe Jahwes: Loblied statt Opfer |
| als ein Stier mit Hörnern und Spalthufen. | kultkritische Stimme |
| 33 Die Elenden haben es gesehen und freuen sich: | Stimmungsumschwung für Elende |
| »Ihr, die ihr Gott sucht, so lebe euer Herz auf, | Gottsuche und Erneuerung |
| 34 denn Jahwe hört die Armen, | Gottes Wesen: Ein Hörender |
| und seine Gefangenen hat er nicht geringgeschätzt! | Zuwendungslust Gottes |
| 35 Himmel und Erde sollen ihn rühmen, | *Hallel II: Lobpreis der Schöpfung* |
| die Meere und alles, was sich darin regt! | Lobpreis der Elemente |
| 36 Denn Gott wird Zion helfen | Gott hilft Zion |
| und Judas Städte wieder aufbauen, | Verheißung des Wiederaufbaus |
| dass man sich dort niederlasse und es in Besitz nehme. | Zukunftsvision: in Sicherheit wohnen |
| 37 Und der Same seiner Knechte | Zukunft, Entstehendes, Kommendes |
| wird sie erben, | Zukunftsvision, Erbe, Segen |
| und die seinen Namen lieben, | Liebe, Klimax der Beziehung |
| werden darin wohnen.« | Zukunftsvision, ganzheitlicher Friede |

| Metaphorik | Emotionen | Körperdimensionen |
|---|---|---|
| Opfer-, Ritusmetaphorik | Erleichterung? | |
| Opfer-, Ritusmetaphorik | | materiell-finanzielle Entlastung? |
| sehen, Augenmetaphorik | Anteilnahme, Freude | körperl. empfundene Freude |
| Suchmetaphorik | Aufleben, Freude | auflebendes Herz, Erfrischung |
| hören, Ohrmetaphorik | Zuversicht, Vertrauen, Trost | Gewissheit, gehört zu werden |
| Gefangenenmetaphorik | Annahme, Wertschätzung | Ehre, Würde |
| Himmel- u. Erdenmetaphorik | Schöpfungs-Freude | Schöpfungs-Lobpreis, Jubel |
| Meeres- und Meerestier-metaphorik | Freude, Lobpreis, Zugehörigkeit | Meere u. Lebewesen, Bewegung |
| Zions (Berg)-Metaphorik | Hoffnung, Zuversicht | Gewissheit, dass Hilfe kommt |
| Stämmemetaphorik; Städte- u. Baumetaphorik | Zukunftshoffnung | Imagination: sicher gebaute Städte |
| Wohn- und Besitzmetaphorik | Vorfreude | sicher wohnen |
| Fruchtbarkeits-, Knechtemetaphorik | erwartungsvolle Neugierde | Fruchtbarkeit, Nachkommenschaft |
| Kinder- und Erbmetaphorik | Vorfreude, Zuversicht | materielle Sicherheit, Autorität |
| Gottesbild- u. Namensmetaphorik | Liebe (als Tat und Emotion) | Beziehungsdimension, Verbundenheit |
| sicher wohnen, Wohnmetaphorik | Sicherheit | sicher wohnen, Schutz für Leib und Leben |

## Psalm 69: Einleitungsfragen, Gliederung

### *Einleitungsfragen: Gattung, Verfasserfrage, Entstehungszeit*

Psalm 69 lässt sich der Gattung des Klagepsalms eines Einzelnen[374] zuordnen. Streng genommen bewährt sich aber die »Richtung der Psalmenauslegung, die jeden Psalm als individuelles Kunstwerk betrachtet«.[375] Denn die Psalmen sind »nicht stereotype Gebetsformulare, sondern biografische, aktuelle Zeugnisse, mit einer großen Variationsmöglichkeit und einer Kombination von zahlreichen Einzelelementen«.[376]

Erich Zenger nennt Psalm 69 ein »aspektreiches Klage- bzw. Bittgebet eines einzelnen Ich. […] Die Not, mit der sich der Psalm klagend und bittend auseinandersetzt, […] erscheint als ein schreckliches Geflecht von Hilflosigkeit und Leid einerseits, Hass und Gewalt andererseits.«[377] Somit wird er als *Schreckenspsalm* gedeutet. Mit Zenger könnte man auch von einem »Anschrei aus der Tiefe«[378] sprechen oder von »Schreien aus dem Abgrund«.

Als Verfasser wird in Vers 1 David genannt. Die Bezeichnung »von David« ist als eine später hinzugefügte Exegese zu verstehen. Die Psalmen-Überschriften *Hebräisch leDavid* »von David/für David/auf David hin« sind ein Angebot, diese Psalmen »als paradigmatische Gebete Davids« mitzubeten, gleichsam in der Würde und Kraft eines König Davids.[379]

Einen Hinweis auf die Entstehungszeit liefert Vers 36: *Denn Gott wird Zion helfen/und die Städte Judas wird er bauen.* Dieser Hinweis auf die zerstörten Städte Judas setzt den Belagerungs- und Vernichtungskrieg durch die Babylonier und die zumindest angebrochene Exilzeit voraus, muss also mit Sicherheit nach 587 v. Chr. datiert werden. Wahrscheinlich ist eine Zeit, in der der Wiederaufbau der Städte Judas in Sicht kam oder bereits angebrochen war, also eine Zeit um Esra, Nehemia, Serubbabel und Jehoschua, kurz nach dem Ende der babylonischen Gefangenschaft, im 4. Jahrhundert v. Chr.

Die nachfolgende, traumafokussierte Analyse des Psalms geht von einer dreiteilig gesetzten Struktur aus. Sie gewichtet damit stärker inhaltliche als poetische Gesichtspunkte.

---

374 HOSSFELD/ZENGER (2000, S. 262).
375 HOSSFELD/ZENGER (1993, S. 18, S. 20).
376 WAGENSOMMER (1998, S. 39–40), mit Verweis auf SEYBOLD (1997, S. 65).
377 HOSSFELD/ZENGER (2000, S. 262).
378 Zenger gibt Ps 6 und Ps 44 den Titel »Anschrei aus der Tiefe«. ZENGER (1996/2003, S. 143).
379 HOSSFELD/ZENGER (1993, S. 15–16).

In Psalm 69 werden zuerst Anweisungen für den Leiter und die Singmelodie gegeben und David als Verfasser genannt. Der Psalm beginnt mit einer Anrufung Gottes (Invocatio): *Gott, rette mich!* – mit einem Schrei.

### *Die Gliederung von Psalm 69*

I a) Überschrift (Vers 1)
**Ein Hilfeschrei** (Invocatio, 2)
Beschreibung der Schrecken (2b-5)
Feinde (5)
1 b) Schuldbekenntnis (6a)
Beschreibung der Schrecken (7–13)
Feinde (13b)

II a) Zäsur: Rückkehr in die Gottesbeziehung (14: »Ich aber«)
**Zwei Hilfeschreie** (14–15)
Beschreibung der Schrecken (15–16)
Feinde (15)
II b) **Sieben Hilfeschreie** (17–19)
II c) Beschreibung der Schrecken (20–22)
Feinde (20–22)
II d) Rachephantasien I (23–27)
Rachephantasien II (28–29)
II e) Zäsur: Rückkehr in die Selbstbeziehung (30a: »Ich aber«)
**Ein Hilfeschrei**

III a) Hallel I: Gotteslob des Beters (31–34)
Hallel II: Universales Gotteslob 35–37)

Nachdem der Psalm mit einem Hilfeschrei angefangen hat, wird er weiterhin im Wesentlichen durch Hilfeschreie strukturiert (im Teil I a, II a, II b, II e), denen Beschreibungen des Schreckens folgen. Sie durchmischen sich mit Bildern gefährdender Wassermassen und der Bedrohung durch Abgrundtiefen, durch Untergehen und Versinken. Es sind Bilder, die Todesnähe implizieren. Zusätzlich werden Feindbeschreibungen in die Textur eingewoben, die sich mit der Thematik der Scham, des Preisgegebenseins und des körperlichen Schmerzes abwechseln. Düster muten die Rachewünsche in Teil II d an, die aber nach einem letzten Hilferuf einer unerwarteten Freude und Hoffnungsbildern Platz machen, einem Gotteslob von seltener Kraft. Der Schluss bildet den Höhepunkt: Der Psalm schließt ab mit dem Thema Liebe und sicheres Wohnen, das für die Zukunft verheißen wird.

## Psalm 69: Thematische Inhalte, Metaphorik, Emotionen, Körpererleben

Psalm 69 wird von Themen geprägt, die ineinander übergehen, sich überlagern, sich ablösen und dann erneut auftauchen. Es sind wiederkehrende Themenfelder, Themencluster sozusagen, die ineinander verwoben und voneinander abhängig sind (s. Abbildung 5). Die folgenden Themencluster werden erkennbar:

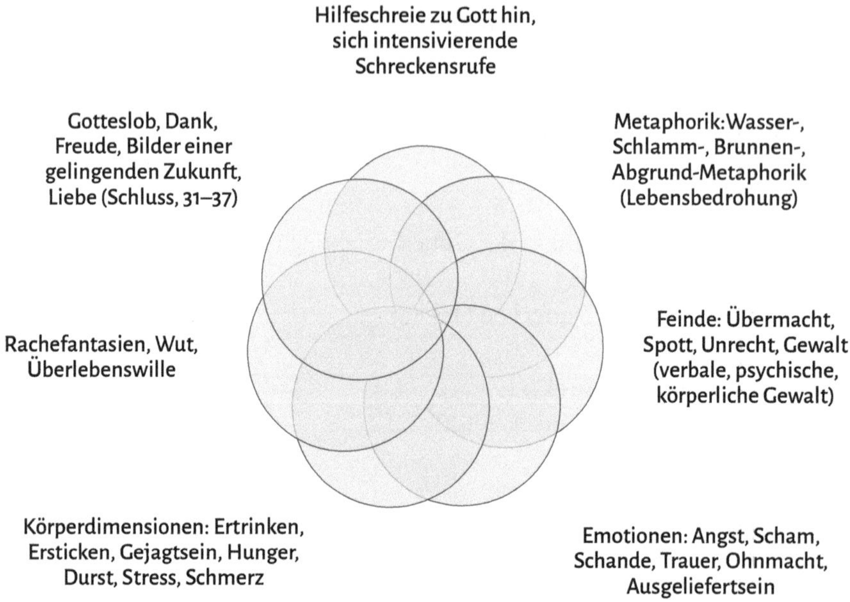


**Abbildung 5:** Psalm 69, thematische Inhalte: sich wiederholende, ineinander verwobene Themencluster (mit Ausnahme des klaren Abschlusses, V 31–37; erstellt von Silvia Bolatzki)

Die wiederkehrenden Themen und Bilder und die Länge des Psalms weisen auf eine längerdauernde Auseinandersetzung hin. Wieder und wieder scheint der Beter eingeholt zu werden von seinen Feinden, den Bedrohungsszenarien an Leib und Leben sowie von überwältigenden Emotionen. Im Schlussteil allerdings zeigt sich eine große Klarheit: Das unerwartet eintretende Gotteslob des einzelnen Psalmbeters (Hallel I) wird noch gesteigert zum Gotteslob der ganzen Schöpfung (Hallel II) und einer Zukunftshoffnung mit aussagestarker Metaphorik und eschatologischen Dimensionen.

### *Hilfeschreie zu Gott, sich intensivierende Schreckensrufe*

Ausgeprägte Hilfeschreie verleihen dem Psalm eine gewisse Struktur. Sie intensivieren sich: Der Psalm beginnt mit einem Hilfeschrei, der zweite Teil beginnt mit zwei Hilfeschreien und steigert sich zu sieben Hilfeschreien (17–19). Die sieben Schreie und Rufe kommen in pausenloser Abfolge und weisen hin auf die Dringlichkeit der Situation. Doch anschließend schwellen sie wieder ab zu einem einzigen Hilfeschrei. Die Länge des Psalms impliziert fast einen Schrecken ohne Ende.

### *Beschreibungen des Schreckens*

Unmittelbar auf die Hilfeschreie folgen viermal Beschreibungen des Schreckens (2b-5.7-13.15b-16.20-22), wobei ein kurzes Schuldbekenntnis Teil der ersten Schreckensbeschreibung ist (6). Bilder von Wassermassen, Schlamm und Versinken beschreiben die Gefahr, diese werden abgelöst durch Bilder von Abgrund, Bodenlosigkeit, Verschlungenwerden und einem dunklen Brunnenloch. Ein Entrinnen daraus scheint unmöglich. Es folgen Schilderungen der Verfolgung und Bedrängnisse durch Feinde.

Seybold schreibt: »Die Notklage (2–6) als Hilferuf eines Ertrinkenden gestaltet, gibt eine drastische, in Todesangst übertrieben dargestellte Schilderung des Elends.«[380] Heute, da wir die Symptome von Traumafolgen kennen, müssen wir festhalten: Panik und Todesangst sind keine Übertreibungen, und die Worte im Psalm sind keine Übertreibungen Betroffener, sondern ernst zu nehmende Gefühls-, Schmerz- und Körperzustände, die das Erlebte zutreffend und adäquat beschreiben.

### *Stichwortverbindungen und Eigenheiten der hebräischen Worte*

Dreimal ertönt ein Appell an Gott: *Höre mich!* (Verse 14, 17 und 18). Die drängenden Angstrufe weisen hin auf ausbleibende Antworten.

In Vers 2 stellt sich die Frage, wie das hebräische Wort »hoschieni« übersetzt werden soll. Im Hebräischen deckt es ein weites Wortfeld ab: hilf mir, rette mich, heile mich, bzw. Hilfe, Rettung, Heil.[381] Einerseits geht es im Psalm um Rettung aus verschiedenen Notsituationen (Wasserfluten, Abgrund, Brunnenloch, Feinde, Spott, Tränen, Isolation, Durchbohrtsein), das legt die Übersetzungsvariante *rette mich* nahe. Andererseits ist der Auftakt in Vers 2 ein Hilferuf, ein Schreckensschrei, und diesen gestalten deutschsprachige Menschen mit dem Wort »Hilfe! Hilf mir! Helft mir!«

---

380 SEYBOLD (2010/2011², S. 1208).

381 Die unterschiedliche Wahl dreier weitverbreiteter Übersetzungen machen das Dilemma deutlich: Lut und EÜ wählen: *Hilf mir!* Elb übersetzt: *Rette mich!* Dasselbe Wort wird in Ps 91,16 allerdings von allen drei Übersetzungen wiedergegeben mit (ich will ihn schauen lassen bzw. ich will ihm zeigen) *mein Heil.*

Das sechsmalige Ertönen des Rufes *»Nein!« (Hebräisch: »lo«):* Das »Nein« entspricht dem »Nicht« in der hebräischen Sprache, es ist dasselbe Wort. In Psalm 69 ist es sechs Mal (!) im Satz vorangestellt, in den Versen 7, 16 und 18:

Das *Nein!* ist ein bekannter Schrei bei plötzlich hereinbrechendem Schrecken. Es ist der Ruf bei unfassbarem Leid. »Nein, das kann nicht sein!«, rufen Menschen, wenn Polizei oder Ärzteschaft eine Todesnachricht überbringen, wenn sich Bilder des Grauens zeigen, wenn eigene Kinder zu Schaden kommen. Das *Nein!* kann bis zur Verleugnung des Geschehens gehen: »Das ist nicht wahr! Das ist nicht passiert! Das stimmt nicht! Du lügst!«

Das sechsmalige Ertönen dieses Rufs *Nein! Nicht!* im Psalm, sechsmal vorangestellt, am Satzanfang, drückt Entsetzen und Unfassbarkeit aus.

*»Ich aber«* – eine zweimalige Zäsur: Die Schreckensschilderungen werden zweimal unterbrochen. Es sind richtige Zäsuren (Vers 14 und 30). Nach dem ersten »Ich aber« kehrt der Psalmbeter von der Feindbeschreibung in seine Gottesbeziehung zurück. Nach dem zweiten »Ich aber« wendet er sich ab von seinen Rachefantasien und kehrt in seine Selbstbeziehung, in seine Zuwendung zu sich selbst zurück. Er nimmt sich selbst wieder wahr.

### *Wassermassen-, Schlamm- und Brunnenlochmetaphorik*

Die Verse 2–3 und 15–16 malen Bilder von Wassermassen, Schlamm und Brunnenloch. Die Metaphorik der Abgrundtiefe, des Brunnenlochs, des verschlingenden Schlunds oder Rachens einerseits und die tiefen Wasser und Wasserfluten andererseits verbindet zweierlei Bildinhalte, die beide für äußerste Bedrohung und Gefährdung stehen. Ohnmächtig-hilflos beschreibt sich der Beter, als Ertrinkender in den Wasserfluten, eingeschlossen in Dunkelheit, verschlungen vom Abgrund. Die Verursacher dieser bedrohlichen Szenarien sind seine Hasser: *Ich will denen entrissen werden, die mich hassen!* Sie sind in der Mehrzahl, übermächtig, unausweichlich. Die Wasser, Wasserfluten- und Schlammmetaphorik[382][383] stehen für Lebensbedrohung.

---

382 Dieselbe Wasser- und Schlammmetaphorik findet sich auch im Davidslied 2 Samuel 22,5// Psalm 18,5; S. auch das Erleben Jeremias, Jer 38,6 (LUT): *Da nahmen sie Jeremia und warfen ihn in die Zisterne Malkijas, des Königssohnes, die im Wachhof war, und ließen ihn an Seilen hinab. In der Zisterne aber war kein Wasser, sondern Schlamm und Jeremia sank in den Schlamm.* (Jeremias Todesnähe in dieser Zisterne wird in den Versen 7–9 beschrieben.)

383 Dieselbe Wasserfluten- und Wassertiefenmetaphorik findet sich auch in Jona 2,4 und der Parallelstelle Ps 42,8.

## *Die Brunnenloch-, Zisternen- und Abgrundmetaphorik in antiken Darstellungen*

**Abbildung 6:** Gefüllte und leere Zisterne (Othmar Keel, 1996, S. 61, Abbildungen 78 und 77; © 1996 by Vandenhoeck & Ruprecht GmbH & Co. KG © 2021 wbg in der Verlag Herder GmbH, Freiburg i. Br.)

Leere Zisternen wurden im Alten Orient nicht selten als Kerker benutzt (s. Abbildung 6). Dies wird beispielsweise in der Josefsgeschichte beschrieben (Gen 37,20–29; 40,15; 41,14) und über die Gefangenschaft des Propheten Jeremia (Jer 37,16; 38 f.). Drinnen war es finster, das Licht drang nur durch den Zugangsschacht oben, und es bestand kein Zugang von der Seite, sodass sich der Gefangene nicht selbst befreien konnte. Am Boden bildete sich häufig durch Erd- und Staubablagerungen Schlamm. Die Psalmen reden vier Mal gar von Sterbenden, die in die Zisterne (meist mit Grube übersetzt) hinabgehen. Wenn sich die Zisterne mit Regen- oder Grundwasser langsam anfüllte, drohte das Versinken. Dramatisch schildert der Psalmbeter, wie das Wasser, die Wasserfluten und der Schlamm ihn zu ertränken drohen (z. B. Ps 88,7 f.; Ps 69,3.16), und wie das Loch seinen Riesenschlund über ihm zu schließen droht (Ps 69,16b-c). Rettung wird darum mit Herausgezogen-werden oder Herausgerissen-werden assoziiert (Ps 69,15), wie das Schöpfgefäß eines Wasserschöpfers aus dem Brunnen, wie der Gefangene aus der Zisterne, aus dem Loch herausgezogen wurde[384] (vgl. auch Ps 91,15: *Ich werde ihn herausreißen und zu Ehren bringen*).

## *Feinde: Übermacht, Spott, Unrecht, Gewalt*

Die Feinde sind ein wiederkehrendes Thema. Sie werden konkret beschrieben in den Versen 5, 10–13, 15, 19–20, 27. Die Auseinandersetzung mit der Präsenz der Widersacher erfolgt dabei nicht linear, sondern in Wiederholungen, also fast spiralförmig.

---

384 KEEL (1996[5], S. 60–62).

In Vers 5 kommt ihre Überzahl und Übermacht zum Ausdruck: *Zahlreicher als die Haare meines Kopfes sind die geworden, die mich grundlos hassen. Mächtig sind, die mich zum Schweigen bringen, mich mit Lüge anfeinden.* In der Enge ruft der Beter Gott an und bittet um Befreiung, Vers 19: *Erlöse meine Kehle, um meiner Feinde willen befreie mich.* Als Gefangener seiner Feinde und Eingesperrter appelliert er an Gott, ihn zu befreien.

In Vers 6 wird eine eigene Schuld ohne konkrete Angabe kurz erwähnt. Im Vergleich zu den übrigen 36 Versen fällt die Thematik nicht ins Gewicht.

Den Höhepunkt des Schmerzes (die Klimax) bildet Vers 27: [...] *und von der Qual derer, die du durchbohrt hast, machen sie Erzählungen.* In ihnen zeigt sich eine Waffen-, Kriegsgeräte- und Wundenmetaphorik, die aber durchaus auch real-körperlich verstanden werden kann. Sie markieren die Klimax des Sadismus der Feinde, welche dem qualvollen Sterben des Durchbohrten zusehen, ohne von ihrem Geschwätz abzulassen.

So malt Ps 69,1–5 einen Menschen vor Augen, »dessen gesamtes Sein bedroht ist durch eine Übermacht an Feinden, die ihn durch eine juristisch wirksame Verleumdung aus der Gemeinschaft ausscheiden wollen«.[385]

### *Emotionen I: Angst, Ohnmacht, Preisgabe, Scham, Trauer, Isolation*

Im Angstschrei eines Ertrinkenden drücken sich Angst, Panik und Schrecken aus (Verse 2–3): Im Teil II a (Verse 15–16) flammt diese heftige Angst nochmals auf. Darauf folgen sieben Hilfeschreie als unmittelbarer Ausdruck überwältigender Schrecken.

Die Schilderungen des Verschlungenwerdens durch den Abgrund und Schlund des Brunnenlochs (15–16), der seinen »Schlund über ihm zu verschließen droht«, beschreibt Todes- und Vernichtungsängste. Sie malen Bilder der Ohnmacht, der Preisgabe und des hilflosen Ausgeliefertseins und der Dunkelheit. Was auch immer der Beter tut, seine Bemühungen reichen nicht aus, um der Vernichtung zu entkommen.

Erstmals werden in den Versen 7–9 und 10 Gefühle von Scham, Beschämtwerden und Schande thematisiert. Der Grund der Schmähungen ist zunächst das Gottvertrauen des Psalmbeters und der Eifer für Gottes Haus.[386] Die Scham, Schmach und Schande wird in 20–21 erneut aufgenommen: *Die Schmach hat mein Herz gebrochen,* und bekommt dadurch Gewicht: »Das gebrochene Herz«

---

385 WILKE (2018, S. 100).

386 Im Neuen Testament, in Johannes 2,17, wird dieser Vers in der Tempelreinigungs-Szene auf Jesus hin gedeutet. Der Eifer aus Psalm 69 wird in den Evangelien als *Zorn* gedeutet und wurde zum Bild für einen »zornigen Jesus«.

ist heute eine medizinisch anerkannte Traumafolgestörung, die sich auch als psychosomatisch bedingter Herzinfarkt äußern kann.

Die Hasser treiben ihren *Spott* mit dem Beter, schwatzen über ihn und verhöhnen ihn mit Gesang unter Alkoholeinfluss (12–13). Spott demütigt. Die im Tor Sitzenden sind die Richter und Regierenden der damaligen Zeit mitsamt der einflussreichen Öffentlichkeit und den zufällig Vorüberziehenden. An diesem sensiblen Ort muss der Psalmbeter die Spottgesänge hören. Der Beter erlebt eine willkürliche Rechtsprechung, denn die im Tor sitzenden Richter lachen und spotten (verbale Gewalt), statt den Beschämten juristisch zu schützen und ihm zu seinem Recht zu verhelfen. Dadurch steht der Betroffene in einem rechtlosen Raum.

Vers 21 beschreibt Trauer und Untröstlichkeit: Ich hoffte auf Anteilnahme, aber da war keine, und auf Tröstende, aber ich fand keine. Trauer und Untröstlichkeit können im Leben Traumabetroffener breiten Raum einnehmen, fehlte doch oft in entscheidenden Augenblicken ihres Lebens ein Mensch, der ihnen einfühlsam und tröstend zur Seite stand.

Die Lügen und Beschämungen der Feinde führen den Beter in die soziale Isolation (Vers 9). Selbst bei seinen Nächsten ist er nicht mehr zu Hause. Ausschluss aus der familiären Gemeinschaft war und ist in orientalischen Kulturen mit großer Not verbunden. Selbst Gott scheint sein Gesicht zu verbergen (Vers 18), was die Gefühle der Verlorenheit, Verlassenheit und Einsamkeit steigert.

### *Körperdimensionen: Ertrinken, Gejagtsein, Gefangenschaft, Hunger, Durst, Schmerz*

Gerade die Dimensionen körperlichen Leidens werden in Psalmexegesen oft übersehen. In Psalm 69 jedoch werden körperliche Leidenszustände und Schmerz in vielerlei Varianten sichtbar.

Die Wasserfluten gehen stets einher mit der Gefahr des Ertrinkens und damit eines Erstickungstodes.

Die Verse 4 und 11 beschreiben den Beter als Rufenden mit entzündetem Hals und als Erschöpften. Beschrieben werden außerdem Stimmverlust, Sehverlust, körperliche Schwäche und Unterlegenheit, starke Erregung (Hyperarousal in Vers 10: *Denn der Eifer um dein Haus hat mich verzehrt* (oder: *gefressen*)), Bodenlosigkeit, Haltlosigkeit, Enge und Gefangenschaft.

In den Versen 15–16 werden erneut Bodenlosigkeit, Sturz- und Fallgefahren beschrieben, Versinken und Ertrinken droht. Der Beter fastet und steckt in einem Sackkleid. Der Nahrungsentzug schwächt den Körper. Der Sack als Kleid ist ein Trauerritus und zugleich ein Schönheits- und Statusverlust (ein sogenannter Selbstminderungs-Ritus). Berichtet wird von Hunger, Durst und einem Giftanschlag (Mordanschlag). In einem Bild werden die Folgen von Waffengewalt beschrieben: *Vom Schmerz deiner Durchbohrten reden sie* (Vers 27), das impliziert qualvolles Sterben.

Vers 31 benennt eine Wende: Er beschreibt das Lied des Psalmbeters und persönlichen Jubel, der oft mit Körperhaltungen des Sieges einhergeht. Die Dankbarkeit und Freude drücken sich in Stimme, Gesang und Melodie aus. Das sind körperliche Vollzüge der Freude.

Noch einmal steht das Herz im Zentrum, in Vers 33: Die ihr Gott sucht, *euer Herz lebe auf!* Hier kommen Bilder körperlicher Erfrischung und der Genesung ins Blickfeld. In der Aufforderung zum Lobpreis von Himmel und Erde und den Meeren samt allen Lebewesen (Vers 35) gesellt sich zum menschlich-körperlichen Lobpreis der Lobpreis der Schöpfung. Es werden Bilder von Bewegung, Dynamik und pulsierendem Leben gemalt, die den ganzen Kosmos umfassen.

Der *Same seiner Knechte* in Vers 37 steht als Hoffnung und körperliche Voraussetzung für Kinder und Kindeskinder. Wenn diese die Städte Judas *erben,* so bedeutet das Kontinuität und Fortbestand. Die Verse 31–37 zeichnen damit Bilder einer gelingenden Zukunft, zu der auch Kinder und Nachkommenschaft gehören.

### Tisch-, Jagd- und Fallenmetaphorik

*Ihr Tisch soll zur Schnappfalle (oder zum Klappnetz) werden,* betet der Mensch in Vers 23. Die Tischmetaphorik steht für Tischgemeinschaft. Klappnetz und Schnappfalle sind Bilder aus dem Fachgebiet der Ornithologie und Vogeljagd. Fallen, Schlingen und Netze sind heimtückische Geräte, die von den gejagten Tieren nicht erkannt werden, weil sie gut getarnt sind. Erst in der Falle erkennen sie die Gefahr.

Der gejagte Vogel ist klein gegenüber dem überlegenen Jäger und Feind. Dieser erfindet stets neue Strategien, um den Vogel in die Falle zu locken. Die Illustrationen aus altorientalischer Zeit in Abbildung 7, die Othmar Keel gesammelt hat, erklären solche Vogelfallen und machen die Situation des Gejagten verstehbar. Diese Jagd- und Fallenmetaphorik malt einen Beter vor Augen, der sich wie ein flüchtendes Tier fühlt: gejagt, körperlich gestresst, alarmbereit, atemlos, vielleicht panisch, gefangen und ausgeliefert.

### Emotionen II: Reaktion auf die Feinde: Rachefantasien, Wut, Überlebenswille

In den Versen 23–26 und 28–29 folgen Racheteile, in denen sich Aggression, Wut und Zorn zeigen. Hier kommen die Aggression, die Wut und der Zorn zum Vorschein, die eigentlich nötig gewesen wären, um die Feinde an ihrem

**Abbildung 7:** Klappnetz und Stellholz (Vogelfallen) (Othmar Keel, 1996, S. 80, Abbildung 112; © 1996 by Vandenhoeck & Ruprecht GmbH & Co. KG © 2021 wbg in der Verlag Herder GmbH, Freiburg i. Br.) (Ps 69,23, so auch Ps 91,3)

zerstörerischen Tun zu hindern durch Kampf und Konfrontation (Englisch: fight). Das war in der gegebenen Situation nicht möglich. Nun wendet sich der Betroffene mit seiner Aggression an Gott selbst: *Gott* soll der Zerstörung und dem Vernichten ein Ende setzen. Die Rachefantasien lassen sich in zwei Teile gliedern, die von Vers 27 unterbrochen werden.

Im Racheteil I (23–26) dreht der Beter den Spieß um: Der Beter wünscht, die Tat möge auf die Gewalttäter zurückfallen: Sie sollen genau das erleben, was sie dem Beter angetan haben:

Er wünscht den Bedrängern, ihr Tisch soll zur Schnappfalle (oder zum Klappnetz) werden, das bedeutet zerstörte Tischgemeinschaft und Gefangenschaft. Er wünscht ihnen verfinsterte Augen (Sehverlust) und dauerhaft wankende Hüften, das heißt, keine Kraft mehr zum Kampf (die aus dem Körperzentrum, den Hüften, kommt). Gottes Zorn soll die Orte der Feinde zum verwüsteten Lagerplatz und zur unbewohnbaren Stätte werden lassen – eine Wohnmetaphorik, die einen Ort mit fehlenden Lebensgrundlagen beschreibt. Das impliziert auch Hunger und Durst. Diesen Wunsch, die Tat möge auf die Gewalttäter selbst zurückfallen, nennt Ruth Gimmel-Rohr eine »Réversion des conditions humaines«, eine Umkehrung der Verhältnisse.[387]

Im Racheteil II (28–29) geht es um die Zukunft. Ein »sicherer Ort« für die Zukunft ist nur vorstellbar, wenn die Hasser und Verfolger keinen Zugang dorthin haben. Darum gipfeln diese Gedanken im Wunsch: Sie sollen nicht in deine

387 Wie sie beispielsweise auch Hanna (1 Sam 2,1–10) und Maria (Luk 1,46–55) in ihrem Lied besingen: GIMMEL-ROHR (1996, S. 38–47).

Gerechtigkeit kommen. Es soll also einen Raum für die Gerechten geben. Das *Buch des Lebens* steht als Metapher für Leben in eschatologischer Perspektive. Durch die Tilgung aus dem Buch des Lebens sollen »Jäger und Verfolger« am Ort des Lebens keinen Zutritt mehr haben. Wer Unterdrückung, Gewalt und Tod an den neuen Ort mitbringen will, soll dort nicht hineinkommen. Denn der neue Ort soll Schutz bieten für ein Leben in Fülle und Sicherheit.

Zusammenfassend zu den Rachetexten in Ps 69 lassen sich zwei Hauptthemen beobachten, zwei Zielrichtungen der Rachewünsche und Rachefantasien:

- Racheteil I: 23–26: Rachewünsche mit dem Ziel einer Umkehrung der Verhältnisse: Die Tat soll auf die Täter zurückfallen.
- Racheteil II: 28–29: Rachewünsche mit dem Ziel der Ermöglichung eines Lebens in Sicherheit, also an einem Ort, an dem Unterdrückung, Gewalt und Todesdrohungen keinen Zugang haben.

Die Rachewünsche in diesen Versen zielen allesamt darauf ab, dass der Beter Ruhe findet und die Gewalttat ein Ende findet. Hinter dem Zorn wird der Überlebenswille des Geschädigten sichtbar. Im weiteren Verlauf des Psalms machen diese zornigen Wünsche einer erneuten Sehnsucht nach Ruhe und Sicherheit Platz. Im Schlussteil von Psalm 69 eröffnen sich Bilder einer Zukunft, in der sichere Wohnorte und festgebaute Städte Schutz bieten und Gemeinschaft ermöglichen.

### *Gotteslob, Bilder einer gelingenden Zukunft*

Unerwartet kommt der Schreckenspsalm 69 zu einem klaren Abschluss (30–37). Er mündet in einen zweiteiligen Lobpreis (Hallel). Nach einem letzten Hilfeschrei des Beters (Vers 30) beginnt dieser dritte Teil des Psalmes. Das erste Gotteslob des Beters (Hallel I, 31–34) mündet in ein noch weniger erwartetes Gotteslob der ganzen Schöpfung und des Universums (Hallel II, 35–37) und endet schließlich mit Bildern von Ruhe und Frieden und Sicherheit in eschatologischer Perspektive.

Zu den Bildern einer gelingenden Zukunft gehören sowohl sichere Wohnorte wie auch kommender Nachwuchs. Vom einzelnen Beter (Verse 1–30) und dem allein lobpreisenden Menschen (31–34) weitet sich der Blick im Hallel II auf menschliche Gemeinschaft sowie auf Natur und Kosmos (33–37).

Im Hallel I (33–34) wird in neugewonnener Erhörungsgewissheit eine Umkehrung der Verhältnisse zugesagt: *Die Elenden haben es gesehen und freuen sich. Ihr, die ihr Gott sucht, euer Herz lebe auf! Denn Jahwe hört die Armen, und seine Gefangenen hat er nicht geringgeschätzt.*

Wie lässt sich der Stimmungsumschwung in Psalm 69,31–37 erklären? Ist er – mit Gerhard von Rad – zu verstehen als Folge göttlichen Eingreifens?

> »Wenden wir uns zurück zu unseren Fragen nach den Anfechtungen des Einzelnen, so muss nun noch einmal die Frage nach dem Trost aufgegriffen werden, der in solchen Nöten gefunden wurde. [...] Es ist mit Recht angenommen worden, dass der ›Stimmungsumschwung‹ in einigen Klagepsalmen auf den Zuspruch zurückzuführen ist, den der Beter empfangen hat (z. B. Ps 6; 22; 28; 56; 69). Er hat das ›Fürchte dich nicht‹ vernommen und dann die Zusicherung, dass Jahwe den Beter nicht verlassen werde, dass Jahwe mit ihm sein werde und dass er sein Helfer sei.«[388]

Allerdings ist über eine solche Zusage Gottes *vor* dem Lobpreis in Psalm 69 nichts zu lesen.

Uwe Rechberger plädiert demgegenüber für eine Gleichzeitigkeit der widersprüchlichen Gefühlslagen und spricht darum lieber von einer Wende. Dass diese Wende eintreten kann, macht er vordringlich am Wesen Gottes fest.[389] Aus tiefenpsychologischer Sicht ist das Hindurchgehen durch die Verzweiflung Voraussetzung für das Hindurchdringen zu neuer Lebensgewissheit.

Die Verse 26, 28, 36 und 37 zeigen Bilder festgebauter Städte sowie eine Wohnmetaphorik und Zionsmetaphorik. Die unbewohnbaren Orte, die den Feinden gewünscht werden, kontrastieren mit den sicheren Wohnmöglichkeiten der zuvor Unterdrückten und Geschädigten.

Vers 18 nennt die Knechtsmetaphorik oder Gottesknechtsmetaphorik im Singular. Das bezieht sich auf eine Einzelperson. In Vers 37 hingegen werden Knechte bzw. Gottesknechte im Plural genannt: *Und der Same seiner Knechte wird sie – die Städte Judas – erben.* Diese Knechtemetaphorik im Plural bezieht sich auf mehrere, also auf das Volk Israel.

Als Erben waren zur Zeit des Alten Orients meist Söhne bestimmt. Die Knechte, die hier als Erben genannt sind, werden also wie Söhne Erbberechtigung, Vollmacht und Autorität erhalten.

Die Verse 7 und 33 nehmen die Metaphorik der Gott-Suchenden auf. Zur »Suche« gehören räumliche Vorstellungen der Verborgenheit und des Offenbarseins, mit den Tätigkeiten verstecken, sich verbergen – suchen, finden. Martin Luther hat seine Gedanken zum Verborgenen Gott, zum Deus absconditus,

---

388 VON RAD (1958/1987$^{9}$, S. 414).

389 RECHBERGER (2012, S. 294–299; Rechberger kommt zu diesem Schluss nach einer ausführlichen Auseinandersetzung mit den verschiedensten Interpretationsansätzen).

eindrücklich in der Schrift »De servo arbitrio« (Vom unfreien Willen)[390] dargelegt. Er setzt sich darin mit der Verborgenheit und Unergründlichkeit Gottes auseinander.

### Emotionen III: Barmherzigkeit, Zuwendung, Hoffnung, Freude, Zuversicht, Liebe

Im dritten Teil von Ps 69 kommen ganz neue Gefühlsdimensionen zur Sprache: Emotionen der Freude und Zugehörigkeit, der Dankbarkeit, der Anteilnahme, der Zuversicht und des Vertrauens und schließlich der Liebe.

*Die ihr Gott sucht, euer Herz lebe auf. Denn Jahwe hört die Armen, und seine Gefangenen hat er nicht geringgeschätzt (Ps 69,33–34).* Dieses Hören Gottes, seine Zuwendung und Wertschätzung der Armen und Geringen sind Akte der Barmherzigkeit. In diesem letzten Teil des Psalms steigert sich auch die Freude: Von persönlicher Freude und persönlichem Lobpreis (31–34) weitet sich die Freude aus auf einen Schöpfungsjubel (35–37), in den Himmel und Erde und die Natur einstimmen.

Die letzte Metapher schließt mit der Emotion der Liebe (37): *[…] und die seinen Namen lieben, werden darin wohnen.*

### Die Verfasserfrage aus traumafokussierter Perspektive – Imaginäre Szenarien

Aus traumafokussierter Perspektive wäre als Verfasser beispielsweise ein Mensch denkbar, der als Kind die traumatischen Ereignisse um die Belagerungs- und Hungerzeit Jerusalems erlebte mitsamt dem anschließenden Eroberungskrieg durch die Babylonier, den Tausend-Kilometer-Marsch nach Babylon und der in Erwartung baldiger Rückkehr »in die Städte Judas« sein Leben im Exil als alt gewordener Mensch reflektiert. Denkbar ist auch ein Rückkehrer aus dem Exil, der von seinen traumatisierten Eltern oder Großeltern von den furchtbaren Kriegsereignissen im Belagerungskrieg und dem Marsch nach Babylon hörte oder eben nicht hörte, und als in Babylon geborenes Kind durch das Leben und die Verhaltensweisen seiner traumatisierten Eltern (emotionale Vernachlässigung, Gefühlskälte, Härte in der Erziehung, überdimensionierte Strafen, eisernes Schweigen, u.Ä.) selbst Traumafolgestörungen entwickelte. Beide imaginären Szenarien schließen mit dem Traum, der Hoffnung, der Vision oder der Verheißung, Gott werde die Städte Judas wieder bauen und alles werde dereinst in Lobpreis ausbrechen.

390 LUTHER (1525), aktuelle Ausgabe: HÄRLE (2006/2022³, S. 219–662).

## 4.2 Psalm 91: Du bist mein Zufluchtsort – Ein Vertrauenspsalm

Wie für Psalm 69 fasst Tabelle 4 die thematischen Inhalte, die Metaphorik, die Emotionen und die Körperwahrnehmungen und Körperdimensionen zusammen, die im Psalm 91 benannt werden oder im Wortbild mitschwingen.

Der tabellarische Überblick benennt Details und Nuancen, die gerade hinsichtlich Metaphorik, Emotionen und Körpererleben nicht sofort ins Auge springen. Diese ermöglichen eine Wahrnehmung der Vielschichtigkeit des Textes von Psalm 91.

Der Psalmtext folgt zunächst – wie in vorangegangenem Beispiel – der Übersetzung Andreas Ruwes, die sich durch philologische Genauigkeit und gute Lesbarkeit auszeichnet.[391]

391 RUWE (2012, S. 101–103). Anders als bei Andreas Ruwe wird *der Gottesname,* wo er als Tetragramm im hebräischen Text steht, hier als *Jahwe* wiedergegeben. Das Wort *mal'ak* wird mit *Engel* wiedergegeben, in Übereinstimmung mit den meisten Bibelübersetzungen (Vers 11).

Tabelle 4: Themen, Metaphorik, Emotionen, Körpererleben in Psalm 91

| Psalm 91: Text | Thematische Inhalte |
|---|---|
| 1 Als einer, der im Schutz des Höchsten wohnt, | sicherer Ort zum Wohnen |
| im Schatten Schaddais nächtigt, | Ruhe, Hitzeschutz |
| 2 sage ich zu Jahwe: | sprechen zu Gott, Dialog |
| »Meine Zuflucht, meine Feste | Beziehung, Schutz v Angreifern |
| mein Gott, auf den ich vertraue!« | Beziehung, Gottvertrauen |
| 3 Ja, er ist es, | Gott |
| der dich aus dem Netz des Vogelstellers rettet, | Befreiung v. Jäger u. Gefangenschaft |
| von der Pest völligen Verderbens. | Bedrohung durch tödliche Epidemie |
| 4 Mit seinen Schwingen wird er dich abschirmen, | Schutz wie bei einer Vogelmutter |
| unter seinen Flügeln wirst du Zuflucht finden, | Zufluchtsort Gott |
| seine Treue ist Setzschild und Ringmauer. | Schutz vor Angreifern |
| 5 Du brauchst dich nicht zu fürchten | Beruhigung |
| vor dem Schrecken der Nacht, | schlimme Nächte, Albträume |
| vor dem Pfeil, der bei Tag fliegt, | Angriff durch Waffengewalt |
| 6 vor der Pest, die im Dunkeln umgeht, | Schutz vor Epidemie |
| vor der Seuche, die zur Mittagshelle | Krankheit |
| Verwüstung anrichtet. | mit verheerenden Folgen |
| 7 Mögen tausend von deiner Seite fallen | Krieg, Todesbedrohung |
| und zehntausend von deiner Rechten – | Massensterben: Krankheit/Krieg |
| dir kommt es nicht nahe. | Verschonung, Überleben |
| 8 Du aber schaust mit eigenen Augen zu | Verheißung: Feindentmachtung |
| und erlebst die Vergeltung an den Frevlern. | Rachefantasie |
| 9 Wenn du Jahwe – meine Zuflucht, | Zufluchtsort Gott, Beziehung |
| den Höchsten – zu deiner Wohnung gemacht hast, | Versteck bei Gott |
| 10 wird dir kein Unglück widerfahren | Zusage: Verschonung vor Übel |

| ʌetaphorik | Emotionen | Körperdimensionen |
|---|---|---|
| ;rößenvergleich, Wohn-ıetaphorik | sicher, beschützt, geborgen | Schutz vor Nässe, Kälte, Hitze |
| icht-Schattenmetaphorik; Hitze-, ühlemetaphorik | Beruhigung, Wohlgefühl | Schlaf, Wohlfühltemperatur |
| | Verbundenheit | sprechen, Sprachfähigkeit |
| icherheits-Gebäudemetaphorik | sicher, zugehörig, geborgen | beschützt vor Waffen und Kampf |
| | Vertrauen | Ruhe und Sicherheit |
| | Hoffnung | |
| ıgd-, Fallenmetaphorik, rnithologie | Stress – Beruhigung | gejagt, beengt, gefangen – frei |
| ısteckende Krankheit | Angst – Zuversicht | Fieber, Schmerz – Schutz |
| chwinge-, Vogelmetaphorik | Geborgenheit | abgeschirmter, beschützter Körper |
| ügel-, Vogelmetaphorik | Sicherheit, Geborgenheit | abgeschirmter, beschützter Körper |
| child-, Kriegsmetaphorik, ebäudemetaphorik | Sicherheit, Geborgenheit | Bewahrung vor Waffengewalt |
| | Getröstetsein, Beruhigung | Ruhe |
| acht-, Dunkelheitsmetaphorik | Schrecken, Furcht, Panik | zittern, hoher Puls, Schlaflosigkeit |
| feile, Waffen, Kriegsmetaphorik | Existenzangst – Bewahrung | Verletzung durch Pfeile, Waffen |
| pidemie, Dunkelheit, Kälte | Inkubationsangst – Furchtlosigkeit | (Fieber, Schmerz, Unwohlsein) |
| rankheits-, Hitzemetaphorik | | Verschonung, Gesundheit |
| | Todesangst, Entsetzen | Krankheit, Vernichtung – Schutz |
| riegsbilder, Niederlagen-, Todes-ıetaphorik | | Kriegstote – Verschonung |
| rieg, Epidemie: Mengen-ıetaphorik | Todesangst, Schrecken | Massensterben – Überleben |
| ähe-Distanzmetaphorik | Erleichterung, Dankbarkeit | Unversehrtheit, (Über-)Leben |
| chauen, Augenmetaphorik | Hoffnung | sehen, Sinneseindruck |
| hen | gestilltes Gerechtigkeitsempfinden | konkrete Entmachtung d Feinde |
| ıflucht/Versteck: Raum- u. Orts-ıetaphorik | Sicherheit, Gemeinschaft | verschont bleiben am Zufluchts-ort |
| öhen-, Raummetaphorik; Wohn-ıetaphorik | sicher, beschützt, geborgen | vor Wetter, Angreifer, Gewalttäter |
| | Zuversicht, Erleichterung | auch körperl. Unversehrtheit |

| Psalm 91: Text | Thematische Inhalte |
|---|---|
| und keine Plage deinem Zelt nahekommen. | Verschonung am Wohnort |
| 11 Denn er bietet seine Engel für dich auf, | von Gott gesandte Engel |
| dich auf allen deinen Wegen zu bewahren. | Schutz auf Wegen |
| 12 Auf beiden Händen werden sie dich tragen, | Getragensein |
| damit dein Fuß nicht an einen Stein stoße. | Schutz auf steinigen Wegen |
| 13 Auf Löwe und Viper kannst du treten, | Selbstwirksamkeit, Feindbewältigung |
| Junglöwe und Chaosdrache niedertreten. | Feindüberwindung, Sieg |
| 14 »Weil er an mir hängt, | Gott anhangen/lieben, Beziehung |
| will ich ihn retten. | Rettungs-Zusage Gottes |
| Ich werde ihn erhöhen, | Zusage der Erhöhung, Verheißung |
| denn er kennt meinen Namen. | Gotteserkenntnis |
| 15 Er ruft mich an, und ich erhöre ihn, | Hilferuf – Erhörung, Dialog |
| ich bin bei ihm in der Not, | göttliche Begleitung, Präsenz |
| ich werde ihn herausreißen und zu Ehren bringen. | Herausreißen, Befreiung, Ehre |
| 16 Ich werde ihn mit langem Leben sättigen | Zusage erfüllten und langen Lebens |
| und lasse ihn mein Heil sehen.« | innerweltliche und eschatologische Heilszusage |

| Metaphorik | Emotionen | Körperdimensionen |
|---|---|---|
| Zeltmetaphorik, unsichere Behausung | Zuversicht, Beruhigung | körperliche und familiäre Unversehrtheit |
| Engel-, Botenmetaphorik | kindl. Vertrauen, Würdigung | Begleiter, Zugehörigkeit |
| Engel: Wegmetaphorik | Geborgenheit, Sicherheit, Mut | sicherer Gang, sicheres Reisen |
| Engel: Händemetaphorik, Tragmetaphorik | Zuversicht, Geborgenheit | Entspannung, Erleichterung, Nähe |
| Engel: Fuß-, Stolpersteinmetaphorik | Zuversicht, Sicherheit, Mut | sicherer Gang, unverletzter Fuß |
| Löwen-, Vipern-, Feindmetaphorik | Todesbedrohung – Selbstvertrauen | siegreiches Vorwärtsgehen |
| Löwen-, Drachen-, Feindmetaphorik | Vernichtung – Mut, Siegesgefühl | niederstampfen, Kraft, Sieg |
|  | Zuneigung, Liebe | anhängen, Nähe, Verbundenheit |
|  | Rettungsgewissheit, Vorfreude | Rettung, Erleichterung |
| Höhen-, Raummetaphorik | Erleichterung, Mut, Würde | groß werden, Sicherheit, Würde |
| Namensmetaphorik | tiefe Verbundenheit, Vertrautheit | kennen/erkennen, Zugehörigkeit |
| Mund- und Ohrenmetaphorik | Annahme, Erhörungsgewissheit | Gespräch; Zweisamkeit |
|  | Verbundenheit, Gemeinschaft | Nähe, Begleitung, Verbundenheit |
| Tiefe und Höhe, Raummetaphorik | Hoffnung, Selbstachtung, Ehre | Befreiung, Würde, Stolz, Ehre |
| (Hunger- u.) Sättigungsmetaphorik | Interesse, Neugierde | gestillte Grundbedürfnisse, langes Leben |
| sehen lassen | Vorfreude | sehen, ganz werden |

## Psalm 91: Einleitungsfragen, Gliederung

### *Einleitungsfragen: Gattung, Verfasserfrage*

Psalm 91 wird nicht selten als Lehrgedicht gedeutet. Mit seinen starken Bildern ist er ein Vertrauenspsalm. Erich Zenger bezeichnet ihn gar als »ein Vertrauenspsalm sui generis«.[392] Aufgrund seiner tröstlichen Bilder lässt er sich auch als Trostpsalm bezeichnen.

Psalm 91 nennt keinen Verfasser. Da Ps 90 Mose zugeschrieben wird, nehmen rabbinische Ausleger an, auch Ps 91 gehe auf Mose zurück. Die Septuaginta hingegen ordnet Ps 91 David zu.[393] Psalm 91 folgt einer dreiteiligen Struktur (s. Abbildung 8):

### *Die Gliederung von Psalm 91*

I Vertrauensbekenntnis (1–2)
  Gott als Zufluchtsort (2)

II a) Bilder der Rettung durch Gott (3–10)
  Zufluchtsorte (4)
II b) Zufluchtsorte (9–10)
  Bilder der Rettung durch Gottes Engel (11–12)
II c) Bilder der Rettung durch Selbstwirksamkeit (13)

III Direkte Gottesrede: Göttliche Zusagen (14–16)

## Psalm 91: Thematische Inhalte, Metaphorik, Emotionen, Körpererleben

Teil I beginnt in der 3. Person (als einer, der) und wechselt in die erste Person (ich): »*Meine Zuflucht, meine Feste, mein Gott, auf den ich vertraue.* [Die Verse drücken Gottesnähe aus. Es ist] ein Vertrauensbekenntnis eines Bedrängten, der bei JHWH Zuflucht, Verteidigung und Rettung sucht.«[394]

---

392 HOSSFELD/ZENGER (2000, S. 619–620).
393 KRAUS/KARRER (2009, S. 845).
394 HOSSFELD/ZENGER (2000, S. 618).

Teil II wechselt hin zur 2. Person: *Ja, er ist es, der dich rettet [...] du brauchst dich nicht zu fürchten.* Vers 9 nimmt den Eröffnungsvers und das Vertrauensbekenntnis aus Vers 2 und 4 auf: *Du bist mein Zufluchtsort* (Lut).

Teil III schließlich ist als direkte Gottesrede formuliert, als göttliche Zusage an den Psalmbeter.

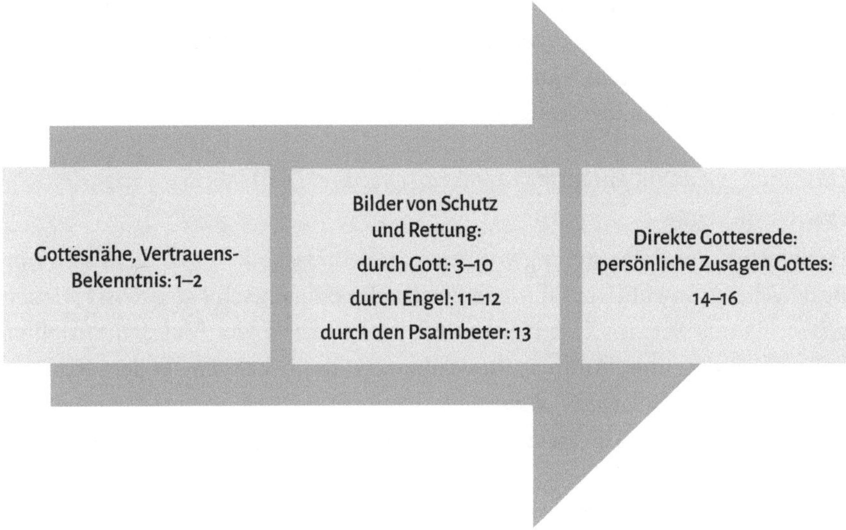


**Abbildung 8:** Die dreiteilige Struktur von Psalm 91 nach thematischen Inhalten: klare Abfolge, Teil III als Höhepunkt (erstellt von Silvia Bolatzki)

### *Schwerpunktthemen entsprechend der Psalmenstruktur*

Im ersten Teil stellt sich der Beter bewusst in die Gottesnähe und spricht dort, »im Schutz und Schatten« des bergenden Gottes, ein Vertrauensbekenntnis.

Im zweiten Teil wird in Metaphern und anschaulichen Bildern ausgeführt, wie die Rettung durch Gott aussieht. »Die Bilder der Rettung und der Geborgenheit [...] beschreiben [...] ein unmittelbares Eingreifen JHWHs (V 3–4; 9–10), konkretisieren dann weiter den Schutz JHWHs als Schutz auf den Wegen des Lebens (V 5–7; 11–12) und kulminieren mit dem Bild des vormals bedrängten Beters, der nun unverletzt auf seine vernichteten Feinde herabschaut bzw. sie (in ihrer mythischen Figuration) als Sieger niedertritt.«[395]

Die drei Teile sind von einer Dynamik geprägt, die sich steigert: Der Psalm beginnt mit einem allgemeinen Statement, doch dann konkretisieren und intensivieren sich die thematischen Inhalte und münden schließlich in die direk-

395 HOSSFELD/ZENGER (2000, S. 619).

te Gottesrede als Höhepunkt (Klimax): der Zusage von Schutz, Rettung, Erhörung, Begleitung, Ehre, Leben und Heil.

Klaus Koenen hebt »den Zusagen-Charakter des Psalms deutlich hervor. Hier wird nicht jemand nur belehrt, dass Jahwe rettet, sondern einem Menschen wird zugesagt, dass Jahwe ihn, ja speziell ihn rettet.«[396] In Ps 91 werden klassische Notsituationen geschildert: Feindbedrängnis, Verfolgung, Krankheit, Seuchengefahr, Krieg, Tod. Der Sprecher oder Sänger aber betet sich gleichsam in die Gewissheit hinein, von Gott beschützt und mit Leben, ja mehr noch mit Lebensfülle beschenkt zu werden.[397]

### *Das strukturierend eingesetzte hebräische »ki«, Deutsch: »ja«, »denn«, »weil«, »gewiss«*

Das viermal am Zeilenanfang verwendete, hebräische *ki* – *»ja«* lässt sich mit Beat Weber[398] sowohl kausal *(denn, weil)* oder empathisch *(ja, gewiss)* wiedergeben. Es markiert im Text Neuansätze, wobei das *ki* vier Mal den Strophenanfang kennzeichnet. Andreas Ruwe übersetzt das hebräische *ki* dem Kontext entsprechend mit *ja, wenn, denn, weil.*

Die empathische Übersetzung *gewiss* verstärkt die gemachten Aussagen:

3: *Gewiss,* er ist es, der dich rettet.
9: *Gewiss,* du, Jahwe, bist meine Zuflucht.
11 *Gewiss,* er bietet seine Engel für dich auf.
14: *Gewiss,* er hängt an mir, ich will ihn retten.[399]

Auch das *Ja* wirkt verstärkend und könnte viermal am Zeilenanfang eingesetzt werden.

### *Du bist mein Zufluchtsort – Bilder sicherer Orte*

Psalm 91 beginnt mit dem Vertrauensbekenntnis. Auffallend ist die dreimalige Nennung Gottes als »Zuflucht« in Psalm 91, oder, mit anderen Übersetzungen als »Zufluchtsort«. Diese dreimalige Nennung (2,4,9) kann als Titel und Zusammenfassung des ganzen Psalms verstanden werden.

Die Verse 3–10 beschreiben das bedrohte Leben und konkretisieren die Gefahren (durch Angriffe, Seuchen, Krankheit, Krieg und Tod). Gleichzeitig werden die Gefahren relativiert und eingegrenzt durch Gegenbilder.

---

396 KOENEN (1995, S. 53).
397 HOSSFELD/ZENGER (2000, S. 620).
398 WEBER (2003/2016², S. 125).
399 Die Verse 3, 9 und 11 zitiert nach WEBER (2003/2016², 123).

Gott wird zweimal als »Wohnung« vorgestellt (9). Gleich zu Beginn spricht Vers 1 von »wohnen« und »nächtigen«. Ebenso wird Gott »eine Feste« oder, je nach Übersetzung, »Felsenburg« oder »Schutzburg« genannt (2). Diese gewährt höchstmöglichen Schutz an Leib und Leben.

### *Felsenburg und Ringmauer*

»Die Nomina Zuflucht und Felsenburg assoziieren die Situationen, in denen in Zeiten kriegerischer Invasionen oder räuberischer Bandenüberfälle die ummauerten Städte und Festungen auf den Berghöhen für die in ungeschützten Dörfern und Gehöften lebenden Menschen eine ›sichere‹ Zuflucht wurden. [...] [So vermitteln die Verse 1–2 und 9] eine ganze Fülle von räumlich vermittelten Rettungserfahrungen, die mit Haus, Tempel, Stadt, Festung und Ähnlichem verbunden sind.«[400] Später wird Gott als schützende, starke Ringmauer gemalt (4). Und selbst beim Wohnen im unsicheren Zelt wird dem Beter Unversehrtheit zugesagt: *Keine Plage wird deinem Zelt nahekommen* (10).

Martin Luther übersetzte Vers 1 leicht abweichend vom Ursprungstext mit den Worten: *Wer unter dem Schirm des Höchsten sitzt* und *unter dem Schatten des Allmächtigen bleibt.* Doch gerade Luthers Übersetzung als Bild für Schutz vor der orientalischen Hitze oder dem Regen hat sich dem kulturellen Gedächtnis eingeprägt.

### *Die bergenden Flügel der Vogelmutter*

Der zweite Teil des Psalms (Vers 3) beginnt mit einem Bild aus der Vogelwelt. Das »Netz des Vogelfängers« (oder »Vogelstellers«) und »Fangnetze« stellen für Vögel eine Gefahr dar. Diese Fangnetz- und Jagdmetaphorik impliziert Stress: Der Beter fühlt sich vor seinen Feinden wie ein kleiner Vogel, als leichte Beute, schnell umgarnt und verstrickt. Fangnetze verunmöglichen eine Selbstbefreiung und verlangen nach Hilfe und Befreiung von außen.

Gott aber wird vorgestellt als einer, der sich in der Vogeljagd auf Seite des Vogels stellt: Er rettet ihn aus Netzen und Fallen, indem er die Fallen öffnet, Loslösung und Freiheit bringt (s. Abbildung 7 bei Tisch-, Jagd- und Fallenmetaphorik zu Ps 69).

Der wirksamste Schutz für junge Vögel sind »die in Vers 4 beschriebenen mächtigen Schwingen und die bergenden Flügel der Vogelmutter, mit denen sie den Jungen einen sicheren Zufluchtsort bietet.«[401] Diese bergenden Flügel der Vogelmutter begegnen in weiteren Psalmen: in Ps 17,8; 36,8; 57,2; 61,5 und 63,8.

---

400 HOSSFELD/ZENGER (2000, S. 620–621).
401 HOSSFELD/ZENGER (2000, S. 621–622).

Die Metaphorik der »bergenden und tragfähigen Flügel Gottes [...] erinnert gleichzeitig an eine Vogelmutter, die während der Brut die Eier und nach dem Schlüpfen die Küken fürsorglich unter ihren Flügeln birgt (vgl. Mt 23,37; Lk 13,34).«[402] Schutz für die körperliche bedrohte Existenz eines kleinen Kükens sind die kräftig-schlagend-verteidigenden Flügel der Vogelmutter im Kampf mit angreifenden Katzen. Die bergenden Flügel der Vogelmutter werden so zum sichersten Ort der Welt. In diesem Bild begegnet uns »ein Gott, dessen schützende, nährende und tragende Präsenz auf je erneuerte Lebenskraft und Freiheit IHRER Töchter und Söhne zielt.«[403]

### *Schild und Setzschild als Schutz in Kampf und Krieg*

Psalm 91,4 lautet: *Seine Treue ist Setzschild und Ringmauer,* Luther übersetzte: *Seine Wahrheit ist Schirm und Schild.*

**Abbildung 9:** Assyrischer Krieger mit Schild (links; Keel, 1996, S. 202, Abbildung 306) und zwei Assyrische Krieger mit Setzschild (rechts; Keel, 1996, S. 203, Abbildung 307) (© 1996 by Vandenhoeck & Ruprecht GmbH & Co. KG © 2021 wbg in der Verlag Herder GmbH, Freiburg i. Br.)

402 SCHROER (1997, S. 297–299; S. 312 f.).
403 FRETTLÖH (2002, S. 76, S. 78).

Schild und Setzschild gehören der Waffen- und Kriegsmetaphorik an (s. Abbildung 9). In Vers 4 »dürfte es sich […] um einen riesigen Belagerungsschild, eigentlich schon eher eine Art Schutzwand«[404] handeln. Gerade bei Krieg, Belagerung und Nahkampf schützte der Schild den Kämpfer vor Pfeilen, Geschossen und allen möglichen Angriffsarten. »Ein stattlicher Schild, wie ihn der assyrische Krieger (Keel Abb. 306) trägt, vermochte aber ganz allgemein das Gefühl der Sicherheit zu heben, besonders, wenn er wie der assyrische Setzschild (Keel Abb. 307) nicht nur von vorne, sondern auch von den Seiten her schützt.«[405] Dieser große Setzschild verschwindet im 7. Jh. v. Chr., ist aber in Ps 91,4 gemeint. Ganz allgemein wird in späteren Texten der Schild zur Metapher für Schutz und Sicherheit. Hinter dem Schild ist der Beter geborgen vor dem *Pfeil, der des Tages fliegt* (Ps 91,5).

### *Fürchte dich nicht – Vor dem Schrecken der Nacht*

*Du brauchst dich nicht zu fürchten vor dem Schrecken der Nacht,* heißt es in Vers 5. Die Dunkelheit der Nacht und die damit verbundenen Gefährdungen haben Menschen stets Furcht eingeflößt. »Der Schrecken der Nacht« wurde verschiedentlich als dämonische Bedrohung gedeutet. Dazu schreibt Henrike Frey-Anthes: »In Israel gilt die Nacht als besonders unheimlich, weil in der Abwesenheit der Sonne das Chaos in die geordnete Welt hereinbrechen kann. Jedoch zeigt die Übersicht über die ›Schrecken‹ […], dass die Art der Gefährdungen, die des Nachts lauern, nicht unbedingt dämonischen Charakter haben müssen, sondern konkret in Ehebruch, Mord und Diebstahl gefasst werden können, auch wenn die Bedrohung, die in der realen Angst vor Kriegsverbrechen oder Räubern ihre Wurzeln hat, sich wiederum darin abbildet, dass die Nacht mythologisch negativ konnotiert ist.«[406] »Der Schrecken der Nacht« bzw. »das Grauen der Nacht« kann auch ein Bild für Schlaflosigkeit, Albträume, Sorgen oder existentielle Ängste sein.

### *Fürchte dich nicht – Vor Pest, Seuchen und Massensterben*

*Die Pest im Dunkeln und die Seuche im Mittagslicht* stehen für Krankheiten aller Art. Der besonderen Gefährdung durch Epidemien waren sich die Menschen aller Zeiten bewusst. Wenn, wie in Vers 7 beschrieben, *tausend und zehntausend fallen,* so kann dies durch Epidemien oder Krieg ausgelöst worden sein. Angesichts drohenden Massensterbens wird dem Beter aber versichert: *Es wird dich nicht treffen.* Das bedeutet Verschontbleiben und Überleben.

404 KEEL (1996, S. 201).
405 S. 201, Abbildungen auf S. 202 und S. 203.
406 FREY-ANTHES (2007, S. 97).

## Fallbeispiel: Herr Rauh begegnet der neuen Seelsorgerin im Seniorenheim

»Hier, fühlen Sie mal!«, forderte Herr Rauh die neue Pfarrerin im Seniorenheim bei der Begrüßung vor dem Gottesdienst auf, und führte ihre Hand an seinen Unterarm. Sie fühlte etwas Hartes unter der Haut. »Das ist eine russische Granate!« Nicht ganz ohne Stolz sprach Herr Rauh. Die Seelsorgerin konnte sich eines Staunens nicht erwehren. »Mein Körper ist voll davon. Lauter Splitter«, erzählte Herr Rauh weiter. »Wir sind wochenlang durch Polen gewandert.« Er sprach von den Kriegsereignissen um 1942–1943, die er als Soldat der deutschen Wehrmacht erlebt hatte. Zum Zeitpunkt seines Erzählens lag das 73 Jahre zurück. Und dann fügte er hinzu: »Ich bin der Einzige der Truppe, der überlebt hat!« Danach war jeweils – denn er erzählte diese Geschichte nicht nur einmal – Stille im Raum. Zuweilen ertönte daraufhin die Stimme einer ungefähr gleichaltrigen Frau, die 1945 als 16-Jährige mit ihren kleineren Geschwistern ohne elterliche Begleitung aus Ostpreußen floh: »Ach, hör doch auf!«

Herr Rauh sah Tausende fallen und wurde selbst verschont. Es ließ ihn bis ins hohe Alter Gänsehaut bekommen. Und hin und wieder auch seine Zuhörerinnen und Zuhörer. Ob er seine Bewahrung mit Gott in Verbindung brachte? Das hat er nicht explizit gesagt. Aber bei den Kirchenliedern hat er stets kräftig mitgesungen, mit seiner Bassstimme, die nicht nur im Feuerwehrchor geschätzt war. Auch die Gottesdienste im Pflegeheim gewannen an Schönheit und Klang durch Herrn Rauhs Stimme.

### *In Aussicht gestellte Feindüberwindung*

Vers 8 wechselt die Perspektive, blickt voraus: *Du aber schaust mit eigenen Augen zu und erlebst die Vergeltung an den Frevlern.* Die in Aussicht gestellte Feindüberwindung löst Hoffnung aus: Hoffnung auf die Wiederherstellung gerechter Verhältnisse und ein Leben in neugewonnener Sicherheit. Der gesamte Abschnitt II (3–13) stellt Gott dar als kraftvollen Beschützer, ja, als »Sieger über die chaotischen Mächte und Gewalten.«[407]

### *Gottes Engel – Schutz auf den Wegen*

Der Engel Gottes, der Bote Jahwes, erscheint in Ps 91,11–12 als Gegenbild von Not und Gefahr: *Er bietet seine Engel für dich auf, dich auf allen deinen Wegen zu bewahren. Auf beiden Händen werden sie dich tragen, damit dein Fuß nicht an*

407 HOSSFELD/ZENGER (2000, S. 623).

*einen Stein stoße.* Das Bild setzt eine gewisse Größe der vorgestellten Engelsgestalt voraus, die dazu fähig ist. Diese Bilder ermöglichen Regression (ein wichtiger Aspekt tiefenpsychologisch orientierter Psychotherapien; Regression bedeutet einen Rückzug in frühkindliche Verhaltensweisen und wird heute meist als chancenhafte Therapiephase und Bewältigungsmechanismus gedeutet.). Damit wirken diese Bilder vorbereitend auf zwei mächtige Bilder im kommenden Vers 13.

Das hebräische Wort für Engel ist *melek* – »Bote« oder »Engel«. Wichtig ist dabei der Sendende: Es ist Jahwe, es ist der Höchste, der seine Engel schickt. Sie sind seine Boten, und sie tun, was er sagt. In Ps 91,11: Der Schutz und die Bewahrung, die von ihnen ausgehen, gewähren einen sicheren Gang und sicheres Reisen. Die »tragenden Hände« der Engel stehen für mütterlich-väterliche Zuwendung und Fürsorge für das schwache, schutzbedürftige Leben.

## Bilder für Selbstwirksamkeit

*Auf Löwe und Viper kannst du treten, Junglöwe und Chaosdrache niedertreten,* heißt es in Vers 13. Löwen und Vipern sind natürliche Gefahren, wilde Tiere, die den Menschen bei Angriff sofort töten oder zerreißen können: der Löwe mit seiner Schlagkraft, seinen Pranken und tödlichem Nackenbiss, die Viper mit schnellwirkendem Gift. Der Löwe stellt eine laut brüllende Gefahr dar, die Viper hingegen eine leise, oft unbemerkbare.

Der Löwe als König der Tiere und Urbild für Unbezwingbarkeit reizte schon die Assyrer, sich als Bezwinger der Löwen darzustellen.[408] Den vorausgehenden starken Bildern von Schutz und Schonraum folgen nun Bilder eines Menschen, der sich nicht mehr in Schonräumen versteckt.

## Der Löwe (Altorientalisches Bild)

**Abbildung 10:** Ein brüllender Löwe findet sich als Symbol königlicher Herrschaft auf dem Siegel des Schema', des Dieners Jerobeams (Megiddo; 8. Jh. v. Chr.) (© 2002 Deutsche Bibelgesellschaft, Stuttgart)

408 Vgl. die königliche Löwenjagd des neuassyrischen Königs Assurbanipal, wie sie auf Reliefs aus Ninive dargestellt ist, datiert um 645 v. Chr., ausgestellt im British Museum, London.

In der Stärke des Löwen zeigt sich die ungebändigte, angriffslustige, siegessichere Macht der Bedränger, denen der Beter ausgeliefert zu sein scheint (s. Abbildung 10). Im Psalm aber heißt es: *Auf Löwe und Viper kannst du treten, Junglöwe und Chaosdrache niedertreten* (Ruwe). Luther übersetzt: *Über Löwen und Ottern wirst du gehen und junge Löwen und Drachen niedertreten.* Es ist ein Bild für Widerstand und Furchtlosigkeit. Hier wird nicht ein Kampf thematisiert, sondern das Schreiten über die bedrohlichen Mächte. Wer so schreitet, kämpft nicht. Er siegt.

### *Der Chaosdrache*

Was Luther in Vers 13 mit Drache übersetzte und Ruwe als Schlange, Krokodil und Chaosdrache präsentiert, meint tatsächlich das altorientalische Bild des Chaosdrachens, auch Meeresdrachen oder Wasserschlange genannt. Ein 5000-jähriges Rollsiegel in Abbildung 11 zeigt, wie Menschen sich damals den Chaosdrachen vorstellten (Ikonografie der altorientalischen Mythologie):

**Abbildung 11:** Ein Drache (hier eine siebenköpfige Schlange) bedroht als Chaoswesen die göttliche Heilsordnung. Die Götter und als ihr Stellvertreter der irdische König müssen das Chaos in Zaum halten (Rollsiegel, Tell Asmar; 3. Jahrtausend v. Chr.) (© 2002 Deutsche Bibelgesellschaft, Stuttgart)

Das obige Foto (Abbildung 11) findet sich als Nachzeichnung in klaren Konturen auch bei Othmar Keel. Keel beschreibt die obige Szene mit dem Schlangendrachen so:

> »Von den sieben Köpfen des Drachen hängen drei bereits schlaff herunter, beim vierten hat der Gott mit der Hörnerkrone eben erfolgreich seine Lanze an-

gesetzt. Die drei restlichen züngeln ihm noch gefährlich entgegen. Ein zweiter Gott, von genau gleicher Erscheinung wie der erste, greift von hinten an. Vom Rücken des Ungetüms schießen […] Flammen empor. Der Schlangendrache vermag gleichermaßen sengende Hitze und zerstörerische Wassermassen zu symbolisieren.«[409]

Eine weitere ähnliche Szene mit klar nachgezeichneten Konturen der siebenköpfigen Schlange findet sich bei Othmar Keel (Abbildung 12). Bei dieser Szene hängt allerdings erst ein Kopf herunter. Die Metaphorik der Schlange ist durch die klare Konturierung darin noch besser erkennbar.

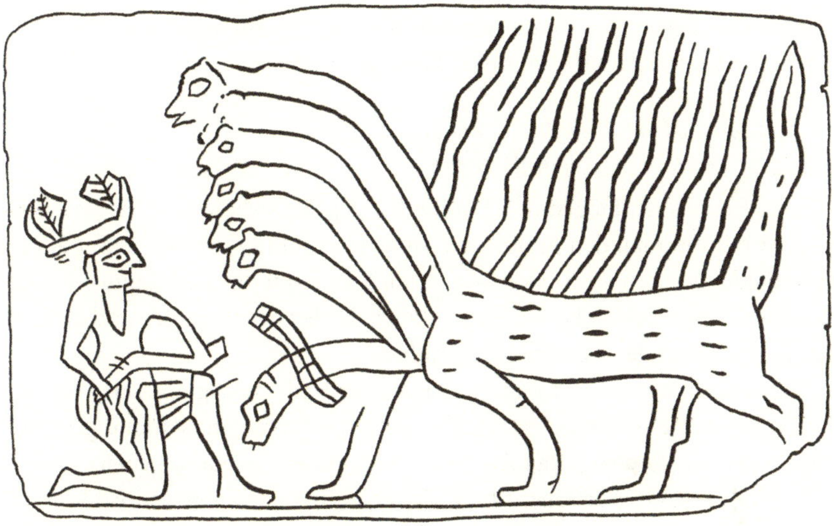

**Abbildung 12:** Bei Othmar Keel (1996, S. 45, Abbildung 51; © 1996 by Vandenhoeck & Ruprecht GmbH & Co. KG © 2021 wbg in der Verlag Herder GmbH, Freiburg i. Br.) mit dem Psalmtext »Er dämpft das Tosen der Meere, das Tosen ihrer Wogen (und den Lärm der Völker).« Ps 65,8

Zur Darstellung dieses siebenköpfigen Drachens, der das bedrohliche Meer symbolisiert, vermerkt Othmar Keel:

»Das Monstrum hat sieben Köpfe, von seinem Rücken steigen Flammen empor, seine Köpfe und seine Gestalt aber sind (abgesehen von den Schlangenhälsen und dem dicken Schwanz) ziemlich deutlich die eines Panthers. […] Die zahl-

409 KEEL (1996⁵, S. 44–45).

> reichen Köpfe dieser Ungeheuer mögen auf das Erlebnis des äußerst beweglichen und in seinen Bewegungen sich vervielfachenden Schlangen- oder Pantherkopfes oder auf das der sich immer neu aufbäumenden Brandungswogen [...] zurückgehen.«[410]

Das Hinwegschreiten und Niedertreten der Löwen und Vipern, der Junglöwen und des Chaosdrachens ist ein Bild der Herrschaft und des Sieges – ohne dass ein vorausgehender Kampf beschrieben wäre. »In der ihn begleitenden Kraft Gottes [...] wird dies möglich [...]. Der Topos von der Bändigung der wilden Tiere als göttlicher oder königlicher Machterweis wird aufgegriffen, um [...] dem vormals Bedrängten und Verfolgten, der Schutz braucht, nun selbst die Rolle des Kämpfers gegen das Chaos zuzuschreiben.«[411] Damit malen die Verse 11–12 Bilder für Kraft, Kampfbereitschaft, Gelingen und Sieg.

### *Emotionen: bedrängt, bedroht und angegriffen – beruhigt, vertrauensvoll und geborgen*

Welche Emotionen mögen den Psalmbeter geprägt haben beim Verfassen des Textes? Nimmt man den Psalm als Ganzes in den Blick, so fällt dieser auf die verschiedenen Szenarien: Den konkreten Szenarien der Bedrängnis und des Angriffs, diesen Schreckensbildern, stehen Bilder des Schutzes und Bergens, der Rettung und der Sicherheit gegenüber.

*Mein Gott, auf den ich vertraue,* heißt es gleich zu Beginn. Das Verb »batach«, »vertrauen«, meint »sich verlassen« bzw. »sich gehalten und geschützt wissen« (in der Septuaginta mit »elpizein«, »hoffen« wiedergegeben). So wird »die Erfahrung des Vertrauens bzw. Hoffens mit einer Reihe von Bildern und Metaphern« in seiner Vielschichtigkeit beschrieben.[412] Trotz aller Gefahren weiß sich der Beter im Schutz Gottes und in der Begleitung seiner Engel geborgen. Beruhigt kann er die Fallen und Dunkelheit hinter sich lassen. Zudem sieht er sich ausgerüstet, um jeglichen Gefahren zu begegnen.

### *Die direkte Gottesrede (14–16)*

Die letzten Verse des Psalms (14–16) sind als Gotteswort, als direkte Gottesrede gestaltet.[413] Passagen direkter Gottesrede sind auch in weiteren Psalmen anzutreffen (beispielsweise Ps 12, Ps 32 und Ps 35). Durch die grammatikalische Form der direkten Rede erhöht sich die Dichte und die Bedeutung der Aussagen.

---

410 KEEL (1996$^5$, S. 44).
411 HOSSFELD/ZENGER (2000, S. 623–624).
412 S. 620–621.
413 s. dazu KOENEN (1996).

Die Verse 14–16 beschreiben einen kommunikativen Gott, der in Dialog mit dem Beter tritt. War es in Psalm 69 der Beter, der dreimal Gott entgegenschrie: *Antworte mir!* (Ps 69,14.17.18), so ist es in Ps 91 Gott, der genau das tut – ohne in Ps 91 explizit (in direkter Rede) darum gebeten worden zu sein: *Er ruft mich an, und ich antworte ihm. Ich bin bei ihm in der Not.*

*Ich werde ihn herausreißen und zu Ehren bringen,* sagt Gott in Ps 91,15. Das Herausreißen beinhaltet eine Bewegungsrichtung von unten nach oben, von der Finsternis ins Licht. Herausreißen kann nur, wer nicht selbst in der Grube ist, sondern außerhalb derselben.

Der Begriff *kabod (Herrlichkeit, Ehre)* in Vers 15 kann je nach Kontext »Eigenschaften wie Pracht, Glanz, Schönheit, Stärke, Kraft, Größe, Hoheit oder Majestät nahestehen, und steht in einem besonderen Näheverhältnis zu dem Begriff der Ehre«.[414] Ehren heißt: Gott lässt den Menschen »endlich die ihm gebührende Achtung und Anerkennung unter den Menschen finden«.[415]

Die Sättigungsmetaphorik in Vers 16 *(Ich will ihn sättigen mit langem Leben)* ist assoziiert mit dringenden Bedürfnissen des Lebens: gestilltem Hunger und Durst. Das ist zunächst innerweltlich zu verstehen, für das Leben hier und jetzt.

*Und lasse ihn mein Heil (meine Hilfe, Rettung) sehen.* Die Hilfe bzw. Rettung im Schlussvers ist auch hier zunächst innerweltlich gemeint. Viele deutsche Bibelübersetzungen entscheiden sich für die Übersetzungsvariante *Ich lasse ihn mein Heil sehen.* Das deutet auf einen ganzheitlichen Heilszustand hin. Das »sehen lassen« oder »schauen lassen« kann sowohl innerweltlich als auch eschatologisch verstanden werden. Dieses *Gott schauen* wurde durch die Jahrtausende als Ziel und Erfüllung eines glaubenden Menschen verstanden.

Die Verheißungen direkter Gottesrede betreffen alle, die sich beim Gott Israels bergen. Die Verse 14–16 »weisen Jahwe als den rettenden Gott aus, der den Leidenden hilft. [Sie sind] als zukunftsbezogene Verheißung [...] mit dauernder Gültigkeit« zu verstehen.[416]

---

414 CHIBICI-REVNEANU (2010), https://www.die-bibel.de/ressourcen/wibilex/neues-testament/herrlichkeit-nt (Zugriff am 14.03.2025).

415 HIRSCH (1995, S. 492–493).

416 KOENEN (1996, S. 36–37).

## 4.3 Die Wirkungsgeschichte von Psalm 69 und Psalm 91

Die Psalmen entfalteten eine reiche Wirkungsgeschichte in der Poesie-, Musik- und Kunstgeschichte. Hier wird die *innerbiblische Wirkungsgeschichte* kurz vorgestellt. Im 2. Teil (Seelsorgepraxis) werden auch Beispiele aus der Poesie-, Musik- und Kunstgeschichte einfließen.

### Die Wirkungsgeschichte von Psalm 69 im Neuen Testament

**Tabelle 5:** Verse, die das Neue Testament aus Psalm 69 aufnimmt[417]

| Abschnitt in Psalm 69 | Zitat im NT | Text im NT |
|---|---|---|
| Ps 69,5 | in Joh 15,25 | Sie hassen mich ohne Grund. |
| Ps 69,10a | in Joh 2,17 | *Der Eifer* um dein Haus wird mich fressen. (Tempelreinigung; in der Tempelreinigungs-Szene als *Zorn* gedeutet) |
| Ps 69,10b | in Matth 5,11 | (Selig seid ihr, wenn sie) euch *schmähen* und verfolgen und alles Böse lügnerisch gegen euch reden *um meinetwillen.* |
| | in Röm 15,3 | Die Schmähungen derer, die dich schmähen. |
| | in Hebr 11,26 | Die Schmach des Christus. |
| Ps 69,20 | in Hebr 12,2 | Jesus, der die Schande nicht achtete und das Kreuz erduldete. |
| Ps 69,22 | in Mt 27,34.48; Mk 15,23.36; Luk 23,36; Joh 19,28–30 | Sie gaben mir Gift zur Speise und Essig zu trinken für meinen Durst. |
| Ps 69,23f | in Röm 11,9–10 | Lass ihren Tisch zur Falle werden [...] Ihre Augen sollen finster werden. |

417 Auflistung nach ZENGER, in: HOSSFELD/ZENGER (2000, S. 280–281).

| Abschnitt in Psalm 69 | Zitat im NT | Text im NT |
|---|---|---|
| Ps 69,25 | in Off 16,1 | [...] gieße aus [...] Gottes Zorn auf die Erde. |
| Ps 69,26 | in Apg 1,20 | Seine Behausung soll verwüstet werden, und niemand wohne darin. |
| Ps 69,29 | in Phil 4,3; Off 3,5; Off 13,8; Off 17,8; Off 20,12.15; Off 21,27.[418] | [...] deren Namen (*oder* die) (nicht) im Buch des Lebens stehen. |

Damit ist »Psalm 69 [...] nach Psalm 22 der im Neuen Testament am häufigsten zitierte *Klage*psalm.«[419] Eine herausragende Rolle spielen dabei die Tempelreinigungs-Szene und die Passionsgeschichte, also Ereignisse im Leben Jesu (Tabelle 5). Auffallend ist auch die siebenmalige Aufnahme der Buch-des-Lebens-Metapher im Neuen Testament, sechs Mal davon allein in der Offenbarung.

*Psalm 69 in der Musikgeschichte*: Zahlreiche Kirchenlieder nehmen Motive aus Ps 69 auf, beispielsweise die Metapher des »Buches des Lebens« (Ps 69,29) im Tauflied: »Nun schreib ins Buch des Lebens, Herr, ihre Namen ein. Und lass sie nicht vergebens dir zugeführet sein.«[420]

## Die Wirkungsgeschichte von Psalm 91 im Neuen Testament

Zu Psalm 91 bestehen bereits im Alten Testament intertextuelle Bezüge. Am markantesten sind die Bezüge zum Moselied in Deuteronomium 32: Mit der Flügel- und Schwingenmetaphorik, der Erwähnung von Pest und Fieberglut, der Kriegsmetaphorik (Tausende in die Flucht schlagen), einem Rache- bzw. Vergeltungsteil, den Stichworten Drachen- und Viperngift, der Gottesbezeichnung Eljon (Höchster) sowie der Gestaltung einiger Verse als direkte Gottesrede.

418 Die Metaphorik des »Buches«, in welchem Namen geschrieben sind, oder der »Bücher«, die aufgeschlagen werden, findet sich im AT an weiteren Stellen: Ex 32,32; Ps 40,8; Dan 7,10; Dan 12,1.

419 HOSSFELD/ZENGER (2000, S. 281).

420 GESANGBUCH DER EVANGELISCH-REFORMIERTEN KIRCHEN der deutschsprachigen Schweiz, 1998, Nr. 178. (Text: Strassburg 1850)

### *Versuchungsgeschichte Jesu im Neuen Testament (mit Zitat aus Psalm 91,12)*

Psalm 91 wird in der neutestamentlichen Versuchungsgeschichte Jesu zitiert, und zwar wörtlich bei Matthäus und Lukas (Mt 4,1–11; Luk 4,1–13). Doch Jesus lehnt es in seiner vierzigtägigen Wüstenzeit ab, den Worten des Teufels zu glauben, Gott werde doch seine Engel schicken, wenn er sich von der Zinne des Tempels werfen würde. Jesus weist es von sich, »den Vater mutwillig zum rettenden Eingreifen zu nötigen«.[421]

### *Aussendung und freudige Rückkehr der 72 Jünger (Zitat aus Ps 91,13)*

Lukas 10,1–23 berichtet, wie Jesus 72 Jünger je zu zweit aussandte mit dem Auftrag, die Botschaft des nahegekommenen Gottesreiches zu verkündigen und die Kranken zu heilen. Bei der Rückkehr waren diese voller Freude über das Erlebte. Jesus bestätigte ihre Freude und sprach ihnen die ἐξουσία–exousia zu, die göttliche Vollmacht, mit einem Teil-Zitat aus Ps 91,13 und dessen Deutung: *Seht, ich habe euch die Vollmacht [ἐξουσία-exousia] gegeben, auf Schlangen und Skorpione zu treten, und Vollmacht über alle Gewalt des Feindes, und nichts wird euch schaden (Luk 10,19, ZB).* Das Schreiten über Schlangen und Skorpione wird hier als »Vollmacht über alle Gewalt des Feindes« gedeutet – ein kaum zu überbietender Zuspruch. Der Fokus in Jesu Worten liegt, wie in Ps 91,14, nicht auf dem Kampf, sondern auf dem Sieg. Jesus verwies aber gleichzeitig auf den noch tieferen Grund aller Freude: Die Einschreibung ihrer Namen im Himmel (Luk 10,20, vgl. die Metaphorik des »Eingeschriebenseins im Buch des Lebens« in Ps 69,29). Speziell ist die im Anschluss beschriebene einmalige, im Lobpreis sich ausdrückende Freude Jesu mit der Seligpreisung seiner Jünger (Luk 10,21–24).[422]

### *Nähe zum Jesuswort über Jerusalem*

Auch eine gewisse Nähe zum Jesuswort über Jerusalem ist unübersehbar: »Jerusalem, Jerusalem, die du tötest die Propheten und steinigst, die zu dir gesandt werden! Wie oft habe ich deine Kinder versammeln wollen wie eine Henne ihre Küken unter ihre Flügel und ihr habt nicht gewollt (Luk 13,34, Lut; Parallel-

---

421 KONRADT (2015, S. 56).

422 Luk 10,23–24 (LUT): »Und er wandte sich zu seinen Jüngern und sprach zu ihnen allein: Selig sind die Augen, die *sehen,* was ihr *seht.* Denn ich sage euch: Viele Propheten und Könige wollten *sehen,* was ihr *seht,* und haben's nicht *gesehen,* und hören, was ihr hört, und haben's nicht gehört.« Dieses fünf Mal benannte *sehen* meint die in der Schlusszeile von Ps 91 (V 16) beschriebene, eschatologische Verheißung *Und ich werde ihn sehen lassen mein Heil.* Damit ist der Anbruch des präsentisch-eschatologischen Heilsgeschehens benannt, das sich nun nicht mehr allein in den Taten Jesu zeigt, sondern ebenso in den Taten seiner Jüngerinnen und Jünger.

stelle Mt 23,37). Inwiefern Jesus vom Bild Gottes als einer bergenden Vogelmutter geprägt war, bleibt offen. Erstaunlich ist, dass hier im Neuen Testament tatsächlich die Gottesattribution der schützenden Flügel und der Vogelmutter auf Jesus übertragen wird, als direkte Rede Jesu in der 1. Person: »Ich«. Das heißt, Jesus identifiziert sich mit dem Gott der bergenden Flügel.

### *Die Überwindung des Drachens im Buch der Offenbarung*

Schließlich findet sich in Offenbarung 12,9–11 ein Text, der nahe an Ps 91,13 anklingt: »Und es wurde geworfen der große Drache, die alte Schlange, der Teufel und Satan genannt wird, der den ganzen Erdkreis verführt, geworfen wurde er auf die Erde, und seine Engel wurden mit ihm geworfen. [...] Und sie haben ihn überwunden.« (Off 12,9–11, Elb). Die Metaphorik von Ps 91,13 ist in diesem Text aufgenommen. Der Drache wird hier *groß* genannt, die Schlange *alt,* die Drachenmetaphorik wird hier als Durcheinanderbringer (Griechisch »Diabollos« Deutsch Teufel) und Ankläger (Deutsch für den hebräischen Begriff »Satan«) gedeutet. *Über Löwen und Ottern wirst du gehen, und junge Löwen und Drachen niedertreten* (Lut) wird hier als Überwinden gedeutet und außerdem als ein Geschehen im Plural: *Sie* haben ihn überwunden.

### *Kirchen- und Liturgiegeschichte*

In der Kirchengeschichte fand Psalm 91 vor allem Eingang in das kirchliche Stundengebet als Teil der *Komplet* (Nachtgebet vor der Bettruhe bzw. vor »dem großen Schweigen« in den Klöstern). Anfänglich war er der einzige Psalm in der Komplet. Benedikt von Nursia nahm dann Psalm 4 und Psalm 134 als Komplet-Psalmen dazu.[423] Die Wahl von Psalm 91 vor der Dunkelheit der Nacht macht Sinn, denn die Nacht wird von Menschen immer wieder als eine Welt voller Feinde und Bedrohungen, eine Welt der Albträume, der körperlichen Schmerzen oder der belastenden Gedanken und Erinnerungen erfahren, in die hinein die Worte aus Psalm 91 Bilder der Zuversicht und des Trostes zu bringen vermögen.

Auch im liturgischen Kirchenjahr wurde ein Wort aus Ps 91,15 namengebend, nämlich für den Sonntag Invocavit: *Er ruft mich an (und ich antworte ihm),* Lateinisch Invocavit, gab dem ersten Sonntag der Passionszeit den Namen. Also eine christologische Interpretation mit »den Themen Versuchung und Unglauben, Prüfung durch Leiden, Ausharren in der Verfolgung.«[424]

423 BENEDIKT (1990, S. 70; Original ca. 534 n. Chr.). S. dazu auch: LUMMA (2017, S. 87).
424 OEMING/VETTE (2016, S. 26).

Psalm 91 als Osterpsalm: Die Verheißung und Aussicht in Ps 91,16 *Ich lasse ihn mein Heil schauen* (EÜ, Elb) hingegen wird als Versprechen gedeutet, den rufenden Menschen aus dem Tod zu erlösen und ihm das Schauen des göttlichen Heils zu gewähren. Darum gilt Ps 91 als Osterpsalm, der in der katholischen Messliturgie am zweiten Ostertag gebetet wird.[425]

Psalm 91 in der Musikgeschichte: Matthias Claudius nahm in seinem Abendlied »Der Mond ist aufgegangen«[426] den letzten Satz aus Ps 91 auf und machte eine Bitte daraus: »Gott, lass dein Heil uns schauen (Ps 91,16), auf nichts Vergängliches trauen, nicht Eitelkeit uns freun. Lass uns einfältig werden und vor dir hier auf Erden wie Kinder fromm und fröhlich sein.«

> Psalm 69 und Psalm 91 entfalteten eine reiche Wirkungsgeschichte. Diese Wirkungsgeschichte beginnt bereits mit den Schriften des Neuen Testaments.
>
> Darüber hinaus entwickelten die Psalmen eine reiche Wirkungsgeschichte in der Poesie-, Musik- und Kunstgeschichte.[427]

---

425 S. 26.

426 GESANGBUCH DER EVANGELISCH-REFORMIERTEN KIRCHEN der deutschsprachigen Schweiz, 1998, Nr. 599; EVANGELISCHES GESANGBUCH, Bayern/Thüringen, 1994, Nr. 482.

427 s. Teil II, Kapitel 14: »Die kulturellen Schätze heben«.

# 5 Der Vergleich: Psalmen und Psychotraumatologie

Es folgt ein Textvergleich zwischen der Psalmenexegese und den Therapiemanualen traumafokussierter Psychotherapien. Der Vergleich der Metaphorik nimmt breiten Raum ein, da es sich lohnt, genau hinzuschauen. Danach werden weitere mögliche Gemeinsamkeiten untersucht.

## 5.1 Die Metaphorik der 20 Imaginationsübungen

Metapherngeleitete Imaginationsübungen finden heute in den meisten traumafokussierten Psychotherapien und auch in traumaspezialisierten Kliniken Anwendung. Die sogenannten traumafokussierten Psychotherapien bzw. Traumatherapien sind in ihrer Ausrichtung eklektisch, das heißt, sie kombinieren Therapieverfahren und Methoden verschiedener therapeutischer Richtungen. Die Imaginationsübungen sind dabei etwas Verbindendes. Sie haben sich in den verschiedensten Traumatherapien etabliert (s. Kapitel 3.5).

So schreibt die traumaspezialisierte Helios-Klinik als Patienteninformation: »Imaginationsverfahren, also innere Phantasiebilder, Traumreisen oder Visualisierungen, haben in der heutigen Psychotherapie eine große Bedeutung erlangt. Sie helfen uns, Kontakt mit dem Unbewussten aufzunehmen, alte Verletzungen zu heilen und Entspannung zu vertiefen. [...] Imaginationen dienen dem Aufbau von Selbstfürsorge, Selbstachtsamkeit, dem Abbau innerer Spannungen, der Gefühlsregulation und dem Umgang mit wiederkehrenden Bildern früherer Traumatisierungen. Ressourcen dienen als Kraftquellen in der Traumatherapie.«[428]

Imaginationsübungen werden vorwiegend in sogenannten »schonenden Traumatherapien« eingesetzt. Aber auch in Traumakonfrontationsphasen wer-

428 HELIOS FACHKLINIKEN HILDBURGHAUSEN, Leistungen/Imagination (Zugriff am 08.03.2025).

den Imaginationsübungen zu Hilfe genommen. Die Übungen werden nicht nur bei Trauma- und Stressfolgen, sondern auch bei dissoziativen Störungen eingesetzt: »Imaginationsübungen sind in Büchern oder auch im Internet zu finden. Speziell für den Einsatz bei Patienten mit Traumafolgestörungen und dissoziativen Störungen empfehlen wir die inzwischen schon klassischen Zusammenstellungen von Luise Reddemann (2001) und Michaela Huber (2005).«[429] Denn: »Durch die von ihr [Luise Reddemann] entwickelten Imaginationsübungen werden die pathologischen Strukturen (Traumafolgen) durch neue prägende Erlebnisse und Erfahrungen allmählich modifiziert, abgeschwächt und entmachtet.«[430]

> Die Imaginationsübungen basieren jeweils auf einer konkreten Metapher, der Leitmetapher. Diese kann Titel, Ziel und Inhalt der Übung zugleich benennen.

In untenstehender Zusammenstellung werden 20 bewährte Imaginationsübungen vorgestellt, wie sie sich in traumafokussierten Psychotherapiemanualen, in Traumatherapie-Ausbildungen und in spezialisierten Kliniken durchgesetzt haben. Im Therapiegespräch werden Patientinnen und Patienten sorgfältig in die Methode der Imaginationsübungen eingeführt. Anschließend werden die Patienten mit einer konkreten Imaginationsübung bekannt gemacht. Die Übung wird unter Anleitung der Therapeutin durchgeführt und anschließend zu Hause eingeübt.

Nicht nur das Bild der Imaginationsübung selbst ist von Belang. Die Stimme der Therapeuten ist ebenso Teil derselben wie auch deren Präsenz, das Setting, die Tageszeit und Tagesform Betroffener, ihre Stimmung während der Therapiesitzung, ihr Maß an Vertrauen zu den Therapeuten und die Erinnerungsbilder an die Sitzung, in der die Bilder eingeführt wurden. Das alles trägt zu sich neuformierenden Erinnerungsbildern und neuen Körpererinnerungen bei, welche ihre hilfreich-heilsame Wirkung zunehmend entfalten können.

Lassen sich die Metaphern in den Imaginationsübungen vergleichen mit den Metaphern in den Psalmen? Um diese Frage zu beantworten, wird hier die Metaphorik von 20 bekannten Imaginationsübungen mit der Metaphorik in den Psalmen verglichen.

---

429 SACK (2010, S. 102).

430 REDDEMANN (2011/2021[11]), Buchbeschreibung auf http://www.luise-reddemann.de/publikationen/buecher/#c235 (Zugriff am 08.03.2025).

## Übung 1: Der sichere Ort

### *Der sichere Ort – Imaginationsübung in der Psychotraumatologie*

»Der sichere Ort« ist unter den Imaginationsübungen wohl die Bekannteste. Sie findet therapieschulenübergreifend breite Anwendung. Wenn später eine Traumakonfrontation erfolgt, sollen die Betroffenen zuerst ihren eigenen »sicheren Ort« kennenlernen und Zugang zu diesem imaginären Ort bekommen. Die Übung hilft in der Anfangs- und Stabilisierungsphase, aber auch im weiteren Therapieverlauf. Traumatisierte sehnen sich nach Geborgenheit, Sicherheit und innerer Ruhe als Gegenerfahrung zur erlebten Preisgabe und Erschütterung.

»Der geborgene Ort – Sicherheit und Beruhigung bei chronischem Stress«,[431] ist bei Michaela Huber, Psychotraumatologin und Ausbildnerin, gar ein Buchtitel, denn »solche Übungen können geradezu lebenswichtig sein«.[432]

In der Anleitung zur Psychodynamisch Imaginativen Traumatherapie (PITT) beginnt Luise Reddemann die Übung des inneren sicheren Ortes, nachdem sich die Patienten entspannt haben, mit den Worten: »Und nun möchte ich sie einladen, die Übung des inneren sicheren Ortes kennenzulernen. [...] Dieser Ort kann auf der Erde sein, er muss es aber durchaus nicht. Lassen Sie Gedanken oder Vorstellungen oder Bilder aufsteigen von einem Ort, an dem Sie sich ganz wohl und geborgen fühlen.«[433]

Auch in der Ego-State-Therapie wird diese Übung des sicheren Ortes genutzt, denn »Menschen mit traumatischen Erlebnissen sind meist sehr geübt in Dissoziieren. [...] [Für sie ist es] eine leichte Übung, sich einen inneren sicheren Ort zu schaffen und dorthin zu gehen.«[434] An anderer Stelle spricht Kai Fritzsche vom »Wohlfühlort«.[435]

Das »Visualisieren eines sicheren/ruhigen Ortes« gehört auch in der EMDR-Therapie unabdingbar dazu.[436] Dieser sichere Ort kann auch als Ort der Geborgenheit, des Wohlbefindens oder der Ausgeglichenheit bezeichnet werden. Der Klientin wird ans Herz gelegt, »die Übung des sicheren/ruhigen Ortes täglich durchzuführen, um ihre selbstregulierende Wirkung zu steigern. [Dabei

---

431 HUBER 2015.

432 S. 7.

433 REDDEMANN (2001/2010[15], S. 45).

434 FRITZSCHE/HARTMANN (2010/2016[3], S. 102).

435 FRITZSCHE (2021, S. 195).

436 SHAPIRO (2022[3], S. 341–343).

wird empfohlen, der Therapeut sollte der Klientin] bei der Wahl des Zufluchtsortes völlig freie Hand lassen.«[437]

Oliver Schubbe ordnet »die innere Vorstellung von einem sicheren Ort« zur Phase 2 (von insgesamt 9 Phasen) innerhalb der EMDR-Therapie, in der es vorwiegend um »Stabilisierung und Vorbereitung auf EMDR geht.«[438]

Zum imaginierten Bild des sicheren Ortes[439] gehört eine Begrenzung nach Wahl der Betroffenen, beispielsweise ein Zaun, eine Hecke o. Ä. Dies ermöglicht den Betroffenen, selbstbestimmt zu entscheiden, wer reindarf und wer draußen bleibt. An den sicheren Ort werden liebevolle Begleiter eingeladen, Tiere, Helfer oder andere Wesen, einfach Gäste, die unterstützen und Liebe geben können. Alle Sinne sollen sich wohlfühlen: Das Auge sieht nur Schönes, das Ohr hört nur Angenehmes, die Nase riecht Wohlgeruch, der Mund schmeckt Feines, die Haut fühlt sich wohl, auch die Temperatur ist gerade richtig. Es ist ein Ort der Sicherheit und des Glücks, den niemand betreten oder zerstören kann, weil er in der Vorstellung unbezwingbar ist. Es empfiehlt sich, »den inneren sicheren Ort« in der Folgezeit oft zu imaginieren, z. B. jeden Abend vor dem Schlafengehen, damit das Bild sich festigen und seine wohltuende Wirkung entfalten kann. Nur wenn das Bild verinnerlicht ist, kann es in belastenden Situationen abgerufen werden.[440]

### *Der sichere Ort – Anklänge in den Psalmen*

Psalm 91 benennt drei Mal Gott als *Zufluchtsort.* Weitere Bilder für sichere Orte werden im Psalm benannt: Gott als Schattenspender, Felsenburg, Schutzmauer, (Vogel-) Schwinge und -Flügel, Schild und Schutzmauer, Versteck – das alles sind konkrete Beispiele für Orte der Sicherheit und Geborgenheit (Ps 91.1–2.4.9). Auch Ps 69 malt Bilder sicheren Wohnens und festgebauter Städte (Ps 69,37).

Weitere variantenreiche Bilder für Orte des Schutzes finden sich beispielsweise in Ps 18,3 (ZB): *Der HERR ist mein Fels, meine Festung und mein Retter, mein Gott, mein Hort, bei dem ich Zuflucht suche, mein Schild und das Horn meiner Hilfe, meine Burg.*

»Der sichere Ort«, wie ihn die Imaginationsübungen der Psychotraumatologie vermitteln, hat stets auch mit »sicherem Wohnen« zu tun. Das »Wohnen in Sicherheit« ist ein zentrales Thema alttestamentlicher Theologie, war Israel doch stets gefährdet von den umliegenden Völkern und Großmächten. Der be-

---

437 S. 176.

438 SCHUBBE (2009³, S. 289).

439 HUBER (2015).

440 REDDEMANN (2001/2010¹⁵, S. 45–46).

rühmte Psalm 23 endet mit einem Bild, das explizit sicheres Wohnen benennt: *Und im Haus des Herrn darf ich wohnen für lange Zeit* (Ps 23,6, EÜ).

So endet auch Psalm 4 mit den Worten: *In Frieden werde ich, sobald ich liege, schlafen; denn du, HERR, lässt mich, obschon allein, in Sicherheit wohnen* (Ps 4,9, Elb).

## Übung 2: Der innere Garten

### *Der innere Garten – Imaginationsübung in der Psychotraumatologie*

»Der innere Garten« wird als Konkretion eines sicheren Ortes angeboten. Diese Vorstellung ergänzt die anderen Übungen eines Ortes der Sicherheit oder der Geborgenheit. Michaela Huber leitet in dieser Imaginationsübung dazu an, »auf eine sehr fundamentale Weise einen Zustand innerer Stabilität und Zuversicht zu erlangen, [... da] besonders eine konkrete freundliche Anregung, wie sie in der Metapher des ›inneren Gartens‹ liegt, eine gute Möglichkeit ist, eigene Imaginationen von einer friedlichen Oase tief im eigenen Inneren entstehen zu lassen«.[441] Betroffene werden angeleitet, in der Vorstellung einen Garten ganz nach eigenem Geschmack einzurichten, sich die Größe und Grenzen vorzustellen, die Farben, Gerüche und Geräusche. So wird das »Bild des Friedens« durch die Vorstellung verschiedener Details verstärkt und kann bei Bedarf – wenn Intrusionen kommen und die Gefühle des Bedroht- und Ausgeliefertseins überhandnehmen – abgerufen werden. Betroffene lernen so, sich selbst zu beruhigen und sich innerlich an einen Ort des Friedens zu begeben.

### *Der innere Garten – Anklänge in den Psalmen*

Gärten sind in vielen alten Kulturen Ausdruck und Symbol von Wohlergehen, Fülle und gelingendem Leben.

Psalm 107,35–37 beschreibt, wie die Wüste zum bewässerten Garten wird. Jesaja 58,11 und Jeremia 31,12 malen dieselben Bilder und beziehen sie auf den Menschen, der das Rechte tut, sich um andere kümmert und Gott ehrt: *Dann wirst du sein wie ein bewässerter Garten und wie eine Wasserquelle, deren Wasser nicht versiegen.*

441 HUBER (2010, S. 64).

### *Der Garten Eden und der eschatologische Garten (Paradiesgarten) im Buch Genesis und Offenbarung*

In der biblischen Überlieferung findet sich dieses Bild des schönen Gartens mit einer Umzäunung oder Umwallung als Ort der Sicherheit und des Wohlergehens bereits auf den ersten Seiten, in 1. Mose 2,8 (Elb): *Und Gott Jahwe pflanzte einen Garten in Eden* (= Wonne, Wonneland) *im Osten und er setzte dorthin den Menschen, den er gebildet hatte.* Dieses Bild wird in Offenbarung 2,7 (mit dem Begriff »Paradies«, welches in der Septuaginta für den »Garten Eden« gebraucht wird) und in Offenbarung 22,1–2 (dort allerdings indirekt) aufgenommen zur Beschreibung einer zukünftigen Welt, in der alles gut werden wird, mit einem Wasserstrom und Bäumen am Ufer, deren Blätter zur Heilung der Völker dienen und die jeden Monat Frucht tragen. Der Garten wird so vom Herkunftsbild in Genesis 2,8 zum Bild der Zukunftshoffnung in Offenbarung 2 und 22.

Wenn Michaela Huber dazu anleitet, das eigene Leben als inneren Garten zu imaginieren, so erinnert das stark an die oben beschriebenen Bilder aus den Büchern der Tora, der Psalmen und Prophetenliteratur. Ein interessantes Detail ist beim imaginierten Garten der Psychotraumatologie die explizit erwähnte Notwendigkeit einer Umzäunung des Gartens und die speziell zu imaginierende Tür, einem Einlass oder Tor, zu dem nur die Betroffene Zugang hat, denn sie besitzt den Schlüssel dazu. Mit der Umzäunung und dem Tor kommt die angeleitete Übung sehr nahe ans Bild des Garten Eden bzw. des Paradiesgartens heran.

## Übung 3: Die hilfreichen Wesen

### *Die hilfreichen Wesen – Imaginationsübung in der Psychotraumatologie*

»Zunächst geht es darum, sicher über diese guten inneren Bilder zu verfügen, wenn man in Not ist«, schreibt Luise Reddemann und stellt nach der ersten Übung des sicheren Ortes »die zweite wichtige Übung vor, nämlich die der inneren hilfreichen Wesen«.[442]. Diese hilfreichen Wesen sollen möglichst gleich an den sicheren Ort kommen, da es »[...] hilfreich ist, wenn sich dort dann liebevolle und unterstützende Wesen befinden, die einen nie im Stich lassen und gute Ratgeber sind«. [...] Für viele ist es auch »[...] dienlich, sich innere ›cheer-leader‹ vorzustellen, also Ermutiger oder ›Anfeuerer‹. [...] In der an-

442 REDDEMANN (2001/2010[15], S. 46).

strengenden Phase der Traumakonfrontation ist diese Übung sehr wesentlich, denn die Helfer können dann zur Seite stehen und trösten.«[443]

Auch Michaela Huber leitet an zur Imagination einer »freundlichen inneren Helfergestalt«.[444] Die mehrmals durchgeführte Übung hilft, das Bild einer Helfergestalt zu etablieren, die nach Hubers Beschreibung bei Bedrohung oder Einsamkeit in der Vorstellung herbeieilt oder erscheint. Vielleicht bleibt sie in der Imagination auch dauerhaft präsent.

Ganz verwandt mutet die Anleitung zur Spieltherapie in der Traumatherapie mit Kindern an. Im Spiel »[...] werden die Konflikte metaphorisch inszeniert«. Im posttraumatischen Spiel ist die aktive therapeutische Unterstützung entscheidend, und dies schließt Folgendes ein: »[...] aktive Interventionen zum Schutz und zur Stärkung von Spiel-Protagonisten bzw. Ego-State-Vertretern, vorzugsweise durch das Einführen hilfreicher und mächtiger, magischer Figuren.«[445]

### *Die hilfreichen Wesen – Anklänge in den Psalmen und weiteren biblischen Texten*

Interessant ist in der Anleitung zur Imaginationsübung der »helfenden Wesen« die explizite Aufforderung, sich unter »helfenden Wesen« keine Menschen vorzustellen. Genau das tut Ps 91,11–12: Er beschreibt Engel, die behüten auf allen Wegen, und die den angesprochenen Menschen auf Händen tragen.

Luise Reddemann konkretisiert die »helfenden Wesen« gerne mit den Begriffen »Weisheit«, »Rat« und »Stärke«. Jesaja 11,1–2 (Lut) bezeichnet den Geist Gottes mit ähnlichen Prädikaten: Als Geist der Weisheit und des Verstandes, als Geist des Rates und der Stärke sowie als der Geist der Erkenntnis. Diese Bezeichnungen finden sich auch im Neuen Testament für den Heiligen Geist: Ratgeber und Ermutiger. In Johannes 14,16 wird er Parakletos genannt: Tröster, Beistand, Fürsprecher (so auch Johannes 15,26 und 16,7).

Die Anleitung zur Imaginationsübung mit den »helfenden Wesen« findet sich bei Luise Reddemann und bei Michaela Huber. Sie geht allerdings auf Hanscarl Leuner zurück, den Begründer der Katathym-Imaginativen Psychotherapie:

> »Die heute in der Traumatherapie allgemein als ›Innere Helfer‹ bekannten und eingesetzten imaginierten Symbolgestalten wurden von Leuner bereits in den 1980er Jahren als spontan auftretende ›Innere Führer und Schrittmacher‹

443 S. 47.
444 HUBER (2015, S. 69).
445 NAUMANN-LENZEN (2008/2012², S. 186–187).

beobachtet und beschrieben. Er spricht von ›therapeutisch progressiven Gestalten‹, die ›positive, konstruktive beziehungsweise kreative Tendenzen des Ich‹ darstellen und als ›ideale Objektrepräsentanzen‹ oder ›idealisierte Leitfiguren‹ verstanden werden können. [Solche Figuren können in Tiergestalt oder menschlich-archetypischer Gestalt auftreten.]

Leuner beschreibt aber auch das Auftreten von Gestalten mit transzendentem Charakter, wie etwa eine ›Große Mutter‹, ›Jesus‹ oder ›Gott‹, und verweist auf deren unmittelbare schutzgebende, das Ich des Patienten stärkende Kraft (S. 200 f.). Eine Begegnung mit solchen Gestalten sei zumeist von starker emotionaler Ergriffenheit begleitet.«[446]

So führt die Suche nach der Herkunft dieser Übung zurück zu deren Ursprüngen, wie sie im Psalm beschrieben sind.

## Übung 4: Tresorübung

### *Tresorübung – Imaginationsübung in der Psychotraumatologie*

Bei der Tresorübung geht es darum, belastende Erinnerungen wegzupacken. Es geht darum, wieder fit für die Alltagsbewältigung zu werden und sich von bedrückenden Erinnerungsfetzen zu distanzieren. Das können innere Bilder, Filmfetzen, Flashbacks, Eindrücke, belastende Gedanken oder Körperempfindungen sein. Sie alle finden im imaginierten Tresor Platz.[447] Dort abgelegt, können sie warten, bis die Zeit zur Bearbeitung da ist (z. B. in der nächsten Therapiesitzung, oder wenn die Zeit für eine Traumakonfrontation gekommen ist). Es kann auch ein anderer Behälter sein, eine Kiste, Truhe oder Vergleichbares, einfach so, dass es für die Betroffenen passt. Beim Tresorbild hilft die Vorstellung eines Schlosses oder Verschlusses, dessen Schlüssel in der Hand der Betroffenen ist. Nicht immer gelingt dieses Wegpacken belastender Erinnerungen, doch jede kleine Veränderung ist ein wichtiger Erfolg.

### *Tresorübung – Anklänge in den Psalmen*

Die Bibel benutzt kein Tresorbild, in dem schwere Erfahrungen aufgehoben wären. Allerdings beschreibt Psalm 56,9 (Lut) das *Bild eines Kruges,* in welchem Gott die geweinten Tränen aufhebt: *Sammle meine Tränen in deinen Krug; ohne Zweifel, du zählst sie.*

---

446 CÖPPICUS LICHTSTEINER (2019, S. 62).
447 REDDEMANN (2001/2010[15], S. 51).

Auch das Bild der Hand Gottes wird mit Bergen, Bewahren und Aufbewahren assoziiert (Ps 31,5–6.16): Darin aufbewahrt sind, im Wortbild des Psalmes, das eigene Leben und die eigene Zeit.

## Übung 5: Die Baumübung

### *Die Baumübung – Imaginationsübung in der Psychotraumatologie*

In der »Baumübung« wird ein Baum visualisiert, der einem gefällt und zu dem man sich hingezogen fühlt. Der Baum steht in einer Landschaft, die in den eigenen Augen schön ist. In der Vorstellung geht die Betroffene hin zu dem Baum, nimmt Kontakt mit ihm auf, berührt seinen Stamm und seine Wurzeln und betrachtet sein Blattwerk. Wenn sie möchte, kann sie mit dem Baum verschmelzen und sich vorstellen, sie sei selbst der Baum. Die Betroffene erlebt, wie der Baum seine Wurzeln tief in den Erdboden eingräbt und von der Erde genährt wird. Sie erlebt, wie der Baum seine Blätter ausstreckt, die Sonnenstrahlen aufnimmt und das Sonnenlicht in Energie umwandelt. Sie erlebt, wie der Baum wächst, sich ausstreckt und groß wird. Zum Schluss verabschiedet sich die Betroffene vom Baum und bedankt sich bei ihm.[448] Ziel der Übung ist, ein Gefühl von Halt, Stärke und Stabilität zu erleben und herauszufinden, welche Nahrung »der Baum« braucht, das Genährt- und Getränktwerden und die Erfrischung zu imaginieren.

Die imaginative Baumübung wird meist als Körperübung angeboten. Dazu gehört die Imagination der Wurzeln, die tief ins Erdinnere eindringen, der Äste, die sich ausbreiten und einer Baumkrone, die sich weit in den Himmel streckt. Wenn solcherlei Bilder durch Körperwahrnehmung »erfahren« werden, verstärkt sich die Kraft, die vom Bild ausgeht und weitet sich aus auf das Körpererleben.

### *Die Baumübung – Anklänge in den Psalmen*

Psalm 1,3 malt das Bild eines Menschen, der wie ein kraftvoller Baum an Wasserbächen ist: *[…] der ist wie ein Baum an Wasserbächen, der seine Frucht bringt zu seiner Zeit, und seine Blätter verwelken nicht. Und was er macht, das gerätwohl.*

Dasselbe Bild malt Jeremia 17,8: *Der ist wie ein Baum, am Wasser gepflanzt, der seine Wurzeln zum Bach hinstreckt. Denn obgleich die Hitze kommt, fürchtet er sich doch nicht, sondern seine Blätter bleiben grün; und er sorgt sich nicht, wenn ein dürres Jahr kommt, sondern bringt ohne Aufhören Früchte.*

448 REDDEMANN (2001/2010[15], S. 48–50).

Psalm 92,13 malt einen grünenden Palmbaum und eine Zeder des Libanon: *Der Gerechte wird grünen wie ein Palmbaum. Er wird wachsen wie eine Zeder auf dem Libanon.* Diese beiden Bäume gehören zu den hochgewachsenen Bäumen. Der Palmbaum trägt womöglich Früchte, die Zeder liefert besonders wertvolles, widerstandsfähiges, wohlriechendes Holz. Es sind dies Bilder für Stärke und Schönheit, fürs Aufrechtstehen und Standhaftigkeit, für Wachstum und Gelingen, für Versorgung und Kraft.

## Übung 6: Eine Last ablegen, Gepäck ablegen

### *Eine Last ablegen – Imaginationsübung in der Psychotraumatologie*

»Eine Last ablegen« nennt Michaela Huber eine Imaginationsübung, in der es um »Ein[en] Ort zur Lagerung und Umwandlung deiner Lasten« geht.[449] Auch Luise Reddemanns führt diese Übung in ihrem Traumatherapiebuch auf und beschreibt sie als »Gepäck ablegen«:

> »Stellen Sie sich vor, dass Sie auf einer langen Wanderschaft sind und mit viel Gepäck beladen [...] Auf dieser langen Wanderschaft gelangen Sie zu einem Hochplateau, also zu einer Gegend, die flach, aber bereits in der Höhe ist. Und [...] Sie können ein wenig verschnaufen [...] Und in der Ferne sehen Sie etwas Helles, wie ein Licht. Sie fühlen sich davon angezogen und gehen dorthin [...] Und Sie gelangen zu einem Platz, der in ein warmes, helles Licht getaucht ist. Dort entdecken Sie vielleicht ein Gebäude, das einem Tempel ähnelt, vielleicht Bäume oder eine Grotte, was auch immer Ihnen zusagt [...] Und Sie spüren, dass Sie jetzt verweilen und Ihr Gepäck ablegen möchten. Und Sie legen Ihr Gepäck an den Rand des hellen Platzes [...] Sie halten Ausschau nach einer Möglichkeit, sich hinzusetzen, sich auszuruhen. Und Sie finden auch etwas Passendes. Sie lassen dieses helle Licht auf sich wirken und spüren, wie Ihnen ganz warm wird und Sie sich wohl fühlen, sich leicht fühlen [...] Auf einmal bemerken Sie, dass ein freundliches, helles Wesen auf Sie zukommt, Sie freundlich anlächelt und Ihnen ein Geschenk gibt. [...] Und Sie werden mit etwas beschenkt, das Sie für Ihr Problem, das Sie im Moment haben, brauchen können, das Ihnen Hilfe gibt. [...] Vielleicht ist es ein symbolisches Geschenk [...] Wenn Sie möchten, bedanken Sie sich [...] Und so nach und nach beschließen Sie, dass Sie wieder zu Ihrem Gepäck gehen möchten, sie diesen Platz verlassen möchten [...] Überlegen Sie, was Sie von Ihrem Gepäck jetzt auf Ihrem weiteren Weg noch mit-

449 HUBER (2015, S. 43 und 49).

> nehmen möchten, was Sie noch brauchen. Vielleicht gibt es Dinge, die Sie nicht mehr brauchen […] Und dann setzten Sie mit dem Gepäck, das Sie jetzt noch brauchen, Ihre Wanderung fort […] Kehren sie dann mit der Aufmerksamkeit zurück in den Raum […].«[450]

Patientinnen und Patienten wird bei dieser Übung oft bewusst, dass sie ihr Gepäck zwar als Last empfinden, sich aber trotzdem noch nicht davon befreien können.

### *Eine Last ablegen, Gepäck ablegen – Anklänge in den Psalmen*

Die von Huber und Reddemann vorgeschlagenen Imaginationsübungen des Lastenablegens kommen dem Geschehen in Psalm 55,23 sehr nahe. *Wirf deine Last auf den Herrn, er wird dich versorgen.* Auch die Worte in Psalm 68,20 (Elb) malen dasselbe Bild des Lastenablegens oder Lastenloslassens: *Gepriesen sei der Herr. […] Er trägt für uns Last.*

## Übung 7: Fünf Päckchen ablegen

### *Fünf Päckchen ablegen – Imaginationsübung in der Psychotraumatologie*

Eine ähnliche Übung findet sich in Hubers früherem Buch. Sie beschreibt eine Übung, wie Betroffene abends den Tag an sich vorbeiziehen lassen können und dann in der Imagination »fünf Päckchen ablegen«. Diese werden in fünf imaginativ bereitgestellte Behälter gelegt, die sich auch verschließen lassen, bis man das Problem bearbeiten möchte. In die fünf Töpfe oder Behälter kommen:

- »Das derzeit größte Problem mit sich selbst
- Das größte Problem aus der Vergangenheit
- Das größte Problem in derzeitigen Beziehungen
- Die größte Zukunftssorge
- Alles, was Sie sonst noch loswerden möchten. […] Das können auch Bilder oder Gerüche oder Körperempfindungen […] sein.«[451]

Die Päckchen stehen also für Probleme, Erinnerungen, Ängste und Sorgen sowie die verschiedenen Erlebensdimensionen (körperlich, sensorisch, emotional).

---

450 REDDEMANN (2001/2010[15], S. 50–51).
451 HUBER (2010, S. 47–49).

### *Fünf Päckchen ablegen – Anklänge in den Psalmen*

In Psalm 103,3 heißt es: *Der dir all deine Sünde vergibt und heilt alle deine Gebrechen, der dein Leben vom Verderben erlöst und dich krönt mit Gnade und Erbarmen.* Die in Psalm 103 erwähnten Sünden, Gebrechen, das Verderben, Gnadenlosigkeit und Erbarmungslosigkeit könnten auch als fünf Lasten bezeichnet werden, die durch Gottes Handeln abgenommen und ersetzt werden.

Im Petrusbrief ist Gott der direkte Adressat für die Sorgen und »Päckchen«: *Alle eure Sorgen werft auf ihn, denn er sorgt für euch* (1 Petr 5,7).

Gemeinsam ist der Metaphorik der Imaginationsübungen und der Metaphorik des Neuen Testaments das Aktivwerden des Menschen: Er legt die Sorgen ab, er wirft sie hin. In der biblischen Sprache übergibt er sie Gott, in der Sprache der Psychotraumatologie legt er sie in Töpfe.

## Übung 8: Hindernisse auf meinem Weg (verstehen und) überwinden

### *Hindernisse auf meinem Weg (verstehen und) überwinden – Imaginationsübung in der Psychotraumatologie*

Michaela Huber lädt ihre Patienten »auf dem Weg« ein, »sich ein Problem vorzunehmen, das Sie lösen möchten«. Sie ermutigt Betroffene, das Problem mit einem Stichwort zu versehen und auch das Ziel mit einem Stichwort zu bezeichnen. Auf einem Blatt Papier werden Problem und Ziel visualisiert. Dann bittet sie Betroffene, Meilensteine auf dem Weg zum Ziel zu markieren. Nach der Bezeichnung der Ziele mit konkreten Meilensteinen bespricht Huber den Umgang mit möglichen Hindernissen auf dem Weg.[452] In der Imagination werden diese überwunden, und so rückt das Ziel Schritt für Schritt näher.

### *Hindernisse auf meinem Weg verstehen und überwinden – Anklänge in den Psalmen*

Psalm 91,11 spricht von Engeln, die vor Stolpersteinen und Stürzen bewahren. Psalm 18,30 beschreibt einen Menschen, der im Sprung Hindernisse und Mauern überwindet: *Mit meinem Gott kann ich über Mauern springen.* Es ist ein Bild für Selbstkompetenz, Selbstwirksamkeit und Tatkraft.

---

452 HUBER (2010, S. 54–56).

## Übung 9: Der Wegcharakter bei der (Lebensbewältigung und) Traumabewältigung

### *Der Wegcharakter bei der (Lebensbewältigung und) Traumabewältigung – Imaginationsübung in der Psychotraumatologie*

Traumabewältigung heißt, lange Wege gehen. Hubers Traumabewältigung als Wegbeschreibung im obigen Beispiel »Hindernisse auf meinem Weg verstehen und überwinden« nimmt die Wegmetaphorik auf, damit Betroffene eine hilfreiche Einstellung etablieren können. Auch Reddemanns Bücher für Traumabetroffene »Eine Reise von tausend Meilen beginnt mit dem ersten Schritt«[453] sowie »Der Weg entsteht unter deinen Füßen«[454] nehmen die Wegmetaphorik auf.

### *Der Wegcharakter – Anklänge in den Psalmen*

Die Wegmetapher kommt in Psalm 91 mehrmals vor, auch implizit, wenn die Rede von den Steinen auf dem Weg ist, von Wegbegleitern oder vom Schreiten über Löwen und Vipern.

Psalm 37,5 (Lut) ist zu einem beliebten Vers als Lebensbegleiter geworden: *Befiehl dem Herrn deine Wege und hoffe auf ihn, er wird's wohl machen.* Die Wegmetaphorik lässt sich beliebig füllen und ergänzen, mit Tälern und Schluchten, Höhenwegen und Gipfelerlebnissen. Die Wegmetaphorik dient in der Bibel, im Alltag und auch in der Psychotraumatologie als Lebensbeschreibungs- und Lebensbewältigungsbild.

## Übung 10: Eine Mauer hinter sich bauen

### *Eine Mauer hinter sich bauen – Imaginationsübung in der Psychotraumatologie*

In der Imagination bauen Betroffene eine Mauer hinter sich auf, das heißt zwischen dem heutigen Leben und der Vergangenheit mit ihren belastenden Erinnerungen. Das Ziel der Übung ist es, sich besser von überflutenden Emotionen distanzieren zu können und so Flashbacks möglichst zu verhindern oder

453 REDDEMANN (2004/2009/2010[5]).
454 REDDEMANN/WETZEL (2011).

einzudämmen. Die Vorstellung, eine starke, unbezwingbare Mauer hinter sich zu bauen, hilft außerdem, Stabilität und innere Festigkeit aufzubauen.[455]

### *Eine Mauer hinter sich bauen – Anklänge in den Psalmen*

Der Psalmbeter aus Psalm 91 und Psalm 18 birgt sich in den Bildern göttlichen Schutzes wie: hinter einem *lebensrettenden Kriegsschild* oder einer *trutzigen Schutzmauer*, hinter denen er Schutz und Zuflucht findet.

In der Imaginationsübung der Psychotraumatologie werden Betroffene angeleitet, selbst eine Schutzmauer hinter sich zu bauen als Schutz vor feindlichen Angriffen. Die schützende Kraft der Mauer ähnelt aber der trutzigen Schutzmauer oder den festgebauten Städten aus den Psalmtexten.

## Übung 11: Das Ressourcenteam

### *Das Ressourcenteam – Imaginationsübung in der Psychotraumatologie*

Für die Bewältigung von Trauma- und Stressfolgen oder von verlängerter Trauer schlägt Michaela Huber die Ressourcenteam-Übung vor. In der Vorstellung wird ein inneres Team aufgebaut, das sich aus Erinnerungen speist:

Das erste Teammitglied ist ein Selbstanteil, der schon einmal eine solche fast übergroße Aufgabe bewältigt hat. Auch der weise Mensch, der man später selbst sein wird, kann ein Teammitglied sein. Weiterhin können Figuren aus Geschichten oder Romanen, historische Persönlichkeiten oder Personen des öffentlichen Lebens im Ressourcenteam auftreten. Auch Tiere können Teammitglieder sein. »Anschliessend kann jede dieser Figuren oder Innenanteile der Alltagsperson einen ermutigenden Satz sagen.«[456] Das Ressourcenteam wird zum Begleitteam: Das ganze Team oder aber ein prominenter Teamplayer kann in herausfordernden Situationen der Alltagsbewältigung zu Hilfe geholt werden. So stärkt diese Imagination den Mut und das Selbstvertrauen Betroffener und hilft ihnen, Herausforderungen anzupacken.[457]

---

455 Helios Fachkliniken Hildburghausen, https://www.helios-gesundheit.de/standorte-angebote/kliniken/hildburghausen/fachbereiche/psychotherapie-krisenintervention/#accordion-2b4d85eb85-item-484786b469. Die Übung ist aufgeführt unter den *Stichworten* »Krankheitsbilder« – »Leistungen« – »Imagination« (Zugriff am 08.03.2025).

456 HUBER (2011, S. 173–174).

457 HUBER (2010, S. 95–98).

### *Das Ressourcenteam – Anklänge in den Psalmen*

Es hilft, zu unterscheiden zwischen einem äußeren Team, beispielsweise Figuren aus Geschichten und Romanen oder historische Persönlichkeiten, die einen beeindrucken, und einem inneren Team (verschiedene Selbstanteile), wie beispielsweise einen Selbstanteil, der schon mal etwas Ähnliches bewältigt hat, oder die eigene Person in späterer Weisheit und Reife.

Will man das bei Michaela Huber imaginierte äußere Ressourcenteam mit der biblischen Metaphorik vergleichen, so fallen Seelsorgenden vielleicht – neben historischen Persönlichkeiten – noch andere Gestalten ein: biblische Gestalten oder Glaubensvorbilder (mit einer gewissen Präsenz, gemäß Hebr 12,1). Die Psalmenmetaphorik nennt tatsächlich auch »Ressourcenteams«, wie die Gemeinschaft der Gott-Suchenden (Ps 69,7.33) und Gott-Liebenden (Ps 69,37) oder die Erben-Gemeinschaft (Ps 69,36–37). Sie benennt die Engel (Ps 91,11–12) und Gott selbst (Ps 91,15), als mögliche Mitglieder eines Ressourcenteams, die dem Menschen beistehen in Not.

Auch zu dem inneren Ressourcenteam gibt es Parallelen in den Psalmen (s. Teil I, Kapitel 5.4, »Die Arbeit mit verschiedenen Selbstanteilen«). So weisen das imaginierte Ressourcenteam der Imaginationsübungen und die Teams und Gruppen in den Psalmen Ähnlichkeiten und Verwandtschaften auf.

## Übung 12: Sich in Gelassenheit und liebevoller Güte üben

### *Sich in Gelassenheit und liebevoller Güte üben – Imaginationsübung in der Psychotraumatologie*

Michaela Huber schreibt, eine der besten Antworten auf Stress sei es, »sich in Gelassenheit und liebevoller Güte zu üben«,[458] und bietet eine Übung dazu an. Zur Überschrift der Übung gehört noch der Zusatz »die beste Antwort auf Stress«. Karin Wolf nennt diese Übung »Liebevolle Güte für sich und andere« und erklärt sie als Meditationspraxis mit dem Ziel, »sich selbst so zu behandeln, wie man einen guten Freund behandelt: freundlich, gütig, wohlwollend und mitfühlend«. Karin Wolf bezeichnet die Übung als Achtsamkeitsübung und Metta-Meditation, die aus dem Buddhismus kommt. Dazu gibt sie die folgende Meditationsanleitung:

---

458 HUBER (2015, S. 87).

»Nimm eine bequeme, aufrechte Haltung ein, sodass der Atem frei fließen kann – lass Gesicht, Kiefer, Schultern und den Rest des Körpers ganz locker – nimm wahr, wo Du Deine Atmung momentan gut spüren kannst (im Bauch, im Brustbereich, an der Nasenspitze ...) – konzentriere Dich auf einen dieser Bereiche und beobachte Dich selbst beim Atmen – Atemzug für Atemzug – wenn sich Gedanken, Gefühle oder Körperempfindungen dazwischenschieben (was völlig normal ist), dann registriere das freundlich und wertfrei und kehre wieder zu Deiner Atembeobachtung zurück – bleib so für ca. fünf bis zehn Atemzüge und spreche dann innerlich folgende Sätze oder Wünsche:

Möge ich glücklich und zufrieden sein.
Möge ich in Sicherheit leben.
Möge ich in Wohlstand und Freude leben.
Möge ich gesund sein [...]«[459]

Die Anleitung, sich in Gelassenheit und liebevoller Güte zu üben, beginnt also mit einer Entspannungsübung, in der sich der Fokus auf den Körper, speziell auf den Atem richtet. Danach folgen wohltuende Sätze positiven Inhalts in Form von Wünschen, die sich erfüllen mögen. Durch die körperliche Entspannung und den Selbstzuspruch vertiefen sich die angenehmen inneren Bilder.

### *Sich in Gelassenheit und liebevoller Güte üben – Anklänge in den Psalmen*

Michaela Huber empfiehlt, »sich in Gelassenheit und liebevoller Güte zu üben« als bestes Mittel gegen inneren Stress. Die Psalmen 69 und 91 zeigen das Wesen eines Gottes, der voll liebevoller Güte ist: *Gott, in der Fülle deiner Güte/Liebe*[460] *erhöre mich* (Ps 69,14)! *Erhöre mich, Jahwe, denn deine Güte/Liebe ist gut* (Ps 69.17). In Psalm 136 steht 26-mal geschrieben, als Kehrvers nach jeder Zeile: *Denn seine Güte/Liebe währt ewiglich!*

In der Psalmenmetaphorik ist Gott selbst Wesen und Quelle dieser liebevollen Güte. Im Anschauen dieses Wesens und dieser Quelle der liebevollen Güte wird der Mensch »nach und nach verwandelt in sein Bild« (2 Kor 3,18). Die Metaphorik der liebevollen Güte aber ist dieselbe.

459 WOLF, Karin, Die Metta-Meditation. Liebevolle Güte für sich und andere, https://mehr-entspannung.de/achtsamkeitsuebung-metta-meditation-der-liebenden-gute/ (Zugriff am 31.01.2025).

460 Hebräisch: *ḥæsæd,* so auch in den folgenden zwei Beispielen.

## Übung 13: Altersprogression als Zukunftsorientierung

### *Altersprogression als Zukunftsorientierung – Imaginationsübung (in der Ego-State-Therapie)*

Die hypnotherapeutisch geprägte Ego-State-Therapie arbeitet mit den beiden Übungen der sogenannten Altersregression und Altersprogression. Als Altersregression wird das zeitliche »Zurückgehen« bezeichnet: »Ein Gespräch über frühere positive Erlebnisse stellt bereits einen einfachen Zugang dar.«[461] Dies ist die Variante einer positiven Alters*regression.* Die Alters*progression* meint in der Ego-State-Therapie ein zeitliches Vorwärtsgehen, also eine Imagination der Zukunft. Durch diese »Zukunftsorientierung [...] können Erlebnisweisen aus einer Zeit einbezogen werden, in der die Patientinnen die gegenwärtigen Schwierigkeiten überwunden haben. [...] Eine nichthypnotische Variante ist das Schreiben eines Briefes aus der Zukunft.«[462]

Luise Reddemann nennt die Übung »Dem ganz alten Menschen, der man sein wird, begegnen«.[463] Michaela Huber nennt eine vergleichbare Übung schlicht: »Was könnte aus uns werden?«[464] Die Übung will dabei helfen, neue Zukunfts- und Lebensperspektiven zu entwickeln. Dazu werden Bilder einer Zukunft imaginiert, die lohnen und anziehend sind.

### *Altersprogression als Zukunftsorientierung – Anklänge in den Psalmen*

Psalm 69,36–37 spricht von einer bevorstehenden Erbschaft und einem zukünftigen Wohnen in Sicherheit. Stärkere Assoziationen zur »Altersprogression als Zukunftsorientierung« bietet Jesaja 46,4: *Auch bis in euer Alter bin ich derselbe, und ich will euch tragen, bis ihr grau werdet. Ich habe es getan. Ich will heben und tragen und erretten.*

Eine vergleichbare Zukunftshoffnung eröffnet Psalm 23,6 (Lut): *Gutes und Barmherzigkeit werden mir folgen mein Leben lang, und ich werde bleiben im Hause des Herrn immerdar.*

---

461 FRITZSCHE/HARTMANN (2010/2016³, S. 103).

462 S. 104.

463 REDDEMANN (2001/2010¹⁵, S. 168).

464 HUBER (2015, S. 51).

## Übung 14: Glücksübung

### *Glücksübung – Imaginationsübung in der Psychotraumatologie*

Die Glücksübung besteht darin, eine Erinnerung mit Glücksempfinden abzurufen. Das kann eine glückliche Situation, ein fröhliches Bild, ein freudvolles Ereignis oder auch nur ein glücklicher Augenblick sein. Dieses Glückserleben wird im Detail visualisiert, präzisiert, versuchsweise zeitlich ausgedehnt und dadurch gleichsam »vergrößert«. Die Details helfen, das Bild sozusagen zu »verankern«. Beispielsweise lässt sich eine Lebenslinie imaginieren, auf der dieses Erlebnis wie ein Glückspunkt erscheint. Bei längerem Hinsehen entdeckt der Betrachter weitere Glückspunkte, die in der Vorstellung wachsen und sich vermehren können. Der Betroffene stellt sich vor, über diesen Glückspunkten, die Lichtpunkten gleich sind, zu schweben. So vergrößert sich sein momentanes Empfinden, er kann sich in der Imagination mit ihnen verbinden, sodass sein Glücksempfinden wächst. Am Schluss überlegt er, welche Farbe er mit diesem Glücksempfinden verbindet und sucht sich anschließend einen Gegenstand in dieser Farbe, der ihn daran erinnert. Wenn möglich, kann er diesen Gegenstand mit sich tragen, das verstärkt die Auswirkungen der Glückserinnerung.[465]

### *Glücksübung – Anklänge in den Psalmen*

In Psalm 103,2 singt der Psalmbeter: *»Lobe den Herrn, meine Seele und vergiss nicht, was er dir Gutes getan hat.«* Reddemanns Imaginationsübung mit der Vorstellung von Glücksmomenten als »Lichtpunkte« hilft, sich an Glücksmomente zu erinnern, sie zu präzisieren, zu verstärken sowie deren Vielzahl wahrzunehmen. Die Psalmworte aus Psalm 103, die die Wohltaten Gottes aufzählen, gehen in eine vergleichbare Richtung. Die eigene Seele wird aufgefordert, sich das Gute zu vergegenwärtigen! Wohltaten und schöne Erinnerungen werden gewürdigt und angeschaut, ihnen wird Raum gegeben, sie werden »vergegenwärtigt« und so in die stressvolle Gegenwart geholt.

465 REDDEMANN (2001/2010[15], S. 53–54).

## Übung 15: Mit sich selbst Frieden schließen

### *Mit sich selbst Frieden schließen – Imaginationsübung in der Psychotraumatologie*

Diese Übung wird durch eine vorausgehende Aufgabe eingeleitet. Betroffene werden gebeten, auf ihren Umgang mit sich selbst zu achten, sowohl in Gedanken wie auch in Selbstgesprächen. Wenn sie etwas Nettes, Aufbauendes, Hilfreiches zu sich sagen, machen sie auf einem Notizblatt links jeweils einen Strich. Wenn sie etwas Abwertendes, Unhöfliches oder Entmutigendes zu sich selbst sagen, machen sie auf dem Notizblatt rechts jeweils einen Strich. Nach einer Woche vergleichen sie ihre Liste. In der Regel gibt es auf der rechten Seite bedeutend mehr Striche – das ergibt ein Bild von Worten und Gedanken, die zu Waffen gegen sich selbst geworden sind, fast wie in einem inneren Krieg gegen sich.

In einer anschließenden Imagination wird die Klientin angeleitet, sich an eine Situation in ihrem Leben zu erinnern, in der sie ganz eins mit sich selbst war, ganz im Frieden mit sich selbst. Sie malt sich diese Szene mit Details und den dazugehörenden Gefühlen aus. Dann erinnert sie sich an eine Szene, die von Selbstvorwürfen oder Unfrieden geprägt war. Der friedvolle Selbstanteil geht daraufhin zu dem verurteilenden Selbstanteil hin und »nimmt mit ihm einen freundlichen, liebevollen, akzeptierenden Kontakt auf, durch Worte oder Berührungen«.[466] Anschließend nimmt die Betroffene in der Vorstellung beide Selbstanteile in ihr Herz hinein, denn sie gehören beide zu ihr. Als Ergänzung stellt sich die Klientin vor, von einem Licht eingehüllt zu werden und kommt zum Schluss wieder zurück in den Raum.

### *Mit sich selbst Frieden schließen – Anklänge in den Psalmen*

Luise Reddemann arbeitet bei der Übung mit zwei inneren Anteilen der Betroffenen. Die Ermutigung zum Friedenschließen und die Verheißung von Frieden finden sich in Bibel und Psalmen stets von neuem, so auch in Psalm 34 und Psalm 147: *Suche Frieden!* (Ps 34,15). *Er schafft deinen Grenzen Frieden* (Ps 147,14).

Die Psychotraumatologie beschreibt die Arbeit mit Selbstanteilen. Die beiden oben zitierten Psalmverse können einen solchen inneren Friedensschluss unterstützen. Wenn Gott in Psalm 147 als Friedensstifter vorgestellt wird, so könnte damit gemeint sein: »Gott steht in der Friedensarbeit gnädig-zugewandt

466 S. 55.

an deiner Seite, denn er kennt deine Grenzen. Seine friedenstiftende Kraft bewältigt alle Selbstüberforderung beim inneren Friedensschluss.«

## Übung 16: Das klärende Bad

### *Das klärende Bad – Imaginationsübung in der Psychotraumatologie*

Michaela Huber führt Betroffene in der Übung »Das klärende Bad« in der Imagination an einen Fluss, einen See oder ein Meer. Sie bittet die Betroffenen, sich langsam dem Ufer anzunähern und dann ins Wasser reinzugehen, sich allmählich mit den Füßen abzustoßen und vom Wasser tragen zu lassen. Alles, was angenehm ist, sollen sie dabei wahrnehmen. »Und wenn es sich ganz angenehm anfühlt auf oder im Wasser – vielleicht ist es ja auch ein heilendes, klärendes Wasser, – dann können Sie vielleicht spüren, wie es alles abspült, was Sie an Staub und Schweiß und Schlacke und Spannungen hatten, vielleicht können Sie spüren, wie sich Ihr Körper erfrischt und entspannt im Wasser anfühlt, und möglicherweise erleichtert es Sie und macht Sie froh und gelassen.« Zum Schluss der Übung können sich die Betroffenen »nochmals umdrehen zum Wasser, vielleicht mit Dankbarkeit oder Staunen«,[467] um dann wieder in den Raum zurückzukehren in dem Wissen, dass sie jederzeit wieder zu diesem Wasser kommen dürfen.

### *Das klärende Bad – Anklänge in den Psalmen (und im Neuen Testament, speziell im Sakrament der Taufe)*

Zur Entstehungszeit der Psalmtexte galt *das Abwaschen* als konkretes Abwaschen von Staub und Schmutz vor kultischen Handlungen. Später wurde es zur Metapher für das Reinwerden vor Gott und vor sich selbst: *Wasche mich rein von meiner Missetat und reinige mich von meiner Sünde,* heißt es in Psalm 51,4, und wiederholt in Vers 9: *Wasch mich, dann werde ich weißer als Schnee.*

Das Wasser, das Untertauchen, das Reinigende und Klärende des Wassers begegnen auch im Akt der Taufe. »Das klärende Bad« benutzt die gleiche Metaphorik wie die Taufe (Apg 22,16: »Was zögerst du? Steh auf, lass dich taufen und deine Sünden *abwaschen.*«). Ursprünglich wurde die Taufe ja durch Untertauchen im Wasser vollzogen, und etymologisch stammt das Wort Taufe von »Tauchen« ab. Der Ursprung der christlichen Taufe ist die *Mikwe,* das jüdische Tauchbad zur Erlangung ritueller Reinheit. So wurde der Psalmvers *»Alle deine*

---

467 HUBER (2010, S. 102–104).

*Wogen und Wellen sind über mich hingegangen«* (Ps 42,8) auch als Bild für die Taufe verstanden.

Wenn Michaela Huber Patientinnen und Patienten in der Imagination an einen Fluss, See oder ans Meer führt, damit sie dort die klärende, reinigende Wirkung des Wassers erleben, so erinnert das sehr stark an den Taufakt und an rituelle Waschungen, wie sie in den Psalmversen beschrieben sind (Ps 51,4: *Wasche mich völlig von meiner Schuld, und reinige mich von meiner Sünde,* und Ps 51,9: *Entsündige mich mit Ysop, und ich werde rein sein; wasche mich, und ich werde weißer sein als Schnee).* Es ist dieselbe Metaphorik.

## Übung 17: Licht-Übung (Lichtstrom-Übung)

### *Licht-Übung (Lichtstrom-Übung) – Imaginationsübung in der Psychotraumatologie*

Ziel der Licht-Übung ist gemäß Beschreibungen der Helios-Kliniken: »Geborgenheit, Wohlfühlen, Ruhe, Heilung, Entspannung, Schmerzreduktion, Selbsttröstung und das Auftanken von Kraftreserven.«[468]

Michaela Huber nennt ihre Übung »Zum Licht!« und spricht vom »Beschützerlicht und Geborgenheitslicht«.[469] Huber fasst die »Reinigungs-, Klärungs- und Licht-Übungen« zusammen und spezifiziert sie als »langsame, ganzheitliche Körperübungsverfahren [die dabei helfen,] mentale Stärke wiederzugewinnen und sich zu zentrieren«.[470]

Luise Reddemann hat die Licht-Übung als Mitgefühlsübung betitelt. Sie lädt Betroffene ein, sich ein Licht in ihrem Herzen vorzustellen, das mit seiner Helligkeit und Wärme zunächst den Brustraum und dann den ganzen Körper erfüllt und schließlich einen Lichtkreis um sie herum bildet. In diesen Lichtkreis werden wiederum verschiedene Ich-Anteile bzw. Kind-Anteile eingeladen.[471]

Ulrike Ludwig beginnt die Licht-Übung mit der Anleitung zu einer ruhigen, annehmenden Wahrnehmung des eigenen Körpers. Auch die Wahrnehmung körperlicher Missempfindungen gehört dazu. Sie fährt fort: »Stellen Sie sich jetzt bitte vor, es befände sich eine positive (heilige?) Licht-/Energiequelle

---

468 Helios Fachkliniken Hildburghausen, https://www.helios-gesundheit.de/standorte-angebote/kliniken/hildburghausen/fachbereiche/psychotherapie-krisenintervention/#accordion-2b4d85eb85-item-484786b469. Die Übung ist aufgeführt unter den Stichworten »Krankheitsbilder« – »Leistungen« – »Imagination« (Zugriff am 08.03.2025).

469 HUBER (2015, S. 65–68).

470 HUBER (2010, S. 104).

471 REDDEMANN (2001/2010[15], S. 56–57).

oberhalb Ihres Kopfes. Es ist ein Licht der Liebe, Güte, Klarheit und Weisheit. Aus dieser Lichtquelle strömt ein angenehmes Licht in einer Farbe Ihrer Wahl, die Sie mit Wohlbefinden, Heilung, Schmerzlinderung in Verbindung bringen. Lassen Sie dieses Licht nach und nach Ihren Körper umfließen und einhüllen.« Anschließend wird in der Imagination dieses Licht, beginnend mit dem Scheitel, als durch den ganzen Körper fließend und alles liebevoll umströmend imaginiert, bis es »die letzte Zelle mit Liebe, Güte, Klarheit und Weisheit anfüllt. Vielleicht fangen Ihre Zellen an, liebevoll zu lächeln.« Negativ Empfundenes wird dabei fortgespült, an den Boden abgegeben und dort transformiert. Den Patienten wird empfohlen: »Nutzen Sie diese heilende Lichtquelle in nächster Zeit in Form dieser Übung so oft wie Sie mögen oder Missempfindungen in Ihrem Körper auftreten.«[472]

Sabine Koch spricht gleichermaßen vom imaginierten Licht oder Lichtstrahl in einer Farbe, die Betroffene mit Heilung verbinden. Er fällt ein und »fließt in den Körper und breitet sich aus […] und verbreitet seine belebende, heilende und beruhigende Wirkung auf jede Zelle, auf die Muskeln, auf die Knochen, auf die Nerven, auf alle inneren Organe, auf die Haut. [… Immer mehr von diesem heilenden Licht …] fließt wie von selbst durch den Körper, es durchflutet ihn und versetzt ihn in kleine angenehme Schwingungen.«[473]

Francine Shapiro nennt die Übung »Lichtstrom-Technik«. Sie empfiehlt, diese Technik im Rahmen einer EMDR-Therapie anzuwenden und schreibt ihr ein hohes Heilungspotenzial zu. Shapiro lädt Betroffene ein, ein Licht in den Farben zu imaginieren, welche die Betroffenen als heilsam erleben. In der Imagination tritt dieses Licht von oben, vom Scheitel her, in den Körper ein und füllt ihn ganz aus, bis er unten durch die Füße wieder ausfließt.[474]

### *Licht- und Lichtstrom-Übung – Anklänge in den Psalmen (und in der Kirchengeschichte)*

Wenn Patientinnen und Patienten bei der imaginativen Lichtstrom-Übung gebeten werden, sich eine positive, vielleicht heilige Lichtquelle vorzustellen, die voller Liebe, Güte, Klarheit und Weisheit ist, so hat das Parallelen zur Psalmenmetaphorik, ja, es ist deren Sprache:

---

472 LUDWIG, Ulrike, Imaginationsübungen – Tipps und Tricks, https://www.ludwig-ulrike.de/fileadmin/Ulrike-Ludwig/Dokumente/imaginationsuebungen_tipps_und_tricks.pdf, S. 13–14 (Zugriff am 31.01.2025).

473 KOCH, Sabine, www.refugee-trauma.help/fileadmin/downloads/pdf/selbsthilfeuebungen/deutsch/selbsthilfeuebungen-deutsch-lichtuebung.pdf (Zugriff am 27.01.2025).

474 SHAPIRO (2022$^3$, S. 346–348).

*Licht breitet sich aus über den Gerechten* (Ps 97,11, Lut). *Den Aufrichtigen strahlt Licht auf in der Finsternis* (Ps 112,4, Lut). *Der Herr ist mein Licht und mein Heil – vor wem sollte ich mich fürchten?* (Ps 27,1, Lut) *Sende dein Licht und deine Wahrheit* (Ps 43,3, Lut). *Herr, mein Gott, [...] du bist schön und prächtig geschmückt. Licht ist dein Kleid, das du anhast* (Ps 104,1–2, Lutherübersetzung von 1912).

Nicht unerwähnt bleiben darf die Erfahrung der Mystikerinnen und Mystiker aller Zeiten. Die mittelalterliche Mystikerin Mechthild von Magdeburg (1207–1282) hat ihre Visionen beschrieben, die heute herausgegeben werden unter dem Titel »Das fließende Licht der Gottheit«.[475]

Psalmbeter und -beterinnen aller Zeiten erbeten das göttliche Licht oder werden von ihm komplett überrascht. Das Licht hat diesen Geschenkcharakter; Menschen sind dem göttlichen Licht gegenüber Empfangende – darin könnte ein Unterschied zur Lichtstrom-Übung liegen. Wer sich allerdings in der Übung auf Gott ausrichtet, vor ihm zum Empfangenden wird und die Übung selbst als Gebet oder Kontemplation versteht, dürfte sich nahe an den Erlebnisinhalten der Psalmverse befinden.

Mit dem Hinweis auf eine möglicherweise heilige Lichtquelle bekommt die Imaginationsübung der Psychotraumatologie spirituellen Charakter bzw. den Charakter der Psalmentheologie und der christlichen Mystikerinnen und Mystiker.

## Übung 18: Das Drachentötermodell

### *Das Drachentötermodell – Imaginationsübung in der Psychotraumatologie*

Eine Imaginationsübung in der Psychotraumatologie nennt sich »Drachentötermodell«. Dabei geht es um die Arbeit mit sogenannten Täterintrojekten, also Selbstanteilen, die demütigen, kritisieren und vernichten.

In der Drachentöter-Übung geht es darum, »dass das Ich von heute sich von diesem ›inneren Drachen‹, von diesem ›inneren Feind‹ imaginativ befreit. Das Modell dazu sind Märchen und Mythen, in denen ein ganz und gar böses Wesen getötet wird.«[476] Später – einige Jahre nach der Einführung dieser Übung – kam Luise Reddemann zu der Überzeugung, es wäre besser, den Drachen zu verwandeln oder einen Schatz finden zu lassen, den dieser hütet. Zu Beginn der Übung bittet sie die Patienten, dem inneren Täter eine Gestalt

475 VON MAGDEBURG (2010).
476 REDDEMANN (2011/2014$^{8}$, S. 187).

zu geben. Dabei werden Gestalten wie »Drachen« oder »Schurken« genannt. Während der Übung sollen genügend »gute, liebevolle Wesen« dabei sein (auf einer »inneren Bühne«, wie sie genannt wird), die helfend eingreifen oder die Patienten unterstützen: »Klären Sie, ob und welche Helfer die Patientin in der Auseinandersetzung mit ›dem Drachen‹ braucht. Helfen Sie der Patientin dabei, einen Weg zu finden, ›den Drachen‹ (oder was auch immer) unschädlich zu machen. Das kann auch verbannen, zu Stein werden lassen oder in einen Helfer verwandeln bedeuten. [Reddemann schreibt weiterhin:] Meine Erfahrung ist, dass es für manche Patienten sehr hilfreich ist, sich imaginativ auf das Drachentöten oder ähnliche Bilder einzulassen. Sie fühlen sich anschließend wie befreit.«[477]

### *Das Drachentötermodell – Anklänge in den Psalmen*

Der Bildinhalt des Drachentötermodells ist dem Bild in Psalm 91,13 (Lut) sehr nahe: *Über Löwen und Ottern wirst du gehen und junge Löwen und Drachen niedertreten.*

Es geht in der Imagination um das Erleben eigener Mächtigkeit, wiedererlangter Tatkraft und proaktiver Handlungsweisen. Psalm 91 beschreibt dieselbe Metaphorik, vom Schreiten über Vipern oder Schlangen und vom Niedertreten der Drachen. Psalm 91 spricht allerdings nicht vom Drachentöten, sondern vom Drachen-Niedertreten. Auch Psalm 44,6 (ZB) beschreibt Tatkraft, proaktive Handlungsweisen, Mut und Kampfgeist: *Mit dir stoßen wir nieder unsere Feinde, in deinem Namen zertreten wir, die sich gegen uns erheben.* Sie beschreiben Eigenmächtigkeit und Selbstwirksamkeit.

## Übung 19: Schurkenschrumpfen

### *Schurkenschrumpfen – Imaginationsübung in der Psychotraumatologie*

Andere Ausbildner und Autorinnen traumafokussierter Psychotherapien sprechen anstelle von Drachentöten von »Schurkenschrumpfen«, so beispielsweise Jochen Peichl.[478] Auch er versteht die Übung des Schurkenschrumpfens als Hilfe im Umgang mit täteridentifizierten Selbstanteilen. Die Strategie besteht darin, sie vorerst zu verkleinern, also ihre Macht durch »Schrumpfung« einzudämmen. In der Imagination wird ein Szenario der jüngsten Vergangenheit genommen, in der sich der innere Schurke zeigt, beispielsweise bei einer angebrannten Mahlzeit, einem leeren Benzintank oder dem Nichtauffinden des Autos in der

477 REDDEMANN (2011/2014[8], S. 188).
478 PEICHL (2013, S. 110–112).

Tiefgarage. Gleich geht der innere Dialog los, und bei diesem »Katastrophenszenario«, das es in Wirklichkeit ja eben *nicht* ist, werden Betroffene gebeten, den inneren Schurken zu beschreiben mit Fragen wie:

- In welcher Situation meldet er sich?
- Wie heißt er? (Geben Sie ihm einen Namen.)
- Wie heißt seine Lieblingstirade?
- Was ist seine Botschaft?
- Gibt es ein Körnchen Wahrheit in seiner Rede?
- Wie sieht er aus?
- Welche Kleider trägt er?

Es ist auch möglich, mit dem Introjekt in Dialog zu treten und ihm Fragen zu stellen: »Was sind deine positiven Funktionen, deine guten Absichten? Welchen Gegenspieler hältst du damit in Schach? Wie lässt sich deine gute Absicht ohne so viele Nebenwirkungen und Begleiterscheinungen erreichen?«[479] Der innere Schurke, der den äußeren Schurken von damals repräsentiert, wird so identifiziert und anschließend verkleinert und entmachtet.

### *Schurkenschrumpfen – Anklänge in den Psalmen*

Psalm 58,7–9 benennt verschiedene Bilder für »Schurken«, die in ihrer Handlungsmacht begrenzt oder »zusammengeschrumpft« werden:

> 7 Gott, zerbrich ihnen die Zähne im Mund,
> zerschlage, HERR, das Löwengebiss.
> 8 Wie Wasser, das verrinnt, sollen sie zergehen,
> verdorren wie Gras auf dem Weg,
> 9 wie eine Schnecke, die in Schleim zerfließt,
> wie eine Fehlgeburt, die nie die Sonne schaut.

Auch diese Art der *Feindschrumpfung* oder Feindentmachtung findet in der Imagination statt. Mit zerschlagenen Zähnen, als zerronnenes Wasser, als zerflossene Schnecke oder als im Dunkeln liegende Fehlgeburt hat ein Feind keine Macht mehr über den Betroffenen. Es sind dies weitere Metaphern für den »geschrumpften Schurken«.

479 PEICHL (2007/2017$^{6}$, S. 216–217).

## Übung 20: Was entsteht aus einem Samenkorn?

### *Was entsteht aus einem Samenkorn? – Imaginationsübung in der Psychotraumatologie*

Diese Übung, die Michaela Huber anbietet, »ist eine Abwandlung der bekannten Baumübung. Aus einem Sämling wird in der Imagination ein Baum, in den man sich hineinversetzen kann.«[480] Aus dem Samen kann Verschiedenstes wachsen: Eine Ähre oder ein Enzian, eine seltene Orchideenart, ein Apfelbaum im Garten, eine Bergföhre in den Alpen, eine Pappel am Baikalsee oder eine Zeder im Park. Ziel der Übung ist es, Betroffene neugierig zu machen, was eigentlich noch im Verborgenen, in ihnen steckt und was möglicherweise auf Entfaltung und Wachstum wartet.

Es geht darum, zu entdecken, was aus diesem Samenkorn in der Erde entsteht, »wenn die Bedingungen günstig sind, wenn es genug Sonnenlicht und genug Regen gibt. [...], was da wächst und kräftiger und stärker wird. Wenn die kleinen Blättchen und Triebe sich weiter und weiter entfalten und zum Licht hinstreben, was entsteht da? Welche Pflanze oder Blume oder Strauch wächst da?«[481] Schließlich werden die Betroffenen eingeladen, sich in die Pflanze hineinzuversetzen. Sie sollen das Erstarken und die Bilder von Wachstum, Natur und Kraft in sich spüren und verankern.

### *Was entsteht aus einem Samenkorn? – Anklänge in den Psalmen*

Hubers Imaginationsübung macht Betroffene neugierig, was wohl noch in ihnen steckt an Entfaltungspotenzial, auch wenn es noch tief verborgen in der dunklen Erde liegt, wie ein Samenkorn.

Psalm 126,5–6 (EÜ) spricht von Tränensaat und Freudenernte: *Die mit Tränen säen, werden mit Jubel ernten. Sie gehen hin unter Tränen und tragen den Samen zur Aussaat. Sie kommen wieder mit Jubel und bringen ihre Garben ein.* Es ist dasselbe Bild wie in der Psychotraumatologie: Der Same, der aufgeht. Die Ernte wird hier überraschend anders gemalt als die einst ausgestreute Saat. Es ist ein Bild mit göttlicher Verheißung.

---

480 HUBER (2015, S. 57).
481 S. 58.

### Fazit

Die Psychotherapie arbeitet seit ihren Anfängen mit der Kraft metaphorischer Sprache. Buchholz beschreibt die Metapher als rhetorische Figur, deren Wirksamkeit bereits Freud bewusst war und die er gezielt einsetzte, sowohl für verschiedene Ich-Zustände wie auch für das Unbewusste und für den therapeutischen Dialog.[482] Die verschiedenen traumafokussierten Psychotherapien führen diesen bewussten Einsatz metaphorischer Sprache fort.

In den vorausgehenden Kapiteln wurden 20 bedeutende Metaphern der Psychotraumatologie mit den Metaphern der Psalmen verglichen. Die Ähnlichkeiten und Gemeinsamkeiten der metaphorischen Inhalte erstaunen.

> Fazit: Die 20 Metaphern der hilfreichen Übungen der Psychotraumatologie und der Psalmensprache weisen überraschende Ähnlichkeiten und Übereinstimmungen auf. Die Bildinhalte sind teilweise identisch.

## 5.2 Imagination als heilsame Kraft

Luise Reddemann hob die Bedeutung der »Imagination als heilsame Kraft«[483] für Traumabetroffene neu ins Bewusstsein. Wie kam sie dazu? Sie beschreibt, wie sie mit herkömmlichen Methoden Behandlungserfolge vermisste und sich darum auf die Suche nach neuen therapeutischen Wegen machte. Dabei habe sie viel von ihren Patientinnen gelernt, »denn sie hatten in Situationen größter Not für sich kreative Auswege gefunden. Sie hatten sich innere und manchmal äußere Räume geschaffen, in denen sie sich wohl und geborgen fühlen konnten. Sie hatten innere Begleiter ›erfunden‹, Feen, Schutzengel, Tiergestalten und anderes, um sich nicht mehr allein fühlen zu müssen und um Trost zu erhalten. Als unsere Patientinnen bemerkten, dass wir sie nicht für verrückt, sondern ihre kreativen Lösungen für höchst achtenswert und wunderbar hielten, ließen sie uns teilhaben an diesen inneren Welten. [Dabei lernte Reddemann Übungen kennen, die halfen] Bilder von einem guten Ort und von hilfreichen Wesen zu erschaffen.«[484]

482 BUCHHOLZ (1996/2003).
483 REDDEMANN (2001/2010[15]).
484 S. 12.

Reddemann unterrichtete Psychotherapeuten in Weiterbildungen über die Wirksamkeit heilsamer Imagination, über deren stabilisierende Wirkung und über »den Sinn von wiederholter Beschäftigung mit heilsamen Bildern, das Gewinnen der Patientin zur selbstständigen Anwendung der Imaginationsübungen und das anschließende Interesse der Therapeutin an der häuslichen Arbeit mit der Imagination«.[485] Ihr Buch »Imagination als heilsame Kraft« ist im Jahr 2022 mit leicht verändertem Titel in der 23. Auflage erschienen.[486]

Die Psalmen transportieren seit über 2000 Jahren solch heilsame Bilder des Schutzes, der Zuflucht, der Sicherheit, der Kraft und des Vertrauens.

> Fazit I: Sowohl die Psalmen wie auch die Imaginationsübungen der Psychotraumatologie ermöglichen und fördern die Imagination als heilsame Kraft. Sie helfen, in der Vorstellung Bilder hervorzurufen, die heilsam wirken.
>
> Fazit II: Auch das Wissen um die Kraft der Wiederholung dieser inneren Bilder wohnt den Psalmtexten wie den traumafokussierten Psychotherapiemanualen inne.
>
> Fazit III: Diese Erkenntnisse führen zu einem Vertrauen in die Wirkkraft metaphorischer Sprache – sowohl in der Seelsorge als auch in der Psychotraumatologie.

## 5.3 Die Traumadiagnosekriterien

In der vormals gültigen ICD-10 (1994) stand eine interessante Beschreibung: Traumata entstehen durch »kurz- oder langanhaltende Ereignisse oder Geschehen von außergewöhnlicher Bedrohung mit katastrophalem Ausmaß, die nahezu bei jedem tiefgreifende Verzweiflung auslösen würden«.[487] Wir rufen uns kurz die fünf Traumadiagnosekriterien in Erinnerung: Zur klassischen Traumatrias (Übererregung, Wiedererleben, Vermeidung) gehört noch ein auslösendes Ereignis und eine lange Dauer.

### 1. Auslösendes Ereignis: Schrecken, Todesbedrohung

Das Erleben eines Ereignisses mit der Gefahr tödlicher Bedrohung wird in Psalm 69 ausgiebig geschildert: Zur Metaphorik für den bedrohten Menschen in

485 REDDEMANN (2011/2014[8], S. 163).
486 REDDEMANN (2001/2010[15]; REDDEMANN 2022[23])
487 MAERCKER (2009[3], S. 14).

Psalm 69 und Psalm 91 gehören die Wasser- und Schlammmetaphorik (Ps 69,2–3.15–16), die Abgrund- und Brunnenlochmetaphorik, Bilder von Rachen, Schlund und Verschlungenwerden (Ps 69,3.15-16), die Bilder von Bodenlosigkeit, verlorenem Halt und Desorientierung (Ps 69,3.15-16), die Metaphorik für Feinde und Gewalt (Ps 69,5.7) bis hin zu qualvollem Sterben (Ps 69,27) sowie die Jagd- und Verfolgungsmetaphorik (Ps 69,27).

In Psalm 91 wird Schrecken und Bedrohung geschildert anhand der Fallen- und Jagdmetaphorik (3), Waffengewalt (5), »der Schrecken der Nacht« (5), Dunkelheit und Mittagshitze (6), Epidemie und Krankheit (6), Kriegsniederlagen und Massensterben (7), der Metaphorik von Raubtieren, giftigen Vipern und (Chaos-)Drachen (13).

> Psychotraumatologie und Psalmen (auch in Psalm 69 und Psalm 91) schreiben beide von tödlicher Bedrohung und Schrecken, und die beschriebenen Ereignisse erfüllen das erste Traumakriterium.

## 2. Übererregung, Atemlosigkeit

Übererregung und Atemlosigkeit gelten als Traumadiagnosekriterien. Hyperarousal geht mit erhöhtem Pulsschlag und Atemlosigkeit einher. Psalm 69 schildert mehrfach einen Menschen in einer solchen Situation (Ps 69,2–3; 15–16). Das in Psalm 69 im Hebräischen sechsmal vorangestellte *Nein* ist ein Ausdruck und Ausruf gegenüber widersinnigem Leiden und Stresssituationen. Auch die sieben Hilfeschreie in Psalm 69,17–19 sind Verzweiflungsschreie. Ja, innerhalb der Gesamtkomposition des Psalms 69 sind sie als Steigerung der vormals genannten Schrecken zu verstehen, als siebenfach wiederholter Hilferuf und damit als Höhepunkt der Verzweiflung.

Xandi Bischoff bietet eine sehr treffende Kurz-Übertragung von Psalm 69. Als Dozent der Science of Nursing, Pflegeforscher und Krankenpfleger hat er eine geschulte Wahrnehmung für die Körperdimensionen bei Leidenden. Als Psalmbeter[488] hat er ein Sprachempfinden für die Multidimensionalität der hebräischen Psalmen. Er hat die Metaphorik von Psalm 69, die körperliche Bedrohung durch Wassertiefen und den drohenden Tod durch Sauerstoffmangel und Herzstillstand, treffend zusammengefasst. In seinem Buch »Psalmen destillieren« lautet sein »Destillat« von Psalm 69:

---

488 Er ist Mitglied der Communauté Don Camillo in Montmirail, in der das Stunden- und Psalmengebet gepflegt wird.

Psalm mit Schnappatmung

entreiße mich dem sumpf
erlöse mich bald
sei mir nahe
beatme mich
schnell[489]

Eine andere Situation findet sich in Psalm 69,23 mit dem *Netz des Vogelstellers.* Denn auf der Flucht, als gejagtes Tier, erhöht sich der Herzschlag, jagt der Puls, erhöhen sich Adrenalin- und Cortisolspiegel und damit die typischen Symptome des Hyperarousals. (Ps 91,3 beschreibt im Gegenzug die Befreiung eines gefangenen Vogels aus dem Netz.)

Interessant ist auch die Metaphorik in Jochen Peichls Buchtitel »Innere Kritiker, Verfolger und Zerstörer«.[490] Mit dem »Verfolger« nimmt auch er ein Bild aus der Jagdmetaphorik auf.

> Die Beschreibung einer Verfolgungs- und Jagdmetaphorik mit dazugehörendem Stress, Atemlosigkeit und Hyperarousal findet sich sowohl in der Psalmensprache wie auch in der Psychotraumatologie.

## 3. Wiedererleben, Intrusionen, Überflutungsmetaphorik

### *Wiedererleben als Intrusionen in der Psychotraumatologie*

Als *Intrusionen* beschreibt die Psychotraumatologie unwillkürliche und belastende Erinnerungsfragmente an das traumatische Ereignis, die sich der willentlichen Kontrolle entziehen und häufiger auftauchen, als Betroffene ertragen können. Dadurch werden sie zur Belastung. »Oftmals kommt es zu einem subjektiv erlebten Überflutungszustand durch diese inneren Bilder.«[491]

### *Überflutungsmetaphorik in den Psalmen (Ps 69,2–3;15–16)*

Psalm 69 beschreibt den erlebten Schrecken mit Bildern der Überflutung, des Versinkens und Ertrinkens durch Wassertiefen: *Ich versinke; ich bin in die Tiefen der Wasser geraten, und die Flut hat mich überströmt.*

---

489 BISCHOFF/SEEGER (2018, S. 79).
490 PEICHL (2013).
491 MAERCKER (2009$^3$, S. 18).

Die Psychotraumatologie verwendet dieselbe Metaphorik für starken emotionalen Schmerz. So bleibt ein therapeutisches Ziel, »nicht mehr im Trauma versinken zu müssen und von den traumatischen Aspekten überflutet zu werden«.[492]

> Psychotraumatologie und Psalmensprache verwenden dieselbe Metaphorik des Überflutetwerdens.

## 4. Vermeidung

Ein weiteres Traumadiagnosekriterium ist die Vermeidung. Das Vermeidungsverhalten kann traumaassoziierte Themen, Orte, Situationen, Tätigkeiten oder Erinnerungen betreffen, wenn diese Intrusionen auslösen. Diese Vermeidung schützt Betroffene vor Überforderungen und emotionalen Überflutungszuständen. Was als Schutzmechanismus vorerst Sinn macht, kann die eigene Tatkraft blockieren und schließlich krankhafte Dimensionen annehmen sowie Leben verhindern.

Psalm 55,7–9 (Lut) schildert den Wunsch des Psalmbeters mit den Worten: *Ich sprach: O hätte ich Flügel wie eine Taube, dass ich wegflöge und Ruhe fände! Siehe, so wollte ich in die Ferne fliehen und in der Wüste bleiben. Sela. Ich wollte eilen, dass ich entrinne vor dem Sturmwind und Wetter.*[493]

> Fluchtverhalten und Vermeidungstendenzen werden in Psalmtexten geschildert wie auch als ein von Fachleuten beschriebenes Krankheitssymptom in der Psychotraumatologie.

## 5. Lange Dauer

Das fünfte Traumakriterium ist die lange Dauer: Die Symptome müssen länger als einen Monat anhalten,[494] um eine Posttraumatische Belastungsstörung zu diagnostizieren. Der Beter von Psalm 69 berichtet von Ereignissen, die eine längere Dauer implizieren: Das Versinken im Schlamm, die Beschämungen, der Spott im Tor, die Entfremdung von seinen Familienangehörigen, das Ersinnen von Lügen und Erheben materieller Forderungen sind Verhaltensweisen, die sich über eine längere Zeit hinziehen. Auch die Wiederholungen der Schreckens-

492 REDDEMANN/WÖLLER (2011/2019³, S. 853).
493 Eine sehr gute traumasensible Interpretation dazu findet sich bei: BAIL (1998, S. 160–212).
494 MAERCKER (2009³, S. 14).

schilderungen, Hilfeschreie und Feindbeschreibungen in Psalm 69 machen eine langanhaltende Notsituation wahrscheinlich.

Der Prozess der Niederschrift und Gesamtkomposition des Psalters könnte sich über einen längeren Zeitraum erstreckt haben, finden sich darin doch Fragmente aus vorexilischer, exilischer und nachexilischer Zeit. Das impliziert die Verarbeitung der nationalen Katastrophe Israels um die Zerstörung Jerusalems, des Tempels, der Exilzeit und der Zeit der Rückkehr in die verödete Heimat. Wenn es also in Psalm 69,36 heißt: *Gott wird Zion helfen und die Städte Judas wird er bauen, dass sie dort wohnen und sie in Besitz nehmen,* so werden damit geschichtliche Ereignisse vorausgesetzt, die sich über einige Jahrzehnte hinzogen.

> Das Erleben von Schrecken, das sich über einen langen Zeitraum im Leben Betroffener erstreckte, wird in Psalmtexten und weiteren biblischen Büchern vorausgesetzt. Das Kriterium der »langen Dauer« findet sich sowohl in der Psalmensprache wie auch in der Psychotraumatologie.
>
> Fazit: Die fünf klassischen Traumakriterien für eine Posttraumatische Belastungsstörung werden in den Psalmen beschrieben.

In den folgenden Kapiteln kommen weitere Aspekte, Themen und Kriterien in den Blick, die der Sprache der Psalmen und der Psychotraumatologie gemeinsam sind.

## Weitere gemeinsame Traumakriterien

### *Naturkatastrophen, Unfälle*

Beim Typ I-Trauma »handelt es sich um ein einzelnes Ereignis und die Reaktion darauf, wie beispielsweise einen Unfall, eine Naturkatastrophe, einen Raubüberfall«.[495] Diese Notfälle sind gekennzeichnet durch die Faktoren: »Sie treten plötzlich auf. Das Opfer ist überrascht. Das Opfer ist unvorbereitet. Das Opfer ist überwältigt von der Intensität des Geschehens. Sie sind von kurzer Dauer.«[496]

Psalm 69 zeichnet Bilder eines durch Wasserfluten Bedrohten. Die Bilder in Psalm 91 beschreiben Unfallgefahren auf den Wegen und Fallen, die auf Überfälle hindeuten.

495 LASOGGA/GASCH (2008, S. 21).

496 S. 19–20.

Fazit: Ein Teil der in Psalm 69 und Psalm 91 beschriebenen Gefahren und Erlebniszustände kann auch als reale Bedrohung oder Folgen von Typ I-Traumatisierungen gesehen werden.

### *Feinde, man-made disaster*

In der Psychotraumatologie wird unterschieden zwischen akzidentellen Traumata (Traumata, die durch unbeeinflussbare äußere Einwirkungen verursacht werden) und interpersonellen Traumata, sogenannten *man made disaster*, also willentlich durch Menschen verursachten Traumata. Von *man made disaster* sprechen auch Psalm 69 und weitere Bibeltexte. In Psalm 69 werden die Menschen, die dem Psalmbeter willentlich schaden, benannt als *die mich hassen, die mich vernichten wollen, die mich angreifen* (5), als *Feinde* (19) und als *Bedränger* (20).

Fazit: Durch Menschen verursachte Zustände extremen Leides finden sich sowohl in den Beschreibungen der Psychotraumatologie wie auch in Beschreibungen der Psalmtexte. »Man made disaster« sind ein gemeinsames Thema.

### *Emotionen in ihrem ganzen Variantenreichtum*

Zu den traumaassoziierten Emotionen gehören Hilflosigkeit, Ohnmacht, Ausgeliefertsein; Angst und Todesangst; Wut, Zorn und Aggression; Scham und Beschämung; Trauer und Untröstlichkeit. Diese prominenten traumaassoziierten Emotionen finden sich auch in Psalm 69:

1. Unterlegenheit, Hilflosigkeit: Hilfeschreie in den Versen 2, 14–15, 17–19, 30.
2. Ohnmacht und Ausgeliefertsein in den Versen 2–3, 5, 13, 15–16.
3. Angst und Todesangst in den Versen 2–3, 15–16.
4. Wut, Zorn, Aggression in den Versen 23–29.
5. Scham und Beschämung, Schmach und Schande in den Versen 7–8, 10, 20–21.
6. Trauer und Untröstlichkeit in Vers 21.

Die Psalmen benennen außerdem Emotionen in ihrem ganzen Variantenreichtum: auch Freude, Jubel, Tanz und Liebe.

Fazit: Die Auseinandersetzung mit traumaassoziierten Emotionen und den Emotionen in ihrem ganzen Spektrum ist damit ein gemeinsames Thema der Psychotraumatologie und der Psalmen.

*Wunden, körperliche Schmerzen, physische Gewalt*

Der Begriff *Trauma* heißt *Wunde.* In der Psychotraumatologie geht es um physische und psychische Wunden. Psalm 69,27 beschreibt Bilder von Durchbohrten, welche ein Höchstmaß an körperlicher Verwundung darstellen (Waffengewalt, Folter, Kriegsverletzte). Psalm 69 und Psalm 91 beschreiben außerdem Bilder von Gefangenschaft im Brunnenschacht oder in der Zisterne, von drohendem Ertrinken, von Jagd und Gejagtsein, von Hunger und Durst sowie von Giftanschlägen. Psalm 69,27 und 30 benennen explizit körperliche Schmerzzustände.

> Psychotraumatologie wie Psalmen beschreiben Folgen physischer Gewalt, Wunden und körperlichen Schmerz. Es werden körperliche Leidenszustände benannt, wie Atemlosigkeit, Hunger und Durst, Anschläge auf Leib und Leben, Verfolgung und Gefangenschaft.
>
> Fazit: In den Psalmtexten finden sich die klassischen fünf Traumadiagnosekriterien beschrieben sowie weitere traumarelevante Themen. Es gibt erstaunliche inhaltliche Übereinstimmungen zwischen den Themen der Psychotraumatologie und der Psalmtexte.

## 5.4 Die Arbeit mit verschiedenen Selbstanteilen in Traumatherapien und Psalmen

Die traumafokussierten Psychotherapien arbeiten mit »inneren Anteilen« bzw. »Selbstanteilen«, die sich in der Therapie zeigen. In der Ego-State-Therapie ist die Arbeit mit Selbstanteilen sogar das Kernelement der therapeutischen Arbeit. Sie findet vorwiegend Anwendung bei Menschen mit den Diagnosen einer komplexen Posttraumatischen Belastungsstörung oder einer Dissoziativen Identitätsstörung.

Die Arbeit mit verschiedenen Selbstanteilen wird neuerdings auch »Teilearbeit« genannt. Als Selbstanteile werden verschiedenste innere »Ansprechpartner« verstanden, seien es »Innere-Kind-Anteile« in unterschiedlichen Gefühlslagen, innere Helfer oder aber innere kritische Instanzen. Zur Arbeit mit Selbstanteilen gehört auch diese Arbeit mit den »Inneren Kritikern, Verfolgern und Zerstörern«.[497] Die verschiedenen inneren Anteile werden auch *Introjekte* genannt. Jochen Peichl unterscheidet in seinem Buch zwischen dem

---

497 PEICHL (2013).

»inneren Kritiker« als einfachem Introjekt, dem »inneren Verfolger« als unterdrückendem und feindseligem Introjekt und dem »inneren Zerstörer« als traumatischem Introjekt.[498] Diesen maladaptiven Introjekten stellt er das Gewissen als adaptives Introjekt zur Seite.[499] Jochen Peichls hypnoanalytischer Zugang im Rahmen der Ego-State-Therapie hat sich auf die Arbeit mit diesen kritischen, selbstkritischen und zerstörerischen inneren Instanzen spezialisiert.

In den Anleitungen zur Ego-State-Therapie finden sich konkrete Arbeitsanweisungen und Fragestellungen, die im Vorfeld der Arbeit mit verschiedenen Ego-States zu klären sind:

- »Beherrscht der Patient die Imagination des sicheren Ortes?
- Sind ältere, stärkere und ressourcenvollere Teile des Patientensystems bereit, für traumatisierte Kind-Anteile zu sorgen?
- Ist der Teil, der den Vordergrund organisiert, das Alltags-Ich (ANP), bereit, auch mal zur Seite zu treten und anderen Teilen zu gestatten, dem System zu helfen?
- Verstehen die zentral wichtigen Anteile, dass sie alle im gleichen Körper leben [...]? Sind sie bereit, alle zusammen in Richtung Heilung und Integration des ganzen Systems zu arbeiten?«[500]

## Das Gespräch mit eigenen Selbstanteilen in Psalm 42–43

In Psalm 42,6.12 und Ps 43,5 (Lut) spricht der Beter mit der eigenen Seele. Dreimal wendet er sich an sie mit jeweils denselben Worten: *Was betrübst du dich, meine Seele, und bist so unruhig in mir? Harre auf Gott, denn ich werde ihm noch danken, dass er meines Angesichts Hilfe und mein Gott ist.*

Der Sprecher ist ein Selbstanteil der Stärke und Zuversicht. Es ist ein aufrechter, ruhiger Anteil, der sich an einen unruhigen und betrübten Anteil wendet, einen Anteil der Betrübnis und Angst. Er könnte sich auch an einen inneren Anteil der Wut, des Ärgers und der Ungeduld wenden.

Der innere Anteil der Stärke und der Zuversicht hat die Führung übernommen und fordert den traurigen Anteil auf, durchzuhalten, weil wieder Zeiten des Lobpreises kommen werden. Er spricht dem unruhigen, traurigen Anteil Mut zu, und das gleich drei Mal.

---

498 S. 45–47.

499 S. 43–45.

500 PEICHL (2011/2019$^3$, S. 897, als Fragen Nr. 3, 8, 9, 11 aufgeführt).

## Das Gespräch mit verschiedenen Selbstanteilen in Psalm 103

Auch Psalm 103,1–2.22 ist als Selbstaufforderung eines starken inneren Anteils an einen schwächeren zu verstehen: *Lobe den Herrn, meine Seele! Und all mein Inneres seinen heiligen Namen! Lobe den Herrn, meine Seele, und vergiss nicht, was er dir Gutes getan hat.*

Der Psalmbeter in Ps 103,1–2 lässt seinen Anteil der Stärke die anderen inneren Anteile auffordern, sich auf Gott auszurichten und sich an das Gute zu erinnern, das heißt, sich das Gute zu vergegenwärtigen, das sie bereits erlebt haben.

Da mit der »Seele« (Hebräisch: næfæš) ja das Wesen einer Person gemeint ist, aber auch seine Kehle und sein Ess-Sprechbereich und Atembereich, ließe sich auch – genauso richtig – übersetzen: »Was betrübst du dich meine Kehle? Was gehst du so unruhig, mein Atembereich? Lass los – da ist einer, der helfen wird. Es lohnt sich, zu vertrauen«. Oder, in der Psalmentradition stehend, lässt sich ein äquivalentes Gespräch beginnen: »Mein Atem, warum bist du grad so unruhig? Schau, Gott wird wieder eingreifen. Lass los. Er kümmert sich darum. Und er hilft dir, wieder aufzustehen.«

So lässt sich sagen: Was in der Psychotraumatologie heute »Arbeit mit Selbstanteilen« genannt wird, findet sich bereits in den Psalmworten. Psalmexegeten früherer Zeiten drückten dies auch mit der Begrifflichkeit eines »Gesprächs mit der eigenen Kehle oder Seele« aus.

Ein Bild aus dem Stuttgarter Psalter von 825/830 n. Chr. bestätigt das (s. Abbildung 13): Der Psalmsänger steht links, mit einem Saiteninstrument in der Hand sowie einem Schlagholz für das Saitenspiel. Eine kleinere Frauengestalt sitzt ihm gegenüber auf einem dunkelgrünen Hügel. Es ist die Anima, die eigene Seele, die zusammengekauert auf einem dunklen Berg der Trauer, Sorge oder Beschämung sitzt. Sie bedeckt mit der rechten Hand einen Teil ihres Gesichts, wie dies oft bei Scham und Beschämung geschieht. Ihre Augen allerdings sieht man. Den kleinen Finger hat sie sich in den Mund gesteckt, um sich selbst zu trösten – wie ein Kleinkind. Ein Gespräch zwischen dem Psalmsänger und seiner Anima imaginiert Jörg Zink: »[Liebe Anima, wenn du deinen Blick wendest,] könntest du in deiner nächsten Nähe fünf wunderbare, rote Blumen entdecken, die Gott unmittelbar vor deinen Füßen wachsen lässt. Und [...] hinter deinem Rücken wächst ein Baum. Der steht für alles, was in deinem Leben wachsen und gedeihen und Frucht tragen will. [...] Dein Leben hat festeren Grund, als du meinst. Es gelingt mehr, als du sehen kannst.«[501]

501 ZINK (1988, S. 32–34).

**Abbildung 13:** Stuttgarter Psalter, 825/830 n.Chr., Psalm 42,6.12; Ps 43,5: *Was betrübst du dich, meine Seele, und bist so unruhig in mir? Harre auf Gott; denn ich werde ihm noch danken, dass er meines Angesichts Hilfe und mein Gott ist.* (Gespräch des Psalmisten; © Stuttgart, Württembergische Landesbibliothek, Cod. bibl. fol. 23, Bl. 55r)

Die Wirkungsgeschichte der Psalmen in der Kunst zeugt von einem vergleichbaren Umgang mit inneren Selbstanteilen und vergleichbaren Gesprächen des einen Selbstanteils mit einem anderen, allerdings nicht in therapeutischer, sondern in religiöser Begrifflichkeit, nämlich als Gespräch mit der eigenen Seele und als ein Geschehen in der Gegenwart Gottes.

Der Stuttgarter Psalter malt die Metaphorik eines »anscheinend normalen Persönlichkeitsanteils (ANP)«, nämlich des Sängers und Musikers auf der linken Seite, der mit seinem emotionalen Persönlichkeitsanteil (EP), im Gespräch ist. Dies wird mit den Möglichkeiten der damaligen Zeit, des Jahres 825 n.Chr., dargestellt. Der Ausgang dieses Gesprächs ist ergebnisoffen.

## Das Gespräch mit eigenen Selbstanteilen in Psalm 104 und Psalm 146

Vergleichbar ist die Selbstaufforderung an eigene innere Anteile in Psalm 104,1–2.35. Der Psalm beginnt mit der Aufforderung an die eigene *næfæš* bzw. Seele und begründet dies mit dem Wesen Gottes:

Psalm 104,1–2.35[502] *Lobe den Herrn, meine Seele! Herr, mein Gott, du bist sehr herrlich; du bist schön und prächtig geschmückt. Licht ist dein Kleid, das du anhast.*

Der Dichter nennt eine Erfahrung überwältigender Schönheit als Grund, seine Seele (bzw. ein anderer Selbstanteil) möge sich zum Gotteslob bewegen lassen. Im Schlussvers von Psalm 104 wird diese (Selbst-)Aufmunterung wiederholt: *Lobe den Herrn, meine Seele! Halleluja!* Auch Psalm 146,1 folgt demselben Schema: *Halleluja! Lobe den Herrn, meine Seele!*

## Das Gespräch mit eigenen Selbstanteilen in Psalm 57 und Psalm 108 (Parallelstelle)

Interessant ist auch die Formulierung eines Selbstgesprächs in Psalm 57,9–12 (Elb), mit wörtlicher Wiederholung in Psalm 108,2–6: *Wach auf, meine Seele. Wach auf, Harfe und Zither. Ich will die Morgenröte wecken.*

Die Übersetzung »meine Seele« ist hier falsch, da im Urtext steht: »Wach auf, meine *kabod*«, das heißt *Wach auf, meine Ehre. Kabod* ist Hebräisch und lässt sich auch übersetzen mit: *Wach auf, meine Würde, mein Glanz, meine Schönheit, meine Stärke, meine Kraft! […] Ich will die Morgenröte aufwecken! (Ps 57,8–9)*

Mit der Begrifflichkeit der Ego-State-Therapie: Der »Anscheinend normale Persönlichkeitsanteil« (ANP) weckt einen schlafenden Anteil (EP), und es bleibt offen, warum dieser Anteil »eingeschlafen« ist. Die eigene Würde, die eigene Ehre wird liebevoll »geweckt« und zum freudigen Spielen, Klingen und Singen vor Gott ermuntert.

Der ANP dichtet weiter und fordert schließlich selbst Gott auf: *Erheb dich über die Himmel, o Gott; deine kabod (Ehre, Würde, Pracht, Herrlichkeit) erscheine über der ganzen Erde (Ps 57,12).*

Sichtbar wird im Psalmbild aus Psalm 57 (und parallel aus Psalm 108) der liebevolle Umgang eines starken, zuversichtlichen Selbstanteils mit einem wichtigen Selbstanteil, der sich nicht mehr gemeldet hat, und für den es Zeit wird, wieder aufzustehen.

502 Wiedergabe nach Lutherübersetzung, 1912.

## Das Gespräch mit eigenen Selbstanteilen in Psalm 116

Psalm 116 (Lut) beginnt mit einem Liebesbekenntnis:[503] *(1) Ich liebe den Herrn, denn er hört die Stimme meines Flehens. (2) Er neigte sein Ohr zu mir; darum will ich mein Leben lang ihn anrufen.* Der Beter begründet seine Liebe mit Bildern der Zuneigung (das zugeneigte Ohr) und Rettungserfahrungen aus großer Not: *(3) Stricke des Todes hatten mich umfangen,/des Totenreichs Schrecken hatten mich getroffen; ich kam in Jammer und Not.*

Nach diesen Schilderungen des bedrohlichen Erlebens und des Eingreifens Gottes wechselt der Psalmist in ein Selbstgespräch, indem er sagt: *(7) Sei nun wieder zufrieden, meine Seele; denn der Herr tut dir Gutes.* Danach wechselt er wieder ins direkte Gespräch mit Gott: *(8) Denn du hast meine Seele vom Tode errettet, mein Auge von den Tränen, meinen Fuß vom Gleiten.*

Da gibt es einen glaubensstarken inneren Anteil, der sich an überwältigende Erfahrungen der Rettung aus Todesnöten erinnert und die eigene Seele mit hineinnimmt in die heilsamen Erinnerungen und ihr die Rettungsbilder aus der Vergangenheit vor Augen malt. Diese nimmt er zum Anlass, ihr liebevoll zuzusprechen.

Genauer heißt es in *Vers 7 (Elb): Kehre zurück, meine Seele, zu deiner Ruhe! Denn der Herr hat dir Gutes erwiesen.*

Nach Bildern des Trostes und der Bewahrung in Vers 8 (die befreite Seele, das von Tränen getrocknete Auge, der vom Ausrutschen bewahrte Fuß) nimmt der Psalmist das Gespräch mit der eigenen Seele nochmals auf und malt ihr ein Bild der Zukunft und Hoffnung vor Augen: *(9, Lut) Ich werde wandeln vor dem Herrn im Land der Lebendigen.*

In der Sprache der Ego-State-Therapie und der Teilearbeit lässt sich sagen: Der ANP erinnert den unruhigen, verzagten Anteil (EP) an Zeiten der Rettung, der Hilfe und der unerwarteten Wende. Dieser Selbstanteil spricht zwischendurch wieder zu Gott, spricht ihn direkt an, um sich dann nochmals dem unruhigen oder stressvollen Selbstanteil zuzuwenden und ihm zu versichern: *Ich werde wandeln vor dem Herrn im Land der Lebendigen* (das heisst: Ich werde leben!).

## Das Gespräch mit eigenen Selbstanteilen in Psalm 62

Ähnlich tönt es in Psalm 62,6–8 (Lut): *Aber sei nur stille zu Gott, meine Seele; denn er ist meine Hoffnung. Er ist mein Fels, meine Hilfe und mein Schutz, dass*

503 Wiedergabe nach Lut, das Tetragramm wird hier allerdings als *Jahwe* wiedergegeben.

*ich nicht fallen werde. Bei Gott ist mein Heil und meine Ehre,/der Fels meiner Stärke, meine Zuversicht ist bei Gott.*

Ein glaubensstarker und lebenszuversichtlicher Anteil spricht zur eigenen Seele und tröstet sie mit Bildern eines sicheren Ortes, mit Bildern der Bewahrung und Zuversicht sowie der Ehre.

> Fazit: In verschiedenen Psalmen findet sich jeweils die Aufforderung des einen Selbstanteils an einen anderen, wieder neu zu vertrauen oder aufzustehen, zu erwachen, zur Ruhe zu kommen oder Gott zu loben. Die verschiedenen Selbstanteile treten miteinander in Kontakt, sprechen miteinander und helfen einander.

## Die Gleichzeitigkeit verschiedener »emotionaler Anteile«

Verschiedene »emotionale Anteile« können sich gleichzeitig zeigen. Psychotherapeuten setzen diese Fähigkeit vorwiegend zur Bearbeitung dissoziativer Zustände bewusst ein. Auch die Psalmtexte kennen die Gleichzeitigkeit verschiedener Selbstanteile.

Es ist fraglich, ob sich vielleicht sogar der beobachtete »Stimmungsumschwung« in manchen Psalmen als *gleichzeitige* Stimmung verstehen lässt. So ist im vorne besprochenen Psalm 69,30–31 (ZB) ein unvermittelter Wechsel der Emotionen beobachtbar: *Ich aber bin elend und voller Schmerzen – Ich will den Namen Gottes preisen im Lied, will ihn rühmen mit Lobgesang.*

Traumabetroffene kennen die Gleichzeitigkeit verschiedener Selbstanteile auf allen Ebenen, auf emotionaler, körperlicher, kognitiver, sozialer und spiritueller Ebene. Gottverlassenheit und Erhörungsgewissheit können nebeneinanderstehen, Scham und Würdeverleihung, Angst und Geborgenheit, Schmerz und Heilungszuversicht, abwertende und aufbauende Gedanken, Einsamkeitsgefühle inmitten vertrauter Menschen, verdunkelter Glaube und helle Gottespräsenz. Die Ego-State-Therapie erklärt das mit den verschiedenen Selbstanteilen.

> Fazit: Sowohl in den Psalmtexten wie auch in Traumatherapie-Anleitungen ist diese Möglichkeit des gleichzeitigen Erlebens verschiedener Zustände (ANP, EP) beschrieben. Das betrifft Gefühlszustände, Körperzustände, Zustände sozialen Allein- und Eingebettetseins sowie widersprüchliche spirituelle Erfahrungen.

### Fazit

Leitende Anteile (ANP) fragen andere, emotionale Anteile (EP) in den Psalmen, warum sie traurig und bedrängt sind. Stärkere Selbstanteile machen schwächeren Selbstanteilen Mut und sprechen ihnen Zukunft und Hoffnung zu. Sie suchen das Gespräch und werden nicht müde, sich um die schwächeren Anteile zu kümmern. Sie können »eingeschlafene« Anteile wecken und ihren Blick neu ausrichten helfen.

> Fazit: Es gibt erstaunliche Ähnlichkeiten in der Arbeit mit verschiedenen Selbstanteilen: Das Wissen um verschiedene Selbstanteile ist bekannt und der fürsorgliche Umgang stärkerer Selbstanteile mit schwächeren wird praktiziert –, sowohl in den Psalmen Israels wie auch in modernen traumafokussierten Psychotherapien.

## 5.5 Feindentmachtung in der Imagination

Was Kinder im Spiel ganz selbstverständlich darstellen – der Feind wird geschlagen, die Rivalin rennt davon – ist auch Teil diverser Imaginationsübungen in verschiedenen Psychotherapien. Sie nutzen das Potenzial einer Feindentmachtung in der Imagination beispielsweise im Rollenspiel oder im Figurenstellen. Sehr deutlich nutzt die IRRT die Möglichkeit einer imaginativen Feindentmachtung.

### Imaginative Feindentmachtung in der Imagery Rescripting & Reprocessing Therapy (IRRT)

Die Imagery Rescripting & Reprocessing Therapy (IRRT) wurde explizit zur Behandlung von Traumafolgen entwickelt. Als stark verhaltenstherapeutisch ausgerichtete Therapie setzt sie einen Schwerpunkt auf die Traumakonfrontation. IRRT baut auf den Dreischritt: 1.) Bildhaftes Wiedererleben des traumatischen Ereignisses; 2.) Bewältigungsbilder entwickeln mithilfe der Imagination; 3.) Innere Bilder der Selbstberuhigung und Selbstfürsorge etablieren.

Mervin Smucker (später »Schmucker«) entwickelte diese Traumabearbeitungsmethode 1989 als Psychotherapeut bei seiner Arbeit in einer psychiatrischen Klinik. Er beschreibt seine Erfahrung mit einer 40-jährigen stationären Patientin, die mit 19 Jahren vergewaltigt wurde. Sie litt an wiederkehrenden Albträumen, einer chronischen Schlafstörung und Depression. Sie träumte wöchentlich, wie sie die Vergewaltigung erlebt hatte und fühlte sich dabei erneut gedemütigt, beschämt und vergewaltigt. Mervin Smucker überlegte, wie sich »die erniedrigenden Bilder, die in ihren sich wiederholenden Albtraum eingebettet waren, durch Bewältigungsbilder ersetzen ließen (z. B. sich vorzustellen, den Täter zu überwältigen und zu besiegen), so dass sie dann auch eventuell fähig wäre, Bewältigungsbilder von Überlegenheit dem Täter gegenüber«[504] zu entwickeln und so den Albtraum schließlich loszuwerden.

### Fallbeispiel Mervin Smuckers: Traumakonfrontationsphase mit einer 40-jährigen Patientin mit dem Ziel einer Feindentmachtung in der Imagination

»In der darauffolgenden Konsultation bat ich sie, ihre Augen zu schließen und sich den ganzen Albtraum vorzustellen und dabei laut zu beschreiben, was sie gerade erlebte. Sie war fähig, dies zu machen, und während der Vergewaltigungsszene selbst war ihr Belastungsgrad bei 10 (auf einer Skala von 0–10). Dann bat ich sie, noch mal die Albtraumszene zu visualisieren und laut zu beschreiben. Beim zweiten Mal, an der höchst belastenden Stelle des Missbrauchs, fragte ich, was sie jetzt gerne in der Vorstellung dem Täter antun würde. Im folgenden Ausschnitt wird ihre Reaktion auf meine Aufforderung illustriert:

T: Was würden Sie jetzt genau dem Täter an dieser Stelle antun?

*P: Ich will ihn so fest wie möglich zwischen die Beine treten!*

T: Können Sie sehen, wie Sie das jetzt machen?

*P: Ja.*

T: Und wie reagiert der Täter?

*P: Er liegt am Boden, schreit vor Schmerzen laut heraus und hält seine Hände zwischen den Beinen.*

Es war ein ›Moment der Stärke‹ für sie, als sie daraufhin den Täter in der Vorstellung einige Male auf den Kopf trat, ihn anschrie und dann ihm direkt ihre Gedanken und Gefühle über die Vergewaltigung ausdrückte, etwas, was sie zuvor nie fähig war zu verbalisieren. Darüber hinaus ließ sie ihn genau wissen, was sie über ihn dachte, wie sie wegen seiner Tat mehr als 21 Jahre gelitten habe, und dass nun er an der Reihe sei, zu leiden (zu diesem Zeitpunkt war der Täter schon 15 Jahre tot).

Am Ende dieser Imagination war ihr Affekt dramatisch verändert und sie schien in Hochstimmung zu sein. Am nächsten Tag besuchte ich sie auf der Sta-

504 SMUCKER (2015, S. 43).

tion, sie kam strahlend auf mich zu und sagte: ›Er kam letzte Nacht zurück und ich gab ihm wirklich Saures!‹ Sie berichtete, wie sie den Täter in der Nacht (in ihrem Albtraum) überwältigt habe, genau wie sie es in der Vorstellung in meinem Büro am Tag zuvor vollbracht hatte. Obwohl wir keine Konsultationen mehr hatten, blieb ich weiterhin gelegentlich mit ihr in Kontakt in den sechs Monaten nach unserer Imaginationssitzung. Zu diesem Zeitpunkt gab sie an, dass sie immer noch völlig frei von Abträumen sei; das heißt nach einer Imagery Rescripting Sitzung verschwanden die Albträume völlig.«[505]

In einer IRRT-Sitzung wird die belastende Erinnerung zunächst aktiviert und dann neu durchgearbeitet, indem der »innere Film« durch Einflussnahme des heute erwachsenen Betroffenen verändert wird: Die Feindentmachtung wird konkret imaginiert. Mithilfe der Vorstellungskraft wird der Täter überwältigt, entmachtet, neutralisiert oder fortgeschickt.[506]

In der dritten Phase geht es um neu imaginierte Bilder der Selbstfürsorge, Selbstberuhigung und des Trostes für das damalige Ich. Wesentlich bei diesem Schritt ist das Ersetzen der (Erinnerungs-)Bilder von Unterlegenheit und Preisgabe durch Bilder der Kraft, der Feindüberwindung, Feindentmachtung und des Sieges. Obwohl Klientinnen und Klienten wissen, dass die Entmachtung »nur« in der Vorstellung stattgefunden hat, »geht durch diese neuen inneren Bilder das Gefühl der Belastung zurück und es besteht nicht länger das Gefühl der aktuellen Bedrohung«.[507] Dies dokumentieren sie in ihrem »IRRT Hausaufgaben-Protokoll« anhand der sogenannten SUD-Skala, einer emotionalen Belastungsskala, die von 0–10 reicht (SUD = Subjective Units of Disturbance Scale).[508]

Die inneren Bilder, beispielsweise der Demütigung oder der körperlichen Schmerzen oder des Beschmutztseins, können in der dritten Phase ersetzt werden durch Bilder, die Betroffene selbst entwickeln und als heutige erwachsene Person dem Ich von damals zukommen lassen. Das können beispielsweise Bilder der Schmerzlinderung und Schmerzheilung sein (»Ich streiche ganz sanft Salbe auf die Wundränder und lege ihr einen Verband um«) oder der Reinheit (»Ich bade das Kind und ziehe ihm ein hübsches Kleid an«) oder der Würdigung (»Ich hülle sie ein in eine schützende Decke und gebe ihr einen Kuss«). Ein vorrangiges Ziel der IRRT-Methode bleibt »das Ersetzen belastender Bilder durch Bewältigungsbilder«.[509]

505 S. 43–44.
506 S. 58.
507 S. 45.
508 SCHMUCKER/KÖSTER (2014/2015², S. 429).
509 SMUCKER (2015, S. 45).

## Imaginative Feindentmachtung in den Psalmen

### *Rachetexte in den Psalmen*

Die Racheteile in den Psalmen beschreiben ein vergleichbares Phänomen: Metaphorisch, in der Vorstellung, wird der Bedränger, Beschämer, Hasser und Feind selbst bedrängt, entmachtet und demselben Leiden preisgegeben, das er dem Psalmbeter angetan hat.

So heißt es beispielsweise in Psalm 44,6 (ZB): *»Mit dir stoßen wir unsere Feinde nieder.«* Es ist das Bild für eine *Feindentmachtung, Feindbewältigung oder Feindüberwindung.* Nicht selten wird den Tätern gewünscht, sie sollen genau das erleben, was sie den Betroffenen angetan haben. Psalm 137,8 (Lut) fasst das in Worte: *»Tochter Babel, du Verwüsterin! Wohl dem, der dir vergilt dein Tun, das du uns angetan hast.«* Dann folgt ein krasses Bild dessen, was Israel durch die Hand der Babylonier erleben und mitansehen musste.

### *Feindentmachtung in Psalm 69*

Wenn in Psalm 69,28–29 (Ruwe) gefordert wird: »Sie sollen aus dem Buch des Lebens getilgt werden, nicht bei den Gerechten eingetragen sein«, so erinnern diese Worte an die Empfehlungen der Fachleute der Psychotraumatologie, die sagen: »Das Risiko weiterer Viktimisierung bei Opfern von Gewalt«[510] ist zu beachten, und als allererstes soll für äußere Sicherheit (Wohnort, sich aus der Gefahrenzone hinausbegeben) gesorgt werden, erst danach kann die Arbeit an der inneren Sicherheit erfolgreich sein. In Psalm 69,28–29 wird im Wunsch eine Trennung von Tätern herbeigefleht. Sie sollen gleichsam an einem »Un-Ort«, einem »Nicht-Ort«[511] landen, wo sie für den Beter unschädlich bleiben.

Dabei bleibt festzuhalten: Rache ist nicht nur ein alttestamentliches Thema (wie oft postuliert wird), sondern genauso ein neutestamentliches. Dort finden sich vergleichbare Texte mit der Metaphorik eines Un-Ortes, eines Nicht-Ortes für Täter, wie sie in Psalm 69 beschrieben werden, beispielsweise in Mt 8,12 oder Mt 23,33. Die dort beschrieben Orte sind vergleichbar mit dem gewünschten »verwüsteten Lagerplatz« in Psalm 69.

In der Metaphorik von Ps 69,29 wird in der Imagination eine »Zone des Lebens« geschaffen, zu der Bedränger und Lebenszerstörer keinen Zutritt haben und in der keine weitere Viktimisierung stattfinden kann.

---

510 SCHÄFER/GAST/HOFMANN/KNAEVELSRUD/LAMPE (2019, S. 6).

511 Vgl. BAIL (1998, S. 121 ff., S. 151 ff.); BEDENBENDER (2013, S. 112 ff.).

Rachefantasien in den Psalmen lassen sich aus psychotraumatologischer Sicht verstehen als Feindentmachtung in der Imagination.[512]

### Fazit

In den kurzen Textabschnitten der Psalmen, die Rachefantasien beschreiben, findet eine Feindentmachtung in der Imagination statt, vergleichbar der Feindentmachtung im psychotherapeutischen Zugang der IRRT. Bei Teilnehmenden an IRRT-Sitzungen geht der Grad der Belastung nach einer solchen Feindentmachtung in der Imagination oft wesentlich zurück. Obwohl sie wissen, dass die Feindentmachtung nicht in der Wirklichkeit (damals) stattgefunden hat, werden sie in der Imagination »als durchaus real empfunden«.[513]

Die Feindentmachtung in der Imagination ist eine Gemeinsamkeit der Psalmen und der IRRT.

In der IRRT ist es das heutige, erwachsene Ich, das in der Imagination die damalige Trauma auslösende Szene betritt und den Täter oder die Täterin entmachtet. Im Unterschied dazu wird in den Psalmen die Täterentmachtung als ein Handeln Gottes imaginiert.

## 5.6 Ressourcenorientierung

### Ressourcenorientierung in der Psychotraumatologie

Die ressourcenorientierte Ausrichtung ist vielen Traumatherapien gemeinsam. Sie wurde in den vorgestellten Therapieansätzen sichtbar. Reddemann rät therapeutisch Tätigen, die in Muster der Defizitorientierung zurückfallen, »sehr dazu, Ressourcenorientierung im Alltag zu erproben«.[514] Ihre Bücher tragen das Wort Ressourcenorientierung im Titel.[515]

Denn: »Traumatisierte Menschen sind nicht nur traumatisiert. Sie sind nicht nur Opfer, Überlebende, KlientIn oder PatientIn. Sie sind vor allem lebendige Kinder, Jugendliche und Erwachsene mit ihren Glücksmomenten. Sie haben Sehnsüchte, Hoffnungen, kleine und große Erfolge.«[516]

---

512 Bernd Janowskis Begriff der »an JHWH gerichteten Feindschädigungsbitte« kommt dieser Interpretation nahe. JANOWSKI (2019, S. 205).

513 SCHMUCKER/KÖSTER (2014/2015², S. 42–43).

514 REDDEMANN (2011/2014⁸, S. 117 ganzes Kapitel zum Thema Ressourcenorientierung).

515 REDDEMANN (2001/2010¹⁵).

516 HUBER (2011, S. 160–161).

So schlägt Michaela Huber ihren Patientinnen vor, nicht nur ein Belastungsdiagramm auf einem Blatt aufzuzeichnen, sondern auch ein Ressourcendiagramm zu erstellen mit Erfolgen, Glücksmomenten, Siegen, hilfreichen Lebenssätzen oder liebevollen Mitmenschen. Diese Anweisungen erinnern an die Selbstaufforderung des Psalmbeters in Psalm 103 (Lut): »Lobe den Herrn, meine Seele, [...] und vergiss nicht, was er dir Gutes getan hat.«

### Ressourcenorientierung in den Psalmen

Psalm 91 beginnt mit einem Vertrauensbekenntnis (Vers 1–2). Die anschließenden Bilder von Rettung und Schutz durch Gott, durch seine Engel und durch den Psalmbeter selbst sind geprägt von einer facettenreichen Ressourcen-, Schutz- und Vertrauensmetaphorik.

In Psalm 69 wird im dritten und letzten Teil Freude und Naturverbundenheit geäußert, Ressourcenbilder entstehen und beschreiben eine lohnenswerte Zukunft.

Die Psalmen verschweigen nicht die Tatsache des mehrdimensional bedrohten Menschen. Dennoch malt fast jeder Psalm Ressourcen- und Hoffnungsbilder. Die meisten Psalmen enden mit einem Ressourcenbild oder einem Hoffnungstext.

### Fazit

> Die Ressourcenmetaphorik und Ressourcenorientierung ist ein verbindendes Element der Psychotraumatologie und Psalmensprache.

## 5.7 Folgerungen: Viele Gemeinsamkeiten und ein Unterschied

Bei so viel Übereinstimmung ist die Suche nach Unterschieden nicht einfach. Das Gespräch mit verschiedenen Selbstanteilen, die fünf Traumadiagnosekriterien und weitere traumarelevante Themen, die 20 gemeinsamen Metaphern als »Bilder mit heilsamer Kraft«, die Ressourcenorientierung – das alles sind Gemeinsamkeiten. Sie zeugen von einer inneren Nähe und Verwandtschaft der Zugänge aus Traumatherapien und Psalmentheologie.

Ursprung, Begründung und Wirkkraft der Hilfe, wie sie in den Psalmen beschrieben sind, wird meist mit Gott assoziiert. Impulsgeberin in der Psychotherapie ist hingegen die Therapeutin oder der Therapeut. Hier liegt ein Unterschied.

Folgerungen: Psalmen und Psychotraumatologie weisen erstaunlich viele Gemeinsamkeiten auf, doch ein Unterschied fällt ins Auge:

## 5.8 Der entscheidende Unterschied: »Gott« (Der Faktor, der kein Faktor ist)

Gott, wie er in der variantenreichen Metaphorik der Psalmen (und der Bibel insgesamt) vorgestellt wird, ist *der* entscheidende Unterschied im Vergleich der Psalmtexte mit Handlungsmanualen der Psychotraumatologie. In den Psalmtexten entfalten die Gottesbilder, Gottesvorstellungen und die Gottesmetaphorik eine besondere Prägekraft. Die Wesenszüge des Gottes Israels werden in den Psalmen facettenreich beschrieben.

Der entscheidende Unterschied zwischen traumafokussierter Seelsorge und traumafokussierter Psychotherapie ist der »Faktor Gott«. Und gleichzeitig ist »Gott« kein Faktor: Kein Faktor neben anderen Faktoren, keine Methode, kein Zusatz, keine Hilfsmöglichkeit neben vielen anderen Hilfsmöglichkeiten. Er ist der, der sich nicht an Termine binden lässt und sich nicht integrieren lässt in Therapie- oder Seelsorgemanuale. Er begegnet dem einzelnen Menschen – so, wie er will, und dann, wann er will. Von »Gott« zu schreiben, von Gott zu reden, kann zugleich Grenzübertretung und unumgängliche Notwendigkeit sein.

Mit Martin Buber ist festzuhalten: Gerade das Wort *Gott* ist sehr belastet. »Welches Wort der Menschensprache ist so missbraucht, so befleckt, so geschändet worden wie dieses? [...] Keines ist so besudelt, so zerfetzt worden. [...] Gerade deshalb darf ich darauf nicht verzichten.«[517]

Fazit: In der Attribution menschlichen Daseins gibt es in psychotraumatologischen Handlungsmanualen und in Psalmtexten Gemeinsamkeiten (der bedrohte Mensch, Krankheit, Todesgefahr, Ressourcen), aber auch entscheidende Unterschiede. Der entscheidendste Unterschied ist »Gott«.

517 BUBER (1962, S. 508–510).

# 6 Das Erbe der Psalmen – Ein Zwischenhalt

Die Psalmen mögen in der Auseinandersetzung, im Streit- und Konfliktgespräch[518] einzelner Beter mit ihrem Gott geboren worden sein, in Situationen von Not und Verzweiflung. In ihrer Wirkungsgeschichte aber gehen sie weit darüber hinaus. Es folgen ein paar Schlaglichter auf die Auswirkungen dieser Texte.

## 6.1 Die kulturprägende Kraft der Psalmen

Die Psalmen haben sich seit rund 2400 Jahren bewährt als Texte, die Menschen Kraft geben. Sie gleichen einer Schatztruhe, in der sich Glaube, Religiosität, Spiritualität in großer metaphorischer Vielfalt verbirgt. Psalmenlesende Menschen sind miteinander verbunden durch die stets neue Suche nach dem Einen, den sie bereits gefunden haben, und der sich ihnen dennoch immer wieder entzieht. *Die Gott suchen, werden aufleben in ihrem Herzen.* Diese Gottessuche ist im Verständnis von Psalm 69 nicht ein linearer Weg, sondern eher ein Stöbern im Dunkeln, das zuweilen endlos scheint und unerträglich zu werden droht. Im Sinne von Psalm 91 ist diese Gottsuche hingegen mit mehr Zuversicht verbunden und beschreibt eine hereinbrechende Klarheit, die innerweltlich oder zeitlos-eschatologisch hoffnungsvoll aufleuchtet.

### Die Psalmen sind als eine Quelle der Gesprächskultur zu verstehen

> Die Psalmen sind Zeugen eines mehrdimensionalen Beziehungsgeschehens, aber auch Zeugen einer Gesprächskultur: Zunächst einer Gesprächskultur zwischen Menschen und ihrem Gott. Diese Gesprächskultur beschreibt

518 JANOWSKI (2003/2006²).

> Menschen (als Einzelne und als Gruppe), die verhandeln, disputieren und ringen. Gleichermaßen können die Psalmen auch die Kommunikation zwischen Menschen oder die Kommunikation eines Seelsorgegeschehens befruchten, gerade durch die darin begegnende Vielschichtigkeit und Diskursfähigkeit. So sind die Psalmen Zeugen einer Gesprächskultur, die für das Abendland prägend wurde.

### *Die Psalmen bilden ein Herzstück der Theologie*

Die Psalmen wurden – gerade auch durch die Psalmzitate im Leben Jesu, durch ihre Rezeption in den Evangelien und in weiteren Texten des Neuen Testaments – zu einem Herzstück der christlichen Theologie.

### *Die Psalmen als kulturprägende und kulturformende Kraft*

Die Psalmen nahmen ihren Anfang, als jüdische Autoren ihre Texte niederschrieben, überarbeiteten und tradierten. Diese Texte wurden vom jüdischen Volk rezitiert, gebetet und vielleicht gesungen. In dieser Tradition stand auch Jesus von Nazareth, der am Kreuz mit den Worten zweier Psalm-Zitate betete (Ps 22,2 und Ps 31,6). Die Evangelien berichten davon, und das Neue Testament rezipiert Psalmtexte. Dadurch erreichten die Psalmen einen theologisch dichten Gehalt. Die Christen reihten sich ein in verschiedene Traditionen des Psalmengebets und Psalmgesangs und nahmen zahlreiche Psalmtexte in ihren liturgischen und sakramentalen Gebrauch auf.

Die Psalmen prägten sowohl die jüdische wie auch die Kirchengeschichte (s. Abbildung 14).

> Die in der Kirche gebeteten und gesungenen Psalm-Verse mit den aussagekräftigen Sprachbilden prägten mit ihrer Metaphorik die Kulturgeschichte überall dort, wo sich das Judentum oder Christentum ausbreitete, sowohl in Literatur und Poesie als auch in Musik und darstellender Kunst.

### *Die kulturprägende Kraft der Psalmenmetaphorik*

Die Psalmen sind Ursprung und Ausgangspunkt einer Metaphorik, die kulturprägende und kulturformende Kraft entwickelte. Diese Psalmenmetaphorik ist differenziert und variantenreich. Sie inspirierte die Kultur in all ihren Ausprägungen, sowohl in Musik, Kunst und Literatur. Für die Seelsorge gilt zu beachten:

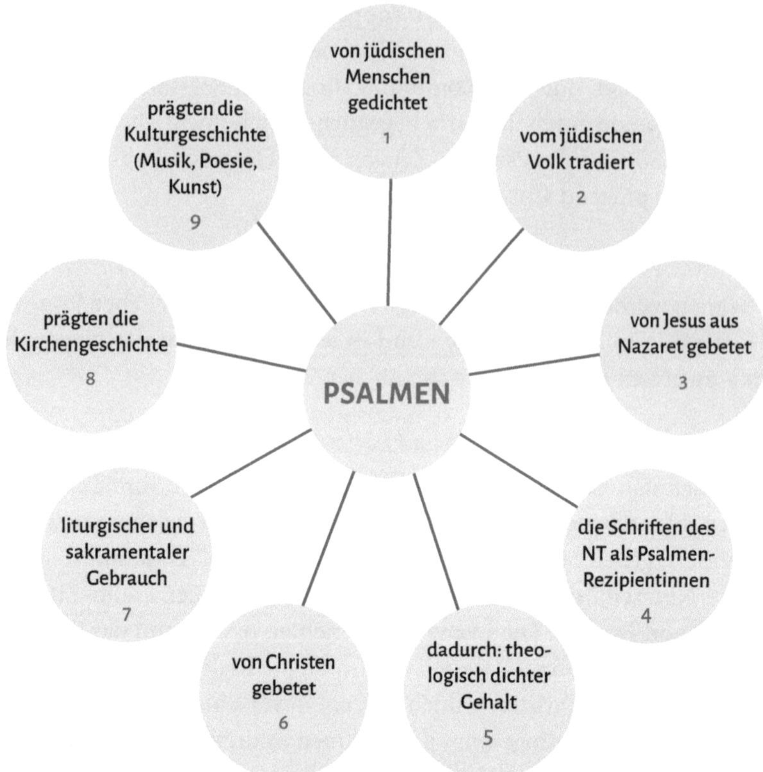


**Abbildung 14:** Die Psalmen als ein Herzstück der Theologie, welche zu einer Quelle der Gesprächskultur wurde und mit ihrer Metaphorik kulturprägend und kulturformend wirkte (erstellt von Silvia Bolatzki)

### *Die Unersetzbarkeit der Metaphern*

»Metaphern lassen sich nicht einfach übersetzen in Äquivalente, die nicht metaphorisch sind«, schreibt Hartmut von Sass.[519] Die Metaphorik des »Ich will ihn herausreißen« lässt sich nicht einfach abstrahiert wiedergeben mit »Rettung«. Bei solcherlei Wiedergaben geht etwas verloren (die Beziehungsdimension, die direkte Rede, das heilsame Bild).

> Die Unersetzbarkeit der Metaphern: Die christliche Metaphorik lässt sich nicht durch Abstrakta ersetzen. Darum ist die metaphorische Sprache stets dem verallgemeinernden Begriff vorzuziehen, auch in der Seelsorge. Der Satz »Sie werden für dich sorgen« (Abstraktum) hat nicht dieselbe Quali-

519 VON SASS (2020).

tät wie der Satz »Auf beiden Händen werden sie dich tragen« (Metapher) aus Psalm 91,12.

### *Die Liebe zum Detail*

Für die Seelsorge gilt es außerdem, die Liebe zum Detail zu beachten. Es geht darum, stets das Hilfreiche, Schöne, Stärkende auszumalen. »Eine Blume« hat eine andere Aussagekraft als »die Lilie auf dem Feld, die schöner ist als Salomo in seiner Seide« (vgl. Matthäus 6,28). Gerade das Prägen neuer innerer Bilder, die heilsam sind, gelingt durch ausgesprochene Liebe zum Detail.

> Die Liebe zum Detail erhöht die Qualität der Sprache und der (heilsamen) inneren Bilder.

### *Fazit zur kulturprägenden Kraft der Psalmen und ihrer Metaphorik*

> Traumaseelsorge steht im Strom der biblischen Überlieferungen, das heißt im Strom von Texten, die Jahrtausende alt sind und sich seit rund 2400 Jahren bewährt haben.

Auch Bilder aus der Wirkungsgeschichte der Bibel und speziell aus der Kunstgeschichte sind ein Spezifikum der Seelsorge. Traumaseelsorge »klinkt sich ein in eine Tradition mit ihren Beständen«.[520] Dieses reiche kulturelle Erbe kann in die Seelsorge einfließen: Poesie, Literatur, Kunstbilder, Kunstkarten und rezeptive Kunsttherapie, Lieder, Musikstücke, den Möglichkeiten sind keine Grenzen gesetzt.

> Damit steht Traumaseelsorge im Strom der christlichen Kulturgeschichte, insbesondere der Musik, der darstellenden Kunst und der Literatur.

Psalmen lassen traumarelevante Erfahrungen der Psalmbeter anklingen oder benennen klar Traumafolgestörungen (nach heutiger Definition). Sie können als Bewältigungstexte verstanden werden, die einen kreativen Ausdruck gefunden haben.

> Traumabewältigung führt nicht selten zu neuer Kreativität.
>
> Erstaunlich bleibt, dass modernste traumatherapeutische Methoden mit denselben Bildern arbeiten, die die Psalmen seit 2400 Jahren prägen.

520 VON SASS (2020). Was von Sass im Artikel über die Kirche allgemein sagt, gilt auch für die Seelsorge.

## 6.2 Überrascht von den Psalmen, der Psychotraumatologie oder der Seelsorge?

Die einen traumainteressierten Leserinnen und Leser dürften mehr *von den Psalmen* und ihrer Weisheit überrascht sein sowie von der Erkenntnis, wie sehr diese Psalmen und die Psalmgesänge, die durch die Jahrhunderte ertönten, die Kultur des Abendlandes geprägt haben.

Die anderen traumainteressierten Leserinnen und Leser dürften mehr *von der Psychotraumatologie* überrascht sein und der Erkenntnis, wie sehr sie ihr Wissen, ihre heilsamen Bilder und ihre Übungen aus diesen uralten Psalmtexten (und Urbildern der Menschheit) schöpft und wie nahe verwandt diese mit ihren fachspezifischen Inhalten sind. Dazu gehört auch die von den Psalmen geprägte Kultur des Abendlandes, auf deren Boden die Psychotherapien und Traumatherapien entstehen, wachsen und gedeihen konnten: Es ist eine Kultur, die sich in einer Wertschätzung des Dialogs, der Beziehung und des Lebens äußert. Dazu gehört auch eine Wertschätzung der Gefühle, des Körpererlebens und der sozialen Zugehörigkeit.

Dritte dürften mehr *von der Seelsorge überrascht* sein und der Nähe, die die Psychotherapie und die Psychotraumatologie von Anfang an zu ihr hatte, sowie zu den sie verbindenden Themen (Sprachfindung im Leid, Kraft der metaphorischen Sprache etc.). Dass diese Nähe bis heute andauert, ist vielen Fachleuten der Psychotraumatologie nicht bewusst oder nicht bekannt.

Vergegenwärtigen wir uns die Zeitdimension, in welcher die Psalmtexte und die heutigen Therapiemanuale konzipiert wurden: Die Psalmtexte wurden vor rund 2400 Jahren als Textkorpus (zusammengehörender Text) abgeschlossen. Die traumafokussierten Therapiemanuale wurden in den letzten zwanzig bis dreißig Jahren entwickelt.

> Historische Einordnung: Die Psalmen mit ihrer Metaphorik wurden vor ca. 2400 Jahren als Texte niedergeschrieben und überliefert, die Metaphern der Imaginationsübungen vor zwanzig bis dreißig Jahren.

## 6.3 Die Bibel ins Gespräch bringen?

Soll man in einem Seelsorgegespräch die Bibel ins Gespräch bringen? Peter Bukowski legt in seinem Buch »Die Bibel ins Gespräch bringen«[521] dar: Man *kann* die Bibel ins Gespräch bringen, man *kann* sie einbeziehen. Er bezieht sich dabei auf Situationen, in welchen es nicht um Glaubensfragen, sondern vielmehr um Lebenshilfe geht. Als Psychotherapeut (Gestalttherapeut) und Theologe schöpft er aus einem reichen Erfahrungsschatz. Er unterscheidet dabei das Einbringen einer biblischen Geschichte und das Einbringen eines biblischen Gedankens. In den Psalmen sieht er Sprachhilfen zum Thema »Wut« oder »Müdigkeit«. Als Sprachhilfe für Wut ortet er auch Sprachbeispiele aus den Racheabschnitten in den Psalmen.

Speziell für die Kunst, ein Gespräch zu beenden, findet Peter Bukowski einen reichen Fundus an Möglichkeiten. Texte, Gedanken, Geschichten können wie Wegzehrung beim Abschied helfen, sei dies eine Spruchkarte, eine von Hand geschriebene Liedstrophe oder ein schlichter Segen. Wegzehrung gleich kann auch ein Segenswort aus der Bibel sein, wie: »Der Herr segne dich und behüte dich.«

Wir haben die große Fülle der Psalmtexte untersucht. Heißt das nun, dass man Psalmen in der Seelsorge brauchen soll? Nein, das wäre zu einseitig. Psalmen sind wunderbare Texte – doch oft viel zu komplex für ein Gespräch. Darum finden Seelsorgegespräche häufig ohne expliziten Gebrauch von Psalmen (oder Bibeltexten) statt.

### Expliziter, impliziter und begleitender Gebrauch der Bibel in der Seelsorge

Einen hilfreichen und differenzierten Umgang mit der Bibel in der Seelsorge hat Traugott Ulrich Schall vorgeschlagen, den auch Christoph Morgenthaler rezipiert. Er spricht von einem expliziten, impliziten und begleitenden Gebrauch der Bibel in der Seelsorge.[522]

Der *explizite Gebrauch der Bibel* in der Seelsorge bedeutet, dass ein konkreter Text oder eine konkrete Geschichte aus der Bibel im Seelsorgegespräch Raum bekommt. Der explizite Gebrauch der Bibel wird im Fallbeispiel von *Gabriel und seinem Vater* (s. Teil I, Kapitel 3.4: »Biblische Geschichten als Ressourcen-

---

521 BUKOWSKI (1994/2022[11]).

522 MORGENTHALER (2009/2017[3], S. 255–257), mit Rückbezug auf SCHALL (1985, S. 130–136).

geschichten und Resilienztexte«) auf der Kinderonkologie-Station und im Beispiel von *Familie Walter* vorgestellt. Sie erlebten explizit die biblischen Geschichten oder einen Psalm als Stärkung, ohne dass die Seelsorgenden wussten, worin das Wirkungspotenzial genau lag.

Der *implizite Gebrauch der Bibel* in der Seelsorge bedeutet, dass biblische Bilder und Geschichten im Hintergrund eines Seelsorgegesprächs mitschwingen. Die Seelsorgerin, der Seelsorger steht bewusst in der Spur einer solchen Geschichte, ohne das im Gespräch auszusprechen. Die implizite Bedeutung der Psalmentradition beleuchtet das Fallbeispiel von *Irinas Vater* (s. Teil II, Kapitel 9.2). Er fand einen Raum für seine Klage, und das wirkte heilsam. Der Seelsorger aber eröffnete aufgrund der biblischen Tradition einen Raum zur Klage, wie er dies aus den biblischen Büchern Hiob und Jeremia sowie aus den Klagepsalmen und Klageliedern kannte.

Der *begleitende Gebrauch der Bibel* in der Seelsorge bedeutet, dass Seelsorgerinnen und Seelsorger geprägt sind von diesen biblischen Geschichten und Texten, dass sie getränkt sind von einem Gott der Liebe und Zuwendung und ihre Sehnsucht stets von neuem bei ihm stillen. Begleitende Bedeutung gewinnt die Bibel im Fallbeispiel *Holger trifft Silke* (s. Teil II, Kapitel 8.6, »Schuldgefühle, echte Schuld und weitere Schuldaspekte differenzieren«). Holger findet Trost in Silkes Worten: »Manchmal ist es einfacher, sich schuldig zu fühlen, als ohnmächtig zu sein.« Dieser Satz entstammt der Lebenserfahrung und dem theologischen Wissen von Silke. Aber auch durch ihre Anteilnahme, ihre warme Stimme und ihr Mitwandern findet Holger einen Resonanzraum für sein Leiden und eine neue Perspektive.

Soll man in einem Seelsorgegespräch die Bibel ins Gespräch bringen? Diese Frage betrifft nicht nur Christen im Raum der abendländisch-pastoralpsychologisch geprägten Seelsorgebewegung.

Als Beispiel orientalisch geprägter Christen ist mir *der Heilige Arsenios der Kappadokier* begegnet. Er lebte von 1840–1924 im Nahen Osten, in Zentralanatolien, dem Gebiet der heutigen Türkei, als Mitglied der griechisch-orthodoxen Kirche.

Über sein Leben erfuhr ich erstmals im Urlaub, ca. 90 km südöstlich von Thessaloniki, auf der Halbinsel Chalkidiki, in den Bergen des Ortes Vatopedi. Zufälligerweise entdeckten wir ein Kloster, das Arsenios' Namen trug, aber ich hatte noch nie von ihm gehört. Die griechisch-orthodoxe Kirche mit ihren Malereien berührte uns – lauter biblische Geschichten zierten als Fresken das Deckengewölbe, die Seitenwände und Nischen. Wir wurden freundlich empfangen und nach der Kirchenbesichtigung mit Kaffee bewirtet, ganz überraschend. Erst zu Hause erfuhr ich, wer dieser Heilige Arsenios war:

## Fallbeispiel aus dem Orient: Der Heilige Arsenios, der Kappadokier

»Kappadokien (in der heutigen Türkei) ist heute kaum mehr von Christen bewohnt, aber um 1840, als Arsenios geboren wurde, gab es dort noch bedeutende orthodoxe Gemeinden. Er wurde als Mönch [später Diakon, dann Priester] in seine Heimatstadt Farasa gesandt, um den Menschen zu dienen. Er wurde bekannt als ein mächtiger Fürsprecher vor Gott, der für alle betete, die zu ihm kamen, genauso für Muslime wie auch für Christen. Seine Wunderheilungen erreichten einen hohen Bekanntheitsgrad in ganz Kappadokien.« [Er führte ein Leben der Hingabe und nahm nie Geld an. Mittwochs und freitags schloss er sich in sein Kellion ein, fastete, wachte und betete.] Vater Arsenios erlebte die Vertreibung der Griechen aus Kleinasien. Er bereitete seine Gemeinde für die Ausreise aus ihrer Heimat vor. Der betagte Heilige führte seine Gläubigen auf einer Reise von 400 Meilen durch die Türkei.«[523] Sie landeten auf der Insel Korfu (Kerkyra). Am 10. November 1924 entschlief er friedlich im Alter von 83 Jahren.

Wie er als Fürsprecher vorging, ist überliefert: »Wenn er für einen konkreten Anlass im Euchologion kein geeignetes Gebet fand, verwendete er einen passenden Psalm und las in ernsten Fällen das heilige Evangelium.«[524]

Auf den orthodoxen Websites wird mehrfach erwähnt, dass er »Psalmen verwendete für Segnungen, besonders wenn es keine bestimmten Segnungen für eine Angelegenheit gab«.[525] Vom Heiligen Arsenios, dem Kappadokier, sind zahlreiche Gebetserhörungen und Wunderheilungen bezeugt. Der Heilige Arsenios hat die Kraft der Psalmen entdeckt, und dabei stets auf Christus hingewiesen: Er sei der Heiler.

So ist der *explizite Gebrauch der Psalmen* oder anderer Bibelworte in der Begegnung mit Hilfesuchenden kein Spezifikum einer einzigen christlichen Konfession oder Tradition, sondern eine verbindende Erfahrung aller christlichen Traditionen über verschiedene Zeiten und Kulturräume, über konfessionelle und geografische Grenzen hinweg. Das gilt auch für den *impliziten und den begleitenden Gebrauch* der Bibel.

523 http://orthodoxwiki.org/Arsenios_the_Cappadocian (Zugriff am 04.02.2025).
524 https://www.orthodoxie.at/gemeinde/kapelle/synaxarion/arsenios (Zugriff am 04.02.2025).
525 http://orthodoxwiki.org/Arsenios_the_Cappadocian (Zugriff am 04.02.2025).

## 6.4 Das Wesen Gottes

Das Wesen Gottes zeigt sich vornehmlich in seinen Namen, in den Gottesbildern (der Gottesmetaphorik), in seinen Wesenszügen (Gottesattributionen, Adjektive) und in seinem Tun (Verben).

### Die Namen Gottes in Psalm 69 und 91

*In Psalm 69* begegnet uns für Gott der Name *Elohim* (ein Gattungsbegriff) achtmal, der Gottesname *Jahwe* fünfmal, sowie verschiedene Namenskombinationen (*Adonai, Jahwe Zebaoth* und *Elohei Israel* – Gott Israels).

*In Psalm 91* wird Gott bereits in den Versen 1–2 mit vier verschiedenen Gottesbezeichnungen angesprochen: Als *Eljon, Schaddai, Jahwe* und *Elohim.* Zweimal wird der Name *Jahwe* in Ps 91 genannt, und zweimal die Bezeichnung *Eljon.*

*Adonai* heißt *der Herr.*

*Elohim* ist ein Wort im Plural für *El – »Gott«,* meist als Pluralis Majestatis gedeutet, das heißt, ein Plural, der die Macht des Angesprochenen ausdrückt.

*Elohej Israel* heißt Gott Israels.

*Eljon* heißt übersetzt *der Höchste.*

*Jahwe* ist der häufigste Gottesname im Alten Testament.

*Zebaoth* heißt *Heerscharen, Armeen* und kommt gehäuft in der Namenskombination *Jahwe Zebaoth* vor.

*Schaddai* (oder in der Langform *El Schaddai*) wird meist mit *dem Allmächtigen* übersetzt. Dieser Gottesname steht 48-mal im Alten Testament, vorwiegend im Buch Hiob und in den fünf Büchern Mose.[526] Als Erstes begegnet er in den Erzählungen der Erzväter, zweimal davon in einer Selbstoffenbarung:

- Abraham (Gen 17,1): Er sprach zu Abram: Ich bin El Schaddai.
- Isaak (Gen 28,3): Isaak sprach zu Jakob: El Schaddai segne dich.
- Jakob (Gen 35,11): Er sprach zu Jakob: Ich bin El Schaddai.

Der Gottesname El Schaddai wird auch in Ex 6,3 in einer direkten Gottesrede an Mose formuliert: »Und Gott redete zu Mose und sprach zu ihm: *Ich bin Jahwe.* Ich bin Abraham, Isaak und Jakob erschienen als *El Schaddai;* aber mit meinem Namen *Jahwe* habe ich mich ihnen nicht zu erkennen gegeben.«

Eine andere Wiedergabemöglichkeit für *Schaddai* geht von der Übersetzung der Wortwurzel *Schad* – »die Brust« (oder »der Berg«) aus, deren Pluralbildung *Schaddai* – (mehrere) Brüste als Bild für einen Gott, der allen Mangel

---

526 SCHMID (2010/2011², S. 2690).

stillt, interpretiert werden könnte.[527] Oder, mit Christine Reibenschuhs Worten: »Der Gott, der herzt, der dich an die (Mutter-)Brust nimmt. Mit diesem Namen wird also der fürsorgliche, der liebevolle und versorgende Gott angerufen.«[528]

### *Der gelöschte Gottesname*

Was hat das Löschen und damit das Verschweigen des Gottesnamens »Jahwe«, wie er im hebräischen Urtext steht, mit traumasensibler Seelsorge zu tun?

*Jahwe* ist der Gottesname, mit dem Gott sich erstmals in Exodus 3 vorstellt mit dem Hinweis: Das ist mein Name für immer, und so soll man mich anrufen von Generation zu Generation (Ex 3,13–15). Dieser Gottesname wurde über Jahrtausende durch Übersetzungen seiner Sichtbarkeit beraubt, indem statt Jahweh (bzw. JHWH, hebräisch יהוה) geschrieben wurde: *Kyrios* (in der griechischen Übersetzung, der sogenannten Septuaginta) und in deutschen Übersetzungen *HERR* oder *Herr.* Die Ehre seines Namens aber beginnt mit der Sichtbarmachung dieses seines Namens im biblischen Text. Der Name Jahwe wird im Alten Testament 6828-mal erwähnt und ist damit der häufigste Gottesname im AT. Es bleibt den Lesenden überlassen, den (im Judentum unaussprechlichen) Namen Jahwe auszusprechen oder ihn beim lauten Vorlesen zu ersetzen: Die häufigsten Ersatzworte für Jahwe sind *Herr, Gott, Adonai* oder *der Ewige;* die drei Erstgenannten in Anlehnung an Septuaginta und Neues Testament. Denkbar und nahe am Ursprungstext wäre auch *der Gott Abrahams, der Gott Isaaks und der Gott Jakobs* als direkte Wiedergabe aus Ex. 3,6 oder der *Ich bin da.*

Jahwe könnte auch wiedergegeben werden als *Der Gott des brennenden Dornbuschs; der Gott, der sich Mose offenbart hat; der Befreiergott* oder *der Gott, der das Schreien seiner Kinder gehört hat,* in starker Anlehnung an Ex 3. Diese heilsamen Bilder nehmen die wohltuende Metaphorik aus Ex 3 würdigend auf.

An all diese Metaphern erinnert das Schriftbild des Gottesnamens *Jahwe.* Deutsche und anderssprachige Bibelübersetzungen löschen aber das Schriftbild *Jahwe* und den Namen *Jahwe* in ihren Ausgaben und machen damit sämtliche mit Jahwe implizierten (heilsamen) Bilder und Vorstellungen sowie die damit assoziierten (heilsamen) Geschichten unsichtbar. Othmar Keel schreibt dazu: »Eigennamen sind offene Bezeichnungen. Wenn aber 6800 Mal statt Hans ›der Herr Direktor‹ gesagt wird, tritt an die Stelle des offenen Eigennamens eine klare Rollenbeschreibung, und das ist eine drastische Einschränkung.«[529]

---

527 So beispielsweise bei: Grözinger: »Schaddai – vielbrüstige Frau, überfließend von Milch«, GRÖZINGER (2019, S. 762).

528 REIBENSCHUH (2024).

529 KEEL (2008, S. 13).

Aus traumasensibler Perspektive ist darum ein Sichtbarmachen des Namens und Schriftzugs *Jahwe* in den Texten zu bedenken aufgrund der heilsamen Metaphorik, die sich explizit mit diesem Gottesnamen verbindet. Ob er ausgesprochen oder ersetzt wird beim Rezitieren, bleibt damit den Rezitierenden überlassen. Aber er wäre sichtbar im Text.

Was hat das Löschen des Gottesnamens in Bibelübersetzungen aber mit Traumafolgen zu tun? Das Löschen eines Namens kann eine Form struktureller Gewalt sein. Streichung, Auslassung und Ignoranz[530] sind Formen der Unterdrückung. Einen Menschen nicht mehr bei seinem Namen zu nennen (und ihn beispielsweise mit Nummern zu ersetzen, mit einem anderen Namen oder mit einer Rollenzuschreibung), ist oft Zeichen der Ehrverletzung und der Beraubung seiner Herkunft, Individualität und Würde. Wo Menschen den Namen Jahwes löschen (im Text, Schriftbild, Buchdruck), müssen sie sich fragen lassen, ob sie damit nicht auch Jahwe – den Gott Israels – seiner Individualität, seiner Würde und seiner Ehre berauben.

> Dies sind die Gottesnamen, die in Psalm 69 und Psalm 91 begegnen. In den Psalmen und in der gesamten Bibel finden sich weitere Namen für Gott, die zu entdecken sich lohnt.

## Die Gottesbilder (Gottesmetaphorik)

Die Bibel zeichnet Gott in stets neuen Bildern. Fast unendlich scheint deren Variantenreichtum. Die Rede von Gott, das Schreiben über ihn, das Gespräch über sein Wesen wird stets metaphorisch bleiben. Darin unterscheidet sich die Sprache der Seelsorge (und die Sprache der Religionen) nicht von der Alltagssprache (zum Thema Gottesbilder, Gottesmetaphorik s. Teil II, Kapitel 4.2: »Gottesbilder in der Seelsorge«).

## Die Wesenszüge Gottes (Gottesattributionen, Adjektive)

Das Wesen Gottes (die sogenannten Gottesattributionen) findet sich kumuliert im Satz beschrieben: *Gnädig und barmherzig ist Jahwe, langmütig und von großer Güte,* wiedergegeben mit den zwei hebräischen Worten *raḥămîm* und *ḥæsæd* (z. B. in 2 Mose 34,6; Psalm 86,15; Psalm 103,8; Palm 145,8).

530 ENDRISS (2018).

Auch der Wiederholungsgesang (Refrain) in Psalm 136 ist als jüdisches »Credo« über das Wesen Gottes zu verstehen. Nach jedem Psalmvers, also 26-mal, bekräftigt der Text: *Denn seine Gnade währt ewiglich* (Hebräisch: chasdo l'olam). Diese Gnade und Barmherzigkeit weckt die Aufmerksamkeit der traumatherapeutisch Interessierten, ist doch Mitgefühl eine zentrale Haltung, sowohl in der Psychotherapie allgemein und besonders seit Carl Rogers, der die Haltung der Empathie betonte, wie auch in den Traumatherapien neueren Datums.

Das Wort »Gnade« kommt vom Hebräischen Wort *ḥæsæd.* Das Wortfeld *ḥæsæd* umfasst allerdings die Bedeutungen *Zuwendung, Gnade, Güte, Gunst, Solidarität, Loyalität, Wohlwollen, Bundestreue.* Gnade ist ein zentraler theologischer Begriff. Für moderne Hörerinnen und Hörer wäre es vielleicht zielführend, das Wort von Gottes Gnade *(ḥæsæd)* durchgehend mit »Gottes Zuwendungskraft« zu übersetzen.

Das Wort »Barmherzigkeit« umfasst das Wortfeld *Mitgefühl, Barmherzigkeit* und *Erbarmen,* wird aber meist mit »Barmherzigkeit« wiedergegeben. Es entstammt derselben Wortwurzel im Hebräischen wie das Wort *Mutterschoß oder Gebärmutter.* Somit lässt sich das Wort nur ungenügend auf Deutsch übersetzen. Denn das Wort *Mutterschoß* hat mit körperlicher Nähe und Geborgenheit zu tun, mit Nahrung, Versorgung, Schutz und der Entstehungsmöglichkeit neuen Lebens.

Gottes Zuwendungskraft (ḥæsæd) und sein Mitgefühl (raḥămîm) werden auch in Psalm 69 und Psalm 91 erwähnt (Ps 69,14; Ps 69,17).

Zuwendung, Mitgefühl und Erbarmen sind die Grundlagen allen menschlichen Lebens, ohne die ein kleines Kind nicht gedeihen kann. Sie sind der Resonanzraum, in welchem Kinder lernen, ihren eigenen Gefühlen zu trauen. Menschen, deren Traumaerfahrungen in die Kindheit zurückreichen, hat dieser Resonanzraum oft gefehlt. In heutigen traumafokussierten Therapiemanualen wird das Mitgefühl als Grundhaltung des therapeutischen Prozesses betont[531] und erhält damit eine neue Akzentuierung.

Der Psalmbeter geht davon aus, dass Gott eine Quelle der Zuwendungskraft, des Mitgefühls und Erbarmens ist.

> Traumaseelsorge entspringt dem Wesen Gottes, wie es in den Psalmen beschrieben ist.
>
> Seelsorgende sind sensibilisiert für die Bedeutungsnuancen der Worte »Gnade« und »Barmherzigkeit«, die zeitgemäß als »Zuwendungskraft« und »Mitgefühl« übersetzt werden können.

531 REDDEMANN (2016).

Dieser Gott der Zuwendungskraft und des Mitgefühls ist »ansteckend« – Menschen in seinem Einflussbereich werden zu barmherzigen Menschen.

### Gottes Tun (Verben)

Wer Gott ist und wie Gott ist, lässt sich an seinem Tun erkennen. Seine Taten kündigen davon. Die Verben, die in biblischen Texten Gottes Tun beschreiben, sind variantenreich:

Gott *hilft, rettet, heilt, tröstet, erlöst, schöpft (erschafft), auferweckt, stellt wieder her, erstattet, reißt heraus (aus Abgrundtiefen), wischt Tränen ab, erhebt aus dem Staub, richtet auf, erhebt das Haupt (Betroffener), ehrt* etc.

Außerdem ist er ein kommunikativer Gott, wie auch Psalm 69 und Psalm 91 bezeugen: Dreimal ertönt in Psalm 69, in den Versen 14,17 und 18, der Ruf: *Höre mich!* bzw. *Antworte mir!* Vers 18 heißt sogar: *Antworte mir schnell!*

In Ps 91,2 spricht anfangs der Beter. Im dritten und letzten Teil von Psalm 91,14–16 wird Gott als sich mitteilender Gott beschrieben, der direkt spricht: *Er ruft mich an, darum will ich ihn erhören. Ich bin bei ihm in der Not* (15, Lut). Zu dieser direkten Gottesrede als Heilszusage schreibt Klaus Koenen: »Hier ist Gott nahe, ja unmittelbar präsent. [...] Entscheidend ist: Gott selbst spricht. Er ist es, der [...] Heil zusagt.«[532] Diese Aussagen in den Versen 14–16 spiegeln das Wesen Gottes.

*Reden, schweigen, hören, antworten* sind Verben der Kommunikation und als solche zugleich Verben der Beziehungsgestaltung. Davon handelt auch das nächste Kapitel.

## 6.5 Das Wesen der Seelsorge

In der Seelsorge ist neben den Betroffenen, ihrem seelsorgerlichen Gegenüber und den seelsorgerlichen Methoden (wie einer heilsamen Psalmenmetaphorik und deren Imaginationspotenzialen, Kunstbildern etc.) stets noch etwas weiteres von Belang: Gott als Gegenüber. Seelsorge kann nicht über Gott verfügen, sie kann aber eine Offenheit für das Wirken Gottes signalisieren. Das Göttliche lässt sich erahnen, umkreisen, suchen. Seelsorge kann dem Geheimnis Gottes, der wirkt, Raum geben. Mit Rilkes Worten: »Ich kreise um Gott, den uralten

532 KOENEN (1996, S. 71–72).

Turm […].«[533] Seelsorge kann zum Resonanzboden für die Gottesfrage werden. Seelsorge kann auch heißen: Gott wirken lassen.

## Seelsorge – Ein multidimensionales Beziehungsgeschehen

Betrachtet man die Verben der Beziehungsgestaltung in den Psalmen, so ergibt sich ein vielfältiges Bild, das ganz verschiedene Ebenen des Tuns betrifft. Sie sind Beispiele für das Kommunikationsgeschehen zwischen Gott und Mensch. Dieses ist keineswegs nur als »sprechendes Beten« oder als »stilles Lesen« und »verstandesmäßiges Bearbeiten« beschrieben, wie dies heute bei Psalmrezipienten oft geschieht. Das wäre eine Verkürzung des darin beschriebenen Beziehungsgeschehens.

*Verben der Beziehungsgestaltung, die eher das Tun des Psalmbeters beschreiben:*

- DER MENSCH: ruft, schreit, weint, seufzt, murmelt, klagt, schimpft, spricht, sehnt sich, harrt, sucht, dichtet, dankt, lobt, klatscht, singt, jauchzt, musiziert, atmet, liegt, steht auf, hüpft, tanzt.

*Verben der Beziehungsgestaltung, die eher das Tun Gottes beschreiben (aus den Psalmen):*

- GOTT: sieht, hört, verbirgt sich, schweigt, spricht, redet, antwortet, richtet, verschafft Recht, leitet, rät, tröstet, reißt heraus, befreit, hält, rettet, hilft, heilt, steht auf, macht neu, spendet Leben, sättigt, stillt, schützt, begleitet, erhebt, ehrt, salbt, segnet.

Die Psalmen beschreiben ein kommunikatives Geschehen zwischen Mensch und Gott. Es betrifft mehrere Dimensionen des Menschseins und der Beziehung. Seelsorge ersetzt niemals dieses Kommunikationsgeschehen zwischen Mensch und Gott, sie lässt sich aber davon inspirieren.

> Seelsorge ist ein multidimensionales Beziehungsgeschehen. Sie lässt sich inspirieren vom kommunikativen Geschehen zwischen Mensch und Gott, wie es in den Psalmen beschrieben wird.

---

533 RILKE (2021, S. 9, geschrieben am 20.09.1899, Berlin-Schmargendorf). Das ganze Gedicht lautet: *Ich lebe mein Leben in wachsenden Ringen, die sich über die Dinge ziehn. Ich werde den letzten vielleicht nicht vollbringen, aber versuchen will ich ihn. Ich kreise um Gott, um den uralten Turm, und ich kreise jahrtausendelang; und ich weiß noch nicht: Bin ich ein Falke, ein Sturm oder ein großer Gesang.*

### *Heilung durch Beziehung – seit über 2400 Jahren*

Die Psalmen wurden vor rund 2400 Jahren verfasst, bzw. der Prozess der Ausgestaltung des Psalters wurde vor rund 2400 Jahren abgeschlossen. Die Psalmen sind ein Zeugnis davon, dass Menschen vor Gott Erleichterung in ihren Bedrängnissen suchten und fanden.

Die Psalmen haben außerdem eine Gesprächskultur gefördert, die die abendländische Kultur mitprägte, bis hin zum Glauben, dass Gespräche heilen können (die sogenannte »Redekur« bei Sigmund Freud).

> Seit über 2400 Jahren findet Heilung durch Beziehung statt. Seelsorgerinnen und Seelsorger stehen im Zeichen des Gottes, der selbst ein »Gott in Beziehung« ist.[534]

## Kernkriterium der Seelsorge

Zur Bedeutung der christlichen Seelsorge im Bereich der Palliative Care schreibt Ralph Kunz: »Glaube ist kein Medikament. Spätestens dann, wenn ich nicht mehr gehört werde, wird die Blöße einer solchen ›Behandlung‹ enthüllt. Theologisch gesprochen bringe ich mein Gegenüber vor Gott – Grundhaltung ist die des Betens und Segnens. Das heißt natürlich nicht, dass ich ständig Gebete murmeln muss. Es heißt, den anderen ins Licht stellen – ins Kraftfeld der göttlichen Spiritualität. Nicht mein Geist, SEIN Geist heilt, nicht aus meinem Inneren, aus seinem Inneren kommen Kräfte, die trösten und lindern. Gott ist Quelle.«[535]

Mit Ralph Kunz' Worten lässt sich sagen: Auch Traumaseelsorge ist keine Pille. Sie ist ein Beziehungsgeschehen zwischen zwei Menschen; und sie ist ein Beziehungsgeschehen, das dem Geheimnis Gottes Raum gibt.

So wie sich »Gott« als Geheimnis in der Seelsorge umkreisen, aber nicht über sich verfügen lässt, verhält es sich mit dem dazugehörenden Gottvertrauen. Es ist nicht machbar oder produzierbar. Marianne Pratl-Zebinger bringt es auf den Punkt: Auf der Suche nach Kernkriterien der Seelsorge greift sie zurück auf den Glaubensbegriff[536] und wehrt sich gegen zwei Missverständnisse: »Weder ist er [der Glaube] ›nur‹ kognitiver Inhalt, noch ist er ›nur‹ humanwissenschaftlich erfassbares menschliches Erleben. Er ist vielmehr ein Relationsbegriff, der

534 FIDDES (2000).

535 KUNZ https://www.pccv.ch/de/news/ newsleser/83.html (Zugriff am 10.10.2018; Link leider nicht mehr abrufbar.).

536 PRATL-ZEBINGER (2009, S. 167 mit Rückgriff auf den Glaubensbegriff von Helmut Tacke).

die Bezogenheit auf den von ihm selbst geglaubten Inhalt (›Gott‹) schon miteinschließt.«[537]

Marianne Pratl-Zebinger schließt aus ihren Überlegungen zu möglichen Kernkriterien der Seelsorge:

> »Wenn Glaube ein Relationsbegriff ist, so wird das Seelsorgegespräch nicht zu einem Gespräch über den Glauben, sondern zu einem Gespräch aus der Kraft des Glaubens. [...] Die Perspektive des Glaubens ist gegenüber den Erkenntnissen säkularer Wissenschaft weder Additum, noch geistliche Überhöhung, sondern sie ist etwas kategorial Anderes, das menschlichem Wissen und menschlichem Handeln in dialektischer Verwobenheit gegenübersteht. [...]
>
> Dieses kategorial Andere ist Kernkriterium der Seelsorge. Und so ermöglicht Seelsorge einerseits, konkrete Erfahrungen und deren geglaubtes Gegenteil gleichzeitig wahrzunehmen. [...] Zum anderen wird dadurch die theologische Rekonstruktion biblisch-traditioneller Glaubenssätze davon befreit, um jeden Preis erfahrbar, real wirksam, heilend, gesundheitsfördernd, einem gelingenden Leben dienlich oder sonst irgendwie spürbar zu sein. Glaubensinhalte sind auch dort aussprechbar, wo sich entsprechende Heilserfahrungen (noch) nicht einstellen. Glaube darf auch ›Glaube wider alle Erfahrung‹ bleiben.«[538]

Seelsorge ist auch eine »Christian Counterculture«: Sie ist nicht ein Gespräch über den Glauben, sondern ein Gespräch aus der Kraft des Glaubens heraus. Damit ist sie etwas kategorial Anderes.

Seelsorge als »Counterculture« thematisiert auch das Eigentümliche, Unverwechselbare und Widerständige des Glaubens[539] und stärkt zugleich traumabetroffene Menschen in ihrer Gottesliebe.

## 6.6 Die Schätze der Psychotraumatologie heben

Die Psychotraumatologie führt ein enormes Fachwissen aus vielen Disziplinen zusammen, das allen Menschen in Helferberufen im Umfeld Traumabetroffener zum Segen werden kann. Der Forschungsschub und die Entwicklung traumafokussierter Therapieverfahren haben zu einer Verbesserung der Hilfsmöglich-

537 Marianne Pratl-Zebinger formuliert hier inhaltlich übereinstimmend mit: ENGEMANN (2014, S. 16), sowie: MEYER-BLANCK (2007/2016³, S. 48).

538 S. 214–216.

539 Formulierung in Anlehnung an: VON SASS (2020).

keiten geführt. Natürlich darf nicht verschwiegen werden, dass sich viele »neuere« traumafokussierte Psychotherapien (Traumatherapien) wesentlich aus den Elementen älterer Psychotherapien speisen. Sie präsentieren sich mit neuer Nomenklatur, neuen Ausbildungsgängen und neuen Diplomen – eine Spezialisierung der Spezialisten sozusagen, wie wir sie momentan in vielen Disziplinen antreffen. Dennoch: Die Psychotraumatologie birgt Schätze, die es zu heben gilt! Es lohnt sich, sich auf sie einzulassen.

Menschen, die mit Traumabetroffenen arbeiten, können in einer Selbsterfahrung von einer traumafokussierten Psychotherapie profitieren. In Helferberufen ist das inzwischen nichts Ungewöhnliches mehr, ist doch bekannt, dass die Selbsterfahrung den größtmöglichen Lerneffekt bewirken kann. Warum ist eine traumafokussierte Psychotherapie – gerade auch für Fachleute aus anderen Helferberufen – empfehlenswert? Es geht um das Erleben in Beziehung: Das Erleben des Angenommenseins, das Erlernen neuer Strategien, selbst das Kennenlernen verständnisfördernden Wissens gelingt am besten in Beziehung.

Einmalig in einer Traumatherapie ist auch die Möglichkeit, über einen längeren Zeitraum und in regelmäßigen Abständen die ungeteilte Aufmerksamkeit der Therapeutin zu bekommen. Wer hat im Alltag schon regelmäßig ganze fünfzig Minuten Zeit, einem ununterbrochen zuzuhören und Anteil zu nehmen?

Kein Buch und kein digitales Programm können das heilsame Erleben in Beziehung ersetzen. Erst aufbauend auf die positive Erfahrung einer therapeutischen Beziehung kann das Lesen von Fachbüchern (oder der Besuch einer Weiterbildung) seine Wirkung optimal entfalten. Denn alles Geschriebene – selbst alles, was in diesem Buch beschrieben ist – ist nicht vergleichbar mit dem, was Menschen für Menschen werden können.

## Die Selbsterfahrung der Psychotherapeuten

Traumafokussierte Psychotherapeuten begeben sich auf einen langen Weg der Selbsterfahrung. Für die Approbation (Zulassung) zur Psychotherapie gehören in der Schweiz 300 Einheiten Selbsterfahrung. Darin werden die Methoden und Gesprächsführungstechniken an sich selbst erprobt, erfahren und wahrgenommen. Gerade die Phänomene der Übertragung und Gegenübertragung sowie der Projektion und weitere wichtige Spezifika einer Therapie können so an sich selbst erlebt werden.

Wer nach der Psychotherapieausbildung die Weiterbildung in einer traumafokussierten Psychotherapie absolviert, schließt weitere Selbsterfahrungseinheiten an. Diese Selbsterfahrung schärft die Fähigkeiten der Wahrnehmung unumgänglicher therapeutischer Prozesse, lässt das Verständnis für die Veränderungsprozesse wachsen und die Schwierigkeiten durchleben, die sich Veränderungswilligen in den Weg stellen. Diese jahrelange Selbstreflexion hilft den Therapeuten, sich selbst zu kennen und mit der Übertragung gut umzugehen.

Ausbildungen in Seelsorge, Beratung, Coaching und Supervision sind demgegenüber kürzer, was den therapeutischen Prozess betrifft, und haben andere Schwerpunkte. Das macht die Arbeit von Psychotherapeutinnen und Psychotherapeuten einmalig.

## Leiblich-körperliche Gegenwart – Präsenz in Raum und Zeit

Einmalig in einer Traumatherapie ist die leiblich-körperliche Gegenwart der Therapeutin oder des Therapeuten, ihre Präsenz in Raum und Zeit. Diese Dimension der Begegnung kann durch nichts ersetzt werden:

Der Handschlag im Türrahmen, die Farbe der Kleidung, der Duft, der aufmerksame Blick, der mitgehende Atem, das gemeinsame Sitzen in einem Raum, in angenehmer Distanz und durch ein Tischchen im Raum dennoch aufeinander bezogen, der zugewandte Oberkörper, das gemeinsamen Beobachten eines Eichhörnchens, das auf der Wiese vor dem Therapeutenzimmer vorbeihuscht, das gemeinsamen Lachen und der Schall im Raum, das Wissen, dass die geweinten Tränen gesehen worden sind, das Taschentuch, das sich dem verweinten Gesicht entgegenstreckt, das Hören der beruhigenden Stimme – all diese Gesten, die von Wohlwollen geprägt sind und dieses Erleben in einem Raum zu einer bestimmten Zeit ist von unschätzbarem Wert.

Das ist auch der bedeutende Vorsprung, den Traumatherapeuten haben gegenüber »Gott«: Sie sind leiblich-körperlich gegenwärtig – mit allen Sinnen. In ihnen zeigt sich die »Resonanz«, die Anteilnahme und die Annahme der Traumabetroffenen. Natürlich ist auch die Sprache, das gesprochene Wort, wichtig. Doch die Körpersprache, Mimik, Gestik, Stimmlage und weitere nonverbale Signale machen einen großen Teil der Kommunikation aus. Manchmal hat die nonverbale Antwort den größeren Einfluss auf das Gegenüber als die verbale.

Diese Präsenz in Raum und Zeit, diese leiblich-körperliche Gegenwart, das sich Räuspern, das Heben der Augenbraue, dieses Sehen, Hören, Fühlen und Riechen der Therapeutin fällt in psalmenmäßigen Begegnungen mit »Gott« weg. Im besten Fall ist er der »geglaubte Gott«, manchmal der irgendwie Imaginierte – doch die Berührung und die menschlichen, körperlichen Interaktionsmöglichkeiten und sensorischen Wahrnehmungen bleiben Menschen in der Regel verwehrt.

Den Vorzug einer therapeutischen Begegnung in Raum und Zeit kann auch eine seelsorgerliche Begegnung »von Angesicht zu Angesicht« haben. Seelsorge ist jedoch punktueller, da sie nicht dasselbe Ausmaß an Zeit für eine Begleitung gewähren kann. Psychotherapeutische Begegnungen bieten demgegenüber die Möglichkeit langer und hochfrequentierter Wegbegleitung und dadurch die Chance, eine korrigierende emotionale Erfahrung zu machen, die sehr tief gehen kann.

Das macht die psychotherapeutische Beziehung außergewöhnlich kostbar. Gerade längere Begleitungen Traumabetroffener – mit der Begegnung von Angesicht zu Angesicht – sind unersetzlich.

# Teil II

## Seelsorgepraxis

# 1 Erkenntnisgewinn für die Traumaseelsorge – Ihre Themen, ihre Schätze

Die Erkenntnisse der Psychotraumatologie und der Psalmenexegese stellen einen Gewinn für die Seelsorge bei Trauma- und Stressfolgen dar. Das betrifft sämtliche Aspekte der Seelsorge: Ihre Grundhaltungen und Methoden, die Arbeit mit Metaphern und Imagination, den Umgang mit den Emotionen und das Körpererleben Betroffener sowie soziale und systemische Aspekte. Die Psalmen schärfen darüber hinaus den Blick für traumarelevante theologische Themen und die Infragestellung des eigenen Glaubens durch Traumaerfahrungen und eröffnen gleichzeitig Einblick auf Schätze, die es zu heben gilt.

# 2 Methodische Grundhaltungen der Seelsorge aktualisieren

## 2.1 Bisherige seelsorgerlich-pastoralpsychologische Grundhaltungen

### Psychotherapeutische Konzepte, Methoden und Techniken

Zur professionellen Seelsorge gehört die selektive Nutzung psychotherapeutischer Methoden.[540] In den folgenden zwei Kapiteln wird ermessen, ob die seelsorgerliche Methodik, wie sie bisher prägend war, einer Erweiterung oder Anpassung bedarf.

### Seelsorge und Pastoralpsychologie seit Sigmund Freud

Seelsorgerliche Grundhaltungen, die heute prägend sind an Ausbildungsstätten für professionelle Seelsorgende, werden hier als Ausgangspunkt genommen.[541] Die bisherige Pastoralpsychologie gründet auf der Tiefenpsychologie Sigmund Freuds in Auseinandersetzung mit seinem Freund, dem schweizerischen reformierten Pfarrer Oskar Pfister (Begründer der Pastoralpsychologie).[542] Prägend war außerdem der Aufbruch der Seelsorgebewegung in Nordamerika. Diese startete in den 1930er Jahren mit dem Namen Clinical Pastoral Education (CP) und später Clinical Pastoral Training (CPT). 1944 fand die erste Konferenz mit diesem Namen statt. In Deutschland wird sie Klinische Seelsorgeausbildung (KSA) genannt.

Von großer Relevanz war außerdem der Einfluss der klientenzentrierten Gesprächspsychotherapie nach Carl Rogers seit 1950,[543] der in der Folge einer der prägendsten Psychotherapeuten für die Methodologie der Seelsorge und

540 SCHADE (2019, S. 112).

541 ENGEMANN (2007/2016³). Zum Werdegang der Seelsorge s. MORGENTHALER (2009/2017³, S. 52–69).

542 MORGENTHALER (2009/2017³, S. 53); s. auch NOTH (2014).

543 MORGENTHALER (2009/2017³, S. 59–60).

Pastoralpsychologie wurde. CPT und KSA führten – da Seelsorgende mit ihren eigenen Tiefenschichten und Konflikten in Berührung kamen – nicht selten zu psychotherapeutischen Zusatzausbildungen von Theologinnen. Viele von ihnen brachten, auch als spätere Ausbildner, weitere Zugangsweisen mit: gestalttherapeutische (Fritz Perls, Laura Perls, Paul Goodman), individualpsychologische (Alfred Adler), transaktionsanalytische (Eric Berne), systemische (Virginia Satir), fokal-kurzzeittherapeutische (Michael Balint), lösungsorientierte (Steve de Shazer, Insoo Kim Berg), existenzanalytische und logotherapeutische (Viktor E. Frankl), kunsttherapeutische oder körpertherapeutische Therapien.

Auch die kommunikationswissenschaftlichen Erkenntnisse Friedemann Schulz von Thuns fanden Aufnahme mit seinen »vier Ohren« bzw. der Erkenntnis, jede verbale Botschaft könne auf vier Seiten hin empfangen und verstanden werden; auf der Sachebene, der appellativen Ebene, der Beziehungsebene oder der Selbstoffenbarungsebene.

Außerdem lernten viele das Kommunikationsmodell Joseph Lufts und Hary Inghams zur Thematik Selbst- und Fremdwahrnehmung kennen, das sich im sogenannten *Johari-Fenster* abbilden lässt mit den vier Feldern: 1) mir bekannt, 2) anderen bekannt, 3) mir unbekannt, 4) anderen unbekannt und den Einteilungen in »öffentliche Person«, »blinder Fleck«, »mein Geheimnis« und »Unbekanntes«. Kommunikationsfähigkeiten werden in Seelsorgeausbildungen ebenso geschult wie Selbstwahrnehmung, Selbstreflexion und aktives Zuhören.

Die Ursprünge dieser pastoralpsychologischen Methodik ist manchen Seelsorgenden nicht bekannt oder bewusst. Trotzdem ist Seelsorge eine über 2000 Jahre gewachsene Fachdisziplin mit verschiedenen Schwerpunkten (s. Einleitungskapitel: »Was ist Seelsorge?«). Die verschiedenen Prägungen durch die letzten zwei Jahrtausende reichen von den Sprüchen der Wüstenväter und -mütter, den sogenannten *Apophtegmata patrum* (»Die Aussagen der Mönchsväter zeigen nicht nur große Vertrautheit mit der Heiligen Schrift, sondern verraten zugleich auch tiefe Kenntnis des menschlichen Herzens und des irdischen Daseins.«[544]) bis hin zum 20. und 21. Jahrhundert (Pastoral Care, Pastoral Psychology, Spiritual Care, Religious Care). Christoph Morgenthaler benennt als bleibendes Axiom: »Für Seelsorge ist ein Bezug auf Theologie und christliche Tradition konstitutiv, heute meist gekoppelt mit psychotherapeutischem Wissen und Können.«[545]

---

544 MILLER (2018).

545 MORGENTHALER (2009/2017³, S. 29).

## 2.2. Feinjustierung der seelsorgerlichen Grundkompetenzen

Die Psychotraumatologie hilft bei der Feinjustierung bisheriger methodischer Grundkompetenzen für die Seelsorge bei Trauma- und Stressfolgen. Und die neun vorgestellten traumafokussierten Therapiemethoden (Teil I, Kapitel 2.2) schärfen den Blick für neue Grundkompetenzen, die das seelsorgerliche Methodenrepertoire erweitern können. Untenstehend werden wesentliche neue Grundkompetenzen ausgeführt.

> Traumaseelsorge ist zuerst einmal traumainformierte Seelsorge. Dazu gehört auch psychotraumatologisches Fachwissen, das ein angemessenes, sorgfältiges Arbeiten mit Traumatisierten ermöglicht.[546] Sie zeichnet sich aus durch eine traumainformierte Gesprächsführung (wie sie beispielsweise auch von der Ärztegesellschaft für Hausärzte vorgeschlagen wird).[547]
>
> Außerdem zeichnet sie sich aus durch eine Erweiterung der bisherigen Methodik der Seelsorge. Dennoch gibt es bewährte Methoden und Grundhaltungen, die ihre Gültigkeit behalten.

## 2.3 Wahrnehmen und Annehmen als bleibende Grundhaltung

Dietrich Stollberg benennt »Wahrnehmen und Annehmen« als Wesenskern der Seelsorge.[548] »Das hier gemeinte Wahrnehmen ist eine umfassende Hinwendung zum anderen Menschen, die seine äußere und innere Situation, deren gefühlsmäßige Repräsentanz sowie seinen leib-seelischen, spirituellen Bezugsrahmen [...] möglichst authentisch erfassen und verstehen will.«[549] Inneres Erleben zeigt sich nicht nur im Gesagten, sondern auf sehr verschiedene Arten:

1. »visuell (Was ist zu sehen?)
2. auditiv (Was ist zu hören?)
3. kinästhetisch (Welche Bewegungen sind da?)
4. propriozeptiv (Was spürt der Körper?)
5. Verhalten (Wie wird agiert?)

---

546 Gute Übersichten bieten auch Ausbildungsmanuale für Traumafachberatung und Traumapädagogik, z. B.: WILKING-BECKRATH (2013).

547 SCHÄFER/GAST/HOFMANN/KNAEVELSRUD/LAMPE (2019, S. 94).

548 STOLLBERG (1978).

549 VON HEYL (2003, S. 142).

6. Symptome (Was teilen sie mit?)
7. Träume (Welche Botschaft vermitteln sie?)
8. Biologie (Geschlecht, Körperbau, Alter, Konstitution)
9. Situation (Was sagt das Setting?)
10. Sexualität (Welche erotischen Signale werden wahrgenommen?)«.[550]

Dieses mehrschichtige Erleben zeigt sich nicht nur bei Betroffenen, sondern auch bei Seelsorgerinnen und Seelsorgern. Sie weisen hin auf Unausgesprochenes oder Unaussprechliches, eröffnen einen Gesamteindruck und geben wichtige Signale für den Seelsorgeprozess.

## 2.4 Die Grenzen der Gesprächspsychotherapie (Empathie, Wertschätzung und Kongruenz)

### Die Gesprächspsychotherapie nach Carl Rogers

Eine prägende Methode in Psychotherapie- und Seelsorgeausbildungen war und ist die Gesprächspsychotherapie nach Carl Rogers, auch klientenzentrierte Psychotherapie genannt. Sie ist gekennzeichnet durch die drei Grundhaltungen Empathie (als verstehende Annahme), Wertschätzung und Kongruenz.[551]

*Annahme* bedeutet, das Innenleben des Gegenübers nicht zu beurteilen oder gar zu verurteilen. Jeder Mensch sehnt sich nach Annahme. Dazu gehört, »dass also auch seine Gefühle der Verzweiflung und Selbstbeschuldigung etc. nicht wegdiskutiert werden. Annehmen heißt immer zunächst: Lassen, zulassen, sein dürfen.«[552] Das empathische Mitgehen und Mitfühlen mit Klientinnen und Klienten (in Rogers' Sprache) schafft Verbundenheit und dieses Gefühl, angenommen zu sein. Die *Wertschätzung* des Gegenübers leitet sich ab von der unantastbaren Würde jedes Menschen. Mit *Kongruenz* ist die Ehrlichkeit der Psychotherapeutin angesprochen, die sich nicht selbst ignorieren oder ihre Gefühle unterdrücken soll.

So wichtig die drei Roger'schen Grundhaltungen sind, so ungenügend erweisen sie sich gleichzeitig bei Traumafolgestörungen. Die Gesprächspsychotherapie allein genügt nicht bei Traumafolgestörungen. Sie gerät an ihre Grenzen. Denn die klientenzentrierte Gesprächstherapie nach Carl Rogers

550 S. 142.

551 So beispielsweise auch Jürgen Ziemer, der für »Das Gespräch in der Seelsorge« die Untertitel setzt: »Verstehendes Verhalten«, »Annehmendes Verhalten«, »Ermutigendes Verhalten« und »Authentisches Verhalten«. ZIEMER (2015$^4$, S. 193–201).

552 VON HEYL (2003, S. 142).

vermeidet Konfrontationen, sie ist non-direktiv und überlässt therapeutische Entscheidungen möglichst den Betroffenen.

Frank Neuner schreibt zu Risiken und Nebenwirkungen der Psychotherapie im Zusammenhang mit der Frage, ob eine Traumatherapie ohne Konfrontation überhaupt erfolgreich sein kann: »Eine neue Studie fand, dass der zurückhaltende Umgang mit Abwehr- und Vermeidungsverhalten des Patienten nicht unbedingt risikoärmer sein muss. Bei der Behandlung der PTBS mit der klientenzentrierten Gesprächstherapie [nach Carl Rogers, Ergänzung durch die Verfasserin], die häufig als Prototyp einer schonenden Behandlung angesehen wird, treten weit mehr Abbrüche und Verschlechterungen auf als bei der konfrontativen Verhaltenstherapie.«[553]

## Verbalisieren emotionaler Erlebnisinhalte (VEE) und Akzentuierung von Themen

Nicht zielführend ist außerdem die Methode des VEE, des Verbalisierens emotionaler Erlebnisinhalte.[554] VEE ist eine zentrale Methode der Gesprächspsychotherapie. Dabei werden Emotionen des Betroffenen im Gespräch aufgenommen und in eigenen Worten wiedergegeben, als Klärungshilfe unklarer Emotionen der Betroffenen und als Bestätigung, dass sie in ihren schwer aushaltbaren Gefühlen verstanden und angenommen sind. Die empathische Anteilnahme behält ihre Relevanz. Aber die Emotionen bei Posttraumatischen Belastungsstörungen sind zuweilen *zu intensiv* und sollten nicht durch das Wiederholen der Seelsorgerin noch mehr gesteigert werden.

Auch die bei Scharfenberg zur Gesprächsstrukturierung geforderte Zusammenfassung und Akzentuierung von Themen[555] als ein Hauptbestandteil seelsorgerlicher Gesprächsführung kann die durch Intrusionen ausgelösten Gefühlsüberflutungszustände verstärken und ist als solche mit Vorsicht einzusetzen. Manchmal ist genau das Gegenteil notwendig, nämlich Betroffene aus unerträglichen, überflutenden Gefühlszuständen herauszuholen. Dann braucht es eine Re-Orientierung im Hier und Jetzt, die Intervention eines Dissoziationsstopps und eine Abkehr der Aufmerksamkeit von den belastenden Erinnerungsinhalten. Dies gelingt durch Distanzierungstechniken (s. Teil II, Kapitel 3.5).

---

553 NEUNER (2011/2019³, S. 479).

554 Der Begriff VEE geht zurück auf: TAUSCH (1970). Tausch wollte damit die bei Carl Rogers beschriebene Empathie, das empathische Verstehen und das Spiegeln der Emotionen des Gegenübers methodisch fassbar machen.

555 MÖLLER (2015, S. 156) https//backend.theologie.uni-heidelberg.de (Zugriff am 10.03.2025).

## 2.5 Das Dreiphasenmodell traumafokussierter Verfahren

Traumatherapien gehen meist von einem Dreiphasenmodell aus. Dieses geht bereits auf Pierre Janet[556] zurück und wurde dann von verschiedenen prägenden Forscherinnen und Forschern der Psychotraumatologie weiterentwickelt, allen voran von Judith Herman.[557] Zusammenfassend lassen sich die drei Phasen benennen als:

1. Stabilisieren,
2. Traumaverarbeitung (oft im Sinne einer Traumakonfrontation),
3. Reintegration.[558]

Zur Stabilisierungsphase gehört die Ich-Stärkung und das Etablieren innerer und äußerer Sicherheit. In der Traumakonfrontationsphase wird eine Begegnung mit den schrecklichen Erinnerungen in den verschiedensten Dimensionen angestrebt. In der dritten und letzten Phase wird eine Integration des Erlebten in die eigene Lebensgeschichte intendiert. Den drei Phasen geht eine Zeit des Beziehungsaufbaus mit ressourcenfördernden Elementen, Psychoedukation und Klärung der Therapieziele voraus.[559] Diese Aufteilung in Phasen macht deswegen Sinn, da sich nicht alles auf einmal bearbeiten lässt.

Erfahrene traumafokussierte Psychotherapeuten äußerten die Befürchtung, manche Berufskollegen würden zu lange oder ausschließlich stabilisieren. Stabilisieren allein könnte auch zu einer Form von Vermeidung führen, das Vermeidungsverhalten festigen und dadurch die traumaassoziierten Symptome verschärfen. Die Selbstwahrnehmung als Opfer könne durch ausschließliche Stabilisierung zementiert werden und die Angst vor der Konfrontation mit der belastenden Erinnerung sich steigern. Dadurch wohnt der ausschließlichen Stabilisierung ein invalidisierender Faktor inne. So gibt es in den traumafokussierten Psychotherapien »konfrontationsfreudigere« (beispielsweise die IRRT),[560] und weniger konfrontationsfreudige, die sich als »schonende Traumatherapien« bezeichnen und die »ressourcenorientierte Behandlung von Traumafolgestörungen«[561] in den Mittelpunkt stellen.

---

556 VAN DER HART/BROWN/VAN DER KOLK (1995).

557 HERMAN (2010³, Original: 1992), VAN DER HART/STEELE/BOON/BROWN (1995), VAN DER KOLK/FISLER (1995), REDDEMANN (2001).

558 VAN DER HART/BROWN/VAN DER KOLK (1995, S. 3).

559 REDDEMANN (2011/2014⁸, S. 7–8; S. 137).

560 SCHMUCKER/KÖSTER (2014/2015²).

561 SACK/GOMES (2013).

Das Dreiphasenmodell ist nicht chronologisch zu verstehen, also nicht als zeitliche Abfolge, sondern eher als Modell mit Phasen, die sich durchdringen und auch gleichzeitig geschehen können.

## 2.6 Posttraumatisches Wachstum? (Posttraumatic Growth?)

Posttraumatisches Wachstum oder Posttraumatic Growth bzw. Posttraumatische Reifung[562] hat sich als Begriff seit den 1990er Jahren etabliert. Er bezeichnet die Möglichkeit, durch das Erleben traumatischer Ereignisse nicht nur Schaden zu erleiden, sondern auch daran wachsen zu können.[563] Posttraumatisches Wachstum bzw. Posttraumatische Reifung erleben Menschen in verschiedener Hinsicht. Maercker führt die folgenden Kategorien mit Wachstumspotenzial auf:

- »intensivere Beziehungen« (z. B. tieferes Verbundenheitsgefühl),
- »erhöhte Wertschätzung des Lebens« (z. B. andere Prioritätensetzung),
- »Entdecken neuer Möglichkeiten« (z. B. stärkerer Veränderungswille),
- »Bewusstwerdung persönlicher Stärken« (z. B. Entwicklung eigener Bewältigungsmöglichkeiten),
- »religiös-spirituelle Veränderungen« (z. B. gestärkter Glaube).[564]

Für Traumabetroffene kann dies eine Ressource werden, wenn sie sehen, was alles – trotz ihres Leidensweges – wachsen und reifen konnte. Begleiterinnen sollten allerdings vorsichtig sein und nichts forcieren.

Es ist ein längerer Weg, ein Entwicklungsprozess, und manch Betroffenen hilft es, ihr Erleben als »sinnlos« bezeichnen zu dürfen, als »etwas, das überhaupt nichts gebracht hat außer Schmerz«. Vielleicht ist das eine vorübergehende »Station« auf ihrem Weg – aber auch diese Station darf ihren Ort und ihre Zeit haben. So erging es auch der biblischen Gestalt des Hiob, der über 32 Kapitel hinweg mit seinen Freunden um die Fragen nach Sinn und Sinnlosigkeit seines Leidens rang.

Einer Leidenstheologie, die alles begründen können will, wird mit dem Hiobbuch ein Riegel vorgeschoben. Dies zu wissen ist vor allem für Seelsorgende wichtig. Denn gerade sie stehen in der Gefahr, nicht adäquat damit umzugehen. Sie dürfen und müssen wissen: Es *gibt* bleibende Schmerzen, unschöne Nar-

---

562 Der Fachbegriff geht zurück auf Tedeschi und Calhoun (1995).
563 MAERCKER (2009³, S. 66–68; S. 74–80; speziell S. 75).
564 Stichworte wörtlich nach: MAERCKER (2009, S. 37; Beispiele von der Verfasserin).

ben, es *gibt* sinnloses Leiden. Die Forderung, allerschlimmsten Verwundungen und Demütigungen einen Sinn abringen zu müssen, können Betroffene als inadäquat, unangemessen, ignorant oder gar als zynisch erleben. Simon Peng-Keller brachte es in einem Interview auf die Frage nach der Sinnhaftigkeit von Krankheit, Schmerzen und Tod treffend auf den Punkt:

> »*Chatrina Gaudenz:* Haben Krankheit, Schmerzen und der Tod Ihrer Meinung nach einen Sinn?
> *Simon Peng-Keller:* Mir scheint es sinnvoller zu sein, Krankheit und Schmerzen und den Tod als widersinnig zu beschreiben: Sie irritieren und durchkreuzen unser Sinnverlangen. Da Krankheit, Schmerzen und der Tod zu unserer menschlichen Existenz gehören, stehen wir immer wieder neu vor der Aufgabe, in sinnvoller Weise mit Widersinnigem zu leben.«[565]

Zu den von Peng-Keller zitierten Schmerzen und Krankheiten gehören seit 1980 auch Traumafolgestörungen. Dennoch sind die Forschungsarbeiten, die auf eine mögliche posttraumatische Reifung hinweisen, ernst zu nehmen, gerade wenn sie sich – wie bei Andreas Maercker – auch der Grenzen dieses Konzepts bewusst sind:

> »Es gibt gleichzeitig aber auch viele andere [Traumabetroffene], die – manchmal trotz großer Anstrengung – wenig oder gar kein persönliches Wachstum, sondern nur Sinn- und Ausweglosigkeit bzw. Benachteiligung und Einschränkung empfinden. [Dies ...] gilt es, ›auszuhalten‹ und zu lindern und Maßnahmen zur Verbesserung der Lebensqualität und Unterstützung [...] zur Verfügung zu stellen.«[566]

Auch an anderer Stelle betont Maercker:

> »Hier hat sich vor allem die Sensibilität aufseiten der Therapeuten gegenüber den Wachstumspotenzialen und Ressourcen der Betroffenen als ganz wesentliche Einflussgröße herausgestellt, wobei es um eine behutsame Förderung und in keinem Fall um eine Forcierung gehen sollte.«[567]

565 PENG-KELLER/GAUDENZ (2016, S. 15).
566 MAERCKER (2009[3], S. 68).
567 S. 80.

Spätestens seit der Existenz des Hiobbuches gibt es einen Textzeugen für die Ablehnung vorschneller theologischer Leidensbegründungen, einfacher Erklärungen und herkömmlicher Deutungsmuster. Die Forderung, allerschlimmsten Verwundungen und Demütigungen einen Sinn abringen zu müssen, können Betroffene als unangemessen und zynisch erleben. Gerade für Seelsorgende gilt es, dies zu beachten. Wenn posttraumatisches Wachstum allerdings das Ergebnis eines behutsamen therapeutischen Prozesses ist und Betroffene von selbst eine Sinnhaftigkeit in ihrem Leiden entdecken, wird dies zu einer Ressource und kann sie stärken auf ihrem Weg.

# 3 Traumaspezifische Methoden als Ergänzung

In diesem Kapitel kommen einige Methoden und Haltungen der Psychotraumatologie in den Blick, die das bisherige Seelsorgewissen ergänzen und erweitern.

## 3.1 Klare Strukturen schaffen Sicherheit

Seelsorgerliche Begegnungen mit Traumabetroffenen finden manchmal unvorbereitet und überraschend statt, wie beim Kirchenkaffee oder nach dem Seniorenausflug.

### Räume der Begegnung, Setting

Bei abgesprochenen Terminen gilt es, gewisse Regeln der Raumgestaltung zu beachten: Der Raum sollte gut gelüftet sein, die Atmosphäre ruhig, das Telefon und Mobiltelephon auf stumm geschaltet. Fürs Sitzen empfiehlt sich ein genügend großer Abstand, sodass Betroffene sich nicht bedrängt fühlen. Taschentücher in Griffweite für Betroffene helfen bei Tränen. Ein Glas Wasser oder ein anderes Getränk hilft bei Mundtrockenheit, die oft mit Stressreaktionen einhergeht.

### Klare Zeitstrukturen, Anfangen – Hauptteil – Beenden

Für klare Zeitstrukturen sind stets die Seelsorger zuständig. Es ist sinnvoll, bereits im Voraus einen klaren Zeitrahmen zu definieren und zu kommunizieren. Oft bewährt sich ein Zeitrahmen von 45 bis 90 Minuten.
Die Seelsorgerin dosiert das Maß an Informationen, das sie beim Erstgespräch weitergibt (Psychoedukation oder theologisch-seelsorgerliche Gedanken). Es kann vorkommen, dass Betroffene erst am Schluss der abgemachten Redezeit

zum Wesentlichen vordringen. Dann gilt es, sorgfältig abzuwägen, ob eine Zusatzzeit sinnvoll ist oder ob es zielführender ist, sich dieses Thema für das nächste Treffen vorzunehmen.

In jedem Fall ist es empfehlenswert, im Gespräch für einen guten Einstieg zu sorgen (»Haben Sie den Ort hier gut gefunden? Sind Sie gut gereist?«) und darauf zu achten, dass die Seelsorgeempfänger bei Gesprächsende »an einem guten Ort« sind (»Haben Sie schon Urlaubspläne?« oder: »Heute Abend ist ja das Fußballspiel. Gehen Sie wieder hin?«).

Falls sehr belastende Gesprächsinhalte die Begegnung prägten, kann sich auch mal die Frage lohnen: »Was haben Sie heute noch vor?« oder »Was werden Sie nach unserem Treffen machen?«.

## Die Möglichkeiten und Grenzen der seelsorgerlichen Begleitung klären

Psychotherapien können, bedingt durch die therapeutische Ausrichtung, verschieden lange dauern: Von zehnmaligen Therapiesitzungen bis zu jahrelangen Begleitungen. Seelsorgende haben demgegenüber oft nicht die Möglichkeiten, solch hochfrequente, langwährende Begleitungen anzubieten. Seelsorgende sollten darum Anschlussmöglichkeiten kennen und fähig sein, Betroffene weiterzuverweisen. In jedem Fall ist es wichtig, Adressen zur Hand zu haben: von Notfalldiensten, Kliniken, traumafokussierten Psychotherapeuten, Selbsthilfegruppen, Suchtberatungsstellen, sozialpsychiatrischen Diensten, Suizidpräventionsstellen, Telefonseelsorge und weiteren.

## Gesprächsleitung

Die Gleichwertigkeit von Seelsorgenden und Seelsorgeempfangenden bleibt bedingungslose Voraussetzung für jede Seelsorgebegegnung. Joachim Scharfenberg ging allerdings sehr weit: Er sprach im Rahmen der Pastoralpsychologischen Seelsorge explizit von der »Aufhebung der Autoritätsverhältnisse in der Seelsorge«, von einem »Bewusstsein der Nicht-Autorität«.[568] Damit prägte er eine ganze Generation von Seelsorgenden, denen vermittelt wurde: Der Klient bestimmt das Thema, das Tempo, den Gesprächsinhalt, den Weg, das Ziel und die Lösung.

In traumasensiblen Kontexten kann diese Haltung kontraproduktiv sein. Denn Traumabetroffene fühlen sich oft halt- und konturlos, das erfordert von Seelsorgenden die Übernahme der Verantwortung für Grenzziehungen (Setting,

---

568 MÖLLER (2015): https//backend.theologie.uni-heidelberg.de (Zugriff am 10.03.2025).

Zeitstruktur, Gesamtrahmen) sowie bei der Themensetzung. Es geht darum, Gesprächsthemen zu steuern und notfalls zu verlassen, damit es nicht zur emotionalen Überflutung oder Dissoziation kommt, was eine Retraumatisierung bewirken könnte, und gegebenenfalls auf Hilfsangebote hinzuweisen

### Verantwortung für das Seelsorgegespräch und -geschehen übernehmen

Die Seelsorgeperson trägt stets die Verantwortung für das Geschehen in der Seelsorge. Seelsorge ist – wie die professionellen Beziehungen in Psychotherapie, Medizin, Krankenpflege und pädagogischen Berufen – eine Beziehung mit einem Gefälle, nämlich mit einem Machtgefälle. Scharfenberg wollte die Seelsorge gegenüber den genannten Disziplinen wohltuend abheben und ging damit einen Schritt zu weit. Das Machtgefälle in Helferberufen bleibt eine Tatsache (s. Kapitel 8.5 »Das Erleben von Macht«).

### Auftragsklärung, Ziele

Zu Beginn einer längeren Begleitung empfiehlt sich eine Auftragsklärung. Hilfreiche Fragen dabei können sein:

- Welche Ziele haben Sie?
- Wo möchten Sie ankommen?
- Was möchten Sie erreichen?
- Was erhoffen Sie sich von dieser Begleitung?
- Was müsste geschehen, damit Sie sagen können: Das hat mir geholfen?
- Was müsste geschehen, damit Sie sagen können: Jetzt geht's mir gut?

### Ungesagtes, Unsagbares

Die Zielfrage kann helfen, sich eigener Absichten bewusst zu werden. Sie kann aber auch überfordern. Bei gravierenden Traumafolgen fehlt oft die Möglichkeit zur Versprachlichung. Es fehlen die Worte, es fehlt ein Narrativ und selbst die auslösenden Erlebnisinhalte der Vergangenheit können »wie im Nebel verschwunden« oder abgespalten sein. Vielleicht zeigen sich erst im Verlauf einer längeren Begleitung die Symptome und Ursachen einer Traumafolgestörung.

Seelsorgende sollten darum sorgfältig auch auf das Nichtsprachliche achten: Mimik, Gestik, Körperhaltung, Gesprächspausen, Erröten, Gesprächstempo und weitere Auffälligkeiten (s. Kapitel 6.5 »Körperdimensionen«, »Körpersprache lesen lernen«).

## 3.2 Psychoedukation: »Information gibt Sicherheit«

Psychoedukation[569] in traumafokussierten Psychotherapien heißt: Betroffene werden informiert darüber, was bei ihnen abläuft, woran sie leiden, was für Möglichkeiten an Begleitung und Hilfestellungen verfügbar sind, welche Therapiemethode zum Einsatz kommen wird, was sie erwartet. Die Rahmenbedingungen in der Seelsorge unterscheiden sich davon. Und doch ist auch in der Seelsorge eine klare Kommunikation über die Arbeitsweise, Methoden und Ausbildungen der Seelsorgeanbietenden hilfreich.

Psychoedukation im Sinne von Erklärungen zum Thema Trauma, Intrusionen, Symptomatik kann Betroffenen vermitteln: »Was Sie empfinden, ist der Situation angemessen.« Eine Erklärung, warum Betroffene fühlen, was sie fühlen, kann ihnen die Angst vor dem »Verrücktsein« nehmen.

### Keine Diagnosestellungen

Das Stellen einer Diagnose obliegt den spezialisierten Fachkräften aus den Disziplinen der Medizin, Psychiatrie, Psychopathologie und Psychodiagnostik. Die Diagnosestellung erfolgt dort häufig durch halbstrukturierte Interviews und ausführliche Testverfahren. Obwohl die Testmethoden sehr differenziert sind, können Fachleute zu verschiedenen Diagnosen gelangen, gerade bei Krankheiten, deren Symptome sich überschneiden.

> Seelsorgende stellen demgegenüber keine Diagnosen. Dazu sind sie nicht ausgebildet. Es mag sich ein Diagnoseverdacht einstellen, der zu einem adäquaten Seelsorgeverhalten beitragen kann. Dennoch obliegt die Diagnosestellung allein den obengenannten Fachleuten.

## 3.3 Der Faktor Zeit

Traumafolgen können lange Zeit unentdeckt bleiben und sich manchmal erst in spezifischen Lebenssituationen zeigen: Das erste Mal selbstständig wohnen, der erste Freund, die erste Partnerin, die erste gemeinsame Wohnung, die eigene Hochzeit, ein Todesfall in der Familie, die Geburt eines Kindes, prägende Termine im Leben des eigenen Kindes, die an eigenes Erleben erinnern (wie: Einschulung, erste Geburtstagsparty). Abgekapselte Erinnerungen können sehr

---

569 MAERCKER (2009³, S. 157 f.).

lange unentdeckt bleiben. Der Faktor Zeit scheint dann beim ersten Aufpoppen der traumatischen Erinnerung wie ausgeschaltet, plötzlich ist alles da, wie wenn es gerade erst geschehen wäre.

Andere Betroffene sind jahrzehntelang mit ihren Trauma- und Stressfolgen unterwegs, durchleben Beratungen, Coachings, Seelsorgesettings, Psychotherapien, Klinikaufenthalte – sie brauchen einen langen Atem, und ihre Begleiter ebenso. Wege der Traumabearbeitung sind manchmal lange Wege. Darum brauchen Seelsorger nicht zu erschrecken über Zeiten scheinbaren Stillstands – das ist sogar normal. Manche Wunden entziehen sich menschlicher Erreichbarkeit. Tiefe Wunden brauchen lange Zeit, damit die Intensität des Schmerzes nachlassen kann. Jeder winzige Erfolg darf als Sieg des Lebens gefeiert werden.

Die südfranzösische Schafhirtin Marie erlebte das als 17-Jährige, als ihr Mitarbeiter Florentin aus dem Ersten Weltkrieg zurückkehrte. Florentin hatte als junger Mann in Südfrankreich gegen Deutschland gekämpft, ohne genau zu wissen, worum es in diesem Krieg ging. Marie wartete auf ihn, und sie hatte ihm versprochen, ihn zu heiraten, wenn er wiederkäme. Das war im Jahr 1918 in Südfrankreich.

*Marie erzählt vom Warten auf die Rückkehr des jungen Mannes, den sie noch nie umarmt hatte (in den Worten Christian Signols, der ihr autobiografisches Buch verfasste)*

»Da ich keine Briefe von Florentin erhielt, hatte ich Angst, dass er noch in den letzten Tagen des Krieges verletzt worden sei. Ich musste noch fast einen Monat warten, bevor ich ihn wiedersah. Er kam am 9. Dezember bei Einbruch der Dunkelheit in Eiseskälte zurück. Der Hund hatte nicht gebellt. Sobald es an der Tür klopfte, wusste ich, dass er es war. Er hat uns alle umarmt, und für mich war es das erste Mal, dass er das tat. Dann setzte er sich an den Tisch und verschlang alles, was wir ihm vorsetzten. Es bereitete uns einerseits Freude, ihn so essen zu sehen, andererseits machte es uns aber auch Angst. Als er den Kopf hob, wurde mir bewusst, wie sehr er sich verändert hatte. Das Licht in seinen Augen war erloschen, und es war fast, als nähme er uns gar nicht wahr. Auf unser Fragen antwortete er nur:

›Ché chauvio, paouré moundo!‹ – ›Wenn ihr nur wüsstet, arme Welt!‹

Und so blieb es lange Zeit, wie an diesem Abend, so auch an den folgenden. Er konnte nichts als diese Worte sagen und schien seinen schrecklichen Gedanken weiter nachzuhängen. Wir haben verstanden, dass man ihm Zeit lassen musste, sich wieder einzugewöhnen, und wenn wir auch unglücklich waren, haben wir uns doch dazu gezwungen, es ihm nicht zu zeigen.

Im drauffolgenden Frühling kam er eines Morgens bei der ersten Aprilsonne zu mir auf die Hochebene. Es war an einem solchen Tag, als das Leben wieder seine Rechte geltend machte und die Natur aus einem langen Schlaf erwachte, dass er die Worte finden konnte, mir von seinen Erlebnissen zu erzählen und so Heilung erfuhr. Er erzählte mir von den Schützengräben, in denen die Männer dahinvegetierten, während sie darauf warteten zu kämpfen, die Stimmen Einzelner, die sich alle fünfzig Meter erhoben und nach Frieden riefen. Er berichtete von Hunger und dem Durst der Soldaten, die wieder wie Kinder wurden, von den Kämpfen im Wald von Villers-Cotterêts unter dem Geschützfeuer der deutschen Offensive. Er gestand mir, wie er während eines Angriffs im Nahkampf auf dem »Chemin des Dames« mit leeren Händen floh und sich nach dem Durchbruch seines Bataillons mitten in den deutschen Linien befand, ohne Waffen, aber am Leben. Als Gefangener wurde er von der feindlichen Armee beim Rückzug zurückgelassen. An jenem Morgen hatte er geweint und wollte sterben, obwohl er wusste, dass ich auf ihn wartete, auf dem Hof, der uns so lieb und teuer war, unter der Sonne der Causse. Ich erklärte ihm, dass er ganz sicher der Mann sei, auf den ich gewartet hatte. [...] Seit diesem Frühling 1919 fand er nach und nach das Lächeln wieder und ich das Glück. Im Mai sagte er mir, dass es Zeit wäre, ans Heiraten zu denken, wenn ich immer noch wollte.«[570]

Im späteren Verlauf des Buches erzählt Marie, wie ihr Mann Florentin auch nach dem Zweiten Weltkrieg aus der Gefangenschaft nach Hause zurückkehrte und kein einziges Wort sagte, lange Zeit nicht. Auch nicht über den Tod seines Sohnes Eloi, der während der Mitarbeit im Widerstand erschossen worden war:

*Marie sah ihren Mann über die Hügel nach Hause kommen, und nach der ersten Umarmung fiel sie in Ohnmacht. Allmählich kam sie wieder zu sich:*

»Er half mir, mich aufzurichten, setzte sich neben mich, und so blieben wir sitzen, mit Francoise zusammen. Wir sahen uns nicht an und hielten uns nur fest an den Händen, wieder vereint. Nach einiger Zeit begriff ich, dass Florentin weinte, ohne einen Seufzer, ohne zu schluchzen, fast ohne Tränen [...]. Natürlich wusste er, dass Eloi tot war. [...] Aber an jenem Tag am Hang sagte er nicht ein Wort über ihn. Ich glaube, dass sein Schmerz einfach zu groß war. Selbst als wir ein wenig später zum Friedhof gingen, blieb er still. [...]

Langsam machten wir uns in der Abenddämmerung auf den Weg nach Hause, und auch als wir ankamen, sprach Florentin nicht. Kein Wort über sein Leben seit der Gefangennahme, nicht eines über das Gefängnis, über die Verhöre, die er erduldet hatte, über Fausto [seinen piemontesischen Mitarbeiter,

570 SIGNOL (2007/2022[21], S. 40–41, Franz. Original 1989).

der ebenfalls im Krieg umgekommen war], über das, was in Toulouse geschehen war. Er war ein Mann, der alles für sich behielt, vor allem das Schlimmste, und er teilte nur das Gute mit. Ich war mir sicher, dass er mir später etwas erzählen würde, wie damals nach der Heimkehr aus dem Krieg von 1914, aber es würden nur Brocken sein. Endlich war er wieder da: Das war das Wichtigste!«[571]

Nicht immer können Angehörige damit umgehen, wenn ihre Liebsten traumatisiert wiederkehren. Marie hat es geschafft, ihren Mann nicht zu bedrängen und trotzdem das Leben anzupacken. Auch ihr Mann Florentin hat es geschafft, wieder zu arbeiten in seinem angestammten Beruf, in seinem Steinbruch. Vielleicht hat ihm die Arbeit sogar geholfen, was Betroffene nicht selten berichten. Doch der Umgang mit den Einschränkungen durch die Traumafolgen stellt an die Angehörigen hohe Anforderungen. Gerade auch durch lange Zeiträume, in denen sich nichts zu ändern scheint.

> Trauma- und Stressfolgen brauchen viel Zeit, damit ihre verstörende Kraft abnehmen und neuer Lebensmut und Lebenswille Raum gewinnen kann. Menschen mit Traumafolgen gehen lange Wege. Jeder klitzekleine Schritt in Richtung Veränderung und Besserung des Wohlbefindens Betroffener darf gewürdigt werden. Dabei ist »himmlische Geduld« gefragt bei allen, die sich auf den Weg mit Traumabetroffenen machen, auch bei Seelsorgerinnen und Seelsorgern.

## 3.4 Den Notfall vorbereiten

### Notfallliste

Betroffenen hilft eine Notfallliste oder ein Notfallplan mit wichtigen Telefonnummern: Freunde, Hausarzt, Telefonseelsorge, psychiatrische Notfallstelle, Therapeutin, Sozialpsychiatrische Dienste etc. In unaushaltbaren Situationen können diese angerufen werden, ohne dass Betroffene lange nach Nummern suchen müssen. Es hilft außerdem, sich die Reihenfolge gut zu überlegen:
- Wen möchte ich als Erstes kontaktieren?
- Wer kommt als Nächstes, wenn »meine Lieblingsperson« nicht erreichbar ist?
- An welcher Stelle kommt die Telefonseelsorge (als niedriges Gesprächsangebot, das Anonymität gewährleistet)?

571 S. 113.

- Auf welchen Platz kommt die Hausärztin oder die psychiatrische Notfallnummer?

*Auf dem Zettel können Handlungsoptionen notiert werden, wie:*
- Ich telefoniere mit Judith.
- Ich nehme ein Bad.
- Ich höre mir meinen Lieblingssong an und summe mit.
- Ich gehe raus und spaziere 15 Minuten durch die Stadt.
- Beim Spazieren konzentriere ich mich auf alles, was ich höre und nehme ein paar besonders schöne Klänge »mit nach Hause«. (Das heißt: Ich merke mir diese schönen Klänge, an die ich mich erinnern möchte.) Das können auch Gerüche sein oder Bilder aus der Natur, oder Empfindungen auf der Haut (wie die Rinde eines Baumes, der Wind, der die Wangen umspielt).

Petra, eine Borderline-Betroffene, schreibt:

> »Am wichtigsten finde ich, dass ich eine ›Notfallliste‹ habe, die ich benutzen kann, wenn es mir schlecht geht. Stecke ich erst mal drin in dem Schlamassel, bin ich oft so kopflos, dass ich nicht mehr vernünftig denken kann. Durch die Liste habe ich die Möglichkeit, Lösungen direkt vor mir zu sehen und sie ausprobieren zu können. Ich brauch mir dann nichts von außen ›aufdrücken‹ zu lassen, was für mich sehr wichtig ist. Und man glaubt es kaum: Diese Vorsorge-Liste verhindert die Selbstverletzung. Sicher, ich will nicht sagen, dass es nicht immer wieder passieren kann, aber ich habe die Erfahrung gemacht, dass man damit vorbeugen kann.«[572]

## Notfallkoffer

Der Notfallkoffer ist ein konkreter Gegenstand, der in der Dialektisch-Behavioralen Therapie nach Marsha Linehan eingeführt wurde. Es kann ein Notfallkoffer, eine Notfallbox oder eine Notfall-Schatzkiste sein. Dabei wird für Hochstress-Situationen ein Koffer vorbereitet mit verschiedenen Gegenständen.

> »Ein Notfallkoffer muss wachsen. Es ist aber wichtig, erst einmal anzufangen. Der Notfallkoffer ist ein Abbild der gesammelten Erfahrungen eines Menschen mit seinen Krisensituationen. Die Entstehung des persönlichen Notfallkoffers braucht Zeit und man muss immer wieder kontrollieren, ob noch etwas fehlt

572 KNUF/TILLY (2007/2009[4], S. 87).

> oder etwas vergessen wurde. [...] Wir haben den Inhalt eines möglichen Koffers in sechs Kategorien eingeteilt, die nach unserer Erfahrung sinnvoll sind: Dinge zum Festhalten, Dinge zur Beruhigung, Dinge, um sich selbst zu spüren, ein Brief an sich selbst, eine Fremdhilfeliste sowie eine Handlungsanweisung für den äußersten Notfall.«[573]

Die Gegenstände können starke sensorische Reize auslösen, um vom Stress abzulenken, beispielsweise Chilischoten, Ammoniak-Geruchfläschchen, Igelbälle und dergleichen.[574] Außerdem kommt in den Koffer, was klein ist, mitgenommen werden kann, was guttut und hilft, beispielsweise:

- Fotos,
- Blumenbilder,
- Urlaubserinnerungen (wie ein kleiner Leuchtturm),
- ein kleines Kreuz, das mit einer besonders schönen Erinnerung verbunden ist,
- Notizblock mit Bleistift,
- eine Kopie des Führerscheins oder eines Diploms (als Erinnerung: »Ich kann was.«),
- ein Erinnerungs-Stoffstück (beispielsweise vom eigenen Taufkleid),
- ein Spielzeug,
- ein kleiner Ball,
- ein feinriechendes Duftöl,
- ein schöner Brief
- und dergleichen mehr.

Der Fantasie sind keine Grenzen gesetzt. Manche Betroffene gestalten die Notfallbox selbst, sehen sie häufig durch, erleben die Erinnerungen als wohltuend. Das Gestalten der Notfallbox ist sehr individuell, und gerade die individuellen Gegenstände, Bilder, Bücher, Musik etc. bestärken Betroffene in ihrer Selbstwahrnehmung und Selbstbejahung.

---

573 S. 89–90.

574 BOON/STEELE/VAN DER HART (2013, S. 117–165).

### *Von der Wichtigkeit kleiner Gegenstände, die mit wohltuenden Erinnerungen verknüpft sind*

Solch kleine Zeichen der Verbundenheit können zum Symbol des Angenommenseins und der Stärke für Betroffene werden. Sie sind kleine Erinnerungshilfen daran, dass sie wertgeschätzt werden: der Brief in Miniformat einer Erstklässlerin für ihre Lehrerin; die kleine Kunstkarte von der Seelsorgerin für ihre Seelsorgeempfängerin zu Weihnachten, die diese einrahmt und neben ihrem Bett an die Wand hängt; oder die Muschel, die das erste Geschenk des Partners war.

Karen, eine Borderline-Betroffene, berichtet: »Ich habe meinen Notfallkoffer in der Skillsgruppe gepackt. Ich hatte ihn immer dabei, aber habe ihn fast nie benutzt, es war eine bestimmte Sicherheit, die er mir gegeben hat.«[575]

> Die *Notfallliste* und der *Notfallkoffer* helfen, den Notfall vorzubereiten, im Notfall möglichst handlungsfähig zu bleiben und in Eigenverantwortung zu entscheiden, welche Hilfe allenfalls gewählt wird. Der Notfallkoffer ist gefüllt mit Dingen, die Betroffene anschauen, sehen, riechen, fühlen, hören und schmecken können. Sie sprechen die Sinne an, lassen sich halten oder auf der Haut spüren und konkretisieren so das Wohltuende und Heilsame.

## 3.5 Was tun bei emotionaler Überflutung? – Distanzierungstechniken

Hilfreiche Gespräche sind eine Gratwanderung. Einerseits geht es darum, Emotionen zuzulassen und ernst zu nehmen. Gleichzeitig sollten diese nicht überhandnehmen, sodass es zur Gefühlsüberflutung kommt. »Gefühlskontrolle statt Intensivierung der Gefühle«, titelt Luise Reddemann[576] die hilfreiche Haltung bei drohenden emotionalen Überflutungszuständen.

Die Möglichkeiten, eine emotionale Überflutung zu beenden, bestehen in einem Dissoziationsstopp sowie im Einsatz von Distanzierungstechniken und Stabilisierungstechniken. Diese Begriffe werden in traumafokussierten Psychotherapien teilweise synonym verwendet. Es gibt verschiedene Möglichkeiten, einen Dissoziationsstopp herbeizuführen.

---

575 KNUF/TILLY (2007/2009[4], S. 87).
576 REDDEMANN (2011/2014[8], S. 124).

## Übungen zum Dissoziationsstopp, Distanzierungstechniken, Stabilisierungstechniken

1. Außerhalb des Seelsorgetreffens könnten sich Betroffene beim Erleben von Überflutungszuständen beispielsweise durch einen Telefonanruf mit einer Freundin *wieder in Beziehung* zu einem Gegenüber begeben.[577]
2. Es hilft, die Aufmerksamkeit wieder auf sich zu lenken, den eigenen Körper bewusst wahrzunehmen. Ein *bewusstes Ausatmen* hilft, den eigenen Körper wieder zu beruhigen: »Beim Einatmen erhöht sich der Herzschlag, bei Ausatmen senkt er sich. Wird tief eingeatmet und lange ausgeatmet, z.B. mit den Lippen als Bremse (Lippenbremse, auch bei Panikattacken geeignet), beruhigt sich das System. Gleichzeitig kommen Menschen über diese Möglichkeit zur Selbstregulation aus der Ohnmacht und Hilflosigkeit wieder zu einem Stück mehr Selbstwirksamkeit.«[578]
3. Als schnelle Stabilisierungstechnik während eines Seelsorgegesprächs empfiehlt es sich, Betroffenen *eine konkrete Aufgabe* zu stellen, die ihre Gedanken sofort vom traumatischen Erleben weglenkt und auf anderes hinlenkt. Die folgenden Übungen eignen sich besonders, weil sie einfach durchführbar und leicht an den gegebenen Raum anpassbar sind (nach Luise Reddemann):
   - Nennen Sie mir fünf Dinge in diesem Raum, die grün (oder gelb, rot, blau) sind.
   - Nennen Sie mir fünf Dinge, die Sie auf dem Tisch (oder auf dem Boden, an der Wand, an der Decke) sehen.
   - Nennen Sie mir fünf (oder vier, drei, zwei, ein) Ding(e), die Sie jetzt sehen (oder hören, fühlen, riechen, schmecken) können.[579]

   Durch das Umlenken der Konzentration werden andere Hirnregionen aktiviert, beispielsweise indem man etwas immer wieder liest, bis man sich darauf konzentrieren kann.
4. *Zahlenakrobatik* hilft, z. B: *In Siebener Schritten von 100 rückwärts zählen* (100–93–86–79 ...). Schnellrechner können auch bei 1000 starten. Durch diese anspruchsvollen Siebener-Schritt-Rechnungen wird die Aufmerksamkeit umgelenkt.
5. *Das Anbieten starker Sinnesreize* kann vom Zustand inneren Schmerzes ablenken. Das betrifft alle fünf Sinne:

577 Die folgenden Vorschläge sind entnommen aus: LAUTENSCHLAGER (2018, S. 141–142).

578 Diesen Hinweis verdanke ich Agnes Karl.

579 wörtliche Zitate nach: REDDEMANN (2019, S. 158).

- *Hören,* z. B. Finger schnippen, Hände klatschen, mit den Füßen stampfen.
- *Fühlen,* z. B. Igelball, Punchingball, kaltes Wasser über die Hände laufen lassen.
- *Schmecken,* z. B. scharfe Chilischote, Zitronensaft, Ingwerscheibe, etwas zu essen oder zu trinken anbieten.
- *Riechen,* z. B. Pfefferminzöl, Lavendel.
- *Sehen,* z. B. den Blick bewusst auf einen Baum mit seinen Ästen und Blättern im Garten lenken.

6. *Eine Musik abspielen und dabei mitsingen* oder eine Melodie summen. Diese »Übung« eignet sich besonders gut für zu Hause.
7. *Sich in der Zeit (re-)orientieren*
   - Die Uhr anschauen und laut die Uhrzeit und das Datum benennen.
   - Einen Gegenstand suchen, der ans Heute erinnert, wie die Fahrkarte oder den Ehering.
   - Sich einer Aufgabe zuwenden, die ans Jetzt erinnert: Überlegen, was eingekauft werden muss, oder was es zum Abendessen gibt.
8. *Bewegung reinbringen, in Bewegung kommen, sich im Raum orientieren*
   - Aufstehen und ans Fenster gehen.
   - Autos zählen.
   - Sich im Raum bewegen und alles hörbar benennen, was man sieht.

## Zwei spezifische Distanzierungstechniken

Luise Reddemann beschreibt zwei spezifische Distanzierungstechniken, die sie sowohl in der Therapie anwendet als auch Betroffenen als »Werkzeug« mit nach Hause gibt, um diese »so oft anzuwenden, wie sie wollen, um mehr Distanz zu inneren belastenden Vorgängen zu bekommen«.[580] Sie beschreibt die Übung mit dem *inneren Beobachter* und die *Bildschirmtechnik.*

### *9. Der innere Beobachter*

Mithilfe der »Beobachter-Technik« lernen Betroffene, die eigenen Gedanken wie Beobachtende von außen zu betrachten.[581]

Eine Anleitung nach Luise Reddemann könnte etwa so beginnen: »Selbstbeobachtung ist etwas Normales. Wir alle tun es ständig, sonst wüssten wir nicht, dass wir da sind. Im Fall dieser Übung wird die Selbstbeobachtung nur

580 REDDEMANN/DEHNER-RAU (2004, S. 88).
581 REDDEMANN/DEHNER-RAU (2004, S. 88); REDDEMANN (2001/2010[15], S. 39 f., S. 115 f.).

etwas stärker in den Blick genommen. Sie konzentrieren sich also darauf, dass Sie fähig sind, sich selbst zu beobachten und nehmen dann so genau wie möglich wahr, was da jetzt gerade ist, z. B. ›Da ist Peter, dem tut das Knie weh, er ist verzweifelt, er denkt, mir kann sowieso keiner helfen.‹ Wenn Sie das so machen, werden Sie merken, dass Sie mehr Distanz zu dem, was gerade ist, bekommen.«

### 10. *Die Arbeit mit dem »Bildschirm«*

Mithilfe der »Bildschirmtechnik«[582] wird eine gesunde Distanz zum schrecklichen Erleben hergestellt. Am imaginären Bildschirm lässt sich das erinnerte Ereignis anschauen mit Schnelldurchlauf oder in Zeitlupe, mit hohen Tönen oder mit verzerrt-tiefen Tönen und mit Pausen. Auch Zappen in andere Sendeprogramme ist möglich. Nach dem Berichten wird das Fernsehprogramm in der Imagination ausgeschaltet und die Betroffenen kommen zurück ins Hier und Jetzt.

Die Anleitung dazu könnte ungefähr lauten: »Auch diese Technik hilft bei der Distanzierung. Diesmal stellen Sie sich vor, dass die inneren Bilder auf einem äußeren Bildschirm sind. Mithilfe einer imaginären Fernbedienung können Sie nun stoppen oder das Bild kleiner machen, die Farbe herausnehmen, den Ton etc.«[583]

### 11. *Regler-Übung*

Bei der *Regler-Übung* wird die Intensität der Gefühle wie bei einer Heizung oder einem technischen Gerät mit einem imaginierten Regler in der Hand gesteuert. Ziel der Übung ist – durch neugewonnene Distanz zu den Gefühlen – eine besser gelingende Affektmodulation und Affektsteuerung zu erreichen.

### 12. *Das Reden von sich in der dritten Person*

Wenn traumatische Ereignisse und Szenen in der Erinnerung auftauchen und vielleicht erstmals verbalisiert werden, kann das äußerst viel Kraft kosten. Es kann Betroffenen helfen, die Erinnerung nicht in der Ich-Form zu erzählen: »Da stand er vor mir und forderte mich auf, …«, sondern in der dritten Person: »Der Mann stellte sich frontal auf vor dem Mädchen. Dann forderte er sie auf, …«

## Weitere Imaginationsübungen

»Eine wichtige Hilfe für die Stabilisierung stellt das Erlernen und Einüben von Techniken zur Distanzierung von belastenden Erinnerungsinhalten dar, wie

582 REDDEMANN/DEHNER-RAU (2004, S. 88); REDDEMANN (2001/2010[15], S. 62).
583 REDDEMANN/DEHNER-RAU (2004, S. 88).

sie von Luise Reddemann und Ulrich Sachsse im deutschsprachigen Raum bekannt gemacht wurden […] Bewährt hat sich die Vermittlung von Imaginationsübungen.«[584] Damit sind die Übungen gemeint, wie sie in Teil I, Kapitel 5.1 beschrieben sind. Das heißt, dass viele verschiedene Imaginationsübungen neben den speziellen Dissoziationsstopp-Übungen hilfreich zum Einsatz kommen können. Helferpersonen und Betroffene entdecken mit der Zeit ihre »Lieblingsübungen«. Die bekanntesten sind der »sichere Ort«, die »hilfreichen Wesen« und die »Tresorübung«.

### Eine Auswahl treffen

Die 20 Imaginationsübungen (aus Teil I, Kapitel 5.1) und die 12 Dissoziationsstopp-Übungen bzw. Distanzierungstechniken in diesem Kapitel sind eine Zusammenstellung, und es gilt, daraus eine Auswahl zu treffen. Alle zusammen wären eine Überforderung für Begleiter und Empfänger. Übungen, welche die Helferperson überzeugen und Betroffene anzusprechen vermögen, lassen sich als kleines Repertoire zusammenstellen. Wer eine Auswahl der oben vorgestellten Übungen am eigenen Leib als hilfreich erlebt hat, wird ihnen mehr vertrauen und sie mit mehr Ruhe und Sicherheit anbieten können.

> Distanzierungstechniken sind eine wichtige Hilfe im Umgang mit traumatischen Erinnerungen und Überflutungszuständen. Ein kleines Repertoire an bewährten Übungen gehört in jeden Methodenkoffer. Es empfiehlt sich, diese so gut kennen und anwenden zu lernen, dass sie bei Bedarf einsatzbereit zur Verfügung stehen. Eine Haltung der Ruhe und Sicherheit verstärkt deren Wirkung.

## 3.6 Bewältigungserfahrungen ermöglichen, kleine Erfolge feiern

»Es ist wünschenswert, dass Patienten möglichst in jeder Therapiesitzung, bei der es um eine konkrete Auseinandersetzung mit den Inhalten und den Folgen der traumatischen Erfahrung geht, Bewältigungserfahrungen machen.«[585] Je öfter Menschen mit Traumafolgestörungen herausfordernde Situationen be-

---

584 SACK (2005), http://www.martinsack.de/_downloads/Sack_Komplexe_PTBS_2005.pdf, S. 15 (Zugriff am 07.02.2025).

585 SACK/GOMES (2013, S. 39); s. auch: SACK (2010).

wältigen können, desto mehr kann ihr Vertrauen in die eigene Handlungskompetenz und damit ihr Selbstvertrauen wachsen. »Bewältigungserfahrungen sind daher der Motor«,[586] um sich nach weiteren Veränderungserfahrungen und Erfolgserlebnissen auszustrecken.

Es geht darum, kleine Erfolge zu feiern und Gelungenes festzuhalten. Das könnte beispielsweise in der Tätigkeit bestehen, jeden Abend drei Dinge aufzuschreiben, die gelungen sind, vielleicht als Versuch über eine Woche oder einen Monat. Das können ganz kleine Dinge sein, die gelungen sind, wie: »Ich bin aufgestanden; Ich bin einkaufen gegangen; Ich habe meine Nachbarin freundlich gegrüßt.«

So lassen sich kleine Erfolge feiern und Gelungenes würdigen.

## 3.7 Ressourcenaktivierung

Fachleute sind sich heute einig, dass die Aktivierung von Ressourcen zu den wirksamsten Heilungsfaktoren bei schwerer Traumatisierung gehört. In einer Untersuchung der Universität Innsbruck aus dem Jahr 2019 nennt Ann-Kathrin Kraus als meistgenannte Ressourcen Betroffener in absteigender Reihenfolge:
- »professionelle Unterstützung
- soziale Beziehungen
- Umgang mit der spezifischen Ursachen-Thematik (z. B. Austausch mit Betroffenen, Ausstiegs-Skills)
- Freizeitgestaltung
- Berufstätigkeit und Alltagsbewältigung
- Tiere
- ein geschulter Umgang mit Dissoziativer Identitätsstörung
- gesellschaftliche Akzeptanz
- Natur
- Selbsthilfe
- Sport
- Ich-Funktionen
- Spiritualität & Glaube
- Sonstiges.«[587]

586 SACK/GOMES (2013, S. 38).
587 Aufzählung wörtlich nach: KRAUS (2019, S. 4).

Obenstehende Auflistung betrifft auch Opfer organisierter Gewalt, was die Reihenfolge der Ressourcen mitbeeinflusst haben dürfte. In der Aufzählung finden sich – neben schwer zugänglichen Ressourcen – auch sehr leicht zugängliche, die jedem Betroffenen zur Verfügung stehen.

Als *Haltungen* im Bereich tiefenpsychologischer Therapieverfahren, welche die Ressourcenaktivierung fördern, beschreiben Wöller und Kruse:

- »Bedürfnis nach Kontrolle respektieren
- selbstwerterhöhende Bestätigung geben
- positive Erwartungen induzieren und verstärken
- Stärken akzentuieren und für die Therapie nutzen
- Zukunftsorientierung und Eigenverantwortung fördern
- positive Lösung antizipieren
- bisherige Bewältigungsstrategien explorieren
- positive Bilder aktivieren
- Umdeuten (‚Reframing')
- Art des therapeutischen Stils an die Bedürfnisse des Patienten anpassen
- ressourcenorientierte Imaginationen einsetzen.«[588]

Diese lösungs- und ressourcenorientierten Haltungen gilt es, in Ausbildungen der Seelsorge und der Psychotherapie zu erlernen und einzuüben.

## Ressourcenaktivierung durch schöne Erinnerungen

Zur Ressourcenaktivierung bestehen verschiedene Möglichkeiten: Was Betroffenen in der Vergangenheit Kraft gegeben hat, kann auch im Hier und Heute helfen.

### *Übung 1: Eine schöne Erinnerung aktivieren*

Die Aktivierung einer schönen Erinnerung löst hilfreiche, aufbauende Gefühle aus. Das kann die Erinnerung an einen Tag auf dem Spielplatz sein, an die Fahrt auf dem Karussell, an die Hundehütte im Garten oder an eine spezielle Bergtour. Luise Reddemann nennt die Aktivierung solch schöner Erinnerungen eine »Glücksübung«.[589] Durch das Ausmalen von Details lässt sich die schöne Erinnerung vertiefen und »verankern«.

588 Aufzählung wörtlich nach: WÖLLER/KRUSE (2001/2010³, S. 117).
589 REDDEMANN (2001/2010¹⁵, S. 53–54).

### *Übung 2: Das lebendige Erinnern guter Beziehungserfahrungen*

Das lebendige Erinnern guter Beziehungserfahrungen kann Stress reduzieren, Druck abbauen und ein Gefühl des Trostes und Getröstetseins aktivieren.[590] Eine gute Beziehungserfahrung könnte beispielsweise »der Besuch der Großmutter« sein. Seelsorgende können fragen:

- Zu wem hatten Sie eine gute Beziehung?
- Wie war diese Person?
- Was erlebten Sie zusammen?

### *Übung 3: Das Erinnern schöner und positiver körpersensorischer Wahrnehmungen*

Seelsorgende können das »innere Ausmalen von Ressourcenbildern« auch durch das Erfragen körpersensorischer Wahrnehmungen unterstützen. Das Ansprechen körperlicher Wahrnehmungen kann allerdings unangenehm sein oder gar triggern, deshalb ist hier äußerste Vorsicht geboten. Bei dieser Übung geht es um Erfahrungen mit dem eigenen Körper, die mit schönen und positiven Gefühlen verbunden sind. Dazu gehört das Erfragen aller Sinnesebenen. Das heißt, neben der Wahrnehmung der Bildebene mit dem Sinneseindruck des Sehens auch das Hören, Riechen, Schmecken und Fühlen auf der Haut oder weiterer Körperwahrnehmungen zu erfragen. Solche Fragen könnten lauten:

- Was hörten Sie dabei?
- Welche Geräusche nahmen Sie wahr?
- Konnten Sie etwas riechen?
- Was war das für ein Baum?
- Wie fühlte sich der Ast an, auf dem Sie saßen?
- Was fühlten Sie auf der Schaukel? (den Wind)
- Was fühlten Sie auf der Haut?
- Was war das für ein Geschmack (salzig, süß)?
- Wo fühlten Sie das?
- Wenn Sie das Gefühl beschreiben müssten, wie würden Sie es beschreiben?

Solch ein Erfragen schöner Erlebnisse mit dem eigenen Körper, das Ausmalen und Vertiefen der positiven Körpererinnerungen kann die Wahrnehmung hilfreich verschieben. Ergänzende Fragen könnten sein: Wo war das? Wer war dabei? Wie hoch war der Berg? Wie fühlte sich Ihr Körper dabei an?

590 SACK/GOMES (2013, S. 38).

Die ausführliche Schilderung schöner Erinnerungen hilft, sie zu verstärken, sie im Gehirn, in Gedanken, Gefühlen und im Körpererleben zu verankern.

### *Übung 4: Bildliche Wahrnehmungen vertiefen*

Positive Beziehungserfahrungen können in der Imagination reproduziert und durch Detailschilderungen auf der bildlichen Ebene verstärkt werden. Solche Details können durch Fragen wiedererinnert und innerlich ausdifferenziert werden, wie: »Wo war das? In welcher Jahreszeit war das? Wie sah die Umgebung aus? Wie hoch war das Gras? Und welche Farbe hatte Ihr Ball, über den Sie sich so freuten?«

### *Übung 5: Ressourcen-Liste*

»Was tut Ihnen gut?« Diese einfache Frage kann Betroffene lange begleiten. Je gravierender die Traumasymptome, desto schwerer fällt zuweilen die Antwort. »Ich weiß gar nicht, was ich brauche. Ich weiß nicht, was mir guttut. Das war doch nie ein Thema,« mag als erste Antwort auf die Frage kommen. Wo innere negative Erinnerungen und Bilder dominieren, braucht diese Aufgabe Zeit, viel Zeit.

Was guttut, lässt sich auf einem Notizzettel, einer Liste, in einem schönen Heft oder Buch notieren. Anfangs mag sehr wenig drinstehen, vielleicht: »Ich telefoniere mit Jean-Pierre«, oder »Ich gönne mir eine Pause«. Später mag die Liste länger werden. Es ist hilfreich, wenn Betroffene dabei ohne Druck ihre ganz eigenen wohltuenden Dinge oder Aktivitäten entdecken.

### *Übung 6: Ressourcenaktivierung mittels kreativer Methoden*

Das kreative Gestalten eines Ressourcenbildes mit Buntstiften auf A4-Blättern, mit Fingerfarben auf A1-Plakatgröße, mit Ton auf einer Töpferscheibe, anhand einer Bildercollage oder Ähnlichem hilft weiterhin, hilfreiche innere Bilder, trostreiche Beziehungserfahrungen oder schöne Erinnerungen wieder zu integrieren und ihnen mehr Raum in der Vorstellungskraft und in der Körperwahrnehmung zu geben. Kunsttherapeutinnen sind besonders geschult in dieser Methode.

Ein Beispiel aus der Kunsttherapie mag dies erläutern:

## Fallbeispiel: Karl erinnert sich an seinen Beruf

Karl ist in der Klinik, auf der Station für Traumafolgestörungen. Die Kunsttherapeutin gibt in der Gruppentherapie eine erste Aufgabe: »Modelliert mit dem bereitgestellten Ton eine Figur mit dem Titel: *Das bin ich.*« Manche Therapieteilnehmende machen sich unverzüglich an die Arbeit. Karl, bei dem neben der komplexen Posttraumatischen Belastungsstörung eine Abhängigkeitserkrankung (mit Alkoholthematik) diagnostiziert ist, hat keine Idee, was er gestalten könnte. Als er den anderen beim Modellieren zuschaut, erinnert sich der gelernte Bäcker-Konditor an seinen Erstberuf, und er beginnt mit dem Gestalten einer Confiserie-Rose, wie er sie früher aus Zuckermasse formte. Diesmal wird sie größer als damals auf den Kuchen und Gebäcken, aber auch präziser, vielfältiger, fantasievoller. Mit dem Wachsen der Gestalt seiner kleinen Rose empfindet Karl zunehmend Freude –, ein Gefühl, das in den letzten Wochen sehr selten war. »Plötzlich merkte ich: Ich kann ja doch was!« Sogar seiner Seelsorgerin erzählt er davon, als er sie nach dem Klinikaufenthalt trifft. Ob er seine Rose mal mitbringen möchte, fragt ihn die Seelsorgerin. Er bringt sie zum nächsten Treffen mit, mit einem Lachen auf dem Gesicht. Die Seelsorgerin macht ein Foto davon. Gelegentlich holt sie das Foto der Rose in Gesprächen hervor, wenn Karl, durch Rückfälle entmutigt, wieder auftaucht.

Durch ihr Handeln hilft die Seelsorgerin, die Erinnerung an Karls »Ressourcenbild« bzw. »Ressourcenskulptur«, die durch seine eigenen, geschickten Hände entstanden ist, wach zu halten, zu vertiefen und zu würdigen.

Die Kraft der Kunst- und Kreativtherapien bei Traumafolgestörungen wird heute weitgehend anerkannt. Falls keine Möglichkeit zur Kunsttherapie besteht, lassen sich kleinere Kreativeinheiten auch in der Seelsorge integrieren.

Was man anschaut, wächst: So überschreibt Verena Meyer den von ihr begründeten Ansatz einer »Lösungsorientierten Gesprächsführung in der Seelsorge« (im Anschluss an die Lösungsorientierte Psychotherapie nach Steve de Shazer und Insoo Kim Berg).[591] Dieser Grundsatz bewahrheitet sich bei jeder Form der Ressourcenaktivierung (vgl. Philipper 4,8: Dem Guten sinnet nach).

## 3.8 Arbeit mit kreativen Materialien

Auch in der Seelsorge lässt sich kreativ arbeiten: Mit Farben, Ton, Musik, Kegelfiguren oder Holztieren. Aber auch mit Bildern, Kunstkarten, Wortkarten, die ausgelegt werden und von Betroffenen ausgewählt werden dürfen. Oder warum nicht einmal – bei einem Seelsorgespaziergang im nahen Wald – ein Boden-

591 MEYER (2012, S. 1).

bild mit Waldmaterialien wie Tannenzapfen, Zweigen und Blumen legen? Beispielsweise ein Kreisbild für Gottes Güte? Ein Osterbild für wiedererwachte Hoffnung? Einen robusten Stock finden, ihn als Wanderstock nehmen und sich dabei vorstellen, wie stark die eigenen Arme sind mit diesem Stock in der Hand?

## 3.9 Die Kunst einer dosierten Konfrontation

Die Kunst des Konfrontierens wurde in den Seelsorgeausbildungen der letzten Jahrzehnte wenig thematisiert. Prägend war vielmehr das Erlernen einer *nicht direktiven Gesprächsführung*.[592] Traumaseelsorge und Traumatherapie kommen aber ohne Leitung nicht aus, und hin und wieder ist auch eine heilsame Konfrontation angezeigt. Diese ist anspruchsvoll, gelingt selbst erfahrenen Psychotherapiefachleuten nicht immer und führt manchmal zu Therapieabbrüchen. Dennoch obliegt die Traumakonfrontation als solche den spezialisierten Fachleuten. Doch es gibt eine Reihe von Themen und Situationen, welche die Aufmerksamkeit der Seelsorgenden erfordern und behutsam im Gespräch aufgenommen werden können.

### Allgemeine Themen mit Konfrontationsbedarf

Zu den allgemeinen Themen mit Konfrontationsbedarf gehören beziehungsschädigendes Verhalten (wie regelmäßiges Vergessen der Sitzungstermine), selbstschädigendes Verhalten (beispielsweise im finanziellen oder sexuellen Bereich, im Umgang mit Suchtmitteln, die Fahrweise im Straßenverkehr), wenn Betroffene Gewalt von außen zulassen oder wenn Betroffene sich menschenverachtend äußern oder verhalten.

### Theologische Themen mit Konfrontationsbedarf in der Seelsorge

Theologische Themen, die in der Seelsorge der Konfrontation bedürfen, sind schädigende Gottesbilder und Glaubensinhalte, Neigungen zu Selbstbestrafung, die in religiösem »Kleid« daherkommen, Gesetzlichkeit, Hörigkeit und Unterwürfigkeit auf der einen Seite (Betroffene, die Aggression eher nach innen richten) und religiöse Rechthaberei, Starrheit, Sturheit, autoritäres Gebaren und Dominanz auf der anderen Seite (Betroffene, die Aggression eher nach außen richten).

592 ROGERS (1985).

### Wie kann eine heilsame Konfrontation in Situationen maladaptiver Religiosität oder anderer selbstschädigender Verhaltensweisen gelingen?

Eine sorgfältige Schulung in Kommunikation ist für Seelsorgende (und Menschen in helfenden Berufen) unabdingbar. Darüber hinaus kann eine Schulung in »Gewaltfreier Kommunikation«[593] hilfreich sein oder (in traumapädagogischen und systemischen Kontexten) das »Systemische Aggressionsmanagement«,[594] damit die Konfrontation nicht zu einem offenen oder subtilen Gewaltakt wird. Weiterhin geht es darum, heilsame Konfrontationszeitpunkte wahrzunehmen. Die Fähigkeit einer gelingenden Konfrontation ist eine hohe Kunst, die auch einen Lernweg impliziert. Wo eine dosierte Konfrontation gelingt, wird dies nicht selten als »Gnadenzeitpunkt« erlebt.

Hilfreiche Fragen könnten beispielsweise lauten:

- Wie ist das denn für Sie (wenn das Geld am Anfang des Monats durch das Glücksspiel aufgebraucht ist)?
- Gäbe es noch andere Sichtweisen (beispielsweise auf Ihre Krankheit)?
- Kennen Sie auch andere Gottesbilder?
- Haben Sie auch schon Menschen getroffen, die mit dieser theologischen Frage anders umgehen?
- Welche Alternativen gäbe es?

## 3.10 Selbstheilungskräfte unterstützen

Zu den Selbstheilungsmöglichkeiten gehört alles, was Selbstwirksamkeit, Selbstakzeptanz und Selbstvertrauen fördert. Auch eine körperliche Wunde wie ein Schnitt hat die Tendenz, »von selbst« eine Kruste zu bilden, die zur Wundheilung führt. Zurück bleibt eine Narbe, die mehr oder weniger sichtbar ist. Diese dem Menschen innewohnenden Selbstheilungskräfte gilt es, zu unterstützen.

Seelsorgende können sich selbst die folgenden Fragen stellen:

- Was ist in meinem Leben »von selbst« geheilt?
- Wo habe ich Selbstheilung erlebt?
- Wie viel traue ich dieser den Menschen innewohnenden Selbstheilungskraft zu?
- Wie viel traue ich der Regenerationskraft zu?

---

593 ROSENBERG (2016[12]).
594 SCHÖWE/RENNER (2011).

Ein Anästhesiearzt erzählte mir von seiner hypnotherapeutischen Weiterbildung. Dabei habe sich ihm der Satz eingeprägt: »The healing is within you.« Er müsse bei jeder Operation, die er begleite, daran denken: Sie könnten während der OP wohl Knochen richten, neu verbinden oder was auch immer. Natürlich braucht es die Anästhesie, die Schmerzmittel, die Schrauben und Drähte, die Instrumente, den Faden für die Naht, das Desinfektionsmittel. Aber die wirkliche Wunde, die heile von selbst. Der Knochen, der zusammenwächst, die genähte Narbe, die sich allmählich wieder schön schließt, das geschehe schließlich im und durch den Patienten selbst. »The healing is within you.«

> Ralph Kirscht fasst das den Traumatherapien Entnommene, Neue für die Seelsorge treffend zusammen: »Traumasensible Seelsorge ist eine besondere Form von Seelsorge aufgrund der besonderen Phänomenologie psychischer Traumatisierungen und ihrer Folgen: aktiver strukturierend, in Zeit und Raum verortend, auf Schutz und Sicherheit achtend, psychoedukativ, emotionskontrollierend, verhaltensorientiert, stabilisierend, stark ressourcenfokussiert, bindungs- und beziehungsachtsam.«[595]

## 3.11 Die »therapeutische Beziehung«

Die Psychotherapieforschung entdeckte die unterschätzte Kraft der therapeutischen Beziehung: Sie ist eine der stärksten Wirkfaktoren für eine gelingende Psychotherapie (s. Teil I, Kapitel 1.8). Das gilt wohl für alle Orte, an denen Beziehung stattfindet: Eine gelingende Eltern-Kind-Beziehung gehört zu den stärksten Ressourcen für das Leben eines Kindes. Eine gelingende Schüler-Lehrer-Beziehung fördert das Selbstvertrauen und die Lernerfolge von Kindern. Eine gelingende Beziehung zu Mitarbeitern und Vorgesetzten fördert das Arbeitsklima und die firmeninternen Leistungen der Mitarbeiterinnen und Mitarbeiter. Und so trägt auch eine gelingende Seelsorgebeziehung zum Veränderungs- und Genesungsprozess bei.

> Für Seelsorgende ist es hilfreich, sich Zeit zu nehmen für den Beziehungsaufbau und auf eine gelingende Beziehungsgestaltung zu achten. Sollten sich Antipathie oder Widerwillen bei der Seelsorgeperson zeigen, macht eine seelsorgerliche Begleitung keinen Sinn und sollte nicht begonnen werden.

595 KIRSCHT, Ralph, Trauma und Seelsorge, https://emmaus-institut.de/trauma-und-seelsorge (Zugriff am 14.03.2025).

Seelsorgenden muss es möglich sein, für die begleitete Person Mitgefühl zu empfinden und sich in bejahender Weise auf sie einzulassen. Es ist wichtig, diese Grenze zu spüren und dazu zu stehen.

Eine spezielle Erfahrung machte Bruder Antonius, Gefängnis-Seelsorger in einer Einrichtung im Langzeitstrafvollzug. Bruder Antonius war seit Jahrzehnten Mitglied eines evangelischen Männerklosters und hatte bereits viel Erfahrung in der Gefängnisarbeit. Ein Mann kam zu ihm, bzw. er wurde ihm zugewiesen vom Betreuungspersonal, und Bruder Antonius merkte: Ich habe keine Liebe zu diesem Mann. Ich kann nichts Positives für ihn empfinden.

### Fallbeispiel: Bruder Antonius begegnet einem Gefängnisinsassen, für den er keine positiven Gefühle zu entwickeln vermag

Er ist schon vielen Männern begegnet in diesem Gefängnis, Bruder Antonius. In den Akten stehen Raubüberfälle, Mord und Totschlag, und auch anderes. Aber Bruder Antonius liest die Akten nicht. Er lässt die Gefangenen erzählen, wenn er ihnen begegnet. Von manchen sagt er: »Nach 15 Jahren kam der raus, und ich weiß heute noch nicht, was der getan hat.« Im Laufe der Zeit finden einige Zugang zu Bruder Antonius, er beginnt mit einer Gefängnis-Bibelgruppe, und es kommen immer wieder neue Männer dazu. Wöchentlich treffen sie sich zum Austausch über die Texte und ihre Themen, meist zu aufgeschnittener Wurst und Apfelschorle. »Hier hab' ich ein ganz weites Herz bekommen«, strahlt Bruder Antonius, als er mir von seiner Arbeit erzählt. Ich sehe es ihm an.

»Aber da war einer,« sagt er, »zu dem konnte ich keine Beziehung aufbauen, ich spürte keine Liebe für ihn. Und eigentlich ging es allen so. Da war auch etwas ganz Asymmetrisches in seinem Gesicht. Da habe ich gesagt: ›Herr, da ist nichts bei mir. Jetzt musst du mir helfen!‹ Und als der Mann da so vor mir saß, und die Tränen liefen ihm übers Gesicht, der hat so geheult – da konnte ich plötzlich mitfühlen! Da ist wie ein Schalter in mir gekippt. Der tat mir so leid! Das war einfach die Liebe Gottes, die mir da geschenkt wurde. Anschließend hat sich ein Vertrauen eingestellt, und ich konnte ihn einfach so begleiten, bis kurz vor seinem Lebensende. Das war für mich ein Wunder.«[596]

Bruder Antonius erlebte, dass es manchmal mehr als das Menschenmögliche gibt. Auch für Seelsorger.

596 Bruder Antonius (Name geändert; mündlich, Ralligen/Merligen, 2024).

## 3.12 Gegenbilder zu den Schreckensbildern etablieren

Es geht darum, die prägenden Schreckensbilder durch Gegenbilder zu ersetzen.[597] Die traumatischen Erinnerungen durch Bilder von Sicherheit, Zuversicht, Getragen- und Getröstetsein zu ersetzen, aber ebenso durch Bilder von Selbstwirksamkeit, Kraft und Kontrollierbarkeit.

Ein Gedicht mit ungewohnten Bildern des Schreckens und Gegenbildern stammt aus der Feder Hilde Domins. Sie verfasste es 1953 als letztes Gedicht vor ihrer Rückkehr nach Europa. Es war eines ihrer längsten Gedichte, wiedergegeben wird hier ein Ausschnitt daraus:

> Keine Katze mit sieben Leben,
> keine Eidechse und kein Seestern,
> denen das verlorene Glied nachwächst,
> kein zerschnittener Wurm
> ist so zäh wie der Mensch,
> den man in die Sonne
> von Liebe und Hoffnung legt.
> Mit den Brandmalen auf seinem Körper
> und den Narben der Wunden
> verblasst ihm die Angst.
> Sein entlaubter Freudenbaum
> treibt Knospen,
> selbst die Rinde des Vertrauens
> wächst langsam nach.
>
> Hilde Domin, aus dem Gedicht »Wen es trifft«[598]

Vielfältige Bilder des Leids bestimmen den ersten Teil des Gedichts »Wen es trifft«, um schließlich Bildern der Hoffnung und Zukunft Raum zu geben. Hilde Domin liebte ihr Gedicht und bezeichnete es bis 1976 als ihr wichtigstes. Oft beendete sie ihre Lesungen mit diesem Gedicht.[599]

Vertrauensbilder entfalten ihre Kraft. Seelsorgende und Betroffene können sich daran stärken und neue Entdeckungen machen, wenn sie von sich aus einem Text wie dem Gedicht von Hilde Domin begegnen.

---

597 REDDEMANN (2001/2010[15], S. 29–34).
598 DOMIN (2010[4], S. 41).
599 KARSCH (2007, S. 144).

Für die Seelsorge relevant ist das Wahrnehmen neuer, wenn auch noch zaghafter Hoffnungsbilder, die Betroffene entwickeln. Diese gilt es zu vertiefen, zu stärken und wiederholt aufzunehmen. Ja, es geht darum Gegenbilder zum erlebten Schrecken zu ermöglichen und zu etablieren.

# 4 Metaphern und heilsame Bilder – Eine unterschätzte Kraft in der Seelsorge

## 4.1 Heilsame innere Bilder in der Seelsorge

Die Erfahrungen des Einzelnen wird mehr von inneren und äußeren Bildern geprägt als von Kognitionen. In der Arbeit mit Senioren und Hochbetagten können Seelsorgerinnen das Neuaufflammen längst verdrängter Erlebnisse der Kriegsgeneration erleben. Todesbedrohung, Flucht, Hunger, Kälte, verlorene Angehörige, rückkehrende traumatisierte Väter, traumatisierte Mütter, Ablehnung an unbekannten neuen Wohnorten sind dazu nur einige Stichworte. Ein Beispiel für die Kraft metaphorischer Sprache stammt von Schwester Hanna Maura. Die heutige Schwanbergschwester[600] berichtete in einem Interview ihre persönlichen Erfahrungen als Kind in Deutschland in den letzten Kriegsjahren des Zweiten Weltkrieges bei Fliegeralarm. Sie antwortete auf die Frage, was ihr geholfen hätte:

### Fallbeispiel: Sr. Hanna Maura, eine Kindheitserinnerung

»Bei uns war es das Grundvertrauen zu Gott, das uns unsere Mütter vorgelebt haben. Da kommt mir vor allem ein Gebet meiner Großmutter in den Sinn, das sie mit uns in einer der Bombennächte im Luftschutzkeller ständig gebetet hat:

›Beim Sturm der Welt  
Sei Anker, der mich hält,  
Und birg mich in dein Zelt,  
Wenn alles zaget.  
In Not und Pein

600 Evangelische Benediktinerinnen der Communität Casteller Ring (CCR) mit Wohnsitz auf Schloss Schwanberg, nahe Kitzingen in Unterfranken, Deutschland.

> Nimm mich, o Liebe, ein.
> So harr' ich kindlich dein
> Bis dass es taget.‹«[601]

Der Text ist ein Gebet mit einprägsamen Bildern, an die sich die Großmutter angesichts der Bedrohung erinnerte und dessen Kraft sich anschließend auch der Enkelin eingeprägt hat. Ursprünglich stammt der Text aus Gerhard Tersteegens Abendlied »Mein Auge wacht« und ist die 11. von 12 Strophen,[602] was aber der Erzählerin weder als Kind noch als 85-Jährige bekannt war.

Die starken Bilder des Gedichts lenkten die Wahrnehmung, halfen, Wirklichkeit zu deuten oder umzudeuten: Bombennächte kontrastieren mit der Vorstellung eines bergenden Zeltes, Kriegssturm wird mit einem personalisierten »Anker, der mich hält« konfrontiert. Wenn bei Sirenenalarm »alles zaget in Not und Pein«, so setzt die Beterin dem eine personalisierte Liebe entgegen, »nimm mich, o Liebe ein« und harrt so kindlich aus, »bis es taget«. Das heißt, ein positiver Ausgang wird imaginiert, ein anbrechender Morgen, der kommen wird. Metaphern leiten die Gedanken, lenken die Wahrnehmung und prägen die Bilder und Erinnerungen.

Aus theologischer Sicht geschieht noch etwas ganz anderes: Es ist ein Gebet. Die Beterin, im Beispiel die betende Großmutter, wendet sich an ein göttliches Du, das die Macht hat, zu bewahren und zu beschützen. Sie bittet »mit kindlichem Vertrauen«: Gott wird sie bergen und schützen, bis es wieder »Tag wird«, das heißt, bis die Nacht des Krieges einem Morgen des Friedens weichen wird.

Zugleich handelt es sich dabei um ein doppeltes Beziehungsgeschehen: Die vertrauensvolle Beziehung zwischen der Großmutter und ihrem bergenden Gott einerseits und die vertrauensvolle Beziehung zwischen der Großmutter und ihrer hörenden[603] Enkelin andererseits.

Den Schreckensbildern sind stets neu Vertrauensbilder entgegengesetzt, und wie im Geschehen zwischen Großmutter und Enkelin Vertrauen aufgebaut wurde in dunkler Nacht, geschieht in der Seelsorge die Suche nach Gegenbildern zwischen zwei Menschen, die in vertrauensvoller Beziehung zueinanderstehen.

---

601 Sie ergänzt: »Und auch Mutters Lieblingslied: ›Befiehl du deine Wege und was dein Herze kränkt, der allertreusten Pflege des der den Himmel lenkt.‹« HARTWIG (2015, S. 5).

602 TERSTEEGEN (1766/1818[12]/2016).

603 »Glaube kommt aus dem Hören« bestätigt sich in dieser Erfahrung. Schnell geht dabei vergessen, dass hören ein körperlicher Vorgang ist: Von einem sprechenden Mund zum hörenden Ohr, mit Schallwellen, die in den Körper eingehen. Darum sind »Bücher« oder »Texte« für Betroffene nicht von gleicher Wirkkraft wie Gespräche, sei dies mit Seelsorgenden, Psychotherapierenden, weiteren Fachleuten, Freunden oder auch die Worte in Gottesdiensten, Liedern und Predigten. Oder die Worte der Großmutter.

Die Psalmen sind eine Quelle trostreicher, vertrauensfördernder Bilder, auch im obigen Gedicht der Großmutter (die Bilder entstammen Psalm 27,5, Lut): *Denn er deckt mich in seiner Hütte zur bösen Zeit, er birgt mich im Schutz seines Zeltes.*

## 4.2 Gottesbilder in der Seelsorge

### Lebensschädigende Gottesbilder (eine dysfunktionale religiöse Metaphorik)

Die Forschungen zu intrinsischer und extrinsischer Religiosität wurden richtungsweisend: »Unter intrinsischer Religiosität versteht man eine verinnerlichte, persönlich mit Überzeugung gelebte Religiosität. Unter extrinsischer Religiosität versteht man eine äußerlich aufgesetzte Religiosität, die nicht tief im Alltagsleben verwurzelt ist.«[604]

Auch jüngere wissenschaftliche Untersuchungen, selbst neurologischer Provenienz, bestätigen: Es gibt Glaube, Religiosität, Spiritualität, die hilfreich und lebensförderlich ist und zur Salutogenese beiträgt. Das geschieht, wenn der Glaube Geborgenheit vermittelt und Gehaltensein, wenn der Glaube einen lebensbejahenden Transzendenzbezug unterstützt und wenn der Glaube hilft, Ambivalenzen auszuhalten.

Hinderlich und ungesund hingegen ist ein Glaube (Religiosität, Spiritualität), der Angst macht, einengt, bevormundet und aufs Negative fokussiert ist.[605] Anton Bucher beschreibt noch weitere Faktoren, neben dem Erzeugen von Angst: Das Bewirken unbegründeter (maladaptiver) Schuldgefühle; die Begünstigung von Skrupulosität und zwanghaftem Verhalten; eine Minderung des Selbstwertgefühls; die Förderung feindseliger Haltungen sowie eine Behinderung bei der Bewältigung von Krisen.[606]

Wo sich der Glaube, die Religion, die Spiritualität Betroffener in der Welt- oder Selbstwahrnehmung lebensschädigend auswirkt, ist sie in der Seelsorge zu konfrontieren.

---

604 PFEIFER, Basiskurs Psychiatrie und Religion, Messung der Religiosität, 3 (mit Rückbezug auf das Konzept von Allport, 1950, und Gorsuch, 1984), https://www.seminare-ps.net/_MAT/Seelsorge/Basiskurs/01_Messung_der_Religiositaet_Skript.pdf (Zugriff am 25.03.2025).

605 UTSCH (2011).

606 BUCHER (2017, S. 24).

Eine dysfunktionale, maladaptive religiöse Metaphorik braucht eine heilsame Konfrontation. Sie soll einer lebensförderlichen religiösen Metaphorik Platz machen. In der Seelsorge geht es darum, schädliche Gottesbilder (beispielsweise den ständig kritisierenden Lehrer, den mitleidslosen Richter oder den Sadisten) zu »verabschieden« und durch lebensförderliche Gottesbilder zu ersetzen. Innerlich geprägte und gefestigte lebensfeindliche Gottesvorstellungen lassen sich allerdings nicht so schnell ersetzen; sie brauchen viel Zeit und die Einbettung in eine emotional annehmende menschliche Beziehung.

Seelsorge kann Betroffenen helfen, neue Gottesbilder zu entdecken und zu etablieren: Gottesbilder, die aufbauen, wohltun, ermutigen und Leben fördern. Allenfalls geht es auch darum, die Gottesmetaphorik zu erweitern.

## Heilsame Gottesbilder in der Seelsorge

Die Gottesmetaphorik ist prägend für den Lebensvollzug derer, die ihn von Herzen suchen. Magdalene Frettlöh schreibt dazu: »(Fast) immer sind die Gottesbilder Gegenbilder zu den Bedrohungen, denen die Beterin ausgesetzt ist, und den Erschütterungen, die ihr widerfahren sind. Nicht die Gestalt, sondern die Beziehungsweisen Gottes sind es, die in diese Bilder eingezeichnet sind.«[607] Genau das lässt sich in Ps 69 und Ps 91 beobachten.

Doch die Gottesbilder sind nur Bilder. Sie müssen von der Gotteswirklichkeit unterschieden werden (die glaubend vorausgesetzt wird): »Die dialektische Verwobenheit zwischen konkretem Gottesbild und vorausgesetzter Gotteswirklichkeit zeigt sich darin, dass Aussagen über die Wirklichkeit Gottes stets nur über die Vermittlung von konkret werdenden Gottesbildern möglich ist, dass sich aber jedes konkrete Gottesbild am Postulat der geglaubten Gotteswirklichkeit stets aufs Neue kritisch begrenzen lassen muss«,[608] bemerkt Marianne Pratl-Zebinger.

Seelsorge kann zur Hilfe werden, Gegenbilder zu den Schreckensbildern zu entwickeln. Seelsorge kann auch die Lust am Entdecken neuer, lebensförderlicher (Gottes-)Bilder wecken und unterstützen. Falsch wäre es, Bilder vorzugeben oder aufzuzwingen.

Hilfreicher ist es, wenn Betroffene selbst Gegenbilder entwickeln oder entdecken. Dabei können folgende Fragen helfen:

---

607 FRETTLÖH (2002, S. 75).
608 PRATL-ZEBINGER (2009, S. 218).

- Gibt es ein Bild von Gott, ein Gottesbild, das dir besonders nahe ist?
- Oder hast du ein Lieblingsbild von Gott?
- Gibt es eine Geschichte, die dir guttut?
- Hast du einen Lieblingstext?
- Hast du ein Lieblingslied?

Die vielfältigen Gottesbilder können zur Quelle der Kraft werden. Wenn das Gewicht von Traumafolgen in seinem Ausmaß erkannt wird, wie beispielsweise eingeschränkte Beziehungsfähigkeit, Blockaden, innere Abhängigkeit von Tätern, Gefühle der Beschämung und Entblößung durch Auslösereize (Trigger) oder Ohnmachtsgefühle bei Kritik, so wird auch das Gewicht gegenteiliger Bilder erkannt:

> Die Kraft der Gottesbilder, die Leben ermöglichen, stärken und aufbauen, die Bilder von Befreiung, Ermächtigung, Befähigung, Würde, Rettung, Wiederherstellung und gelingender Gemeinschaft – solche Bilder mit Lebenspotenzial können in der Seelsorge und darüber hinaus ihre Wirkkraft entfalten!
>
> Doch die Gottesbilder müssen von der Gotteswirklichkeit unterschieden werden. Gott ist »mehr« als unsere Bilder und Vorstellungen von ihm.

## Inflationären Gebrauch der Vatermetaphorik vermeiden

Ein wichtiges Detail ist die Vatermetaphorik. Da oft Vaterfiguren wie Stiefväter, Lehrer, Priester und Ärzte zu Tätern werden, stellt sich die wichtige Frage, inwieweit die Vatermetaphorik und auch eine allenfalls praktizierte Muttermetaphorik für Gott hilfreich ist. Das Trostpotenzial der Vatermetaphorik wurde in christlichen Büchern vorgestellt, und nicht wenige fanden dadurch zu einem Gottesbild, das von liebevollen Zügen geprägt ist.

Es muss hier aber ausdrücklich festgehalten werden: Die Vatermetaphorik kann Menschen den Zugang zu Gott erschweren. Dies gilt speziell, wo Väter, Stiefväter und weitere Vater-Figuren zu Tätern wurden. Darum ist vor einem inflationären Gebrauch der Vatermetaphorik zu warnen.

## Alternativen zu personalen Gottesbildern

Betroffene brauchen manchmal auch Alternativen zur personalen Gottesmetaphorik. Eine Neuentdeckung könnte beispielsweise die Gottesmetaphorik aus dem Tierreich sein: Gott, der Löwe, die Löwin, der Leopard, die Bärin (Hosea 13,8), das Lamm, die Taube.

Apersonale Gottesbilder sind in biblischen Texten beispielsweise: Gott, die Quelle oder das Wasser. Ich höre hier mit der Aufzählung auf – so bleibt die eigene Suche nach apersonalen Gottesbildern spannender.

In der Bibel finden sich auch ungewohnte Gottesbilder, die neue Aspekte aufzuzeigen vermögen, wenn beispielsweise im Prophetenbuch Hosea Gott gemalt wird *wie eine Bärin, die ihrer Jungen beraubt ist* (Hos 13,7–8). Bärinnen sind nie so aggressiv und gefährlich wie dann, wenn sie Junge haben und diese angegriffen werden. Diese ungewohnte Gottesmetapher kann beispielsweise Menschen mit pathologischer Aggressionshemmung ermutigen, ihre ihnen innewohnende Kraft zuzulassen. Das Bild der Bärin zeichnet Aggression ganz im Sinn ihrer ursprünglichen Bedeutung, nämlich als Kraft, Leben zu schützen und zu erhalten – speziell das Leben der Kleinen und Schwachen.

Lieblings-Gottesbilder können sich im Verlauf des Lebens ändern: Mal ist vielleicht das Bild des guten Hirten sehr tröstlich, dann wird wieder ein anderes Gottesbild aktuell. Am stärksten wirken oft die Bilder, die von den Betroffenen selbst entdeckt oder erinnert werden. Auch Lieblingstexte, Lieblingsgeschichten und Lieblingslieder enthalten oft heilsame Bilder, Bilder, die guttun und stärken. Vielleicht lassen sie sich in einer Seelsorgebegegnung vertiefen. Zusammenfassend lässt sich sagen:

> Diese Kraft der Metaphern und heilsamer innerer Bilder wurde in der Seelsorge weitgehend unterschätzt: In ausgewiesenen Lehrbüchern der Seelsorgelehre wurde sie bisher kaum thematisiert.
>
> Heilsame Bilder sind ein Spezifikum der Seelsorge, denn ihr Ressourcentext, die Bibel, ist voll davon. Die metaphorische Vielfalt der Psalmen ist ein Qualitätsmerkmal derselben. Heilsame innere Bilder werden auch durch Geschichten oder Liedinhalte transportiert. Manchmal begegnen Menschen dem richtigen Bild zum richtigen Zeitpunkt und Gott berührt sie auf außerordentliche Weise – dann zeigt sich etwas von Gottes Gnadengegenwart.
>
> Die unzähligen Bilder für Gott in der Bibel regen dazu an, eigene Bilder für Gott zu finden. So textete ein Konfirmand: »Gott ist der Songwriter, und ich bin sein Song.«

## 4.3 Heilsame Bilder in weiteren Glaubensvollzügen

Auch über das Seelsorgegespräch hinaus stellt sich Theologinnen und Theologen die Frage, wie sich in Zeiten potenzieller Traumatisierung oder weltweiter Krisen (Kriegsszenarien, Pandemien, Klimaveränderungen, Ressourcenverknappung) sensibel und aufbauend kommunizieren lässt.

Denn die Kraft der heilsamen Bilder lässt sich ausweiten, auch über das Seelsorgegeschehen hinaus. Seelsorgerlich Geschichten erzählen, seelsorgerlich predigen – all das gelingt besser mit dem Einsatz heilsamer Bilder, die Trost ausmalen und Menschen zu stärken vermögen. Christine Lungershausen[609] hat praxisrelevante Anregungen zusammengetragen, die einer traumasensiblen Hermeneutik entspringen. Ihre Gedankenanstöße (entstanden in der Zeit des Pandemie-Lockdowns) führen zu einer seelsorgerlichen Art, Kindern eine Geschichte zu erzählen, einen Seniorennachmittag zu gestalten, oder eine Predigt aufzubauen:

> *1. Schmerz benennen, Trost ausmalen*
> Der Schmerz Betroffener lässt sich nicht wegwischen oder in Abrede stellen. Er wird geachtet und ausgedrückt, kurz und klar. Eine Predigt kann Schmerz benennen und achten. Doch er soll nicht dominant werden.
>
> Trost, Trostbilder und Ressourcenbilder dagegen dürfen breiten Raum einnehmen. Hilfreiche Bilder sollen das Gesagte prägen und die Zuhörenden mit hineinnehmen in einen Möglichkeitsraum heilsamer Vorstellungen.
>
> »Sie streift mit den Füßen durch den Sand, Meereswellen umspielen die Zehen, es ist warm [...] so wird es wieder sein. Irgendwann. So ist es schon jetzt, in ihrer Vorstellung. Wie in dem Lied [...] ›Der Wolken, Luft und Winde gibt Wege, Lauf und Bahn, der wird auch Wege finden, da dein Fuß gehen kann.‹« *Oder:* »Lange hat sie niemand umarmt, geherzt, berührt. Wie einsam es ist! Das Pflegeheim ist ihr so fremd. All die anderen Menschen: nah, ohne echten Kontakt. All das wegen eines Virus! Ihr kommt ein Lied in den Sinn: ›Der Wolken, Luft [...]‹ [...] ach, das könnte helfen.«[610]

609 LUNGERSHAUSEN, Christine, Heilsames statt Drama, https://www.feinschwarz.net/heilsames-statt-drama/ (Zugriff am 08.02.2025).

610 LUNGERSHAUSEN, Christine, Heilsames statt Drama, Redaktion https://www.feinschwarz.net/heilsames-statt-drama/ (Zugriff am 08.02.2025).

2. *Mit dem Stärkenden beginnen, mit dem Stärkenden beenden*
Es geht stets darum, das Stärkende zu vertiefen und auszuweiten, und nicht das Leidvolle. Was wir ausmalen, gewinnt an Kraft und Einfluss. Das Heilvolle soll viel Raum gewinnen und in Farben und Variationen beschrieben werden.

3. *»Versuch nicht, den Sturm zu beruhigen. Der Sturm wird vorüberziehen. Beruhige dich«*
Dabei kann das Bild des schlafenden Jesus im Schiff, das unterzugehen drohte, zum Beispiel und Vorbild werden: Er muss geruht haben in der Gewissheit, dass einer wacht und über Schiff und Gewitter steht.

4. *Absage an eine Aufregungs- und Krisenkultur und »Infodemie«*
»Bernhard Pörksen beschreibt, dass wir gegenwärtig in einer ›Infodemie‹ lebten, gekennzeichnet durch Ereignisflut und Krisenkonzentration. Nachrichtenwert hat, was aufregt. Für ein Nervensystem mit gebundenen Traumata wäre da m. E. entscheidend, dass die Predigt eine andere Tonlage hat.«[611] Statt das Gefühl der Bedrohung zu verstärken, vermittelt sie Bilder des Vertrauens und Geschichten, die Mut machen.

5. *Ressourcen aufspüren, Menschen wieder mit ihren Stärken in Kontakt bringen*
Dies kann auch durch das Benennen kleiner Erfolge oder Fähigkeiten geschehen, durch ressourcenorientierte Rede, durch Achtsamkeit für das Positive und Hilfreiche.

Christine Lungershausens Anregungen sind hilfreich für jedes Gespräch mit Traumabetroffenen, aber auch mit Gesunden. Die heilsame Kraft der inneren Bilder gilt es ebenso in weiteren Glaubensvollzügen einzubeziehen. Diese Kraft lässt außerdem das Geschichtenerzählen vor Kindern oder den sprachlichen Ausdruck von Predigten zu seelsorgerlichen Akten werden, die Kranke und Gesunde gleichermaßen aufzurichten vermögen.

611 LUNGERSHAUSEN, Christine, Heilsames statt Drama, Redaktion Feinschwarz, 5. Juni 2020, Kirche, Spiritualität, https://www.feinschwarz.net/heilsames-statt-drama/ (Zugriff am 08.02.2025).

## 4.4 Heilsame Selbstbilder

Das Imaginieren neuer Selbstbilder ist ein wesentliches Ziel und eine lebenslange Aufgabe Traumabetroffener. Sich heilsame Selbstbilder innerlich auszumalen, mag Betroffenen schwerer fallen, als heilsame Gottesbilder zu imaginieren. Ein Weg kann das Ersetzen negativer Selbstattributionen durch neue, aufbauende Selbstattributionen sein, das Etablieren von inneren »Gegen-Bildern« und »Gegen-Sätzen« zu bisher prägenden Bildern und Sätzen.

Das beginnt mit der sogenannten Selbstvalidierung. Sie besteht darin, »die eigenen Gedanken, Gefühle, Handlungen, Meinungen, Wünsche und Anstrengungen vor dem Hintergrund einer bestimmten Situation als zuverlässig wahrzunehmen und anzunehmen«.[612] Das könnte ein Satz sein wie:

- »Ich bin traurig, das ist okay.«
- »Das ging im Trubel vergessen. Das kann passieren.« Oder auch:
- »Ich hielt die innere Anspannung nicht mehr aus, darum habe ich zur Selbstverletzung gegriffen. Jetzt lerne ich eine andere Strategie. Das gelingt mir immer besser.«
- »Ich schaff das, diesen Berg zu bezwingen. Ich sehe mich schon oben stehen.«
- »Ich habe bisher viel Stärke bewiesen! Schau mal meine Muskeln, die mir dabei gewachsen sind.«
- »Das soll mir mal einer nachmachen!«
- »Da war ich stark wie eine Löwin, als ich wieder aufgestanden bin.«

> Diese Sätze wirken vielleicht bereits zu hochgegriffen und könnten Betroffene überfordern. »Es geht um eine freundliche, wohlwollende Haltung sich selbst gegenüber, sozusagen Freundschaft zu schließen mit sich selbst und sich mit Mitgefühl und Verständnis zu begegnen. Also der Selbstkritik mit entsprechenden Gegensätzen zu antworten.«[613]

> Am wirksamsten sind neue innere Bilder und entsprechend neue innere Sätze, neue Selbstattributionen, wenn Betroffene sie selbst formulieren. Anstoßen kann man sie durch die Frage: »Was wäre denn jetzt ein hilfreicher Gedanke über dich selbst, mit dem du diesem Satz kontern könntest?«

612 VON AUER/BOHUS (2017, S. 305).
613 Diesen Hinweis verdanke ich Agnes Karl.

Nicht selten sind es überhöhte Erwartungen an sich selbst, die zu negativen Selbstbildern führen. Fulbert Steffensky spricht darum von »der Kunst des halben Gelingens«. »Wer auf den großen Wurf hofft, Perfektion anstrebt, Vollkommenheit sucht, wird nicht dankbar zurückblicken können, denn das Leben bleibt Fragment. Wahre Größe kann in Heiterkeit auf das Geschehen schauen, das, was halb gelungen ist, würdigen, ohne die eigenen Versäumnisse zu beschönigen, [denn:] Mir wird mehr vom Leben gelingen, wenn ich selbst nicht vollkommener Meister des Gelingens sein muss.«[614]

> Wenn das Leben (bildlich gesprochen) Fragment bleiben darf, reduziert sich der Druck der überhöhten Erwartungen an sich selbst – und die Freude an der Kunst des halben Gelingens kann Raum bekommen.

614 STEFFENSKY (2022, S. 11).

# 5 Emotionen aus traumafokussierter Perspektive

Für Betroffene bleibt die Emotionsregulation ein herausforderndes Ziel. Ein Fokus liegt dabei auf der Affektdifferenzierung. Darum werden im folgenden Kapitel traumarelevante Emotionen besprochen. Die Affektregulation ist in der traumafokussierten kognitiven Verhaltenstherapie wesentlicher Bestandteil der Stabilisierungsphase (neben Psychoedukation, Entspannung und kognitiver Verarbeitung hinderlicher Gedanken).[615]

> Zur Affektregulation gehört das Wahrnehmen und Erkennen der Emotionen (Affektdifferenzierung, bzw. emotionale Selbstwahrnehmung), der Ausdruck derselben (an einem passenden Ort) und die Steuerung derselben (Affektmodulation). Dies kann auf verschiedene Art und Weise geschehen: mithilfe von Körperübungen[616], Gesichtsausdrücken oder auch anhand einer Skalierung auf einem »Gefühlsbarometer«.

## 5.1 Die Basisemotionen als Orientierungshilfe

### Basisemotionen

Paul Ekman definierte Kriterien für sogenannte Basisemotionen oder Grundgefühle. Diese kommen kultur- und zeitübergreifend vor (universelles Ausdrucksverhalten), zeigen sich im Gesichtsausdruck (universell verstandene Mimik) und sind bereits bei Säuglingen nachweisbar, nach Ekman sogar bei Primaten (Menschenaffen). Sie gelten als universelle Reaktionen auf spezifische Auslöser (z. B. Angst bei Bedrohung, Trauer bei Verlust).[617] Ekman vertrat damit

615 ROSNER/EILERS (2011/2019$^3$, S. 988).

616 Körperübungen helfen speziell bei der Regulation des Nervensystems, indem sie Spannungen abbauen und wesentlich zur Selbstberuhigung beitragen. Körper s. Teil II, Kapitel 6.

617 EKMAN (2004/2010/2014); GOSCHKE/DREISBACH (2006/2011$^2$, S. 131).

einen evolutionspsychologischen Ansatz. Als kultur- und zeitübergreifendes Verhalten gilt beispielsweise Lachen als Ausdruck der Emotion Freude oder Weinen als Ausdruck für Traurigkeit. Zur Eigenschaft der sogenannten Basisemotionen gehört außerdem, dass sie nicht einem anderen Grundgefühl entsprechen.

Ekman ging von sieben Basisemotionen aus: Freude, Furcht, Ärger, Traurigkeit, Ekel, Verachtung und Überraschung.[618] Izard benannte die zehn Basisemotionen Furcht, Freude, Ärger, Traurigkeit, Ekel, Überraschung, Interesse, Verachtung, Scham und Schuld.[619] Neben Ekman und Izard entwickelten weitere Forscher Theorien zu den Basisemotionen[620] und kamen dabei auf eine verschiedene Anzahl an Basisemotionen. Gemeinsam nannten fast alle Furcht, Freude, Ärger, Traurigkeit und Ekel.[621]

Schuld ist eher ein personalrechtlicher, juristischer Tatbestand oder ein moralisch hergeleiteter oder religiöser Begriff und weniger eine Emotion. Als traumarelevante Begleiterscheinung werden Fragen rund um die Thematik der Schuld darum unten in einem eigenen Kapitel behandelt. Die bei Izard genannte Überraschung, Interesse und Verachtung sind wichtige Gefühle, doch lassen sie sich auf die Grundemotion Freude (Interesse, Überraschung) oder Ekel (Verachtung) zurückführen.

Die Scham im Sinne der Beschämung kann sich in der Arbeit mit Traumabetroffenen hingegen als alles dominierendes Gefühl zeigen und wird hier in traumasensibler Wahrnehmung in Übereinstimmung mit Izard aufgenommen.

Diese Arbeit konzentriert sich darum auf die oben genannten fünf Basisemotionen, über deren Existenz weitgehend Konsens besteht: Freude, Angst/Furcht, Ärger, Traurigkeit, Ekel und nimmt die bei Izard aufgelistete Basisemotion der Scham dazu (s. Abbildung 15).

Bei genauerem Studium der Emotionen zeigt sich, dass es nicht »gute Emotionen« und »schlechte Emotionen« gibt, wie oft vermittelt wird. Diese Auftrennung kann zu Verleugnung und Tabuisierung gewisser Emotionen führen. Freude gilt gemeinhin als positive Emotion, Traurigkeit und Angst sind für viele noch im Rahmen des »Erlaubten«. Zorn, Scham und Ekel hingegen wird negativ wahrgenommen und gedeutet. Alle Grundemotionen haben aber – sofern sie sich nicht verselbstständigen und ein Leben zu dominieren beginnen – eine

---

618 LANGE (2017).

619 IZARD (1994).

620 GOSCHKE/DREISBACH (2010).

621 Das Konzept der Basisemotionen ist nicht unumstritten. Goschke kommt zum Fazit, die Kritikpunkte widerlegen die Existenz von Basisemotionen nicht, machen aber auf ungeklärte Fragen und die Notwendigkeit weiterer Forschung aufmerksam.

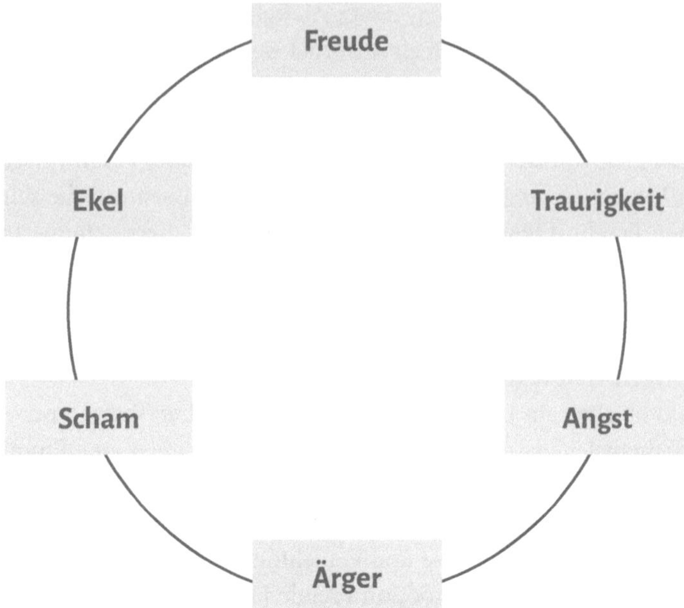


**Abbildung 15:** Traumarelevante Basisemotionen nach Ekman (2004/2010/2014): Freude, Traurigkeit/Trauer, Angst, Ärger/Aggression, Ekel sowie Scham/Beschämung (nach Izard) (erstellt von Silvia Bolatzki)

lebensschützende und lebenserhaltende Zielrichtung. Darum gilt, gerade auch für die Seelsorge:

> Alle Grundemotionen sind gottgegebene Ausdrucksmöglichkeiten und als solche ein Geschenk. Alle haben ursprünglich eine lebensförderliche Funktion. Als solche verdienen sie es, wahrgenommen, ernst genommen und gewürdigt zu werden.

## Erweiterte Emotionen-Palette

Den Grundemotionen lassen sich fast unendlich viele weitere Emotionen zuordnen. Sie sind nicht alle hilfreich, denn es handelt sich dabei teilweise um fehlgeleitete, verfestigte oder nicht lebensdienlich eingesetzte Emotionen. Zur erweiterten Emotionen-Palette gehören beispielsweise:

### *Zu Freude*

Glück, Glückseligkeit, Fröhlichkeit, Zufriedenheit, Euphorie, Leichtigkeit, Stolz, Unternehmungslust, Neugierde, Interesse, Überraschung, Geselligkeit, Dazugehörigkeit, Zärtlichkeit, Lust, Lustigsein, Leidenschaft, Sympathie, Zuneigung, Liebe, Wohlwollen, Unbekümmertheit, Unternehmungslust, Vorfreude, Faszination, Anerkennung, Beruhigung, Wirkmächtigkeit, Siegesgewissheit, Befriedigung, Zufriedenheit, Zuversicht, Dankbarkeit, Hoffnung.

*Ursprüngliche lebensschützende und lebenserhaltende Zielrichtung der Freude*
Verbundenheit, Glück, Teilen des Glücks, Ansteckung mit Freude, Zielerreichung, Feiern und Feste, Genießen, Wahrnehmung des Schönen und Guten.

### Zu Traurigkeit

Trauer, deprimiert sein, Melancholie, Schwere, Einsamkeit, Verlassenheitsgefühle, Gefühle der Verlorenheit, Klagebedürfnis, Weinerlichkeit, Fragilität, unglücklich sein, Betrübnis, Verzweiflung, Enttäuschung, sich elend fühlen, sich jämmerlich fühlen, belastet sein, bedrückt sein, untröstlich sein, Trostbedürfnis.

*Ursprüngliche lebensschützende und lebenserhaltende Zielrichtung der Traurigkeit*
Verlustbewältigung, Abschied ermöglichen, Loslassen können, Würdigung des Verlorenen, sich mitteilen im Schmerz, Verbundenheit, Neuorientierung.

### Zu Angst

Furcht, Besorgnis, Phobie, Panik, Hilflosigkeit, Ohnmacht, Vorsicht, Alarmbereitschaft, Lampenfieber, Schüchternheit, Misstrauen, Feigheit, Entmutigung, Erschrecken, Schreckhaftigkeit, erhöhte Aufmerksamkeit, Horror, Grauen, Entsetzen, Bestürzung, Einengung, Beengung.

*Ursprüngliche lebensschützende und lebenserhaltende Zielrichtung der Angst*
Gefahreneinschätzung, Gefahrenvermeidung, Flucht aus dem Gefahrenumfeld, Lebensschutz, Vorsorge, Fürsorge, Hilfsbereitschaft, Nähe.

### Zu Ärger

Aggression, Zorn, Wut, Hass, Empörung, aufgebracht sein, Neid, Missgunst, Eifersucht, Bitterkeit, Rachsucht, Rage, Feindseligkeit, Selbsthass, Autoaggression, Sarkasmus, harsche Zurückweisung, Ablehnung, Kritiksucht, Sadismus, Zynismus, Gefühlskälte, eisernes Schweigen, Gereiztheit, genervt sein, Trotz, Überdruss, innere Anspannung.

*Ursprüngliche lebensschützende und lebenserhaltende Zielrichtung der Aggression*
Konzentration, Selbstschutz, Einsatzbereitschaft, Kampfbereitschaft, Durch-

setzungskraft, Kraft zur Veränderung, Kraft zur Durchsetzung von Gerechtigkeit, Freiheit.

### *Zu Scham*

Beschämung, Demütigung, Kränkung, Schmach, Schande, Spott, Verachtung, Ablehnung, Selbstablehnung, Gefühle der Schutzlosigkeit und Preisgabe, Ohnmacht, sich unwürdig fühlen, sich wertlos fühlen, ausgeliefert sein, Isolation, Hemmung, Scheu, Zurückhaltung, Unsicherheit, Versagensgefühle, Insuffizienzgefühle, Minderwertigkeit, Peinlichkeit, Entblößung, Blöße, Schutzbedürfnis, Abgrenzungsbedürfnis, Beklemmung.

*Ursprüngliche lebensschützende und lebenserhaltende Zielrichtung der Scham*
Schutz der eigenen Grenzen, Schutz der Intimsphäre und Privatheit, Schutz des Geheimnisses, das man ist, soziale Zugehörigkeit, gesellschaftliche Verbundenheit und Integrität.

### *Zu Ekel*

Abscheu, Verachtung, Taktlosigkeit, abgestoßen sein, angewidert sein, Antipathie, etwas als hässlich empfinden, Übelkeit empfinden, Widerwillen empfinden, Abneigung, Selbstekel, Selbstverachtung, sich beschmutzt fühlen, Unreinheitsgefühle, Reinheitsbedürfnis.

*Ursprüngliche lebensschützende und lebenserhaltende Zielrichtung des Ekels*
Reinheit und Reinlichkeit, Schutz, Begrenzung bedrohlicher Bilder (durch Augenzukneifen, Wegsehen oder sich Abwenden), Begrenzung bedrohlicher Berührung (durch Zurückweichen), Begrenzung bedrohlicher Gerüche (durch Nase zukneifen), Krankheitsabwehr, Giftabwehr, Kontaminationsabwehr.

## 5.2 Traumaspezifische Emotionen kennen und erkennen

Affektdifferenzierung kann nur gelingen, wenn Räume zur Verfügung stehen, die den Ausdruck verschiedener Emotionen ermöglichen.

Es gibt Gefühle, die Menschen gerne in der Öffentlichkeit zeigen: Freude, Hoffnung, Glück, Triumphgefühle, Siegesgefühle. Andere bedürfen eines sicheren Rahmens, um sie zeigen zu können: Angst, Traurigkeit, Trauer, Klage, Anklage, Wut, Zorn. Manche Gefühle sind so schwierig, dass sie am liebsten versteckt oder geheim gehalten werden: Gefühle der Scham, Beschämung und Demütigung oder des Ekels, vor allem des Ekels vor sich selbst. Andreas von Heyl bezeichnet »den Gefühlen Raum geben« als fundamentale Aufgabe der Seelsorge:

> »[Es geht darum, dem andern] einen geschützten Raum zu eröffnen, in dem er alle seine Gefühle und Empfindungen äußern darf, auch die gemeinhin abgelehnten ›unsozialen‹, destruktiven, also Neid, Hass, Wut, Rachegelüste, ja selbst Mordgedanken ebenso wie die kindlich egoistischen Bedürfnisse nach Bemutterung und gesteigerter Aufmerksamkeit. [Selbst] Die schützende und heilsame Wirkung der Regression in Extremsituationen wurde in der Tradition der Freud'schen Psychoanalyse umfassend dargestellt. Die Seelsorgebeziehung ist ein geschützter Raum, in dem sich die regressiven und aggressiven Impulse der Gepeinigten ohne soziale Folgen äußern können. Es gilt der Grundsatz: Was ist, darf sein, soll sich sogar entfalten, damit es deutlicher wird, und man besser damit umgehen kann.«[622]

Vorsicht ist allerdings bei traumaspezifischen Emotionen mit Überflutungstendenz geboten. Diese erfordern einen sorgsamen Umgang, den Betroffene im Rahmen einer Psychotherapie Schritt für Schritt erlernen können.

## 5.3 Ohnmacht, Hilflosigkeit und Ausgeliefertsein

Judith Herman beginnt das zweite Kapitel ihres richtungsweisenden Buches über psychische Traumatisierungen mit den Worten: »Psychisches Trauma ist das Leid der Ohnmächtigen. Das Trauma entsteht in dem Augenblick, wo das Opfer von einer überwältigenden Macht hilflos gemacht wird. [...] Traumatische Ereignisse schalten das soziale Netz aus, das dem Menschen gewöhnlich das Gefühl von Kontrolle, Zugehörigkeit zu einem Beziehungssystem und Sinn gibt.«[623]

Für die einen geht das Ohnmachts- und Hilflosigkeitserleben mit vorherrschender Angst einher, für die anderen mit Scham, für dritte mit Aggression. Diese drei Basisemotionen prägen die Ausrichtung des Ohnmachtserlebens. Als besonders gravierend zeigt sich die schambasierte Hilflosigkeit und Ohnmacht.

Sowohl für eine seelsorgerliche wie auch für eine psychotherapeutische Bearbeitung ist es hilfreich, nach der stärksten Emotion im Zusammenhang mit Ohnmacht, Hilflosigkeit und Ausgeliefertsein zu fragen und diese zu bearbeiten. »Traumata rauben uns das Gefühl, dass wir selbst entscheiden, was in unserem

622 VON HEYL (2003, S. 143).
623 HERMAN (1992/1997, S. 53).

Leben geschieht«, schreibt Van der Kolk.[624] Darum ruft die Bearbeitung des Ohnmachtserlebens und der Hilflosigkeit nach einem neuen Erleben eigener Wirkmächtigkeit und Selbstbestimmung sowie dem Blick für die Kontrollierbarkeit einer Situation.

Ein kleines Beispiel, das Betroffenen das Erleben von Selbstbestimmung ermöglicht, mag die Frage sein: »Möchten Sie darüber reden?«

Wenn die Gesprächspartnerin »nein« sagt, ist es für sie ein neues Erleben von Kontrolle, Wirkmächtigkeit und Selbstbestimmung. Der Alltag stellt vor tausende kleine und große Entscheidungen, bei denen entweder Ausgeliefertsein oder aber eigene Wirkmächtigkeit erlebt werden können: Beim Einkaufen, bei der Arbeit, in der Beziehungsgestaltung, in der Freizeit und im gemeinschaftlichen Leben.

> Diese Gefühle der Ohnmacht, der Hilflosigkeit und des Ausgeliefertseins gilt es wahrzunehmen, zu verstehen und die damit einhergehenden Lähmungsgefühle zu unterbrechen: Durch ein Gegenbild, ein Bild eigener Wirkmächtigkeit und eigener Stärke sowie durch Erlebnisse von gelungener Bewältigung und Erfolg. Gefragt sind also Gegenbilder und Gegenerfahrungen.

## 5.4 Bodenlosigkeit, Abgrundtiefe und Desorientierung

Traumabetroffene sind – im Augenblick des traumatischen Ereignisses oder mit zeitlicher Verzögerung – teilweise nicht mehr in der Lage, sich klar zu orientieren. Sie empfinden Chaos, Bodenlosigkeit, Haltlosigkeit.

In den Aussagen zweier Frauen und eines Mannes, die ihre Partner unvorbereitet durch Suizid verloren haben, kommt diese Desorientierung in der Metaphorik von Bodenlosigkeit, den Boden verlieren, den Halt verlieren zum Ausdruck, vergleichbar der Brunnenloch- und Abgrundmetaphorik in Psalm 69.

*Beispiel aus dem Hessischen Rundfunk: »Drei Suizide, drei Hinterbliebene, drei Geschichten«*[625]

*Vera* (Suizid »aus heiterem Himmel«): »Es ist wirklich so, als ob einem der Boden unter den Füßen weggezogen wird. Also wenn man das manchmal so sagt und

---

624 VAN DER KOLK (2015/2016³, S. 243; Original 2014).

625 Wörtliche Wiedergabe aus: Drei Suizide, drei Hinterbliebene, drei Geschichten, Hessischer Rundfunk vom 02.11.18, auf https://www.youtube.com/watch?v=YNzcFEPQhXI (Zugriff am 09.02.2025). Das Video hatte am 11.04.2024 1,6 Millionen Aufrufe. (Transkript der Aussagen in der Rundfunksendung: S. B.)

> man hat es noch nie erlebt. Aber so ist es. Das: Man möchte in ein Loch verschwinden und gar nicht mehr auftauchen.«
> *Evangelos:* »Also am Anfang ..., ja ... Es ist immer das Chaos. Also dieses wortwörtliche, wenn man sagt: Ich falle und ich bleib nicht stehen. Wenn Leute Albträume haben, die fallen und fallen und fallen – so war das die ersten Wochen eigentlich. Also, man wusste, es gab da nichts, wo man sich halten kann, also diese Unfassbarkeit, dass sie's gemacht hat, dass es einem passiert ist überhaupt.«
> *Birgit:* »Am Anfang denkt man: Du träumst, wachst jeden Moment auf. Ganz schlechter Traum! Aber: Es war wahr. Und für mich ist eine Welt zusammengebrochen, muss ich sagen.«

Das Erleben von Bodenlosigkeit und Haltlosigkeit ist allen drei Hinterbliebenen nach dem Suizid der Partnerin oder des Partners gemeinsam. Viele weitere Ereignisse können dieses Erleben von Unsicherheit, Fallen und »alles schwankt« auslösen.

## Bodenlosigkeit braucht Gegenbilder eines festen Untergrunds

In der Psychotraumatologie werden oft Halt- und Bodenübungen angeboten, vor allem in körperorientierten Psychotherapien. Auch körperliche Übungen der »Verankerung«, des »sich Erdens« (wie beispielsweise eine Atmung, die alles in den Boden hinein »abfließen lässt« oder ein Seufzen, das allen Kummer an den Boden abgibt), kommen zum Einsatz. Betroffene finden so mithilfe der Imagination und ihrer Körperwahrnehmung zuerst körperlich und als Folge davon auch psychisch neuen Halt und bekommen wieder Boden unter die Füße. Ziel ist, der erlebten und empfundenen Instabilität eine körperlich-psychische Stabilität entgegenzusetzen, die dann wiederum eine neue Metaphorik begründen kann: Die Metaphorik des Bodens, der trägt.

Ein Gegenbild zum erschütterten Weltbild aus der Psalmensprache ist Gott als Fels.[626] Oder das Bild der Hand Gottes, die hält. Sie ist durch die Jahrhunderte Menschen zum Trostbild geworden, wie in Arno Pötzsch's Gedicht *»Du kannst nicht tiefer fallen, als nur in Gottes Hand, die er zum Heil uns allen barmherzig aufgespannt [...]«*[627] das mitten in den Kriegstagen 1941 entstand.

---

626 Besonders gehäuft findet sich diese Metapher des Felsens im Moselied, Deuteronomium 32 sowie im Davidslied, 2 Samuel 22 (mit Parallele in Psalm 18). Beide Lieder stehen am Schluss bedeutender biblischer Bücher.

627 GESANGBUCH DER EVANGELISCH-REFORMIERTEN KIRCHEN der deutschsprachigen Schweiz, 1998, Nr. 698; EVANGELISCHES GESANGBUCH, Bayern/Thüringen, 1994, Nr. 533.

Ähnlich wurde ein Gedicht Rainer Maria Rilkes vielen zum Trostbild: »*Die Blätter fallen, fallen wie von weit, als welkten in den Himmel ferne Gärten, [...] und doch ist einer, welcher dieses Fallen, unendlich sanft in seinen Händen hält.*«[628]

In der Seelsorge könnte die Suche nach eigenen Bildern für festen Untergrund, Halt und Gehaltensein Raum bekommen. Literatur-, poesie- und kunstaffine Betroffene machen sich gerne auf die Suche nach einem Gedicht, Musikstück oder Kunstbild, das sie heilsam berührt.

## 5.5 Angst

Angst kann für Traumatisierte zum vordringlichen Gefühl werden. Christian Pross und Sepp Graessner, die 1992 das Behandlungszentrum für Folteropfer (bzfo) in Berlin gegründet haben (welches jährlich 400 bis 450 Betroffene behandelt), und deren Arbeit seit 2016 im »Zentrum ÜBERLEBEN« fortgeführt wird, fassen es in die Worte:

> »So sahen wir in den 10 Jahren bei unseren Patienten Angst in allen Ausformungen: existenzielle Angst, Angst vor der Nacht, Angst vor Uniformierten, psychotische Angst, Angst vor der Ausländerbehörde und dem Sozialamt, Angst vor der Abschiebung, Angst vor den unbekannten therapeutischen Sitzungen und Angst vor den Erinnerungen. Die ersten Sitzungen standen stets unter dem Zeichen von Angst. Einige Menschen konnten und wollten ihre Angst nicht mehr ertragen. Sie unternahmen Suizidversuche oder erfolgreiche Bilanzsuizide.«[629]

Die Angst zeigt sich in verschiedenen Ausprägungen. Dazu gehört auch Panik, Schrecken und Grauen. In der medizinischen Diagnostik spricht man von Angststörungen (generalisierte Angststörung, Panikattacken, Phobien). Die Angststörungen sind ein stark bearbeitetes Feld. Psychotherapeuten arbeiten bei Angststörungen bevorzugt mit verhaltenstherapeutischen Methoden, aber auch mit traumatherapeutischen Zugängen. Dazu gehört die Imagination von Gegenbildern der Sicherheit, atemtherapeutische (Selbst-)Beruhigungsmethoden u. a.

---

628 EVANGELISCHES GESANGBUCH, Bayern/Thüringen, 1994, Nr. 533 unten.
629 PROSS/GRAESSNER (2002, S. 2). Der Begriff »Bilanzsuizid« ist umstritten, wie auch das Wort »erfolgreich« in diesem Zusammenhang.

## Exkurs: Jesus in Gethsemane: traumatische Angst, traumatischer Stress

Wenn in Lukas 22,44 bemerkt wird, Jesu Angst sei so stark gewesen, dass sein Schweiß zu »Blutstropfen« wurde, so ist damit nach heutigem Verständnis und in heutiger Begrifflichkeit eine Traumafolgereaktion beschrieben, die bei Extremstress entstehen kann. Angst vor bevorstehender Folter und Todesangst kann als Extremstress empfunden werden. Aber auch das Wiedererleben in Form von Erinnerungen kann Angst auslösen und Extremstress bedeuten.

## Die Erlaubnis zur Angst

Diese »Angst vor der Angst« hat lähmende Wirkung. In therapeutischer Literatur wird Angst manchmal *als Gast* bezeichnet, der kommt und auch wieder geht – als Metapher für einen hilfreichen Umgang mit der Angst. Auch die schlichte Erlaubnis zur Angst kann Druck abbauen, gerade bei Menschen, die sich Gefühle von vermeintlicher Schwäche verbieten.

### Fallbeispiel: Herr Stark im Krankenhaus

Herr Stark liegt auf der medizinischen Abteilung. Seine Krankheit ist terminal. Er ist sich dessen bewusst. Mit Herrn Briner, dem Seelsorger, thematisierte er einmal das Sterben und Fragen nach dem Danach. Seine Krankheit bringt Zustände schwerer Atemnot mit sich, die Angst und Panik auslösen. Einmal wird Herr Briner zu ihm gerufen, als Herr Stark in einen solchen Zustand schwerer Atemnot und Angst gerät. Herr Briner weiß nicht viel zu sagen und hofft, dass seine Gegenwart und sein stilles Gebet beruhigend wirken. Seine Hand, die er ruhig auf die Bettdecke neben Herrn Stark legt, ergreift dieser schnell und hält sie fest. Der schwerkranke, nach Atem ringende Herr Stark denkt anscheinend an Jesus in Gethsemane, denn unvermittelt sagt er: »Der Heiland hat auch Angst gehabt. Jetzt darf ich auch.«

Der Patient, Herr Stark, hat in Todesnot und Todesangst intuitiv ein Bild gefunden, eine Geschichte, die ihn in der großen Not beruhigte. Er sieht vor seinem inneren Augen Jesus in Gethsemane, in Todesnot, in Angst und schweißgebadet. Herr Briner hat durch seine stille Anwesenheit diese Suche unterstützt. Nachdem Herr Stark seinen lösenden, Raum eröffnenden Satz geäußert hat, bestätigt Herr Briner ihn: »Ja, er versteht sie. Er weiß, wie das ist.« Und sieht selbst den schweißgebadeten Nazarener in Gethsemane vor seinem inneren Auge. So wurde es möglich, die »Angst vor der Angst« abzumildern.

### Bilder der Sicherheit, Geschichten gegen die Angst

Eine Kinderkrankenhausseelsorgerin erzählt von ihren Erfahrungen mit den Kindern: Eine Lieblingsgeschichte der teilweise schwerkranken Kinder war die Geschichte vom *Schiff im Sturm* mit der Beschreibung der Jünger, die in Panik geraten und dem Wort ihres Meisters, das alles verändert (Matthäus 8,23–27).

> In der Seelsorge geht es darum, Bilder der Sicherheit und Geschichten gegen die Angst zu vermitteln. Aber auch Bilder des Verstandenseins – mitten in der Angst und trotz der Angst – können heilsame Kraft entfalten.

## 5.6 Ärger und Aggression

Ärger gehört in der gesellschaftlichen Wahrnehmung zu den Gefühlen, die negativ konnotiert sind. *Zorn, Wut* und *Hass* können als verschiedene Steigerungsformen des Ärgers verstanden werden.[630] Ärger, Wut, Zorn und Hass werden dabei als Emotionen verstanden. *Aggression* bezeichnet demgegenüber das Verhalten. Eltern und Lehrpersonen versuchen gelegentlich, ihren Kindern den Ärger, den Zorn oder die Wut sowie deren aggressives Verhalten abzugewöhnen. Nicht selten bezeichnen sie das aggressive Kind als »schlecht« oder gar als »böse«. Ärger, Zorn und Wut sind aber Empfindungen, die zum Menschsein gehören. Vom schreienden Säugling und Jugendlichen bis hin zu Erwachsenen und Menschen im Seniorenalter – jede und jeder kennt Ärger und Aggression.

Fritz Riemann[631] unterscheidet in seinem zum Klassiker gewordenen Buch »Grundformen der Angst« entsprechend den vier Angsttypen auch vier Wuttypen:

1. Der *dramatische Persönlichkeitstyp* lebt seine Wut im Rivalisieren, Konkurrenzieren, Kampf und Wettbewerb aus.
2. Beim *depressiven Persönlichkeitstyp* wird sich seine Wut eher im Jammern, Klagen und Selbstmitleid verstecken, er wird sie eher passiv ausleben und indirekt gegen andere richten, da er die direkte Konfrontation fürchtet (passive Aggression).

---

630 In der Fachliteratur werden die Begriffe *Ärger, Zorn und Wut* manchmal synonym für Aggression verwendet. Eine Unterscheidung für verschiedene Steigerungsformen der Emotion in *Ärger, Wut, Zorn* und *Hass* findet sich beispielsweise bei: KAST (2005/2023, S. 22–24).

631 RIEMANN (1961/2009$^{39}$).

3. Ein *zwanghafter Persönlichkeitstyp* verpackt Wut eher in Kontrolle und Beherrschung, die Wut kann sich in ihm aufstauen. Vor einem Affektausbruch versucht er sich durch Normen und Regeln zu schützen.
4. Der *schizoide Persönlichkeitstyp* spaltet seine Gefühle ab, er hat schlechten Zugang zu seinen emotionalen Wahrnehmungen, da diese in seiner Entwicklung nicht sein durften oder als falsch abgestempelt wurden. So hat er auch keinen Zugang zu seinen Frustrationen, die zu Aggression geführt haben. Er richtet sie nach innen, und es droht die Explosion nach außen.[632]

Natürlich hat jede Typologie wie auch jedes (Krankheits-)Modell seine Einseitigkeiten und »blinden Flecke«. Interessant ist bei Riemann die Beobachtung, dass sich Wut je nach Persönlichkeit verschieden äußern kann.

## Konstruktive Aggression

Aggression hilft, die Selbsterhaltung zu sichern, die Selbstentfaltung zu ermöglichen, wo nötig Distanz herzustellen und Grenzen zu ziehen und zu schützen. Aggression, Zorn und Wut sind adäquate Reaktionen auf schreiendes Unrecht; sie sind die Kraft, diskriminierende Umstände anzupacken und zu verändern. Das kann sich in verschiedenen Formen äußern. Diese konstruktive Aggression ist kein Ausüben von vernichtender Gewalt, sondern die Kraft und Gewalt, etwas zu verändern. Als solches hat sie eine wichtige Funktion.

Der konstruktive Umgang mit Aggression aber fällt schwer. Was bei den einen verschwiegen und abgespalten wird, wird bei anderen überbordend ausgelebt.

Das Unterdrücken von Zorn kann krank machen. Wenn die Aggression abgespalten wird und »nicht sein darf«, sprechen Fachleute von einer *gehemmten Aggression* (oder pathologischen Aggressionshemmung). Wird die Aggression hingegen unkontrolliert und exzessiv ausgelebt, handelt es sich um eine destruktive Aggression mit Aggressionsdurchbrüchen, die bis zur Delinquenz reichen können.

632 RUFFER, Herbert und Gisela, Liebe mit Wut im Bauch, https://www.vfp.de/verband/verbandszeitschrift/alle-ausgaben/76-heft-04-2016/882-liebe-mit-wut-im-bauch.html (Zugriff am 09.02.2025).

## Pathologisch gehemmte Aggressionsbereitschaft

Es gibt eine gesunde und eine pathologische Aggressionshemmung. Gesund ist die Aggressionshemmung, wenn sie zu Besonnenheit und Deeskalation einer Situation führt und ein Ausdruck einer reifen Emotionsregulation ist. Die pathologisch gehemmte Aggressionsbereitschaft bei Depressiven wurde bereits von Karl Abraham beobachtet und bei Melanie Klein thematisiert.[633]

Eine solche Verdrängung von Aggression kann sich in Autoaggression verkehren bis hin zur Selbstdestruktion. Der Grund für die Aggressionshemmung liegt meist in der Kindheit, denn: »Typischerweise war es dem Patienten in der Vergangenheit nicht erlaubt, seine Wut zum Ausdruck zu bringen, ohne Strafen oder andere schreckliche Konsequenzen befürchten zu müssen.«[634] Die Aggression wurde unterdrückt, moralisch sanktioniert, verboten oder bestraft, nicht nur, aber auch im Christentum. Verschiedene Bibelstellen[635] haben dazu beigetragen. Seit Evagrius Pontikos, einem Wüstenvater aus Ägypten, wird der Zorn als eines der sieben Laster oder als negative Charaktereigenschaft bezeichnet, die umgangssprachlich zu den sogenannten »sieben Todsünden« gezählt wurde.[636] Auch Aufrufe zur Feindesliebe in der Bibel haben stark zu einer Verdrängung des Ärgers, des Zorns, der Wut und der Aggression beigetragen und das Lernen eines gesunden Umgangs damit verhindert. Darum trifft man in der Kirche oft – trotz berechtigten Ärgers – »[...] auf eine Kultur der Ärger-Unfähigkeit, der Ärger-Unwilligkeit und des Ärger-Tabus«.[637]

Das therapeutische Ziel bei pathologisch gehemmter Aggressionsbereitschaft ist, dass Betroffene lernen, die eigene Aggression wahrzunehmen und ihren Ursachen auf die Spur zu kommen. Verena Kast nennt das Hauptziel des Ärgers sehr direkt in ihrem Buchtitel »Vom Sinn des Ärgers. Anreiz zu Selbstbehauptung und Selbstentfaltung«. Der Klappentext fasst die Zielrichtung und die Zielverfehlung des Ärgers zusammen: »Ärger – das ist ein höchst lebendiges Gefühl. Doch er kann auch entgleiten, destruktiv werden oder sich festsetzen. [Verena Kast zeigt, dass Ärger oft] einen Anreiz bietet, sich auseinanderzusetzen

---

633 KAHL (2007, S. 62).

634 WATKINS/WATKINS (2003/2012³, S. 158).

635 Beispielsweise 3. Mose 19,18, Lut: Du sollst dich nicht rächen noch Zorn bewahren gegen die Kinder deines Volkes.; Eph 4,26, Lut: Zürnt ihr, so sündigt nicht; lasst die Sonne über eurem Zorn nicht untergehen.; Jakobus 1,19, Lut: Ihr sollt wissen: Ein jeder Mensch sei schnell zum Hören, langsam zum Reden, langsam zum Zorn.

636 So auch in zahlreichen bildhaften, musikalischen, dramaturgischen und filmischen Darstellungen.

637 JANKA (2021).

mit sich selbst, aber auch mit dem, was den Ärger verursacht hat. So wird Ärger produktiv: denn er weist darauf hin, dass etwas verändert werden will.«[638]

## Pathologisch gesteigerte Aggressionsbereitschaft

Aggression, Zorn und Wut können aber auch destruktiv werden, eine Eigendynamik entwickeln oder die Kontrolle übernehmen. Wenn Aggressionsdurchbrüche zu kriminellen Handlungen führen, zu Prügeln und Schlägen, zu giftigen Bemerkungen und zu Vernichtung von Leben – dann ist die Begrenzung aggressiven Handelns und das Erlernen eines neuen Umgangs mit Zorn angezeigt: Das Erlernen neuer Handlungsmöglichkeiten und Ausdrucksformen der Aggression, die keinen Schaden zufügen. Dazu gehören auch eine bewusste Selbststeuerung und Emotionsregulation.

Luise Reddemann untersuchte die resilienzfördernden Faktoren im Leben Johann Sebastian Bachs und nennt als einen Faktor »Akzeptanz von Wut, Feindseligkeit und anderen als negativ gekennzeichneten Gefühlen.« Sie schreibt: »Bach war auch fähig, ›negative‹ oder bedrückende Gefühle zum Ausdruck zu bringen. […] Es gibt Wut, Streitlust, Bestrafungswünsche etc. und die sollen auch sein dürfen.«[639]

> Ärger und Aggression sind mit starken Körperreaktionen gekoppelt, darum hilft ein körperlicher Ausdruck, die Ladung loszuwerden. Eine neue Umgangsform könnte
> - das Ausagieren der Aggression an einem Boxsack bedeuten,
> - das Catchen mit dem Kissen,
> - das Zerreißen von Zeitungspapier (laut und heftig),
> - beide Hände zu Fäusten zu ballen und gegeneinander zu drücken oder
> - das Herauslassen des Zorns beim Joggen oder Schwimmen.
>
> Das Erlernen der Versprachlichung eigener Anliegen sowie kommunikativer Konfliktlösungsstrategien ist ein weiteres Hilfsmittel im zwischenmenschlichen Umgang, gerade in Beziehungen, in denen sich der Zorn entzündet hat.[640]

---

638 KAST (2005/2023, Klappentext).
639 REDDEMANN (2006/2011[6], S. 128–129).
640 ROSENBERG (2016[12]).

### Die Aggression Traumatisierter in der Seelsorge

In der Seelsorge ist sorgfältig zu unterscheiden und wahrzunehmen, ob Betroffene mit ihrer Aggression konstruktiv umgehen können. Oder ob der Umgang mit der Aggression destruktiv gesteigert oder gehemmt ist? Manchmal kommt die Aggression vielleicht in anderem Gewand daher (z. B. als verdeckte Depression, die sich vorwiegend in körperlichen Symptomen äußert).

Die Erfahrung zeigt, dass Menschen mit pathologisch gehemmter Aggressionsbereitschaft eher Seelsorge und Psychotherapie aufsuchen als Menschen mit pathologisch gesteigerter Aggressionsbereitschaft. In der Begegnung mit Menschen mit pathologischer Aggressionshemmung helfen die folgenden Schritte:

- Wahrnehmen der eigenen Wut
- Verschiedene Fragen:
  1. Gegen wen richtete sich die Wut in ihren Ursprüngen?
  2. Wo war diese Wut angemessen, um (eigenes?) Leben zu schützen?
  3. Wie kann diese Wut angemessen ausgedrückt werden?
  4. Wie kann die Kraft, die sich in dieser Wut äußert, konstruktiv eingesetzt werden?
  5. Könnte ich dieser Wut vielleicht sogar ein Zeichen geben, dass sie willkommen ist?

»Wut im Bauch« hat einen Sinn: Sie hilft, Bedrohungen des Selbst zu erkennen und die eigenen Grenzen zu schützen vor Grenzüberschreitungen, Missbrauch, Ausnutzung, Missachtung, Übersehen-werden, Bevormundung, Freiheitsberaubung und Verletzungen der eigenen Integrität.[641, 642]

## 5.7 Traurigkeit, Trauer und Untröstlichkeit

»Trauer ist eine emotionale Reaktion, die bei bedeutsamen Verlusten entsteht; sie ist keine Krankheit. Sie ist zentraler Bestandteil unserer Fähigkeit, mit anderen Menschen und der Welt in Beziehung zu treten. […] Sie ist schmerzlich, aber

641 RUFFER, Herbert und Gisela, Liebe mit Wut im Bauch, https://www.vfp.de/verband/verbandszeitschrift/alle-ausgaben/76-heft-04-2016/882-liebe-mit-wut-im-bauch.html (Zugriff am 09.02.2025).

642 zum Thema des »Zornes Gottes« s. Kapitel 8.2: »Das göttliche Gericht als Frohbotschaft für alle Entrechteten«.

dennoch wichtig und kostbar.«[643] Als gesunde, heilsame Reaktion auf einen tiefgreifenden Verlust ermöglicht sie, mit dem Abschied eines Menschen zu leben. Um sich dem Leben wieder zuwenden zu können, »ist es notwendig, der Trauer Zeit und Raum zu geben. Dabei hat sich für viele Trauernde eine professionelle Trauerbegleitung [oder der Austausch in einer Trauergruppe] sehr bewährt.«[644]

Trauer kann aber auch einen problematischen Verlauf nehmen als *Anhaltende Trauerstörung* (neue Diagnose nach ICD-11). Zu den Symptomen gehört ein überaus starkes Verlangen nach dem Verstorbenen sowie anhaltendes gedankliches Kreisen um den Verstorbenen und dessen Tod, Schwierigkeiten, den Tod zu akzeptieren, Bitterkeit oder Ärger über den Verlust und Vermeidungsverhalten.

Entsprechend der Intensität der Realitätsverleugnung und der inneren Konflikte sind verschiedene Behandlungszugänge denkbar. »Die psychotherapeutischen Interventionen bestehen in einer Klärung der Ereignisse und deren Begleitumstände sowie bereits bestehender Herausforderungen vor dem Verlust, aber auch in der Unterstützung beim Einüben von Bewältigungsstrategien und Ressourcenaktivierung.«[645]

Professionelle Seelsorgende bringen oft Zusatzqualifikationen in Trauerbegleitung mit, da Sterben, Trauer und Tod in der Theologie und Seelsorge Kernthemen sind. Sie stehen auch bei Beerdigungen, Bestattungen, Abdankungen, Abschiedsfeiern und Trauerbegleitungen im Zentrum. Zum Thema »Trauer in der Seelsorge« sind darum zahlreiche Literaturangebote verfügbar.

## Untröstlichkeit

Psalm 69,21 spricht von der Unauffindbarkeit von Tröstern oder von der Unauffindbarkeit angemessenen Trostes: *Ich hoffte auf Mitgefühl, aber es gab keines, und auf Tröster, aber ich fand keine* (Lut). Menschen mit Traumafolgen erleben Traurigkeit und Trauer nicht selten als bodenlos bis hin zum Empfinden, jeglicher Trost wäre blanker Hohn. So beschreibt der Arzt und Psychotherapeut Jan Salzmann seine Reaktion auf den Tod seiner überraschend gezeugten und dann sehnlichst erwarteten Drillinge nach deren Tod in der 24. Schwangerschaftswoche:

---

643 GAST/MARKERT/ONNASCH/SCHOLLAS (2009, S. 14).

644 S. 15.

645 MAERCKER/ZNOJ (2021), https://link.springer.com/chapter/10.1007/978-3-662-62298-8_90 (Zugriff am 14.01.2025).

> »Wir haben dann nur eine sehr kleine Beerdigung durchgeführt. Für eine große Trauerfeier hatten wir nicht die Kraft. Auch einen Pfarrer wollten wir nicht dabeihaben. Was sollte er schon sagen? Es gab keinen Trost, und ich wollte keinen Trost. Alles war zerbrochen. Ich hätte nie geglaubt, dass mir so etwas passieren könnte.«[646]

»Es gab keinen Trost – und ich wollte keinen Trost« dieser Satz eines entsetzten Vaters beschreibt treffend die Art der Trauer, die Traumabetroffenen bekannt ist und sich zuweilen äußert als eine Verneinung all dessen, was irgendeine Form von Trost bedeuten könnte. Begleitende mögen sich fragen, woher diese Trostlosigkeit kommt, bzw. der ausgesprochene Wunsch, sich nicht trösten zu lassen.

Jan Salzmanns Worte erinnern an »Rahel«, wie sie im Prophetenbuch Jeremia beschrieben wird, das heißt an die kollektive Klage des Volkes nach dem verlorenen Krieg gegen die Babylonier mitsamt den Grausamkeiten des Krieges: Im Alten wie im Neuen Testament wird dieses Bild der Untröstlichkeit und der Weigerung, sich trösten zu lassen, aufgenommen und gewürdigt:

*Horch! In Rama hört man Totenklage, bitteres Weinen. Rahel beweint ihre Kinder. Sie will sich nicht trösten lassen* (wörtlich: *Sie weigert sich, sich trösten zu lassen*) *über ihre Kinder, weil sie nicht mehr da sind.* (Jeremia 31,15, vgl. Matthäus 2,17–18, Elb).

Ähnlich tönt es in Psalm 77: *Meine Stimme ruft zu Gott, und ich will schreien! Meine Stimme ruft zu Gott, dass er mir Gehör schenke. Am Tag meiner Drangsal suchte ich den Herrn. [...] Meine Seele weigerte sich, getröstet zu werden* (Ps 77,2–3, Elb).

> Diese Trauer und Untröstlichkeit nach erlebtem Grauen ist zu akzeptieren und darf nicht zerredet werden. Sie ist nicht intellektuell zu durchbrechen, denn sie geht tiefer. Die biblischen Texte belegen, dass Trauer und Untröstlichkeit seit mindestens 2400 Jahren bezeugt sind als adäquate Reaktion auf erlebte Schrecken.

Jan Salzmann beschreibt nach der Schilderung seiner Trostlosigkeit als Reaktion auf den Tod seiner drei Kinder seine kritische Haltung, die sich seither gegenüber Trostversuchen aus dem (für ihn bis dahin wichtigen) christlichen Glauben einstellten. Im gleichen Atemzug »malt« er ein Bild vor Augen, das ihm dann tatsächlich – und trotzdem – zum Trost wurde:

---

646 SALZMANN (2001/2009$^4$, S. 201).

> Ich war allem gegenüber kritisch geworden, wollte nicht noch einmal so auf die Nase fallen, weil ich vorher die Augen zugemacht hatte. Besonders geholfen hat mir hier der Text eines Krankenhausseelsorgers, der in einer Kinderklinik gearbeitet hat: »Ich bin bescheidener geworden. Der Gott, an den ich glaube, hat im Kinderkrankenhaus Federn gelassen: die Allmachtsfeder, die Wunderfeder, die Es-wird-alles-gut-Feder. [...] Manchmal sehe ich ein neugeborenes Baby, das sterben muss. Entkräftet liegen seine Arme zu beiden Seiten, und ich denke: wie Jesus am Kreuz. Die Augen leer. Kein Lebenswille, den ich sehen könnte. Gottverlassen – so sieht es aus. Ich glaube, so etwas hat Jesus von Nazareth auch erlebt.«[647]

Trauer, Untröstlichkeit und das Erahnen eines Trostes jenseits des Fassbaren laufen manchmal parallel nebeneinanderher und schließen sich nicht aus. Betroffenen hilft es, wenn sie erleben dürfen, dass sie auch in ihrer Untröstlichkeit ernst genommen werden. Seelsorgende sollten sich nicht innerlich gedrängt fühlen, ihnen »Zugang zu Trost« verschaffen zu müssen.

Andererseits dürfen Seelsorgende wissen: Es *wird* eine Zeit kommen, in der Gott jede Träne abwischen wird (Off 21,4 in Aufnahme von Jes 65,19). Seelsorgende dürfen stellvertretend für Betroffene in ihrer Untröstlichkeit glauben, dass auch für sie eine Zeit des Trostes und des Getröstetwerdens anbrechen wird, in naher oder ferner Zukunft.

## Trost empfangen?

Vielleicht gibt es so etwas wie Zeitpunkte, in denen Betroffene tiefer, untröstlicher Trauer fähig werden, Trost zu empfangen. Erfahrungsgemäß sind das Gnadenmomente, die sich nicht herstellen lassen. Momente, in denen das Geheimnis Gottes aufschimmert in seiner Kraft, zu trösten. Das kann auf sehr unterschiedliche Weise geschehen, denn jede Trauer hat ihre eigenen Dimensionen und ihre eigene Geschichte.

Es folgt das Beispiel von Inge, für die zu unerwarteter Zeit an einem unerwarteten Ort und mit einer unerwarteten Zugangsweise etwas möglich wurde, das bis dahin nicht möglich war. Es kam zu einer Begegnung, bei der die Imagery Rescripting & Reprocessing-Methode (IRRT) zum Einsatz kam. Diese eignet sich nicht nur für die Bearbeitung von Trauma- und Stressfolgen, sondern auch bei Anhaltenden Trauerstörungen.[648]

---

647 S. 203.
648 KÖSTER/SCHMUCKER (2016).

### Fallbeispiel Inge: Verpasstes in der Vorstellung nachholen[649]

Inge, eine 65-jährige Frau, fühlte sich in ihrem Leben oft einsam, allein und unverstanden. In ihrem Beruf als Sozialarbeiterin konnte sie sich selbstständig durchs Leben bringen, doch sie tendierte zu symbiotischen Beziehungen und wurde dabei häufig verlassen. Den Freundinnen und Freunden wurde es zu eng. In einer Ausbildung zur Systemischen Beraterin machte sie Schritte ins Leben, doch Zustände undurchdringlicher Einsamkeit und eine unstillbare Sehnsucht nach Nähe blieben. Etwas »Klammerndes« verspürte auch die IRRT-Therapeutin und Seelsorgerin Andrea, die Inge in einer Weiterbildung begegnete und ihr dann mal bei einem Kaffee ihr Gehör schenkte. Inge erzählte detailliert von der Gefühlskälte ihrer Mutter. »Eigentlich fehlt Inge nicht viel«, dachte Andrea: »Ein Nachholen dessen, was ihr die Mutter nicht geben konnte – in der Imagination. Das könnte man vielleicht mithilfe einer IRRT-Sitzung bearbeiten.« Sie bot Inge diese Möglichkeit an, und Inge nahm das gerne in Anspruch.

Während der Vorbereitung der IRRT-Sitzung zeigte sich schnell eine andere Problematik, die noch älter war: Inge hatte bei der Geburt ihren Zwillingsbruder verloren. Sie konnte nie richtig Abschied nehmen von ihm. Doch immer wieder fehlte er ihr, sie sehnte sich nach ihm, sie wäre am liebsten ganz nahe bei ihm gewesen. Der Schmerz des Zurückbleibens paarte sich mit einem fehlenden Lebenswillen und drückte sich aus in einer Sehnsucht nach Beziehungen, die geprägt waren von Nähe, Wärme und engem Beisammensein.

Andrea schlug Inge darum vor, in einer IRRT-Sitzung Abschied zu nehmen von ihrem Zwillingsbruder, »wie wenn er hier wäre und du mit ihm reden könntest«. Inge ließ sich gerne darauf ein. »Möchtest du ihm einen Namen geben?«, fragte die Therapeutin. Inge wusste schnell, wie sie ihn nennen wollte: »Peter.« Dann konnte Inge Peter alles sagen: »Peter, du hast mir so gefehlt all die Jahre! Ich hätte mich so gerne mit dir ausgetauscht. Ich fühlte immer deine Nähe.« Zunehmend wurde sie von heftigem Weinen geschüttelt. »Ich wollte bei dir sein!«, schluchzte sie. »Ich war voller Neid, dass du einfach gehen durftest und ich hierbleiben musste!« Hier war für Inge ein Kumulationspunkt ihres Schmerzes. Sie konnte mit Peter ihren Schmerz teilen, und eine abgrundtiefe Trauer, die über 65 Jahre lang ohne Trost geblieben war, brach sich Bahn. Inge konnte ihren ständig empfundenen Mangel ausdrücken, auch den Mangel an mütterlicher Nähe

649 Hinweis: Eine IRRT-Sitzung enthält viele methodische Elemente, die hier nicht alle wiedergegeben werden können. Das Beispiel gibt lediglich Ausschnitte aus der Sitzung wieder. IRRT-Sitzungen können nur von ausgebildeten IRRT-Therapeuten durchgeführt werden. Das gilt für alle vorgestellten Therapiemethoden.

und wohlwollender Liebe, und die Vorstellung, dass mit ihrem Zwillingsbruder zusammen das alles einfacher zu ertragen gewesen wäre. Sie sprach mit ihm von ihren Schuldgefühlen, dass sie lebte und er nicht.

»Willst du das Peter direkt sagen?«, fragte die IRRT-Therapeutin. Inge tat es. »Was antwortet er darauf?«, fragte die IRRT-Therapeutin. »Er sagt: ›Auch du hast mir gefehlt. Aber es ist jetzt gut.‹« Die Worte, die er sprach, waren erstaunlich beruhigend. ›Ich wäre gerne bei dir gewesen. Aber das war meine Bestimmung. Du hast eine andere Bestimmung.‹« Und Peter machte Inge Mut, ihren Weg zu gehen: »Du schaffst das. Du bist stark«, sagte er zu ihr. Inge war sehr berührt von Peters Worten und konnte sie annehmen.

Nach der IRRT-Sitzung sagte Inge: »Jetzt ist etwas gut geworden! Das hat noch gefehlt!« Gerade das imaginative Gespräch mit dem bei der Geburt verstorbenen Zwillingsbruder war entscheidend. Sie konnte endlich ihre anhaltende Trauer (Prolonged Grief) ausdrücken und auch die damit einhergehenden Emotionen. Danach konnte sie ihren Zwillingsbruder loslassen. Die Begegnung mit dem Bruder, seine liebevollen Worte, sein Verständnis und das gefühlsmäßige »Mitschwingen« mit ihren Gefühlen haben Inge geholfen, ihren eigenen Gefühlen Raum geben zu können, sie zuzulassen und sie loszulassen. In zukünftigen Beziehungen erlebte Inge sich selbst als entspannter. Ihre überhöhten Erwartungen konnte sie loslassen und Distanz besser ertragen.

Entscheidend ist jeweils die Resonanz der Person, die durch den Prozess hindurchführt. Diese Sitzung mit Inge wurde zu einem Gnadenmoment in ihrem Leben. Nun wurde während des ganzen Ablaufs nicht von Gott gesprochen. Warum stuften die Prozessbegleiterin und Inge selbst das Erleben dennoch als Gnadenaugenblick ein?

Der Prozess der Durcharbeitung ihrer verborgenen oder abgespaltenen Trauer fand in einem Kloster statt, in welchem regelmäßig Psalmen gebetet werden. Die Brüder schaffen durch ihr Beten und Arbeiten eine Atmosphäre der Gottesbezogenheit, die meines Erachtens wesentlich zu Inges »Durchbruch« in ihrem Leben beigetragen hat.

Auch wenn Seelsorgerinnen und Seelsorgern ein Bild einfällt, das Betroffene tiefer Trauer anspricht, und von dem sie einen kleinen Funken Hoffnung mitnehmen, wie dies Jan Salzmann erlebt hat, sind das Gnadenaugenblicke.

> Der Gott allen Trostes (1 Kor 1,3) lässt manchmal etwas von seinem himmlischen Trost durchschimmern, ohne dass Menschen darüber verfügen könnten. Wenn Menschen Trost empfangen können, gerade Menschen, die untröstlich waren in ihrem Schmerz, so sind das besondere Gnadenmomente.

## 5.8 Scham und Beschämung

Scham wird in der Fachliteratur der Psychologie als sekundäre Emotion eingeordnet. Zu den primären Emotionen werden Freude, Ärger, Traurigkeit, Ekel, Angst (manchmal auch Überraschung und Interesse) gerechnet. Diese sind ab dem dritten Lebensmonat beobachtbar. Sekundäre Emotionen sind eher soziale Emotionen und bilden sich ab Ende des zweiten Lebensjahres aus. Zu diesen sekundären Emotionen werden beispielsweise Stolz, Scham, Schuld, Verlegenheit, Neid und Empathie gerechnet.[650] Diese sekundären Emotionen setzen voraus, »dass das Kind sich seiner selbst bewusst und zur Selbstreflexion fähig ist.«[651]

Für Traumabetroffene kann Scham (im Sinne der Beschämung, der Schmach und Schande) zu einem dominierenden Gefühl werden, darum wird sie hier besprochen. Der Psychiater, Psychotherapeut und langjährige Klinikdirektor Daniel Hell schreibt: »Unbestreitbar ist Scham ein besonders unangenehmes Gefühl, das oft noch schwerer als andere Gefühle auszuhalten ist – selbst im Vergleich zu Angst, Ärger, Ekel oder Traurigkeit. Scham brennt und lässt niemanden kalt. Wer sich schämt, stellt sich infrage. Er verhält sich, als habe er etwas zu verbergen. Das heißt aber nicht zwingend, dass Scham nur hinderlich ist und keine wichtige Aufgabe im Leben erfüllt.«[652]

Zu Recht unterscheidet Daniel Hell zwischen der Verwendung des Begriffes der Scham, wie er im Alltagsgebrauch anzutreffen ist (nämlich meist als Gefühl der Beschämung) und der positiven und lebenswichtigen Funktion der Scham. Daniel Hell deutet dieses positive und lebenswichtige Gefühl der Scham als Fähigkeit, sich in einem sozialen Umfeld zu verorten, sich selbst zu erkennen und seine (Intimitäts- und andere) Grenzen zu wahren. In diesem Sinne »lobt« Daniel Hell die Scham und erhellt ihre lebenswichtige und schützenden Wirkung. Davon unterscheidet Daniel Hell die *Beschämung* als Kränkung und Demütigung. Der korrektere Ausdruck für den missverständlichen Begriff der Scham wäre demgemäß der Ausdruck der *Schmach* und *Schande*.[653]

Im Folgenden wird der Begriff der Scham vorwiegend im Sinne des Beschämtwerdens und Beschämtseins verwendet, das mit Demütigung und Kränkung korreliert und mit Schande (Französisch: *honte*, Englisch: *to be ashamed*) einhergeht.[654]

---

650 PETERMANN/WIEDEBUSCH (2016³, S. 37).

651 S. 40.

652 HELL (2018/2021², S. 7).

653 S. 9.

654 S. 22.

Scham im Sinne der Beschämung ist in der Psychotherapie und Psychiatrie die am wenigsten erforschte Emotion. Zu Angst und Trauer gibt es zahlreiche Therapieansätze, zur Scham nicht. Scham bleibt – auch in psychosozialen Kontexten – oft unerkannt und unbearbeitet. »Das ist tragisch, denn das destruktive Potenzial der Scham ist beachtlich. Es verstärkt die Symptomatik, führt zu erneuten Krisen, hat ungünstige soziale Folgen und behindert Genesungsprozesse.«[655]

Es fragt sich, was die Ursachen dieser Zurückhaltung gegenüber der Scham-Thematik sind. Jens León Tiedemann erforschte diese Frage in einer Arbeit[656] und kommt zu einer interessanten Antwort in Form seiner Hauptthese, »dass Scham in erster Linie als ein intersubjektives Geschehen zu konzeptualisieren ist. [...] Dies wird auch durch eine besondere Eigenschaft der Scham, ihre ansteckende Natur deutlich. [Scham wird also nicht im Selbst des Menschen verortet, sondern muss] als ein Relikt einer interpersonalen Situation der Beschämung und Demütigung angesehen werden, als Erleben fehlender intersubjektiver Anerkennung. Diese wird als Zurückweisung, Missachtung und im schlimmsten Fall als Verworfensein und Ausgestoßensein empfunden und erlitten. Der abwertende, verachtende oder nicht resonierende [d. h. der resonanzlose, ausdruckslose] Blick ist die entscheidende Komponente dabei.«[657]

Die verbreitetste Verhaltensweise als Reaktion auf Schamerleben ist der soziale Rückzug. »Allgemein kann gesagt werden, dass Antrieb, Motivation, Erleben von Lebendigkeit, Lebensfreude, Selbstbewusstsein, Selbstbestimmung und andere wünschenswerte Eigenschaften durch den lähmenden Charakter der Scham reduziert werden. [...] Scham ist eine hochgradig tabuisierte Emotion.«[658]

Interessant ist die offene Benennung der Scham in Psalm 69. Bernd Janowski übersetzt Psalm 69,7–11 folgendermaßen:

> 7 Nicht sollen durch mich zuschanden werden *(bôš)*,
> die auf dich hoffen, Herr, JHWH Zebaoth,
> nicht sollen durch mich beschämt werden (*klm* nif.),
> die dich suchen, Gott Israels!
> 8 Fürwahr, deinetwegen habe ich Schmach *(hærpah)* ertragen,
> hat Beschämung *(k$^{e}$limah)* bedeckt mein Angesicht!
> 9 Entfremdet worden bin ich meinen Brüdern,

---

655 KNUF (2018, S. 41).

656 TIEDEMANN (2007).

657 TIEDEMANN (2007, Dissertation, Abstract): https://refubium.fu-berlin.de/handle/fub188/4758?show=full (Zugriff am 09.05.2025). Ergänzungen durch die Autorin.

658 KNUF (2018, S. 41).

und ein Fremder den Söhnen meiner Mutter.
10 Fürwahr, der Eifer um dein Haus hat mich verzehrt,
und die Schmähungen *(hærpôt)* derer, die dich schmähen,
sind auf mich gefallen!
11 Als ich ›beugte‹ beim Fasten meine Lebenskraft *(næpæš)*,
geschahen Schmähungen *(hærpôt)* gegen mich. *(Hervorhebungen durch B. Janowski)*

Janowski bemerkt dazu: »In keinem anderen Psalm werden die sozialen Mechanismen von Demütigung und Scham so facettenreich erfasst wie in diesem Text. Allein das Wortfeld von Schmach, Schande und Scham ist singulär.«[659] Er begründet die Scham und Beschämung im Alten Testament mit einer damit einhergehenden Entehrung: »Es gibt zahlreiche verbale und nonverbale Formen der Entehrung wie die Verspottung, die Verhöhnung, die Beschimpfung, das Augenzwinkern, das Mundaufsperren, das Kopfschütteln, das Lippenverziehen, das Zähneknirschen oder das Bespucken. In den Individualpsalmen [...] geht es dabei immer wieder um die Minderung bzw. Zerstörung der Ehre des Beters [...] durch seine Feinde.«[660]

> Diese Scham im Sinne der Beschämung, die in der Psychotherapie und Psychiatrie die am wenigsten erforschte Emotion ist, und auch in psychosozialen Kontexten oft unbearbeitet bleibt,[661] wird in Psalm 69 durch den Psalmisten wahrgenommen und benannt. »Dass der entehrte Beter, wie die angeführten Texte zeigen, zu dem ihm zugefügten Unrecht nicht schweigt, macht bei all seinen Leiden seine Würde aus«,[662] beobachtet Janowski. Das Benennen eigenen Schamerlebens ist ein mutiger Schritt, und Seelsorgende tun gut daran, diesen zu würdigen. Das geht beispielsweise durch einen kurzen Satz: »Es ist gut, dass du das ansprichst. Dem wollen wir ruhig in die Augen sehen.«

## Der abgewandte Blick und der liebevolle Blick

Der Psalmdichter von Ps 69 ruft, schreit, klagt zu Gott hin: Verbirg dein Gesicht nicht vor deinem Knecht! (Ps 69,18). Er hat Angst, dass Gott wegschaut. Beschämte Menschen verbergen ihr Gesicht: Sie schauen weg und wenden dafür das Gesicht ab, sie verdecken ihr Gesicht mit der Hand oder dem ganzen Arm,

659 JANOWSKI (2019, S. 204–205).
660 S. 209.
661 KNUF (2018, S. 41).
662 JANOWSKI (2019, S. 207).

oder sie wenden sich körperlich zur Seite hin. Auch anteilnehmende Menschen schauen in der Gegenwart Beschämter oft weg oder bedecken ihr Gesicht, denn Scham wirkt ansteckend.

Die Abwesenheit eines ansonsten als zugewandt erlebten Gottes wird bitter eingeklagt. »Erhöre mich, Gott-Jahwe, denn deine Liebe ist gut. Wende dich zu mir, wie es der Fülle deines Erbarmens entspricht! Verbirg dein Gesicht nicht!« (Ps 69,17–18.)

Wie Jens Tiedemann bei Erwachsenen hat Hilarion Petzold im Rahmen der Babyforschung die Kraft liebevoller Blicke erkannt.[663] Andreas Schmidt schreibt über die Forschungen Petzolds:

> »Gelingende Beziehungen sind entwicklungsfördernd, misslingende Beziehungen sind entwicklungshemmend. Verminderter frühkindlicher Blickkontakt zeitigt auch ein Defizit an kommunikativer Fähigkeit. Aus einem wechselseitigen Anschauen, einander Erkennen und Wahrnehmen wird evident, dass Sein Mitsein ist. Die Sprache der Blicke ist über die gesamte Lebensspanne hin die Grundlage menschlicher Kommunikation. [...] Der Mensch muss angeschaut werden, um zur Person zu werden.
>
> Dieses Muster empathisch-gelingender Interaktion ist folglich die Ausgangsbasis interaktionalen therapeutischen Tuns [...]. Daraus folgt wechselseitige Empathie und ihr großes heilendes Potential.«[664]

Scham ist ein sich Verbergen. Wo das Vertrauen wächst, wird Enthüllung und Sich-Zeigen möglich; dies alles »ist primär ein sozialer Vorgang. Der ›Blick des Anderen‹ ist dabei das entscheidende Moment«.[665] So wird der annehmende, bejahende Blick zur seelsorgerlichen Grundhaltung bei der Bewältigung von Schamkonflikten Betroffener.

## »Entschämung«

Wie der Theologe und Alttestamentler Bernd Janowski, erklärt der mit Scham-Patienten erfahrene Psychotherapeut Andreas Knuf: »Eine ›Entschämung‹ tritt alleine schon dadurch ein, dass man sich traut, das schambesetzte Verhalten oder die schambesetzte Eigenschaft anzusprechen, und die Erfahrung macht, dass die anderen darauf nicht mit Verachtung und sozialer Ausgrenzung reagie-

663 PETZOLD (1995).
664 SCHMIDT (2008, S. 156).
665 TIEDEMANN (2010, S. 19).

ren. Doch diesen Mut muss man erst einmal aufbringen. [... Voraussetzung ist,] dass man sich dem anderen zeigt. Wann immer möglich, sollten schambesetzte Themen also nicht vermieden werden.«[666]

## Bedingungslose Annahme, Mitgefühl: Die intrapersonelle Bearbeitung der Scham

Da Scham intrapersonell (also in zwischenmenschlichen Beziehungen) entstanden ist, ist in der Schambearbeitung die Reaktion des anderen, in diesem Fall der Seelsorgerin, entscheidend. Bewährt hat sich im Umgang mit der Scham-Problematik eine Haltung der Annahme und des Mitgefühls. »Das ist verständlich, dass Sie sich damals so gefühlt haben – und wie sehr Sie jetzt daran erinnert wurden. Es ist sehr mutig, dass Sie das hier so benennen können.«

## Selbstablehnung und Selbsthass durch Selbstakzeptanz und Selbstmitgefühl ersetzen

Jahrzehntelang wurde am Selbstwertkonzept Betroffener angeknüpft mit dem Ziel, ihr Selbstwertgefühl zu fördern, etwa mit der Erarbeitung von Lebenserfolgen. Dabei blieb unberücksichtigt, dass »Betroffene bei den typischen Leistungs- und Vergleichsthemen (beruflicher Erfolg, Familie, körperliche Attraktivität ...) oftmals schlecht abschneiden«[667] und umso mehr Scham und Minderwertigkeitserleben gefördert wurden. »Seit einigen Jahren beginnt sich ein anderes Konzept zu verbreiten, welches nicht auf Vergleich basiert, das sogenannte Selbstmitgefühl. Selbstmitgefühl meint, ganz allgemein formuliert, eine freundliche, wohlwollende, annehmende Grundhaltung sich selbst gegenüber zu kultivieren. [...] Selbstmitgefühl ist genau das Gegenteil von jenem unfreundlichen, harten, oft unfairen und nicht selten gnadenlosen Umgangsstil sich selbst gegenüber, den wir bei vielen psychiatrieerfahrenen[668] Menschen erleben.«[669] Selbstmitgefühl basiert nicht auf Vergleichen und Leistung. Wer annehmend

666 KNUF (2018, S. 42).

667 S. 43.

668 Bei Andreas Knuf sind das meist Patienten mit der Diagnose einer Borderline-Persönlichkeitsstörung und darum nicht selten »psychiatrieefahrene«. Doch nicht nur psychiatrieerfahrene, sondern die meisten Menschen müssen sich im Laufe ihres Lebens diese Haltung der Selbstakzeptanz und des Selbstmitgefühls erarbeiten – was für Traumabetroffene allerdings eine große Herausforderung ist.

669 S. 43.

und freundlich mit sich selbst umgeht, kann Krisen und Einschränkungen besser begegnen und erlebt mehr Lebensqualität.

## Die Scham-Problematik im Licht biblischer Metaphorik: Ressourcen für die Seelsorge

In der Seelsorge geht es zunächst darum, Scham als Emotion zu erkennen. Sie äußerst sich meist nicht in Worten, sondern in der Körpersprache: Die Hände vor dem Gesicht, sich verstecken wollen, zu Boden sehen, den Kopf leicht abwenden, den ganzen Oberkörper abwenden, Verstummen, Gesprächspausen. Scham steht häufig spürbar im Raum, und, wie Tiedemann sagt, sie wirkt ansteckend.[670] Scham bedarf einer behutsamen, schamsensibilisierten Wahrnehmung und Gesprächsführung.

### *Gottes leuchtendes Angesicht*

*Wende dich, verbirg dein Angesicht nicht!* betet der Psalmist in Ps 69,17b-18a, wobei im Hebräischen bereits im Wort *wende dich* das Wort für *Angesicht* enthalten ist.

Das Angesicht Gottes taucht auch im priesterlichen Segen, dem sogenannten »Aaronitischen Segen« auf, mit dem Wortlaut im zweiten und dritten Teil: *Der Herr lasse sein Angesicht über dir leuchten und sei dir gnädig. Der Herr erhebe sein Angesicht auf dich und gebe dir Frieden* (Numeri 6,22–24). Der Beter kann sich in der Vorstellung in diesen Radius von Gottes liebevollen, bergenden Blick flüchten. Dieser Radius von Gottes liebevollem Angesicht wird im Aaronitischen Segen beschrieben.[671]

Der Akt des Segnens mit der Metaphorik des »leuchtenden Angesichts« ist eine einmalige Gelegenheit christlicher Seelsorge. Denn im Segen wird Menschen dieses Angesehensein durch Gott zugesagt. Katharina Schridde nimmt diesen Segen mit der Metaphorik des leuchtenden Angesichts hinein in ein Morgengebet für den Eigengebrauch:

> Hell strahlt über mir das Leuchten
> Deines Angesichts,
> Ewiger, unser Gott,

670 TIEDEMANN (TIEDEMANN, 2007, Dissertation, Abstract): https://refubium.fu-berlin.de/handle/fub188/4758?show=full (Zugriff am 11.03.2025).

671 Seine Bedeutung, aber stärker noch die Bedeutung des Abraham-Segens und des Mitgesegnetseins mit Abraham, und die Relevanz biblischer Segensmotive ist sehr schön ausgeführt bei FRETTLÖH (1998/1999³).

und Deine Freude berührt mein Herz.
Lass mich Dein Leuchten hineintragen
in die Welt. [...]
Gepriesen bist du, Ewiger,
der mich heute ins Leben ruft.

Katharina Schridde[672]

Regine Munz kommt nach ihren Gedanken zur Theologie der Scham zu dem Schluss:

> »Wir durchlaufen die ›endlosen Wälder der Scham‹ [...], bis wir Gott schauen von Angesicht zu Angesicht, erst dann ist die Entzweiung und Grenze aufgehoben. Ein ritueller Hinweis auf diese eschatologische Hoffnung ist im Aaronitischen Segen zu finden: Er gehört zu den christlichen Gottesdiensten unabdingbar dazu: ›Der Herr lasse leuchten sein Angesicht über dir und sei dir gnädig.‹ (Num 6,25) Hier ist es jetzt schon möglich: Die Scham wird aufgehoben, Menschen werden erkannt und anerkannt als die, die sie sind im gnädigen Blick Gottes. Im Segen wird die imaginäre Präsenz des fremden Blicks in der Scham zur Präsenz des gnädigen Blicks des mich bejahenden, liebenden Anderen.«[673]

### *Bekleidet werden: »Indem Gott den Menschen Röcke umlegt, wird er zum bergenden Gott«*

Das Bekleidetwerden ist ein Bedecken der Blöße. Das Ziel in Gesprächen ist nicht, den Inhalt der Scham zu erfahren, denn in ihrer positiven Funktion bewahrt die Scham »die Geheimnishaftigkeit in menschlichen Beziehungen, in denen ›die tiefste eigene Freude und der tiefste eigene Schmerz‹ nicht im Wort enthüllt werden sollen. [...] Im neuen Handeln Gottes wird der Schutzbedürftigkeit des Menschen Rechnung getragen. Indem Gott den Menschen Röcke umlegt (Gen 3,21), wird er zum bergenden Gott.«[674]

In Ezechiel 16,8.10-13 (Elb) wird Gott als der vorgestellt, der die Blöße der jungen Stadtfrau Jerusalem bedeckte. Der Text malt ein Bild der Wertschätzung und Ehre für eine gedemütigte junge Frau.

Auch im Neuen Testament finden sich Texte, die mithilfe der *Metaphorik des Bekleidetwerdens* zentrale Verkündigungsinhalte illustrieren, so das Verhalten

672 SCHRIDDE (2006, S. 16).
673 MUNZ (2009, S. 146). S. auch: WAGNER-RAU (2005, S. 527–543).
674 MUNZ (2009, S. 142, mit Rückgriff auf Bonhoeffer, Ethik, 307).

des Vaters beim Empfang seines beschämten Sohnes, wie es Luk 15,22 erzählt (Bekleidung mit dem besten Gewand, ein Ring an den Finger und Sandalen an die Füße). Bekleiden bedeutet in diesem Gleichnis Schutz, gnädige Verhüllung, Fürsorge, Anteilgabe an Handlungsvollmachten, Ausrüstung, Wehrhaftigkeit und Ehre. Das beste Gewand, der Ring und die Sandalen verweisen gleichzeig auf das nächste Stichwort: Ehre.

### *Ein Gott, der Ehre verleiht*

*Ich will ihn herausreißen und zu Ehren bringen,* heißt es in Psalm 91,15. Das Motiv der Verleihung von Ehre durch Gott findet sich wiederholt in den Psalmen: Ps 3,4; Ps 27,5–6. Die Ehre ist das Gegenteil der Beschämung und Entehrung – und ihr Ende zugleich.

### *Gott, der Menschen krönt oder umkränzt*

Gekrönt oder bekränzt werden Könige oder Sieger. *Du hast ihn [den Menschen] wenig geringer gemacht als Gott, mit Ehre und Hoheit hast du ihn gekrönt.* schreibt der Psalmist von Psalm 8,6 (Lut). »Im Alten Testament begegnet uns die Krone analog zur Umwelt als Ehren- und Würdezeichen der Könige, häufiger jedoch als Symbol des Ruhmes und der Prachtentfaltung.«[675]

### *Fazit und wichtige Aspekte für die Seelsorge*

Seelsorgenden hilft es, für sich selbst Gegenbilder zu Bildern der Scham und des Beschämtseins zu kennen. Ob sie sich in der Seelsorge einsetzen lassen, ist nicht einmal entscheidend. Sie helfen aber, den beschämten Menschen mit diesem Blick des gekrönten Menschen anzusehen. So erübrigt sich die Schamabwehr bei Seelsorgenden, und sie werden offen, sich auf die Problematik einlassen zu können.

Seelsorgende tun außerdem gut daran, ihre eigene Scham-Geschichte zu kennen und Wege im Umgang mit der Scham bei sich selbst erprobt zu haben, sodass sie sich dem Thema furchtlos stellen können in der Seelsorge.

Die Einübung der Selbstbarmherzigkeit und des Selbstmitgefühls mag zur lebenslangen Aufgabe werden – gerade dies aber kann zum heilsamen Resonanzraum für Betroffene werden, da Seelsorgende in diesem Bewusstsein nicht mit Abwehr, sondern mit Verständnis, Annahme, Barmherzigkeit und Mitgefühl reagieren.

---

675 WAGNER, David, Art. Krone/Krönung (AT), Das Wissenschaftliche Bibellexikon im Internet (www.wibilex.de), 2008 (Zugriff am 11.02.2025).

## 5.9 Exkurs: Der beschämte Gottesknecht aus traumasensibler Wahrnehmung

### Der Gottesknecht bei Deuterojesaja

Im Prophetenbuch Jesaja wird ein Gottesknecht beschrieben *(ebed Jahwe)*. Von diesem Gottesknecht handeln die vier sogenannten »Gottesknechtslieder«: Das sind poetische Texte, die diesen Gottesknecht beschreiben. Sie finden sich in: (I.) Jesaja 42,1–4; (II.) Jesaja 49,1–6; (III.) Jesaja 50,5–9; (IV.) Jesaja 52,13 – Jes 53,12 (das bekannteste).

Die Deutung dieser Gottesknechts-Figur gab Rätsel auf, und es bildeten sich in der Auslegungstradition vorwiegend drei Deutungsvarianten:

1. Der Gottesknecht als Bild für den leidenden Propheten der Entstehungszeit des Textes.
2. Der Gottesknecht als Bild für das Volk Israel, einerseits in der Entstehungszeit der Texte, andererseits in der Zeit durch die Jahrhunderte hindurch.
3. Der Gottesknecht als Bild für das Leiden und Sterben des Jesus aus Nazareth – eine Metaphorik, die im Neuen Testament aufgenommen wird: Mt 8,17; Joh 1,29; Apg 8,29–39. Auch Psalm 69,18 spricht von einem Gottesknecht im Singular: *Verbirg dein Gesicht nicht vor deinem Knecht!*

Das Neue Testament deutet den Gottesknecht des Jesajabuches also mehrmals als Bild für das Leiden Jesu, für seine Aufgabe und für seine Passion. Im Rahmen dieser Deutung lassen sich die folgenden Aspekte bedenken:

### Der Gottesknecht wurde beschämt und erniedrigt

In Jes 52,13 und 53,2–3 (LUT) steht über diesen Gottesknecht:

> Siehe, meinem Knecht wird's gelingen, er wird erhöht und sehr hoch erhaben sein. [...] Er schoß auf vor ihm wie ein Reis und wie eine Wurzel aus dürrem Erdreich. Er hatte keine Gestalt und Hoheit.[676] Wir sahen ihn, aber da war keine Gestalt, die uns gefallen hätte.

676 *Er hatte keine Gestalt noch Schöne,* hat sich manchem Ohr nach dem Wortlaut der Lutherübersetzung von 1912 eingeprägt. Auch diese Übersetzungsmöglichkeit kann Menschen trösten, die sich selbst als nicht-schön wahrnehmen.

> Er war *der Allerverachtetste und Unwerteste*, voller Schmerzen und Krankheit. Er war so verachtet, *dass man das Angesicht vor ihm verbarg;* darum haben wir ihn für nichts geachtet.

Das Verbergen des Angesichts ist eine Geste bei ansteckender Scham. *Er hatte keine Gestalt und Hoheit* beschreibt Erniedrigung. Traumabetroffene kennen das aus ihrem Erfahrungsrepertoire. Paulus zufolge erlitt Christus die tiefste vorstellbare Erniedrigung, als er gekreuzigt wurde (beschrieben im berühmten Philipperhymnus (Phil 2,8, ZB: *Er erniedrigte sich* und wurde gehorsam bis zum Tod, bis zum Tod am Kreuz). Paulus deutet im Philipperhymnus das Kreuzesgeschehen als Erniedrigungsgeschehen.

Traumabetroffene können den solchermaßen Erniedrigten als »Bruder mitten im Elend«, als »Mitleidenden« erleben, der ihre Gefühle der Demütigung und der Scham und ihre Körperempfindungen kennt und versteht.

## Das Lamm Gottes, das verstummte – »Speechless Terror«

Jesaja »malt« für den Gottesknecht ein Bild: Das Bild eines Lammes, das vor dem Schlächter verstummt (Jes 53,7). Betroffene finden Identifikationspotenziale in der Beschreibung Jesu als *Lamm Gottes* (Joh 1,29). Gerade Jesu Stummbleiben oder Verstummen in verschiedenen Verhören auf seinem Leidensweg bietet denen Identifikationspotenziale, die ihre Sprache verloren haben (Mt 27,14; intertextuelle Bezüge zu Jes 53,7). Für Traumatisierte steht nicht die Interpretation des Kreuzesgeschehens als stellvertretender Sühnetod im Vordergrund, sondern die Solidarität des »Lammes Gottes«, des »Lammes, das verstummt ist« mit ihrem eigenen Verstummen, ihrer Sprachlähmung, ihrem zugeschnürten Hals, ihrem Ohnmachtserleben und ihrem Ausgeliefertsein.

Die Fachleute aus dem Gebiet der Psychotraumatologie sprechen von »Speechless Terror«, von sprachlosem Entsetzen. Bessel van der Kolk und andere entdeckten in neurologischen Studien im Broca-Areal (im linken Frontallappen des Kortex, eines der Sprachzentren im Gehirn) eine Verringerung der neuronalen Aktivität während dem Auftreten eines Flashbacks bei Betroffenen. Er schreibt dazu: »Funktioniert das Broca-Areal nicht richtig, können wir unsere Gedanken und Gefühle nicht in Worte fassen. […] Opfer von Überfällen oder Unfällen sitzen oft starr und stumm in der Notaufnahme; traumatisierte Kinder ›verlieren ihre Stimme‹ und weigern sich, zu sprechen. Fotos von Soldaten, die aus einem Kampf zurückkehren, zeigen vielfach hohläugige Männer, die stumm ins Leere starren. Noch Jahre nach einem traumatischen Ereignis fällt es den Betroffenen oft sehr schwer, anderen Menschen über ihre Erlebnisse zu berichten. Ihr Körper empfindet zwar immer wieder Entsetzen, Wut und Hilflosigkeit, und auch der Impuls, zu kämpfen oder zu fliehen, stellt sich Mal um Mal ein, aber es ist ihnen fast unmöglich, diese Gefühle verbal auszudrücken. [Im Laufe der Zeit entwickeln die meisten Veteranen so etwas wie eine »Deckgeschichte«, eine Erzählung, die ihr Verhalten erklärt.] Aber diese Erzählungen erfassen so gut wie nie die innere Wahrheit des Erlebten.«[677]

Das eigene Verstummen kann für Betroffene zu einem erheblichen Leidensfaktor werden. Die Metaphorik des »verstummten Lammes«, des »schweigenden Lammes« oder des »Lammes, das vor dem Schlachtmesser erzittert«, kann (aber muss keineswegs) ein Identifikationspotenzial für das eigene Verstummen anbieten.

»Das Lamm Gottes, das die Sünde der Welt hinwegnimmt«, als Bild des verstummten Lammes prägte auch die Kunst- und Kulturgeschichte sowie die Musikgeschichte. Als eines der ältesten Symbole für Christus erscheint das Lamm auf frühchristlichen Darstellungen in Katakomben und auf Sarkophagen mit Kreuz und Nimbus[678] sowie auf Gemälden durch alle Jahrhunderte hindurch. Der spanische Barockkünstler Franciso de Zurbarán hat 1640 ein bekanntes *Agnus Dei* gemalt, das heute im Prado Museum, Madrid ausgestellt ist.

Ein Beispiel aus der Musikgeschichte ist Bachs *Agnus Dei* als Teil seiner h-Moll-Messe, BWV 232, die zu den meistaufgeführten Werken Johann Sebastian Bachs gehört.

## Spucke und Schläge mitten ins Gesicht

Zu den Schamaspekten in den Gottesknechtsliedern und deren christologischen Deutung im Neuen Testament gehören auch das Bespucktwerden und die Schläge, die Jesus im Verlauf des Verhörs mitten ins Gesicht trafen – eine für Traumabetroffene oft verinnerlichte, äußerst beschämende Kindheitserinnerung oder Foltererfahrung: *Ich bot meinen Rücken dar denen, die mich schlugen, und meine Wangen denen, die mich rauften. Mein Angesicht verbarg ich nicht vor Schmach und Speichel* (Jesaja 50,6, Lut), ist die Beschreibung des Gottesknechts im dritten Gottesknechtslied (vgl. Matthäus 27,30).

> Bespuckte, geschlagene und beschämte Menschen können sich wiederfinden in den Beschreibungen des Gottesknechts, zuweilen auf einer Ebene, die Worte übersteigt.

677 VAN DER KOLK (2015/2016³, S. 57–58).

678 SCHMID (2010/2011², S. 1458).

## 5.10 Ekel

Ekel ist ein nicht zu unterschätzendes und gleichzeitig wenig erforschtes Phänomen in der Begleitung Traumabetroffener. Ekel kann durch üble Gerüche, Bilder oder Tasteindrücke ausgelöst werden. Es ist ein Gefühl der Abneigung und des Abgestoßenseins. Der Anblick und das Riechen ekelerregender Dinge, beispielsweise Erbrochenes, bewirkt ein Rümpfen oder Zuhalten der Nase, zusammengekniffene Augen und den Drang, wegzusehen. Ekel kann einen Würgereflex und Übelkeit auslösen, Schweißausbrüche und Ohnmacht.

An sich ist der Ekelreflex ein angeborener Schutz, denn »Ekel erfüllt evolutionstheoretisch eine Schutzfunktion, indem er den Körper vor der Ingestion und Kontamination mit krankheitserregenden oder toxischen Substanzen bewahrt.«[679] Krankheiten und Wunden können ekelerregend aussehen und riechen. Medizinisches Personal und Personal in Notfallberufen und in der Altenpflege[680] wird bei Einsätzen nicht selten mit Ekelgefühlen konfrontiert.

Menschen mit Traumafolgestörungen aufgrund körperlicher oder sexueller Gewalt können Ekel empfinden gegenüber Flüssigkeiten spezieller Konsistenz oder Gegenständen sowie gegenüber Menschen, die sie an das Trauma auslösende Ereignis erinnern. Manche Täter haben auch in sadistischer Weise die delinquente Tat mit Ausdrücken des Ekels und der Verachtung verstärkt, oder sie haben ekelerregende Dinge getan oder verlangt.

Betroffene können auch ein Gefühl des Ekels vor sich selbst entwickeln. Wasch- und Reinigungszwänge können ein Versuch sein, alles Ekelerregende von sich fernzuhalten und sich davon zu befreien.

Erinnerungen an ekelerregende Dinge, Ekelbilder oder Ekel vor sich selbst können für Betroffene ausgesprochen belastend sein, gerade durch die häufige Tabuisierung oder Ignoranz von Ekelgefühlen, selbst bei Fachleuten. Momentan wird der Ekel in der Pflege erforscht und Strategien des Umgangs damit. In der Behandlung von Traumafolgestörungen ist der Umgang mit Ekel noch wenig erforscht.[681]

Psychotherapeuten und Seelsorger können Berichte zu hören bekommen, die Ekel hervorrufen. Sie müssen den Umgang mit Ekelgefühlen genauso lernen wie Betroffene.

Grenzschutz, Abstand und Sicherheit sind in der Begleitung komplex Traumatisierter mit ausgeprägter Ekel-Problematik wichtige Themen. Seelsorgende

679 MAERCKER (2009³, S. 57).
680 KUMLEHN (2013, S. 91).
681 VOGT (2010/2020²).

können Betroffenen helfen, ihre Grenzen kennenzulernen und sie mit steigendem Erfolg zu schützen.

Betroffene brauchen Gegenerfahrungen und Gegenbilder. Zur Erarbeitung derselben können folgende Fragen helfen:

- Was riecht gut, was riecht angenehm?
- Welche Gerüche mag ich?
- Welche Flüssigkeiten fühlen sich auf der Haut gut an?
- Hast du eine Erinnerung an einen besonders feinen Duft?
- Welches innere Bild könnte ich diesem ekelerregenden Bild entgegenhalten? Woran möchte ich lieber denken?

Die Fragen zielen auf Gegenerfahrungen zu den unangenehmen Ekelerfahrungen.

> Ziel bleibt, neue Erfahrungen der Feinheit, des Wohlgeruchs, des angenehmen Empfindens (beispielsweise auf der Haut) oder des Wohlerklingens zu ermöglichen und zu erleben.
>
> Wie heißt es in einer von Bachs Kantaten? »Nun seid ihr wohlgerochen.«[682] So endet sein Weihnachtsoratorium, mit königlichem Trompetenschall, Pauken, Oboen, Streichern und Basso Continuo. Ich glaube, Johann Sebastian Bach benennt und besingt damit eine Gegenerfahrung (zu Ekelgerüchen und Ekelklängen) und setzt sie musikalisch um.

## 5.11 Ambivalenzen, Ambiguitäten und innere Zerrissenheit

Gravierende Traumafolgesymptome können mit Zuständen innerer Anspannung und Zerrissenheit einhergehen, die sich bis ins Unerträgliche steigern können. Selbstverletzendes Verhalten und Suchtmittelkonsum werden zuweilen zum Druckabbau eingesetzt, um diesen inneren Stress zu reduzieren, als »Ventil« sozusagen. Das führt indes nur kurzfristig zu Erleichterung, langfristig gesehen verschärfen sie das Leiden. Gerade darum sind diese Spannungszustände ernst zu nehmen.

---

682 BWV 248,64, Schlusschor des Weihnachtsoratoriums von Johann Sebastian Bach, nach derselben Melodie wie der erste Choral des Oratoriums »Wie soll ich dich empfangen?« (BWV 248,5), dort allerdings ohne (königliche) Trompeten.

Carola Moosbach hat diese innere Zerrissenheit, dieses Hin- und Hergerissensein in eindrückliche Sprache gefasst:

*Ja aber*

Ich will mich endlich erinnern Gott – jetzt
Noch nicht
Hilf mir die Wahrheit herausfinden Gott – jetzt
Halt Stopp
Nur einen Moment noch nur noch einmal tief durchatmen
dann bin ich soweit
Lass es nicht zu Gott
Ich will es jetzt wissen Gott ich kann es jetzt aushalten
Ich muss endlich wissen was damals passiert ist hilf mir
Nicht dieses Bild Gott nicht diese Wahrheit das tut viel zu weh
viel zu nah ist das alles scheuch es weg Gott
Lass mich endlich die Wahrheit sehen
Schütze mich vor der Wahrheit

Halt mich einfach fest Gott ich kann nicht mehr
ich bin so müde von diesen schrecklichen Bildern
die warten auf mich seit ich denken kann
Ich hab solche Angst Gott hilf mir

Hilf mir wenn ich davor weglaufen muss
Hilf mir wenn ich endlich hinsehen kann wenn die Zeit
dafür reif ist sei bei mir Gott
Sei bei mir im Nein und im Ja

Carola Moosbach[683]

683 MOOSBACH (1999): https://feministische-theologinnen.ch/2012/03/uberlebensgebete/ (Zugriff am 11.03.2025).

## Ambivalenz und Ambiguität

Ambivalenz bezeichnet »Zwiespältigkeit; Spannungszustand; Zerrissenheit [der Gefühle und Bestrebungen]«.[684] Dabei bestehen in einer Person sich widersprechende Wünsche, Gefühle und Gedanken gleichzeitig nebeneinander.

Der Begriff der Ambiguität beschreibt die Mehrdeutigkeit eines Sachverhalts, einer Lehre oder eines sprachlichen Ausdrucks. Bei der Ambiguitätstoleranz geht es darum, mit Mehrdeutigkeiten leben zu können.[685] Das Ambiguitätstoleranztraining ist ein psychoanalytisches Konzept mit dem Ziel, Mehrdeutigkeiten ertragen zu lernen, ohne allzu sehr mit Stress zu reagieren.

## Affekttoleranz

Bei den Ambivalenzen geht es darum, Affekttoleranz zu erlernen, also die Annahme sich widersprechender Gefühle. Indem Menschen ihre Gefühlswidersprüche niederschreiben, kann es zu einer hilfreichen ersten Distanzierung kommen, die eine Annahme der unangenehmen Affektdissonanzen ermöglicht. Solcherlei Ambivalenzen sind selbst Menschen in neutestamentlichen Geschichten nicht fremd, wie der Ausruf des Vaters des epileptischen Knaben zeigt: »Ich glaube – hilf meinem Unglauben.«[686]

## Affektregulation (Affektmodulation)

Ein weiteres Ziel der traumafokussierten Psychotherapie ist, neben dem Lernen und Einüben der Affekttoleranz, das Erlernen des Umgangs mit überflutenden Gefühlen und die Modulierung starker Emotionen. Diese Affektmodulation oder Affektregulation beschreibt Martin Sack treffend: »Ziel der Stabilisierung ist es, wieder Kontrolle über sich und über seine emotionalen Reaktionen zu gewinnen und ein Grundgefühl von persönlicher Sicherheit herzustellen. Stabilisierung ist in erster Linie Hilfe zur Selbstregulation und Selbstberuhigung, da Patienten mit komplexer PTBS oft zwischen den Extremen zu viel zu fühlen oder zu wenig zu fühlen gefangen sind. Es geht daher um einen gezielten Aufbau der Fähigkeit zur Affektregulation, das heißt zur Fähigkeit, emotionale Erregung zu ertragen, ohne sich selbst zu verletzen, aggressiv zu werden oder

---

684 DUDEN, https://www.duden.de/rechtschreibung/Ambivalenz (Zugriff am 12.03.2025).

685 LÜSCHER/HEUFT (2007, S. 218–251); KLESSMANN (2018). Damit steht Klessmann in der Tradition, die Glaubensambivalenzen als einen konstitutiven Bestandteil der über zweitausendjährigen Psalmengebete wahrnimmt und macht neu darauf aufmerksam.

686 FLEBBE (2017, S. 47–70).

zu dissoziieren. Solange diese Fähigkeit noch nicht vorhanden ist, läuft eine Bearbeitung von traumatischen Erinnerungen, beispielsweise im Rahmen einer Expositionsbehandlung, Gefahr, erfolglos zu bleiben oder sogar den Patienten zu schaden.«[687]

## Die Gleichzeitigkeit sich widersprechender Gefühle in den Psalmen

Die Psalmen können eine Verstehenshilfe für das Erleben eigener Widersprüchlichkeiten auf der Gefühls-, der Körper- und der Erinnerungsebene sein. Beispiele dafür sind, neben dem besprochenen Psalm 69, auch der im Neuen Testament am häufigsten zitierte Klagepsalm, Psalm 22.

## Psalm 22 als Beispiel

Psalm 22 beginnt mit einem Verlassenheitsschrei und den dazugehörigen Gefühlen der Gottverlassenheit (1–3). Darauf folgen Erinnerungsbilder an väterliches Gottvertrauen und Rettungserfahrungen (5–6). Der Blick wendet sich zu Selbst- und Körperbildern von Erniedrigung und Verachtetsein (7–9) und wieder zurück zu Bildern körperlichen, mütterlichen Trostes an der Mutterbrust (10–11), um danach Feindbilder in aussagestarker Tiermetaphorik (12–14) und ein Körpererleben zu beschreiben, das entsetzliche Qualen impliziert (15–19). Diese werden abgelöst von Verzweiflungsschreien nach göttlicher Hilfe, die sich einfach nicht einstellen will (20–22). Dann allerdings erfolgt ein Stimmungsumschwung, der von einer freudigen Erhörungserfahrung ausgeht, zu Lobpreis aufruft (22c-27) und schließlich in die Beschreibung einer weltweiten Umkehr (28) und eines völkerumspannenden Lobpreises des Gottes Israels mündet (29–32).

> Menschen mit Traumafolgestörungen finden sich wieder in der Gleichzeitigkeit solcherlei beschriebener, widersprüchlicher Emotionen und Körperempfindungen sowie in widersprüchlichen Selbstbildern. Sie finden sich wieder in der Gleichzeitigkeit von Erfahrungen göttlicher Abwesenheit und Anwesenheit, Erfahrungen der Untröstlichkeit und des Trostes, von Verzweiflungsschreien und Erhörungsgewissheit.

687 SACK (2005), komplexe Posttraumatische Belastungsstörung, http://www.martinsack.de/_downloads/Sack_Komplexe_PTBS_2005.pdf (Zugriff am 12.02.2025).

Was sich auf literarischer Ebene gut als textliche Entstehungsgeschichte eines Einzelpsalms mit verschiedenen redaktionellen Bearbeitungen beschreiben lässt, könnte aus Sicht von Menschen mit Traumaerfahrungen ebenso als gleichzeitiges Erleben verschiedenster und widersprüchlichster Gefühle und Körperdimensionen bei der Auseinandersetzung mit eigenen traumatischen Erinnerungen verstehbar werden.

## 5.12 Traumabedingte Insuffizienzgefühle

Versager- und Überforderungsgefühle können einer traumatischen Erfahrung entspringen, die durch Unterlegenheit, Kraftlosigkeit oder vermeintliches Versagen gekennzeichnet war. Die oft noch kindlichen physischen Kräfte der Betroffenen waren in der Entstehungssituation dem Täter unterlegen und reichten zur Selbstverteidigung nicht aus. Die Insuffizienz kann mehrdimensional erlebt werden: Auf der Gefühlsebene, der Körperebene, der sozialen und der spirituellen Ebene.

### »Allein aus Gnade« – Sola Gratia

Diese mehrdimensionalen Gefühle der Unzulänglichkeit, Überforderung und Insuffizienz können sich hartnäckig festsetzen und die Selbst- und Fremdwahrnehmung prägen: Sie können zu einer Unterschätzung der eigenen Person und einer Überschätzung des Gegenübers führen, zu eine Selbstabwertung bei gleichzeitiger Überhöhung des Gegenübers.

Pathologisch gewordene Insuffizienzgefühle sind die eine Seite der Prägung, das Erleben massiver Überforderungsgefühle die andere. Ein allzu häufiges Beispiel für die Ursache von Überforderungsgefühlen ist das Kind, das sich für seine alkoholkranke Mutter verantwortlich fühlt und damit überfordert ist. Fehlt diesem Kind in seiner Kindheit eine fürsorgliche Bezugsperson, die es einerseits versteht und andererseits die Last dieser vermeintlichen Verantwortung abnimmt, dann fühlt es sich auch im Erwachsenenalter in Beziehungen oft verantwortlich und gleichzeitig überfordert, gerade auch für Gegebenheiten, auf die es keinen Einfluss nehmen kann.

*Sola Gratia* heißt: Allein aus Gnade (sind wir errettet). Es ist allein die Gnade Gottes, die zählt. Nicht menschliche Leistung, und auch nicht ausgebliebene Leistung. Es ist die Liebe Gottes, die zählt und unser Unvermögen wettmacht. Die Seelsorge ist ein Raum, um verinnerlichte Maßstäbe zu überdenken und auf ein lebensfreundliches Maß hin umzugestalten. Dazu gehört, den gnadenvollen Gott in stets neuen Bildern der Zuwendungskraft und Annahme zu imaginieren.

### Ich bin stark. Ich kann was!

Gleichzeitig müssen die »alten Lügen« auch entmachtet werden: *Heute* ist die betroffene Person nicht mehr klein und schwach, sondern erwachsen und stark. *Heute* ist die Betroffene nicht mehr ausgeliefert, sondern kann Einfluss nehmen und mitgestalten. *Heute* ist der Betroffene nicht mehr Kind, sondern erwachsen. Das impliziert ein Verlassen alter Denk- und Verhaltensmuster und ein Einüben neuer Denkweisen und Handlungsoptionen.

> Die Opferrolle hat etwas Verlockendes. In der Seelsorge kann es explizit darum gehen, den alten Sätzen mit der heutigen Wahrheit zu begegnen: *Das war früher – heute bin ich erwachsen. Ich bin stark! Ich kann was! Ich nehme Einfluss! Ich gestalte mit!*

## 5.13 Selbstberuhigung, Selbsttrost, Selbstmitgefühl

Die Fähigkeit zur Selbstberuhigung und zum Selbsttrost hilft im Abbau unerträglicher innerer Spannungszustände. »Menschen regulieren sich durch eine Kombination aus relationaler Regulation und Selbstregulation. Die relationale Regulation wird auch als interaktive Regulation bezeichnet, die Selbstregulation als Autoregulation. Im Idealfall tragen die Bezugspersonen zur Beruhigung und Regulation des Babys oder Kleinkindes bei, indem sie es versorgen, ernähren, ermutigen, sich seiner emotionalen und körperlichen Bedürfnisse annehmen und es trösten.«[688]

Hilfreich wirkt außerdem alles, was ablenkt von den inneren Spannungszuständen: Ein Spaziergang, Musikhören und laut mitsingen, etwas unternehmen, was Freude bereitet, ein lustiger Film oder das Lesen in einem Witzebuch, die Beschäftigung mit einem Hobby etc.

Körperliche Unterstützung, wie eine beruhigende Atemübung, kann zudem zur Selbstberuhigung beitragen, auch aufstehen, in Bewegung kommen, sich schütteln oder strecken oder das Umhergehen im Raum und Betrachten schöner Bilder, die aufgehängt sind.

Selbsttrost gelingt am ehesten durch liebevolle, tröstende Worte, »als spräche eine liebevolle Mutter mit ihrem untröstlichen Kleinkind«.[689] Trösten bedeutet

688 BOON/STEELE/VAN DER HART (2013, S. 213).
689 S. 219.

auch empathische Akzeptanz des eigenen Erlebens. Es geht darum, Empathie für alle Selbstanteile mit ihren Gefühlen zu entwickeln und in ein liebevolles Gespräch mit ihnen zu kommen.

Auch der Psalmist in Psalm 131,2 sagt: *Fürwahr, ich habe meine Seele (næfæš) besänftigt und beruhigt, wie ein entwöhntes Kind bei seiner Mutter. Wie das entwöhnte Kind ist meine Seele ruhig in mir.* Mit dem berührenden Bild eines stillgewordenen und gesättigten Kleinkindes in den Armen seiner Mutter – so tröstet sich der Psalmbeter selbst.

> Seelsorge fördert die Fähigkeiten zu Selbsttrost, Selbstmitgefühl und Selbstberuhigung bei Betroffenen. Der Zugang zu den eigenen Bedürfnissen kann verschüttet sein und die Entdeckung derselben einen längeren Weg darstellen.
>
> Eine beruhigende, mitfühlende und tröstliche Begleitung durch einen lieben Menschen ist die beste Voraussetzung zum Aufbau von Selbsttrost, Selbstberuhigung und Selbstmitgefühl.

## 5.14 Freude

Es ist nicht so, dass Freude zu den traumaspezifischen Emotionen gehören würde. Eine ressourcenorientierte Seelsorge oder Therapie wird aber Erinnerungen und Wahrnehmungen der Freude würdigen. Verena Kast schreibt in ihrem Buch *Freude, Inspiration, Hoffnung* dazu: »Positive Emotionen wurden in der Tiefenpsychologie lange Zeit kaum untersucht, während man sich immer wieder ausführlich mit Gefühlen wie Angst, Zorn oder Trauer auseinandersetzte.«[690] Zentrale Bedeutung bekommt bei Verena Kast die Rekonstruktion der Freudenbiografie. Denn »ein positives Erlebnis löst oft das nächste aus, und vergangene freudige Phasen aus unserem Leben können uns helfen, die Freude wiederzufinden und wachsen zu lassen«.[691]

Die Arbeit am Schönen, Hilfreichen und Freudvollen kann auf Widerstand stoßen. Anfänglich genügt ein Wort oder eine einzelne Erinnerung, um sich dem Gefühl der Freude etwas anzunähern.

Maria Rodale schlägt das Sammeln von »Micro Moments of Happiness«[692] – Mini-Glücksmomenten vor. Studien bestätigen die Wirksamkeit kleiner Glücks-

---

690 KAST (1991/2013$^{6}$, Klappentext).
691 KAST (1991/2013$^{6}$).
692 RODALE (2009/2011) https://www.huffpost.com/entry/top-ten-micro-moments-of_b_237567 (Zugriff am 12.02.2025).

momente im Alltag, die bewusst wahrgenommen und gewürdigt werden. »Micro Rush of Joy« ist ein weiterer Name dafür. Zu den »Top 10 der Mini-Glücksmomente« zählt Maria Rodale:

1. Ein Morgenkaffee auf dem Balkon.
2. Eine frische Morgen-Umarmung von meiner Tochter.
3. Eine E-Mail von einem Freund.
4. Auf dem Wochenmarkt feine Microgreens finden (jung geerntetes Gemüse oder Kräuter, die intensiv im Geschmack sind und außerdem viele Vitamine enthalten).
5. Etwas Leckeres essen.
6. Das unerwartete Eintreffen eines Paketes, dessen Bestellung ich vergessen hatte.
7. Vogelgezwitscher, Tierbeobachtung und ausgelassene Kinder.
8. Ein Nickerchen.
9. Das Abhaken erledigter Aufgaben.
10. Eine Geschichte mit einem Happy-End.[693]

Seelsorgerinnen und Seelsorger können mit Betroffenen die Frage bewegen: Gibt es etwas ganz Kleines, worüber Sie sich hin und wieder freuen? So Mikromomente des Glücks? Zum Beispiel der Duft eines frisch gemahlenen Kaffees?

Seelsorgerinnen und Seelsorger könnten Betroffene anregen, Mini-Glücksmomente zu sammeln oder auf Glücksjagd zu gehen, sich eine eigene Liste mit Mini-Glücksmomenten anzulegen, einen Namen dafür zu finden, – aber nur für ganz kleine Dinge. Folgende Fragen eignen sich zum Explorieren des eigenen Glücks, der eigenen Freude:

- Gibt es etwas ganz Kleines, worüber du dich freuen kannst?
- Siehst du gerade etwas ganz Kleines, das dich freut?
- Gibt es auf dem Heimweg etwas, das dich glücklich macht?
- In welchem Moment deines Lebens warst du am glücklichsten?
- Wann hast du dich so richtig gefreut in der Kindheit?
- Wann hast du dich zum letzten Mal so richtig gefreut?
- Wie war das?
- Was hast du dabei gefühlt?
- Wo hast du das wahrgenommen?

Die Auseinandersetzung mit eigener Freude, Freudenerlebnissen und Mikro-Augenblicken der Freude hilft Betroffenen, den Fokus von der Dunkelheit weg-

693 Übers. von S. B.

zulenken und das Helle wieder wahrzunehmen. Es steigert die Fähigkeit, Freude zu empfinden und zuzulassen.

Dasselbe gilt auch für Seelsorgerinnen, denn: »Wer langfristig mit Missbrauchsopfern arbeiten will, braucht einen guten Ausgleich durch Dinge/Verhalten, die die eigene Freude am Leben nähren. Diese Freude hat auch Vorbildcharakter für die Opfer von Menschengewalt.«[694]

694 KERSTNER/HASLBECK/BUSCHMANN (2016, S. 217).

# 6 Körpererleben und Körperdimensionen

»Der Körper war immer dabei«, so ein Untertitel bei Heidi Zorzi[695] in ihrem Buch für die Arbeit mit komplex traumatisierten Jugendlichen. Die Spuren im Körper, die Körpererinnerungen, bleiben. Darum gebührt dem Körpererleben Betroffener besondere Beachtung.

## 6.1 Körper und Gewalterfahrungen

Gewalterfahrungen können Menschen in verschiedenen Lebensphasen treffen. Dabei scheinen Kinder und speziell Kleinkinder besonders gefährdet zu sein: In Kinderkrankenhäusern enthüllen sich den Augen der medizinischen Fachkräfte teilweise verstörende Bilder der Auswirkungen von körperlicher Gewalt. Es zeigt sich dabei, dass Gewalthandlungen der nächsten Bezugspersonen einen besonderen Einfluss auf mögliche Traumafolgen haben: »Mißhandlungen, sexuelle Gewalt und Vernachlässigung, die Kinder als direkte Traumatisierungen durch Bezugspersonen erleben, gehören zu den verheerendsten Erfahrungen, die ein Kind machen kann.«[696] Auf der Suche nach einer Begründung schreiben Regina Steil und Rita Rosner: »Bei Kindern und Jugendlichen hat in der Phase der Bildung wichtiger kognitiver Schemata (über persönliche Sicherheit, interpersonelles Vertrauen etc.) eine Traumatisierung möglicherweise besonders maligne Folgen [...]. Dies könnte die hohe Vulnerabilität im Kindes- und Jugendalter für die Entwicklung einer PTBS erklären.«[697]

Und: Je jünger der oder die Betroffene, desto höher die Gefahr: Betreffend Gewalterfahrungen sind Kleinkinder die vulnerabelste Bevölkerungsgruppe.

695 ZORZI (2019, S. 61.191).
696 KÖNIG (2008/20012, S. 67).
697 STEIL/ROSNER (2009³, S. 326).

»Am meisten gefährdet sind Kinder, welche noch vollständig auf ihre Bezugspersonen angewiesen sind. Im ersten Lebensjahr sterben denn auch mehr Kinder infolge von sexueller Gewalt, Misshandlungen und Vernachlässigung als in jedem anderen Alter.«[698]

Der Körper ist oft das Zielobjekt der Gewalt des Täters, und je kleiner, desto weniger kann er sich wehren. Körperliche Gewalt hinterlässt Spuren: Knochenbrüche, Schnittwunden, tiefe Verletzungen, Quetschungen, Verbrühungen, Organschäden, Hirnschäden. Diese körperlichen Verletzungen verursachen Narben. Menschen, die selten geschlagen wurden, erinnern sich oft noch haargenau an »die erste Ohrfeige, die ich erhielt«. Menschen, die von Anfang an körperliche Gewalt erlitten, erinnern sich eher an »das schlimmste Ereignis«, oder die Erinnerungen sind abgekapselt und nicht mehr zugänglich.

## 6.2 Körperliche Krankheiten

Belastende Kindheitserfahrungen gehen nicht nur mit seelischen Erkrankungen einher, sondern auch mit einer Häufung körperlicher Erkrankungen, wie Forschungen zu Adverse Childhood Experiences (ACE) belegen.[699] Es lassen sich vermehrte Rückenschmerzen, Kopfschmerzen und Gelenkprobleme feststellen sowie Zusammenhänge zu Lebererkrankungen, Herzkreislauferkrankungen, chronisch obstruktiver Lungenerkrankung, Krebs und unfallbedingten Knochenbrüchen, Übergewicht und sexuell übertragbaren Krankheiten. Zusammenfassend lässt sich sagen: »Alle wesentlichen gesundheitlichen Störungen sind in ausserordentlichem Maße mitbedingt durch und abhängig von traumatischen Kindheitserfahrungen. Krankheitsprävention und Gesundheitsförderung fangen am Lebensbeginn an und sollten durch Bindungssicherheit und Gewaltfreiheit gesellschaftlich gefördert [...] werden.[700] Solcherlei durch Traumaerfahrungen mit-ausgelöste Erkrankungen und allfällige damit einhergehende gesundheitsschädigende Verhaltensweisen lassen sich in vielen Fällen durch eine Traumabehandlung lindern und der Gesundheitszustand lässt sich verbessern. Freilich soll durch diese Studien nicht der Eindruck entstehen, durch Traumabehandlung ließe sich ein schmerzfreies, krankheitsfreies Leben erreichen. So zu denken wäre ein unerlaubter Umkehrschluss und ein Selbstbetrug.

---

698 KÖNIG (2008/20012, S. 67–68).
699 SCHICKEDANZ/PLASSMANN (2011/2019[3], S. 532).
700 S. 545.

## 6.3 Körperliche Schmerzen

Körperlicher Schmerz wurde lange Zeit von psychotherapeutischem Fachpersonal und Seelsorgenden unterschätzt. Das Erleben körperlicher Schmerzen wird in der Intensiv- und Palliativmedizin stets prioritär behandelt, weil körperlicher Schmerz die Wahrnehmung oft beherrscht. Nicht selten ist er »der dominierendste Schmerz«: Der Schlag, der Stich, der Knochenbruch, die eiternde Wunde oder chronische Schmerzen können dazugehören. Gleichzeitig prägen sich Traumaspuren – auch, wenn sie durch verbale oder psychische Gewalt ausgelöst wurden – im Körper ein.

Wie arbeiten Fachleute der Körperpsychotherapie? Traumafokussierte Körpertherapeuten unterscheiden fünf körperliche Reaktionsmöglichkeiten, die ihnen in der Arbeit mit komplex traumatisierten Menschen begegnen können:[701]

1. Hyperarousal (Übererregung des vegetativen Nervensystems, zeigt sich in Zittern, Schwitzen, erhöhtem Blutdruck),
2. Immobilität (körperlicher und psychischer Rückzug bis hin zur Reglosigkeit),
3. körperliche Intrusionen: positives und negatives körperliches Wiedererleben (auch somatoforme Dissoziation oder Körper-Flashbacks genannt),
4. chronische Schmerzen,
5. Ignorieren und Isolation: Vermeiden von Körpererleben und Körperwahrnehmung.

Das Ziel der körpertherapeutischen Arbeit ist, die körperbezogenen Abwehrmechanismen zu reduzieren, Entspannung und Beruhigung zu erlernen, abgehackte Bewegungsmuster »weich« werden zu lassen, den Atem zu regulieren, Fremdheitsgefühle sich selbst gegenüber abzubauen, die Angst vor Selbstberührung zu reduzieren, Körpersteuerung neu zu erlernen, den Körper auch wieder wahrnehmen zu lernen, Schmerzen abzubauen, Bewegung weder exzessiv (als Kompensation) zu betreiben noch gänzlich zu vermeiden, Angst vor Körperempfindungen abzubauen und dadurch das Selbstvertrauen wieder aufzubauen. Schließlich geht es darum, Selbstannahme zu fördern und neue Freude am eigenen Körper, an der eigenen Kraft und Vitalität entwickeln zu können.[702]

701 Im Folgenden beziehe ich mich auf: WILD/BINDER (2011/2019$^3$, S. 917).
702 S. 914–919.

## 6.4 Sensibilität für das Körpererleben in der Seelsorge: Körperwahrnehmung unterstützen

In Seelsorgegesprächen ist es wichtig, auf eigene Körperreaktionen zu achten und gleichzeitig die Selbstwahrnehmung und Körperwahrnehmung Betroffener zu fördern. Die Psychotherapie hat von körperlich-ganzheitlichen Ansätzen gelernt, »den Körper als dynamisch lernendes System zu begreifen [... denn diese Perspektive] ging mit dem Zeitalter der Aufklärung und im Triumph der biomedizinischen Technik verloren«.[703]

Bedeutenden Einfluss bei der verkörperten Selbstwahrnehmung haben frühe Bindungserfahrungen. Auch die Körperwahrnehmung kann metaphorisch unterstützt werden. So spricht Alan Fogel von »Zuflucht vor dem Sturm: Auswirkungen von Sicherheit und Bedrohung auf die verkörperte Selbstwahrnehmung«.[704] Wie aber lässt sich eine achtsame Körperwahrnehmung unterstützen? Bessel van der Kolk spezialisierte sich auf das Körpererleben bei Trauma- und Stressfolgen seiner Patienten. Er beschreibt anhand eines Beispiels, wie er die Selbstwahrnehmung von Betroffenen fördert, da die Wahrnehmung körperlicher Empfindungen auch die Grundlage emotionaler Regungen ist:

> »Wenn ein Patient mir sagt, er sei acht Jahre alt gewesen, als sein Vater die Familie verlassen habe, unterbreche ich ihn wahrscheinlich und bitte ihn festzustellen, was in ihm vor sich geht, während er mir von dem Jungen berichtet, der seinen Vater nach dessen Verschwinden nie mehr gesehen hat. Wo in seinem Körper ist dies registriert worden? Wenn wir unsere Bauchgefühle aktivieren und unserem gebrochenen Herzen zuhören – wenn wir den interozeptiven Pfaden in unsere innersten Winkel folgen –, bahnt sich eine Veränderung an.«[705]

## 6.5 Körpersprache »lesen« lernen

In der Begegnung mit Betroffenen geht es in psychosozialen Berufen, so auch in der Seelsorge, darum, den Körper »lesen« zu lernen: Wie sitzen die Betroffenen da? Haben sie eine offene Haltung, sitzen sie eher reserviert da, haben sie die Arme verschränkt, sind sie gekrümmt oder in Alarmbereitschaft, haben sie die

703 FOGEL (2009/2013, S. V).

704 S. XVII.

705 VAN DER KOLK (2015/2016³, S. 284, Original: The Body Keeps the Score).

Augen weit offen oder einen starren Blick? Ist der Blick zugewandt oder abgewandt? Geht der Atem ruhig-fließend, oder zeigen sich Spuren von Kurzatmigkeit?

Die Seelsorgerin reagiert ihrerseits bewusst oder unbewusst, mit kleinen und kleinsten Körpersignalen: Die Mikrobewegungen in Mimik und Gestik, der Tonfall, der aufmerksame Blick, die zugekniffenen Augen, die sich runzelnde Stirn, der vornüber gebeugte Oberkörper, der zugewandte Blick, der Blick auf die Uhr, das hörbare Atemholen.

Pat Ogden spricht von »Bodyreading« (Körperlesen):

> »Die meisten Therapeuten sind versiert darin, Affekt, Gedanken und Narrativ von Klienten zu verfolgen. [Das] erfordert die Fähigkeit, [...] sowohl subtile Veränderungen (wie Erröten oder Erbleichen der Haut, Weitung der Nasenlöcher oder der Pupillen, leichte Anspannung oder Zittern) als auch die deutlicheren, gröberen Veränderungen, z. B. der Grad der Krümmung oder das ›Zusammensacken‹ der Wirbelsäle, eine Drehung des Halses, ein Erheben der Hand oder ein Stoßen mit dem Arm oder andere Muskelbewegungen [zu registrieren]. Diese Veränderungen können vorübergehender Art sein, wie es beispielsweise bei einem kurzen Zusammenkneifen der Augen oder einem Seufzer der Fall ist, sie können aber auch von längerer Dauer sein, beispielsweise wenn defensive ›Kampf‹-Handlungen mobilisiert werden, die in Form des Ballens einer Faust und in einem Anspannen der Armmuskeln oder durch anhaltende Anspannung im Schulterbereich [...] zum Ausdruck gelangen.«[706]

Das Gegenüber in der Seelsorge agiert und reagiert – auch daran lassen sich Zustände ablesen: Wer führt? Fühlt sich das Gegenüber verstanden, wohl, in Sicherheit? Oft sprechen die Körpersignale eine deutlichere Sprache als die Worte: Der aggressive Tonfall im »Mir geht es gut!«, die geballte Faust bei den Worten: »Ich mein's nur gut mit ihm!«, das geknickte Rückgrat im »Ich kann schon sagen, was ich will!«, all dies ergibt ein Bild für den Zustand des Gegenübers: Sie möchte selbstständig sein, aber sie ist eingeschüchtert. Er möchte lieben können, aber etwas macht ihn wütend. Aufmerksame Seelsorgende nehmen das wahr, lernen, auf solche Körpersignale zu achten. Die Körpersignale helfen den Seelsorgenden, ihr Gegenüber besser zu verstehen, seine Emotionen, sein Befinden, seine Konflikte und Potenziale.

---

706 OGDEN/MINTON/PAIN (2006/2010, S. 262).

In Körperlesen geschulte Therapierende und Seelsorgende sind

> »unaufdringlich und stets auf die Mitteilungen des Körpers eingestimmt. [Er teilt dem Betroffenen dann] Wichtiges in Form einer ›Kontaktaussage‹ mit. Physische Erlebnisse bemerkt ein Klient oft erst, nachdem der Therapeut durch eine simple Aussage, die das Wahrgenommene beschreibt, seine Aufmerksamkeit darauf gelenkt hat. Beispiele hierfür sind: ›Ihr Körper scheint angespannt zu sein‹ oder: ›Während Sie dies sagen, fängt Ihre Hand an, sich zu einer Faust zu ballen‹ oder: ›Es sieht so aus, als ob Ihre Beine zu zittern anfangen‹ [oder:] ›Sie sitzen jetzt eindeutig aufrechter als vorher‹. Eine Kontaktaussage über ihre Emotionen könnte lauten: ›Es fühlt sich sicher gut an, sich jetzt daran zu erinnern.‹ [...] Indem der Therapeut Veränderungen im Körper verfolgt und beschreibt, während sie stattfinden, lenkt er die Orientierung und Aufmerksamkeit des Klienten auf das gegenwärtige körperliche Erleben, und er erzeugt Neugier darauf, wie dieses Erleben [...] organisiert wird.«[707]

So können Betroffene ihren Körper besser wahrnehmen. Gerade das Ansprechen physischer Anzeichen für Bewältigung und Wohlbefinden helfen Betroffenen, »gegenüber ihrer inneren Landschaft freundlicher gestimmt zu werden«.[708]

> Dabei deutet der Therapeut oder die Seelsorgerin nicht, sondern beschreibt kurz und präzise, was er oder sie wahrnimmt, und fördert so die Selbstbeobachtung und körperliche Selbstwahrnehmung Betroffener.
>
> Zwischendurch den Körper ausschütteln oder bewusst tief durchatmen sind bewährte Interaktionen, die den Körper einbeziehen und entspannen. Insgesamt geht es darum, Körpersignale achtsam wahrzunehmen und einen liebevollen Umgang mit dem eigenen Körper zu etablieren.

707 S. 264–265.
708 S. 264–265.

## 6.6 Körperbilder in den Psalmen als Inspirationsquelle

Dörte Bester[709] hat in Psalm 22 und weiteren Psalmtexten die beschriebenen Körperbilder und Körperwahrnehmungen untersucht. Die Sprachmacht und Übermacht der Feinde sieht sie auch körperlich ausgedrückt in der Körpersprache und der spezifischen »Mimik und Gestik des Spottes«.[710]

Sie entdeckt in Psalm 22 die Bilder des Lebensanfangs als Bilder des »umsorgten Körpers«: »Du hast mich herausgezogen aus dem Mutterleib« (Vers 10a), mit einem Gott als Hebamme; »Du hast mir Vertrauen eingeflößt an den Brüsten meiner Mutter« (Vers 10b), mit Bildern körperlicher Nähe, des Genährt- und Gesättigtseins; »Auf dich bin ich geworfen von Mutterschoß an« (Vers 11), mit einem Bild des mütterlichen Schoßes und damit einhergehend des Geschaukelt- und Getröstetseins.

Nach diesen Bildern anfänglichen körperlichen Umsorgtseins folgen Bilder der Bedrängnis und des Todes: »Wie Wasser bin ich ausgegossen« (Vers 15s); »Getrennt haben sich alle meine Knochen« (Vers 15a); »Geworden ist mein Körper wie Wachs, zerflossen in meinem Innern« (Vers 15b) als Bilder für den sich auflösenden Körper (165–200).

Es folgen weitere »Bilder des Todes« bzw. des vertrockneten Körpers: »Trocken geworden wie eine Scherbe ist meine Kraft« (Vers 16a); »Meine Zunge klebt an meinem Gaumen« (Vers 16b) (201–215). Schließlich kommen »Bilder der Gewalt: Der verletzte Körper«: »Ja, umgeben haben mich Hunde« (Vers 17) (220–228) – ein Bild fürs Ausgeliefertsein an die Macht der Feinde.

Im Psalm folgt eine Bitte um Erhörung und im letzten Teil ein Danklied mit Bildern der Gemeinschaft, des Gotteslobes und der Lebensfülle. Dörte Bester hat in sensibler Weise wahrgenommen, was der hebräische Text über die körperliche Dimension des Leidenden aussagt, wie diese wahrgenommen wird und mit welcher Metaphorik das Körpererleben umschrieben wird.

> Diese Differenziertheit der Körperzustände und Körperbilder in Psalm 22 kann einerseits Betroffene in ihrer eigenen Körperwahrnehmung ermutigen.
>
> Andererseits bestärkt sie Seelsorger, genau hinzusehen, was der Körper des Gegenübers ausdrückt, Beobachtungen zu benennen und im Verlauf des seelsorgerlichen Prozesses auch Bilder für den umsorgten Körper zuzulassen.

709 BESTER (2007).
710 S. 128–130.

Auch Bernd Janowski untersucht Leib- und Körperdimensionen sprachgenau und kultursensibel. Als Titel für eine Abhandlung über Depression im Alten Testament wählt Janowski den (eher körper- als emotionsfokussierten) Titel »Das erschöpfte Selbst« und vermerkt in der abschließenden Zusammenfassung: Es ist »festzuhalten, dass die Aussagen der Psalmen und des Hiobbuches über depressives Verhalten ihren Ort im Kontext der Klage [also beispielswiese der Klagepsalmen] haben. Das aber bedeutet, dass die depressiven Restriktionen des Leiberlebens, wie sie in den Symptomen Körperhaltung/-bewegung, Appetitlosigkeit, Schlafstörungen, Verstummen u. a. zum Ausdruck kommen, im Gebet vor Gott gebracht werden können und damit den Betroffenen davor bewahren, sprachlos und apathisch zu bleiben.«[711]

> Körperspezifische Wahrnehmungen biblischer Texte bleiben in der klassischen Exegese oft unberücksichtigt. Dörte Bester, Bernd Janowski und weitere machen Mut, auch biblische Texte und Psalmen genau zu lesen und die darin beschriebenen Körperdimensionen wahrzunehmen.

## 6.7 Körperbildstörungen in der Seelsorge

Betroffene von Trauma- und Stressfolgen können Körperbildstörungen entwickeln. Ursache sind nicht selten konkrete, verbale Demütigungen. Auch Schläge vermitteln den Getroffenen ein Gefühl der Wertlosigkeit und der Ablehnung. Die eigene Körperwahrnehmung und das eigene Körperbild leiden darunter. Die Arbeit an Körperbildstörungen birgt Herausforderungen.

Es gibt Seelsorgerinnen und Seelsorger (und Ratgeber-Bücher), die mit Tipps arbeiten, wie: »Nimm eine feine Körpercreme und sage dir beim Eincremen: ›Ich bin schön‹.« Das kann Menschen helfen, die eine milde Form einer Körperbildstörung haben. Bei ausgeprägten Körperbildstörungen (oft gepaart mit Selbstablehnung und Selbsthass) überfordert eine solche Aufgabe und führt zu erneuter Frustration.

Einfühlendes Verstehen mit einer sanften Konfrontation ist eher zielführend: »Ich bin so hässlich. Ich hasse mich«, mag eine Betroffene gequält von sich geben. Solcher Selbstwahrnehmung lässt sich seelsorgerlich eher begegnen mit: »Ich verstehe, dass das für dich gerade schwierig ist, diese Herausforderung. Obwohl ich dich überhaupt nicht so sehe. Im Gegenteil: Ich finde, du bist eine schöne Frau.«

---

711 JANOWSKI (2016, S. 139).

> Es geht also einerseits darum, Verständnis für das eigene Erleben Betroffener zu zeigen und zu signalisieren, und andererseits darum, der verzerrten Selbstwahrnehmung sanft eine realistischere Wahrnehmungsmöglichkeit entgegenzuhalten und anzubieten.

Schönheit an sich selbst wahrnehmen ist ein Weg. Dass Gott schön macht – das hat auch Irenäus von Lyon (ca. 135–200 n. Chr.) in Worte gefasst. Er schrieb:

Mensch, du bist ein Werk Gottes.
Erwarte also die Hand deines Künstlers,
die alles zur rechten Zeit macht; zur rechten Zeit für dich, der du gemacht wirst.
Bring ihm ein weiches, williges Herz entgegen
und bewahre die Gestalt, die der Künstler dir gab.
Bleibe formbar,
damit du nicht verhärtest und schließlich die Spur seiner Finger verlierst.
Wenn du den Abdruck seiner Finger bewahrst, steigst du zur Vollkommenheit empor.
Die Kunst Gottes gestaltet den Lehm, der du bist.
Nachdem er dich aus dem Stoff geformt hat,
wird er dich außen und innen mit seinem Gold und Silber schmücken.
So schön wird er Dich machen, dass am Ende er selbst nach dir verlangt.
Das Erschaffen kommt der Güte Gottes zu –
Erschaffenwerden aber ist das Wesen der menschlichen Natur.«[712]

Irenäus von Lyon beschreibt die Hände Gottes, die den menschlichen Körper wie Lehm kunstvoll geformt haben und ihn schmücken, sodass am Ende Gott selbst nach dem Menschen in seiner Schönheit verlangt. Damit knüpft Irenäus an die Bilder aus Psalm 45 an, wo Gott als König und Bräutigam beschrieben wird, der nach der Schönheit der königlichen Braut verlangt.

Es folgen Fragen, die eine positive Selbst- und Körperwahrnehmung verstärken können. Eine einzige Frage mag genügen, um das Entstehen neuer Körperbilder zu unterstützen. Bei der Frage lässt sich verweilen, das hilfreiche Bild lässt sich vertiefen.
- Wie würdest du dich denn gerne sehen?
- Welches Bild wäre hilfreich für dich?
- Gibt es ein Gegenbild (zum erwähnten negativen Körperbild), das dir guttut?
- Gibt es ein Gegenbild, das du stark findest?

712 IRENÄUS VON LYON (2021; Original: um 180 n. Chr.), s. auch Teil II, Kapitel 16.

- Gibt es einen Körperteil an dir, den du schön findest? (Und sei er noch so klein ...)
- Welche Eigenschaft an dir magst du am meisten?
- Wo hat dir dein Körper geholfen?
- Möchtest du dich bei deinem Körper bedanken?
- Gibt es eine Erinnerung an das Erleben deines Körpers, die dich mit Freude erfüllt?

> Es gibt selbstverständlich weitere Fragen, die sinnvoll sind und eine positive Körperwahrnehmung ermöglichen oder verstärken können. Die vorgeschlagenen Fragen können Anreiz für Seelsorgerinnen sein, ihre eigenen Formulierungen zu finden.

## 6.8 Gewalt gegen sich selbst

### Selbstverletzendes Verhalten, innerer Druck und Stress

Wenn selbstverletzendes Verhalten in der Seelsorge zur Sprache kommt oder Spuren davon sichtbar werden, geritzte Arme beispielsweise, ist das Weiterverweisen an erfahrenes Fachpersonal der Medizin (Wundversorgung) und der Psychotherapie (Möglichkeit einer längeren, hochfrequenteren Begleitung) angezeigt.

Wo Menschen selbstverletzendes Verhalten mit religiösen Motiven verknüpfen, dieses beispielsweise bewusst oder unbewusst als Bußübung verstehen, so kann es auch in die umgekehrte Richtung gehen: Psychotherapeutisch Tätige verweisen sie weiter an Seelsorgende. In der Seelsorge besteht die Möglichkeit, verzerrte und lebensschädigende Gottesbilder und religiöse Einstellungen zu verabschieden und neue, lebensfördernde Gottesbilder und religiöse Einstellungen kennenzulernen und zu vertiefen. Krankmachender Religiosität ist in der Seelsorge genauso sorgfältig zu begegnen wie anderen krankhaften Vorstellungen. Ziel bleibt, maladaptive Religiosität durch hilfreiche, heilsame, lebensförderliche Religiosität bzw. lebensförderliche Glaubensvorstellungen zu ersetzen.

Grund für selbstverletzendes Verhalten ist, nach heutigem Stand der Erkenntnis, ein Abbau von Druck und innerem Stress. Die Betroffenen erleben die Selbstverletzung wie ein Ventil, das die Anspannung und den inneren Stress reduziert. Ziel ist darum, eine gute Stressregulation zu etablieren.

> Das Ziel im Umgang mit Gewalt gegen sich selbst ist darum die Stressreduktion. In der Seelsorge geht es explizit darum, den Glauben und die

Spiritualität Betroffener dahingehend zu modulieren, dass sie nicht Stress verursachen, sondern Stress lindern. Denn für Betroffene können auch Glaubensinhalte zu Stressfaktoren werden.

## Selbstverurteilung und Selbstamnestie

Für massiven inneren Stress gibt es verschiedene Gründe. Bei Traumabetroffenen stehen gedankliche Erinnerungsfetzen und Körpererinnerungen an das Schreckensereignis im Vordergrund. Dazu kommen nicht selten Selbstverurteilungen wegen der Stresssymptomatik und wegen der eingeschränkten Handlungsmöglichkeiten. Statt sich selbst zu *ent*lasten, *be*lasten sich Betroffene. So geht es darum, Entlastungsstrategien zu lernen.

Der Selbstverurteilung stehen Paulus' Worte entgegen, die durch eine Verinnerlichung göttlicher Amnestie auch zu einer Selbstamnestie beitragen können: *Also gibt es nun keine Verdammnis für die, welche in Jesus Christus sind. (Römer 8,1)*

In der Seelsorge geht es darum, ausdrückliche Gegenbilder zu evozieren und zu etablieren. Durch Fragen lassen sich solche Bilder vertiefen. Diese können verstärkt werden durch Fragen, wie:

- Wie sieht Amnestie für dich aus?
- Wie sieht Freiheit für dich aus?
- Was wäre ein Bild der Amnestie (Freiheit) für dich?
- Wo möchtest du dich in diesem Bild platzieren?
- Wie lautet ein Gegensatz zu diesem selbstverurteilenden Satz? Welchen Satz könntest du diesem Satz entgegenhalten?
- Passt der Satz so? Möchtest du ihn irgendwo ergänzen oder kürzen?
- Wie könnte er als Bild-Schlagzeile oder als Blick-Schlagzeile lauten? (Oder als Insta-News-Schlagzeile?)

Eine Frage genügt in der Regel. Auch das Paulus-Wort von der »stets vorauseilenden Gnade Gottes« kann zum heilsamen Gegenbild gegen Selbstverurteilung werden: *Wo aber die Sünde mächtig geworden ist, da ist die Gnade noch viel mächtiger geworden* (Römer 5,20, Lut).

Ein Gegengewicht zu Bildern mit selbstverurteilendem Inhalt sind Bilder der Gnade. Diese können verstärkt werden durch Fragen, wie:

- Gibt es für dich ein Bild, das Gottes Gnade beschreibt?
- Wie stellst du dir bedingungslose Annahme in einem Bild vor?
- Kennst du ein Bild der der Bejahung, der Güte, Treue und Fürsorge?
- Gibt es für dich ein Bild bedingungsloser Zuwendungslust und Zuwendungskraft?

- Was spricht dich daran an?
- Wo möchtest du dich in diesem Bild platzieren?

Die Fragen nach Selbstverurteilung hängen auch mit den paulinischen Rechtfertigungsgedanken zusammen, die in der Theologie von zentraler Bedeutung sind. Die Konkretion einer heilsamen Deutung der paulinischen Rechtfertigungslehre als Amnestie, Annahme und Selbstannahme hat Christiane Tietz detailliert ausgearbeitet:

> Die Frage nach der »Rechtfertigung des Sünders« zeigt so in neuen Facetten ihre Relevanz: Annahme der eigenen Lebensgeschichte, Annahme des Soseins und Selbstseins, Selbstfürsorge, ein gnädiger Umgang mit sich selbst (Selbstamnestie) – all das wird Teil der »Rechtfertigung vor Gott, durch Gott und mit Gott«. Christiane Tietz führt dies in ihren Überlegungen über Rechtfertigung als »Freiheit zu sich selbst« mit starkem Bezug auf eine heilsame Selbstannahme aus.[713]
>
> Für die Seelsorge und das Seelsorgegespräch gilt die Maxime: Kein Druck! Und Keine Gewalt! Weder in Gedanken noch in Worten noch in Taten.

## 6.9 Der Atem – Von zentraler Bedeutung

Der Atem ist von zentraler Bedeutung. Seelsorgenden ist der Einfluss des Atems auf das Wohlbefinden oft nicht bewusst. Atemtherapeuten wissen, wie sensibel der Atem auf Stress und Anspannung reagiert. Es gibt Frauen und Männer, die nach sexuellem Missbrauch nicht mehr zu einem ruhigen, tiefen, vollen Ausatmen fähig sind. Insofern erschließt der Satz aus dem Schöpfungsbericht einen neuen Zugang zu einem der zentralsten Aspekte menschlichen Lebens: *Und so ward der Mensch atmendes Leben* (Genesis 2,7). Atem ist zentral und unmittelbar mit dem Leben verbunden wie der Pulsschlag in den Adern, wie das Blut, das im Menschen fließt.

> »Alles, was atmet, lobe den Herrn!« aus Psalm 150,6 (EÜ) als Schluss und Zusammenfassung des gesamten Psalmenbuches weist nochmals hin auf die ganze Lebendigkeit und damit Körperlichkeit des Seins, die sich ausdrückt im Singen und Musizieren, im Hören der Klänge und Einsatz der Stimm-

713 TIETZ (2005).

bänder, im Rhythmus des persönlichen Auf und Ab der Atembewegung, im Volumen der Lungenflügel und damit im Spüren des eigenen Körpers, der mit-musiziert.

## Wenn sich das Herzensgebet mit dem Atem verbindet

Das sogenannte Herzensgebet geht zurück auf den Ruf des blinden Bartimäus, der laut zu Jesus schrie: *Jesus, Sohn Davids, erbarme dich meiner!* (Markus 10,47–48; so auch in Lukas 18,38–39). Bartimäus ruft gleich zweimal denselben Satz. Dieser Ruf wurde zu einem zentralen Gebet der Ostkirche, mit dem Wortlaut:

> Herr Jesus Christus,
> Sohn Gottes,
> erbarme dich meiner.

Es wird auch *Jesusgebet* oder *Immerwährendes Gebet* genannt. Ein Buch, das ins Herzensgebet einleitet, heißt »Aufrichtige Erzählungen eines russischen Pilgers«[714] und gilt als Klassiker der orthodoxen Spiritualität. Es ist auch möglich, das Herzensgebet mit dem Atem zu verbinden. Wenn Seelsorger mit dem Herzensgebet vertraut sind und Erfahrungen damit gesammelt haben, können sie dieses in der Seelsorge einbringen, sofern Betroffene sich gerne darauf einlassen möchten.

Denn das Herzensgebet ist eine Möglichkeit, den Körper und speziell den Atem ins Gebet einzubeziehen bzw. den Fluss des Atems ins Gebet einmünden zu lassen. Jungclaussen spricht in der Erklärung des Herzensgebets vom »Leib als Ort und Instrument der Sammlung«.[715]

## Eine Übung bei Schlafstörungen

Traumabetroffene haben oft Einschlaf- und Durchschlafschwierigkeiten. Eine Übung aus der psychotherapeutischen Praxis kann bei Übererregung, Einschlafschwierigkeiten, Schlafstörungen und in Situationen innerer oder körper-

714 JUNGCLAUSSEN (2014; die erste Ausgabe erschien 1870 in Kasan, Russland, unter dem Titel »Aufrichtige Erzählungen eines Pilgers, seinem geistlichen Vater mitgeteilt«). Der Begriff »Sammlung« meint bei Jungclaussen einen Ort der Ruhe, der Meditation, des sich Einfindens bei Gott und bei sich selbst.

715 JUNGCLAUSSEN (2008[3]).

licher Unruhe helfen. Das Ziel dieser Übung ist es, bewusst auszuatmen, denn dadurch wird die Atmung ruhiger.

### *Übung: An den Atem gebundenes, langsames Zählen*

Die Aufgabe lautet: Denken Sie:
beim Einatmen: *Ich denke, ich zähle auf eins* – ausatmen – dann sagen Sie: *eins.*
beim Einatmen: *Ich denke, ich zähle auf zwei* – ausatmen – dann sagen Sie: *zwei.*
beim Einatmen: *Ich denke, ich zähle auf drei* – ausatmen – dann sagen Sie: *drei.*
beim Einatmen: *Ich denke, ich zähle auf vier* – ausatmen – dann sagen Sie: *vier.* Etc.

Der Körper konzentriert sich dabei auf die Kognitionen, das Denken: »Ich denke …« und die Reihenfolge der Zahlen. Dadurch wird der Körper abgelenkt von belastenden inneren Bildern, Gedanken oder Körperwahrnehmungen, weil die Gedanken mit etwas anderem beschäftigt sind. Die Atem-Denk-Zählübung hilft sowohl zur Selbstberuhigung im Alltag wie auch zur Selbstberuhigung beim Einschlafen.

Zur Körperberuhigung kommen oft klassische Entspannungsübungen zum Einsatz, beispielsweise die »Funktionelle Entspannung«.[716] Ziel bleibt, die Abspaltung der Körperwahrnehmung zu beenden und sich seinen Körper wieder zu eigen zu machen, sich seinen Körper wieder zurückzuerobern.[717]

## Lassen sich körpertherapeutische Aspekte in die Seelsorge integrieren?

Wie bei allen Spezialisierungen haben auch hier die Fachleute mit Spezialausbildung Vorrang. Wenn Seelsorgende selbst körpertherapeutisch arbeiten möchten, brauchen sie eine Zusatzausbildung. Seelsorgende können Adressen bewährter Körperpsychotherapeuten vermitteln. Die Zusammenarbeit mit Körpertherapeuten ist hilfreich, und viele Betroffene entdecken so neue Dimensionen.

Hilfreiche Literaturhinweise zur Weitergabe an Betroffene sind beispielsweise die humorvoll gestalteten Anregungen der Neurobiologin und Psychotherapeutin Claudia Croos-Müller mit ihrer »Body2Brain-ccm®«-Methode. Croos-Müller stellt in ihrem Buch »Nur Mut« 12½ Übungen für Gelassenheit und Mut vor.[718] Sie sind einfach und wirksam. Auf unbeschwerte Art und Weise

---

716 HERHOLZ/JOHNEN/SCHWEIZER (2009).
717 VAN DER KOLK (2015/2016³, S. 243).
718 CROOS-MÜLLER (2012). Die 12½ Übungen gibt es auch als App.

lädt die Autorin Betroffene ein, sich auf ihren Körper einzulassen. Croos-Müllers Anregungen gründen auf Erkenntnissen aus der Neurobiologie und integrieren Hirnaktivität und Körperaktivität zugunsten der Emotionen.[719] Helmut Jaschke macht in seinem Buch »Heilende Berührungen. Körpertherapeutische Aspekte des Wirkens Jesu«[720] Mut zu einer sorgfältigen Körperwahrnehmung.

> Wichtig für die Seelsorge ist, die Körperlichkeit anthropologisch und soteriologisch ernst zu nehmen. Der Mensch ist – gerade auch als Körper – geliebter Mensch, der geliebte Mensch Gottes. Der Mensch *ist* Leib und *ist* Körper, er hat ihn nicht. Nicht umsonst spricht auch Andrea Bieler von »Leib-sein« und nicht »Leib-haben«.[721]

## 6.10 Essen: Zwang, Frust und Lust

Essstörungen sind ernst zu nehmende psychische Erkrankungen. Sie können mit Traumafolgen assoziiert sein, sei dies eine Mangelernährung mit anorektischen Tendenzen und einer Härte gegenüber eigenen Bedürfnissen (»Ich war stolz auf meine Selbstdisziplin«, schreibt eine Betroffene), sei dies eine Binge-Eating-Störung oder eine mengenmäßige Überkonsumierung in Richtung von Adipositas. Ernährungspsychologinnen und Ernährungsberater sowie Psychotherapeutinnen leisten vorzügliche Arbeit – dennoch bleiben die Erfolge um eine Normalisierung des Essverhaltens nicht selten aus.

Essstörungen sollten nicht unterschätzt werden: Sie sind komplexe psychische Erkrankungen, die oft mit einer Körperbildstörung und ungesundem Essverhalten einhergehen. Das Essverhalten kann einen Bewältigungsversuch darstellen, mit unangenehmen Gefühlen und Erinnerungsbildern umzugehen. Die Freude am Essen (bei adipöser Tendenz) oder der Stolz an der Selbstdisziplin (bei anorektischer Tendenz) können kurzfristig Entlastung bringen, führen langfristig aber zu gesundheitlichen Schäden und neuen Herausforderungen. Wenn traumatische Erlebnisse zu Essstörungen führen, lohnt es sich, den Fokus zunächst auf die Traumabewältigung zu richten, um das Erlernen neuer Strategien im Umgang mit dem Essverhalten überhaupt zu ermöglichen. Diese Essstörungen lassen sich nicht auf die Schnelle lösen, es gibt keine einfachen Rezepte.

---

719 CROOS-MÜLLER (2020; Croos-Müller bietet eine Auswahl mit den 50 beliebtesten Körperübungen auf Karten).
720 JASCHKE (2004).
721 BIELER (2017, S. 27–33).

Gewichtsbezogene Stigmatisierung ist in unserer Kultur weit verbreitet.[722] Obwohl Essen ein zentraler Lebensvollzug ist, der mit ganz privaten Entscheidungen zu tun hat, sowie mit der genetischen Veranlagung, familiären Prägungen und der eigenen Lebensgeschichte, gibt es im sozialen Umfeld Betroffener von Essstörungen viele Grenzüberschreitungen. Das können Grenzüberschreitungen verbaler Art sein, Ablehnung und Unfreundlichkeit oder auch Zurückstellung. Nicht selten findet die Stigmatisierung bereits im familiären Umfeld statt. Anja Hilbert schreibt dazu: »Die Adipositas ist im Vergleich zu vielen anderen körperlichen und psychischen Gesundheitsstörungen mit dem gesellschaftlich wohl am meisten akzeptierten Stigma belegt. Dieses Stigma, z. B. der Schuld am Übergewicht, kann bis zu tatsächlicher Diskriminierung in einer Vielzahl von Lebensbereichen führen. Die stigmatisierten adipösen Menschen selbst haben die Tendenz, das Stigma anzunehmen: Dieses Selbststigma vermindert ihren Selbstwert, verstärkt psychische Symptome, beeinträchtigt die Lebensqualität und führt dazu, dass die Betroffenen wenig Bewältigungsverhalten zeigen. Gewichtsbezogene Stigmatisierung macht auch vor dem Gesundheitswesen nicht halt und kann Auswirkungen auf Prävention und Behandlung haben.«[723] In den Medien und in der Filmbranche stellen Fettleibige oft Bösewichte und Feinde dar. Umso mehr gebührt adipösen Menschen ein Umgang, der sich durch Barmherzigkeit, Würde und Respekt auszeichnet.

> *Wichtiger Hinweis:* Versuche zur Gewichtsregulation, sowohl bei Betroffenen von Adipositas wie auch bei Betroffenen von Anorexie, sind eine meist unterschätzte Herausforderung mit hohen Hürden. Eine Gewichtsregulation lässt sich nicht schnell durch vereinzelte Gespräche herbeiführen. Für die Seelsorge hilft der Grundsatz »Handle niemals ohne Auftrag.« Wenn Seelsorgende meinen, Betroffene ungefragt über ihr Essverhalten belehren zu müssen, hat das kontraproduktive Wirkung und steigert den Stress.

Auch Ernährungsberater und Ernährungspsychologinnen handeln niemals ohne Auftrag. Sie fragen Betroffene: »Was ist Ihr Ziel?« Daran arbeiten sie, gemeinsam mit den Betroffenen, und verfolgen eine »Strategie der kleinen Schritte«. Sie und gruppentherapeutische Angebote können motivieren. Was Betroffenen hilft, ist eine intrinsische Motivation: Eine Motivation, die von ihnen selbst kommt (nicht von Ärztinnen, Ernährungsberatern, Psychotherapeutinnen oder Seelsorgern). Verschiedene Fragen könnten helfen, die Motivation zu klären und

---

722 HILBERT/PULS (2022, S. 537–543).

723 HILBERT (2015, Zusammenfassung).

sich ein Ziel bildlich vorzustellen. »Ich möchte mich schön fühlen«, mag eine adipöse Person äußern. In der Vorstellung lässt sich ein solches Bild ausmalen. Die Arbeit mit solchen Fragen und Zielklärungen wäre allerdings ein therapeutisches Vorgehen. Und das ist nicht die vorrangige Aufgabe der Seelsorge, denn schnell kommen Betroffene von Essstörungen in einen Kreislauf von Rückfall – Versagensgefühlen – Scham – und erneutem Druck, das selbstschädigende Verhalten fortzusetzen.

Was ist die Aufgabe der Seelsorge im Themenfeld Essstörungen? Hat die Seelsorge überhaupt etwas zu sagen? Anna Steinpatz hat ein Buch aufgelegt, das sich der Frage nach seelsorgerlicher Begleitung bei Essstörungen stellt: »Hinabgestiegen in das Reich des Todes. Seelsorgerliche Begleitung von PatientInnen mit Essstörungen.«[724] Sie beschreibt darin Haltungen in der pastoralen Begegnung, reflektiert über Freiheit und bedingungslose Liebe, über Scham und Identität, über Nähe und Distanz in der Begleitung, über die Achtung vor dem Anderen, über Wertschätzung und das Anerkennen des ernsten Willens und der Sehnsucht dahinter, über individuelle Wahrnehmung und bedingungsloses Dasein und darüber, »Freiheit zu schaffen für das, was jetzt noch nicht ist«.[725] Das Buch ist eine Fundgrube voller Schätze für die Seelsorge mit Betroffenen von Essstörungen.

> Anna Steinpatz unterlässt es nicht, Grenzen der Möglichkeiten zu benennen, denn Seelsorgende möchten Betroffene am liebsten retten. In ihrem Resümee religiöser Implikationen benennt sie die Gnadentheologie als Voraussetzung und die Urteilsenthaltung als pastorale Strategie. Sie benennt eine »Radikalität der bedingungslosen Wertschätzung«. Spirituelle Begleitung heißt für sie auch das »Zulassen, dass das Leben Fragment« ist. Bei ihrem Ausblick betont sie die Qualität einer »Seelsorge in Beziehung« und wie wichtig die Vorsicht dabei ist: Vorsicht in der Beziehungsgestaltung, im Umgang mit Verletzungen des Gegenübers und im Umgang mit »Gott«.[726]

724 STEINPATZ (2020).
725 S. 231.
726 S. 241, S. 340, S. 350, S. 369–371.

## 6.11 Sexualität und sexuelles Erleben nach Gewalterfahrungen

»Störungen der Sexualität zählen zu den Kernsymptomen aller [komplexen] Traumafolgestörungen und sind eine häufige Folge kindlicher Traumatisierungen«[727], schreiben Birger Dulz, Martin Sack und Ulrich Sachsse. Das Verhalten reicht von exzessiv ausgelebter Sexualität bis hin zur Verleugnung derselben, die mit der Verleugnung oder Abspaltung des eigenen Körpererlebens einhergehen kann. Dulz, Sack und Sachsse entdeckten in der Arbeit mit hunderten von Menschen mit komplexer Posttraumatischer Belastungsstörung: »Die sexuelle Realität dieser Menschen war fast immer eher trist, oft von Gewalt geprägt und gelegentlich suchtartig.«[728] In einer Studie mit 153 Patienten mit kPTBS »berichteten ungefähr 80 % [...] über irgendeine Störung der Sexualität. Am häufigsten findet sich eine generelle Abneigung gegen Sexualität [...] oder sogar gegen körperliche Berührung (ca. 60 % der Patienten). Körperkontakt wird als aversiv erlebt, da unangenehme Gefühle und Erinnerungen getriggert werden. [... Typisch ist die] Angst, die Kontrolle über sich zu verlieren und schutzlos ihren belastenden Erinnerungen ausgeliefert zu sein, was bei starker intrusiver Symptomatik tatsächlich der Fall sein kann.«[729]

Betroffene tun sich schwer mit dem Genießen ihrer Sexualität, schämen sich über diese Tatsache, und nicht selten fehlt ihnen das Vokabular, um die Thematik anzusprechen. Das Erleben der Sexualität im Erwachsenenalter hängt mit den bisherigen gemachten Erfahrungen zusammen und kann auch als eine Lerngeschichte betrachtet werden. Was ein Mensch über Sexualität denkt und wie er diesbezüglich fühlt, hängt mit seinem bisherigen Erleben zusammen: Wie in der Familie über Sexualität geredet oder nicht geredet wurde, was für Gefühle dabei ausgelöst wurden, wie erste sexuelle Erfahrungen oder genitale Berührungen erlebt wurden, wie der eigene Körper als Ganzes und die eigene Sexualität im Speziellen erlebt wird.[730]

In der Psychotherapie wird – im Gegensatz zur Seelsorge – sehr direkt nach dem Erleben der Sexualität gefragt, teilweise bereits im Erstgespräch. Für Psychotherapeuten sind dies sogenannte »explorative Fragen«, meist in halbstrukturierten Interviews, die zur Diagnosefindung beitragen sollen. Seelsorgende stellen keine Diagnosen, darum ist auch die Frage nach dem Erleben

727 DULZ/SACK/SACHSSE (2013/2018[6], S. 491).

728 S. 491.

729 S. 491.

730 SCHMIDT (2015/2016[2]).

der Sexualität nicht angebracht. Bei Bedarf werden Betroffene von sich aus die Thematik ansprechen.

Die Fachleute Dulz, Sack und Sachsse machen darauf aufmerksam, die Gegenübertragungs-Phänomene, gerade bei Patienten mit riskanter Sexualität und entsprechenden Schilderungen, nicht zu unterschätzen.[731] Die Verantwortung für das Geschehen in der seelsorgerlichen Beziehung verbleibt bei der Seelsorgerin, und sexuelle Handlungen mit Hilfesuchenden sind immer ein krimineller Akt. Die Autoren kommen zum Schluss: »Hochriskantes Sexualverhalten ist übrigens leichter zu behandeln als *kein* Sexualverhalten, ein prognostisch besonders ungünstiges Symptom.«[732]

Das Auffinden hilfreicher Wege mit der eigenen Sexualität ist für Betroffene ein langer Prozess. Es kann Phasen und Lebensabschnitte geben, in denen sich sexuelle Verwundungen heftig in den Vordergrund schieben, beispielsweise bei ersten Sexualkontakten, bei Heirat, Geburt eines Kindes oder wenn das eigene Kind das Alter erreicht, in dem Betroffene verwundet wurden.

Die Sexualtherapeutin Veronika Schmidt schildert anhand eines Fallbeispiels eine hoffnungsvoll stimmende sexualtherapeutische Erfahrung. Sie erzählt von einer Frau, die nach sexuellen Gewalterfahrungen in der Kindheit »überhaupt kein Verlangen nach Sex hatte, [...] dass ich ihr vorschlug, neue Erfahrungen mit ihrem Körper zu machen und ›Verlangen nach Sexualität‹ zu erlernen, unabhängig davon, was ihr in der Vergangenheit passiert war. [Die Betroffene erkannte,] dass sie vielleicht keine Lust auf Sex hat, weil sie keine Gelegenheit hatte, auf positive Art Sexualität zu lernen, und nicht ihre Vergangenheit bestimmen lassen musste, ob sie zu einem erfüllten Sexleben kam oder nicht. [... Denn] Lebensgeschichten von Menschen zeigen, dass man sich Dinge zurückerobern kann. Weil sie nicht kaputt sind, sondern versteckt hinter schweren Erlebnissen.«[733]

> Diese Spannung zwischen »prognostisch ungünstigen Symptomen Betroffener«[734] und hoffnungsvollen Perspektiven[735] gilt es, gerade auch in der Seelsorge, auszuhalten und den spannungsreichen Weg mitzugehen, falls Betroffene dies von der Seelsorgerin wünschen.

---

731 DULZ/SACK/SACHSSE (2013/2018[6], S. 493).
732 S. 493.
733 SCHMIDT (2015/2016[2], S. 193).
734 DULZ/SACK/SACHSSE (2013/2018[6], S. 493).
735 SCHMIDT (2015/2016[2], S. 193).

## 6.12 Das eine Glas zu viel – Traumatisierung und Sucht

Nicht selten korrelieren Trauma- und Stressfolgestörungen mit Suchterkrankungen. Ingo Schäfer zitiert Studien, die belegen, »dass frühe interpersonelle Traumatisierungen mit einer späteren Sucht assoziiert sind. Dies zeigt sich insbesondere im Hinblick auf den Beginn süchtigen Verhaltens im Jugendalter. [So zeigte eine repräsentative Stichprobe aus dem Jahr 2013 mit über 8000 Jugendlichen], dass Misshandlung und Vernachlässigung robuste Risikofaktoren für exzessiven Konsum (»binge drinking«) im Jugend- und jungen Erwachsenenalter waren.«[736]

Viele Betroffene erkennen ihre Sucht nicht, sie unterschätzen sie oder verstecken sie. Die häufigste Substanz, die zu Suchterkrankungen führt, ist Alkohol: »[...] über 20 % der Schweizer Bevölkerung hat einen risikoreichen Konsum. Risikoreicher Konsum heisst, man trinkt zu häufig oder zu viel.«[737]

Über die Suchtursachen sind sich Fachleute einig: »Mindestens 30 % der Männer und 50 % der Frauen in Suchtbehandlung berichten von körperlicher und/oder sexueller Gewalt in der Kindheit. Bei Personen mit Drogen- oder Mehrfachabhängigkeit finden sich oft höhere Raten.«[738]

Sucht *ist* ein Thema, auch in der Seelsorge, nicht selten allerdings ein tabuisiertes und schambehaftetes. Für Seelsorgende ist es hilfreich, sich mit der Suchtthematik auseinanderzusetzen und Suchthilfeangebote zu kennen. Eine langfristige und engmaschige Begleitung sprengt oft die Grenzen und Möglichkeiten der Seelsorger. Suchtberatungsstellen und spezialisierte Kliniken haben gut geschultes Fachpersonal und bieten die Möglichkeit langfristiger Begleitung und Betreuung, die bei Suchterkrankungen erforderlich sind. Zum Therapieangebot gehören meist auch Selbsthilfegruppen und Angehörigengruppen. Der Seelsorge kommt hier auch eine Vermittlerrolle zu: Das Vermitteln von fachspezifischen Angeboten und die Motivation, diese in Anspruch zu nehmen, ist ein wichtiger Teil davon.

Wie arbeiten Psychotherapeuten in Suchtberatungsstellen? Das Ziel ist eine integrative Behandlung der Trauma- und Suchtproblematik, bei der sich trauma- und suchtorientierte Therapiephasen abwechseln und ergänzen. Eine Studie von 2015 konnte belegen, dass bei PTBS-Betroffenen mit zusätzlicher Suchtthematik (gleich wie bei PTBS-Betroffenen ohne Suchtproblematik) »traumafokussierte Therapieansätze die PTBS-Symptomatik effektiver reduzierten als Standard-

736 SCHÄFER (2019, S. 295).

737 Blaues Kreuz, Themen, Konsumzahlen, https://www.blaueskreuz.info/de/themen/aktuelle-konsumzahlen/ (Zugriff am 17.02.2025).

738 SCHÄFER (2019, S. 297).

behandlungen«.[739] Der Fokus auf die Traumafolgen wird dabei stärker gewichtet als der Fokus auf die Suchtsymptomatik. Dennoch wechseln sich die traumafokussierten Ansätze mit evidenzbasierten Interventionen aus der Suchttherapie ab.

> Eine Seelsorge mit Suchtbetroffenen wird darum eine traumainformierte, traumasensible Seelsorge sein. Seelsorgende halten außerdem die Adressen von Suchtberatungsstellen bereit und helfen beim Vermitteln hilfreicher, spezialisierter Angebote, die eine hochfrequente Begleitung ermöglichen.
>
> Sucht ist als Hilfeschrei der Seele zu verstehen. »Die erste Frage ist deswegen nicht, warum es die Sucht gibt, sondern woher der Schmerz kommt.«[740] Belastende Emotionen können Suchtverhalten triggern.
>
> Bei Rückfällen haben Betroffene nicht selten mit Gefühlen der Scham, der Selbstverachtung und Selbstverdammung zu kämpfen. Rückfälle sind Teil des Weges Suchtbetroffener. Auf diesem Weg richtet sich der Fokus auf die Faktoren, die den Rückfall ausgelöst haben. Aufbauend wirkt die Möglichkeit, Selbstwirksamkeit und Handlungskompetenz zu erleben. So lernen Betroffene: »Ich kann mit belastenden Situationen immer besser umgehen.«
>
> Wo Menschen eine heilsame Berührung Gottes erleben, der ihren Liebestank auffüllt, wachsen ihnen mitunter ungeahnte Kräfte, neue Strategien zu entwickeln oder den bedrängenden inneren Bildern neue Bilder der göttlichen Liebeskraft entgegenzuhalten.

## 6.13 Würde zusprechen, Würde wiederherstellen

Luise Reddemann plädiert, gerade im Hinblick auf die Begegnung mit Patientinnen mit dissoziativer Identitätsstörung, für eine Würdeorientierung als Basis jeder Behandlung.[741] Für Juden und Christen – und darum auch für Seelsorgerinnen und Seelsorger – beruht die Würde jedes Menschen in der Gottebenbildlichkeit (Gen 1,26, wiederholt in Gen 5,1 und Gen 9,6). Traumabetroffene leiden oft unter Selbstverachtung, Selbstablehnung und Selbsthass. Diese Gefühle können Seelsorgende und Therapierende anstecken, wenn sie nicht sorgfältig darauf achten. Ein würdevoller Umgang wird dann umso wichtiger.

---

739 S. 300–301.

740 SHAPIRO (2022³, S. 453).

741 REDDEMANN (2011, S. 307).

### Fallbeispiel: Diakonisse Sr. Elly und die Pflegehelferin, Frau Beringer

Sr. Elly ist eine 87-jährige Diakonisse, seit drei Jahren im Pflegeheim und nun rundum pflegebedürftig. Die ehemalige Wäschereimitarbeiterin fällt durch ihr aggressives Verhalten auf und macht die Pflege manchmal unangenehm. Gelegentlich übergießt Sr. Elly Pflegerinnen mit zornigen Worten, gerade beim Umkleiden (Schamabwehr durch aggressives Verhalten). Frau Beringer ist eine einfühlsame Pflegehelferin, die sich aufrichtig um einen würdevollen Umgang mit Sr. Elly bemüht. »Iih, Ihr behandelt mich hier wie ein Stück Holz!«, schleudert Sr. Elly eines Tages laut, zornig und in hoher Tonlage der Pflegerin ins Gesicht, als sie sich zu ihr niederbeugt, und schimpft weiter. Die Pflegerin ist irritiert: Hatte sie sich nicht bemüht, zugewandt und respektvoll zu sein? »Gott, hilf mir!«, stöhnt Frau Beringer innerlich ein Stoßgebet, und dann kommen ihr die Worte in den Sinn, die sie eigentlich leiten, gerade beim Ausführen unangenehmer Pflegeaufgaben: »Sr. Elly, ich sehe in Ihnen nicht ein Stück Holz. Ich sehe in Ihnen Gottes Ebenbild!«

Sr. Elly wird seltsam still, als sie diese Worte hört: »Gottes Ebenbild.« Sie kennt die Worte aus dem Schöpfungsbericht. Sie schimpft an diesem Morgen nicht mehr. Das ist ungewöhnlich.

Frau Beringers Worte waren ruhig, klar. Sie sagte es nicht belehrend, sondern so, wie sie es in Augenblicken der Scham gerne selbst hören würde. Sie setzt dem realen Empfinden von Sr. Elly ihre ganz andere, heilsame Sicht entgegen (heilsame Konfrontation der verzerrten Selbstwahrnehmung). Sie ruft ihr mit einer Metapher der ersten Seiten der Bibel ihre Würde ins Bewusstsein. Frau Beringer hat seelsorgerlich reagiert. Sie konnte Sr. Elly ihre verloren geglaubte Würde wieder zusprechen.

### Wie lässt sich Würde vermitteln in der Seelsorge und auch im Alltagsgeschehen?

Würde drückt sich einerseits im Handeln aus: dem aufmerksamen Blick, dem zugewandten Oberkörper, dem respektvollen Umgang, dem Einbeziehen von Personen in Gruppenprozessen, dem Ernstnehmen und der Wahlfreiheit des Gegenübers. Es geht darum, die vermeintlich geraubte Würde wiederherzustellen.

Andererseits drückt sich Würde auch in Worten aus: Ein würdevoller Umgang generiert Worte der Wertschätzung, der Ermutigung und der Zukunftsperspektiven – auch wo diese Zukunft noch nicht sichtbar ist. Außerdem kann ein würdevoller Umgang Worte der Selbstablehnung, der Selbstminderung, der Selbstentwürdigung oder des Selbsthasses konfrontieren im Sinne eines Reframings, einer Neu-In-Sprachsetzung des Aussageninhalts zugunsten einer hilfreichen Betrachtungsweise, wie in obigem Beispiel. »Sr. Elly, ich sehe in Ihnen nicht ein Stück Holz. Ich sehe in Ihnen Gottes Ebenbild.« Das Zusprechen der Würde ist eine Aufgabe der Seelsorge.

## 6.14 Die heilsame Kraft der Berührung

Das weinende Kind will von der Mutter oder einer vertrauten Person in den Arm genommen werden. Mit traumabetroffenen Erwachsenen wird oft geredet, gerade in Psychotherapien. Sigmund Freud sprach zunächst von der *Redekur*,[742] und manchmal kommen Psychopharmaka zum Einsatz. »Doch die natürlichste Art, auf die wir Menschen uns beruhigen können, wenn wir leiden, sind Berührungen, Umarmungen und wiegende Bewegungen. Dies hilft bei starker Erregung und gibt uns das Gefühl, unversehrt, sicher und geschützt zu sein und ein gewisses Maß an Kontrolle über unsere Situation zu haben.«[743] Bei potenziell traumatisierenden Ereignissen hilft es, wenn Freunde sich umarmen, Familienmitglieder einander halten, Teilnehmende an Abschiedsfeiern die Hand auf die Schulter legen oder eine herzliche Umarmung zulassen.

In den meisten Psychotherapien und Seelsorgesettings kann diese Möglichkeit nicht genutzt werden. Um Grenzüberschreitungen vorzubeugen, werden Betroffene in Psychotherapien darum weiterverwiesen an Körperpsychotherapeuten. Auch therapeutische Massage, Feldenkrais oder Craniosakraltherapie sind bewährte Methoden der Körperarbeit.

> Die heilsame Kraft der Berührung dürfen Seelsorger nicht unterschätzen – auch wenn sie dieses elementare Werkzeug in der Seelsorge nicht nutzen dürfen. Sie können aber Hilfestellungen bieten. Äußert beispielsweise eine Betroffene in der Seelsorge auf die Frage, was ihr jetzt guttun würde: »Ich möchte in den Arm genommen werden.«, so dürfen Seelsorgende weiterfragen: »Durch wen?« oder »Wer könnte dir das demnächst geben, eine Umarmung?«

742 ROLNIK (2023).
743 VAN DER KOLK (2015/2016$^3$, S. 257–258).

Jesus berührte Kranke (im Beisein anderer), legte ihnen die Hand auf, ergriff die Hand des verstorbenen Mädchens und strich eine Speichel-Erd-Paste auf die Augen des Blinden. Dennoch hielt er Grenzen ein: Als Lazarus mit umwickelten Tüchern aus der Grabesgruft kam, sagte Jesus: *Macht ihn frei und lasst ihn gehen* (Johannes 11,44).[744] Jesus' Vorgehen beschreibt die Möglichkeit, andere einzubeziehen, wo zu viel körperliche Nähe entstehen würde, die fehlgedeutet oder missbraucht werden könnte.

## 6.15 Körperpsychotherapeutische Übungen (zwei Beispiele)

Für das Körpererleben gilt dasselbe wie für das emotionale Erleben: Eine sanfte Annäherung an die Thematik bewährt sich in der Praxis. Bessel van der Kolk vergleicht es mit dem vorsichtigen Eintauchen eines Zehs ins Wasser, den Betroffene anschließend wieder herausziehen können, um Schritt für Schritt, in ihrem Tempo und zu ihrer Zeit, den Gang ins Wasser zu wagen.

### Inseln der Sicherheit im Körper (nach Bessel van der Kolk)

Bessel van der Kolk erschafft mit den Patienten zusammen »Inseln der Sicherheit im Körper«. Das können Körperbereiche, spezifische Haltungen oder Bewegungen sein, die ihnen helfen, sich zu erden, wenn sie von Emotionen überflutet werden. Der Vagusnerv sendet bei traumatischem Erleben Panikbotschaften in Richtung Brustkorb, Bauch und Kehle. Die »Inseln der Sicherheit« aber befinden sich in anderen Körperregionen außerhalb von dessen Reichweite, und so können sie als Verbündete fungieren:

> »Beispielsweise könnte ich eine Patientin fragen, ob sich ihre Hände gut anfühlen, und wenn sie dies bejaht, fordere ich sie auf, diese zu bewegen und ihre Leichtigkeit, Wärme und Flexibilität zu erforschen. Sehe ich später, dass ihr Brustbereich angespannt ist und dass fast keine Atembewegungen mehr zu erkennen sind, kann ich sie unterbrechen und auffordern, auf ihre Hände zu fokussieren und sie zu bewegen, sodass sie sich als von ihrem Trauma unabhängig erleben kann. Ich könnte sie auch auffordern, sich auf das Ausatmen zu konzentrieren und darauf zu achten, wie sie es verändern kann; oder ich empfehle ihr,

744 Es war sein Weg, mit der in diesem Fall unerlaubten Berührung, nämlich der Berührung eines »Toten«, umzugehen.

bei jedem Atemzug die Arme auf und ab zu bewegen – was einer Qi-gong Bewegung entspricht. Manche Patienten empfinden das Klopfen auf bestimmte Akupressurpunkte als eine gute Möglichkeit, sich zu ankern. Anderen hilft es mehr, das Gewicht ihres Körpers auf dem Stuhl zu spüren oder ihre Füße fest auf den Boden zu stellen. Zusammengesunken dasitzenden und schweigenden Patienten schlage ich manchmal vor herauszufinden, was geschieht, wenn sie sich aufrecht hinsetzen. Zuweilen entdecken Patienten Inseln der Sicherheit auch selbst – sie ›kapieren‹ dann plötzlich, dass sie Körperempfindungen erzeugen können, die dem Gefühl des Kontrollverlusts entgegenwirken.«[745]

Diese »Inseln der Sicherheit« im Körper sind nicht zu unterschätzen: »Durch das Pendeln zwischen Erforschen und Zuständen der Sicherheit, zwischen Sprache und Körper, zwischen Erinnern der Vergangenheit und Sich-lebendig-Fühlen in der Gegenwart werden die Voraussetzungen für die Traumaauflösung geschaffen.«[746] Diese Übung hilft Betroffenen, sich ihrem eigenen Körper und ihrem Körpererleben wieder anzunähern. Denn die Körperwahrnehmung und das Körperempfinden kann abgespalten (dissoziiert) sein. Die Übung »Inseln der Sicherheit« kann helfen auf dem Weg, sich mit seinem Körper wieder anzufreunden und ihn wohlwollend wahrzunehmen.

## Weitere körperpsychotherapeutische Übungen

Klopfen, sich beklopfen und sich bewusst berühren kann beruhigend wirken. Wie beim Baby, das von der Mama sanft auf der Schulter oder am Rücken beklopft wird, um sich zu beruhigen.

Bekannt sind auch die sogenannten *Butterfly-Hugs, die Schmetterlingsumarmungen,* eine Selbstumarmung. Sie ist eine Form der bilateralen Stimulation. Zunächst lässt sich die Betroffene auf einen belastenden Gedanken oder ein belastendes Bild ein. Der Therapeut kann die Übung vormachen:

> »Bitte schauen Sie mir zu und machen Sie mir nach, was ich tue. Kreuzen Sie die Arme vor der Brust, sodass rechts und links die Spitze des Mittelfingers unter dem Schlüsselbein platziert ist und die anderen Finger und die Handflächen unterhalb des Schlüsselbeins und zwischen Brustbein und Schulterblatt aufliegen.

745 VAN DER KOLK (2015/2016³, S. 292–293).
746 S. 293.

Wenn Sie wollen, können Sie die Daumen ineinanderhaken, um den Rumpf des Schmetterlings zu bilden. Die nach außen gerichteten übrigen Finger sind dann die Schmetterlingsflügel.

Sie können die Augen schließen oder halb geschossen halten und dabei auf Ihre Nasenspitze schauen. Als Nächstes bewegen Sie abwechselnd die Hände, so, als würden Sie erst mit dem einen und dann mit dem anderen Schmetterlingsflügel schlagen. Die Hände sollen sich frei bewegen können. Atmen Sie langsam und tief (mit Bauchatmung), während Sie sich auf die belastenden Gedanken oder Bilder konzentrieren.«[747]

Diese Schmetterlingsumarmung wird in der EMDR-Therapie eingesetzt und »wird zur Selbstberuhigung zwischen den Therapiesitzungen empfohlen«, findet aber auch in anderen traumafokussierten Verfahren Eingang.

## 6.16 Mit dem Körper beten: Der Baum des Lebens (ein Beispiel)

Andreas von Heyl stellt eine Körperübung aus der christlichen Tradition vor. Die Übungsanleitung ist eher ein Gebet, ein Morgengebet und heißt »Der Baum des Lebens«. Es gibt zahlreiche Übungen zur Metaphorik des Baumes, die auch als Imaginationsübung angeboten werden (»Die Baumübung«).[748] Andreas von Heyls Morgengebet, das er im Rahmen eines Exerzitien-Begleitbuches vorstellt, ist ein Gebet mit dem Körper.

Andreas von Heyls Anleitung zum Morgengebet hilft, den Körper wahrzunehmen und ihm Raum zu geben. Für viele Menschen ist das Gebet nicht mit Körperbewegungen verbunden, sondern findet eher im Sitzen oder Unterwegssein statt, oder es verbindet sich mit einer kleinen Geste (gefaltete Hände, Kniefall). Das Morgengebet »Der Baum des Lebens« unterstützt Menschen, sich zu spüren, mit allen Sinnen zu beten und heilsame Bilder mit der eigenen Körperwahrnehmung zu assoziieren:[749]

747 Ganze Übung wörtlich nach: SHAPIRO (2018/2022³, S. 339–340).
748 REDDEMANN (2001/2010¹⁵, S. 48–50), s. in diesem Buch, Teil I, Kapitel 5.1.
749 Ganze Übung wörtlich nach: VON HEYL (2012, S. 20).

**Körperübung: Der Baum des Lebens**
Bei dieser Übung geht es um die Wahrnehmung der vertikalen und horizontalen Achsen unseres Körpers, auch über die eigene Körpergröße hinaus, um das bewusste und langsame Ausführen der Bewegungen und um das Verweilen der Hände vor der Leibmitte und an den vertikalen und horizontalen Polen.

**Ausgangsposition:**
Stellen Sie sich aufrecht hin, suchen Sie einen guten Stand, indem Sie ein paarmal auf den Fußsohlen hin und her wippen. Die Füsse stehen parallel und hüftbreit auseinander, die Beine sind in den Knien leicht gebeugt. Die Handflächen berühren sich vor dem Brustbein, etwa in Magenhöhe, die Finger zeigen nach oben.

**Ausführung:**
– Wir sprechen in der Ausgangsposition:
**»Gott, du bist mein Grund. Ich stehe zu mir, weil du zu mir stehst.«**

– Breiten Sie nun die Arme nach vorne aus, als wollten Sie die Welt umarmen, und sprechen Sie:
**»Öffne mich an diesem Tag für dich und alles, was zu tun ist.«**

– Jetzt führen Sie die ausgebreiteten Arme nach oben über Ihren Kopf und bilden eine Baumkrone, Sie können sich auch auf die Zehenspitzen stellen:
**»Lass mich wachsen, Gott, und näherkommen zu dir.«**

– Fahren Sie nun mit den Armen an der Krone entlang wieder nach unten bis zum Stamm und kreuzen Sie die Hände vor der Brust. Sprechen Sie dabei:
**»Schließe ein in deine Liebe alle, die zu mir gehören.«**

– Nun bücken Sie sich zum Boden, zeichnen mit den Fingerspitzen einen Kreis und sprechen:
**»Und lass mich deine Spur erkennen ...«**

– Und richten Sie sich wieder auf bis zur Ausgangsstellung, während Sie sprechen:
**»..., wenn der Tag am Abend zu mir zurückkehrt.«** (Für diese Übung danke ich Sabine Stövhase)

Das Morgengebet, das Andreas von Heyl mit Rückbezug auf Sabine Stövhase vorstellt, kombiniert die Körperwahrnehmung mit sanften Bewegungen, heilsamen Bildern und Gebetsworten. So werden neue Erfahrungen mit dem eigenen Körper und deren Wahrnehmung möglich – in einem Raum vor Gott und mit Gott.

> »Mit dem Körper beten« kann für Traumabetroffene zu einem neuen Weg werden, ihren Körper mit neuen Bildern und Erlebnisinhalten in Kontakt zu bringen.

## Zusammenfassung zu Körpererleben und Körperdimensionen

> Die Emotionen und das Körpererleben nehmen eine zentrale Rolle ein bei der Bearbeitung von Traumafolgen. Emotionen und Körpererleben spielen auch in den Psalmtexten eine zentrale Rolle. Der betroffene Mensch steht darin im Kontext seiner Mitmenschen, bei Anfeindung, Verfolgung und Stress, aber auch bei Bewältigung, Überwindung und Freude. Und er steht gleichzeitig im Kontext »vor seinem Gott«. Darum sind Emotionen und Körpererleben auch in der Seelsorge zentrale Themen.
>
> Ziel ist, sich seinen Körper »zurückzuerobern« und einen heilsamen Umgang mit seinem Körper zu finden. Vielleicht braucht es eine Versöhnung mit dem eigenen Körper. Ein Schritt könnte darin bestehen, dem eigenen Körper einmal »danke« zu sagen. Denn derselbe Körper, der die Narben trägt, ist vielleicht soeben einen Kilometer geschwommen. »Danke, mein starker Körper. Das hast du großartig gemacht!«
>
> Wenn in den Psalmen Sätze stehen wie »Du bist der Gott, der mein Haupt erhebt« (Psalm 3,4), so wird darin Gott selbst als einer vorgestellt, der körperlich aufrichtet und Würde verleiht; eine Würde, die sich im Körpererleben ausdrückt und ringsum sichtbar wird.

# 7 Betroffene und ihr Umfeld (soziale und systemische Aspekte)

Seelsorgende haben mit Betroffenen in verschiedenen Settings zu tun. Manchmal wird es ein Einzelgespräch sein. Im Krankenhaus kann das in einem Zweier- oder Viererzimmer sein. Seelsorgerliche Fragen brechen aber auch in Gruppen auf: In der Konfirmandinnen- und Konfirmandengruppe, im Hauskreis, in der Gottesdienst-Vorbereitungsgruppe, in einer Suizid-Hinterbliebenen-Familie beim Trauerbesuch, mit dem Ehepaar, das keine Kinder bekommt, in der Familie, deren Haus abgebrannt ist. Aber auch die Prägung durch die Familie, durch das erweiterte soziale Umfeld und durch erweiterte soziale Systeme kann relevant werden bei der Entstehung und Bearbeitung von Traumafolgen.

## 7.1 Familienbande und systemische Wahrnehmungen

Eine herausragende Einführung in systemische Fragestellungen und eine systemische Seelsorge hat Christoph Morgenthaler erarbeitet. Er führt in die Grundlagen der systemischen Psychotherapie auf der Basis Virginia Satirs ein, und schärft den Blick für die Verflochtenheit des Individuums innerhalb seiner »Familienbande«, seiner Beziehungen und Netzwerke. Er entdeckt einerseits die Chancen systemischer Wahrnehmungen für die Seelsorge und andererseits die »Theologie als Quelle systemischen Denkens«.[750]

Von speziellem Interesse ist dabei – gerade hinsichtlich familiärer Prägungen – die Arbeit mit dem sogenannten »Genogramm«: »Beim Zeichnen von Genogrammen geht es darum, die Familienstruktur graphisch darzustellen, wichtige Informationen über die Familie festzuhalten und die Beziehungen innerhalb der Familie zu dokumentieren.«[751] Dieses Genogramm wird mit Kreisen, Vier-

750 MORGENTHALER (1999/2002³, S. 116 ff.).

751 S. 290–291.

ecken und Linien dargestellt und erinnert im Aussehen an einen Familienstammbaum. Dazu gehört für Betroffene aber auch ein Forschungsprojekt zur eigenen Familie von damals bis heute. Anhand verschiedener Fragestellungen (»Was weiss ich eigentlich bereits?«; »Familienmitglieder kontaktieren«[752] etc.) können Betroffene eintauchen in die eigene und in die erweiterte Vergangenheit der Familiengeschichte, um sich selbst dadurch besser verstehen zu können.

## 7.2 Kriegskinder und Kriegsenkel – eine mehrgenerationelle Sichtweise

Bereits in den 1970er Jahren hat die systemische Familientherapie auf die familiäre Weitergabe von Schuld, Leid und Gewalterfahrungen hingewiesen. Diese mehrgenerationelle Sichtweise ist bis heute relevant geblieben. Auf ein Spezialgebiet der deutschen Geschichte nach 1945 macht Luise Reddemann aufmerksam: auf die Nachkommen der »Täter« im Zweiten Weltkrieg, nämlich die Kinder und Enkel der Soldaten, KZ-Angestellten, KZ-Kommandanten und weiteren in die Schreckensherrschaft unmittelbar Involvierten.[753] Viele dieser Kinder und Enkel erlebten bedrückendes Schweigen in der Familie, Redeverbote und Tabuisierungen, eiserne Härte in der Erziehung, ein von Hungererfahrungen geprägtes Essverhalten am Familientisch – und grosse Unklarheit hinsichtlich ihrer eigenen unbehaglichen Gefühle, die sich ohne erkennbare Gründe einstellten. Dieses spezielle Erleben trugen Patienten mit in die Psychotherapie. Luise Reddemann hat aufgrund dieser spezifischen Herausforderung für Psychotherapeutinnen und Betroffene sowie aus eigener Betroffenheit ihre Forschungs- und Lebenserfahrungen zusammengetragen und sich damit einer noch ganz anderen Dimension von »Unsagbarem« angenähert. Ihr Buch eignet sich für alle, die aus eigener Betroffenheit eine detaillierte Auseinandersetzung mit dem Thema wagen möchten und mag beispielhaft stehen für die systemische Involviertheit der Eltern- und Großelterngeneration in Gewaltkulturen und deren Auswirkungen auf ihre Nachfahren.

In den folgenden Kapiteln (7.3 bis 7.11) werden weitere Aspekte von Traumafolgen beleuchtet, die in starker Wechselwirkung von Einzelnen mit dem sie umgebenden sozialen Umfeld stehen.

---

752 S. 288–290.

753 REDDEMANN (2015/2022[6]); HANSWILLE (2011/2019[3], S. 178–179).

## 7.3 Sprachlosigkeit, Verstummen und soziale Isolation

»Verwirrung und Verstummen sind für Therapeuten Probleme, mit denen sie täglich konfrontiert werden,« schreibt Bessel van der Kolk.[754] Sprachlosigkeit und Verstummen können zu sozialer Isolation führen, äußerlich erlebt oder als »innere Emigration« empfunden. Die Sprachlosigkeit und das Verstummen haben verschiedene Ursachen.

1. Einerseits gibt es Traumatisierungen, die in vorsprachlicher Zeit entstanden sind, also in der Zeit, bevor das Kleinkind Worte zur Verfügung hatte. Für sie fehlt die Sprache, fehlt ein Narrativ, eine zusammenhängende Erzählung mit einer klaren Reihenfolge.
2. Das Verstummen kann außerdem vom Erstarren beim traumatischen Ereignis herrühren, auch wenn die betroffene Person im sprachfähigen Alter war (hirnphysiologische Vorgänge).
3. Und schließlich kann die Reaktion der Umwelt zu einem allmählichen Verstummen führen, beispielsweise die Mutter, die ihr Kind schlägt, als es erzählt, es werde vom Stiefvater sexuell missbraucht. Dieses Kind wird immer weniger reden über das, was es erlebt hat. Es wird sich vielleicht zurückziehen und seiner Wahrnehmung nicht mehr trauen.

Van der Kolk weist hin auf eine Studie Felettis, die die Zusammenhänge zwischen (abgespaltenen) schädlichen Kindheitserlebnissen (Adverse Childhood Experiences, ACE) und sprachlichem Verstummen aufzeigt. Die traumatischen Erlebnisse

> »›geraten im Laufe der Zeit oft in Vergessenheit und werden unter Scham, Heimlichkeit und sozialen Tabus verborgen.‹ Aber die Studie zeigt auch, dass die Nachwirkungen der Traumata im ganzen weiteren Leben der Patienten eine Rolle spielten. Beispielsweise standen hohe ACE-Werte in einer Korrelation zu häufigem Fernblieben von der Arbeit, finanziellen Problemen und einem generell niedrigeren Einkommen.«[755]

Zudem stieg die Zahl chronischer Depressionen in erschreckendem Maße an.

Dem Schweigen und Verstummen schreibt van der Kolk todesverwandte Eigenschaften zu. Er schreibt:

---

754 VAN DER KOLK (2015/2016³, S. 292).

755 S. 177.

»Auch das Schweigen angesichts eines Traumas führt zum Tod – zum Tod der Seele. Schweigen verstärkt die entsetzliche Isolation, die oft mit einem Trauma verbunden ist. Wenn ein Mensch einem anderen mitteilen kann: ›Ich bin vergewaltigt worden‹ oder: ›Ich bin von meinem Mann verprügelt worden‹ oder: ›Meine Eltern haben es Disziplinierung genannt, aber es war Misshandlung‹ oder: ›Seit ich aus dem Irak zurück bin, komme ich mit meinem Leben nicht mehr zurecht‹, dann zeigt das, dass die Heilung beginnen kann. [...] Wenn wir verletzt sind, müssen wir zunächst anerkennen und benennen, was geschehen ist.«[756]

Er beschreibt die Wichtigkeit, das Schweigen zu brechen.

Sprachlosigkeit lässt sich nicht einfach so durchbrechen. Die Methoden der EMDR-Therapie und der Ego-State-Therapie werden in heutiger Zeit in traumafokussierten Therapien bevorzugt eingesetzt bei Sprachlosigkeit und abgespaltenen Erlebnisinhalten. Auch die Seelsorge hat den Auftrag, den Weg zu bereiten und den Raum zu gewähren, damit Vertrauen wachsen kann und Unsagbares zur Sprache kommen kann.

Antje Sabine Naegeli formulierte ein Gebet, das Sprachlosigkeit und Verstummen feinfühlig aufnimmt:

Mich zur Sprache bringen

In Deiner Herzkammer, Gott,
birg mein Gebet,
die tastenden Worte
und mehr noch die schlafenden,
weil ich mich nicht
entziffern kann.
Großes Du,
mir zärtlich zugetan,
ich vertraue Dir.
Ich lasse mich Dir.
Du sorgst für mich.

Antje Sabine Naegeli[757]

---

756 S. 277.
757 NAEGELI (2018, S. 45).

Sprachlosigkeit und Verstummen sind oft Folgen schwerwiegender Traumatisierungen. Die Heilung beginnt mit dem Anerkennen und Benennen dessen, was geschehen ist.

## Isolation und Rückzug

Traumabetroffene haben im Verlauf ihrer Lebensgeschichte, manchmal bereits in ihrer Kindheit, Situationen der Isolation erlebt, die von außen aufgezwungen wurden: Das Kind, das verprügelt und dann in den dunklen Keller gesperrt wurde; der Jugendliche, der Zimmerarrest bekam; die Jugendliche, die während einer Teenager-Schwangerschaft und für die Geburt weggebracht wurde, damit niemand ihre Schwangerschaft bemerkte.

Auch die Drohung der Täter, jemanden umzubringen (die Betroffenen, deren Angehörige oder deren Haustiere), falls sie jemandem von der erlittenen Gewalt erzählten, führt zu sozialer Isolation. Einschüchterung durch Täterschaft kommt im kleinen und großen Rahmen vor. Es gibt Familientabus (»Drogentote sind kein Thema in dieser Familie«) und Ländertabus (»Es gab keinen Algerienkrieg«; »Es gab keinen Völkermord«).

Von besonderer Härte erweisen sich Schweigegebote organisierter Kriminalität wie beispielsweise die sogenannte *Omertà* der Cosa Nostra (Mafia). Das Brechen des Schweigegebots gilt Mitgliedern als schlimmstes »Sakrileg« und wird meist mit dem Tod geahndet – sowohl gegenüber Mitgliedern der eigenen Organisation wie auch gegenüber Opfern oder Opfer-Angehörigen außerhalb der eigenen Organisation. Diese Morde treffen alle, die das Schweigegebot brechen und Hinweise auf Täterschaften geben.

Unabhängig von verordneter Isolation oder Schweigegeboten fühlen sich Traumabetroffene häufig von ihrem Freundeskreis unverstanden und isoliert. Als eine typische Reaktion auf Traumafolgen wird darum auch Rückzug genannt. Rückzug wird unter den Kurzzeitreaktionen auf ein Trauma gelistet, aber ebenso bei den Mittel- und Langzeiteffekten von Traumatisierungen.[758] Seelsorge begleitet sorgfältig solcherlei Verhalten und versucht immer wieder, Türen zu öffnen in Räume der Gemeinschaft und Verbundenheit. Dies erfordert von Seelsorgenden große Behutsamkeit und Geduld.

Holocaust-Überlebende fanden oft erst nach Jahrzehnten der Sprachlosigkeit über das erlittene Grauen eine Sprache dafür. Nicht alle Betroffenen extremer Gewalt oder extremer Erschütterungen vermögen während dieser Lebenszeit, den erfahrenen Schmerz in Worte zu fassen.

---

758 STREEK-FISCHER (2011/2019[3], S. 554–555).

Die einzig adäquate Haltung in der Seelsorge ist demgegenüber Barmherzigkeit und Demut. Barmherzigkeit mit den Betroffenen in ihrem So-sein, und Demut gegenüber der eigenen Begrenztheit als Seelsorgerin oder Seelsorger.

Isolation und Rückzug sind häufige Symptome nach erlebtem Grauen. Seelsorger versuchen, Betroffene in neue Räume der Gemeinschaft und Zusammengehörigkeit zu begleiten sowie Kontakte zu vermitteln oder zu ermöglichen. Die einzig adäquate Haltung der Seelsorge ist Barmherzigkeit mit den Betroffenen und Demut gegenüber der eigenen Begrenztheit.

## 7.4 Gehörtwerden und die Bedeutung der Zeugenschaft

Was Menschen mit Traumafolgen hilft, ist das Gehörtwerden. Die Tatsache, dass man ihnen glaubt, stärkt Betroffene in ihrer Selbstwahrnehmung und kann einen Neuanfang ermöglichen. Viele Opfer, beispielsweise von sexueller Gewalt, sind stets von neuem konfrontiert mit Menschen, Vorgesetzten und Institutionen, die in Abrede stellen, was sie erlebt haben und ihnen keinen Glauben schenken. Sie werden dadurch verunsichert in ihrer Wahrnehmung und in ihrem Selbstvertrauen. Sie wissen nicht, ob sie ihrer eigenen Wahrnehmung trauen können.

### Fallbeispiel: Doris Wagner, eine ehemalige katholische Nonne

So fragte die ehemalige katholische Nonne Doris Wagner (inzwischen verheiratete Doris Reisinger), die in ihrem Orden »Das Werk« in Rom durch einen Priester mehrfach sexuell missbraucht worden war, ihren Gesprächspartner, Kardinal Christoph Schönborn, vor laufender Kamera: »Glauben Sie mir das? Ich möchte das aus Ihrem Mund hören, dass Sie mir das glauben.« Kardinal Schönborn erwiderte: »Ich glaube Ihnen. Ja. Ich glaube Ihnen, dass Sie das wirklich erlebt haben.« Worauf Doris Wagner erleichtert aufatmete. Denn etwas vom Schlimmsten sei für sie gewesen, dass man ihr nicht glaubte.[759]

759 WAGNER/SCHÖNBORN (2019).

Seelsorge heißt auch Zeugenschaft. Die Rolle der Zeugen ist nicht zu unterschätzen. Wer eine einen Zeugen hat, weiß: Es ist wirklich passiert. Seelsorgende sind nicht Augenzeugen des Geschehenen, aber sie sind »Ohrenzeugen« des Erlebten und Erzählten. Wer seine Geschichte erzählen kann und dabei gehört wird, der kann seiner eigenen Wahrnehmung wieder vermehrt trauen.

Hilfreich beim Zuhören ist eine Haltung der Ruhe und Wertschätzung und Worte, die das Erleben weder in Abrede stellen noch »verkleinern«. Das kann sich in Sätzen ausdrücken, wie:

- »Es ist gut, dass du das erzählst.«
- »Es ist nicht richtig, was er dir angetan hat.«
- »Das hätte er nicht tun dürfen.«
- »Die Wahrheit darf benannt und ausgesprochen werden.«
- »Ich höre deine Worte.«

> Seelsorgerinnen und Seelsorger sind Zeugen. Sie werden zu Zeugen der erinnerten und mit-geteilten Ereignisse. Hilfreich sind dabei Worte der Ruhe und der Anerkennung des geschehenen Unrechts. Dieses sollte nicht beschönigt oder kleingeredet werden.

## 7.5 Mit Gruppen arbeiten

»Traumatische Ereignisse zerstören die haltgebenden Bande zwischen dem Einzelnen und der Gesellschaft. Die Opfer erkennen deutlich, dass ihre Identität, ihre Wertmaßstäbe und ihre Menschlichkeit darauf gründen, dass sie sich mit anderen Menschen verbunden fühlen. Die Solidarität innerhalb einer Gruppe bietet den besten Schutz vor Schrecken und Verzweiflung, und sie ist das beste Heilmittel gegen eine traumatische Erfahrung«.[760] Judith Herman plädiert infolgedessen für therapeutische Gruppen.

Carsten Spitzer bringt es auf den Punkt: »Das pathogene Potenzial von Beziehungen spielt in der Psychotraumatologie eine zentrale Rolle. Umso wichtiger, dass wir die salutogenetische Wirkung von Gemeinschaft nicht vernachlässigen.«[761] Die heilsame Wirkung von Gruppen kennen auch kirchlich Engagierte. Die Arbeit mit verschiedenen Gruppen und Kleingruppen in Kirchengemeinden macht hochgradig Sinn: »Immer wieder bestätigen Studien, dass ein gutes Unterstützungsnetzwerk der wirksamste Schutz gegen Traumatisierungen

---

760 HERMAN (2010³, S. 306).
761 SPITZER (2023, S. 89).

ist. […] Wenn wir entsetzt sind, beruhigt uns nichts so gut wie die Stimme oder die Umarmung eines Menschen, dem wir vertrauen.«[762]

Die Arbeit mit Gruppen wird vielleicht die Wahl der Zukunft sein. Wenn viele Betroffene von Gewalt und Krieg mit Traumafolgen in die christlichen Gemeinden kommen, wird es nötig, auch mit Gruppen zu arbeiten.[763] Gruppenarbeit bietet Vorteile: Betroffene fühlen sich von anderen Betroffenen mit vergleichbaren Erfahrungen verstanden, die eigene Wahrnehmung kann sich relativieren, die soziale Isolation findet ein Ende, Tabuisierungen verlieren ihre Macht, wo andere das zum Schweigen bringende Unrecht beim Namen nennen. Es zeigt sich – mir den Worten Irvin Yaloms – »eine Universalität des Leidens«.[764] Und »geteiltes Leid ist halbes Leid« – wohingegen Liebe und Freude sich verdoppeln.

> Das Kennenlernen von Menschen, denen Vergleichbares widerfahren ist, birgt Heilungspotenzial. Das Beobachten von Gesundungsprozessen bei anderen kann die Hoffnung auf die Möglichkeit eigener Gesundungsprozesse befruchten.
>
> In christlich geprägten Gruppen ergeben sich zudem Chancen der gegenseitigen Fürbitte. Der Glaube für andere (als stellvertretender Glaube, dass Gott *ihnen* helfen wird) ist manchmal einfacher als der Glaube für sich selbst, oder mit Dietrich Bonhoeffers Worten: »Der Christus im eigenen Herzen ist schwächer als der Christus im Worte des Bruders.«[765]

## 7.6 Sanctorum Communio als heilende Gemeinschaft?

### Heilende Beziehungen in Seelsorge und Kirchgemeinde?

»Eine heilende Beziehung« titelt Judith Herman als erste Voraussetzung für eine gelingende Genesung von Traumafolgen, denn: »Ohnmacht und Isolation sind die Grunderfahrungen des psychologischen Traumas. Wichtigste Voraussetzung für seine Überwindung ist daher die Stärkung der Persönlichkeit und die Schaffung neuer Kontakte.«[766] Herman bezieht ihre Ausführungen auf eine therapeutische Beziehung, in der – bei langanhaltender Begleitung–eine kor-

---

762 VAN DER KOLK (2015/2016³, S. 251).

763 Ein konkretes Beispiel für Trauma-Begleitgruppen in christlichem Gemeindekontext bieten: HILL/HILL/BAGGE/MIERSMA (2018).

764 YALOM (2007⁹, S. 23–42).

765 BONHOEFFER (1939¹/1987/1997²⁵, S. 20).

766 HERMAN (2003/2010³, S. 183).

rigierende emotionale Erfahrung möglich wird. Auch die Seelsorgebeziehung kann wichtig werden. Seelsorge ist in der Regel jedoch eher niedrigfrequent und zeitlich limitierter.

Das Wort *Sanctorum Communio* bezeichnet die Kirche als Gemeinschaft der Heiligen, das heißt die Kirche als Gemeinschaft der Christusnachfolgerinnen und Christusnachfolger. Manche Betroffene lassen sich gerne in eine Gruppe einladen, auch in Kirchengemeinden: In die Jugendgruppe, die Seniorengruppe, den Gospelchor, den Literaturkreis. Oder sie übernehmen eine kleine Aufgabe, die ihnen Freude macht und sie nicht überfordert. Auch in der Kirche und deren Gruppenangeboten kann heilende Gemeinschaft möglich werden. Es bleibt aber leider auch Tatsache, dass komplex Traumatisierte mit Gemeinschaft überfordert sein können und fernbleiben. Vielleicht lässt sich jemand aus der Besuchsgruppe finden und besucht Betroffene? Auch Klöster und klösterlich-kommunitär geprägte Gemeinschaften können zu Orten heilender Gemeinschaft werden.[767]

> Die Frage nach heilender Gemeinschaft erfordert Aufmerksamkeit im Hinblick auf Idealisierungen und überhöhte Erwartungen, die sich unmerklich einschleichen können.

## 7.7 Idealisierungen loslassen (Familie, Ehe/Partnerschaft, Kirche/Gemeinde)

Nicht selten werden Idealbilder von Familie, Ehe und Partnerschaft oder kirchgemeindlichem Leben gezeichnet, die der Wirklichkeit nicht standhalten.

*Die Idealisierung der Familie* führt zu Enttäuschung und Frustration. Bei aller Wertschätzung der Familie darf nicht vergessen werden, dass diese in den biblischen Schriften nirgends idealisiert wird. So wurde ausgerechnet Abraham als Urbild eines gesegneten Menschen von Gott dazu aufgefordert, seine Familie und sein Herkunftsland zu verlassen (Gen 12,5 ff.).

Auch bei Jesus aus Nazareth findet sich keine Idealisierung der Familie. Im Gegenteil: Jesus hat Menschen stark gemacht, familiäre Brüche und Enttäuschungen, Trennungen und Verstoßung zu ertragen. So in Markus 3,31–35 (Lukas 8,19–21), wo Jesus sich andere zur Familie wählt und seine leibliche Mutter sowie seine leiblichen Brüder und Schwestern eher zurückweisend behandelt. Natürlich hat Jesus gleichzeitig Geschwisterpaare berufen und Schwiegermütter und Töchter und Söhne von Menschen, denen er begegnete, geheilt. Das zeigt,

767 KELLERHALS (2008); KOHLI REICHENBACH (2012, S. 248–259).

dass Jesus die Lebensform »Familie« nicht abgelehnt hat. Jesu Worte sind aber ein Trost für alle, die die Familie als Ort der Verwundung erlebt haben, sie verlassen mussten oder verstoßen wurden.

Aus traumasensibler Perspektive muss auch eine *Idealisierung der Ehe und Partnerschaft* aufgegeben werden. In allen Kulturen, ob mit Liebesheirat oder mit arrangierten Ehen, erweist sich die Ehe als herausforderndes, fragiles Gebilde. Die Realität in Ehe und Partnerschaft führt schnell zu Überforderung und Enttäuschung. Dass Auseinandersetzung, Streit, Interessenkonflikte, Stress und Übermüdung dazugehören und hohe Anforderungen an die Beteiligten stellen, ist vielen Paaren anfangs nicht bewusst.[768] Im Leben und in der Seelsorge geht es darum, die Beziehungen zu entlasten und Menschen stark zu machen, ihr Glück nicht in der Partnerschaft allein zu suchen, sondern sich auch unabhängig davon Glücksinseln und Glücksmomente zu erschließen.

Menschen mit schweren Schicksalen pflegen zuweilen *überhöhte Erwartungen an die Kirche oder die christliche Gemeinschaft,* in der sie sich bewegen. Die Vorstellungen reichen von einem Ort der Sicherheit und familiär-fürsorglicher Verbundenheit bis hin zu unstillbaren Versorgungswünschen. Das sind Idealvorstellungen christlicher Gemeinschaft, die jede Gemeinde überfordern. Auch wenn die Gemeinschaft von Christusnachfolgerinnen und -nachfolgern hin und wieder mit einer neuen Familienzughörigkeit verglichen wird, so darf doch nicht verschwiegen werden, dass auch in dieser »neuen Familie« Verletzungen und Schläge, Verleumdung und Verrat, Egozentrik und Missbrauch vorkommen.

> Die Aufgabe der Seelsorge in der Begegnung mit oben beschriebenen Idealisierungen besteht darin, Hilfesuchenden keine leeren Versprechen zu machen und sie zu befähigen, der Realität ins Auge zu sehen.

In die Worte der Poesie fasste es Hilde Domin:

Bitte

Wir werden eingetaucht
und mit den Wassern der Sintflut gewaschen
Wir werden durchnässt
bis auf die Herzhaut

---

768 BODENMANN (1997/2006[4]); BODENMANN (2015).

Der Wunsch nach der Landschaft
diesseits der Tränengrenze
taugt nicht
der Wunsch den Blütenfrühling zu halten
der Wunsch verschont zu bleiben
taugt nicht

Es taugt die Bitte
dass bei Sonnenaufgang die Taube
den Zweig vom Ölbaum bringe
dass die Frucht so bunt wie die Blume sei
dass noch die Blätter der Rose am Boden
eine leuchtende Krone bilden

Und dass wir aus der Flut
dass wir aus der Löwengrube und dem feurigen Ofen
immer versehrter und immer heiler
stets von neuem
zu uns selbst
entlassen werden[769]

Hilde Domin fasst das traumatische Erleben – auch innerhalb von Familie, Partnerschaft, Kirche und Gesellschaft – in die Bildwelten der Sintflut und Feueröfen und verweist mit Bildern des Sonnenaufgangs, der Taube und des Ölblattes auf eine Hoffnung, die sich jenseits der Sintfluten und Feueröfen unserer Zeit eröffnet.

## Wie können Idealisierungen aufgegeben werden?

Die Idealisierung gemeinschaftlichen Lebens in seinen verschiedensten Formen (Familie, Ehe/Partnerschaft, Kirche, Kommunität/Kloster) kann schließlich nur in der Bereitschaft und einem inneren »Ja« zum bruchstückhaften, unvollkommenen Leben aufgegeben werden. Fulbert Steffensky spricht gar von einer Bereitschaft zu Sterben und einem radikalen Mut zur Endlichkeit, denn »nur zur Endlichkeit befreite Menschen können geschwisterliche Menschen sein und können ihren Siegeszwängen entsagen.«[770] Wer sich in seiner Endlichkeit aufgehoben weiß, wird fähig zu hingebungsvoller Liebe.

769 DOMIN (2010, S. 181–182).
770 STEFFENSKY (2007, S. 11).

Gemeinschaften leben und haben Bestand, wo Menschen sich nach Gemeinschaft sehnen, aber auch stark werden, das Ausstehen der Verheißung zu ertragen und mit dem »Dazwischen« glücklich zu werden.

## 7.8 Täteridentifizierte Selbstanteile Betroffener in der Seelsorge

### Sabotage und Selbstsabotage

Täteridentifizierte innere Anteile Traumabetroffener (früher Täterintrojekte genannt) zeigen zerstörerische Züge. »Der Geist, der stets verneint: Täterintrojekte als Feinde im Innern«, nennt sie Michaela Huber in einem Untertitel.[771] Seelsorge-Empfangenden ist nicht bewusst, dass ein Teil in ihnen sich wehrt gegen Heilung, Gesundung, Erfolg, Freude, gelingendes Leben. Es ist der Teil, der sich mit dem Täter identifiziert. Diese Täter-Anteile zeigen sich destruktiv gegenüber Psychotherapie-Erfolgen, seelsorgerlichen Lichtblicken, Heilung und der Etablierung neuer Selbstbilder und neuer Selbstwirksamkeit. Ein salutogener Umgang mit diesen zerstörerischen Selbstanteilen ist eine hohe Kunst (s. Ego-State-Therapie, Teil I, Kapitel 2.2).

Seelsorgende sollten wissen, dass es diese Täter-Anteile gibt: Selbstanteile Betroffener, die stören wollen, sabotieren, auslachen, schaden und entmutigen. Wichtig ist die Zusammenarbeit mit allen inneren Anteilen, die sich zeigen: Den störenden Selbstanteilen wie auch den mutigen, zukunftsorientierten, lebenszugewandten, heilsamen und helfenden, tröstenden und ermutigenden gebührt Freundlichkeit und Aufmerksamkeit.

## 7.9 Suizidalität

Im Jahr 2023 haben sich in Deutschland 10 304 Menschen durch Suizid das Leben genommen, also täglich fast 28 Menschen. »Das sind mehr Tote als durch Verkehrsunfälle, Gewalttaten und illegale Drogen zusammen. [...] Experten fordern [darum] stärkeres gesellschaftliches Engagement gegen Suizide. Es gehe darum, von einer Kultur des Schweigens und des mangelnden Verständnisses zu einer Kultur der Offenheit, des Mitgefühls und der Unterstützung überzu-

771 HUBER (2011, S. 132).

gehen, sagte der Leiter des Nationalen Suizidpräventionsprogramms (NaSPro), Reinhard Lindner.«[772]

Menschen mit Traumafolgen können in zweierlei Hinsicht von Suizid betroffen sein: 1. Sie kämpfen mit eigener Suizidalität. 2. Sie haben Familienangehörige oder Freunde durch Suizid verloren. Wer Suizidierte nach ihrer Tat findet, kann einen Schockzustand erleben. Angehörige erleben schmerzhafte Trauer, die lange anhalten kann.

Suizidale Menschen stehen nicht selten in einem inneren Kampf: In ihnen kämpfen die Tendenzen, der eigenen Suizidalität nachzugeben und ihr zu widerstehen. Ein Kennzeichen der Suizidalität kann ein erhöhtes Gefühl von Einsamkeit und zunehmender innerer Einengung sein. Selbst bei guten sozialen Netzwerken und einem unterstützenden Umfeld ist die Wahrnehmung derselben oft eingeschränkt.

Es gibt gute Fachliteratur zur komplexen Thematik des Suizids, der Suizidprävention, der Behandlung von Suizidalität und der Hinterbliebenen-Betreuung.[773] Eine detaillierte Auseinandersetzung damit lohnt sich. Wenn nachfolgend einige Tipps aufgeführt werden, so dient das lediglich einer Kurzorientierung. Sie wenden sich direkt an Betroffene. Diese Tipps können keine langjährige, komplexe und aufwändige psychotherapeutische Begleitung ersetzen und auch nicht eine seelsorgerliche Begegnung.

## Das Angebot der Telefonseelsorge

Seelsorgende können Handzettel gestalten und auslegen, die die Nummer der Telefonseelsorge, Adressen von Seelsorge-Chats und Internet-Seelsorge ihrer Region oder ihres Landes enthalten und diese beispielsweise in Kirchen, Arztpraxen, Kliniken und weiteren Orten auslegen. Die Telefonseelsorge wird gerne in Anspruch genommen, da sie Anonymität gewährleistet, rund um die Uhr erreichbar ist und die freiwilligen Mitarbeitenden eine seriöse Schulung durchlaufen haben.

## Merkblätter mit Hinweisen auf Hilfsmöglichkeiten

In Kirchen oder Arztpraxen ausgelegte Merkblätter werden manchmal gerne mitgenommen. Gerade die Anonymität des Angebotes kann hilfreich sein.

772 Suizid-Zahlen steigen – was sich tun lässt, ZDFheute, Ratgeber, 08.09.2024, (Quelle: KNA), https://www.zdf.de/nachrichten/ratgeber/gesundheit/suizid-praevention-angehoerige-faq-100.html (Zugriff am 19.02.2025).

773 QUINNET (1987/2000); MESS (2009$^{2}$); OTZELBERGER (1999/2010$^{5}$); THOMAS (2004).

Solche Merkblätter können die eigene Suizidalität betreffen oder Betroffene ansprechen, die einen geliebten Menschen durch Suizid verloren haben.

Die untenstehenden Tipps für suizidale Menschen könnten beispielsweise als Merkblatt gestaltet werden (Kopien sind unter Angabe der Quelle erlaubt).

**Wenn's schwierig wird – über Suizid reden**

Viele Menschen gehen in ihrem Leben durch Zeiten, in denen sich alles zu verdunkeln scheint. Sie möchten am liebsten alles hinter sich lassen. Doch es ist möglich, dass das Leben wieder anders wird. Untenstehend einige Anregungen:

- Atmen Sie tief durch.
- Reden hilft.
- Holen Sie sich Hilfe: Psychotherapie, Psychiatrie, Telefonseelsorge, Seelsorge.
- Rufen Sie jemanden an und erzählen Sie.
- Das konkrete Aussprechen Ihrer Gedanken und Pläne kann Entlastung bringen. Es sollte allerdings bei einer dafür geeigneten Person oder Fachperson geschehen, die damit umgehen kann (z. B. Seelsorgerin, Psychotherapeut, Arzt).
- Die Überwindung der Suizidalität gelingt oft besser mit der Hilfe anderer Menschen als allein.
- Professionelle Begleitung – seelsorgerliche, psychotherapeutische oder medizinische Betreuung – wird vielen Menschen zu einem großen Gewinn an Lebensqualität.
- Veränderungen sind möglich.
- Eine traumafokussierte Psychotherapie oder Seelsorge kann helfen, einen zugrundeliegenden Auslöser anzupacken, Strategien zu entwickeln und Hoffnung Raum zu geben.
- Bei Glaubensfragen: Suchen Sie glaubende Menschen, die Sie in Ihrer Suizidalität annehmen und das Thema nicht fürchten, sondern von einem Gottvertrauen geprägt sind, das größer ist als die Angst.
- Suchen Sie sich einen Ort, wo Sie Gottes Liebe erfahren.
- Holen Sie sich bei Bedarf auch ganz praktische Hilfe: Eine Reinigungskraft? Eine Budgetberatung?
- Erheben Sie sich vom Ort, wo Sie gerade sind, und machen Sie einige Schritte.
- Bewegung hilft, frische Luft hilft, die Wahrnehmung der Natur hilft.

Diese Anregungen stellen lediglich einige Ideen dar. Vielleicht haben Betroffene ganz andere Ideen, was ihnen helfen könnte, und entwickeln ihre eigenen Strategien. Sie stehen womöglich auf der »Notfall-Liste«, die sie sich für Notfälle bereitgelegt haben. Vielleicht haben Seelsorgende andere Ideen, die sie niederschreiben möchten, um sie bei Bedarf verfügbar zu haben. Wichtiger aber als Handlungsmöglichkeiten (wie sie in obigen Merkblättern vorgestellt werden) ist die Beziehung: Eine therapeutische Beziehung, eine seelsorgerliche Beziehung, oder auch eine freundschaftliche Beziehung. Oft hilft die schlichte Botschaft: »Du bist mir wichtig.«

Betroffene beschreiben ihre Überlebensstrategien sehr unterschiedlich. Es folgt das Beispiel von »Mina«, einer Traumabetroffenen mit dissoziativer Identitätsstörung und erhöhter Suizidalität. Mina schreibt gelegentlich »uns« und meint damit ihre verschiedenen, teildissoziierten oder dissoziierten Persönlichkeitsanteile.

### Fallbeispiel »Mina«: Sie schreibt im Rückblick, was ihr geholfen hat, trotz der Suizidalität weiterzuleben

(Zunächst ging es darum, auf geografische Distanz zu ihrem gewalttätigen Umfeld zu gehen, und sich am neuen Wohnort eine kompetente Psychotherapeutin zu suchen)

»Am Anfang war für mich der Satz: ›Etwas Besseres als den Tod finde ich überall‹, aus einem Märchen. [...] Um uns ein neues, sicheres, gewaltfreies und freies Leben aufzubauen und zu leben, war und ist die Erfahrung für uns ganz wichtig, dass wir sowohl sehr kompetent als auch sehr verletzt sind. [...] Es hilft uns, dass es Orte gibt, an denen wir über das, was passiert ist, reden konnten und können. Wo es um die Verletzungen geht, um die Folgen, die wir Einzelnen tragen. Und was genauso wichtig für uns ist: Dass es auch Raum und Orte gibt für die Stärken der Einzelnen, dass wir das, was wir gut können, auch machen. [...] Die entscheidende Kraftquelle ist für mich geblieben, dass [...] ich die Macht habe, darüber zu entscheiden, ob ich die Gewalt aktiv weitergebe. Und wenn ich sie nicht weitergebe, habe ich schon sehr viel getan. Und so können wir sagen, dass wir etwas Besseres als den Tod gefunden haben: Freundschaften, Solidarität, ein neues Zuhause, unsere eigene Kraft und Stärken, unsere Verletzungen und ein Verständnis dafür, warum wir sind, wie wir sind. Das habe ich mir früher niemals vorstellen können.«[774]

---

774 HUBER (2011, S. 279–280).

## Die Hinterbliebenen

Das Leiden der Hinterbliebenen von Suizidierten ist nicht zu unterschätzen. Nicht jeder Suizid ist gleich: Jeder Suizid hat seine eigene Geschichte, jeder Suizid ist individuell, so, wie auch jedes Leben individuell ist. Manche Suizide haben sich lange im Voraus angekündigt, eine lange Zeit psychischer Krankheit und zahlreiche Klinikaufenthalte gingen voraus. Andere geschahen plötzlich und unerwartet, ohne dass jemand von den inneren Kämpfen der Suizidierten etwas ahnte. Suizide können von langer Hand geplant sein oder als Impulshandlung geschehen. Bei Angehörigen, bei Fachleuten und auch bei entfernten Bekannten löst ein Suizid große Betroffenheit aus.

Die untenstehenden Tipps für Betroffene, die einen geliebten Menschen durch Suizid verloren haben, können auch als Merkblatt weitergegeben oder ausgelegt werden, beispielsweise in offenen Kirchen oder Arztpraxen (Kopien sind unter Angabe der Quelle erlaubt).

**Wenn's nur noch weh tut – für Betroffene, die einen geliebten Menschen durch Suizid verloren haben**

Sie haben einen geliebten Menschen durch Suizid verloren. Für viele Betroffene ist das ein tiefer Schmerz, für den es fast keine Worte gibt. Für manche wird die Trauer beinahe unerträglich. Doch es gibt Wege zurück ins Leben. Ein winzig kleiner Schritt kann helfen, wieder etwas Boden unter den Füßen zu bekommen, Luft zu atmen und das eigene Lebendigsein zu spüren. Untenstehend einige Anregungen:

- Atmen Sie tief durch.
- Suchen Sie sich Orte, an denen Sie über den Suizid reden können, ohne verurteilt zu werden.
- Lassen Sie sich darauf ein, Ihren Glauben infrage zu stellen und neu zu überdenken.
- Suchen Sie einen Ort, wo Sie Gottes Liebe erfahren.
- Finden Sie heraus, was Ihnen wohltut. Geben Sie dem Raum.
- Manchen hilft ein fester Ort zum Trauern, z. B. das Grab des Verstorbenen. Geben Sie der Trauer einen Rahmen, den Sie vertretbar finden. (Eine Freundin gab sich den Rahmen: Täglich zum Grab und eine Stunde traurig sein – und danach stelle ich mich wieder dem Leben.)
- Gönnen Sie sich etwas Gutes, etwas Schönes: Einen Blumenstrauß? Eine Fahrt mit der Eisenbahn durch die Berge? Ein ferngesteuertes Modellauto?
- Möchten Sie in eine Selbsthilfegruppe für Suizidhinterbliebene gehen? Der Austausch unter Mitbetroffenen kann weiterhelfen.
- Suchen Sie sich Gottesbilder, die Ihnen guttun.

- Ihre Seele braucht viel Zeit. Seien Sie großzügig mit der Zeit, die Sie sich geben, um das Geschehene zu verarbeiten.
- Trauer ist Arbeit und braucht Kraft.
- Dennoch erleben es Menschen oft als hilfreich, ihrem Beruf nachzugehen und ihm weiterhin Raum zu geben, denn auch das Tätigsein und die Ablenkung können bei der Trauerbewältigung förderlich sein.
- Wenn Ohnmacht Sie zu lähmen droht: Stehen Sie auf vom Ort, wo Sie gerade sind, und kommen Sie ins Handeln. Das kann etwas ganz Kleines sein (z. B. Streichhölzer suchen und eine Kerze anzünden; kurz die Wohnung lüften).
- Suchen Sie nach Möglichkeiten, Ihren Gefühlen Ausdruck zu verleihen (über Reden, Musik, Malen, Schreiben, Kreatives etc.).
- Wenn Sie gerne schreiben, könnten Sie beispielsweise einen Brief, ein Tagebuch oder ein Gedicht schreiben, einen Ermutigungsbrief an sich selbst oder eine Kurzgeschichte in der 3. Person (»Sie sitzt am Fenster.«).
- Würde es Ihnen helfen, der verstorbenen Person einen Brief zu schreiben? (Möchten Sie ihn jemandem vorlesen?)
- Suchen Sie schöne Bilder und halten Sie sie fest: Im Herzen, auf einem Foto oder mit Buntstiften.
- Denken Sie an die Zukunft: Wo möchte ich in drei Jahren sein? Wo möchte ich in zehn Jahren sein? Was möchte ich dann tun?
- Suchen Sie Menschen, die Sie umarmen oder die Ihnen das geben, was Sie sich besonders stark wünschen. (Vielleicht müssen Sie ihnen erklären, was Sie brauchen: »Kannst du mich kurz in den Arm nehmen?«)

Suizide hinterlassen tiefe Spuren. Wir leben in einer Gesellschaft, die Suizid tabuisiert, aus Angst vor Verurteilung. Früher wurden Suizid-Betroffene nicht auf dem Friedhof beerdigt, da man ihnen die Gnade Gottes absprach. Theologisch wurde dieses Fehlverhalten der Kirche eingesehen, bereut und korrigiert: Suizidierten gilt Gottes Zuwendung und Gnade wie allen anderen Menschen: »Niemand wird sie aus meiner Hand reißen«, waren die Worte Christi, des guten Hirten, über seine Schafe (Johannes 10,28). Menschen dürfen wissen, dass Gottes Barmherzigkeit sich nicht ausgerechnet in der Stunde größter Dunkelheit entzieht.

In der heutigen Gesellschaft werden nicht mehr die Suizidierten, sondern – oft unbewusst – die Angehörigen von Suizidierten verurteilt.[775] Allerhand Urtei-

775 Manchmal auch medizinisches Personal wie Psychiater, Psychotherapeutinnen, Wohngruppenleiter.

le kursieren nach einem Suizid, ganz anders als nach einem Tod durch Herzinfarkt oder Unfall. Darum ist es wichtig, dass Mitmenschen und Weggefährten Suizidhinterbliebenen mit Barmherzigkeit und Mitgefühl begegnen. Hilfreich ist alles, was entlastet, was aufbaut und Mut zum Leben macht. Was für Mitmenschen allgemein gilt, gilt für Seelsorgende umso mehr.

> Seelsorgende können eine wichtige Stütze für Suizidhinterbliebene, aber auch für suizidale Menschen sein. Es hilft, sich mit Informationen von Institutionen, die sich auf das Thema Suizid spezialisiert haben, wie z. B. AGUS (Anhehörige um Suizid)[776, 777], auszurüsten und die Adressen von Selbsthilfegruppen vermitteln zu können,[778, 779] ebenso wie die Telefonnummern der Telefonseelsorge sowie von guten Psychotherapeuten. Seelsorgende wissen um die Barmherzigkeit Gottes und begleiten Suizidale auch in der Fürbitte. Sie bitten um Leben und Licht für den Weg der Betroffenen. Sie können kleine Zeichen der Liebe Gottes setzen. Sie sollen aber gleichzeitig um ihre Begrenztheit wissen.
>
> Jeder Suizid konfrontiert (auch Seelsorgende) mit eigener Ohnmacht. Diese kann lähmend wirken. Sie verliert an Gewicht, wenn Menschen wieder ins Handeln kommen: kleine Gesten, kleine Handlungen.
>
> Diese Ohnmacht kann aber auch als Möglichkeit gesehen werden, der radikalen Liebe Gottes Raum zu geben. Einer Liebe, die bedingungslos ist.

## 7.10 Orte des Schreckens

Traumabetroffene meiden Orte des Schreckens und alles, was sie an den erlebten Schrecken erinnert: Düfte, Tätigkeiten, Beziehungen, vielleicht die Sprache, in der die Übeltäter sprachen oder das Land, in dem das Unrecht geschah. Akut Betroffene von lebenszerstörerischer Gewalt müssen so schnell wie möglich

776 In Deutschland: Trauer nach Suizid: AGUS: https://www.agus-selbsthilfe.de/ (Zugriff am 19.02.2025). AGUS bietet verschiedene Informationsbroschüren für Betroffene nach Suizid, Trauerseminare und hilfreiche Begegnungsmöglichkeiten.

777 In der Schweiz: Nebelmeer – Perspektiven für suizidbetroffene Jugendliche: https://nebelmeer.net/ (Zugriff am 19.02.2025); Refugium – Verein für Hinterbliebene nach Suizid: https://www.verein-refugium.ch/ (Zugriff am 19.02.2025). Beide bieten geleitete Selbsthilfegruppen an.

778 In Deutschland: KISS, Kontakt- und Informationsstelle für Selbsthilfegruppen, https://www.selbsthilfe-ehrenamt.de/index.php/selbsthilfe/angebot-kiss (Zugriff am 13.03.2025).

779 In der Schweiz: Selbsthilfeschweiz, https://www.selbsthilfeschweiz.ch/shch/de.html (Zugriff am 13.03.2025).

dieses Umfeld verlassen, wenn sie leben wollen. Das ist nicht immer machbar, aber wo möglich (und falls sie das möchten), sollte ihnen Hilfe beim Verlassen eines lebenszerstörerischen Umfeldes angeboten werden.

Es gibt Situationen, in denen die Begegnung mit Orten des Schreckens unumgänglich sind, gerade wenn das Schreckensereignis zurückliegt und sich nichts mehr daran ändern lässt. So erging es Familie König, und am allermeisten der Mutter ihrer zwei Söhne.

## Fallbeispiel: Frau König schafft es nicht mehr, in den Keller zu gehen

Frau König lebt in einer mittelgroßen deutschen Stadt. Ihr Herkunftsland ist Süditalien, Kalabrien. Ihr Mann ist Deutscher, und so brauchte sie Zeit, sich nach der Heirat in jungen Jahren in Deutschland einzuleben. Zeitlebens gingen sie und ihr Mann mit ihren beiden Söhnen regelmäßig in die katholische Kirche. Solange die Kinder klein waren, gingen sie mit. Die Kirche gab Frau König ein Gefühl der Heimat mitten in der Fremde.

An einem Frühlingstag geschah das Schreckliche: Sie fand ihren 22-jährigen Jungen – den Jüngeren der beiden – erhängt im Keller des eigenen Hauses. Auch wenn sie wussten, dass ihn das Leben momentan herausforderte, hätten sie nie gedacht, dass er suizidal ist.

Sie geht regelmäßig auf den Friedhof und versucht, den Tod des eigenen Sohnes irgendwie zu verkraften. Allmählich findet sie Wege, damit zu leben. Auf dem Friedhof trifft sie eines Tages Frau Rinaldi – eine Frau aus dem norditalienischen Piemont, aus der Gegend um Turin. Sie grüßen sich, bleiben stehen, und allmählich stellt sich heraus: Frau Rinaldi hat ihre 28-jährige Tochter verloren, nach einem jahrelangen Kampf um ihre psychische Gesundheit. Sie hat sich vor den Zug geworfen und war sofort tot. Die Frauen fühlen sich innerlich verbunden, durch den Suizid ihrer Kinder, das Schreckenserleben und ihre eigene Ohnmacht. Ab und zu treffen sie sich »ganz zufällig« auf dem Friedhof. Dann reden sie miteinander, bevor sie wieder ihrer Wege gehen.

»Wie haben Sie es bloß geschafft, weiterzuleben?« fragt Frau Rinaldi einmal Frau König, für die der Suizid ihres Sohnes schon vier Jahre zurückliegt. Für Frau Rinaldi ist alles noch ganz frisch, hat sie ihre Tochter doch erst vor vier Monaten verloren.

Frau König erzählt: »Am schwersten war für mich – der Keller. Ich schaffte es fast nicht, in den Keller zu gehen, den Ort zu sehen, wo er … eben, Sie wissen schon. Wir mussten ja auch alles reinigen danach. Und …« Ihr stockt immer wieder der Atem, die Worte fehlen ihr. »Aber mein Mann hat einen Theologiekurs besucht. Und er hat gesagt: »Wir können segnen. Diesen Ort da unten. Nicht das Böse anschauen, sondern das Gute aussprechen.« Und dann ging ich in den Keller und habe den Ort gesegnet. Jedes Mal, wenn ich in den Keller ging, segnete ich den Ort, wo es geschah. Auch heute noch. ›Possiamo benedire‹. Mein Mann sagt es auf Deutsch: ›Allem, was dir je begegnet – segne, und du wirst gesegnet‹.

So schaffe ich es wieder, in den Keller zu gehen, die Waschmaschine zu bedienen, den Tiefkühler einzufüllen und Einmachgläser oder Konfitüre zu holen. Oder die Koffer zu versorgen.« Frau Rinaldi nimmt diese Worte mit. Sie vergisst Frau Königs Satz nicht mehr: »Allem, was dir je begegnet – segne, und du wirst gesegnet.«

Frau König hatte keine Möglichkeit, den Ort des Schreckens zu vermeiden. Das Haus zu verkaufen, wäre für sie nicht infrage gekommen. Und so werden Schreckensorte zu Herausforderungen im Alltagsleben: Die Kreuzung, an der der Unfall geschah; der Duft, den der Täter auf sich trug; das Quartier, in dem das eigene Haus zerbombt wurde; die Sprache der feindlichen Armee, die vielleicht zur allein gültigen Amtssprache geworden ist; die Stadt, in der die Scheidung vollzogen wurde.

Wenn sich Orte des Schreckens nicht vermeiden lassen, braucht es Strategien, um das Erlebte zu überstehen. Frau König hat eine Quelle des christlichen Glaubens gefunden, die ihr zur Überlebenshilfe in ihrem eigenen Haus wurde: Der Segen Gottes, der stärker ist als die Mächte des Todes – und die Erinnerung daran. Der Segen Gottes, der Neues zu schaffen vermag. Das Aussprechen von Worten, die von einer anderen Wirklichkeit zeugen.

Für die evangelisch (eigentlich waldensisch) geprägte Frau Rinaldi aus dem Piemont war es übrigens zunächst etwas befremdlich, einen Raum zu segnen, einen Ort zu segnen. Sie kannte nur den Segen für Menschen. Doch die Worte von Frau König waren in ihren Augen so gut und hilfreich, dass sie es einfach nur zulassen konnte: »Allem, was dir je begegnet – segne, und du wirst gesegnet.« Selbst, wenn es ein Ort ist.

Im Beispiel ist es zunächst Herr König, der seelsorgerlich reagiert auf seine Frau. Indem Herr König die Anregung aus dem Theologiekurs mitbringt, sieht Frau König eine neue Möglichkeit: Die Möglichkeit des Segnens. Danach wird Frau König zur seelsorgerlichen Stütze für Frau Rinaldi, indem sie ihre Erfahrung weitergibt und sich so auch für Frau Rinaldi eine Ahnung eröffnet, dass Neues möglich werden könnte.

Jeder »Ort des Schreckens« hat wieder andere Herausforderungen und braucht andere Strategien oder Zugangsweisen. Wege und Möglichkeiten müssen immer neu gesucht werden und sind von Ort zu Ort verschieden. Die Erfahrungen von Frau König und Frau Rinaldi stehen als Beispiel dafür, dass auch in der Frage vom Umgang mit Orten des Schreckens ein seelsorgerlicher Zugang anderer Art sein kann als ein psychotherapeutischer Zugang.

## 7.11 Täter-Seelsorge

Erscheinen Täter oder Täterinnen in der Seelsorge, so ist das prioritäre Ziel immer, die Gewalt zu beenden und die Opfer in Sicherheit zu bringen.

Eine heilsame Begleitung von Tätern im Alltag ist anspruchsvoll und dennoch häufiger, als man annimmt. Seelsorgende kommen ohne entsprechende Weiterbildung[780] schnell an ihre Grenzen. Gewaltanwendung gegenüber Schwächeren und Delinquenz gehört in die Hand von Justiz (einschalten von Behörden, Anzeige erstatten), Fachleuten oder spezialisierten Kliniken bzw. forensischen Klinikabteilungen. Neben dem Kontakt zu Opferschutz-Einrichtungen und Anlaufstellen für häusliche Gewalt müssen sich Seelsorgende gegebenenfalls von der Berufs- und -Schweigepflicht entbinden lassen durch die rechtlichen Institutionen (von Land zu Land bzw. Kanton zu Kanton verschieden).

Werner Tschan hat zum Thema sexuelle Gewalt unter anderem bei Ärzten und Psychiatern geforscht und ist zu erschreckenden Ergebnissen gekommen. Er hat eine spezielle Tätertherapie entwickelt für Menschen, die sexuelle Ausbeutung am Arbeitsplatz ausüben. Diese stehen meist in laufenden oder abgeschlossenen Strafrechtsermittlungsverfahren. Die psychotherapeutische Behandlung von Tätern erfordert spezialisierte Ausbildungen.[781]

Ein Beispiel unerwarteter Seelsorge an einem Täter berichtet der Pfarrer Helmut Schütz, der zum Zeitpunkt des Geschehens in der psychiatrischen Klinik Alsey als Klinikseelsorger arbeitete:

### Fallbeispiel: Helmut Schütz im Gespräch mit einem Suchtpatienten

»Auf einer Suchtstation fragt mich ein Patient, ob Gott alles vergeben könne. Er habe sich vor Jahren an seiner Stieftochter sexuell vergangen. Ich denke, dass Gott dem vergibt, der ehrlich bereut und zur Umkehr bereit ist, und frage ihn, ob er sich überhaupt darüber bewusst ist, was er dem Mädchen damit angetan hat.

780 NAFZGER (2012, S. 170–183).
781 TSCHAN (2001).

> Er meint, das habe sie mittlerweile längst vergessen, sie würde nach wie vor an ihm hängen. Auf ein [...] Gespräch darüber will er sich [...] nicht einlassen, und er bricht den Kontakt ab.«[782]

Seelsorge an Täterinnen und Tätern erfordert sehr fundierte Fachkenntnisse, um nicht Täter zu schützen auf Kosten ungeschützt und ungehört bleibender Opfer. Gerade die Frage nach der Vergebung wird wohl am häufigsten als Bedürfnis an Seelsorger herangetragen. Helmut Schütz ist es gelungen, die Gewaltbetroffene im Blick zu behalten und darum dem Täter nicht vorschnell Vergebung zuzusprechen (wo keine Tateinsicht und keine Reue ist) und sie andererseits nicht vorzuenthalten, ohne dem Täter die Möglichkeit zu geben, seine Tat und die Tatfolgen zu überdenken und Mitgefühl für die Geschädigte zu entwickeln. Das ist eine hohe Kunst. Zugleich zeigt das Beispiel die Grenzen der Seelsorgemöglichkeiten auf. Mangelnde Tateinsicht reicht von Verleugnung bis zu Abspaltung der eigenen Tat und der Verantwortung dafür.

> Schuldeinsicht, Tateinsicht und Wiedergutmachungswille gehören zum christlichen Akt der Vergebung bei Schuldiggewordenen (»und vergib uns unsere Schuld«). Das seelsorgerliche Gespräch kann einen Raum dafür eröffnen. »Schuldfähigkeit« war übrigens auch ein Ziel in Sigmund Freuds Therapie.[783] Die Thematik bleibt aktuell, nicht nur in der Seelsorge, sondern auch in Tätertherapien oder im sogenannten »restaurativen Strafvollzug«.[784]
>
> Dem steht allerdings die Tatsache gegenüber, dass Schuldeinsicht oft erst aufgrund einer unerwarteten Gnadenerfahrung möglich wird. Wer von Gottes Liebe überrascht wird, wird offen für die Wahrnehmung der eigenen schuldhaften Tat und der Selbstverantwortung, die damit einhergeht.
>
> Diese zwei Aspekte stehen in der Seelsorge in einem dialektischen Verhältnis und einer dialektischen Spannung, die sich nicht einfach auflösen lässt.

---

782 SCHÜTZ, Helmut, Missbrauchtes Vertrauen – Lesung, https://bibelwelt.de/missbrauchtes-vertrauen/ (Zugriff am 19.02.2025).

783 Dazu auch: STOMPE/SCHANDA (2010).

784 CHRISTEN-SCHNEIDER (2020, S. 181–188, bietet einen Überblick zur restaurativen Justiz und den bisherigen Forschungsergebnissen dazu).

# 8 Theologisch relevante Themen Traumabetroffener

## 8.1 Recht und Gerechtigkeit: Erreichbar oder unerreichbar?

### Unrecht ohne Ende oder göttliche Gerechtigkeit

Traumabetroffene erleben in den meisten Fällen keine Wiederherstellung oder Wiedergutmachung; die erhoffte Hilfe und die Gerechtigkeit bleiben aus. Manche Betroffene erleiden einen vorzeitigen Tod (Totschlag, Mord, Suizid, Vernachlässigung, Krankheitsfolgen, Waffengewalt).

Die christliche Hoffnung auf göttliche Gerechtigkeit hat in der Vergangenheit zweierlei bewirkt: a) Die Kraft, an einer gerechteren Welt mitzubauen. b) Die Kraft, die Spannung auszuhalten zwischen Nichterfüllung und Erfüllung, zwischen Verborgenheit und Sichtbarwerden des Versprechens einer göttlichen Gerechtigkeit.

Frau Bellerive kam zum Seelsorger mit dem Ziel, zu beichten. In einem informellen Beichtgespräch wollte sie Gott um Vergebung bitten für – ja, wofür eigentlich? Der Seelsorger hat genau hingehört:

#### Fallbeispiel: Frau Bellerive »beichtet« Herrn Jansen

Frau Bellerive ist im Seelsorgegespräch vertieft. Von Anfang an hat sie geäußert, sie möchte »heute etwas loswerden« und meinte damit, sie möchte eine Schuld bekennen. Im Verlauf des Gesprächs wird immer klarer, worum es sich handelt: Sie habe so eine Eifersucht empfunden auf alle, die eine unbeschwerte Kindheit hatten und nie Gewalt erleben mussten, vor allem auf jene, die den Mut hatten, sich auf eine Partnerschaft einzulassen und Kinder zu bekommen. Wenn sie nicht diesen sexuellen Übergriffen durch ihren Stiefvater in der Kindheit ausgesetzt gewesen wäre, mit all diesen »Scheiss-Gefühlen« in der Folge und der ganzen Selbstablehnung, so hätte sie sich bestimmt auf einen Mann eingelassen und Kinder bekommen. Diese Eifersucht melde sich hin und wieder, gerade, wenn ihre Freundinnen von ihren Kindern erzählen. Sie habe es auch beruflich nie zu einem Job »mit einer anständigen Bezahlung« gebracht, obwohl sie in der Schule »nicht dümmer war als die anderen.« Sie sei manchmal richtig wütend über die finanzielle Ungerechtigkeit bei den Löhnen, und eifersüchtig auf jene, die sich alles leisten könnten. Dass diese Beziehungsunfähigkeit und Kinderlosigkeit mit einer unausgesprochenen Einsamkeit einhergehen, spürt Herr Jansen anhand Frau Bellerives Mimik, Gestik und Intonation des erzählten Erlebens.

Nach dieser informellen Beichte spricht der Seelsorger, Herr Jansen, Worte aus, die sie überraschen. Er sagt: »Gott hat diese Einsamkeit gesehen. Er leidet mit Ihnen. Er findet es auch nicht in Ordnung. Das ist wirklich ungerecht. Auch die fehlende Ausbildungsmöglichkeit und die finanzielle Ungleichheit der Löhne – das ist wirklich ungerecht.« Herr Jansen erinnert sich an die Stimme des Propheten Amos. War seine Parteinahme für die Armen seiner Zeit nicht aus der gleichen Barmherzigkeit erwachsen, die er in diesem Augenblick für Frau Bellerive empfindet?

Frau Bellerive verlässt erleichtert das Seelsorgetreffen. Im Verlauf der nächsten Wochen denkt sie, wenn sie Menschen sieht, die es zu »mehr Glück« gebracht haben: »Es ist wirklich ungerecht.« Doch die Stimme in ihr trägt nicht mehr den Klang von Wut, Bitterkeit und Verzweiflung. Es ist die klare Stimme ihres Seelsorgers, der für Gerechtigkeit steht, es ist der Klang seiner Worte, die Überraschung in ihr selbst, als sie diese Worte hörte. Und es ist die Vorstellung eines Gottes, der sie versteht und sich auf ihre Seite stellt. Im Licht dieser inneren Bilder weicht die Bitterkeit allmählich, manchmal empfindet sie sogar eine stille Freude, die sich in ihr ausbreitet, wenn sie sich einen Gott vorstellt, der auf ihrer Seite steht.

Obwohl Herr Jansen das Rad nicht zurückdrehen konnte und Frau Bellerives Lebensumstände sich nicht drastisch änderten, wird ihr Weg für sie erträglicher. Die Vorstellung, das innere Bild eines Gottes, der sie versteht und ihr zur Seite steht, sowie die gehörte und gespürte Anteilnahme des Seelsorgers und seine warme Stimme fangen ihre Wut auf und sie äußert sich immer weniger als Bitterkeit. Immer besser gelingt es Frau Bellerive, in ihrer Wut die Lebenskraft zu entdecken, die ihr zum Leben verhilft.

Theologisch gesprochen war Frau Bellerives Blick nun nicht mehr schuldzentriert (»Was habe ich falsch gemacht?«), sondern bedürfnisorientiert (»Was hat mir gefehlt? Wo habe ich Mangel erlebt?«). Das Verständnis ihres Seelsorgers und seine Parteinahme für sie half ihr, auch Gott anders wahrzunehmen: Er war nicht länger einer, der Schuld ahndet, sondern einer, der versteht und beisteht – und eines Tages vielleicht sogar den Mangel stillen wird. So konnte sie ihre »Eifersucht« zunehmend loslassen und die inneren Bilder des Mangels durch Bilder des Verständnisses, der Parteinahme und Bedürfnisstillung ersetzten. Und Frau Bellerive merkte, dass ein Gott, der großzügig mitfühlt, auch gerne vergibt, sollte es da noch eine »Restschuld« bei ihr geben.

> Traumabetroffene sind mit Unrecht in vielerlei Schattierungen konfrontiert. Eine Wiederherstellung und Wiedergutmachung rückt auf menschlicher (und juristischer) Ebene nicht selten ins Unerreichbare. Das Bild eines Gottes, der auf ihrer Seite steht und Partei für sie ergreift, kann neue Kräfte freisetzen. Auch die Erfahrung des Gehörtwerdens und Verstandenwerdens kann heilsame Kräfte entfalten.

## 8.2 Das göttliche Gericht als Frohbotschaft für alle Entrechteten

### Der Zorn Gottes (als Bild für das göttliche Gericht)

In Ps 69,25 bittet der Psalmbeter Gott: *Gieß aus über sie deinen Grimm und die Glut deines Zornes erfasse sie.* Dieser und weitere biblische Texte sprechen vom Zorn Gottes oder vom *Tag des Zorns.* Sie stehen für das göttliche Gericht; ein Gericht in eschatologischer Perspektive. Die alttestamentliche, hebräische Metaphorik für Zorn ist *Glut,* also feurige Hitze. Wut ist im Hebräischen des Weiteren assoziiert mit schnaubenden, zitternden Nasenflügeln.[785] Das sind Bilder von Elementargewalten (die vernichten können) und körperlicher Kraft (die handlungsvorbereitend wirkt). Diese Bilder des Zornes Gottes beschreiben die göttliche Kraft, das Böse in seine Grenzen zu verweisen und zu entmachten. Als solche ist die Rede von Gottes Wut oder vom Zorn Gottes eine Frohbotschaft für jede bedrängte, bedrohte oder unterworfene Kreatur.

Stefan Wälchli kommt in seiner Untersuchung über den Zorn Gottes zum Resümee: »Die Rede vom Zorn Gottes ist nicht zuerst im Gegensatz zur Rede von der Liebe Gottes, sondern besser als ein Aspekt der Gerechtigkeit Gottes zu verstehen. Die Rede vom Zorn Gottes erweist sich letztlich als Ausdruck der Hoffnung, insofern der als zornig erfahrene Gott als gerechter Gott angesprochen wird, von dem rettendes Eingreifen erwartet werden kann. Insofern ist sie für viele alttestamentliche Texte unverzichtbar und in vielen Fällen ein Schlüssel zur Deutung der Exilerfahrung Israels.«[786] Der Zorn Gottes wird

785 ROTH (2010/2011², S. 1878).
786 WÄLCHLI (2012, S. 1).

»zur Wiederherstellung der Gerechtigkeit angerufen. Er ist so auch in Psalm 69 letztlich ein Mittel des göttlichen Richterhandelns, möglicherweise sogar in einer endzeitlichen Perspektive.«[787]

## Keine Angst vor dem göttlichen Gericht

Genauso wichtig wie die Aussicht auf Rechtsprechung, die wirklich die Kraft der Wiederherstellung und Gerechtigkeit in sich birgt, ist die getroste Erwartung dieses bevorstehenden »Tages der Wiederherstellung der Gerechtigkeit«.

Schon der Eingang der Psalmen, Ps 1, eröffnet diese Möglichkeit: »Mit der Aufnahme von Jer 17,8 in Ps 1 wird die Gerichtsprophetie Jeremias für die Ketuvim grundsätzlich relativiert: Wer sich entsprechend Ps 1 verhält, braucht auch ein Gericht, wie Jeremia es ankündigt und durchlitten hat, nicht zu fürchten, denn es wird nicht stattfinden (oder genauer nach Ps 1: Es wird nicht stattfinden für den Torafrommen, wohl aber für die Frevler).«[788]

Sie brauchen keine Angst vor dem göttlichen Gericht zu haben. Dass Übeltäter wirklich mit ihrem Tun konfrontiert werden und nicht auf Kosten der Unschuldigen davonkommen, ist eine wiederkehrende Botschaft im Alten wie im Neuen Testament.

Das alttestamentliche Thema des Zornes Gottes wird von Jesus aufgenommen in seinen Weherufen und in den Endzeitreden der Synoptiker (Matthäus, Markus, Lukas), von Paulus in seinem Römerbrief[789] sowie in der Offenbarung des Johannes. Auch hier steht der Zorn Jesu und der Zorn Gottes als Trostwort für eine verfolgte Gemeinde im ersten Jahrhundert, für die das Ende der Tyrannen in der Realität nicht absehbar war. Umso mehr brauchten sie Bilder für die Begrenzung und Entmachtung des als übermächtig empfundenen Bösen in der Welt. In diesem Sinne ist der »Zorn Gottes« und der »Tag seines Zorns« als der Tag seines göttlichen Eingreifens zu verstehen, als Tag der Wiederherstellung der Gerechtigkeit, auch im Neuen Testament.

Die Kirche missbrauchte diese Metaphorik des Zornes Gottes und machte damit den Unterdrückten Angst, den armen und rechtlosen Menschen –, statt die Unterdrücker damit in ihre Schranken zu weisen im Sinne der ursprünglichen Intention der Texte.

Sich von der Thematik des Zornes Gottes gänzlich zu verabschieden, wie viele Theologen und Theologinnen das tun, wäre ein Fehlschluss. Die Metapher

---

787 S. 57.
788 SCHMID (2013, S. 106).
789 ROTH (2010/2011$^2$, S. 1878).

des Gotteszorns zeigt in ihrer Intention die positive Seite des Zorns, nämlich die Kraft, das Böse zu konfrontieren, zu begrenzen und schließlich zu entmachten.

> Die Botschaft vom Gericht als Konfrontation mit dem Bösen, die Entmachtung und Überwindung verbrecherischer Menschen und Strukturen bleibt eine Frohbotschaft. Denn das bedeutet die Erhebung derer, die Unrecht und Gewalt erlitten, aus dem Staub. Es bedeutet die Wiederherstellung und die Rehabilitation all dessen, was ihnen je genommen und geraubt wurde.[790]

## 8.3 Der Hass Betroffener: Einen gangbaren Weg finden

Wie oben beschrieben, gibt es im Umgang mit eigener Aggression, mit Zorn und Wut bei Betroffenen nicht selten eine Hemmung, andererseits aber auch destruktive Aggressionsdurchbrüche. Der Mittelweg – ein gesunder, zielführender, konstruktiver Umgang mit Aggression – ist lernbar. *Hass* kann eine Steigerungsform der Aggression darstellen. Zunächst ist festzuhalten: Die Psalmbeter kennen Hass, sie erkennen ihn in ihrem eigenen Leben und benennen ihn ohne Scheu: »Sollte ich nicht hassen, Herr, die dich hassen, […]? Ich hasse sie mit glühendem Hass.«, heißt es im beliebten Psalm 139,21–22. Hass sollte nicht gleich pathologisiert werden, sondern ist zunächst eine natürliche menschliche Regung. Die Psalmbeter schämen sich ihres Hasses nicht, noch verschweigen sie ihn im Gespräch mit ihrem Gott.

Was aber, wenn Hass sich verfestigt? Wenn aus einer angemessenen Wut und angemessenem Hass eine »Posttraumatische Verbitterungsstörung« wird, die seit 2022 auch zur diagnostizierbaren Krankheit bzw. zur Differenzialdiagnose gezählt wird? *Lieben hat seine Zeit und hassen hat seine Zeit,* steht in Prediger 3 – eine ganz realitätsnahe Sicht. Es darf eine Zeit des Liebens und eine Zeit des Hassens geben.

Wenn Hass die Kraft in sich enthält, einen Täter – metaphorisch gesprochen – aus seinem Leben rauszuschmeißen und auf eine gesunde Distanz zu ihm zu gehen, darf der Hass »seine Zeit haben«. Wenn er sich aber festsetzt, wird er destruktiv (oder selbstdestruktiv) und hat seine Zeit und seine Grenzen überschritten.

Dann muss die Kraft, die sich darin verbirgt, anders kanalisiert werden. Das braucht seelsorgerliche oder therapeutische oder himmlische Hilfe. In der Seel-

790 ZEINDLER (2004).

sorge könnte das bedeuten, die Wurzeln und Ursachen des Hasses zu ergründen, das Unrecht auszusprechen, den Täter, metaphorisch gesprochen, aus seinem Leben rauszuschmeißen und Verlorenes zu betrauern. Auch Vergebung kann dann zu einem wichtigen Thema werden, um Leben zu schützen. Oft geht es allerdings nicht ohne Freilegung des Schmerzes oder Verlustes und ohne Betrauern des Verlorenen.

In der Seelsorge mit Traumabetroffenen zeigt sich manchmal auch Selbsthass bzw. eine Mischung aus Selbsthass und Selbstablehnung. Psychotraumatologen empfehlen einen Lernweg hin zu wachsender Selbstannahme und wachsendem Selbstmitgefühl, einen Weg des liebevollen Verständnisses für eigenes Gewordensein und eigene Charakterzüge, Wesensprägungen, Eigenheiten und Macken. Seelsorgerlich ist das »Malen« eines »gnädigen, annehmenden Gottes« angesagt, der zu einem »gnädigen, annehmenden Umgang mit sich selbst« einlädt. Dazu gehört die Annahme der eigenen Eigenschaften, der eigenen Geschichte und der eigenen Umstände.[791]

> Auch die Bibel spricht von Zeiten des Hasses (Prediger 3,8; Psalm 139,21–22). Hass sollte nicht tabuisiert oder abgespalten werden, sondern er darf sich – gerade in der Seelsorge – zeigen. Wo er eine Hilfe ist, Vergangenes loszulassen oder zu Täterinnen und Tätern auf Distanz zu gehen, hat er seine Berechtigung. Wo er dominant wird und destruktive Auswirkungen zeigt, kann ein Zurückgehen in die Entstehungssituation und das Ersetzen belastender Erinnerungsbilder durch neue Bilder eine entlastende und heilsame Wirkung entfalten.
>
> Selbsthass und Selbstablehnung dürfen in der bergenden Liebe Christi inneren Bildern der Annahme begegnen; einer differenzierten Annahme der eigenen Wesensart, der eigenen Lebensgeschichte und der eigenen Verhältnisse.

## 8.4 Das Böse: Herausforderung für Psychotherapie und Seelsorge

»Unde malum«, »Woher kommt das Böse?« – diese Frage bewegt auch Philosophen und ist eine Grundfrage aller Religionen. Auch wer mit Traumabetroffenen arbeitet, kommt in Berührung mit dieser Frage. Wer Einblick in das Erleben Betroffener erhält, wird zuweilen konfrontiert mit dem Abgründigen,

791 TIETZ (2005, S. 173–187).

mit dem Bösen. Zunächst lösen Berichte extremer Gewalt beinahe reflexartig Ablehnung aus, denn »man möchte einfach nicht glauben, dass so schlimme Dinge überhaupt passieren.«[792]

Darum wurden Berichte extremer Gewalt nicht selten als unwahr zurückgewiesen, beispielsweise erste Berichte aus Konzentrationslagern, die ohne Fotos übermittelt wurden. Allein schon das Hören mancher Berichte fällt schwer. Zu häufig wurden Betroffene von extremer Gewalt selbst von Beamten auf Polizeistationen nicht ernst genommen, nach Hause geschickt und dem Terror erneut ausgeliefert. Erschwerend kommt hinzu, dass Betroffene von extremer Gewalt selten Rechtsbeistand suchen oder Strafverfolgungsprozesse anstreben.

Diese gesellschaftlichen Abwehrmechanismen eröffnen Fragen: Warum fällt es so schwer, Berichten Betroffener Glauben zu schenken? Menschen, die Opfer extremer Gewalt wurden, konfrontieren mit dem Abgründigen, zu dem Menschen fähig sind. Michaela Huber erwähnt die Thematik des »Bösen in der Psychotherapie.«[793] Und Luise Reddemann schreibt: »Wir ahnen doch, dass es eine Gefährdung durch das Böse gibt. Fast alle psychotherapeutischen Richtungen haben sich über Jahrzehnte geweigert, sich mit dem Grauen, dem Entsetzen, der Schändlichkeit auseinanderzusetzen.«[794] Diese Weigerung sowie das Sprechverbot, das Täter den Betroffenen auferlegen, führen zu Isolation und Einsamkeit.

Zunächst bleibt festzuhalten, dass jeder Mensch helle und dunkle Seiten hat und dass in jedem die Möglichkeit, Gutes zu tun und Böses zu tun, steckt. Wie weit die Beziehungserfahrungen geprägt sind von Mangel und Missachtung oder aber von Liebe, Annahme und Feinfühligkeit, hat Einfluss darauf, wie der Betreffende sich selbst und seine Umwelt wahrnimmt und welche Handlungsoptionen er wählt.

Wie aber begegnen Christen dem Bösen in der Seelsorge? Auch ihnen stellt sich die Frage: Gibt es das Böse überhaupt? Ließe sich das alles nicht ohne »das Böse« erklären?

Ingolf Dalferth fasst das Böse relational, also als ein Beziehungsgeschehen: »Es gibt keinen, der nichts Böses erfahren würde. Aber wo es erfahren wird, wird weder Nichts noch ein bestimmtes Etwas erfahren, sondern stets das, was ein Leben stört, schädigt, verletzt, entstellt, zerstört, was immer das sein mag. Es kann unzählig Verschiedenes und in jedem Leben konkret etwas anderes sein. Aber wo immer Böses geschieht, geschieht es [...] als das, was einem Leben schadet, seine Wirklichkeit lädiert, seine Möglichkeiten einschränkt, seine Ge-

792 REDDEMANN (S. 2011, S. 309).
793 HUBER/FREI (2009, S. 76–140).
794 REDDEMANN (2011, S. 309).

fühle verletzt, seine Hoffnungen zerstört, seine Würde mit Füßen tritt. Deshalb, so lautet eine verbreitet vertretene und wohl begründete Vermutung der philosophischen und theologischen Tradition, ist Böses nicht in der Kategorie der Substanz, sondern der Relation zu verhandeln: Wer nach Bösem fragt, fragt nach dem, was für jemanden böse ist, weil es Leben schädigt.«[795]

## Das Böse (oder der Böse?) in der Bibel

Im Alten Testament wird vom »Ankläger« gesprochen (Hebräisch: Satan). Auf den ersten Seiten der Bibel tritt dieser im Bild der Schlange auf, die Eva und Adam belügt und alles verdreht, was ihnen von Gott gesagt wurde (Genesis 3). Auch im Neuen Testament wird vom »Durcheinanderbringer« oder »Verwirrer« gesprochen (Griechisch: Diabolos, woraus sich das deutsche Wort Teufel ableitet). Das alles lässt sich besser als eine (böse) Macht verstehen (so auch in Römer 8,38: *Weder Fürstentümer noch Gewalten [...] mögen uns zu scheiden von der Liebe Gottes, die in Jesus Christus ist, unserem Herrn*). In den Evangelien hat Jesus vom »Feind« und vom »Durcheinanderbringer« gesprochen (Griechisch: Diabolos) (Mt 4,1–11). Er nannte ihn auch den »Bösen« und den »Dieb«. Demgemäß wäre das Böse alles, was Leben raubt (Joh 10,10).

Wenn das Wesen des Feindes des Menschen die Lüge und der Tod ist, so muss gesagt werden: Das Wesen des Gottes Israels und seines Sohnes, Jesus aus Nazareth, ist Wahrheit und Leben (Joh 14,6). Er schenkt Leben »im Überfluss« (Joh 10.10), Leben, das den Tod überwindet (Joh 11,25) und er führt Menschen stets in die Freiheit (Joh 8,36).

> Darum beten Christinnen und Christen zum Gott Israels: »Und erlöse uns von dem Bösen.« Im Griechischen Text des Vaterunsers kann es sowohl »der Böse« oder »das Böse« bedeuten. Es lässt beide Übersetzungen zu.
>
> Doch das Vaterunser macht klar: Die Kraft, vom Bösen zu erlösen, liegt bei Gott. Darum bitten Menschen ihn darum, sie davon zu erlösen. Das kann Seelsorgende auch entlasten: Nicht sie müssen dem Bösen gewachsen sein. Sie bergen sich – und jene, die sie begleiten – bei Gott, unter seinen Schwingen. Sie bergen sich bei dem Gott, der aus dem Rachen des Todes befreit und aus der Dynamik des Bösen. Wo er hinkommt, erblüht das Leben.

Dennoch lassen sich die Kräfte der Vernichtung nicht verleugnen. Eine »Minimeditation« Xandi Bischoffs fasst in Worte, wie es sich anfühlen kann, in den

---

795 DALFERTH (2008, S. 78).

Strudel einer Dynamik des Bösen und der Vernichtung menschlichen Lebens und menschlicher Freiheit geraten zu sein. Xandi Bischoff lässt sich dabei inspirieren von uralten Worten:

> **fürchtet euch nicht wenn**
>
> wenn sie euch schmähen wenn sie höhnen wenn sie spotten wenn sie misstrauen wenn sie missglauben wenn sie unfähigkeit voraussetzen versagen unterschieben schwäche unterstellen wenn sie beengen bedrücken beklemmen wenn sie angst haben und die angst weiterreichen und wenn sie unter druck sind und den druck auf euch abschieben wenn sie euch erniedrigen und stauchen und einschüchtern wenn sie geknickte rohre brechen und glimmende dochte zertreten dann
>
> wenn ihr euch fürchtet
> fürchtet euch nicht
>
> Xandi Bischoff[796]

## 8.5 Das Erleben von Macht

Betroffene, Seelsorgende und Therapierende fragen sich: Wie kann es überhaupt dazu kommen, dass Menschen Menschen so Grauenvolles antun? Dieses Kapitel fragt nach möglichen Gründen für Täterschaft.

Missbrauch, Misshandlung und Gewaltanwendung haben mit dem Erleben von Macht zu tun, mit einem Willen zur Macht und mit Freude an Machtgefühlen. Das kann (muss aber nicht) eigenem Ohnmachtserleben entspringen, das in der strafbaren Tat scheinbar kompensiert wird.

Aus eigenem Ohnmachtserleben kann aber nicht nur Delinquenz erwachsen, sondern auch die Wahl einer positiven eigenen Lebensgestaltung: Der Arzt, der in jungen Jahren seine kleine Schwester an eine Tumorerkrankung verloren hat und zum Kämpfer fürs Leben wird, oder die Paartherapeutin, die an der zerbrochenen Beziehung ihrer Eltern beinahe selbst zerbrochen wäre und anschließend Paaren hilft, wieder ins Gespräch miteinander zu finden. Die einstmalige Verwundung wird zur Ressource.

---

796 BERTSCHI/BISCHOFF/SCHUBERT/SEEGER (2016, S. 210).

Jeder Mensch erlebt die Versuchung zur Macht; einer Macht, die über das gottgewollte, gottgeschenkte Maß hinausgeht. Betroffene, die eine zerstörerische Seite von Macht erlebt haben, lehnen eigene Machtausübung zuweilen ab. Gerade die Erfahrung, nicht geliebt worden zu sein, öffnet Menschen für Machtlust.[797]

> Um der Versuchung zur Macht nicht blind nachzugeben, bedarf es einer Bewusstwerdung eigener Machtpotenziale – als Kraft, das eigene Leben zu bewältigen und das Leben anderer zu ermöglichen. Die Kunst im Leben eines Menschen besteht darin, Macht nicht zu verleugnen, sondern im Sinne einer Verantwortungsübernahme anzunehmen. Andererseits müssen Menschen lernen, der Versuchung und Verführung zur Macht zu widerstehen. Das bleibt eine Gratwanderung, bei der jeder Mensch auf Gottes Führung und seinen Geist angewiesen ist und bleibt (vgl. Matthäus 4,1–11) (s. Kapitel 18.1 »Gefährdungen für Seelsorger«).

## 8.6 Schuldgefühle, echte Schuld und weitere Schuldaspekte differenzieren

### Schuld und Schuldgefühle differenzieren

Psychotherapeutische Publikationen unterscheiden meist nicht zwischen Schuld und Schuldgefühlen, was den Gegebenheiten nicht gerecht wird. Eine Differenzierung lohnt sich. Im Folgenden wird *Schuld* theologisch betrachtet (nicht juristisch, was manchmal zu verschiedenen Deutungen führt). Zur Differenzierung von *Schuld* und *Schuldgefühlen* sollen die vier aufgeführten Beispiele beitragen:

- Ein Mann tötet seine Ex-Partnerin, weil sie ihn verlassen hat.
- Ein Kind fühlt sich schuldig an der Scheidung der eigenen Eltern. Es meint, wenn es braver gewesen wäre, wäre die Scheidung nicht passiert.
- Ein Kind fühlt sich schuldig an der Suchterkrankung der eigenen Mutter.
- Ein Kind meint, die Schläge des Vaters verdient zu haben, es sei ja »selbst schuld«.

Im ersten Beispiel handelt es sich um Schuld, *echte Schuld* des Mannes in Form eines Tötungsdelikts und des Verstoßes gegen das Tötungsverbot. Die weiteren drei Beispiele aber beschreiben *Schuldgefühle* des Kindes. Echte Schuld ist ein Tatbestand, Schuldgefühle sind Gefühle.

797 JASCHKE (1989, S. 93–94).

*Echte Schuld* ist ja häufig ein Konglomerat aus Überforderung, Unwissen, Missverständnissen und Fehlverhalten, die eine verletzende oder zerstörerische Tat nach sich ziehen (mit einem Tatbestand): Das gestohlene Geld, der beschädigte Körperteil, das kaputte Auto, der durch üble Nachrede beschmutzte Name. Ein Mensch wird an einem anderen schuldig.

Schuldeinsicht kann zu einem Schuldbekenntnis und zu einer Wiedergutmachungsleistung führen. Schuld soll nicht vorschnell moralisch gedeutet werden. Sie kann mit Böswilligkeit verknüpft sein (z. B. Sadismus beim Foltern), muss aber nicht (z. B. unbeabsichtigt ein Kind überfahren: Das geschieht ohne böse Absicht, ist aber dennoch Schuld). Das Thema Schuld sollte weder ignoriert noch dramatisiert werden. Ignorieren würde heißen: Es ist nichts passiert. Es ist nicht schlimm. Es gibt keine Schuld. Dramatisieren würde bedeuten, Menschen schuldfokussiert wahrzunehmen, sie als Mängelwesen zu deuten und stets ihre Schuld zu suchen oder zu betonen. Beides sind Haltungen mit fatalen Folgen.

*Schuldgefühle* haben nichts mit echter Schuld zu tun. Schuldgefühle können sich zäh halten. »Ich bin ja selbst schuld!«, ist ein unter Betroffenen verbreitetes Denken und Empfinden, das sie blockiert auf ihrem Weg zurück ins Leben. In der Seelsorge ist es wichtig, sorgfältig zu unterscheiden zwischen *Schuld, Schuldgefühlen* und *weiteren Schuldaspekten.*

## Schuldumkehrung und Schuldübernahme

»Fast alle Traumaopfer erleben Schuldgefühle oder geben sich zumindest eine Teilschuld.«[798] Das Kind denkt, dass es zu Recht geschlagen wird, die Geisel denkt, dass sie sich falsch verhalten hat und darum zur Geisel wurde. Sie übernehmen mit ihrem Schulderleben die Schuld der Täter. Man spricht von Schuldumkehrung oder Schuldübernahme.

Die Schuldumkehrung und die Schuldübernahme sind als Überlebensstrategien zu deuten. Einerseits lässt sich so dem Geschehenen ein Sinn abgewinnen und eine Ursache finden. Die Schuldumkehrung kann neben der Selbstbeschuldigung auch zur Beschuldigung anderer führen, beispielsweise: »Die Ärzte sind schuld an ihrem Tod.«

Und: Schuldgefühle sind einfacher zu ertragen als Ohnmachtsgefühle. Viele Kinder von geschiedenen Eltern sind kaum abzubringen von der (Fehl-)Über-

798 BOBERT (2004, S. 421–435).

zeugung: »Wenn ich lieb gewesen wäre, würden sich meine Eltern nicht streiten. Sie würden sich nicht scheiden lassen.« Solange ein Kind sich schuldig fühlt, kann es die Illusion hegen, dass alles vermeidbar wäre, was gerade geschieht, und dass es noch Einfluss nehmen *könnte.* Das Schuldgefühl ist für Betroffene in solchen Fällen besser erträglich als das Gefühl völliger Ohnmacht und Hilflosigkeit.

Ein Beispiel zu »Schuldübernahme als Überlebensstrategie« aus dem Seelsorge-Alltag mag dies erläutern:

## Fallbeispiel: Holger trifft Silke

Holger hat als Theologe fünf Retraite-Tage in einem evangelischen Kloster gebucht. Er trifft dort seine ehemalige Studienkollegin Silke, mit der er zwei Studiensemester in einer größeren Universitätsstadt studiert hat und die nach dem Studium ins Kloster eintrat. Auf einem gemeinsamen Spaziergang sprechen sie über die Studienzeit, die Studienkollegen, und unversehens nimmt das Gespräch eine seelsorgerliche Richtung an. Holger berichtet, wie sehr ihm seine kürzliche Scheidung von seiner Frau zu schaffen mache: »Wir wollten doch so gerne Kinder, aber dann merkten wir, dass wir keine bekommen können. Nach etlichen Versuchen und Abklärungen war der Fall klar: Die Ursache liegt bei mir. Ich bin schuld daran, dass wir keine Kinder kriegen. Und jetzt bin ich auch noch schuld daran, dass die Ehe gescheitert ist.«

Schwester Silke hat ihm aufmerksam zugehört. In die Stille des gemeinsamen Wanderns spricht sie den Satz hinein: »Manchmal ist es einfacher, sich schuldig zu fühlen, als ohnmächtig zu sein.« Holger nimmt diesen Satz mit. Er muss ihn erst setzen lassen.

Ja, so hatte er das noch nie gesehen. Die Ohnmacht tut tatsächlich sehr weh. Der Satz hallt in ihm nach, er begleitet ihn, wenn er zukünftig an seine Scheidung denkt, längere Zeit.

Silke hat im Gespräch, das im Verlauf des Spazierens eine seelsorgerliche Wendung annahm, die Schuldumkehrung ohne große Worte aufgezeigt und Holger die Tür zu einer neuen Sichtweise geöffnet – der Realität, dass die Ohnmacht der Kinderlosigkeit und gegenüber einer Ehescheidung sehr schmerzvoll sein und unaushaltbare Dimensionen annehmen kann. Im Verlauf des Nachdenkens über das Gespräch und Silkes Worte wurde Holger klar, dass es tatsächlich einfacher war, sich schuldig zu fühlen, als die eigene Ohnmacht wahrzunehmen. Nach dem Hören und Bewegtwerden durch diesen Satz wuchs Holgers innere Stärke, das Ohnmachtserleben rund um Kinderlosigkeit, Zeugungsunfähigkeit und Scheidung annehmen zu können. Es war nicht zuletzt Silkes liebevolle Stimme und ihre Resonanz, ihr Mitgefühl, die ihm diese Tür öffneten.

Ganz anderen Ursprungs waren Jasmins Schuldgefühle:

## Fallbeispiel: Jasmin hat ihre Herkunftsfamilie verlassen

Jasmin wuchs in einer Familie auf dem Land auf. Sie war die Älteste von drei Schwestern. Als sie zehn Jahre alt war, begann ihr Stiefvater, sie sexuell zu missbrauchen. Sie hat die Seelsorgerin, Alexa, aufgesucht, weil sie geplagt wird von den folgenden Gedanken: »Sobald ich groß genug war, mit 16 Jahren die Berufslehre begonnen hatte und genug Geld verdiente für eine Azubi-Wohnung und mein Leben, bin ich von zu Hause ausgezogen. Ich bin weggegangen, um dem Elend und Schmerz zu entfliehen. Obwohl ich es geschafft habe, bin ich nicht froh. Es war einfach nicht recht meinen kleinen Schwestern gegenüber. Danach mussten sie hinhalten bei meinem Vater, danach kamen sie dran. Ich bin einfach abgehauen! Ich hab sie einfach im Stich gelassen!« Den letzten Satz schreit sie beinahe, sie bricht in Tränen aus.

Das Seelsorgegespräch kann helfen, die Schuldfrage und die wahren Zuständigkeiten zu klären: Nicht Jasmin hat Schuld auf sich geladen, sondern ihr Stiefvater. Nicht Jasmin trägt die Verantwortung für den Schmerz ihrer Schwestern, sondern ihr Stiefvater. Nicht Jasmin hat die Schwestern im Stich gelassen, sondern ihr Stiefvater.

Hin und wieder kann es in der Seelsorge hilfreich sein, die Wahrheit in einem symbolischen Akt zu verdeutlichen. In diesem Beispiel ging es um die Verdeutlichung der wahren Zuständigkeit für zugefügten Schmerz und unterlassenen Schutz.

Fortsetzung Fallbeispiel Jasmin: Alexa, die Seelsorgerin, schlägt Jasmin vor, alle diese Anschuldigungen auf einen Papierbogen zu schreiben, den sie symbolisch und in der Imagination zurück zum Vater legen. Sie sprechen fortan vom »Papa«, denn sie mussten den Stiefvater »Papa« nennen, obwohl sie ihn lieber bei seinem Vornamen genannt hätten. Jasmin bringt in das nächste Seelsorgetreffen die Schuldsätze mit. Sie hat auf das Blatt Papier alle Punkte hingeschrieben: Der Vater hat es versäumt, ihr Schutz und Versorgung zu geben. Er hat ihr Schmerzen zugefügt. Sie klagt ihn an für die unterlassene Hilfeleistung. Und noch weitere »Anklagepunkte« wurden Jasmin beim Niederschreiben bewusst. Auf diesem Papier steht geschrieben:

»Papa, du hast die Schwestern missbraucht. Du hast ihnen weh getan. Du hast ihre Sexualität beschädigt. Du hast sie im Stich gelassen. Du hast sie nicht beschützt. Du hast sie beherrscht und ausgenutzt. Papa, du bist vor deiner Verantwortung einfach abgehauen! Du Fiesling!«

Jasmin liest die Sätze laut vor. Alexa, ihre Seelsorgerin, hört sie. »Was sollen wir jetzt machen?« Diese Worte spricht die Seelsorgerin, nachdem Jasmin alles ausgesprochen hat und sich eine Zeit der Stille über sie beide gelegt hat. Jasmin sagt, sie würde den Zettel gerne verbrennen. Sie habe jetzt alles gesagt. Die Seelsorgerin holt eine feuerfeste Schale und sie gehen gemeinsam nach draußen.

Jasmin verbrennt den Zettel. Sie schauen schweigend zu, wie das Papier kleiner und kleiner wird und schließlich wenig Asche zurückbleibt. »Schuldig ist nur der Schuldige«, sagt die Seelsorgerin.[799]

Zum Schluss entlässt die Seelsorgerin Jasmin mit einem maßgeschneiderten Segen: »Gott lege seinen schützenden Mantel um dich und hülle dich ein in seinen Frieden.«

Jasmin ist sehr bewegt von ihren Worten – und von diesem Friedens- und Segensgebet.

## Überlebensschuld (Survivor Guilt)

Das Überlebensschuld-Syndrom bezeichnet das Gefühl, schuldig zu sein, weil man als Einziger überlebt hat: Wenn ganze Familien oder Gruppen Schreckliches erleben, kann es vorkommen, dass die Überlebenden Schuldgefühle entwickeln, weil sie als einzige davongekommen sind. *Survivor Guilt* erleben beispielsweise Betroffene von Familiendramen, Schulmassakern, Lawinenunglücken oder von Völkermord. Die Überlebenden können nichts dafür, dass andere gestorben sind und ausgerechnet sie überlebt haben. Das Gefühl der Überlebensschuld kann sich auch einstellen, wenn das Entkommen durch eigenes Zutun gelungen ist. So erging es auch Jasmin.

## »Unschuldig Schuldigwerden«

Unbeabsichtigte Schuldverstrickungen können äußerst belastend werden. Zwei Beispiele mögen das erläutern: a) Ein Kind tötet seinen Bruder durch unbedachtes Spiel mit dem Traktor. Der Bruder kommt darunter, wird zer-

799 Ein Satz, den Elie Wiesel zu wiederholen nicht müde wurde, wenn es um die Frage nach einer »Schuld der Nachgeborenen« der Täter von 1939–1945 in Deutschland ging. Elie Wiesels Sicht »Schuldig sind nur die Schuldigen« entspricht der Sicht im alttestamentlichen Prophetentext aus Ezechiel 18,18–20. S. auch: MOHR, Peter, Nur die Schuldigen sind schuldig, http://titel-kulturmagazin.net/2016/07/03/zum-tod-des-friedensnobelpreistraegers-elie-wiesel/?cn-reloaded=1, 2016 (Zugriff am 20.02.2025).

quetscht und stirbt an der Unfallstelle. b) Die kleine Schwester ertrinkt im Bach, als die große Schwester mit ihr und anderen am Spielen ist. Die große Schwester hat grad nicht hingesehen, weil sie ihrer Freundin zugewandt war und in die andere Richtung schaute. Es ging alles viel zu schnell, das Hineinfallen und davongespült werden.

Wie soll man Ereignisse mit einer solchen Dramatik einordnen können? Die überlebenden Kinder sind verwirrt, verstehen nicht, was geschehen ist, und die Stimmen in ihnen beschreiben ein schreckliches Dilemma: »Ich bin doch gar nicht schuld! Wie hätte ich wissen können, dass das passiert! Das wollte ich nicht!« Und andererseits: »Ich bin schuld! Wenn ich nicht den Traktor in Bewegung gesetzt hätte, wäre er nicht gestorben! Wenn ich ihre Hand nicht losgelassen hätte, würde sie noch leben!« Man kann hier von einem *»unschuldig Schuldigwerden«* sprechen. Ein Begriff, der dieses unfassbare Dilemma fassen hilft. Ohne etwas Böses zu ahnen, ohne irgendeine Absicht, sind die Betroffenen schuldig geworden.

### Beispiel: Ilana hat ein Kind überfahren

Ilana fuhr in ihrem Auto vom Einkaufen in einer noch wenig bekannten Stadt nach Hause. Dabei überfuhr sie ein Kind, das an einer unübersichtlichen Stelle von der Seite vors Auto sprang. Jede Bremsreaktion konnte nur zu spät kommen. Ilana hat jahrelang Schuldgefühle: Wäre sie nicht Auto gefahren an jenem Morgen, so hätte sie nicht das Kind überfahren. Juristisch gesehen trägt sie die Verantwortung für die Tat, sie ist die Verursacherin (»unbeabsichtigte Tötung«, lautet das juristische Urteil). Und sie wird ihre Schuldgefühle nicht los. Der erfahrene Seelsorger mit eigener Therapieerfahrung sagt zu Ilana eines Tages diesen Satz: »Man spricht in solchen Situationen von einem ›unschuldig Schuldigwerden‹«. Diese Formulierung hilft Ilana, allmählich Distanz zum schrecklichen Ereignis zu gewinnen. Es gelingt ihr besser, sich dem Leben wieder zu stellen.

Diese verschiedensten Schuldaspekte und Gefühle begegnen Menschen mit Trauma- und Stressfolgen und deren Seelsorgenden.

## Schuld differenzieren von Scham

»Scham- und Schuldgefühle« werden in psychiatrischen und psychotherapeutischen Publikationen meist gemeinsam genannt, als Doppelwort sozusagen, als ob sie immer zusammengehörten. Dabei wird weiterhin nicht differenziert zwischen Scham, Schuld und Schuldgefühlen. Solcherlei Publikationen gehen oft allein auf die Thematik der Schuldgefühle ein, die Schamthematik bleibt außen vor. Die Schuld-Thematik und die Scham-Thematik sind aber unbedingt zu differenzieren.

Scham (im Sinne der Beschämung) ist ein äußerst bedrohliches Gefühl (s. Teil II, Kapitel 5.8). Schuldige hingegen schämen sich häufig überhaupt nicht. Sie fühlen sich vielleicht sogar richtig gut, erhaben und mächtig oder sind ihrer Tat und den Betroffenen gegenüber schlichtweg indifferent (vgl. Folter, Drogenhandel, Menschenhandel, Kinder verprügeln etc.). Schuldgefühle hingegen plagen Menschen oft ohne den geringsten Anteil an einer realen Schuld.

Darum ist die Rede von Scham und die Rede von Schuldgefühlen unbedingt auseinanderzuhalten, sowohl in psychiatrischen und psychotherapeutischen Forschungsarbeiten und Handlungsmanualen wie auch in Publikationen im Fachbereich der Seelsorge.

> *Schuldgefühle* und *echte Schuld* sollten in der Seelsorge klar auseinandergehalten werden (ist es ein Gefühl oder ein Tatbestand?).
>
> Manchmal ist es einfacher, sich schuldig zu fühlen, als ohnmächtig zu sein. Die Seelsorge bietet die Möglichkeit, genau hinzuschauen und in der Ursprungssituation Ohnmacht, Hilflosigkeit und Ausgeliefertsein zu erkennen. Nach diesem Schritt wird es besser gelingen, diese Gefühlserinnerungen loszulassen.
>
> Nicht selten findet eine *Schuldumkehrung und Schuldübernahme* statt, die es zurechtzurücken gilt. Betroffene werden entlastet, wenn sie einerseits die übernommene Schuld an die Schuldigen »zurückgeben« und andererseits die Schuldumkehrung »zurechtrücken« durch das Benennen des wahren Schuldigen. Ein symbolischer Akt kann diese »Richtigstellungen« vertiefen helfen.
>
> Bei Betroffenen größerer Katastrophen empfinden Überlebende zuweilen eine *Überlebensschuld (Survivor Guilt).* Sie tragen keine Schuld daran, dass ausgerechnet sie überlebt haben. Doch das Loslassen dieser Gefühle braucht viel Zeit, Begleitung, Gespräche, vielleicht kreative Akte.
>
> Wer *»unschuldig schuldig wird«,* braucht liebevolle Wegbegleiter (in Psychotherapie oder Seelsorge), die Aussprache der Schuld und den Zuspruch der Vergebung (Beichte), vielleicht die Begegnung mit Hinterbliebenen des Geschädigten, und Bilder eines barmherzigen Gottes, der vergibt und Neuanfänge möglich macht.

## 8.7 Rachefantasien (»Sie sollen zergehen wie eine Schnecke, die im Schleim zerfließt«)

### Rachefantasien Coram Deo

In Psalm 58,8–9 spricht ein Mensch vor Gott in einem Bild aus, was er seinen Feinden wünscht: *Sie sollen zergehen, [...], wie eine Schnecke, die im Schleim zerfließt.* In obigem Vergleich (Teil I, Kapitel 5.5) wurde sichtbar, dass sich Rachefantasien deuten lassen als Feindentmachtung in der Imagination.

Wie ist heutzutage adäquat mit Rachefantasien in der Bibel und mit Rachewünschen Betroffener in der Seelsorge umzugehen? Schließlich haben Liturgieausschüsse die Racheteile aus den Psalmtexten entfernt. So wurden die Psalmen 58, 83 und 105 beispielsweise als Ganze im Psalterium des Stundengebets ausgelassen, gleichwie einzelne Verse, die Feindtexte und Rachefantasien enthalten.[800]

Der Bibelwissenschaftler Walter Dietrich gibt zu bedenken, »dass in der weit überwiegenden Zahl der Fälle ›Rache‹ nicht vollzogen, sondern nur erwartet, angekündigt, herbeigesehnt wird [und], dass der alttestamentliche Mensch also weitgehend Gott die Rache überlässt, statt sie [...] selbst zu üben. [Denn die Rede von der Rache] gibt sich allermeist als verzweifelter Aufschrei aus unerträglicher Not zu erkennen. [...] Was soll der ins Exil verschleppte Jude tun gegen die Weltmacht Babylonien? [...] Nichts – in der Tat: Er selbst soll und will nichts tun. Aber er soll und will sich auch nicht zufriedengeben mit dem offensichtlichen Unrecht, sich selbst und sein Gerechtigkeitsempfinden nicht aufgeben zugunsten bedingungsloser Anpassung an ungerechte Zustände. Der Ruf nach Rache, das ist die letzte noch mögliche Form des Widerstands des Hilflosen.«[801]

Auch gemäß Ps 69,23–29 ist Rache ein Aufschrei der Entrechteten, Verfolgten, Gefolterten und Gedemütigten, die schließlich nur noch Gott als Zeugen und Richter anrufen können, der das Recht auf Erden wiederherstellen soll und wird. Wenn Menschen angesichts unaufhaltbaren Terrors ihren Schrei nach Gerechtigkeit zu Gott erheben, wer wollte ihn aufhalten? Aufgeklärte Menschen rümpfen beim Lesen solcher Rachetexte ihre Nasen und lehnen sie ab mit einem Hinweis auf mangelnde Menschenfreundlichkeit. René Girard bringt die Problematik einer solch verurteilenden Haltung auf den Punkt: »Unsere zahllosen

800 Allgemeine Einführung in das Stundengebet (ohne Verfasserangabe), Deutsches Liturgisches Institut, Absatz 131, 23, http://www.liturgie.de (Zugriff am 20.02.2025), nach: KERSTNER/HASLBECK/BUSCHMANN (2016, S. 37).

801 DIETRICH/LINK (1995/1997, S. 129–130); dazu auch: ZENGER (2003); JANOWSKI (2013/2018³, S. 147–202).

Mitleids-Profis beklagen den Mangel an Höflichkeit, den die Gelynchten in den Psalmen ihren Lynchmördern entgegenbringen.«[802]

Carola Moosbach fasst in Worte, wozu vielen Gewaltbetroffenen die Worte fehlen. Die spätere Juristin wurde als Kind von ihrem Vater regelmäßig vergewaltigt – und fand nach vielen Jahren, nicht zuletzt dank der Psalmensprache, einen neuen Zugang zu einem Gott, der sich herausfordern lässt, Gerechtigkeit wiederherzustellen.

> *Rachepsalm*
> Ich fordere Deine Gerechtigkeit Gott
> hilf mir tritt Du für mich ein
> lass ihn zittern vor Angst diesen Kinderseelenmörder
> zu einem Nichts schrumpfen soll seine Seele
>
> Du sollst mein Racheengel sein Gott
> hilf mir tritt Du für mich ein
> lass ihn nicht davonkommen diesen ehrbaren Schrebergärtner
> erfinde die Hölle neu für ihn
>
> Du allein bist stärker als er Gott
> hilf mir tritt Du für mich ein
> lass meinen Körper wieder ganz allein mir gehören Gott
> Schmeiß ihn aus meiner Seele
>
> Nur du kannst mich von ihm freikämpfen Gott
> hilf mir tritt Du für mich ein
> und sag Deinen Leuten sie sollen mit ihrem Gesäusel aufhören
> bis in die Schrebergärten muss man sie hören
>
> In mir tut alles so weh Schwester Gott
> hilf mir tritt Du für mich ein
> lass es nicht diesen Dreckskerl sein der als Letzter lacht Gott
> und erlöse mich von meinem Vater für immer.
> Amen.[803]
>
> Carola Moosbach

802 GIRARD (2002, S. 150).
803 MOOSBACH (1997, S. 71).

Rachegefühle lassen sich nicht fromm verdrängen. »Es heißt aber, unerträgliche Zustände, ihre Ursachen und Verursacher, beim Namen zu nennen, ihnen das Recht auf ungehindertes Weiterwirken abzusprechen und Gott als den anzurufen, der sie zur Rechenschaft ziehen und den unter ihnen Leidenden ihr Recht verschaffen kann und wird.«[804]

Die Rede von Rachefantasien ist angemessener als die Rede von Rachepsalmen, Hasspsalmen und Fluchpsalmen. Treffend ist ebenso die Rede von *Feindpsalmen,* denn in der Imagination findet eine Feindbewältigung, Feindentmachtung oder Täterentmachtung statt.

## Rache – ein tabuisiertes Thema in unserer Kultur

Dass Rache auch in unserer Zeit und auch in der westlichen Kultur hochaktuell ist, hat der promovierte Philosoph Fabian Bernhardt in seinem Buch vorgestellt. »Die Moderne nimmt für sich in Anspruch, die Rache glücklich überwunden und durch die Herrschaft des Rechts ersetzt zu haben [vor allem seit dem Zeitalter der Aufklärung. Bernhardt aber zeigt,] dass mit der Delegitimierung der Rache zugleich eine theoretische Verdunkelung einherging.«[805] Wer kennt ihn nicht, den Gedanken: »Wenn diese Nachbarin mich nicht mehr grüßt, dann grüße ich sie auch nicht mehr«, oder »Wenn dieser Kellner so unfreundlich war, kriegt er heute kein Trinkgeld«, oder »Wenn der beim Erben so viel mehr bekommen hat als ich, dann breche ich den Kontakt ab«? So ist Rache überall zu finden, auch im Alltag aufgeklärter Kulturen. Rachegedanken und Rachehandlungen sind nicht auf andere (alte oder archaische) Kulturen begrenzt. Welcher enttäuschte Liebhaber hätte nicht schon gedacht: »Wenn der mir meine Freundin auf diese fiese Tour wegnimmt, dann soll sie ihm eines Tages auch auf eine fiese Art und Weise weggenommen werden«? Die Missetat soll den Missetäter selbst treffen. In solchen Sätzen zeigt sich die Sehnsucht nach Gerechtigkeit: Der Ursprung der Rache, so Bernhardt, ist der Drang nach Wiedergutmachung. Der Rache liegt die Suche nach Ausgleich und Gerechtigkeit zugrunde. Eine Enttabuisierung der Rache tut deshalb Not – nur so kann ihr adäquat begegnet werden.[806]

---

804 DIETRICH/LINK (1995/1997, S. 132).

805 BERNHARDT (2021).

806 s. auch BERNHARDT, SRF Kultur, 29.06.2024 (Video), https://www.srf.ch/kultur/gesellschaft-religion/wie-du-mir-so-ich-dir-rache-spielt-in-unserem-alltag-eine-grosse-rolle (Zugriff am 20.02.2025).

## Wenn Rache zum Lebensmuster wird – die heilsame Begrenzung zerstörerischer Rachegedanken

Dennoch müssen Rachefantasien auch ihre Grenzen kennen. Rachefantasien können gedeutet werden als ein momenthaftes sich Aufbäumen gegen übermächtige Gewalttäter, wenn nichts mehr hilft, um ihrem Gebaren zu entkommen. In den Psalmen ist dies stets zeitlich begrenzt, und auch der Textkorpus grenzt sie ein auf einen kleinen Abschnitt oder gar auf einen einzelnen Vers (vgl. Ps 91,8).

Falls Rachewünsche sich allerdings verselbstständigen und zu einem dominierenden Gefühl werden, dann sind Rachefantasien destruktiv und machen unfrei. Rache als Lebensmuster wirkt zerstörerisch und ruft nach einer Bearbeitung der Problematik; das könnte eine Bearbeitung der Wut- und Ohnmachtsgefühle sein, oder ein Akt des bewussten Loslassens. In der Seelsorge könnte das in einem an die Psalmen angelehnten Akt geschehen: Betroffene sprechen aus, was ihnen geschah an Unrecht und betrauern den Verlust Coram Deo (vor Gottes Angesicht). Vielleicht möchten sie einen Psalm schreiben, mit Schönem und Schwerem und einem Feindteil. Beim Schreiben finden Betroffene oft unverhofft zu einem »besseren Ende«. Vielleicht wird sogar ein Punkt erreicht, wo Vergebung geschehen kann.

Seelsorgende können Gott in der stillen Fürbitte um neue innere Bilder für die Betroffenen bitten und ihren Prozess des Loslassens im Gespräch unterstützen.

> Der Rache liegt die Suche nach Ausgleich und Gerechtigkeit zugrunde. Rachefantasien und Rachewünsche sind in unserer Kultur weiter verbreitet als gemeinhin angenommen wird. Sie sind nicht auf andere (alte oder archaische) Kulturen begrenzt. Darum dürfen Rachefantasien enttabuisiert werden. Die Suche nach einem adäquaten Umgang damit wird Teil jeder hilfreichen Begleitung (Seelsorge, Psychotherapie etc.) sein.
>
> Auch in den Psalmen stehen die Rachefantasien für die Suche nach Ausgleich und Gerechtigkeit: 1.) Den Übeltätern wird gewünscht, ihre üble Tat möge auf sie zurückfallen. 2.) Es werden Orte imaginiert, an denen ein Leben ohne Übeltäter möglich wird.
>
> Ziel bleibt, dass Geschädigte die bedrängenden inneren Bilder des unbesiegbaren und übermächtigen Übeltäters überwinden können. *Ein* Weg dazu besteht (in der Imagery Rescripting & Reprocessing Therapy und in den Psalmen) darin, eine Feindentmachtung in der Imagination auszumalen.
>
> Die Rachefantasien in den Psalmen sind allerdings geprägt von zwei Grenzen: 1.) Der Racheakt selbst wird stets Gott überlassen. 2.) Die Rache-

fantasien des Psalmbeters »kommen« im Moment, sie ebben aber auch wieder ab und machen neuen Bildern gelingenden Lebens Platz.

Für die Seelsorge heißt das: Als momentane Gefühlswallung sind Rachefantasien als eine natürliche innere Regung zu verstehen und sollten nicht tabuisiert werden. Als Dauerzustand eignen sie sich keineswegs, sondern wirken zerstörerisch. Dann braucht das erlittene Unrecht einen bewussten Akt des Loslassens, der Übergabe in Gottes Hand und das Betrauern des Verlorenen. Dazu kann auch die Bitte an Gott um Wiederherstellung der Gerechtigkeit gehören (vgl. Ps 103,6, Lut) sowie die Bitte um neue innere Bilder: Bilder der Wiederherstellung, der Neuschöpfung, der Gerechtigkeit und sich durchsetzenden Rechts, Bilder der Selbstwirksamkeit und neugewonnener Durchsetzungskraft, Bilder eigener Stärke und neuer Würde.

## 8.8 Die Crux mit der Vergebung

### Müssen Frühtraumatisierte ihren Tätern vergeben?

»Vergebung ist der Schlüssel zur Heilung«, wird nicht selten postuliert. Manchmal *ist* Vergebung wie ein Schlüssel. Aber ist diese These stets zutreffend? Oder ist das eine Hypothese, die der Wahrheit nicht standhält? Immerhin hat Jesus zu keinem einzigen Menschen gesagt: »Wenn du vergibst, kann ich dich heilen.« Bei seinen Heilungen war das also keine Voraussetzung.

Neuerdings wird die Vergebungsbereitschaft selbst von Psychotherapeuten als Behandlungsansatz gesehen: »Wer vergibt, befreit sich dadurch von der Macht des Täters. Wer vergibt, wird dabei selbst frei. Wenn du also etwas Gutes für dich tun willst, dann vergib den Tätern.« Diese Sätze begründen Vergebung rein utilitaristisch (als Selbstzweck und mit dem größtmöglichen Nutzen für das eigene Selbst). Kann solch zweckgerichtete Vergebung ihrem Wesenskern entsprechen?

Vorwiegend in der Verhaltenstherapie und der Positiven Psychologie wurden die positiven Auswirkungen des Vergebenskönnens erkannt: »Vergebung kann als Coping-Methode für Kränkungen, Verletzungen, Unrecht und Verbitterung verstanden und auch als eine psychotherapeutische Intervention angesehen werden.«[807]

---

807 MAVROGIORGOU/MEISTER/JUCKER (2018, S. 167–176).

Paulus und spätere Briefschreiber des Neuen Testaments (Eph 4,32; Kol 3,13, Elb) begründen die Vergebungsbereitschaft stets mit dem eigenen Empfangen und Erleben der Vergebung in der Beziehungserfahrung mit Christus. Das heißt, die heilsame Beziehungserfahrung geht voraus.

Wenn im Folgenden nun die Frage des Vergeben-müssens beleuchtet wird, so bezieht sich das auf Menschen, die in früher Kindheit drastischen Formen von Gewalt ausgesetzt waren und die unter gravierenden Folgestörungen leiden. So unterscheidet auch Andreas Stahl zwischen dem Vergeben, auf das sich das Vaterunser[808] und weitere prominente Bibelstellen beziehen, nämlich auf das Vergeben von Vergehen, die reparabel sind oder tägliche Reibereien betreffen, und dem Vergeben von Taten, die gravierendste Traumafolgestörungen nach sich ziehen.

## Exkurs: Jesus aus Nazareth: Müssen Frühtraumatisierte ihren Tätern vergeben?

Die Frage »Müssen Frühtraumatisierte ihren Tätern vergeben?« ist zugespitzt formuliert, denn Vergeben sollte freiwillig geschehen. Forderte Jesus, der uns das Vaterunser (»wie auch wir vergeben unseren Schuldigern«, Matthäus 6,12) gelehrt hat, wirklich, dass Frühtraumatisierte ihren Tätern vergeben? Seine Haltung ist entscheidend in dieser Frage, weil Menschen, die Vergebung als »Schlüssel zur Heilung« bezeichnen, sich nicht selten auf diese Vaterunser-Bitte stützen.[809]

Jesus bezieht sich beim Thema Vergebung zunächst einmal *nicht* auf Kinder, die von Erwachsenen geschlagen oder missbraucht werden. Im Gegenteil: Matthäus schreibt nach der Perikope, in der Jesus ein Kind in die Mitte stellt (Matthäus 18,6–10, ZB). Jesus sprach:

> 6 Wer aber eines von diesen Kleinen, die an mich glauben, zu Fall bringt,[810]
> für den wäre es gut, wenn ihm ein Mühlstein um den Hals gehängt
> und er *in der Tiefe des Meeres versenkt würde.*
> 7 *Wehe* der Welt wegen der Ärgernisse!
> Die Ärgernisse müssen wohl kommen, doch
> *wehe* dem Menschen, durch den das Ärgernis kommt!

---

808 STAHL (2019, S. 242).

809 Psychotherapeuten deuten »Vergebung« eher als Copingstrategie, teilweise mit Rückbezug auf die »Positive Psychologie« (nach Abraham Maslow) oder auf den »Salutogenetischen Ansatz« (nach Aaron Antonovsky). S. auch: KAST (2005).

810 »zu Fall bringt«: Das geschieht durch Beschämung und Demütigung oder durch die Faust (emotionaler und körperlicher Missbrauch bzw. psychische und physische Gewalt genannt).

8 Wenn aber deine Hand oder dein Fuß dich zu Fall bringt, hau sie ab und wirf
sie von dir.
Es ist besser für dich, verstümmelt oder lahm in das Leben einzugehen,
als mit beiden Händen oder beiden Füßen *in das ewige Feuer geworfen zu werden.*
9 Und wenn dein Auge dich zu Fall bringt, reiß es aus und wirf es von dir.
Es ist besser für dich, einäugig in das Leben einzugehen,
als mit beiden Augen *in die Feuerhölle geworfen zu werden.*
10 Seht zu, dass ihr nicht einen von diesen Kleinen verachtet!
Denn ich sage euch: Ihre Engel im Himmel
schauen allezeit das Angesicht meines Vaters im Himmel.

Das Quälen von Kindern (»eines dieser Kleinen«) wird von Jesus aufs schärfste verurteilt: Einerseits mit Bildern kompletter Vernichtung des Täters, und das gleich drei Mal (er wird »in die Tiefe des Meeres geworfen; in das ewige Feuer geworfen; in die Feuerhölle geworfen«), und andererseits mit einem doppelten Weheruf: *»Wehe dem Menschen!«* Der Weheruf war damals der Ruf der Totenklage. Strenger könnten Jesu Worte nicht sein in der Verurteilung von Tätern, die sich an Kindern vergehen und sie so »zu Fall bringen«.

## Eine traumasensible Interpretation der Perikope Matthäus 18,6–10

Nicht umsonst nennt Jesus *die Hand* (die zuschlägt), *den Fuß* (der verdeckt für Sexualität stehen kann bzw. »als diskrete Umschreibung […] den Bereich zwischen den Beinen« bezeichnen kann«[811]) und *das Auge* (das nackte Kinder sehen will oder sich Kinderpornos anschaut). Jesu radikale, metaphorisch gemeinte Forderung vom Abschlagen von Hand und Fuß und Ausreißen des Auges könnte also als Aufforderung an Täter so interpretiert werden: »Schlag nicht mehr zu! Prügle deine Kinder nicht mehr! (Aspekt der Hand). Und hör auf mit sexuellen Übergriffen! (Aspekt des Fußes). Schmeiß die Kinderpornos weg und sperre kinderpornografische Internet- und Darknet-Seiten! (Aspekt des Auges). Hör auf, mit Kindern zu arbeiten, wenn du gefährdet bist! Es ist todernst!«

Jesus fordert gerade *nicht,* diese »Kleinen« müssten ihren Tätern und Täterinnen vergeben, sondern (durch seine Warnrufe) mutet er den Tätern und Täterinnen den Schritt zur Veränderung zu.

Zum Schluss der Perikope folgt noch die Erwähnung der Engel dieser Kinder. Gerade diese Engel sind den Tätern eine zusätzliche Warnung, ihre verachtenden, erniedrigenden, quälenden oder kriminellen Machenschaften zu

811 SCHROER/STAUBLI (1998, S. 205–206).

beenden. Es ist, als ob Jesus einen Hinweis gäbe: Selbst, wenn keine menschliche Gerichtsbarkeit die Täter verurteilt, es gibt Größeres als menschlichkorrumpierbare oder ignorante Gerichtsbarkeiten. Es gibt noch Engel im Himmel und das Angesicht des Vaters. Und dieses leuchtende Angesicht wird *nicht* in Ewigkeit schweigen.

In christlichen Kreisen wird übersehen, dass Vergebung im Kontext (Früh-) Traumatisierter, die ihren Tätern und Täterinnen vergeben, einem Wunder gleichkommt, so wie eine körperliche Spontanheilung einem Wunder gleichkommt.[812] Frank Crüsemann schreibt:

> »Der Sünde begegnet die Vergebung – doch noch stärker als beim Begriff der Sünde hat sich beim Vorgang der Vergebung die Kirche von ihrer biblischen Grundlage entfernt. Vor allem dadurch, dass sie anders als das Judentum den Vorgang der Vergebung der Schuld, die gegenüber Gott besteht, so stark ins Zentrum gerückt hat, dass die Vergebung durch die Menschen, denen ich Böses angetan habe, die Versöhnung mit den von mir Geschädigten nahezu keinen theologischen Ort mehr zu haben scheint. Anders als in der Bergpredigt, wo Jesus mit der gesamten jüdischen Tradition die Versöhnung mit dem Bruder – wie viel mehr der entrechteten Schwester – vor die Begegnung mit Gott stellt: ›Geh zuerst hin und versöhne dich!‹ (Mt 5,23 f.), [...] wird im üblichen, [...] christlichen Verständnis durch Gottes Rechtfertigung und Gnadenzuspruch faktisch die zwischenmenschliche Schuld überspielt und manchmal nahezu vergessen.
>
> Doch von Gottes Vergebung, wie sie etwa im jüdischen Versöhnungstag zugesagt wird, heißt es: ›Sünden zwischen einem Menschen und Gott (wörtlich: dem Ort) sühnt der Versöhnungstag, aber die zwischen ihm und seinem Nächsten sühnt der Versöhnungstag nicht, bis er seinen Nächsten begütigt (sich mit ihm versöhnt) hat‹ (Joma VIII,9). Scharf formuliert heißt das, dass ›sogar Gott nur die gegen ihn begangenen Sünden vergeben kann‹ (Heschel). Gott kann und will nicht anstelle der Opfer und über ihre Köpfe hinweg handeln. [...]«.[813]

Für heutige Rechtsprechung würde das implizieren, alles zur Rehabilitation der Opfer Notwendige zu veranlassen.

---

812 Nicht umsonst vergleicht Jesus in Markus 2,1–12 eine Spontanheilung mit göttlicher Vergebung und fragt die Umstehenden: »Was ist leichter?«

813 CRÜSEMANN (2000).

## Gedanken zu »Vergebung« für die Seelsorge mit Traumabetroffenen

Vergebung im Kontext von gravierenden Traumafolgen lässt sich nicht »machen« oder einfordern. Aufrufe, zu vergeben, können das Leiden der Betroffenen erhöhen. Von »Vergebenmüssen« zu reden, wäre darum kontraproduktiv. Die nachfolgenden Gedanken entstammen Beobachtungen in der Seelsorge und dienen einem sensibleren Umgang mit der Frage um Möglichkeiten und Grenzen des Vergebens. Diese Gedanken haben vorläufigen Charakter:

- Vergebung ist ein (Fern-)Ziel. Das Ziel, vergeben zu können, korrespondiert mit dem Ziel eines versöhnten Lebens: Versöhnung mit sich selbst, mit seinen Mitmenschen und mit Gott.
- Vergebung ist ein Prozess, der viel Zeit braucht. Ulrike Bail spricht zu Recht »von der Langsamkeit des Vergebens«.[814]
- Es geht darum, Vergebungsdruck abzubauen. Vergebungsdruck macht unfrei und kann überdies dazu beitragen, dass Betroffene mit der Religion ihrer Kindheit brechen.
- Die Uneinsichtigkeit von Tätern ist die Regel, nicht die Ausnahme (vgl. Nürnberger Prozesse und viele weitere) und erschwert die Bereitschaft, zu vergeben. Darum ist eine Versöhnung von Betroffenen mit ihren Gewalttätern nur möglich, wo Täter tateinsichtig sind. (Hoffnungsvolle Ansätze zeigen sich im Rahmen der sogenannten »Restaurativen Justiz« bei gesetzlich verurteilten Tätern und Täterinnen.[815] Die »Restaurative Justiz« baut auf Freiwilligkeit aller Beteiligten und wird auch kritisch hinterfragt.)
- Das Losgelassene muss betrauert werden dürfen. Das Zulassen des Schmerzes und Betrauern des Verlorenen kann eine Hilfe sein auf dem Weg hin zur Vergebungsbereitschaft.
- Nur wer in seinem Schmerz wahrgenommen und ernstgenommen wird, kann bereit werden, Grausamkeiten zu vergeben. Menschen, die Wertschätzung und Respekt erfahren, fällt es leichter, zu vergeben.
- Vergebung kostet Kraft.
- Weder Fachpersonen der Seelsorge noch der Psychotherapie können Menschen die Kraft geben, die ihnen die Vergebung ihren Peinigern gegenüber abverlangt. Seelsorgende wenden sich in der stillen Fürbitte an Gott und

---

814 BAIL (1999, S. 99–123).

815 LUTZ (2018³, S. 601–616). Die »Restaurative Justiz« ist ein Versuch, delinquent gewordene Menschen mit den von ihnen geschädigten Menschen zusammenzuführen und durch die Begegnung Neuanfänge zu ermöglichen. Wesentliche Schritte darin sind die Begegnung der Geschädigten mit dem Verursacher, Wiedergutmachung und die Wiederherstellung sozialer Beziehungen.

bitten ihn, das Wunder der Vergebung zu bewirken. Gott selbst kann Betroffenen einen Weg hin zur Vergebungsbereitschaft eröffnen.

- Menschen, die schlimmstes Übel vergeben können, berichten manchmal von einer vorausgehenden starken Erfahrung einer göttlichen Liebeskraft, die alles verändert (vgl. Stephanus, Apg. 7,55–60: Seinem Vergebungsspruch ging eine himmlische Vision voraus).
- Darum sind »Vergebung empfangen« und »Vergebung gewähren« Zeichen der hereingebrochenen Gottesherrschaft (wie eine körperliche Heilung, s. oben, Markus 2,1–12.).
- Ziel der Seelsorge bleibt, dass die Betroffenen die Barmherzigkeit und Liebe Gottes erfahren.

## 8.9 Eigene Vergebungsbedürftigkeit klären (»Vergib!«)

»Schuldig sind nur die Schuldigen!« Es ist nicht so, dass Opfer stets auch einen eigenen Schuldanteil hätten – was manchmal zu Unrecht postuliert wird. Die allermeisten Opfer sind zum Zeitpunkt der Tat unschuldig. Diese Klärung muss jedem Reden über eigene Schuld vorausgehen.

Falls Vergebungsbedürftigkeit besteht, werden das Betroffene zu gegebener Zeit zur Sprache bringen. Es ist wichtig, als Seelsorgende keine direkten oder indirekten Schuldzuweisungen zu machen. Die Themen, die Betroffene dabei zur Sprache bringen, überraschen zuweilen. So erzählte eine Frau: »Ich bat Gott um Vergebung, dass ich mein Leben fortschmeißen wollte und es nicht wertschätzte.« »Sich eigener realer Schuld bewusst zu werden, das sogenannte Täterintrojekt in sich zu erkennen, reisst seelische Abgründe auf (und darf nicht mit pathologischen Schuldgefühlen gleichgesetzt werden). Schuld und Scham sind abgründige Gefühlszustände, zu deren Überwindung und Heilung sich der Mensch auf das ihn Übersteigende und ihn Umgreifende besinnen muss.«[816] Die Beichte[817] ist ein Angebot, Schuld zu bekennen, die eigene Vergebungsbedürftigkeit einzubringen und Erleichterung zu erfahren (s. Teil II, Kapitel 10: »Die Sakramente als sinnliche Vergewisserung des Heils: Beichte«).

816 CÖPPICUS LICHTSTEINER (2019, S. 233).
817 ZIMMERLING (2014).

## 8.10 Selbstwirksamkeit stärken (»Über Löwen und Ottern wirst du gehen«)

### Selbstwirksamkeit: Der wirkmächtige Mensch in Psalm 69 und Psalm 91

Trotz niederstreckender Erfahrungen leuchtet in Psalm 69 die Fähigkeit zur Selbstwirksamkeit beim Psalmbeter auf, indem er mitten in Schmerz und Chaos sagt: *Ich aber.* Der Schreckenspsalm 69 zeichnet einen Menschen, der seinen Schrecken kaum entkommt, doch zwischendurch zu Selbstwahrnehmung und Widerstand fähig ist. Im Gespräch mit Traumabetroffenen ist ähnliches beobachtbar. Die Not mag groß sein. Doch plötzlich schimmert etwas auf von ihrer Kraft, ihrer Zähigkeit und ihrem Überlebenswillen.

Wenn in Psalm 91,13 steht: »Über Löwen und *Ottern wirst du gehen und junge Löwen und Drachen niedertreten* (Lut), ist das ein Bild für Selbstwirksamkeit. Dieses Bild des Schreitens über Löwen und Drachen wurde seit der Frühzeit des Christentums dargestellt. Das zeigen die Abbildungen 16 und 17 aus dem 4. und 9. Jahrhundert.

#### *Künstlerische Darstellung der Selbstwirksamkeit (Ps 91,13) auf Öllampen, ca. 380 n. Chr.*

Die »*Christliche Lampe*«, wie sie in Abbildung 16 präsentiert wird, entspricht zahlreichen Funden. Drei Fotos einer exakt gleichen Öllampe in rotbraun gebranntem Ton präsentieren die Staatlichen Antikensammlungen und Glyptothek München mit dem Titel »Lampe mit triumphierendem Christus nach Ps 90,13«,[818] die Skulpturensammlung und Museum für Byzantinische Kunst der Staatlichen Museen zu Berlin mit dem Titel »Lampe mit Christusdarstellung«[819] sowie eine Videopräsentation des Bibel und Orient-Museums der Universität Freiburg in der Schweiz.[820] Das deutet darauf hin, dass die Öllampe mit dieser Ornamentik verbreitet war. Die drei Museen datieren den Zeitraum ins späte

818 Es gibt verschiedene Zählarten der Psalmen, in obiger Bezeichnung ist es die antike Zählart. »Ps 90« betrifft den heutigen »Ps 91«.

819 EHLERS (2017), http://www.smb-digital.de/eMuseumPlus?service=ExternalInterface&module=collection&objectId=1793224&viewType=detailView (Zugriff am 20.02.2025).

820 SCHUMACHER (2021, Videoausschnitt »Strahlen der Macht«) https://tube.switch.ch/videos/QOOYE0dhcn (Zugriff am 13.03.2025).

4. bis frühe 5. Jahrhundert, als Fundort geben alle drei Nordtunesien an. Was ist auf dem in Ton gedruckten Bild zu sehen?

**Abbildung 16:** »Die christliche Lampe«, Rom, spätantik-byzantinisch (De Waal, Rom, 1900).[821]

In der Mitte steht ein Mensch mit einem Kreuzstab. Er setzt seinen Fuß als Zeichen des Sieges auf die Schlange und schreitet hinweg über Drache und Löwe, die ihn bedrohen: Psalm 91,13 (Lut): *Über Löwen und Ottern wirst du gehen und junge Löwen und Drachen niedertreten.* Rechts und links oben sind die Engel aus Ps 91,11 dargestellt: *Denn er hat seinen Engeln befohlen, dass sie dich behüten auf allen deinen Wegen* (Lut).

821 LÖX (2022, S. 156, Abb. 15): Ein Foto der Staatlichen Antikensammlungen und Glyptothek München zeigt die gleiche Öllampe, gebrannt aus rotem Ton. Das Foto trägt den Titel: *Lampe mit triumphierendem Christus nach Psalm 90,13,* Zentraltunesien, spätes 4. Jh./1. Hälfte 5. Jh. n. Chr.

Der Kreuznimbus (Kreuz im Heiligenschein) definiert den dargestellten Menschen als Christus. Sein Kreuzstab gilt als Triumphstab, der an Kreuzigung und Auferstehung und damit an die Überwindung des Todes und aller lebensbedrohlichen Mächte erinnert. Auf dem Rand der Öllampe sind Sterne, die kleine Christus-Monogramme darstellen (gebildet aus den griechischen Buchstaben Chi und Rho, X und P, die aufeinandergelegt werden, als Anfangsbuchstaben des Namens »Christus«). Diese Sternchen bilden ein Ornamentband, das von weiteren Linien umgeben ist.[822] Sieben Mal ist dieses sternenförmige Christus-Monogramm auf der Umrandung der Öllampe aus Ton eingedruckt.

Christus ist dargestellt als einer, der selbst durch die in Ps 91 beschriebenen Schrecken hindurchgeschritten ist und alles überwunden hat (Löwe, Otter bzw. Schlange und Drache). Darum kann er seinen Nachfolgerinnen und Nachfolgern als Licht in der Nacht (Öllampe) beistehen und den Schrecken der Nacht begrenzen (Ps 91,5). Weil Christus in ihnen lebt (Kolosser 1,27), können auch sie »über Löwen und Ottern gehen, junge Löwen und Drachen niedertreten«.

Das Psalm 91 entnommene Bild für Selbstwirksamkeit und mutiges Voranschreiten konnte sich so anhand von Gebrauchsgegenständen des Alltags im kulturellen Gedächtnis der Christen einprägen. Es ist ein Bild für Handlungsbereitschaft inmitten widriger Umstände, ein Bild für Ermächtigung und Überwindungskraft.

### *Künstlerische Darstellung für Selbstwirksamkeit (Ps 91,13) im Stuttgarter Psalter*

Der Stuttgarter Psalter ist um 825/830 n. Chr. in Saint-Germain-des-Prés entstanden und mit seinen Schmuckinitialen und Miniaturen die bilderreichste Handschrift aus karolingischer Zeit (s. Abbildung 17). Er befindet sich heute in der Württembergischen Landesbibliothek Stuttgart.

Ein Mönch unbekannten Namens schrieb von Hand in lateinischer Sprache den gesamten Psalter ab, dazwischen malte er sorgsam einzigartige Bilder, bestehend aus über 470 Einzelszenen. Er malte, was er beim Lesen empfand: Klage, Ängste, Scham und Schreckensbilder wechseln sich ab mit Hoffnungsbildern, Vertrauensbildern, Bildern für Schutz und Rettung, Dank und Freude. Er deutete die meisten Psalmen in der Tradition des Neuen Testaments auf Christus

---

822 SCHUMACHER (2021, Videoausschnitt) https://tube.switch.ch/videos/QOOYE0dhcn (Zugriff am 13.03.2025), Schumacher kommentiert das Bild folgendermaßen: »Es umrahmt eine Darstellung des triumphierenden Christus, der gewissermaßen als Sieger, als Herrscher über den Tod, als Auferstandener dargestellt wird, dessen Zepter, dessen Siegesstab in einem Kreuz endet.«

hin und malte darum Christus mitten hinein in das in den Psalmtexten beschriebene Geschehen.[823]

**Abbildung 17:** Stuttgarter Psalter, 825/830 n. Chr., Folio 23, zu Psalm 91,13 (© Stuttgart, Württembergische Landesbibliothek, Cod. bibl. fol. 23, f. 107v)

Auch dieses Bild ist eine Umsetzung von Psalm 91,13 (Lut): *Über Löwen und Ottern wirst du gehen, und junge Löwen und Drachen niedertreten.* Christus (auch hier mit Kreuz im Nimbus) hält ein Buch in der linken Hand, in der Rechten eine Lanze. Er trägt eine Rüstung mit Beinstiefeln, Ritterhemd und Helm und tritt eine mächtige, sich aufbäumende Schlange und einen Löwen nieder. Von oben kommt ihm ein Engel zu Hilfe (Ps 91,11–12), von der anderen Seite eine ausgestreckte Hand, die Hand Gottes (als Zusammenfassung der direkten Gottesrede in Ps 91,14–16).

Er ist dargestellt als der, der die lebensfeindlichen Mächte besiegt hat. Damit macht er seinen Jüngerinnen und Jüngern Mut, es ihm gleichzutun: Sich nicht einschüchtern zu lassen von verschlingenden und reißenden Mächten und ihnen mit den Waffen des Geistes zu begegnen: Dem Wort Gottes, dem Schwert des Geistes (Epheser 6,11–18). Gott selbst wird ihm beistehen mit seiner starken Hand (im Bild oben rechts) und seinen Engeln (oben links). Mit der Um-

823 WÜRTTEMBERGISCHE LANDESBIBLIOTHEK, Der Stuttgarter Psalter, Stuttgart, https://www.leo-bw.de/highlights/der-stuttgarter-psalter (Landeskunde entdecken online, Zugriff am 20.02.2025).

setzung des Textes Psalm 91,12–16 ist ein Bild für Wehrhaftigkeit, Mut und Selbstwirksamkeit entstanden.

## Weitere Psalmbilder für Selbstwirksamkeit

*Du machst mich stark wie den Wildstier,*[824] übersetzt Christian Frevel die Worte in Psalm 92,11. Ein weiteres Psalmwort, das ein Bild für Selbstwirksamkeit malt. Unweigerlich erkennt Christian Frevel darin Resilienzmuster. Es sind Metaphern, die das gebeugte Ich aufzurichten vermögen und durch die kraftvolle Bildersprache eine neue Selbstwahrnehmung ermöglichen.

In der Sprache der Psychotraumatologie tönt das so: »Es ist notwendig, dem Klienten den Blick auf den eigenen Handlungsspielraum zu eröffnen und damit die Selbstwirksamkeit zu stärken, sein Leben im Rahmen seiner Möglichkeiten selbst gestalten zu können.«[825] Pat Ogden spricht in Bezug auf das Körpererleben gar von einer »Wiederherstellung triumphierender Handlungen«.[826]

Marsha Linehan leitet in ihrem Arbeitsbuch zur Dialektisch-Behavioralen Therapie konkrete Übungen an, um Selbstwirksamkeit zu trainieren. Sie schlägt zum Aufbau von Bewältigungsstrategien vor (Schritt 7 bis 10 des Arbeitsblattes):

- *Planen Sie mindestens eine Sache pro Tag, die in Ihnen das Gefühl von Bewältigung wachsen lässt.*
- *Planen Sie für den Erfolg, nicht für den Misserfolg:* Tun Sie etwas, was schwierig, aber möglich ist.
- *Erhöhen Sie Schritt für Schritt die Schwierigkeit:* Wenn die erste Aufgabe zu schwierig ist, tun Sie beim nächsten Mal etwas, was ein bisschen einfacher ist.
- *Suchen Sie nach einer Herausforderung:* Wenn die Aufgabe zu leicht ist, versuchen Sie beim nächsten Mal etwas, was ein bisschen schwerer ist.[827]

> Seelsorger nehmen kleine Gesten der Selbstwirksamkeit bei Betroffenen wahr und helfen ihnen, sich ihrer Selbstwirksamkeit bewusst zu werden. Sie bestärken Betroffene darin, ihre Möglichkeiten zu erkennen, ihren Handlungsspielraum wo möglich zu erweitern, Erfolge zu würdigen und ihre Überwindungskraft zu entdecken. Betroffene sind auf diesem Weg nicht allein. Gott befiehlt seinen Engeln, ihnen beizustehen, und er selbst begleitet sie auf diesem Weg.

824 FREVEL (2022, S. 203).
825 REDDEMANN (2019, S. 157).
826 OGDEN/MINTON/PAIN (2010, S. 319–351).
827 LINEHAN (2017, S. 267).

## 8.11 Neue Wehrhaftigkeit (»Du machst meine Hände stark zum Kampf«)

*Du machst meine Hände stark zum Kampf,* sagt der Beter in Ps 144,1. In Gefahren reagieren Menschen (und Tiere) mit Kampfbereitschaft oder Flucht (Fight – Flight). Bei Traumafolgestörungen waren diese zwei natürlichen Reaktionen oft nicht mehr möglich und es kommt zum Erstarren (Freeze). Die natürliche Selbstverteidigung, der Kampfgeist, der das Überleben sichern sollte, sind wie »gebrochen«. Sie dürfen und sollen wiederhergestellt und trainiert werden, soweit das dem Leben und Überleben dient. Dass Leben und Christsein auch Kampf bedeuten kann, wird von Seelsorgenden gerne übersehen, ignoriert oder tabuisiert.

Christinnen und Christen wussten zu allen Zeiten um die Wichtigkeit der Kampfbereitschaft: Frère Roger Schütz, der Gründer der Kommunität von Taizé, prägte den Leitsatz »Kampf und Kontemplation«.[828] Dorothee Sölle sprach von »Widerstand und Mystik«.[829] Auch Hildegard von Bingen und Theresa von Avila hatten eine kämpferische Seite.

*Über Löwen und Ottern (bzw. Schlangen) wirst du gehen, junge Löwen und Drachen niedertreten* – dieses Bild beschreibt einen wehrhaften Menschen. Nicht der Kampf wird damit beschrieben, sondern der Sieg; ein sieghaftes Schreiten über die vier gefährlichsten Tiere, die im Umfeld des Beters lebten. Es ist das Schreiten eines Königs, denn im Alten Orient waren die Könige bekannt für das Besiegen der Löwen auf der Löwenjagd.[830]

In den Psalmen finden sich variantenreiche Bilder für Wehrhaftigkeit, Kampfbereitschaft und Sieg, die es zu entdecken gilt.

> Luise Reddemann regt an, »Kampfgeist« zuzulassen als einen Faktor beim Entwickeln innerer Kräfte. Sie beschreibt den Kampfgeist als die gesunde Seite der Wut und die Kraft, sich übergriffige Menschen »vom Leib« zu halten.[831]
>
> In der Seelsorge geht es darum, einen neuen Zugang zur Kampfmetaphorik zu ermöglichen. Gerade für Menschen mit einer (pathologischen) Aggressionshemmung ist es oft ein langer Weg, eigene Stärke und Kampffähigkeit im Sinne der Selbstverteidigung und Lebensbejahung zuzulassen.

---

828 ROGER (1989).
829 SÖLLE (1998).
830 Eindrücklich zu sehen beispielsweise auf den Palastreliefs Assurbanipals, die im British Museum ausgestellt sind: READ (1983/1998, S. 72–79).
831 REDDEMANN (2004/2009/2010$^5$, S. 86).

## 8.12 Wenn Gott Engel schickt (»Er hat seinen Engeln befohlen über dir«)

Psalm 91,11–12 spricht von der Realität von Engeln. Wir verfügen nicht über sie. Sie werden gemäß Psalm 91 von Gott geschickt und tun, was er sagt. Aber Seelsorgerinnen dürfen ruhig in der Fürbitte Gott um Engel bitten, die den Betroffenen in dunkler Stunde beistehen mögen. Wenn Eltern von Täuflingen aus einer Auswahl von circa fünfzig Bibelversen sich einen aussuchen dürfen, so wählen sie meiner Erfahrung nach am häufigsten diesen Vers mit den Engeln aus Psalm 91,11–12. Es drückt sich darin eine Sehnsucht von Eltern aus, die ihrem Kind Schutz und Begleitung auf all ihren Wegen wünschen, einen Schutz, der das Menschliche übersteigt.

Es gibt sie, die Engel. Gerade, wer Kinder hat, erfährt das manchmal. Auch Claus Westermann richtet bezüglich der Engel seinen Blick auf Gott aus: Nach biblischem Zeugnis ist stets Gott ihr Auftraggeber.[832] Gott hat tausend Möglichkeiten, zu helfen. Seine Engel sind eine davon.

> Gott ist es, der seine Engel schickt. Diese Verheißung dürfen wir dankbar annehmen.

832 WESTERMANN (1957/1997). Westermann bietet zur Bedeutung der Engel und ihrem Vorkommen in der Bibel einen guten Überblick.

# 9 Traumaverarbeitung als Beziehungsgeschehen von Gott her und zu Gott hin

In Psalm 69 zeigt sich die Traumaverarbeitung als Beziehungsgeschehen von Gott her und zu Gott hin. Die Sprache der Psalmen spricht nicht von Trauma, sie beschreibt Überflutungszustände und Preisgabe, Feinde und Spötter, körperliche Gewalt, Wunden und Schmerzen. Damit zeigt Psalm 69: »Das Ringen des Glaubenden und der Gemeinschaft um Gottes Gerechtigkeit findet in der dramatischen Gotteskommunikation mit ihm selbst statt.«[833]

> Jeder Psalm ist einzigartig. Gerade in dieser Einzigartigkeit laden die Psalmen ein, dem eigenen Erleben vor Gott Raum zu geben und weder die Kommunikation noch den Konflikt mit Gott als Angesprochenem zu scheuen. Die Verschiedenheit der einzelnen Psalmen ermutigt, einen eigenen Weg mit der Not und Gott zu suchen und auszuprobieren.

Dieses Kapitel widmet sich der Frage: Welches sind Aspekte der Beziehungsgestaltung Traumabetroffener gegenüber ihrem Gott?

## 9.1 Erschütterter Glaube und ein verborgener Gott (»Verbirg dich nicht!«)

*Wende dich zu mir, verbirg dein Antlitz nicht!* betet der verzweifelte Mensch in Ps 69,17–18. Der Mensch in der Bedrängnis erlebt Gott als verborgen, wie dies auch Martin Luther in »De servo arbitrio« (Vom unfreien Willen) ausgeführt hat.[834] Er ist ein »Deus absconditus«, ein verborgener Gott. In der Not erlebt

833 SCHÖNEMANN, Hubertus, Klage (AT), https://www.bibelwissenschaft.de/stichwort/23592/, 2012 (Zugriff am 20.02.2025).

834 LUTHER (1525/2006/2022³).

der Mensch Gott als verborgen, versteckt, verdeckt. Ähnlich tönt es auch in anderen Psalmversen: *Wach auf! Warum schläfst du? Erwache, verstoß nicht für immer! Warum verbirgst du dein Gesicht, vergisst unsere Not und Bedrängnis? (Ps 44,24, EÜ)*

## Glaube wird erschüttert, kann verloren gehen, verändert sich

Menschen werden nach traumatischen Ereignissen nicht nur in ihren Grundannahmen über sich selbst und über die Menschen an sich erschüttert, sondern auch in ihrem Glauben. Ihr Verständnis Gottes, wie es bisher prägend war, hält dem Erlebten nicht mehr stand, erweist sich als unbrauchbar oder gar als hinderlich. Diese Glaubenserschütterung lässt sich auch als »Spiritual Pain« einordnen. Jan Salzmann beschreibt sein Erleben nach dem Verlust seiner drei totgeborenen Kinder (Drillinge) wie folgt:

> »Alles war zerbrochen. [...] In den Jahren zuvor war ich ein Glückspilz, ein Optimist durch und durch. Ich hatte einen lebendigen Glauben an Gott und irgendwie das tiefe Vertrauen, dass er mich leitet und schützt. So, wie man es halt oft in der christlichen Religion vermittelt bekommt. Ich fühlte mich von Gott verraten. [...] Ich hatte nicht nur meine Kinder verloren, sondern auch meinen Glauben und damit meine Heimat und die Basis meines Lebens. So weiterglauben wie zuvor konnte ich nicht mehr.«[835]

## Neue Bilder und Ausdrucksformen für den Glauben finden

Die Reaktionen Traumabetroffener auf Glaubenserschütterungen und auf den Verlust des (herkömmlichen) Glaubens fallen unterschiedlich aus. Oft setzt eine Suchbewegung ein: Nach neuen Formen eines lebbaren Glaubens, nach anderen Menschen, nach neuen Facetten, nach neuen kulturellen Ausdrucksformen (Kunst, Musik, Lieder). Wer vielleicht bisher evangelisch geprägt war, findet plötzlich Zugang zu Ikonen der Orthodoxie, ein katholisch geprägter Mensch wird berührt von einem charismatischen Lied, das Mitglied der Kirchenband findet Frieden im kontemplativen Gebet.

> Die Erschütterung des Glaubens fordert heraus, eine neue »Glaubenssprache« zu finden. Es ist oft auch ein Suchen nach dem, was trägt im Erleben von Abgründen. Wenn Carola Moosbach als »Gottes-Poetin« Titel

835 SALZMANN (2001/2009$^4$, S. 203).

kreiert mit ungewohnten Gottesnamen wie *Gottflamme Du Schöne,*[836] so reiht sie sich ein in den Reigen der Gottsucherinnen und Gottsucher, deren tiefe Verwundung zu sprachlichen Neuschöpfungen von großem Glanz und Tiefe führt.

## 9.2 Die Klage erlauben (»Warum hast du mich verlassen?«)

*Mein Gott, mein Gott, warum hast du mich verlassen?* Das Psalmenzitat aus Ps 22,2 als Schrei des Gekreuzigten bringt die Klage vor Gott in verdichteter Form zum Ausdruck. Sie wird in zwei Passionsberichten überliefert (Mk 15,34 und Mt 27,46).

Manchmal entdecken Traumabetroffene den leidenden Gottesknecht als Bruder an ihrer Seite. Der ohnmächtige Jesus am Kreuz wird zum solidarischen Begleiter durch ihre Not. Darin liegt ein Trostpotenzial, das seit Jahrtausenden stets von neuem entdeckt wird. Der klagende, anklagende Christus wird zur Legitimation, die eigene Klage zu artikulieren oder hinauszuschreien. Es ist ein »Anschrei aus der Tiefe«. So titelt Erich Zenger eine Überschrift zu Ps 6 und Ps 44,[837] und diese Überschrift passt auch zu den Passagen in Ps 69,15–19.

### Die Bedeutung der Klage in den überlieferten Texten Israels

Über die Bedeutung der Klage sind die Forschungen Claus Westermanns[838] nach wie vor aktuell. Er nimmt das Exodus-Geschehen als grundlegend für die gesamte Theologie des Alten Testaments. Das Schreien der Unterdrückten ist für den Gott Israels die Motivation, einzugreifen und zu handeln. Die Klage gehört sozusagen konstitutiv zum Kommunikationsgeschehen des Gottesvolkes mit seinem Gott und zu dessen rettendem Eingreifen. Treffend formuliert Hubertus Schönemann: »Die biblische Klage zeigt einen alternativen Weg auf zwischen schweigender Ergebung und der Konsequenz, Gott den Abschied zu geben.«[839]

Die Alttestamentlerin Ulrike Bail hat wesentliche Aspekte der Klage herausgearbeitet in ihrem Buch »Gegen das Schweigen klagen«. Sie beschreibt beispiels-

836 MOOSBACH (1997, S. 1).
837 ZENGER (1996/2003, S. 143).
838 WESTERMANN (1983).
839 SCHÖNEMANN, Klage (AT), https://www.bibelwissenschaft.de/stichwort/23592/, 2012 (Zugriff am 20.02.2025).

weise die in Traumakontexten anzutreffende Sprachmacht der Gewalttäter und benennt demgegenüber die Klagepsalmen der Einzelnen als Widerstandstexte.[840]

### Die Klage in der Seelsorge

Es macht einen Unterschied, ob Betroffene in stillen Gedanken Gott anklagen, ob sie mit einem Menschen über ihre Klagegründe sprechen, oder ob sie die Klage direkt vor und zu Gott hin aussprechen, im Beisein von Zeugen: »Du, Gott ...!«, »Gott, Du hast mich allein gelassen! Warum warst Du nicht da, als ...?« Solch direkt an Gott gerichtete Klage setzt ein Gefühl von Sicherheit in der Seelsorge voraus. Georg Wagensommer weist auf den seelsorgerlichen Wert der Klagepsalmen, insbesondere als Sprachhilfe hin.[841] Es gibt viele Möglichkeiten, Klage auszudrücken. Manchmal kommt sie ganz unerwartet, wie in der Begegnung mit Irinas Vater im Kinderkrankenhaus.

### Fallbeispiel: Der Vater der vierjährigen Irina

Herr Sternberg, Diakon und Klinik-Seelsorger auf der Kinderstation, trifft Irinas Vater vor dem Krankenzimmer. Herr Sternberg hat selbst drei Kinder und kann darum den Schmerz der Eltern über ihre kranken Kinder nachfühlen. Der Klinik-Seelsorger und Irinas Vater sind sich noch nie zuvor begegnet. Zwei Ärztinnen sind gerade mit der Behandlung beschäftigt. »Ah, Sie sind Irinas Vater?« (*Irina steht an der Zimmertür.*) »Ja!« »Ich bin der Krankenhausseelsorger und wollte mal ›Guten Tag‹ sagen.« Vater und Seelsorger kommen schnell miteinander ins Gespräch. Irina habe Verbrennungen dritten Grades an den Füßen. In der Waldspielgruppe ist es zu einem Unfall gekommen. Ein Kochkessel mit Spaghetti sei gekippt und das heiße Wasser über Irinas Füße gelaufen. Zurück blieben Verbrennungen 3. Grades. Für jeden Verbandswechsel brauche es eine Vollnarkose, weil er so schmerzhaft sei. »Wie kann ...« beginnt Irinas Vater, der sich selbst unaufgefordert als »ausgetretenen, ungläubigen Katholiken, aber doch noch katholisch geprägt« bezeichnet. »Wie kann ...«, es verschlägt ihm die Sprache, das Weinen schüttelt ihn, »Wie kann ein liebender Gott so etwas zulassen? Dass ein so unschuldiges, kleines Mädchen, das keinem etwas zuleide getan hat ...«, und es schüttelt ihn erneut, »ein so unschuldiges Kind, das keiner Fliege etwas zuleide tut! Wie kann so ein Depp von einem Gott so etwas zulassen?!« Der Seelsorger spürt den Schmerz um seine Tochter, der sich in dieser zornigen Anklage Bahn bricht.

840 BAIL (1998, S. 31–49, S. 49–64).
841 WAGENSOMMER (1998).

Er erinnert sich an die Klagen Hiobs, an die klagenden Psalmbeter, er erkennt den Ausdruck eines erschütterten Gottvertrauens. Das alles sagt er nicht, überhaupt ist Irinas Vater dran mit Reden und Fragen. Längst haben sie sich von der Zimmertür entfernt, sind in einem geschützten Winkel des Krankenhausflurs stehen geblieben. Er lässt Irinas Vater Zeit. Es kommt noch etwas mehr. Aber das Wesentliche ist wohl gesagt. Dann sagt der Seelsorger, nachdem sich der Vater für seine Worte und seinen Gefühlsausbruch entschuldigt hat: »Manchmal müssen die Fragen, die in uns drin sind, auch raus. Das ist okay«, und schaut Irinas Vater an: »Gott hält Ihre Wut auch aus.« Irinas Vater wirkt erleichtert, sein Körper entspannt sich.

Am nächsten Tag sehen sie sich wieder, diesmal in Irinas Zimmer. Der Vater kommt mit freundlichem Gesicht auf den Seelsorger zu: »Wissen Sie, ich war so froh gestern, dass Sie da waren. Und ein Satz hat mich besonders erstaunt, der Satz ist mir geblieben, als Sie sagten: ›Gott hält Ihre Wut auch aus.‹ Danke, dass Sie das gesagt haben! Ich habe sogar meinem Freund gestern Abend beim Tennisspiel davon erzählt.«

In der Klage geht es oft darum, den Schrei nach Gerechtigkeit zu Gehör zu bringen. Das kann in einem seelsorgerlichen Akt geschehen. Das kann allein für sich geschehen, im Gebet. Kirchengemeinden bieten hin und wieder *Klage-Gottesdienste an.* Diese erfordern ein hohes Maß an Sensibilität des Leitungsteams, sorgfältige Vor- und Nachbereitung und genügend Helfer. Bei der Durchführung von Klage-Gottesdiensten[842] erleben Betroffene eine gewisse Anonymität (wie sie in großen Städten oder Kirchengemeinden gegeben ist) meist als Schutz. In kleinen Dörfern fühlen sich Betroffene oft zu ausgestellt, wenn ihre Klage Emotionen auslöst. Eine sorgfältige liturgische Einbindung, passende Musik und ein kleiner Gegenstand zum Mitgeben (wie eine Rose in ihrer Schönheit oder ein Senfkorn, das Hoffnung symbolisiert), können ihnen zu einem »Zeichen des Lebens« und zur Erinnerungsstütze werden, dass sie gehört wurden, dass sie in ihrem Schmerz nicht allein geblieben sind, dass ihr Leben kostbar ist oder dass ein winzig kleines »Senfkorn Hoffnung« manchmal genügt.

## Einen Klagepsalm schreiben

Es kann Betroffenen helfen, sich ihre Gedanken, gerade auch ihre Klagen »von der Seele zu schreiben«; vielleicht in ein ausgelegtes Buch für Gebete in einer Kirche, oder einen Eintrag ins Tagebuch, wo's keiner sieht. Vielleicht besteht die Möglichkeit, ihn in der Seelsorge vorzulesen oder in einer Gruppe vorzutragen.

842 BIELER (2000, S. 117–130).

## Räume der Klage, Orte der Klage

Seelsorgerinnen können sich von den Psalmen inspirieren lassen und Räume ermöglichen, wo die Klage sein darf: Eine Klagemauer im Kircheneingang, ein Buch mit leeren Seiten und der Einladung, ein Gebet, eine Bitte, einen Dank oder eine Klage niederzuschreiben, oder eine Pinwand für »Gebete und Klagen«. Besonders hilfreich sind Orte, die Anonymität gewährleisten. Denn oft wird eher weitab der eigenen Gemeinde etwas Neues gewagt, sei dies in einer Kirche, Spitalkapelle oder Wegkapelle. Hier wird das Angebot eher wahrgenommen als Raum für Bitten, Wünsche, Klagen, Anklagen, Rufen, Weinen, Schimpfen, Protestieren, Schweigen, Schreiben oder Zeichnen.

> Es ist eine Aufgabe der Seelsorge, Räume für die Klage bereitzustellen, um die Klage zu ermöglichen.

In ungewohnt frischer Sprache bringt Christina Brudereck auf den Punkt, wie sich ein Klagegebet anfühlen kann:

> *Rotzig beten*
> Ich habe schon oft nicht höflich gebetet.
> Sondern rotzig.
> Mit Klagepsalmen, Hiob und Jesus.
> Ehrlich. Mit Tränen. Mit Wut.
> Mit Schreien. Oder Seufzen.
> Oder Schimpfwörtern.
> Und habe mich dabei immer willkommen gewusst.[843]

Christina Bruderecks Texte sind lebensnah und sturmerprobt.

> Zusammenfassend lässt sich sagen: Bedeutende Fragen und Vorwürfe Traumabetroffener richten sich oft nicht an Menschen, sondern »an einen Gott, der Liebe sein soll, wenn es ihn denn gäbe«. Die Themen rund um die Anfragbarkeit und Einklagbarkeit Gottes und seine Gerechtigkeit werden im Theologiestudium in den verschiedensten Fächern erarbeitet.
>
> Diese Anfragbarkeit Gottes ist ein konstitutives Element jüdischen und in dessen Folge auch christlichen Glaubens.

843 BRUDERECK (2021, Text 23).

## 9.3 Die Bedeutung der Stimme (»Ganz heiser bin ich« – »Laut schreie ich«)

*Ganz heiser bin ich von meinem Schreien,* heißt es in Psalm 69,4. Die Psalmen sind Gebete und wollen als solche nicht nur still gelesen werden. Einerseits geht es darum, seine Stimme zu erheben, zu rufen, laut zu sein. Andererseits will der Mensch in all seinen Dimensionen gehört werden: Es ist der Mund, die Zunge und es sind die Stimmbänder, die die Worte aussprechen. Es ist der Atem, die Spucke, die sie formen. Es ist das Ohr, das sie hört. Es sind die Sinne, die die Sprachtexte formen und wahrnehmen. Das ist ein körperlicher Vollzug. Darum müssen, darum dürfen solche Worte hörbar gesprochen, gerufen oder geflüstert werden. Friso Melzer schrieb bereits 1952:

> »Lautes Lesen, laute Lesung [...] läutert den ganzen Menschen, zieht ihn in die Schwingungen der gelesenen Sprache und durchstrahlt ihn mit der Lebenskraft der Muttersprache. [...] Wer bei seinem geistlichen Dienst, der zugleich auch ein sprachlicher ist [...], selbst erfahren hat, wie die Sprache der Bibel als lebendige Sprech-Sprache lebt und wirkt, der versteht [...]: Nicht schweigendes Beäugen, sondern lautes Lesen und Hören allein prägt die heiligen Worte tief wirkend ins Herz und bildet dadurch den ganzen Menschen.«[844]

Wer in der Psychotherapie eine Traumakonfrontation durchläuft, bricht nicht selten aus ins Schreien, manchmal auch in emotionsgeladenes Anfragen und Anklagen von Tätern oder von Gott, manchmal ins Schluchzen über erlittenes Unrecht. Das Herausschreien von Unrecht scheint in Israel zur Zeit der Psalmenabfassungen und in heutigen Kulturen außerhalb Europas viel selbstverständlicher (gewesen) zu sein.

*Laut schreie ich zum Herrn, laut flehe ich zum Herrn; [...] Herr, ich schreie zu dir,* schreit der Psalmbeter in Psalm 142,1 und 6. Therapeuten haben den Sinn und die heilsame Wirkung des Herauslassens, des sogenannten emotionalen Durcharbeitens erkannt, das auch einmal lauthals geschehen kann. Auch in der Seelsorge darf das Raum bekommen. Psalmbeter haben eine Stimme, und sie gebrauchen sie. Betroffene von Traumafolgen dürften die Kraft ihrer Stimme wiederentdecken, falls sie unterwegs »verloren« ging.

---

844 MELZER (1952², S. 100 f, S. 102).

### Die Klage vor Gott in der Musik

Bekannte Musikbeispiele einer intonierten Klage sind das »Kommt ihr Töchter, helft mir klagen« aus Bachs Matthäus-Passion von 1727 (Eingangsstück); Das »Kyrie eleison« aus Bachs H-Moll Messe von 1748/49 (Eingangsstück); und das »Zion streckt ihre Hände aus, doch da ist niemand, der sie tröste« aus Mendelssohns Elias-Oratorium von 1846. Die Beispiele zeigen, dass es auch im deutschsprachigen Kulturraum eine Zeit gab, die die laut geäußerte Klage erlaubte.

## 9.4 Die Arbeit mit Selbstanteilen (»Was betrübst du dich, meine Seele?«)

Auf der Grundlage der Psalmen ist die Arbeit mit Selbstanteilen auch in der Seelsorge vorstellbar. Das Gespräch mit Selbstanteilen wurde im Teil I, Kapitel 5.4 vorgestellt. Dort wurden Beispiele aus den Psalmen besprochen, welche das Gespräch des Psalmbeters mit verschiedenen inneren Anteilen beschreiben.

Bei der Arbeit mit verschiedenen Selbstanteilen geht es darum, den verschiedenen inneren Stimmen Gehör zu schenken, ihnen Form und Gestalt zu geben, auf Abstand zu gehen und aus etwas Distanz einen klareren Blick für das Gesamtbild zu bekommen. Dabei wird es möglich, dass auch leise Selbstanteile eine Stimme bekommen oder Unliebsame sich zeigen dürfen. Michaela Huber spricht von der »Kunst des inneren ›Multilogs‹«.[845] Was sind das für Anteile, die sich da zeigen in den Psalmen?

Eindrücklich kommt das Gespräch mit eigenen inneren Anteilen in *Psalm 42,6.12 und Psalm 43,5* (Lut) zum Ausdruck (die zwei Psalmen bilden eine Einheit): Der Selbstanteil, der die eigene Seele fragt: *Was betrübst du dich, meine Seele?* –, kennzeichnet einen »Anscheinend Normalen Persönlichkeitsanteil« (ANP), der dem »Emotionalen Persönlichkeitsanteil« (EP) dreimal dieselbe Frage stellt. Der ANP, der den EP auffordert: *Harre auf Gott,* könnte mit Jochen Peichls Worten als ein »älterer, stärkerer und ressourcenvollerer Teil des Patientensystems [bezeichnet werden], der bereit ist, für den traumatisierten Anteil zu sorgen.«[846] Es ist ein starker Selbstanteil, der sich fürsorglich dem schwachen Selbstanteil zuwendet und geduldig fragt nach dem Grund seiner Trauer.

---

845 HUBER (2010, S. 79–84).

846 PEICHL (2011/2019$^3$, S. 897).

Wird es für den Psalmbeter – und für den Menschen in der Seelsorge – verstehbar, dass die verschiedenen Anteile alle im selben System und Körper leben und »sind sie bereit, alle zusammen in Richtung Heilung und Integration des ganzen Systems zu arbeiten?« Diese Frage aus der Ego-State-Therapie ist von zentraler Bedeutung im Genesungsprozess.

Die Fragen lassen sich auch im Seelsorgegespräch stellen und anhand von Psalmtexten wie oben beschrieben durcharbeiten.

Im Satz *Denn ich werde ihm noch danken, dass er meines Angesichts Hilfe und mein Gott ist* (Ps 42,6.12 und Ps 43,5, Lut) nimmt der Psalmbeter schließlich »das gute Ende« vorweg und imaginiert ein Ende der Misere und eine Wiederherstellung der Lebenskraft, die in Dankbarkeit seinem helfenden Gott gegenüber mündet. Der ANP stellt dem EP ein Vertrauensbild und Zukunftsbild vor Augen. Dreimal spricht der Psalmbeter seinem verzagten Selbstanteil dieses gute Ende und diese Wiederherstellung zu.

Etwas anderer Art sind die Aufforderungen an die eigene Seele (næfæš, Selbst), Gott zu loben und sich seiner Wohltaten zu erinnern. Diese Aufforderungen des ANPs zum Gotteslob ist eine Einladung an die EP zu einem Wechsel der Blickrichtung, weg von den Problemen, hin zu dem Gott, der im Himmel ist und Gutes tut (so in Ps 103,1–2.22; Ps. 104,1.35; Ps 146,1) und »schön und prächtig geschmückt ist und umgeben ist von Licht (Ps 104,1–2).

Eine andere Zielrichtung hat der Haupt-Persönlichkeitsanteil (ANP) in *Psalm 57* (parallel *Psalm 108*): *Wach auf, meine Ehre/Würde. Wach auf, Harfe und Zither. Ich will die Morgenröte wecken.*

Im diesem Psalmbild wird der liebevolle Umgang eines starken, zuversichtlichen Selbstanteils beschrieben, der sich um einem Selbstanteil, der sich nicht mehr gemeldet hat, kümmert. Der stärkere, liebevolle innere Anteil (ANP) »weckt« diesen wichtigen Selbstanteil, der eingeschlafen zu sein scheint (EP). In diesem Psalm ist es die eigene Ehre, die eigene Würde.

Ähnlich tönt es in *Psalm 62,6–8* (Lut), wo ein glaubensstarker und lebenszuversichtlicher Anteil zur eigenen Seele spricht und sie mit Bildern eines sicheren Ortes, mit Bildern der Bewahrung und Zuversicht sowie der Ehre tröstet: *Aber sei nur stille zu Gott, meine Seele; denn er ist meine Hoffnung.* Er ist mein Fels, meine Hilfe und mein Schutz, dass ich nicht fallen werde. Bei Gott ist mein Heil und meine Ehre, der Fels meiner Stärke, meine Zuversicht ist bei Gott.

In *Psalm 116,7* (Lut) heißt es: *Sei nun wieder zufrieden, meine Seele; denn der Herr tut dir Gutes.* Genauer übersetzt heißt es (Elb): *Kehre zurück, meine Seele zu deiner Ruhe! Denn der Herr hat dir Gutes erwiesen.* Da gibt es einen glaubensstarken inneren Anteil, der sich an überwältigende Erfahrungen der Rettung aus Todesnöten erinnert (s. vorausgehende Verse in Ps 116) und die eigene Seele, die unruhige *næfæš* mit hineinnimmt in diese heilsamen Erinnerungen und ihr die Rettungsbilder aus der Vergangenheit vor Augen malt. Diese nimmt er zum Anlass, ihr liebevoll zuzusprechen.

> So findet sich die Arbeit mit ANP und die EP bzw. die die Arbeit eines fürsorglichen, zuversichtlichen inneren Anteils mit traurigen, verzagten inneren Anteilen in verschiedenen Psalmen. Es ist jeweils die Aufforderung des einen Selbstanteils an einen anderen, wieder neu zu vertrauen oder aufzustehen, zu erwachen, zur Ruhe zu kommen oder Gott zu loben. Die verschiedenen Selbstanteile treten miteinander in Kontakt und helfen einander.
>
> Aufgrund dieser in obigen Psalmen beschriebenen Gespräche mit eigenen inneren Anteilen lässt sich auch in der Seelsorge mit solcherlei verschiedenen Selbstanteilen arbeiten. Da können sich glaubensstarke und zuversichtliche Anteile zeigen, die sich gerne um verzweifelte, versteckte oder »eingeschlafene« innere Anteile kümmern.

Anhand eines letzten Beispiels aus Psalm 77 möchte ich dies noch etwas ausführen. In Psalm 77 wird nicht nur das Gespräch *mit* einem Selbstanteil beschrieben, sondern gleichzeitig das Gespräch *über* einen Selbstanteil. Ein hartnäckiger eigener Anteil wird dort beschrieben:

Psalm 77,2–3 (Elb): *Meine Stimme ruft zu Gott, und ich will schreien! Meine Stimme ruft zu Gott, dass er mir Gehör schenke. Am Tag meiner Drangsal suchte ich den Herrn. […] Meine Seele weigerte sich, getröstet zu werden.*

Die Psalmverse lassen drei Selbstanteile erkennen: Die Stimme (Personalpronomen »sie«), der Psalmbeter (Personalpronomen »ich«) und seine Seele/Kehle (Personalpronomen »sie«):

»Die Seele« (næfæš) weigert sich, sich trösten zu lassen. »Die Stimme« als eigener Selbstanteil ruft zu Gott. »Das Ich« aber schreit, bis Gott ihm Gehör schenkt, sich das Selbsterleben ändert und Trost wieder möglich wird. Der Selbstanteil, der schreit, will getröstet werden, aber da ist gleichzeitig ein Selbstanteil, der sich weigert, getröstet zu werden. Diese Situation eröffnet verschiedene Gesprächsmöglichkeiten:

- Da ist ein starker Anteil, der schreit. Wie kam dieser Anteil zu seiner Stärke?
- Was gibt diesem Anteil die Kraft, zu schreien?
- Da ist ein Anteil, der Gott sucht. Was suchst du bei Gott?
- Da ist ein Anteil, der sich nicht trösten lassen will. Was empfindet dieser Anteil?
- Oder: Was empfindet der Wesensanteil, der sich nicht trösten lassen will?
- Wo spürt er das? Wie fühlt sich das an?

- Wie ist es dazu gekommen?
- Was würde ihm jetzt helfen?
- Gibt es etwas, das diese Untröstlichkeit auflockern könnte?
- Wie lange braucht dieser Wesensanteil, um sich zu öffnen?
- Was müsste geschehen, damit sich dieser Wesensanteil wieder öffnen kann?

Es ist auch vorstellbar, das Gespräch mit den inneren Anteilen in »Du«-Form zu führen: »Was empfindest du?« Seelsorge kann einen Raum eröffnen, verschiedene Selbstanteile ins Gespräch miteinander zu bringen. Das kann im Sinne der Psalmen geschehen, vor Gott. Das kann aber auch innerhalb eines Seelsorgegesprächs stattfinden.

So äußert eine Seelsorge-Empfängerin vielleicht: »Ich mag einfach nicht mehr. Am liebsten würde ich davonlaufen« Die Seelsorgerin könnte das aufnehmen im Sinne der Psalmen:

- Ein Teil von dir mag nicht mehr.
- Was sagt der Teil, der davonlaufen will?
- Gibt es auch andere Teile?
- Was sagen die anderen Teile?

Anschließend kann der ressourcenreiche Anteil gestärkt und gefestigt werden.

Weitere Anregungen für die Seelsorge:

- Betroffene können darin bestärkt werden, in ähnlicher Weise einen Psalm zu schreiben, in welchem die eigenen inneren Anteile miteinander ins Gespräch kommen.
- Die verschiedenen Selbstanteile lassen sich auch visualisieren und darstellen, beispielsweise mit Tierfiguren aus Holz.
- Bei einem Spaziergang im Wald könnte man die Selbstanteile mit Naturgegenständen des Waldes darstellen: Tannzapfen, Steine, Farn, Bucheckern und was sich alles finden lässt.

Auch in der Seelsorge ist es möglich, das Gespräch der Selbstanteile untereinander zu fördern, nach dem Muster und Beispiel der Psalmen.

Selbst die Gleichzeitigkeit verschiedener Selbstanteile und Seinszustände findet sich in den Psalmen abgebildet. Dazu gehört das Erleben von Gottverlassenheit und Gotteszuwendung, Zweifel und Zuversicht, Verzweiflung und Zukunftshoffnung, Untröstlichkeit und das innere Überzeugtsein von göttlichen Trostpotenzialen. Seelsorge weiß um diese Gleichzeitigkeit widersprüchlicher Emotionen, Kognitionen, Selbstanteile und Seinszustände und befähigt Betroffene, immer besser mit diesen multidimensionalen Ambivalenzen umzugehen.

Die Psalmen zeigen zudem: Ambivalenz und Ambiguität gehören konstituierend zum jüdischen und in dessen Folge auch zum christlichen Glauben dazu.

## 9.5 Singen und musizieren (»mit einem Lied«)

*Lobpreisen will ich Gott mit einem Lied,* ist die Absicht des betroffenen Beters in Psalm 69,31. Singen, Gesang und Musikmachen haben heilsame Kraft. Rahel berichtet, wie sie die Kraft der Musik erlebt hat.

### Fallbeispiel Rahel: Die Kraft des Gesangs und der Musik

Rahels Geschichte lässt sich mit Stichworten kurz umreißen: Glücklich verheiratet, drei Kinder, drei Mädchen, ihr Mann ein regional bekannter und geschätzter Politiker mit eigener Firma, beachtliches Einkommen, machte aber leider sehr viel Überstunden. Dann die Schreckensbotschaft: Ihr Mann saß in Untersuchungshaft. Grund: Er verlangte illegale sexuelle Handlungen von einer Prostituierten, zu der er regelmäßig Kontakt hatte. Diese zeigte ihn daraufhin an.

Rahel fiel aus allen Wolken. Bald folgte der nächste Schock: Ihr Familienname in dicken Lettern auf der Frontseite der Lokalzeitung, ein reißerischer Titel, sofort wussten alle in der Stadt Bescheid. Es folgte eine längere Zeit in Untersuchungshaft, in der es bei den Besuchen von Rahel zu Begegnungen von neuer Qualität und erstaunlicher Ehrlichkeit und Offenheit kam. Ihr Mann empfand seine Taten als unangemessen. Versöhnliche Momente wurden möglich.

Vier Monate später traf es Rahel umso mehr rauh und unvorbereitet: »Es tut uns leid, Ihnen mitteilen zu müssen, dass sich Ihr Mann letzte Nacht in der Zelle des Untersuchungsgefängnisses erhängt hat.« Sie saß da, im Besprechungsraum des Untersuchungsgefängnisses, und schaute fassungslos auf die Tischplatte (ein hellbeiger Kunststoff, mit einem 10 cm langen Riss am rechten Rand, beim Riss fünf kleine schwarze Punkte. Sie sah sie wieder, diese Tischplatte. Wenn sie jemandem davon erzählte, was sie eigentlich selten tat). Sie wusste nicht, was sagen, was fühlen. Später – Wochen später, Monate später, Jahre später – würde sie es so benennen:

Es zog ihr den Boden unter den Füßen weg. Widersprüchliche Gefühle kamen in ihr hoch: Hass, Wut, Ekel, Scham, Mitleid, Trauer, Schmerz, Anklage, Zukunftsängste. Alles durchmischte sich. Die Wut auf ihren Mann, die Wut auf die Presse, die Wut auf die Polizei, die Wut auf die Prostituierte, die Wut auf sich selbst. Mitleid mit ihren drei Mädchen, die jetzt vaterlos waren. Trauer über den mehrfachen Verlust ihres Mannes: als Weggefährte und Freund, als Ehemann,

> als Geliebter, als Vater ihrer drei Mädchen, als gesellschaftlich geachteter und wertgeschätzter Mensch, als Ernährer ihrer Familie. Und eine Verwirrung: Was ist wahr? Warum habe ich es so lange nicht gemerkt? Kann ich meiner Wahrnehmung noch trauen? Was ist Wirklichkeit? Verunsicherung. Alles schien zusammenzubrechen.
>
> Als die Seelsorgerin fünf Jahre danach fragte: »Was hat dir am meisten geholfen, diese Zeit zu überstehen?«, meinte Rahel nachdenklich: »Liebe Menschen, die trotzdem zu mir standen und für mich da waren. Die für mich beteten. Und etwas, das ich früher nie machte: Das Singen und Gott loben: Mit Klavierspiel und Gesang, in der Musikgruppe, aber auch alleine bei mir zu Hause. Da machte ich neue Erfahrungen. Es war manchmal, als ob Gott mich berühren würde. Da fühlte ich mich sicher und geliebt.«

Rahel fand einen Weg, mit ihrem Erleben umzugehen, trotzdem weiterzuleben und sich dem Leben zu stellen, mit all seinen Herausforderungen. Ihre Erfahrung mit dem Klavier, dem Musizieren, Singen und dem Gotteslob lässt sich nicht nachahmen. Doch es erstaunt, dass Gesang und Musik manchmal im tiefsten Leid geboren werden. Auch Songwriter und Komponisten verarbeiten oft schwierige Lebensphasen in ihren Texten und in ihrer Musik.

## Singen und Gesang

Die heilende Kraft des Singens und Gesangs ist nicht erst seit der Etablierung der »Musiktherapie« bekannt, sondern ist ein verbindendes Merkmal über Völker und Jahrtausende hinweg. Oder gibt es ein Volk, dessen Mütter und Ammen nicht singen und summen an der Wiege ihres Kindes, das den Schlaf nicht findet? War es nicht der Junge, David, der mit seiner Musik vor rund 3000 Jahren König Saul in seiner Schwermut tröstete und seine Stimmung erhellte?

Singen ist ein körperlicher Vollzug für den Ausdruck eigener Befindlichkeiten und oft auch ein körperlicher Vollzug des Glaubens: Die Sinne, das Hören, Sprechen, der Atem, die Stimmbänder, die Gemeinschaft – alles ist mitbeteiligt, alles sind leibliche Vollzüge.

Die Wiegenlieder haben es in sich. Kaum eines ist ohne Gottesbezug: Guten Abend, gut' Nacht; Lalelu, nur der Mann im Mond schaut zu; Weißt du, wie viel Sternlein stehen; Herr, bleibe bei uns – Sie alle thematisieren Gott, der zu seinen Menschen schaut und über ihnen wacht.

> Seelsorge kann die Freude an der Musik unterstützen. Seelsorgende können sich auch nach Lieblingsliedern erkundigen und die darin enthaltenen, oft

tröstlichen Textinhalte unterstützend aufnehmen. Singen kann Freiheitsgefühle generieren, lösend wirken und sogar revolutionäre Kraft entfalten.[847]

## 9.6 Dankbarkeit als Resilienzfaktor (»ein Danklied«)

*Ich will Gott groß machen mit einem Danklied,* bekennt der Psalmbeter in Psalm 69,31.

Dankbarkeit macht glücklich, fördert die inneren Kräfte, hilft, das Gute wahrzunehmen. Dankbarkeit ist ein Resilienzfaktor. Dankbarkeit ist eine Ressource. Wissenschaftliche Arbeiten zum Thema Dankbarkeit in der Psychotherapie legten Henning Freud und Dirk Lehr vor.[848] Hilfreiche Fragen auf dem Weg zur Traumabewältigung könnten sein:

- Gab es einen Menschen oder ein Wesen, das dir geholfen hat, zu überleben?
- Gab es ein Spielzeug, das dir Freude machte?

Auch Luise Reddemann lädt Menschen in ihrem Selbsthilfebuch für Traumabetroffene zur Dankbarkeit ein: »Überlegen Sie zum Beispiel, was Sie alles können, das nicht selbstverständlich ist, und welchen menschlichen oder nicht menschlichen Wesen Sie es verdanken, dass Sie es können.«[849] Eine Dankbarkeitspraxis senkt die Neigung zur Depressivität.[850]

Die anhaltende, überaus positive Wirkung von Dankbarkeit wurde in groß angelegten Studien sowohl bei psychisch Gesunden wie auch bei psychisch Kranken nachgewiesen.[851] Tobias Emmons schreibt der Dankbarkeit gar den höchsten Einfluss auf persönliches Wohlbefinden zu.[852] Dankbarkeit hat nicht nur die Kraft, negative Gefühle abzuschwächen, sondern regt darüber hinaus hilfreiche Emotionen an wie Glück, Zuversicht, Stolz und Wertschätzung.

Bewährte Methoden sind beispielsweise das Schreiben eines Dankbarkeits-Tagebuches oder das Schreiben eines Dankesbriefes (an das Leben oder an einen Menschen oder an Gott).

---

847 Von einer »singenden Revolution« sprach man in den Baltischen Staaten, s.: SMIDCHENS (2014).

848 FREUND/LEHR (2020).

849 REDDEMANN (2004/2009/2010$^5$, S. 126–127).

850 REDDEMANN (2011/2014$^8$, S. 51).

851 ESCH (2011/2017$^3$).

852 EMMONS (2007); https://greatergood.berkeley.edu/pdfs/GratitudePDFs/6Emmons-BlessingsBurdens.pdf (Zugriff am 22.02.2025), EMMONS (2016/2018).

### Oder mal auf der anderen Seite stehen: Menschen Grund zur Dankbarkeit geben

Matthias Müller schlägt als originelle Idee *»Random acts of Kindness«* vor. Das sind »unscheinbare oder unspektakuläre Taten der Freundlichkeit«. Es geht darum, anderen im Kleinen etwas Gutes zu tun, ohne dass diese erfahren, wer es war. Also beispielsweise jemandem eine Schokolade auf den Schreibtisch legen, ohne dass der Empfänger weiß, woher diese stammt.[853]

> Durch »Random acts of Kindness«, also durch »unscheinbare oder unspektakuläre Taten der Freundlichkeit«, wird ein Positionswechsel möglich, und durch die eigene kleine Tat werden andere dankbar oder erfreut. Menschen erleben sich selbst neu als wirksam. Sie können so im Kleinen Leben verändern, im Kleinen Freude bereiten, Ursache und Verursacher von etwas Schönem sein – und plötzlich stehen Menschen auf der Gegenseite ihrer eingeschliffenen Selbstwahrnehmung.

## 9.7 Staunende Anbetung, Gotteslob (»Ich will ihn rühmen«)

Psalm 69 mündet in ein gewaltiges Gotteslob – unerwartet und überraschend. *Ich will ihn rühmen,* heißt es in Ps 69,31. Dieses persönliche Gotteslob wird im Psalm noch gesteigert durch die Beschreibung des Gotteslobs der ganzen Schöpfung: *Himmel und Erde sollen ihn rühmen, die Meere und alles, was sich darin regt.*

Das Gotteslob richtet Sinne und Gedanken ganz auf Gott aus, im besten Fall selbst den Körper. Im Anschauen, Beschreiben und Bewundern des Angeschauten werden Menschen verändert. Gerhard von Rad weist insbesondere auf die Psalmzitate hin, die betonen, dass im Tod kein Gedenken Gottes und kein Lob Gottes sei und das Loben darum als Lebendigsein schlechthin zu interpretieren ist.[854]

Gotteslob lässt sich nicht auf Musik und Gesang begrenzen. Traumabetroffene fühlen sich bei konventionellen Formen des Gotteslobs manchmal überfordert, überfahren oder ausgeklammert (Kirchenmusik, Lobpreis). Das

853 MÜLLER, https://www.muellermathias.ch/single-post/dankbarkeit-kleiner-aufwand-mit-grosser-wirkung (Zugriff am 22.02.2025).

854 VON RAD (1958/1987[9], S. 367).

dort Besungene entspricht nicht ihrem Erleben. Betroffene merken schnell, welche Loblieder ihnen entsprechen. Es geht darum, eigene Wege des Gotteslobs zu finden. So kann Gotteslob auch aus dem stillen Betrachten einer Wiesenglockenblume entstehen, oder dem Staunen über Wolkenformationen.

Gotteslob, Anbetung, Kontemplation, stille Bewunderung, freudiges Besingen Gottes, herzhaftes Jauchzen, Tanzen und Springen vor seinem Angesicht – es ist ein Geheimnis wie bei Verliebten, was im Gotteslob eigentlich geschieht. Anbetung und Gotteslob geschieht um Gottes selbst willen, weil er so schön ist, weil er anbetungswürdig ist, weil er es wert ist, bestaunt und gerühmt zu werden.

Obwohl Gotteslob um seiner selbst willen geschieht, hat es positive Nebenwirkungen auf den Anbeter und die Anbeterin. »Nebenwirkungen« ist wohl der einzig adäquate Ausdruck.

> Im Gotteslob werden Bilder einer Gegenwelt dessen imaginiert, was Traumabetroffenen ansonsten vor Augen schwebt. Gottesanbetung und Gotteslob lässt Bilder von Schönheit, Glanz und Kraft entstehen, Bilder von Unversehrtheit, Hilfe und fließender Liebe.

## 9.8 Gottes Stimme hören

Psalm 91, 14–16 (Lut) formuliert eine direkte Gottesrede: »Er ruft mich an, und ich antworte ihm. Ich bin bei ihm in der Not. Ich will ihn herausreißen und zu Ehren bringen. Ich werde ihn sättigen mit langem Leben und werde ihm zeigen mein Heil.«

Das Grundbekenntnis zu Gott beginnt mit dem Wort »Höre«: *Schma' Israel – Höre Israel* (Dtn 6,4–5). Im Neuen Testament spricht Jesus von der Vernehmbarkeit seiner Stimme als Stimme des Guten Hirten: »Meine Schafe hören meine Stimme, und ich kenne sie, und sie folgen mir.« (Joh 10,27). »Christen sind Menschen, die erwarten, dass Gott zu ihnen redet«,[855] resümiert Rowan Williams (2002–2012 Erzbischof der Anglikanischen Kirche) in seinen Ausführungen dessen, was das Christsein heute ausmacht.

Mirjam Schade nimmt das »Hörende Gebet« als mögliche Gebetspraxis in der Seelsorge mit traumatisierten Kindern auf und erklärt, was sie darunter versteht.[856] Wir denken dabei, neben Beispielen aus der Bibel (wie verschiedene Psalmbeter, die die Stimme Gottes hörten, so Psalm 91,14–16), auch an zahl-

855 WILLIAMS (2023, S. 31).
856 SCHADE (2019, S. 445–448).

reiche Mystikerinnen und Mystiker wie beispielsweise Bernard von Clairvaux (1090–1153, aus dem französischsprachigen Raum), Gertrud von Helfta (1256–1301, aus Eisleben, dem deutschsprachigen Raum), Juliana von Norwich (1342–1413, aus dem englischsprachigen Raum) oder Theresa von Avila (1515–1582, aus dem spanischsprachigen Raum). »Durch die Jahrhunderte [gab es] immer wieder Menschen, die die Erfahrung machten, dass Gott mit ihnen redete. Das Überraschende ist daher weniger, dass Gott redet, denn wenn Gebet ein kommunikatives Beziehungsgeschehen ist, dann gehören auch Gottes Gesprächsanteile dazu und uns kommt die Aufgab des Hörens zu; überraschend ist vielmehr die Tatsache, dass viele Menschen weder erwarten, dass Gott ihnen tatsächlich antwortet, noch wissen, wie sie ihm aktiv zuhören können, oder ihnen nicht bewusst ist, auf welche vielfältigen Weisen er sich äußern kann.«[857]

Oft spricht Gott durch sein Wort, die Bibel: durch einen Text, eine Geschichte oder einen Abschnitt, der in die Situation passt und die Leserin oder den Leser ermutigt. Ebenso spricht er manchmal durch ein Lied oder eine Liedzeile, durch eine Predigt, durch andere Menschen, durch Eindrücke oder innere Bilder der Ermutigung. Oft spricht er auch durch Bilder draußen in der Natur zu uns. Wie aber unterscheidet sich die Stimme des »Guten Hirten« von allen möglichen anderen inneren und äußeren Stimmen?

> Die Stimme des »Guten Hirten« ist oft zart und leise, doch stets ermutigend und aufbauend, sowohl für den Einzelnen wie auch für die »ganze Herde«. Sie übt nicht Druck und Zwang aus, sondern führt in die Freiheit.

## 9.9 Die Wirkmächtigkeit Gottes (»Ich werde ihn herausreißen«)

Die Wirkmächtigkeit Gottes wird in biblischen Texten in stets neuen Bildern postuliert. Trotz aller Verborgenheit wird daran festgehalten, dass zuletzt die Tatkraft und Wirkmächtigkeit Gottes in unglaublicher Klarheit und Schönheit sichtbar werden wird. Diese Wirkmächtigkeit Gottes zeigt sich in seinem Wesen (s. Teil I, Kapitel 6.4 »Das Wesen Gottes«). Die häufigsten Metaphern sind Rettungsmetaphern, »die Gottes Wesen gerade im Gegenüber zu seinem

857 S. 445.

hilfsbedürftigen Geschöpf definieren und ihn als Schutz, Helfer und Retter auszeichnen.«[858]

### Gott, der den Menschen aus dem bodenlosen Abgrund und Schlund befreit (Metaphorik Ps 69 sowie Ps 91,15 [Lut]): »Ich will ihn herausreißen und zu Ehren bringen«

*Albani-Psalter, 1120 n. Chr.*

**Abbildung 18:** Albani Psalter, Handschrift, 1120/1130 n. Chr. (Abtei St. Alban in Hertfordshire; heutiger Standort: Dombibliothek, Hildesheim; © Dombibliothek Hildesheim, St. God. Nr. 1 (Eigentum der Basilika St. Godehard, Hildesheim), S. 49)

Der Albani Psalter wurde zwischen 1120 und 1130 n. Chr. in Hertfordshire, nordwestlich von London in der Benediktinerabtei St. Alban hergestellt (s. Abbildung 18). Er »gilt als eines der wichtigsten Werke romanischer Buchmalereien in England.« Heute befindet er sich in der Dombibliothek Hildesheim.

858 RECHBERGER (2012, S. 301).

Der Albani Psalter zeigt Christus, der die Menschen dem Schlund des Todes, dem Rachen der Vernichtung entreißt. Er, Christus, öffnet das Totenreich. In der Hand trägt er die Kreuzesfahne als Siegesfahne. Diese Darstellung, die auch in östlichen Kirchen zu finden ist, wird »Höllenfahrt Christi« genannt. Der Bildtitel der Darstellung lautet: *Descensus ad inferos,* manchmal auch: *Anastasis* (d.h., hinabgestiegen in die Hölle; Auferstehung). Der beschriebene Rachen des Abgrunds wurde zur Vorstellung der Verlorenheit schlechthin (bzw. der »Hölle«).

### *Chorakirche von Konstantinopel: Auferstehung – Anastasis, 1315 n. Chr.*

**Abbildung 19:** Anastasis – Auferstehung, Fresko im Deckengewölbe der Chorakirche, Konstantinopel, um 1315 n. Chr. (später: Istanbul) (Quelle: Till Niermann, https://commons.wikimedia.org/wiki/File:Anastasis_fresco,_Chora_Church,_Istanbul.jpg), »Anastasis fresco, Chora Church, Istanbul«, https://creativecommons.org/licenses/by-sa/3.0/legalcode)

Die Chorakirche in Konstantinopel, der damaligen Hauptstadt des Oströmischen bzw. Byzantinischen Reichs, wurde von 1315 bis 1321 restauriert und mit einem umfangreichen Bilderzyklus ausgeschmückt. Bei der Eroberung Konstantinopels durch die Osmanen wurde das Deckengewölbe übertüncht. Nach 1948 wurde das Deckengemälde wieder instandgesetzt.

Auf dem Fresko ist der auferstandene Christus, vom himmlischen Lichtschein umgeben (s. Abbildung 19). Der auferstandene Christus reicht Adam und Eva die Hand und reißt sie aus dem Todesrachen, aus der Grube, aus dem Grab. Psalm 69 klingt darin an: die Metaphorik des Todesrachens *(Herr, rette mich! Ich bin in tiefe Wasser geraten),* und Psalm 91: *Ich will ihn herausreißen und zu Ehren bringen.* Christus rettet aus dem Tod und dem Totenreich, und die Ersten, die seine Hand ergreifen, sind Adam und Eva. Dieses Bild wurde zu einem zentralen Bild ostkirchlicher und westkirchlicher Auferstehungshoffnung.

### *Ikone »Christus Resurrexit«*

**Abbildung 20:** Christus resurrexit (© AdobeStock/yoemll))

Der Ikonenmaler hat ein Bild im Stil der byzantinischen Ikonen und der ostkirchlichen Tradititon gestaltet. Es zeigt den Ausschnitt dieses Bildes, das sich in der Kunstgeschichte der Ost- und Westkirche über die Jahrhunderte durchgesetzt hat:

Jesus, den Auferstandenen, der sich hinabbeugt zu jenen, die in Tod und Dunkelheit auf ihn warteten, und ihre Hand ergreift – die Hand Adams und die

Hand Evas – um sie hinaufzuführen ins Licht und ins Leben (Abbildung 20). Es ist dieselbe Metaphorik wie im Albanipsalter und der Chorakirche, und wie in Psalm 69 (Abgrundtiefenmetaphorik) und Psalm 91,15: *Ich will ihn herausreißen und zu Ehren bringen.*

Der Aufenthaltsort der Toten ist hier als Grab gezeichnet, und die Symbole des Todes liegen unter Jesu Füßen. Er ist besiegt. Im Albanipsalter hingegen ist der Tod als Schlund oder Rachen gezeichnet. Gemeinsam ist den Bildern die nachtschwarze Dunkelheit des Abgrunds. Doch auch hier tritt Christus ein, umgeben vom Gold als Bild für die himmlische Herrlichkeit, und der Mandorla in Blautönen, dem Bild für königliche Würde und Kraft. Seine weißen Kleider – als Bild für die himmlische Klarheit und Herrlichkeit – sind luftig verweht und beschreiben damit die Dynamik, die die Todesstarre durchbricht. Während die durchbohrte Hand Jesu Christi Eva an die Hand nimmt, reicht er seine Linke Adam entgegen und zieht beide aus dem Abgrund des Todes heraus (Bildausschnitt bei Abbildung 20). Der von Goldtönen geprägte Hintergrund beherrscht die Szene, nicht Todesschatten und Grauen. Das Gold steht für die Praesentia Dei, die Gegenwart Gottes, die die Auferstandenen bald ganz umgeben wird.

> Das uralte Bild der Befreiung aus dem Schlund bzw. aus dem Rachen des Todes und aus der Dunkelheit des Lochs und des Grabes wurde zum Hoffnungsbild durch die Jahrhunderte: Es gibt keinen Abgrund, keine Tiefe und keine Dunkelheit, in die Christus nicht herabsteigen und den von ihm geliebten Menschen herausholen könnte. Es sind Bilder aus Psalm 69 und Psalm 91. In der Auferstehungshoffnung kumulieren sich die Vorstellungen von Gottes Befreiungswillen, seiner Wirkkraft und seiner Wirkmächtigkeit.
>
> Seelsorgerinnen und Seelsorger leben aus der Hoffnung und dem Vertrauen, dass diese Wirkmächtigkeit Gottes sich eines Tages in aller Klarheit zeigen wird.

# 10 Die Sakramente als sinnliche Vergewisserung des Heils

Christen haben die Möglichkeit, das Beziehungsgeschehen zwischen Gott und Mensch sehr konkret zu vollziehen: Im Sakrament und auch in Segenshandlungen. Diese können in der Einzel-Seelsorge vollzogen werden oder im Rahmen gottesdienstlich-liturgischer Feiern. Sakramente und Segenshandlungen sind eine sinnliche Vergewisserung des göttlichen Heils. Sie sind sinnliche Vergewisserung der göttlichen Zuwendung.

Die Sakramente sind heilige Handlungen des christlichen Glaubens. Das Sakrament ist jeweils mit einem Wort verbunden. Es vermag angesichts von Gefährdungen einen neuen Sinnkontext zu eröffnen.[859] Diese Handlungen beziehen den Körper und seine Sinne zentral mit ein, im Fließen des Wassers, im Essen und Trinken, in der segnenden Hand, die sich auf den Kopf legt, im Salböl, das Stirn und Hände berührt und seinen Duft verbreitet. Diese leibliche und sinnliche Erfahrbarkeit sind ein Spezifikum der Sakramente.

Gleichzeitig sind Sakramente Ressourcen der Kirche und Ressourcen des Glaubens. Denn die Kraft der zeichenhaften, heiligen Handlung übersteigt Worte und Wortlosigkeit, übersteigt Sprache und Sprachlosigkeit. Diese Kraft vermag auf einer anderen Ebene zu trösten, als Gespräche dies zu tun vermögen. Die Kraft liegt nicht allein in der Heiligen Handlung, nicht in der Heiligen Handlung an sich, sondern in dem, der sich darin mit-teilt und verschenkt: In Christus.

Je nach Kirche gelten sie als Sakrament, als Heilige Handlung, als Handlung gemäß biblischer Weisung oder als Segenshandlung. Die Rücksichtnahme auf die konfessionelle und kirchliche Zugehörigkeit der Betroffenen und der Respekt vor den Regeln der Konfession der Hilfesuchenden soll dabei stets Vorrang haben. Zur Ausübung der Sakramente braucht es die erforderliche Auto-

859 HAGEN/FRICK (2009/2011², S. 273).

risierung der eigenen Kirche. Je nach Kirchentradition stehen das Spenden der Sakramente und Segenshandlungen nur geweihten Priestern oder auch Laiinnen und Laien zur Verfügung.[860]

## 10.1 Die Taufe als Neubeginn

Die Taufe darf in der Tiefe ihrer Bedeutung nicht unterschätzt werden. Gerade in ihrem ursprünglichen Vollzug als ein Untertauchen des ganzen Körpers im Wasser. Die Taufe im Namen Jesu beinhaltet verschiedene Deutungsmöglichkeiten mit je eigener Metaphorik. Sieben verschiedene Metaphern für die Bedeutung der Taufe sind:

1. Ein Reinigungsbad im Sinne der jüdischen Mikwe, des Tauchbads, so, wie Johannes der Täufer sie praktiziert hat. Der Weg geht von unrein zu rein (Matth 3,5–6.11: Taufe im Jordanwasser).
2. Eine Inkorporation in den Leib Christi, also eine Aufnahme in die christliche Gemeinde, in die »Sanctorum Communio« (1. Kor 12–13).
3. Das Anziehen eines neuen Kleides. Dieses neue Kleid ist Christus (Gal 3,27).
4. Das Mitbegraben- und Mitauferweckt-werden mit Christus (Röm 6,3).
5. Das Mitsterben und Mitlebendiggemacht-werden mit Christus (Kol 2,12).
6. Empfang der Sündenvergebung (Apg 2,28).
7. Geistempfang (Matth 3,11; Joh 1,33; Apg 1,5; Apg 2,28).

Außerdem ist die Taufe geknüpft an die Aussage Jesu Christi, bei seinen Jüngern und den Getauften zu sein »alle Tage bis ans Ende der Welt« (Mt 28,20).

Wenn Menschen in die Seelsorge kommen, die das Geschenk der Taufe noch nicht empfangen haben (es gibt immer mehr Ungetaufte in Europa), so kann die Taufe eine Hilfe sein, gerade auch im Hinblick auf einen Schlussstrich unter eine belastende Vergangenheit. Dann wird der Taufakt zu einem starken Symbol für Neuwerdung, Neuschöpfung, neue Lebenskraft und Neu-Ausrüstung mit der *Dynamis* (Griechisch, übersetzt: Kraft) des Himmels.

Menschen, die vor Jahrzehnten als Kleinkind getauft wurden und sich nicht daran erinnern, kann eine Tauferinnerungs-Feier mit hineinnehmen in die bei der Taufe zugesagte neue Identität und Realität.

---

860 Die (sieben) christlichen Sakramente sind alle jüdischen Ursprungs: Passafest (Eucharistie/Abendmahl); Mikwe und jüdisches Reinigungsbad (Taufe), Teschuwa/Umkehr (Busse/Beichte), Priester- und Königssalbung (Krankensalbung), priesterliche Salbung, Einkleidung und Einsetzung (Priesterweihe) sowie der jüdische Eheschluss (christliche Trauzeremonie).

## 10.2 Die Beichte

Seelsorge bietet auch die Möglichkeit der Beichte. In den katholischen und orthodoxen Kirchen ist die Beichte ein Sakrament, das Bußsakrament (Lateinisch *confessio*). Die heilsame Wirkung der Buße bzw. der Beichte wurde auch in der evangelischen Kirche wieder neu entdeckt.[861]

Für Martin Luther gehörte die Beichte zum Zentrum seines Seelsorgeverständnisses. Zeitlebens hat er selbst gebeichtet, bei Pfarrer Johannes Bugenhagen in Wittenberg. »Luther lehnte mit den übrigen Reformatoren nicht die Beichte als solche ab, sondern die in seinen Augen falsche Beichtpraxis der damaligen Kirche. Aus dem gnädigen Angebot Gottes war ein Zwangsinstrument zur Knechtung der Gewissen geworden. Luther wollte, dass die Beichte stattdessen wieder zu einem freiwillig gebrauchten Hilfsmittel auf dem Weg der Christusnachfolge wurde. [Sie ist nicht als frommes Werk zu missverstehen, das Gott vom Menschen verlangt,] sondern vielmehr Gottes Angebot, sich das Evangelium ganz persönlich zusprechen zu lassen.«[862] Dadurch befreite er die Beichte von Skrupulosität und Ängstlichkeit, denn der Freispruch galt fortan als inhaltliches Zentrum und machte die Beichte damit »zu einer freudigen, ja fröhlichen Angelegenheit.«[863]

Ein oft gehörter Einwand argumentiert, die Sündenvergebung komme ja direkt von Gott, dazu sei kein Beichthörer, keine Beichthörerin, nötig. Luther argumentiert dagegen, die frohe Botschaft von der Freiheit von Schuld finde ihren Weg zum Betroffenen nur durch den Zuspruch eines Menschen: »Denn welchem willst du dein Gebrechen klagen denn Gott? Wo kannst du ihn aber finden denn in deinem Bruder? Der kann dich mit Worten stärken und helfen.«[864]

Dietrich Bonhoeffer argumentierte, ganz in dieser Tradition stehend, identisch. Der Freispruch und das Wort, das Leben schafft, findet der Christ im Wort, das von außen auf ihn zukommt. Das gilt für das gemeinschaftliche Leben wie für die Beichtpraxis. »Dieses Wort aber hat Gott in den Mund von Menschen gegeben, damit es weitergesagt werde unter den Menschen. […] Gott hat gewollt, dass wir sein lebendiges Wort suchen und finden sollen im Zeugnis des Bruders, in Menschenmund. Darum braucht der Christ den Christen, der ihm Gottes Wort sagt, er braucht ihn immer wieder, wenn er ungewiss und verzagt wird; denn aus sich selbst kann er sich nicht helfen […] Er braucht den Bruder als Träger und Verkündiger des göttlichen Heilswortes. Er braucht den Bruder.

861 ZIMMERLING (2014).
862 ZIMMERLING (2003, S. 65).
863 S. 66.
864 S. 66

[... denn:] Der Christus im eigenen Herzen ist schwächer als der Christus im Wort des Bruders.«[865]

## Die Metaphorik der Beichte

1. Von der Dunkelheit ins Licht.
2. Von der Verborgenheit in die Sichtbarkeit.
3. Vom Verschwiegenen zum Benannten.
4. Von der Ablehnung und Abspaltung (eigenen Fehlverhaltens) zur Annahme und Integration (in die eigene Geschichte).
5. Von der Hybris (Selbstüberhöhung) zur Bescheidenheit (Akzeptanz eigener Grenzen).
6. Von der Überlastung und Überforderung (mit eigener Schuld) zur Entlastung (weil Christus die Last übernimmt), bezeugt durch den Bruder, die Schwester.
7. Von der Ichbezogenheit (»Ich schaff alles selbst«) zur Gemeinschaft (»Ich brauche den andern, die menschliche Gemeinschaft.«).
8. Von der Isolation (»Incurvatus in se ipse«,[866] von der Selbstbezogenheit) zur Gottes-Gemeinschaft, bezeugt durch den Bruder, die Schwester.

Diese Metaphern betreffen teilweise auch das Erlösungsgeschehen selbst, das Christus jedem Menschen anbietet. Das Erlösungsgeschehen geschieht direkt zwischen Gott und Mensch. Dennoch kann die Beichte hilfreich sein. Die Beichte macht sichtbar und hörbar, was gewesen ist, was geschehen ist, wo eigene Schuld beteiligt war. Die Tat wird benannt, die Schwierigkeit ausgesprochen. Das Unansehnliche wird angeschaut, das Unannehmbare wird angenommen – da hilft der Blick des Bruders, der Schwester. Er wird zum Zeugen, zur Zeugin des Heils und der neugeschenkten Freiheit.

865 BONHOEFFER (1987/1997[25], S. 19–20).

866 Luthers Bezeichnung für den Menschen ohne Gott, bzw. den sündigen Menschen. »Incurvatus in se ipse« heißt »in sich selbst eingerollt, in sich selbst verkrümmt, in sich verschlossen, in sich selbst gefangen«.

## 10.3 Eucharistie und Abendmahl: Gebrochenes Brot für gebrochene Menschen

Im Christentum feiert die Gemeinde im Abendmahl und in der Eucharistie verschiedene Aspekte des Geschehens rund um das letzte Essen vor Jesu Kreuzigung und Auferstehung. Zu diesen Aspekten gehört das Feiern:

1. der Gemeinschaft (Communio, Kommunion),
2. des Dankes und der Dankbarkeit (Eucharistie),
3. des Bundesschlusses (»der neue Bund in meinem Blut«),
4. der Hingabe (»für euch«),
5. der Gebrochenheit (»mein Leib, für euch gebrochen«),
6. der Auferstehung und der kommenden Herrlichkeit (kabod): »Deinen Tod, o Herr, verkünden wir, deine Auferstehung preisen wir, deine Wiederkunft erwarten wir, bis du kommst in Herrlichkeit«,
7. des Sterbens und Auferstehens Jesu, dieses wird als Heilsereignis gefeiert und proklamiert.

Für die Einsetzung des Abendmahls, der Eucharistie, sind die Worte überliefert: »Der Herr Jesus, in der Nacht, da er verraten ward, nahm er *das Brot, dankte und brach es* und sprach: Das ist mein Leib, der für euch gegeben wird; das tut zu meinem Gedächtnis« (1. Kor 11,23–24). Das gebrochene Brot stellt seinen gebrochenen Leib dar.

Traumabetroffene vermag diese Metaphorik des Gebrochenseins anzusprechen, gerade die Gebrochenheit im Hinblick auf körperliche Aspekte. Dieses Gebrochensein kann gebrochene Knochen, gebrochene Zähne, zerplatzte Hautoberfläche, Blutungen und beschädigte innere Organe bedeuten wie auch einen gebrochenen Willen, ein gebrochenes Selbstvertrauen oder ein gebrochenes Herz. Traumabetroffene fühlen zuweilen in der Feier des Abendmahls oder der Eucharistie eine Verbundenheit mit ihm, der selbst körperlich gebrochen wurde.[867] Es ist eine Solidargemeinschaft der Blutenden, Verwundeten und Gedemütigten. Gleichzeitig rührt die Gebrochenheit Christi, und was sie für Einzelne zu bedeuten vermag, und was während der Eucharistie und des Abendmahls geschieht, an ein Geheimnis.

867 BIELER (2006, S. 80–90); KIRSCHT (2015, S. 175–189).

## 10.4 Die Wohltat der Salbung

Die Krankensalbung, die in vielen Kirchen ein Sakrament ist, wurde in den letzten vierzig Jahren auch in den Kirchen der Reformation wiederentdeckt.[868] Im Alten Testament wurden Priester, Könige und Propheten gesalbt (Die Priester s. Ex 29,7; Lev 8,7–9.12, u. a.; König Saul, David und Salomo s. 1 Sam 10,1; 16,13; 1 Chr. 11,2; 1 Kön 1,34–39, u. a.; der Prophet Elisa, s. 1 Kön. 19,16).

Von besonderer Bedeutung ist Psalm 23, der berühmte »Hirtenpsalm« – nach dem »Vaterunser« einer der bekanntesten biblischen Texte. Viele Menschen beten diesen Text im Hinblick auf sich selbst: »Der Herr ist mein Hirte, mir wird nichts mangeln. [...] Du salbst mein Haupt mit Öl und schenkst mir voll ein.« (Psalm 23,1.5)

Im Neuen Testament lesen wir vom Auftrag Jesu an seine zwölf Jünger in Markus 6,7–13 (ZB): »Und sie zogen aus und verkündigten, man solle umkehren, und sie trieben viele Dämonen aus und salbten viele Kranke mit Öl und heilten sie.« Jakobus 5,13–16 benennt das Salben als eine Möglichkeit für Kranke.

Daraus ergeben sich verschiedene Verständnisse und Amtsverständnisse. Mitglieder der evangelisch-reformierten Kirche werden in der Regel von einer Pfarrerin oder von Gemeindemitgliedern gesalbt, die mit der Handlung vertraut sind. Mitglieder der römisch-katholischen Kirche und weiterer Konfessionen empfangen die Krankensalbung als Sakrament aus der Hand des geweihten Priesters. Bei Unsicherheit, gerade in der Krankenhausseelsorge, beispielsweise bei orthodoxen, maronitischen, syrischen, armenischen, aramäischen, koptischen, äthiopischen oder eritreischen Christen und Christinnen lohnt es sich, die Zuständigkeit zu klären, falls Betroffene nach einer Salbung fragen: »Möchten Sie (oder: brauchen Sie) den Geistlichen ihrer Tradition?« Ihn zu rufen ist ein Liebesdienst und entspricht dem respektvollen interkonfessionellen Umgang.

Seelsorgerinnen begegnen immer wieder Menschen mit Traumafolgen, die unbearbeitet blieben oder nicht verheilt sind, gerade auch bei Sterbenden. Im Sterbeprozess können sich traumatische Erinnerungen nochmals in neuer Intensität melden. Die Salbung kann trösten durch Berührung und den Duft des Salböls, durch das Vertrauen auf Gott und die Vertrautheit mit der eigenen kirchlichen Tradition.

868 LIECHTI-GENGE (1996); FURLER (2004), https://www.gottesdienst-ref.ch (Zugriff am 23.02.2025); EVANGELISCHER OBERKIRCHENRAT (2001).

### Fallbeispiel: Frau Müller, Salbung einer 85-jährigen sterbenden Frau

Als die 85-jährige Frau Müller im Krankenhaus im Sterben lag, riefen ihre erwachsenen Kinder den befreundeten Geistlichen, einen römisch-katholischen Priester, Pater Max, wie sie ihn nannten. Frau Müller prägten traumatische Erinnerungen an den Zweiten Weltkrieg, Erlebnisse aus ihrer Jugendzeit, die nie ganz zur Ruhe gekommen waren. Pater Max verbrachte einige Zeit allein mit Frau Müller im Krankenzimmer. Die Gesprächsinhalte kennen nur er und Frau Müller. Dann rief Pater Max die Angehörigen zurück ins Zimmer und lud auch die zuständige Krankenschwester, die gerade kurz vorbeischaute und der Familie gut bekannt war, ein, mit der Familie zusammen an der Salbung teilzunehmen. Die evangelische Krankenschwester freute sich über diese »Gastfreundschaft« und war von der Salbung der sterbenden Frau Müller sehr berührt. Besonders als Pater Max das Gedicht »Von guten Mächten wunderbar geborgen« zitierte und alle Anwesenden, die das wünschten, salbte. Auch sie, die Krankenschwester.

Diese Salbung wurde zum heilsamen Erlebnis für alle Anwesenden, die Familienmitglieder und die Krankenschwester. Die Salbung half ihnen beim Prozess des Loslassens. Gleichzeitig fühlten sie sich berührt von etwas Größerem, das sie nicht in Worten ausdrucken konnten.

Manchen Menschen ist es bei belastenden Erinnerungen oder selbst bei fragmentierten Erinnerungen im Sterbeprozess möglich, sich mitzuteilen, etwas zu klären, mit Angehörigen Frieden zu schließen oder Tätern zu vergeben. Häufig jedoch entzieht sich das Geschehen den hinzugekommenen Angehörigen und auch Seelsorgenden. Gerade dann kann eine Salbung zum Zeichen der Präsenz des Einen werden, der das Verwundetsein bis in den Tod hinein durchlitten hat. Ein Gebet, eine Segnung mit Handauflegung oder eine Salbung kann ein starkes Zeichen sein, dass es eine größere Realität gibt als alles, was Menschen je verwunden kann.

Vor der Berührung, sowohl bei einer Segnung mit Handauflegung wie auch bei einer Salbung, ist es wichtig, die Betroffenen zu informieren und um Erlaubnis zu fragen: »Frau Müller, Ihre Kinder haben mich gerufen, um Sie zu salben. Ist es Ihnen recht, wenn ich Sie jetzt salbe und dabei Ihre Stirne und Hände berühre?« Gerade wenn die traumatische Erfahrung mit dem Durchbrechen körperlicher Intimitätsgrenzen verbunden war, kann jede Form von Berührung als unangenehm empfunden werden. Auch Sterbende können, falls sie nicht mehr sprachfähig sind, oft noch Zeichen der Einwilligung oder der

Ablehnung geben (zustimmendes Zwinkern mit den Augenliedern, schaudern, ablehnendes Brummen und ähnliche Äußerungen).

Ganz anders war es bei João. Er hatte das Leben noch vor sich – meinten seine Eltern bei der Geburt und in den ersten Lebensmonaten. João war ihr erstes und bisher einziges Kind. Doch es kam ganz anders. Belastend war das Geschehen diesmal für die jungen, betroffenen Eltern.

### Fallbeispiel João: Salbung eines sterbenden Säuglings im Kinderkrankenhaus

Sie standen dort unter Schock: Acht Monate alt war ihr Sohn João. Seit zwei Monaten wussten sie, dass seine Lebenserwartung »höchstens zehn Jahre« betragen würde. Und nun standen sie vor dem Kinderbettchen: Seine Kräfte würden nicht mehr lange ausreichen, hatten die Ärzte zu verstehen gegeben. »Wir lindern, so gut wir können. João soll keine Schmerzen haben.« Die Seelsorgerin, eine evangelische Pfarrerin, nahm Anteil, erfuhr von ihrer Herkunft: Aus Brasilien kamen sie, ihre Vorfahren seien Mennoniten gewesen. Sie sprachen neben Portugiesisch recht gut Deutsch, lachten, weinten. Ob sie wiederkommen soll, fragte die Pfarrerin. Ja, gerne! Am übernächsten Tag dachte die Seelsorgerin beim Besuch zum ersten Mal, seit sie im Krankenhaus arbeitete, an eine Salbung. »Soll ich sie anbieten?« fuhr es ihr spontan durch den Kopf. Sie beschloss, zunächst zuzuwarten mit diesem Angebot. Sie nahm Anteil, sprach mit Joãos Vater, der Mutter, der Großmutter. Alle waren sie anwesend.

Plötzlich fragte die Großmutter: »Würden Sie unseren João salben?« Die Seelsorgerin reagierte überrascht: »Ja, das kann ich gerne machen. Ich hole das Salböl.« »Wir haben das Heilige Öl schon hier«, bemerkte die Großmutter und zog ein kleines Fläschchen mit Öl aus ihrer Handtasche. Die Seelsorgerin erklärte kurz das Vorgehen und lud die Eltern und die Großmutter ein, ihr Kind auch zu salben, wenn sie das möchten. Sie sagten sofort zu. Die Seelsorgerin nahm sich daraufhin etwas Zeit und legte sich innerlich eine Liturgie zurecht:

Einstiegsworte, Psalmwort mit Vertrauensmetaphorik, Salbung mit den traditionellen Worten, Salbung durch die Eltern, persönlicher Zuspruch an João für seinen vor ihm liegenden Weg, gemeinsames Vaterunser und einen Segen für alle. Sie würde auf eine ruhige Atmosphäre achten, langsam sprechen, wenig Worte machen und zwischendurch auch der Stille genügend Raum geben.

Die Seelsorgerin begann und sprach dabei auch den achtmonatigen João an: »João, wir salben dich jetzt. Es ist ein Zeichen für Gottes Liebe. Ein Zeichen dafür, dass Du sehr kostbar bist.« Dann salbte sie das kleine Kind an Stirn und Händen. Danach reichte sie das Salböl der Mutter. Joãos Mutter salbte João an Stirn und

Händen, da streifte die Großmutter schnell die Söckchen ab, hielt der Mutter Joãos Füßchen hin und nickte ihr zu. Anscheinend war das in ihrer brasilianischen Gemeinde so Brauch. »Natürlich, auch die Füße!« flüsterte die Pfarrerin auf den fragenden Blick der Mutter zu ihr hin. Nach der Mutter salbten auch Joãos Vater und seine Großmutter den kleinen João. Die Seelsorgerin blieb noch kurz, eine andächtige Stille erfüllte den Raum. Dann hatte sie den Eindruck, es wäre gut, sich jetzt zu verabschieden.

Am nächsten Tag wurde sie gerufen: João sei gestorben. Ob sie eine Abschiedsfeier für die erweiterte Familie gestalten könnte, er würde bald vom Bestattungsunternehmen abgeholt. Als die Pfarrerin für die Aussegnung und Abschiedsfeier bei João ankam, war bereits eine erweiterte Familiengemeinschaft zusammengekommen, um sich von João zu verabschieden. Die Großmutter nahm die Pfarrerin in Empfang mit den Worten: »Eine halbe Stunde, nachdem sie gegangen sind, ist João gestorben. Eine halbe Stunde nach der Salbung. Es war, als ob er nur noch darauf gewartet hätte.«

Wir wissen nicht, was in Säuglingen alles vor sich geht. Es bleibt wohl ein Geheimnis. So wie beim kleinen João. Für die Eltern und Großeltern war die Salbung wichtig:

- Sie erlebten sich – mitten im Verlust, Loslassen und Sterben ihres Kindes eingebettet in die Glaubens-Gemeinschaft und die Glaubens-Vollzüge, die sie aus ihrer Herkunftskirche und ihrem Herkunftsland kannten (kirchliche Zugehörigkeit, sakramentale Handlung).
- Sie erlebten die Gegenwart eines »noch Größeren« als das, was sich benennen lässt (Glaube, Transzendenz).
- Dieses Erleben stärkte sie darin, ihren Sohn »in guten Händen« zu wissen, auch über den Tod hinaus (Vertrauensbilder).
- Dieses Vertrauen half ihnen beim Loslassen ihres acht Monate alten Sohnes (Trauerprozess).
- Der feine Duft des Salböls prägte sich ihnen besonders ein (als Wohlempfinden, als körperlich-sinnliche Wohltat).
- Die Möglichkeit, auch selbst João zu salben, mit eigenen Händen das Öl zu spüren und seine Haut, nahm ihnen die Ohnmachtsgefühle. Sie wussten danach: Wir haben für unser Kind etwas Gutes, Liebevolles getan (eigene Handlungsfähigkeit, Möglichkeit der Einflussnahme und Mitgestaltung).

Das alles kann die Resilienz der zurückbleibenden Eltern und Großmutter stärken in dieser schweren Zeit des Abschiednehmens und der darauffolgenden Trauer.

Eine andere Situation erlebte Laila, eine junge Frau. Die Traumafolgen hatten sich bei einem Ferienjob erstmals gezeigt und nahmen viel Kraft in Anspruch. Nach einigen Gesprächen mit Freundinnen begann Laila eine Psychotherapie.

### Fallbeispiel Laila: Salbung nach abgebrochener Psychotherapie

Laila war Studentin der Sinologie. In ihrer Freizeit besuchte sie manchmal Veranstaltungen der katholischen Studentengemeinde. An einem solchen Anlass hatte sie Schwester Esther kennengelernt. Mit der Zeit wuchs eine Beziehung, und Laila ging zu Sr. Esther, wenn sie geistlichen Beistand brauchte. Sr. Esther lebte in einer ökumenischen Gemeinschaft als Ordensfrau. Sie hatte verschiedenste Weiterbildungen absolviert und mit ihren fast siebzig Jahren eine reiche Lebenserfahrung, das beeindruckte Laila. Lailas Psychotherapie, die neben dem Studium herlief, war ins Stocken geraten. Sie beschloss, mit Sr. Esther darüber zu reden.

Trotz hoher Motivation zur Psychotherapie und anfänglichen Therapieerfolgen häuften sich zusehends die Probleme in den Therapiesitzungen: Eine Welle von Missverständnissen ließ Laila mehrmals mit schlechten Gefühlszuständen zurück, die sich bis ins Unerträgliche steigerten. Dann sprach auch Lailas Psychotherapeutin von »Verstrickungen«; sie wurde durch Laila zu sehr mit ihrer eigenen Geschichte konfrontiert und meinte, es wäre wohl besser, die Therapie abzubrechen. Laila war verzweifelt. Einerseits empfand sie den Abbruch der Therapie durch die Psychotherapeutin als Ablehnung; andererseits war die Psychotherapie so etwas wie »ihr letzter Strohhalm« gewesen, von dem sie sich eine Besserung ihrer unaushaltbaren inneren Zustände erhoffte.

Als Sr. Esther so zuhörte, kam ihr eine Idee: »Möchtest du gesalbt werden? Wir können Gott ja auch um Heilung und Hilfe bitten für psychische Belange, auch für den psychotherapeutischen Prozess.« Laila stimmte zu. Sie kannte die Krankensalbung aus ihrer eigenen Kirche, in der jeweils in der Passions- und Adventszeit ein Salbungs-Gottesdienst angeboten wurde.[869] Die Salbung durch Sr. Esther war begleitet von einem einfühlsamen Gebet.

Auf dem Heimweg erinnerte sich Laila an den Namen einer Psychotherapeutin, die ein Freund ihr einst genannt hatte. Es war eine Therapeutin mit tiefenpsychologischer Grundausrichtung und Weiterbildungen in verschiedenen traumafokussierten Psychotherapie-Methoden. Beim Gedanken an diese Therapeutin wurde Laila innerlich ganz ruhig: Sie würde sich bei dieser Frau melden.

869 LIECHTI-GENGE (1996).

Der feine Duft des Salböls vermischte sich auf dem Nachhauseweg mit einer wachsenden inneren Entschlossenheit. Das Telefonat mit der »neuen« Psychotherapeutin war vorerst ernüchternd: Sie sei leider ausgebucht. Doch nach zwei Anläufen klappte es. Während der dreijährigen Therapie konnte sich Laila erstmals von ihrem gutbezahlten Ferienjob lösen, der ihr Traumaerleben triggerte, und nach einer regulären Teilzeit-Arbeitsstelle suchen, die sie besser mit dem Studium vereinbaren konnte und die ihr besser entsprach. Sie konnte sich den Schatten der Vergangenheit stellen und sich von ihnen mehr und mehr verabschieden.

Im Rückblick empfand Laila die Salbung als Durchbruch auf ihrem Weg zu psychischer Stabilität und Gesundheit, der sich zunächst als Weg hin zu einer neuen Psychotherapie-Erfahrung mit gelingender therapeutischer Beziehung gestaltete. Als die Zeit reif war, konnte sie abgeschlossen werden.

Das Beispiel, das Schwester Esther hier zur Verfügung stellt, zeigt dreierlei:

1. Eine Salbung oder Krankensalbung kann nicht nur bei Sterbenden, sondern auch »mitten im Leben« Sinn machen.
2. Eine Salbung oder Krankensalbung ist nicht nur bei körperlichen, sondern auch bei psychischen Krankheiten wie einer Traumafolgestörung möglich.
3. Und schließlich zeigt Lailas Beispiel: Psychiatrie, Psychotherapie und Seelsorge schließen sich nicht aus, sondern ergänzen sich. Keine Fachdisziplin kann die andere ersetzen!

## Weitere Sakramente und sakramentale Handlungen

Es werden hier nicht alle Sakramente und sakramentalen Handlungen besprochen, da nicht alle für das Seelsorgehandeln im Rahmen der Bewältigung von Trauma- und Stressfolgen von gleicher Bedeutung sind wie die oben besprochenen. Zu den weiteren Sakramenten und sakramentalen Handlungen gehören die *Firmung* als Geistempfang und die *Konfirmation* als Glaubensbestätigung, die *Ehe*, die *Priesterweihe* und die *Ordination* zum Pfarramt oder Diakonieamt.

> Die Sakramente sind (gegenüber Psychotherapien) ein einmaliger Schatz der christlichen Kirchen. Sie können sowohl in gottesdienstlichen Feiern seelsorgerliche Wirkung entfalten wie auch im Einzelgespräch. Die Sakramente können zu einer sinnlichen Vergewisserung des Heils werden.

# 11 Der Segen

Der von Gott zugesprochene Segen und der Auftrag, zu segnen, eröffnet vielfältige Möglichkeiten in der Seelsorge. Ein Ursprung aller Segensworte ist *der Aaronitische Segen,* wie er in Numeri 6,22–27 überliefert ist. Der Segen ist jüdischen Ursprungs und wurde von den ersten »Christen«, die alle Juden waren, selbstverständlich weiterhin gespendet und empfangen.

Die Erfahrung, wie sehr der Segen als persönlich zugesprochenes Wort Menschen prägen kann, beschreibt Magdalene Frettlöh anhand der Worte einer betroffenen Frau:

> »Manchmal«, sagte sie, »komme ich nur zum Gottesdienst, um am Ende mit dem Segen nach Hause gehen zu können. Wie ein warmer Mantel umhüllen und beschützen mich die Worte vom leuchtenden Angesicht Gottes außerhalb der Kirchenmauern. Und in der letzten Zeit kommt es schon einmal vor, dass ich meinen Enkelkindern einen Segenswunsch mit auf den Schulweg gebe oder über dem frischen Brot ein Segensgebet spreche, bevor ich es anschneide.«[870]

Durch das Verständnis des Priestertums aller Gläubigen (Exodus 19,6; 1 Petr 2,9), dürfen alle Christen zu Segnenden werden, wie diese Großmutter für ihre Enkel. Der kürzeste Segen ist wohl das schweizerdeutsche »B'hüet di Gott!« und das Bayerische und Österreichische »Pfiati Gott«. Aber auch das Begrüßungswort »Grüezi« kommt von »Gott grüße dich«, was ein Segenswort ist: »Gott segne dich!« So gibt es den alltäglichen Segen und den spezifischen Segen.

Wie es ist, zu segnen, erlebte die Pfarrerin Sabine Fröhlich im Krankenhaus auf der Neugeborenen-Station:

870 FRETTLÖH (1998/1999³, S. 13).

## Fallbeispiel: Sabine Fröhlich begegnet einer Mutter und ihrem Neugeborenen

Die Krankenhausseelsorgerin Sabine Fröhlich besucht Angelina Pozzi, eine Wöchnerin mit ihrem neugeborenen Kind. Sie sei zu müde zum Reden, signalisiert die Mutter, die einige Strapazen hinter sich hat.[871] Ihr neugeborenes Kind schläft friedlich in seinem Kinderbettchen. »Möchten Sie, dass ich ihr Kind segne?« fragt Pfarrerin Fröhlich die Mutter des Neugeborenen, Frau Pozzi. »O ja!« ruft diese aus, und ungehemmt fließen die Tränen über ihr Gesicht. Nach dem Segen bedankt sich die Mutter mit einem Lächeln im Gesicht.

»Eigenartig«, denkt Pfarrerin Fröhlich, die auf der Neugeborenen-Station arbeitet, »wenn ich die Mütter fragte, ob ich ihr Kind segnen soll, haben bisher alle ›Ja‹ gesagt.«

Es gibt viele Möglichkeiten, einen Segen zu sprechen oder zu empfangen. Sei dies ein »gewöhnlicher Gruß«, der die Kurzform eines Segens ist, sei dies ein persönlicher Segen mit Handauflegung, oder sei dies als fester Bestandteil einer gottesdienstlichen Liturgie, sei dies als heilsames Ritual im Haus, wie Morgensegen, Abendsegen, Tischsegen und Brotsegen, oder sei dies beim Abschied von Kindern, die aus dem Haus gehen und die Mutter oder der Vater sagt ein liebevolles Wort, ein »B'hüet di Gott« oder zeichnet ihm ein Kreuzzeichen auf die Stirn.

Seelsorger in Krankenhäusern kommen auch in die Situation, in der Menschen oder Angehörige nach einem *Sterbesegen* verlangen oder um eine *Aussegnung* (nach dem Todeszeitpunkt) bitten. Der Segen passt bei alltäglichen Situationen wie auch bei potenziell traumatogenen Ereignissen.

Segensworte sind »Worte, die das Gute in uns benennen, Worte, die uns auf unsere Möglichkeiten hin ansprechen. Worte, die uns herausführen aus der Angst, der Enge und Not. Worte, die uns lösen aus den krankmachenden Gedanken und Strukturen. Worte, die uns schützen. Worte, die uns trösten. Worte, die uns Mut machen. Worte, die gut zu uns sind. Worte, die Heilsames Bewirken.«[872]

»Gewalt, Tod und Grenzüberschreitung konfrontieren mit den zerstörenden, drohenden, diabolischen Potentialen menschlicher Existenz. […] Die Kontrol-

871 Geburten können für die Gebärende sowohl Traumafolgen verursachen wie auch alte traumatische Erfahrungen triggern. Hebammen werden heute vermehrt auf diese Problematik hin sensibilisiert und vorbereitet, im Bewusstsein, dass das Geburtsgeschehen selbst nicht viel Raum für die Traumaverarbeitung bietet.

872 REDDEMANN (2004/2009/2010[5], S. 27, nach einem Zitat von Armin Beuscher).

le des Handelns ist verloren gegangen. Es besteht ein hoher Grad an Heilungsbedürftigkeit, um Angst und Grauen zu bannen. Rituale, in denen eine vertraute und zugleich mächtige Sprache gesprochen wird (liturgische Formen, Gebete, Psalmen), ermöglichen eine Gegenwelt und sichern [...] einen überlebensnotwendigen Schutzraum.«[873]

> Der Akt des Segnens ist eine einmalige Möglichkeit jüdischer und christlicher Seelsorge.
>
> Segenshandlungen sind ein Spezifikum der Seelsorge (gegenüber Psychotherapien). Sie gleichen Wegzehrungen im Alltag wie auch in Zeiten der Not. Im Segen verbindet sich ein kraftvolles Wort der Zusage mit einer bedeutungsvollen Geste, beispielweise der Handauflegung.

873 ROESSLER (2007/2016³, S. 466–467).

# 12 Der Glaube Traumabetroffener verändert sich

Nach traumatischen Erfahrungen wird vieles anders. Dazu gehört auch das eigene Weltbild, die Wahrnehmung der eigenen Positionierung im (Welt-)Geschehen und der Glaube, die eigene Spiritualität, die eigene religiöse Prägung.

## 12.1 Elementarisierung des Glaubens

Häufig führen Traumafolgen nicht nur zu einer Veränderung, sondern erstaunlicherweise auch zu einer Elementarisierung des Glaubens. Dazu ein Beispiel aus der jüngeren Kirchengeschichte:

Das Lied *Von guten Mächten wunderbar geborgen*[874] von Dietrich Bonhoeffer ist vielen Christen bekannt, die Entstehungsgeschichte weniger. Dietrich Bonhoeffer verfasste das Gedicht 1944 im Gefängnis, seit 18 Monaten in Haft, aber gerade verlegt ins Kellergefängnis der Gestapo an der Prinz-Albrecht-Straße in Berlin. Seinem Brief vom 19. Dezember 1944 an seine Verlobte Maria von Wedemeyer fügte Bonhoeffer »ein paar Verse, die mir in den letzten Abenden einfielen [als] Weihnachtsgruß für Dich und die Eltern und Geschwister«[875] an. Es ist sein letzter Brief an Maria und gleichzeitig sein letzter erhalten gebliebener theologischer Text. Bonhoeffers Gedicht wurde, nicht zuletzt durch zahlreiche Vertonungen von inzwischen mehr als 70 Komponisten, berühmt. Die erste und letzte Strophe, vielleicht auch Teile der zweiten Strophe, nehmen Bezug auf Psalm 91:

---

874 GESANGBUCH DER EVANGELISCH-REFORMIERTEN KIRCHEN der deutschsprachigen Schweiz, 1998, Nr. 353 und 550; EVANGELISCHES GESANGBUCH, Bayern/Thüringen, München/Weimar, 1994, Nr. 65 und 637.

875 VON BISMARCK/KABITZ (1992/2013, S. 209).

| | |
|---|---|
| 1. Von guten Mächten treu und still umgeben | Ps 91,4a-b.11 |
| Behütet und getröstet wunderbar | Ps 91,4a-b |
| So will ich diese Tage mit euch leben | |
| Und mit euch gehen in ein neues Jahr. | Jahreszeit-Bezug |
| | |
| 2. [...] Ach Herr, gib unsern aufgeschreckten[876] Seelen | Ps 91,5a |
| Das Heil, für das Du uns geschaffen hast. | Ps 91,16b |
| | |
| 7. Von guten Mächten wunderbar geborgen | Ps 91,11 |
| Erwarten wir getrost, was kommen mag. | Ps 91,8.10 |
| Gott ist mit uns am Abend und am Morgen | Ps 91,5.15b |
| Und ganz gewiss an jedem neuen Tag. | Ps 91,16b |

Zum Zeitpunkt der Niederschrift war nicht nur Dietrich Bonhoeffer im Gefängnis, sondern auch sein älterer Bruder Klaus Bonhoeffer, Hans von Dohnanyi (der Mann seiner Schwester Christine) und Rüdiger Schleicher (der Mann seiner Schwester Ursula). Dietrichs Zwillingsschwester Sabine war seit 1938 mit ihrem jüdischen Mann in Großbritannien. Sein älterer Bruder Walter war bereits 1918 an der Westfront gefallen. Das Leiden in der Familie Bonhoeffer hatte sich kumuliert »bis zur Grenze der Belastbarkeit und darüber hinaus«,[877] wie Bonhoeffers Vater Karl Ludwig Bonhoeffer, selbst langjähriger Nervenarzt und Chefarzt in Breslau und Berlin, später vermerkte.

Im ersten Abschnitt des Briefes aus dem Gefängnis schrieb Dietrich Bonhoeffer an seine Verlobte: »So habe ich mich noch keinen Augenblick allein und verlassen gefühlt. Du und die Eltern, Ihr alle, die Freunde und Schüler im Feld, Ihr seid immer ganz gegenwärtig. [...] Wenn es im alten Kinderlied von den Engeln heißt: ›zweie, die mich decken, zweie, die mich wecken‹, so ist diese Bewahrung am Abend und am Morgen durch gute unsichtbare Mächte etwas, was wir Erwachsene heute nicht weniger brauchen als die Kinder.«[878] Dieses »alte Kinderlied von den Engeln« lautet:

Abends will ich schlafen gehn
vierzehn Engel um mich stehn:
Zwei zu meiner Rechten
Zwei zu meiner Linken

---

876 So im ursprünglichen Wortlaut der Handschrift im Brief an Maria von Wedemeyer, VON BISMARCK/KABITZ (1992/2013, S. 209).

877 SCHULT (2024, S. 269–287).

878 VON BISMARCK/KABITZ (1992/2013, S. 208).

Zwei zu meinen Häupten
Zwei zu meinen Füßen
Zweie die mich decken
Zweie die mich wecken
Zweie die mich weisen
zu Himmels-Paradeisen.

*Engelbert Humperdinck* (1854–1921)[879]

In Zeiten großer Not kann es zu einer Elementarisierung des Glaubens kommen. Gemäß den weiteren Strophen seines Gedichts *(Und reichst du uns den schweren Kelch, den bittern, des Leids gefüllt bis an den höchsten Rand)* verflocht Bonhoeffer die Erfahrungen des »bitteren Kelches« mit diesen Bildern des Trostes: Bilder von Schwingen, die bedecken und Flügeln, die Zuflucht gewähren, Bilder von Bewahrung und Behütetsein, von Engeln am Bett, oder gar von Engeln am Kinderbett, Bilder einer treuen und stillen Gegenwart guter Mächte, die ihm die Kraft gaben, durchzuhalten. Bilder, die in der eigenen Kindheit Trost vermittelt hatten, wurden wieder aktuell.

## 12.2 Differenzierung des Glaubens

Umgekehrt geschieht durch Traumafolgen oft auch eine Differenzierung bisheriger Glaubensinhalte. Vormals Selbstverständliches hält der neuen Schreckenserfahrung nicht stand, und eine Suchbewegung setzt ein. Eine Betroffene formulierte ihre – auch theologische – Frage so: »Was hält stand, wenn nichts mehr standhält?«

Betroffene machen sich auf die Suche nach neuen Formen des Glaubens oder der Spiritualität, wechseln vielleicht sogar ihre Kirchenzugehörigkeit, gerade nach Traumatisierung im kirchlichen Rahmen. Betroffene formulieren ihren Glauben neu, sie formulieren ihn um: Was glaube ich wirklich? Was glaube ich heute? Was habe ich vom Glauben meiner Kindheit über Bord geworfen? Was trägt im Leben und im Sterben – nach meiner heutigen Erkenntnis?

> Katastrophen können sowohl zu einer Elementarisierung wie auch zu einer Differenzierung des Glaubens führen. Diese Prozesse können Jahrzehnte oder ein ganzes Leben lang andauern.

879 HUMPERDINCK (1914, S. 49).

Diese Schritte gehen Betroffene manchmal allein. Manchmal suchen sie in der Seelsorge ein Gegenüber, eine Gesprächspartnerin, die sie bei dieser Suchbewegung begleitet.

# 13 Identifikationspotenziale in den Psalmen

Die Psalmen können zu Texten mit Identifikationspotenzial werden, beschreibt Sigrid Eder.[880] Fulbert Steffensky formuliert treffend: »Die Sprache der Psalmen ist eine Sprache für alle, nicht nur für religiöse Menschen, weil sie die Grundsituationen des Lebens benennt: das Glück, den Schmerz, den Tod, die Einsamkeit und die Gefährlichkeit, die Lebensrettung und die Hoffnung. Welch ein Reichtum, eine solche Sprache zu haben, die man nicht selbst erfinden muss; in die man sich einfach fallen lassen kann, wenn einen das Leben mundtot macht! Die Psalmen sind also stark als Sprache aus der Fremde und aus der Ferne. Aber sie sind auch wie Formulare, in die man seinen eigenen Namen und seine eigene Adresse einträgt. Der Psalm ist ein Formular, in das man seinen Schmerz, seine Ängste, sein Glück einträgt.«[881]

Athanasius (lebte von 328–373 n. Chr.), der Bischof von Alexandrien, schrieb bereits im 4. Jahrhundert an Marcellinus: »Und ich glaube, dass diese [die Psalmen] dem Psalmensänger zu einem Spiegel dienen, dass auch er in denselben die Bewegungen seiner Seele erkennt und in dieser Wahrnehmung dieselben ausspricht. Denn auch wer sie vorlesen hört, nimmt den Gesang so auf, als würde er über ihn selbst vorgetragen. [...] Und wenn er den 53., 55., 56., 141. singt, so kommt er in eine Gemüthsstimmung, als ob nicht ein Anderer verfolgt würde, sondern als ob er selbst der Leidende wäre, und singt zu Gott, als ob diese Worte seine eigenen wären.«[882]

880 EDER (2018).
881 STEFFENSKY (2006, S. 141, S. 142, S. 144).
882 ATHANASIUS (2000, Kapitel 12).

Psalmen sind Texte mit Identifikationspotenzialen.

Sie können helfen, die eigene Not zu artikulieren oder auszuformulieren.[883] Sie werden zu einem Angebot, zu sprechen, und können Sprachfindungsprozesse unterstützen. Das kann belastende wie auch beglückende Erfahrungen betreffen.

## 13.1 Sprechen, schweigen, schreien – mit König David

Die Überschrift in zahlreichen Psalmen, so auch in Psalm 69, *leDavid,* meist übersetzt als *Ein Psalm Davids,* »muss als erste rezeptionsgeschichtliche Kommentierung der Psalmen gelesen werden.«[884] Sie stützt sich auf die Ereignisse im Leben Davids, wie sie vorwiegend in 1–2 Samuel beschrieben sind. Indem sie Davids Erfahrungen von Bedrängnis und Rettung, von Niederlagen und Sieg, von Schuld und Vergebung, von Aufstieg und Neuanfang, von Flüchtlingsleben und Königtum aufnehmen, »öffnen sie seine Erfahrungen [...] für den je individuellen Beter. [Und so] wird David zum exemplarischen Psalmbeter. [...] Davids Nennung im Superscript ist [...] die Einladung, sich mit ihm als ›Gastgeber‹ in den folgenden Psalm hineinzuintegrieren. Er ist ›idealtypische Leitfigur‹, ›Integrationsfigur‹ und ›exemplarisch Leidender‹.«[885]

## 13.2 Sprechen, schweigen, schreien – mit Hanna und Maria

Dasselbe lässt sich über vier große Frauen der biblischen Tradition sagen, die zu Psalmbeterinnen wurden: Mirjam und Debora mit ihren Siegesliedern (Ex 15,20–21; Ri 5,1–31). Zwei Frauen, die große Leiden und Freuden durchlebten, waren Hanna und Maria. Von beiden ist ein Psalm überliefert (1 Sam 2,1–10; Luk 1,46–55). Auch das Hannalied bietet Identifikationspotenziale, wie das Marienlied, das Magnificat, beweist: Dieses ist stark angelehnt an das Hannalied des 1. Samuelbuches. Damit werden Hanna und Maria zu den berühmtesten Psalmbeterinnen der Bibel.

---

883 EDER (2018, S. 20).

884 RECHBERGER (2012, S. 339).

885 S. 339.

Der Lobgesang dieser Frauen war nicht still und leise, ganz im Gegenteil: »Mein Mund hat sich weit aufgetan gegen meine Feinde«, betete Hanna. Und zum Marienlied, zum Magnificat, wie es in Lukas 1,46–55 überliefert ist, schrieb Bonhoeffer:

> Dieses Lied der Maria ist das älteste Adventslied. Es ist zugleich das leidenschaftlichste, wildeste, ja man möchte fast sagen revolutionärste Adventslied, das je gesungen worden ist. Es ist nicht die sanfte, zärtliche, verträumte Maria, wie wir sie auf Bildern sehen, sondern es ist die leidenschaftliche, hingerissene, stolze, begeisterte Maria, die hier spricht. Nichts von den süßen, wehmütigen oder gar spielerischen Tönen mancher unserer Weihnachtslieder, sondern ein hartes, starkes, unerbittliches Lied von stürzenden Thronen und gedemütigten Herren dieser Welt, von Gottes Gewalt und von der Menschen Ohnmacht.[886]

Darum lässt sich auch sagen: Betroffene können sprechen, schweigen, schreien, jubeln mit Hanna und Maria. Und sie können:

## 13.3 Sprechen, schweigen, schreien – mit Jesus von Nazareth

Jesus war der bekannteste Psalmbeter aller Zeiten. Er betete sie in Freud und Leid. Gerade im tiefsten Leiden erfahren Menschen zuweilen eine Verbundenheit mit dem Gekreuzigten, die sich nicht in Worte fassen lässt. Doch die Bilder des Leidenden, Gekreuzigten und Auferstandenen Jesus aus Nazareth wurden zu Trostbildern einer neuen Epoche.

> Die Psalmengebete bieten einzigartige Identifikationspotenziale, in die sich auch Jesus aus Nazareth einbettete. Da wird gesprochen, geschwiegen, gerufen, geschrien, geweint, geatmet, geseufzt, gesungen, gejubelt, vielleicht auch getanzt, gehüpft und gesprungen.

886 BONHOEFFER (1972, S. 498 f.).

# 14 Die kulturellen Schätze heben (»eine psalmeninspirierte Kultur«)

Für die Seelsorge lassen sich die kulturellen Schätze aus der Wirkungsgeschichte der Psalmentradition heben.

## 14.1 Darstellende Kunst: Von Katakomben bis Graffiti

Motive aus den Psalmen prägen Gemälde, Malereien und Skulpturen seit über zwei Jahrtausenden. Die Ansprechbarkeit Traumabetroffener auf Kunst ist jedoch individuell.

Die Gemälde der jüdischen und christlichen Kunst haben eine prägende Wirkung auf die gesamte abendländische Kultur ausgeübt. Hingewiesen sei auf die Katakomben-Malereien des »Guten Hirten«, auf die Malereien Da Vincis oder Michelangelos Pietà, auf Engelsdarstellungen Fra Angelicos, auf Matthias Grünewalds Darstellungen von Lebensbedrohung und Erlösung auf seinen Altarbildern. Hingewiesen sei auf Rembrandts Licht auf dem Angesicht des Greisen Simeon und Rembrandts Engelsbilder zum Buche Tobit, auf unzählige Bilder zu Psalm 91, auf Marc Chagalls Glasfenster mit den Engelsdarstellungen (Kirche St. Stephan, Mainz; Fraumünster, Zürich), auf Paul Klees Engel-Sammlung, auf Felix Hoffmanns Darstellung des riesigen Engels bei den Hirten (Aargauer Künstler), auf Passionswege bzw. Kreuzwege verschiedenster Stilrichtungen, auf die Pietà-Darstellungen von Sieger Köder, auf Andreas Felgers »Das Kleid« (zu Ps 22,19 und Mt 27,35) oder auf die Ikonen verschiedenster Herkunft (byzantinische, griechische, russische, koptische u.a.). Selbst unter Graffiti-Kunstwerken finden sich Psalm-Motive.

Das Bild des Guten Hirten in der Praetextatus-Katakombe in Rom stammt aus dem 2. Jahrhundert n.Chr. (s. Abbildung 21).[887] Ein Hirte ist umgeben von

887 https://www.wikiwand.com/de/Katakomben_in_Rom (Zugriff am 23.02.2025).

zwei Schafen und trägt ein Lamm auf seinen Schultern. Zwei Bäume rahmen den Hirten. Die Gruppe ist umgeben von einem vierteiligen Palmenkranz in einem runden Band, ein weiteres Band (ohne Palmen) umkränzt ihn. Das Bild vermittelt Ruhe, Friede und Trost. Es nimmt die gleiche Metaphorik aus Psalm 23 auf wie Abbildung 22, ein Graffiti aus dem Jahr 2021 in Düsseldorf:

**Abbildung 21:** Praetextatus Katakombe, Rom: Der Gute Hirte, 2. Jh. n. Chr. (Psalm 23) (Wilpert, 1903, https://doi.org/10.11588/diglit.1339#0108)

**Abbildung 22:** Fassade des Puzzle Hauses in der Kiefernstr. 17, Düsseldorf. Eine Initiative des Farbfiebervereins e. V., Düsseldorf, Ben Mathis/MaJo Brothers, 2021. Foto: Samara Blue Photo Art, Hochgeladen von Samara Blue/© Kerstin Ellinghoven. »Ich habe mich verirrt wie ein verlorenes Schaf; such und finde mich, denn ich habe deine Gebote nicht vergessen.« Psalm 119,176[888]

Das Jesus-Graffiti befindet sich in Düsseldorf auf einem Bauwagen der Graffiti-Malaktion, »der als eine Art Kirche genutzt wurde. Hier sollte der Kontakt zu

888 Kiefern17/Puzzle/Bauwagen/My Way of Art/Urbexart/Dreamtime/Samaras3dart (Zugriff am 28.02.2025).

der Bevölkerung aufrechterhalten werden. Mit Kaffee und belegten Brötchen sei auch das leibliche Wohl nicht zu kurz gekommen.«[889]

Die Katakombe und der Bauwagen zeigen ein Motiv, das sich über 1800 Jahre nicht stark verändert hat, und zu allen Zeiten, im Tod und im Leben, Ruhe und Trost verströmte.

**Abbildung 23:** Rise Up in the Dirt, Mural Art, Kiew (BKFoxx, Künstlerin aus New York; Foto: © Sergiy Kadulin, 2017)

Die Straßenkünstlerin BKFoxx aus New York gestaltete in Kiew 2017 ein Kunstwerk und nannte es »Rise up in the Dirt«, erhebe dich aus dem Staub (s. Abbildung 23). Das Bild erstreckt sich über eine Mauer im Pechersk-Quartier, wo das Polizeidepartment untergebracht ist. Es zeigt Männerhände, die rund um eine einzelne Blume, eine Margerite, sorgfältig Erde aufhäufen.[890]

Die Fachzeitschrift »Streetartnews« schreibt: »American street artist BKFoxx recently spent some time in lovely Eastern Europe where she was invited to paint a large mural somewhere on the streets of Kiev in Ukraine. The end

889 BLUE, Samara, Ein Haus als Puzzlespiel. Die Kiefernstraße wird zum Gesamtkunstwerk, 4. Juli 2021, https://www.lokalkompass.de/bochum/c-kultur/kiefern-17-ben-mathismajo-brothers-33-puzzlehaus_a1598555 (Zugriff am 23.02.2025).

890 https://www.unian.info/kyiv/2273146-kyiv-mural-included-in-top-7-november-list-by-street-art-today.html (Zugriff am 23.02.2025)

result is beautiful and shows hyper-realistic hands protecting a flower which is growing amongst loads of junk and garbage. This street piece goes straight to the point and needs no further explanation.«[891, 892]

## 14.2 Poesie: »Nachtherbergen für die Wegwunden« – Nelly Sachs und ihre Gefährtinnen

Nelly Sachs, Hilde Domin, Rainer Maria Rilke, Arno Pötzsch und unzählige weitere haben psalmenähnliche Gedichte verfasst. Ihre Metaphorik vermag Traumabetroffene anzusprechen und zu berühren. Was aber berührt, ist wiederum sehr individuell. Bei den einen sind es Texte aus der Zeit der Romantik, bei anderen ist es die sogenannte »Trümmerliteratur«, und wieder andere mögen lieber einen Poetry-Slam. Arno Pötzschs in den Kriegsjahren entstandenen Gedichte wurden vielen zum Trost, sei es das Gedicht *»Du kannst nie tiefer fallen, als nur in Gottes Hand«,* oder das folgende:

*»Um Tod und Leben, Welt und Gott«*

Um Tod und Leben, Welt und Gott
kreist allzeit all mein Sinnen,
doch konnt' ich mir trotz vieler Not
die Antwort nicht gewinnen.

Und was ich fragte, einst als Kind
es blieb das gleiche Fragen,
und immer wieder muss ich blind
das dunkle Leben wagen.

Und was ich je zuletzt erkannt
war kein vernünftig Wissen.
Ich sah nur eines Abgrunds Rand
an dem wir glauben müssen,

891 https://streetartnews.net/2017/12/bkfoxx-kiev-ukraine.html (Zugriff am 23.02.2025).
892 Übersetzung (SB): »Die amerikanische Straßenkünstlerin BKFoxx verbrachte kürzlich eine Zeit im schönen Osteuropa, wohin sie eingeladen wurde, um irgendwo in den Straßen Kiews in der Ukraine eine große Mauer zu bemalen. Das Endresultat ist schön. Es zeigt überdimensionale Hände, die eine Blume beschützen, die zwischen Müll und Abfall wächst. Dieses Straßenkunstwerk bringt es direkt auf den Punkt. Es braucht keine weiteren Erklärungen.«

und rief in tiefer Qual und Not
das heil'ge Wort der Alten;
ich schrie verzweifelt: Gott, mein Gott!
Und fiel, und ward gehalten.

Arno Pötzsch[893]

Pötzsch fasst die Unbeantwortbarkeit eigener Fragen und die Gefühle der Bodenlosigkeit in Worte und stellt ihnen – mitten in der Verzweiflung – in der letzten Zeile ein Gegenbild zur Verfügung.

## 14.3 Musik: Von Gregorianik bis Rock

### Die Bedeutung der biblischen Psalmen für Musik und Gesang

Wie heilsam Musik wirken kann, berichten bereits sehr alte Texte aus dem biblischen Textkorpus: In den Samuelbüchern wird der schwermütige König Saul beschrieben, für den ein musizierender Junge gesucht wird, um ihn mit seiner Musik zu besänftigen. Es ist David, und sobald er auf seiner Zither zu musizieren beginnt, geht es König Saul besser (1 Samuel 16,14–23). Die heilsame Kraft der Musik wurde wiederentdeckt, und mittlerweile gibt es Musiktherapeutinnen und Musiktherapeuten.

Ob Gregorianische Psalmgesänge oder neuzeitlicher Rock, die Psalmlyrik hat die Musikgeschichte geprägt und befördert, seit es sie gibt.

### Die alten Psalmsänger – Beispiele

Zu den sehr alten Psalmgesängen gehört *der gregorianische Choral,* der zeitgleich mit Papst Gregor dem Großen (540–604 n. Chr.) entstand. Er wird noch heute in Klöstern und Retraitenhäusern gepflegt, und Menschen finden Schutz und Trost in diesen uralten gregorianischen Gesängen. Im Zeitalter der Reformation nahm die musikalische Umsetzung von Psalmtexten eine zentrale Rolle ein. Neue Melodien ermöglichten fortan den gemeinschaftlichen Gesang, der neu aufgekommene Buchdruck mache die Texte und Melodien für alle zugänglich. Beispiele dafür sind Martin Luthers Lied »Aus tiefster Not schrei ich zu dir« zu Psalm 130,1 oder der sogenannte »Genfer Psalter« von Clément Marot

893 PÖTZSCH (2014, S. 7, Primärquelle z. Z. nicht auffindbar).

und Théodore de Bèze, die Lieder in Reimform zu allen 150 Psalmen komponierten und dichteten.

*Paul Gerhardts* Lieder entstanden in Zeiten der Schrecken und Nachwirkungen des 30-jährigen Krieges (1618–1648) und entfalteten eine Wirkung, die heute noch anhält. Das Lied »O Haupt voll Blut und Wunden« vermag Menschen mit Erinnerungsspuren erlittener körperlicher Gewalt zu berühren, gerade durch die nichtbeschönigende Sprache. Das Lied »Du, meine Seele, singe« hingegen könnte man geradezu als »kleine Ego-State-Therapie« verstehen, als singende Aufforderung eines starken Selbstanteils an einen nichtsingenden, traurigen oder schlafenden Selbstanteil.

Auch *Johann Sebastian Bachs* Musik ist durchdrungen von Psalmtexten, sei es in Kantaten, Oratorien oder Chorälen. Bach komponierte eine Musik voller Klagen und Untröstlichkeit, voller Freude und unbändigem Jubel, voller Zorn und Versöhnlichkeit gleichermaßen. Luise Redemann hat ein ganzes Buch der Frage gewidmet, wie Bach so viel Resilienz aufbauen konnte, obwohl er in seinen frühen Jahren verschiedenen potenziell traumatogenen Ereignissen ausgesetzt war.[894]

## Die neuen Psalmensänger – Beispiele

Im Song *»40«* nimmt die irische Gruppe U2 Bezug auf Psalm 40, diese Metaphorik weist einige Gemeinsamkeiten mit Psalm 69 auf.[895] Mit dieser Psalmen-Metaphorik lässt sich die Gruppe U2 mit ihrem Irish-Pop in die Gruppe der »neuen Psalmsänger«[896] einordnen.

In die Reihen der neuen Psalmsänger gehören beispielsweise Boney M. mit ihrem Lied *By the Rivers of Babylon* aus dem Jahr 1978. Das Lied beginnt mit einem Psalmenzitat aus Psalm 137,1–9 und wird ergänzt mit Psalm 19,15. Es rangierte lange Zeit auf Platz Eins der deutschen, britischen und schweizerischen Hitparaden und gehörte zu den meistverkauften Liedern der damaligen Pop-Szene.

Einzigartig unter den neuen Psalmsängern ist Leonard Cohen[897] mit seinem Lied *»Halleluja«*: Entstanden 1984, ist es heute das meistgecoverte Lied

---

894 REDDEMANN (2006). (Die Bedeutung der Bach'schen Theologie im Hinblick auf seine Resilienz thematisiert Reddemann im Buch allerdings nicht. Dazu s. STEIGER, 2001).

895 U2, Lyrics »40«, https://www.u2tour.de/discographie/lyrics/40.html (Zugriff am 24.02.2025).

896 LEMME (2015).

897 Leonard Cohen, * 21. September 1934 in Montreal, Canada; † 7. November 2016 in Los Angeles, USA. Liedtexte aus: songtexte.com (Zugriff am 24.02.2025).

der Welt.[898] Die Schlusszeile seines Liedes in der Londoner Version[899] kommt einem Bekenntnis gleich: »I've done my best, I know it wasn't much, I couldn't feel, so I learned to touch, I've told the truth, I didn't come (here to London) just to fool you. And even though it all went wrong, I'll stand right here before the Lord of song, with nothing, nothing on my tongue but Hallelujah.«

## Das Motiv der Engel aus Psalm 91 in der Musikgeschichte

Johann Sebastian Bach nimmt die Zusage aus Psalm 91,11–12 in einer Kantate auf und macht daraus ein Bittgebet (Kantate Nr. 19): *Bleibt ihr Engel, bleibt bei mir!/Führet mich auf beiden Seiten,/dass mein Fuß nicht möge gleiten.*

Felix Mendelssohn Bartholdy hat in seinem Elias-Oratorium den Text aus Ps 91,11–12 (Lut) vertont: *Er hat seinen Engeln befohlen über dir,/dass sie dich behüten auf allen deinen Wegen,/dass sie dich auf den Händen tragen, und du deinen Fuß nicht an einen Stein stößt.* Mendelssohn hat das Lied als achtstimmigen Choral komponiert. So entstand ein Kunstwerk von seltener Kraft und Schönheit.

Im Kirchenlied und Abendlied *Nun ruhen alle Wälder* von *Paul Gerhardt* (1647) nehmen die letzten zwei Strophen, Strophe 8 und 9 Bezug auf Ps 91 und deuten ihn christologisch: *Breit aus die Flügel beide* (Ps 91,4) *o Jesu, meine Freude, und nimm dein Küchlein ein* (Ps 91,4), *will Satan mich verschlingen* (Ps 91,3.5-6), *so lass die Engel singen* (Ps 91,11): *»Dies Kind soll unverletzet sein.«* (Ps 91,12).[900] Manchen ist dieses Lied aus Kindheitstagen bekannt, anderen von einem Hufeisen-Konzert.

Die Gegenwart von Engeln wird in Kinderliedern besungen und in Gute-Nacht-Gebeten erwähnt (*Vater, lass die Engel dein über meinem Bette sein).* »Die Engel« aus Psalm 91 prägten auch Lieder der Pop- und Rockmusikszene, beispielsweise *I believe in Angels,* der Gruppe ABBA, 1979, oder *Wie ein schützender Engel,* von frei.wild, aus dem Album Opposition 2015, mit 24 Mio. Aufrufen im April 2024.

Die Musikszenen spiegeln eine reiche Wirkungsgeschichte der Psalmen wider, und die Sänger und Interpreten landen als »alte und neue Psalmsänger«[901] Volltreffer und stürmen die Charts. Wie wohl es tut, zu singen und zu musizieren, oder einfach mitzusummen, weiß nur, wer es ausprobiert.

---

898 https://blogs.faz.net/pop-anthologie/2017/12/23/der-unheilige-jubel-des-leonard-cohen-1043/ (Zugriff am 24.02.2025).

899 Londoner Konzert, 2008, das Cohen mit 73 Jahren sang (Leonard Cohen, Live in London).

900 GESANGBUCH DER EVANGELISCH-REFORMIERTEN KIRCHEN der deutschsprachigen Schweiz, 1998, Nr. 594; EVANGELISCHES GESANGBUCH, Bayern/Thüringen, 1994, Nr. 477.

901 LEMME (2015).

Die Psalmen haben unsere Kultur in jeder Hinsicht geprägt: Die darstellende Kunst, die Literatur- und Poesiegeschichte sowie die Musikgeschichte – und sie wirken bis heute nach. Dieses kulturelle Erbe *kann* in Seelsorgegespräche einfließen (muss aber nicht).

Manchmal berichten Betroffene über ihre Lieblingsmusik, oder über eine Kunstausstellung und ein Bild, das sie speziell berührt hat. Andere bringen ein Gedicht mit, das ihnen viel bedeutet. Das alles sind Ressourcen für Betroffene – unendlich kostbar und Quellen der Kraft.

In Seelsorgegruppen lassen sich die Schätze der Wirkungsgeschichte hervorragend integrieren: Der Abschluss der Trauergruppe verwaister Eltern mit dem Summen von Cohens Halleluja, der Beginn mit einem stimmigen Lied in der Krebs-Betroffenen-Gruppe, die Kunstkarten in der Suizid-Hinterbliebenen-Gruppe, anhand derer das Gespräch aufgenommen wird und die mit nach Hause genommen werden dürfen – der Möglichkeiten sind viele.

# 15 Die Kraft der Natur (»Der Vogel hat ein Haus gefunden«)

*Der Vogel hat ein Haus gefunden und die Schwalbe ein Nest für sich und ihre Jungen,* heißt es in Psalm 84,4. Der Psalmbeter nimmt staunend wahr, wie der Vogel für sich eine Behausung gefunden hat und die Schwalbe sich und ihren Jungen einen sicheren Ort gebaut hat. Es sind Bilder des Trostes und der Sicherheit, die die Natur vor Augen malt und die zu staunendem Wahrnehmen führen.

*Lobt ihn, Himmel und Erde, die Meere und alles, was sich darin regt!* Psalm 69,35 geht noch weiter und beschreibt unerwartet den Schöpfungsjubel: Die ganze Natur, die ganze Schöpfung bricht in Lobpreis aus, wird Gesang, wird Jubel zu Gott hin, der Zion helfen wird. Denn er wird eingreifen und das Zerstörte wiederaufbauen (Ps 69,35). Diesen Schöpfungsjubel wahrzunehmen, erfordert wache Sinne.

Gottfried Fischer beschreibt im Kapitel »Laufen und Wandern – Traumabewältigung in der Natur« die heilsame Kraft der Natur, speziell für Traumabetroffene.[902] Das Trostpotenzial der Natur, das Kommen und Gehen der Jahreszeiten, das Spüren des Windes auf dem Gesicht, der erste Apfel vom Baum, das Riechen der Erde und das Auffinden eines schönen Blattes im Herbst, das tägliche Betrachten einer Knospe im Frühling – Menschen, die durch schweres Leid gegangen sind, nehmen manchmal ganz neu wahr, wo sich Leben regt.

### Beispiel: Frau Stevensons Notfall-Anruf bei ihrer Psychotherapeutin, Frau Leuthard

Frau Stevenson wird überflutet von schlimmen Erinnerungen, kann sich kaum der Gedanken erwehren, sie kommen ungesteuert und wollen nicht weggehen.

902 FISCHER (2003/2008⁶, S. 89–92).

Sie hat diese Woche, die speziell belastend war, die Erlaubnis ihrer Psychotherapeutin, sie im Notfall anzurufen (eine absolute Ausnahme, wie diese betont hat.) Frau Stevenson schildert kurz ihren Zustand.

Frau Leuthard hört ihr zu und rät ihr dann: »Was vielen hilft, ist: Einfach mal rauszugehen in die Natur. Versuchen Sie einfach, ganz bewusst wahrzunehmen, was Sie hören, ... was Sie sehen, ... was Sie spüren, ... was Sie riechen. Schauen Sie dabei auch darauf, wie Sie Ihren Körper spüren: Spüren Sie die Füße auf dem Boden, gehen Sie vielleicht mal etwas langsamer oder schneller. Vielleicht reiben Sie sich die Hände. Spüren Sie die Temperatur draußen, die Umgebung. Was möchten Sie davon mit nach Hause nehmen?«

Frau Stevenson braucht einige Überwindung, um rauszugehen in die Natur. Doch als sie draußen ist, spürt sie, wie gut ihr die kalte Luft tut, der erdige Geruch, das Gezwitscher eines Vogels und die Geräusche der fernen Autos. Plötzlich fühlt sie sich nicht mehr allein.

Die Kraft der Natur kann ablenken, trösten, erfrischen, und wohltun. Menschen in der Krise kann das bewusste Wahrnehmen der Natur weiterhelfen, wie das Beispiel von Frau Stevenson zeigt. Das bewusste Erleben der Natur kann auch in der Seelsorge ein Thema sein. In den letzten Jahren wurde das Pilgern wieder entdeckt, das zum intensiven Natur-, Selbst- und Gottes-Erlebnis werden kann. Mit Kindern und Jugendlichen ist die naturverbundene Erlebnispädagogik längstens etabliert und stellt Ressourcen für die Alltags- und die Lebensbewältigung bereit. Das Erleben der Natur kann auf Notfalllisten als hilfreiche Intervention erscheinen oder im Notfall angeregt werden.

Das Rausgehen in die Natur kann auch als Dissoziationsstopp eingesetzt werden. Das bewusste Erleben der Natur ist eine sanfte und wohltuende Ablenkung bei Intrusionen. Es geht darum, bewusst etwas anderes (als die Traumabilder) wahrzunehmen. Dabei helfen konkrete Fragestellungen, die die Sinneswahrnehmung unterstützen, wie:

- *Was höre ich?* Zum Beispiel: das Rascheln der Blätter, plätscherndes Wasser, Automotoren, das Surren der Stromleitung.
- *Was sehe ich?* Zum Beispiel: blauer Himmel, weißer Nebel, gelbe Blätter, grünes Gras, Blätter an den Bäumen.
- *Was spüre ich auf meiner Haut?* Zum Beispiel: den Wind, der um mein Gesicht bläst, die kalte Nase, die Wärme auf meiner Haut, das Gras, das meine Füße kitzelt.
- *Was rieche ich?* Zum Beispiel: schwerer Erdgeruch, frisch gemähtes Gras.
- *Wie spüre ich meinen Körper?* Zum Beispiel: die Fußsohlen, die durch die Schuhe hindurch den Weg berühren und gleich wieder davon abstoßen.

Auch beim Erfragen freudiger Erinnerungen oder freudiger Ereignisse im Leben, beispielsweise anlässlich einer Freudenbiografie, werden oft Naturerlebnisse genannt, bestimmte Jahreszeiten, besonders schöne Orte. Selbst große Werke der Musik- und Kunstgeschichte sind aus diesem Staunen über die Natur entstanden.[903]

## 15.1 Der heilsame Rhythmus der Natur

Die Natur hat ihre eigenen Rhythmen: Die Jahreszeiten, die Mondanziehungskraft mit ihren Gezeiten, die Tageszeiten und der heilsame Wechsel von Hell und Dunkel. Für Traumabetroffene kann dieser Rhythmus der Natur eine Herausforderung sein. Gerade die Nächte sind herausfordernd. Sie zu überstehen, braucht Strategien, therapeutische Unterstützung, geistliche Hilfe.[904] Es geht darum, Formen zu finden, die für Betroffene je in ihre Situation passen. Der Rhythmus der Natur kann Menschen aber auch heilsam begleiten. »Dein ist der Tag, dein ist auch die Nacht«, tönt es im altbewährten Nachtgebet benediktinischer Klöster.

> Unser Abendgebet steige auf zu dir, Herr,
> und es senke sich auf uns herab dein Erbarmen.
> Dein ist der Tag und dein ist die Nacht.
> Lass, wenn des Tages Schein vergeht,
> das Licht deiner Wahrheit uns leuchten.
> Geleite uns zur Ruhe der Nacht
> und vollende dein Werk an uns in Ewigkeit.

---

903 Beispielsweise »Die vier Jahreszeiten« von Antonio Vivaldi, »Die Moldau« von Bedrich Smetana, »Louenesee« der schweizerischen Mundartrockband Span (eine Rockballade, die seit 1982 immer noch gesungen und aufgeführt wird); oder Claude Monets Seerosen-Bilder, Vincent van Goghs Sonnenblumen, Sternenhimmel und Ährenfelder etc.

904 »In jeder Nacht, die mich umfängt, darf ich in deine Arme fallen. Und du, der nichts als Liebe denkt, wachst über mir, wachst über allen. Du birgst mich in der Finsternis, dein Wort bliebt noch im Tod gewiss.« Jochen Klepper, 1939 (»Trostlied am Abend«, VON HEYL (2012, S. 124).

## 15.2 Tagesrituale

Den beruhigenden Rhythmus von Tagesritualen empfiehlt Gottfried Fischer sogar als Krisenhilfe bei Traumafolgen.[905] Gerade Menschen, die aus dem Arbeitsprozess ausgeschieden sind, fehlt manchmal die Rhythmisierung des Tages durch die Arbeit und eine hilfreiche Tagesstruktur. Manchen hilft es, für eine Woche oder eine gewisse Zeit Orte aufzusuchen, in denen ein Leben in heilsamen Rhythmen möglich ist: Der Rhythmus einer klösterlichen Gemeinschaft, die Struktur einer organisierten Ferienreise, Freizeit oder Vereinsreise. Aber auch wöchentliche Fixpunkte können helfen (Vereine, Chöre etc.).

> Die Natur vermag, Bilder des Trostes und der Sicherheit vor Augen zu malen. Traumabetroffenen helfen Naturerlebnisse, das bewusste Wahrnehmen fürsorglicher Handlungen in der Tierwelt, das Lauschen auf die Geräusche in der freien Natur etc. Es kann ihnen guttun, sich diese Kraftquellen neu zu erschließen und sie neu zu entdecken.

905 FISCHER (2003/2004$^{3}$, S. 39–40).

# 16 Die Wirklichkeit des Schönen (»Denn deine Liebe ist schön«)

Psalm 69,17 lässt sich auch übersetzen mit den Worten: *[…] denn deine Liebe ist schön* (Hebräisch: tov chasdächa, übersetzt *gut/schön* ist deine *ḥæsæd*). Die Liebe, Gnade und Gunst Gottes ist schön und ist gut zugleich. Der Alttestamentler Gerhard von Rad verortet diese Schönheit Gottes psalmentheologisch im Rühmen Gottes, in seinen Taten und in seiner Erscheinung (Epiphanie) und schreibt: »Hier […] ist Israel auch der Wirklichkeit des Schönen in seiner höchsten Form begegnet.«[906]

Traumabetroffenen fällt es zuweilen schwer, Schönheit wahrzunehmen, nicht nur an sich selbst. Sich für Schönheit zu öffnen, kann ein langer Weg sein. Es beginnt vielleicht mit einem schönen Bild, einem schönen Tier. Eine hilfreiche Frage in der Seelsorge kann beispielsweise sein:

- Was empfinde ich als schön?
- Wo finde ich das?
- Wann war ich zum letzten Mal dort?
- Gibt es noch etwas anderes?

Die Schönheit in der Natur ist unerschöpflich. Jedes Bild, das die Wahrnehmung von Schönheit auslöst, das Empfinden von Schönheit fördert (beispielsweise ein Blatt, eine Knospe), prägt Körper und Gehirn und hinterlässt neue Spuren.

Wem die Augen für die Schönheit der Natur geöffnet werden, wird reich beschenkt: Die Wolkenbilder am Himmel, der Sonnenaufgang, die Farben des Libellenflügels, das Spiel der Blätter im Wind.

> Schönheit wird nicht immer wahrgenommen – es könnte bei Betroffenen darum gehen, Schönheit (neu) sehen zu lernen, wahrnehmen zu lernen, zu »verkosten« und zu genießen. Für Traumabetroffene kann es eine neue

906 VON RAD (1958/1987⁹, S. 361).

Erfahrung sein, sich Schönheit bewusst zu öffnen. Je mehr Raum sie dem Schönen und der Wahrnehmung des Schönen geben, desto weniger dominant werden die Schreckensbilder vergangener Erfahrungen bleiben. Nicht jeder findet dasselbe schön, und das Schöne zeigt sich in vielerlei Gestalt: In der Natur, den zarten Blättern einer Margerite oder dem wuchtigen Stamm eines Mammutbaumes, in Kunst und Architektur, in Alltagsgegenständen und Musik, im Sound einer technischen Anlage, in technischen Konstruktionen, in der chemischen Struktur einer Schneeflocke, in Farben und Formen, Geweben und Texturen, im neuen Kleid, im Lächeln eines Kindes.

Nach den Aussagen der Heiligen Schrift ist auch Gott selbst schön: »Herr, mein Gott, du bist sehr herrlich. Du bist schön und prächtig geschmückt. Licht ist dein Kleid« (Psalm 104,1–2, Lut, 1912). Seine Liebe ist schön (Psalm 69,17), und was er macht, ist schön: *Und Gott sah alles an, was er gemacht hatte, und siehe: Es war sehr schön* (bzw. *sehr gut,* Genesis 1,31).

# 17 Die eschatologische Dimension (»Ich lasse ihn mein Heil sehen«)

»To eschaton« heißt im Griechischen: Das Letzte. »Was steht zuletzt« ist die Frage, die Menschen bewegt, »Wie wird die Zukunft – vor und nach dem Tod?«.

## 17.1 Eschatologie: 2000 Jahre Hoffnung

Wer mit Menschen mit Traumafolgestörungen arbeitet, weiß, dass das Überleben extremer Gewalt keinesfalls selbstverständlich ist. Michaela Huber schreibt über Menschen mit dissoziativer Identitätsstörung:

> »Wie viele mögen es geschafft haben, die unendlichen Qualen zu überleben? Es geschafft haben, auszusteigen? Es geschafft haben, nicht als Langzeitpatientin in der Psychiatrie oder tot auf einem Bahnhofsklo zu landen? Es geschafft haben, Hilfe zu suchen? Es geschafft haben, zu erkennen, dass ihnen weit mehr zugestoßen ist, als sie zunächst erinnern können? Es geschafft haben, eine/n kompetente/n Therapeutin zu finden? [...] Ich vermute, es werden insgesamt nicht allzu viele sein. Von zigtausend Opfern.«[907]

Gibt es für sie, die es nicht geschafft haben, eine Hoffnung auf Wiederherstellung? Eine Hoffnung auf eine Gerechtigkeit, der sich die Täter beugen müssen?

Ich lasse ihn mein Heil sehen (Ps 91,16) wird in den Bibelwissenschaften mehrheitlich *innerweltlich* gedeutet als »Ich lasse ihn meine Rettung sehen«, als ein Sehen des Heils im Hier und Heute. Wirkungsgeschichtlich hat sich – nicht zuletzt durch Luthers Übersetzung (»Ich lasse ihn *schauen* mein Heil«) und Matthias Claudius Abendlied (»Herr, lass dein Heil uns schauen, auf nichts Vergänglich's trauen«) die *eschatologische* Deutung stärker durchgesetzt.

907 HUBER (1995/2010, S. 69–70).

Die eschatologische Hoffnung entfaltet sich im Neuen Testament in der Tiefe, beispielsweise im Pauluswort: *Er erleuchte die Augen eures Herzens, damit ihr wisst, zu welcher Hoffnung ihr durch ihn berufen seid, welch reiches und herrliches Erbe er bereithält* (Eph 1,18). Die Eschatologie als »Lehre über die letzten Dinge« entfaltet sich bei genauem Hinsehen als die Lehre über die Neuschöpfung aller Dinge: »Im Ende – der Anfang«, wie Jürgen Moltmann es zusammenfasst. Er erläutert die christliche Hoffnungslehre als »Erwartungshorizont für das persönliche Leben, das politische und geschichtliche Leben und für das Leben des Kosmos.«[908]

Für Traumabetroffene heißt das: Trotz ausgebliebener Erfüllung einer Verheißung kann es hilfreich sein, Bilder gelingenden Lebens und Bilder eines guten Ausgangs wieder zuzulassen und ihnen Raum zu geben. Wo Wiederherstellung in diesem Leben nicht möglich ist, eröffnet sich eine Zukunftshoffnung, initiiert von einem Gott des Lebens, der das Menschenmögliche übersteigt.

> Die christliche Eschatologie bedeutet 2000 Jahre Hoffnung. Diese eschatologische Hoffnungsperspektive ist einzigartig im Hinblick auf die nicht wiedergutzumachende Vergangenheit. Diese Hoffnung auf einen Gott, der alles wiederherstellt, hat unüberblickbare Früchte reifen lassen: Taten der Barmherzigkeit, Neuaufbrüche, Durchhaltewille.
>
> Mit den Worten einer Notfallseelsorgerin auf die Frage, was sie charakterisiere: »Wir sind die mit der Hoffnung im Koffer.«

## 17.2 Von den Zusagen Gottes leben

Christen leben von den Zusagen Gottes. Sie gründen ihr Leben darauf. Sie schöpfen Hoffnung und Mut im Lesen biblischer Texte, die Verheißungscharakter haben:[909] »Eine Verheißung ist eine Zusage, die eine Wirklichkeit ankündigt, die noch nicht da ist.«[910] Die Hoffnung ist ein zartes Pflänzchen, es sprießt, welkt wieder, wird begossen, braucht Pflege und Zeit, um zu wachsen. Die eschatologischen Texte der Bibel zeichnen starke Hoffnungsbilder. Sie zu lesen ist wie Wasser für einen Pflanzenkeimling in der Wüstenhitze.

Manche Menschen lesen die biblischen Texte mit einer Brille, die geschärft ist für Gebote und Warnungen. Das kann zu Gewissensbissen führen, zu Skru-

---

908 MOLTMANN (1995/2005², Klappentext).
909 MOLTMANN (1964//2005¹⁴, S. 85–124).
910 S. 91.

peln und zum Gefühl, ständig alles falsch zu machen. Solcherlei »Augen« brauchen eine »Umschulung«: Eine Schulung, das Lebensförderliche in den Bibeltexten zu sehen, das, was auf Leben und Freiheit zielt. Die Seelsorge ist der Ort, frühere Fehlprägungen zu korrigieren und die Augen neu zu schulen und zu öffnen für einen Gott, der ins Leben verliebt ist, der gerne Freiheit schenkt, der Menschen aus der Enge (auch aus religiöser Enge) herausholt und sie zu Mitarbeiterinnen und Mitarbeitern an seiner Welt macht.

> Eine traumasensible Seelsorge und Wahrnehmung hilft, die Bibel von ihren Verheißungen her zu lesen, von den Zusagen her. Von den Zusagen Gottes leben heißt, sich (neu) zu Gründen auf den Zukunftsversprechen Gottes. Dazu gehört, die Hoffnungsmetaphorik zu »verkosten« und »wiederzukäuen« (»ruminatio« nach Benediktinischer Tradition), sie also wie einen Leckerbissen hin- und herzubewegen, um dem neuen Geschmack des Lebens Raum zu geben.

# 18 Die Person des Seelsorgers – Beziehungsreiches Leben

Im letzten Kapitel fällt der Blick auf die Person der Seelsorgerin und des Seelsorgers.

Seelsorgerinnen und Seelsorger kommen in Kontakt mit den Wunden der Menschen, die sie begleiten und mit ihrer eigenen Verwundbarkeit. Sie begegnen Mangel und Fülle – im Leben der begleiteten Menschen und in ihrem eigenen Leben. Daraus entstehen Gefährdungen, die einen sorgfältigen Umgang mit sich selbst erfordern. Gleichzeitig eröffnen sich Seelsorgerinnen spezielle Ressourcen.

## 18.1 Gefährdungen für Seelsorger

### »Brennen ohne auszubrennen« oder: »Das Feuer hüten«

Andreas von Heyl hat sich mit der Thematik des Burn-outs im Pfarrberuf auseinandergesetzt, und seine Überlegungen betreffen Seelsorgende gleichermaßen. Er schreibt, Burn-out-Syndrom und Salutogenese, also sowohl die besondere Belastung wie auch die stärkenden Kräfte, seien bislang zu wenig beachtet worden. »Pfarrer und Pfarrerinnen brauchen aber im Besonderen spirituelle Quellen, die sie befähigen, anderen Menschen gute Begleiter und Weggefährtinnen zu sein.«[911]

### Wenn Seelsorgende zu Tätern werden – berufsbezogener sexueller Missbrauch

Der Thematik der Täterschaft in helfenden Berufen widmete sich eingehend der Basler Arzt und Psychotherapeut Werner Tschan. Er spricht dabei von *Professional Sexual Misconduct,* (PSM, sexueller Missbrauch in professionellen Beziehungen) und dessen gesellschaftlicher Tabuisierung. Eingehend unter-

911 VON HEYL (2003).

sucht er sexuellen Missbrauch im Beruf der Psychotherapie, in medizinischen Berufen, in Ausbildungssituationen, in der Sozialarbeit, in kirchlichen Berufen, im Freizeitbereich und in der Rechtsberatung. Der sexuelle Missbrauch in verschiedenen Kirchen sorgt für ständig neue Schlagzeilen. Geistliche verschiedener Kirchen gaben »sexuelle Kontakte mit Mitgliedern aus ihrer Kirchengemeinde« an.[912]

Als einer der ersten widmet sich Werner Tschan speziell der Täterschaft unter Psychiatern und Psychotherapeuten. »Als anerkannter Durchschnitt ist heute von rund 10 % aller Therapeuten auszugehen, welche im Laufe ihrer Berufstätigkeit Patienten missbrauchen. […] Bei einer Befragung mit einer Rücklaufquote [beantwortete Fragebögen; Anm. der Autorin] von 70 % gaben in einer Umfrage bei 1000 Psychologen und Psychologinnen rund 12 % der Therapeuten sowie rund 3 % der Therapeutinnen sexuelle Kontakte an.«[913] Tschan attestiert den Kirchen, »dass die Notwendigkeit einer vertieften Auseinandersetzung von vielen erkannt wurde und sich insbesondere in der Ausbildung niederzuschlagen beginnt. Der Autor würde es begrüßen, dieselbe Feststellung für seine eigene Fachdisziplin, nämlich die Medizin, machen zu können.«[914] Tschan widmet sich auch dem Thema der psychotherapeutischen Täterberatung bei PSM, und hat speziell das *Boundary Training* dafür adaptiert. »Boundary Training (boundary = Grenze) ist eine neue Methode, bei der Fachleute das notwendige Know-how über die Handhabung von Grenzen lernen, um sich in ihrem Beruf verantwortungsbewusst und korrekt verhalten zu können. […] Das Vermitteln von Grundwissen umfasst Definitionsfragen in Zusammenhang mit Grenzverletzungen sowie Entstehungsweise, Voraussetzungen und Folgen von sexuellen Übergriffen. […] Einen weiteren Schwerpunkt stellen Grundlagen und Ergebnisse der psychotraumatologischen Forschung dar. […] Videopräsentationen ermöglichen einen anschaulichen Unterricht, wie Opfer oder Täter ihre Situation erleben und beschreiben.«[915] Die Arbeiten Werner Tschans und die Zahlen über sexuellen Missbrauch in Kirchen und in der Psychotherapie lassen aufhorchen und sollen für die Gefährdungen in der eigenen Profession sensibilisieren.

912 TSCHAN (2001, S. 76).
913 S. 73.
914 S. 77.
915 S. 212.

## Ein achtsamer Umgang mit Macht beginnt mit einer Enttabuisierung von Macht

Jeder Mensch erlebt Macht: Gegenüber kleineren Geschwistern, gegenüber kleineren Tieren, gegenüber schwächeren Mitschülerinnen und Mitschülern, gegenüber den eigenen Kindern sowie in vielen Berufen, solange er nicht zuunterst in der Berufshierarchie positioniert ist. Die Kleinsten sind meist ganz unten in den Hierarchiestufen. Die Kleinsten sind die Säuglinge – und sie werden erschreckend oft misshandelt.

Es gibt Berufe mit klar ersichtlicher Macht. Seelsorgerinnen sind gefährdet, dem Irrtum zu unterliegen, sie hätten keine Macht, da sie sich um Einzelne kümmern und keine »Leitungs- oder Machtposition« einnehmen wie CEOs großer Firmen, Verwaltungsräte, Politbehörden, Gemeindeleitungen und andere Menschen in Kaderpositionen. So argumentierende Seelsorger unterliegen nicht weniger als einer Selbsttäuschung. Darum ist eine Enttabuisierung von Macht notwendig.[916]

## Beziehungen mit einem Gefälle (in verschiedenen Berufen)

Seelsorger üben einen Beruf aus, der von einer sogenannten Beziehung mit einem Gefälle geprägt ist. Sie haben die Macht, zu entscheiden, mit wem sie reden, wie lange, wie häufig, auf welche Fragen sie eingehen, wie stark sie Unrecht konfrontieren, wo sie reden, das Gespräch unterbrechen, wo sie schweigen, wie weit ein Mensch seine Schwächen zeigen darf oder zeigen soll und viele weitere Faktoren. Alle Berufe mit einem Machtgefälle – dazu gehören Ärzte, Pflegefachpersonen,[917] Lehrerinnen, Anwälte, Polizistinnen, Sozialarbeiterinnen, Psychotherapeuten, Seelsorgerinnen, aber auch Theater- und Film-Regisseure, Sporttrainer, Pfadfinderleiterinnen und weitere – bergen das Potenzial des Machtmissbrauchs. Sich seiner eigenen Macht bewusst zu sein, ist unumgänglich. Viele Menschen in helfenden Berufen zeigen außergewöhnliche Begabungen wie Feinfühligkeit, Empathie, Verständnis, Sanftheit, kommunikative Differenziertheit und geistige Präsenz. Oft sind sie bemüht, die Anliegen des hilfesuchenden Gegenübers sehr ernst zu nehmen und ihm den Vorrang zu geben. Dennoch sind Menschen in helfenden Berufen – wie alle Menschen – der Gefahr des Machtmissbrauchs ausgesetzt.

---

916 s. auch: KLESSMANN (2023).
917 MATHWIG/MEIREIS/PORZ/ZIMMERMANN (2015).

Die Arbeit in helfenden Berufen erfordert darum einen bewussten, achtsamen und menschenfreundlichen Umgang mit Macht. Dies setzt Weisheit, Reflexion und womöglich eine Korrektur des eigenen Schaffens voraus.

Henri Nouwen beschreibt sein eigenes Erleben nach 25 Jahren im katholischen Priesteramt und als Lehrer der Pastoralpsychologie, Pastoraltheologie und christlichen Spiritualität an der Universität Harvard, mit den Worten: »Jedermann beteuerte, ich leistete Großartiges, aber eine Stimme in meinem Innern sagte, mein Erfolg stelle eine Gefahr für meine Seele dar.«[918] Er beschreibt bezüglich Seelsorge und Menschenführung drei Versuchungen. 1. Ein unentbehrlicher Mensch zu werden. 2. Ein beliebter Mensch zu werden. 3. Ein mächtiger Mensch zu werden. Er erläutert diese drei Versuchungen an der Versuchungsgeschichte Jesu in der Wüste (Matthäus 4,1–11) und gibt Impulse, mit solcherlei Versuchungen umzugehen. Nouwen stellt die zentrale Frage:

»Was verleiht der Versuchung zur Macht ihre anscheinend unwiderstehliche Faszination?« und kommt zur Einsicht: »Macht ausüben ist häufig einfacher als zu lieben. [Wir sind] der Versuchung ausgesetzt, Liebe durch Macht zu ersetzen. Jesus hat dieser Versuchung in einer ungeheuerlich schmerzlichen Weise von der Wüste bis zum Kreuz widerstanden. Die lange mühsame Geschichte der Kirche ist die Geschichte von Menschen, die immer wieder der Versuchung ausgeliefert sind, an die Stelle von Liebe Macht zu setzen, an die Stelle des Kreuzes das gewaltsame Beherrschen, kurz: lieber Menschen zu führen, als sich führen zu lassen. […] In der Kirche haben viele Menschen leitende Positionen inne, die unfähig sind, gesunde persönliche Beziehungen zu entwickeln, und die stattdessen den Weg der Macht und der Bevormundung eingeschlagen haben. Viele christliche Führergestalten, die eindrucksvolle Unternehmen aufgebaut haben, waren unfähig, wirkliche Liebe zu verschenken und anzunehmen.«[919]

> Gerade für Seelsorgerinnen und Seelsorger kann es angebracht sein, einen versöhnten Umgang mit eigener Ohnmacht *und* Macht zu finden. Es braucht eine Enttabuisierung von Macht in helfenden Berufen, auch in der Seelsorge.[920]
>
> Die Arbeit in helfenden Berufen und weiteren Berufen mit einem Machtgefälle erfordert außerdem einen bewussten, achtsamen und menschenfreundlichen Umgang mit Macht. Dazu gehört, auf Macht auch freiwillig verzichten zu können und fähig zu sein, wahrhaftig zu lieben und Liebe und Hilfe zu empfangen.

918 NOUWEN (1989, S. 12–13).

919 S. 58–60.

920 Weitere Gedanken zu einem hilfreichen Umgang mit Macht s.: KIECHLE (2010).

## Ohnmacht aushalten können als Ressource

Viele Traumabetroffene wählen Berufe, die das Aushalten von Ohnmacht als Fähigkeit voraussetzen: Seelsorge, Psychotherapie, Beratung, Sozialarbeit und Diakonie, Medizin, Pflege, Trauerbegleitung, Palliativ Care-Berufe. Denn Ohnmacht aushalten können ist auch eine Ressource. Menschen, die Ohnmacht aushalten können, werden oft einfühlsame Begleiter.

## Selbsterfahrung der Seelsorger

Seelsorgern kommt zugute, wenn sie eigene Traumatisierungen kennen und durchgearbeitet haben. Das kann in seelsorgerlichen und psychotherapeutischen Kontexten geschehen. Selbsterfahrung ist integraler Bestandteil jeder therapeutischen und jeder seelsorgerliche Ausbildung. Zudem ist es unabdingbar, eigene Quellen der Kraft zu kennen und zu reflektieren.

## Die Begrenztheit der eigenen Profession anerkennen

Das Anerkennen der Begrenztheit der eigenen Profession, sowohl von Seelsorgerinnen wie auch von Psychotherapeuten, hat mit der Würde der Betroffenen zu tun. Die Einsicht in die eigene Begrenztheit wie auch in die Grenzen der Wissenschaft müssen Teil des eigenen Berufsverständnisses werden. Ja, letztlich ist der »unters Rad Gekommene« Experte für sich selbst. Darum ist die Frage: »Was hat Ihnen bis heute am meisten geholfen?« nicht nur berechtigt, sondern entscheidend. Nicht selten ärgern sich Betroffene über die »Besserwisserei« der Fachleute und merken, dass diese – genau genommen – gar nichts verstehen. So beschreibt beispielsweise Terrence des Près das Empfinden bei Überlebenden der Konzentrationslager und der Gulags.[921]

Selbst Luise Reddemann, die als Chefärztin einer psychiatrischen Klinik Menschen mit gravierenden Trauma- und Stressfolgen begleitet und Fachleute in traumafokussierter Psychotherapie ausgebildet hat, schreibt: »Jetzt, wo ich vielleicht bald am Ende eines langen Berufslebens stehe, weiß ich, dass wir sehr wenig wissen.«[922]

Die Einsicht in eigene, berufliche, institutionelle oder zeitliche Grenzen führt zur Bereitschaft der Vernetzung mit weiteren Berufsgruppen (Psychotherapie, Musik- und Kunsttherapie, Sozialarbeit, Physiotherapie) und Selbst-

921 REDDEMANN (2011, S. 311; Reddemann nimmt Bezug auf Terrence des Près, 1976/2008).
922 S. 310–311.

hilfegruppen und dient den Betroffenen. Eine Supervision für Seelsorgende kann den Raum eröffnen, die Grenzen der eigenen Profession zu thematisieren und so der Verführung zu Machtmissbrauch oder einer sich anbahnenden Burn-out-Gefährdung zu begegnen.

### Der Druck, Antworten zu geben und Hoffnung zu spenden

Schließlich sehen sich Seelsorgende mit gesellschaftlichen oder kircheninternen Erwartungen konfrontiert, Antworten zu geben und Hoffnung zu spenden, wo andere Hilfssysteme versagen.

> »Wichtig scheint es mir, in all den Aktivitäten nicht aus dem Blick zu verlieren, dass das Vertrauen nicht durch Beschwörung wächst, sondern seinerseits im Kern unverfügbar ist, ein Geschenk, dem man mit wachsender Lebenserfahrung vielleicht etwas gekonnter den Weg bereiten kann, aber das eigensinnig kommt und geht«[923], schreibt Ulrike Wagner-Rauh. Es geht darum, diesem Druck standzuhalten und nicht Vertrauen auszudrücken, wo kein Vertrauen vorhanden ist.

## 18.2 In Kontakt mit sich selbst – Selbstfürsorge

1992 erschien Wolfgang Schmidbauers zum Klassiker gewordenes Buch »Hilflose Helfer«.[924] Darin machte er aufmerksam auf die Problematik von Menschen in Helferberufen, deren eigene Hilflosigkeit einen Helferwillen entstehen ließ, der sich mit einem hohen Selbstideal und hohen Selbstansprüchen verband. Schmidbauers Botschaft lautete schon damals: Sorgt gut für euch selbst. Nehmt eure Bedürfnisse wahr.

Heute sind in die Begriffe der *Selbstfürsorge,* der *Selbstempathie,* der *Selbstzuwendung* und des *Selbstmitgefühls*[925] prägend – Synonyme für die Fähigkeit, sich selbst gegenüber mitfühlend, freundlich, verständnisvoll und barmherzig zu sein.

Dazu gehört das Eingeständnis, angenehme *und* unangenehme Emotionen zu empfinden und fühlen zu dürfen, was man fühlt. Helmut Schütz formuliert es so: »Die Frage, ob man fühlen darf, was man fühlt, stellt sich oft als die Frage

923 WAGNER-RAU, https://www.feinschwarz.net/schwierige-ohnmacht, S. 3 (Zugriff am 24.02.2025).

924 SCHMIDBAUER (1992/2025[24]).

925 Zum Beispiel: NEFF (2013).

danach, ob man immer stark sein muss oder sich auch einmal ›gehen oder hängen lassen‹ darf, ob man sich schwach oder schlecht fühlen darf oder sich immer ›zusammenreißen‹ und ›die Zähne zusammenbeißen muss‹. Vielfach versteht man Stärke als Unabhängigkeit von Gefühlen oder willensmäßige Überwindung von Gefühlsimpulsen, man bleibt cool und bewahrt zumindest äußerlich Haltung. Gerade Missbrauchsopfer neigen häufig zu dieser Art von Stärke, da ihnen Gefühle ja entweder verboten sind oder zu viel Angst auslösen.«[926]

In missbräuchlichen Beziehungen dürfen Kinder oft nicht fühlen, was sie fühlen, da der Erwachsene seine Verantwortung gewissermaßen abgestreift und auf das Kind übertragen hat. Je früher die Missbrauchserfahrung war, desto größer ist das innere Verbot, Kind sein zu dürfen und die Gefühle, auch die Gefühle des damaligen Kindes, zuzulassen. Dieses innere Verbot kann auch Seelsorgende treffen.

> Umso wichtiger ist es für Seelsorgende, dem eigenen inneren Mangel liebevoll, achtsam und fürsorglich zu begegnen.[927]
>
> Die Worte Selbstmitgefühl, Selbstzuwendung, Mindfulness (Achtsamkeit)[928] und Selbstakzeptanz[929] sind teilweise identisch mit der im Alten Testament vorgestellten Zuwendung (gleiches Wortfeld wie Gnade, Güte, Gunst) und der Barmherzigkeit (gleiches Wortfeld wie Mitgefühl, Erbarmen). Diese Gottesattributionen gelten seinem geliebten Menschen, der immer mehr selbst zu einem Menschen voller Zuwendungskraft und Mitgefühl wird, einerseits gegenüber sich selbst und andererseits gegenüber seinem Nächsten.

926 SCHÜTZ, https://bibelwelt.de/missbrauchtes-vertrauen/ (Zugriff am 24.02.2025).

927 MÜLLER (2001).

928 Mindfulness wird mit »Achtsamkeit« übersetzt: »Achtsamkeit kann als klares und nichtwertendes Gewahrsein dessen bezeichnet werden, was in jedem Augenblick geschieht. Sie ermöglicht uns, Körperempfindungen, Gedanken, Gefühle und alle anderen Wahrnehmungen, ob angenehm, unangenehm oder neutral, zu erfahren und so zu akzeptieren, wie sie sind – das Leben also tatsächlich zu erleben, wie es sich von Augenblick zu Augenblick entfaltet.«, s. MINDFULNESS (Deutsch »Achtsamkeit«), https://www.mindfulness.swiss/achtsamkeit/achtsamkeit/, (Zugriff am 14.03.2025).

929 POTRECK-ROSE/JAKOB (2003/2019[12]).

## 18.3 »Gönne dich dir selbst« – ein tausendjähriger Ratschlag in neuer Begrifflichkeit

Bernhard von Clairvaux, 1090 geboren, Gründer des Zisterzienser-Ordens als Erneuerungsbewegung, schrieb einen Brief an Papst Eugen III. Eugen III. war sein ehemaliger Mitbruder im Zisterzienserkloster Clairvaux und wurde später in Rom zum Papst gewählt. Bernard von Clairvaux widmete ihm seelsorgerliche Gedanken. Er schreibt:

»Ich fürchte, dass Du, eingekeilt in Deine zahlreichen Beschäftigungen, keinen Ausweg mehr siehst und deshalb Deine Stirn verhärtest; dass Du Dich nach und nach des Gespürs für einen durchaus richtigen und heilsamen Schmerz entledigst. Es ist viel klüger, Du entziehst Dich von Zeit zu Zeit Deinen Beschäftigungen, als dass sie Dich ziehen und Dich nach und nach an einen Punkt führen, an dem Du nicht landen willst. Du fragst, an welchen Punkt? An den Punkt, wo das Herz anfängt, hart zu werden. [...] Wenn Du Dein ganzes Leben und Erleben völlig ins Tätigsein verlegst und keinen Raum mehr für Besinnung vorsiehst, soll ich Dich da loben? [...] Auch Du bist ein Mensch. Damit Deine Menschlichkeit allumfassend und vollkommen sein kann, musst Du also nicht nur für alle anderen, sondern auch für Dich selbst ein aufmerksames Herz haben. [...] Wie lange noch schenkst Du allen anderen Deine Aufmerksamkeit, nur nicht Dir selbst? Ja, wer mit sich schlecht umgeht, wem kann der gut sein? Denk also daran: Gönne Dich Dir selbst. Ich sage nicht: Tu das immer, ich sage nicht: Tu das oft, aber ich sage: Tu es immer wieder einmal. Sei wie für alle anderen auch für Dich selbst da, oder jedenfalls sei es nach allen anderen.«[930]

> Diese Ratschläge Bernhard von Clairvauxs aus dem Jahr 1090 an seinen ehemaligen Schüler ermutigen zu einer Selbstwahrnehmung, die Selbstfürsorge zulässt und fördert.

## 18.4 The Wounded Healer

Verwundbarkeit (Vulnerabilität, Traumatisierbarkeit) ist eine Grundgegebenheit menschlicher Existenz. Nicht nur Seelsorge-Empfänger, sondern auch Seelsorger sind verwundbar. Für die Seelsorgerin »heißt deshalb die Herausforderung, in Kontakt mit der eigenen verwundeten und verwundenden Seite

930 VON CLAIRVAUX (1985).

zu kommen, anstatt diese nur als Burning-out oder Scheitern zu vermeiden.«[931] Henri Nouwen schrieb das eindrückliche Buch »The Wounded Healer«.[932] Das Potenzial, verwundet zu werden und verwundet zu sein, ist Teil der menschlichen Natur. Nur indem Seelsorgende das eigene Verwundetsein zulassen und sich den eigenen Wunden stellen, wird ihnen bewusst, wie sehr sie selbst auf Hilfe angewiesen sind.

Im Zentrum des christlichen Glaubens, in dessen Mitte steht ein Verwundeter: Der gemarterte Jesus am Kreuz, der die Narben von Nägeln selbst als Auferstandener noch trug (Johannes 20,25). Er, der im Neuen Testament gedeutet wird als Gottesknecht aus dem Jesajabuch (Jesaja 52,13–53,12), der wie ein Lamm war, das seinen Mund nicht auftat. Der Gottesknecht, den Jesaja als »den Allerverachtetsten und Unwertesten« sah. Er sah ihn als einen, der in seinem Geschlagensein und seiner Verwundung zum Erlöser der Welt wurde.

»Die bewusste Erfolgsstory der Heilung oder, allgemeiner gesprochen, einer gelungenen helfenden Beziehung wird oft als Geschichte von Fachkompetenz der Helferin oder des Helfers, kluger Auswahl der angewandten Methoden, Manualtreue und ausreichender Mitarbeit der Klientin oder des Klienten (compliance,[933] Leidensdruck, Zuverlässigkeit) erzählt.

Die heilsame Überwindung der Macht durch die Annahme der Wunde ist die Mitte des christlichen Erlösungsglaubens und zugleich das archetypische Grundmodell jeglicher helfenden Beziehung. Im Modell des Heilungsarchetyps geschieht wirksame Heilung nur dann, wenn der Helfer ein *wounded healer* ist, das heißt mit seinem eigenen Verletztsein in Einklang ist. Er muss und sollte mit der Klientin oder dem Klienten in der Regel darüber nicht sprechen, es kommt auf das stillschweigende Arbeiten am eigenen Unbewussten und die Annahme der eigenen Machtlosigkeit an.«[934]

## 18.5 Die Seelsorgerin als Empfangende vor Gott

Nicht nur Traumabetroffene gehen lange Wege, sondern auch Seelsorgende gehen lange Wege in ihrer eigenen Biografie mit Gott. Seelsorgende selbst werden immer mehr entdecken, wo ihr eigenes Leben von Unglaube und Verzagtheit geprägt ist und mögen darüber erschrecken. Ihr Kopf und ihr Denken sind

931 FRICK (2018, S. 78).
932 NOUWEN (1979/1994).
933 *Compliance* bezeichnet die Bereitschaft des Patienten, den Genesungsprozess aktiv mitzugestalten.
934 FRICK (2018, S. 81).

christlich geprägt, doch die eigenen Tiefenschichten reagieren manchmal, als ob es Gott nicht gäbe (»Etsi Deus non daretur«).

> Darum bleibt das, was Simone Pacot *l'évangélistation des profondeurs*[935] nennt eine lebenslange Aufgabe, gerade auch für Seelsorger: Die Evangelisation der Tiefenschichten der eigenen Seele, des eigenen Menschseins; das Empfangen Christi in der Tiefe des eigenen Verwundetseins, in den verborgenen Winkeln der eigenen Seele.

Und die Seelsorgerin ist eine Empfangende *vor Gott.* Der Mensch bleibt lebenslang ein Empfangender. Er verdankt seine Existenz einem Vater und einer Mutter, die ihrem Kind das Erbgut mitgeben und ihm Leben ermöglichen. Gleichzeitig sind die Eltern zum Zeitpunkt der Geburt »Empfangende, [...] auch wenn letztlich die Mutter sichtbar die Empfangendere zu sein scheint.«[936] In den ersten Lebensjahren empfängt das Kind Nähe, Wärme, Liebe, Nahrung, Kleidung, Fürsorge – und gibt zugleich ein Lächeln, ein zufriedenes Aufatmen, einen ruhigen Schlaf. In späteren Jahren empfängt sich der Mensch aus seinen geknüpften Beziehungen und gibt zugleich Beziehung. Dennoch kann er das Wesentliche nicht machen oder herstellen: Liebe, Verbundenheit, Respekt, Annahme.

> Seelsorgerinnen erleben und erfahren sich stets von neuem selbst als Bedürftige *und* Empfangende. Sie empfangen von Menschen, und auch von ihrem Gott, wie es im Kirchenlied heißt: *Du durchdringest alles, lass dein schönstes Lichte, Herr, berühren mein Gesichte. Wie die zarten Blumen willig sich entfalten und der Sonne stille halten, lass mich so, still und froh, deine Strahlen fassen und dich wirken lassen.*[937]

---

935 PACOT (1999).

936 KNOEPFLER, https://www.philosophie.ch/2017-11-29-knoepffler (Zugriff am 14.03.2025).

937 GESANGBUCH DER EVANGELISCH-REFORMIERTEN KIRCHEN der deutschsprachigen Schweiz (1998; Nr. 162, Strophe 5); EVANGELISCHES GESANGBUCH. Ausgabe für die Evangelisch-Lutherischen Kirchen in Bayern und Thüringen (1994; Nr. 165, Strophe 6); Liedautor: Gerhard Teerstegen, 1729.

# Abschließende Gedanken: Traumabewältigung bleibt letztlich ein großes Geheimnis

Warum es manchen Menschen gelingt, trotz schwersten Erlebnissen ihr Leben zu bewältigen und anderen nicht, lässt sich nicht abschließend beantworten. Die Traumaverarbeitung, die Leidbewältigung behält ihr Geheimnis. Gleichzeitig wissen Seelsorgerinnen um die Unverfügbarkeit Gottes. Das macht sie bescheiden. Sie wissen, dass sich das Reden von Gott gleichsam entzieht und dennoch unabdingbar ist. Es geht ihnen ähnlich wie Leonard Cohen, der sein Erleben in einem Kurzgedicht (»My Career«) ausgedrückt hat:

> So little to say
> So urgent
> to say it.
>
> Leonard Cohen[938]

## Preisgegeben und wunderbar geborgen

Psalmbeter erleben sich preisgegeben an Feinde, die sie jagen und an Fallen, die ihnen gestellt werden. Sie sind geängstigt und gedemütigt, beschämt und verachtet, geschlagen und durchbohrt. Und gleichzeitig erleben sie sich geborgen bei Gott, im Schatten seiner Flügel, sicher versteckt unter dem bergenden Federkleid der Vogelmutter, sicher geborgen, wie in einer Burg und hinter unbezwingbaren Mauern.

938 COHEN (2018², S. 101).

## Der Glanz Gottes

Ein Spezifikum der Seelsorge ist der Glaube an das Sichtbar- und Erfahrbarwerden des Glanzes Gottes *(kabod)* über dem Leben der Betroffenen, gerade der Traumabetroffenen.

Im Schlussvers von Psalm 91 heißt es: »Ich will ihn herausreißen und zu Ehren bringen.«[939] Für *ich will ihn zu Ehren bringen* steht das hebräische Wort *akabdehu,* abgeleitet von *kāvôd.* Es wird mit einem Präfix (ich will) und einem Suffix (ihn) gebildet, sodass der deutsche Satz im Hebräischen ein einziges Wort ist. Das ist die in direkter Gottesrede formulierte Zusage Gottes an den Psalmbeter.

### Kāvôd [Kabod]

Das Wort *kāvôd* wird in den deutschen Bibeln meist mit *Herrlichkeit* (manchmal mit *Ehre,* wie in obigem Psalmvers) übersetzt. Die Übersetzung mit »Herrlichkeit« weckt in seiner Metaphorik innere Bilder, die die Ursprungsbedeutung des Begriffs ungenügend wiedergeben. Die göttliche *kāvôd* schließt ein umfassendes Begriffsfeld mit ein:

Das Wort *kāvôd* erscheint 199 mal im Alten Testament.[940] »Das hebräische Wort *kabod* kann, je nach Kontext, Eigenschaften wie Pracht, Glanz, Schönheit, Stärke, Kraft, Größe, Hoheit oder Majestät nahestehen und steht in einem besonderen Naheverhältnis zu dem Begriff der ›Ehre‹, insofern sich Herrlichkeit oft als Konkretion und Ausdruck einer besonderen Ehre verstehen lässt [...] mit der Ausgangsbedeutung ›Gewicht, Schwere‹ [und den Erscheinungsweisen als Wolke und Herrlichkeit. ...]. Beide Theophanie-Elemente betonen das Ineinander von Offenbarung und Verhüllung Gottes – Gott ist in seiner Herrlichkeit gleichzeitig offenbar und verborgen.«[941]

Im Neuen Testament konzentriert sich das Offenbarwerden der *kāvôd Jahwes* im Leben Jesu: Die *kāvôd Jahwes* leuchtet auf bei Jesu Geburt (Luk 2,9.14), bei Jesu erstem Wunder in Kana (Joh 2,11), bei Jesu Verklärung (Luk 9,31 f.), bei Jesu Einzug in Jerusalem (Luk 19,38), bei seiner Auferstehung (Röm 6,4 und Röm 8,17) sowie in seiner Existenz als Auferstandener (Apg 22,11). Gemäß Paulus zeigt sie sich im Angesicht Jesu Christi (2 Kor 4,6).

---

939 אֲחַלְּצֵהוּ וַאֲכַבְּדֵהוּ׃

940 RENDTORFF (1965, S. 21–41, speziell S. 31).

941 CHIBICI REVNEANU, https://www.die-bibel.de/ressourcen/wibilex/neues-testament/herrlichkeit-nt (Zugriff am 14.03.2025).

*Kāvôd* ist eine Erscheinungsweise, die mit Gott assoziiert ist und überall dort erstrahlt, wo er in seinem Wesen aufglänzt. Psalm 91,15 benutzt diesen Begriff der *kāvôd* als etwas, das Gott dem verfolgten und bedrohten Menschen zukommen lässt: *Ich will ihn herausreißen und ehren/zu Ehren bringen.*

Dieses Wort heißt dann für den traumabetroffenen Menschen: Ich will ihn herausreißen und ihm Glanz, Schönheit, Stärke, Kraft, Größe, Hoheit, Majestät, Pracht, Bedeutung, Gewicht und Ehre zukommen lassen.

Traumaseelsorge weiß um die spezifischen Verwundungen Traumabetroffener, deren Glanz (kabod) manchmal gewichen zu sein scheint. Traumaseelsorge hält daran fest, dass Gottes Glanz da ist, dableibt, wieder sichtbar wird. Fachlich informiert stellt sie sich den Abgrundtiefen, hält mit aus und gibt Unaushaltbares gleichzeitig weiter an den, der alles hält. Sie lässt sich vom traumatherapeutischen Fachwissen belehren und beschenken und setzt alles ein zum Wohl der von Gott geliebten Menschen. Sie weiß und hält daran fest, dass die Schönheit und der Glanz Gottes über Betroffenen wieder aufleuchten und sichtbar werden wird, ob im Hier und Jetzt, für alle sichtbar, oder als Zukunftshoffnung.

Traumaseelsorgerinnen und -seelsorger lassen sich selbst von diesem Glanz berühren und gehen ihren Weg als von Gott geliebte, geehrte und gewürdigte Menschen.

# Literatur


AIGNER, Maria Elisabeth, Leben nach der Katastrophe. Trauma und Traumatisierung als Herausforderung für die Seelsorge, Stimmen der Zeit 10/2013, Berlin, 2013.

ALTMANN, Andreas, Das Scheißleben meines Vaters, das Scheißleben meiner Mutter und meine eigene Scheißjugend, München, 2011.

AMERICAN PSYCHIATRIC ASSOCIATION, DSM-5-TR, Washington, DC, 2022, pp. 752–757. https://www.msdmanuals.com/de/profi/psychiatrische-erkrankungen/pers%C3%B6nlichkeitsst%C3%B6rungen/borderline-pers%C3%B6nlichkeitsst%C3%B6rung-bps#Diagnose_v25246812_de (Zugriff am 07.03.2025).

ANDREATTA, Pia, CREPALDI, Gianluca, Das kumulative Trauma. Eine Rekapitulation von Masud Khan im Lichte aktueller Ansätze. In: Trauma und Gewalt, 2021/Heft 4, Stuttgart, 2021.

AUGST, Kristina, Auf dem Weg zu einer traumagerechten Theologie. Religiöse Aspekte in der Traumatherapie – Elemente heilsamer religiöser Praxis, Stuttgart, 2012.

AUGUSTINUS, Aurelius, Bekenntnisse/Confessiones, Kapitel 9, EMMENEGGER, Gregor (Hrsg.), https://bkv.unifr.ch/de/works/cpl-251/compare/aug-conf-bkv/11/aug-conf-csel (Zugriff am 07.03.2025).

BAADER, Meike Sophia, Blinde Flecken der Disziplin und ihrer Geschichte. Die Involviertheit der Wissenschaft in pädosexuelle Diskurspositionen der 1960er bis 1990er Jahre. In: RIEGER-LADICH, Markus, AMOS, Karin, ROHSTOCK, Anne (Hrsg.), Erinnern, Umschreiben, Vergessen. Die Stiftung des disziplinären Gedächtnisses als soziale Praxis, Weilerswift-Metternich, 2019.

BACH, Inka, GALLE Helmut, Deutsche Psalmendichtung vom 16. bis zum 20. Jahrhundert. Untersuchungen zur Geschichte einer lyrischen Gattung, Berlin/New York, 1989.

BAIL, Ulrike, Gegen das Schweigen klagen. Eine intertextuelle Studie zu den Klagepsalmen Ps 6 und Ps 55 und der Erzählung von der Vergewaltigung Tamars, Gütersloh, 1998.

BAIL, Ulrike, Von der Langsamkeit der Vergebung. In: EICHLER, Ulrike, MÜLLNER, Ilse (Hrsg.), Sexuelle Gewalt gegen Mädchen und Frauen als Thema der feministischen Theologie, Gütersloh, 1999.

BATTHYANY, Alexander (Hrsg.), Logotherapy and Existential Analysis, Proceedings of the Viktor Frankl Institute, Vienna/Heidelberg, 2016.

BAUKS, Michaela, Chaos/Chaoskampf. Bibelwissenschaft.de; Das wissenschaftliche Bibelportal der deutschen Bibelgesellschaft, 2006. https://bibelwissenschaft.de/stichwort/15897/ (Zugriff am 01.04.2025).

BAUMGARTNER, Isidor (Hrsg.), Pastoralpsychologie. Einführung in die Praxis heilender Seelsorge, Düsseldorf, 1990.

BECKER, Eve-Marie, DOCHHORN, Jan, HOLT, Else (Ed.), Trauma and Traumatization in Individual and Collective Dimensions. Insights from Biblical Studies and Beyond, Studia Aarhusiana Neotestamentica, Vol. 2, Göttingen, 2014.

BECKING, Bob, Jahwe/JHWH, https://bibelwissenschaft.de/stichwort/22127/, 2006 (Zugriff am 25.02.2025).
BEDENBENDER, Andreas, Frohe Botschaft am Abgrund. Das Markusevangelium und der Jüdische Krieg, Leipzig, 2013.
BENEDIKT, Die Regel des Hl. Benedikt. Herausgegeben im Auftrag der Salzburger Äbtekonferenz, Beuron, 1990 (Original ca. 534 n. Chr., Montecassino, Italien).
BERG, Horst Klaus, Ein Wort wie Feuer. Wege lebendiger Schriftauslegung, München, 1991/1996[3].
BERING, Robert, FISCHER, Gottfried, JOHANSEN, F. F., Neurobiologie der Posttraumatischen Belastungsstörung im Vier-Ebenen-Modell, Zeitschrift für Psychotraumatologie und Psychologische Medizin, Jg. 3, Heft 2, 2005.
BERNHARDT, Fabian, Rache. Über einen blinden Fleck der Moderne. Berlin, 2021.
BERNHARDT, Fabian, Wie du mir – so ich dir? »Rache spielt in unserem Alltag eine große Rolle«, Sternstunde Philosophie, SRF Kultur 29.06.2024 (Video), https://www.srf.ch/kultur/gesellschaft-religion/wie-du-mir-so-ich-dir-rache-spielt-in-unserem-alltag-eine-grosse-rolle (Zugriff am 20.02.2025).
BERNSTEIN, Douglas A., BORKOVEX, Thomas D., Entspannungs-Training: Handbuch der Progressiven Muskelentspannung nach Jacobson, Stuttgart, 2007.
BERTSCHI, Marianne, BISCHOFF, Xandi, SCHUBERT, Heiner, SEEGER, Nadine, Minimeditationen und Miniaturen. Für das ganze Jahr, Basel, 2016.
BESTER, Dörte, Körperbilder in den Psalmen. Studien zu Psalm 22 und verwandten Texten, Tübingen, 2007.
BIELER, Andrea, Psalmengottesdienste als Klageräume für Überlebende sexueller Gewalt: Poimenische und liturgische Überlegungen, Evangelische Theologie, 60/2, 2000.
BIELER, Andrea, Real Bodies at the Meal. In: EBACH, Jürgen, GUTMANN, Hans M., FRETTLÖH, Magdalene L., WEINRICH, Michael (Hrsg.), Dies ist mein Leib. Leibliches, Leibeigenes und Leibhaftiges bei Gott und den Menschen, Gütersloh, 2006.
BIELER, Andrea, Verletzliches Leben. Horizonte einer Theologie der Seelsorge, Göttingen, 2017.
BISCHOFF, Xandi, SEEGER, Nadine, Psalmen destillieren. Alte Gebete neu lesen, Basel, 2018.
BLUE, Samara, Ein Haus als Puzzlespiel. Die Kiefernstraße wird zum Gesamtkunstwerk, Stadtspielgel Bochum, 4. Juli 2021, https://www.lokalkompass.de/bochum/c-kultur/kiefern-17-benmathismajo-brothers-33-puzzlehaus_a1598555 (Zugriff am 23.02.2025).
BLUM, Erhard, Die Komposition der Vätergeschichte (WMANT 57), Neukirchen-Vluyn, 1984.
BOASE, Elizabeth, FRECHETTE, Christopher G. (Ed.), Bible Through the Lens of Trauma, Atlanta USA, 2016.
BOBERT, Sabine, Trauma und Schuld. Fremder Schuld geopfert sein, Wege zum Menschen, 56, Frankfurt a. M., 2004.
BODENMANN, Guy, Stress und Partnerschaft, Gemeinsam den Alltag bewältigen, Bern, 1997/2006[4].
BODENMANN, Guy, Bevor der Stress uns scheidet. Resilienz in der Partnerschaft, Bern, 2015.
BOLLE, Ralf H., Das Konzept »Inneres Kind« und die Analytische Psychologie nach C. G. Jung. In: HERBOLD, Willy, SACHSSE, Ulrich, Das so genannte Innere Kind. Vom Inneren Kind zum Selbst. Mit Beiträgen von Ralf Bolle, Anna-Maria Reichel, Christine Unckel, Katja W., Stuttgart, 2007/2012[2].
BONHOEFFER, Dietrich, Gemeinsames Leben, München 1939[1]/Gütersloh, 1987/1997[25].
BONHOEFFER, Dietrich, Gesammelte Schriften V, Hrsg. BETHGE, Eberhard, München, 1972.
BOON, Suzette, STEELE, Kathy, VAN DER HART, Onno, Traumabedingte Dissoziation bewältigen. Ein Skills-Training für Klienten und ihre Therapeuten, Paderborn, 2013 (Titel der Originalausgabe: Coping with Trauma-Related Dissociation: Skills-training for Patients and Therapists, New York, 2011).
BRACHMANN, Jens, Pädosexuelle Gewaltverbrechen. Erwartungen an die wissenschaftliche« Aufarbeitung, Erziehungswissenschaft, 54/28, Leverkusen, 2017.

BRADSHAW, John, Das Kind in uns. Wie finde ich zu mir selbst? München, 1992.
BRUDERECK, Christina, Trotzkraft, Essen, 2021.
BUBER, Martin, Werke Bd. 1, Schriften zur Philosophie, München/Heidelberg, 1962.
BUCHER, Anton A. (2017). Zornig und strafend – oder zu milde? Negative Gottesbilder. In: ZWINGMANN, Christian, KLEIN, Constantin, JESERICH, Florian, Religiosität: Die dunkle Seite. Beiträge zur empirischen Religionsforschung, Münster, 2017.
BUCHHOLZ, Michael B, Vorwort. In: LAKOFF, George, JOHNSON, Mark, Leben in Metaphern. Konstruktion und Gebrauch von Sprachbildern, Heidelberg, 1997/2018[9] (Originalausgabe: Metaphors We Live By, Chicago, 1980).
BUCHHOLZ, Michael B., Metaphern der ›Kur‹. Eine qualitative Studie zum psychotherapeutischen Prozess, Gießen, 1996/2003.
BUKOWSKI, Peter, Die Bibel ins Gespräch bringen. Erwägungen zu einer Grundfrage der Seelsorge, Göttingen, 1994/2022[11].
BUNTFUSS, Markus, Tradition und Innovation. Die Funktion der Metapher in der theologischen Theoriesprache, Berlin/New York, 1997.
CALVIN, Johannes, Studienausgabe, Bd. 6: Der Psalmenkommentar. In: BUSCH, Eberhard, FREUDENBERG, Matthias, HERON, Alasdair, LINK, Christian, OPITZ, Peter, SAXER, Ernst (Hrsg.), Neukirchen-Vluyn, 2008.
CARR, David M., Holy Resilience. The Bible's Traumatic Origins, New Haven/London, 2014.
CHIBICI REVNEANU, Nicole (2010), Art. Herrlichkeit (NT). In: Das Wissenschaftliche Bibellexikon im Internet 2010, https://www.die-bibel.de/ressourcen/wibilex/neues-testament/herrlichkeit-nt (Zugriff am 14.03.2025).
CHRISTEN-SCHNEIDER, Claudia, Erfahrungen mit den restaurativen Dialogen in der Schweiz. In: MAELICKE, Bernd, WEIN, Christopher (Hrsg.), Resozialisierung und systemischer Wandel, Baden-Baden, 2020.
CIENFUEGOS, Ana Julia, MONELLI, Cristina, The Testimony of Political Repression as a Therapeutic Instrument. American Journal of Orthopsychiatry, 53 (1), 1983.
CÖPPICUS LICHTSTEINER, Gisela Ana, SCHIESS, Margrit, Imagination. Therapeutisch-klinische Heilbehandlung und/oder spiritueller Heils- und Entwicklungsweg, Interlaken, 2004.
CÖPPICUS LICHTSTEINER, Gisela Ana, Das Heilige in der Imagination, Zürich, 2013.
CÖPPICUS LICHTSTEINER, Gisela A., Wenn der Lebensfaden brennt. Spirituell-religiöse Erfahrungen Traumatisierter in der Katathym Imaginativen Psychotherapie, Göttingen, 2019.
COHEN, Leonard, Die Flamme. The Flame, Köln, 2018[2].
CROOS-MÜLER, Claudia, Nur Mut. Das Überlebensbuch. Soforthilfe bei Herzklopfen, Angst, Panik & Co, München, 2012.
CROOS-MÜLLER, Claudia, Ich schaf(f) das. Leichte Körperübungen für mehr Lebenspower, München, 2020.
CRÜSEMANN, Frank, Biblische Theologie und Gewalt gegen Frauen. Referat vor der Landessynode der Evangelischen Kirche im Rheinland, Bad Neuenahr. In: Gewalt gegen Frauen. 4. Runder Tisch der Evangelischen Landeskirche und des Diakonischen Werkes in Württemberg am 9.11.2000. Dokumentation, Bad Neuenahr, 2000.
CRÜSEMANN, Frank, Der Gewalt nicht glauben. Hiobbbuch und Klagepsalmen – zwei Modelle theologischer Verarbeitung traumatischer Gewalterfahrungen. In: CRÜSEMANN, Frank, CRÜSEMANN, Marlene, JANSSEN, Claudia, KESSLER, Rainer, WEHN, Beate (Hrsg.), Dem Tod nicht glauben. Sozialgeschichte der Bibel, Festschrift für Luise Schottroff zum 70. Geburtstag, Gütersloh, 2004.
DALFERTH, Ingolf U., Malum. Theologische Hermeneutik des Bösen, Tübingen, 2008.
DEUTSCHES INSTITUT FÜR MEDIZINISCHE DOKUMENTATION UND INFORMATION (DIMDI), ICD-10-GM 2018 (German Modification 2018), https://www.micado-online.de/Portals/0/Dateien/Downloads/Dokumente/PUBLIK/ICD_2018.pdf (Zugriff am 28.02.2025).

DE WAAL, Anton, Der Rompilger, Wegweiser zu den wichtigsten Heiligtümern und Sehenswürdigkeiten der ewigen Stadt, Freiburg i.Br., 1900.
DIETRICH, Walter, LINK, Christian, Die dunklen Seiten Gottes. Willkür und Gewalt, Neukirchen-Vluyn, 1995/1997[2].
DIETRICH, Walter, LINK, Christian, Die dunklen Seiten Gottes. Allmacht und Ohnmacht, Neukirchen-Vluyn, 2000.
DIETRICH, Walter, MAYORDOMO, Moisés, Gewalt und Gewaltüberwindung in der Bibel, Zürich, 2005.
DIETRICH, Walter (Hrsg.) Die Welt der Hebräischen Bibel. Umfeld, Inhalte, Grundthemen, Stuttgart, 2017.
DOMIN, Hilde, Sämtliche Gedichte, Frankfurt a.M., 2010[4].
DOMSGEN, Michael, SCHRÖDER, Bernd (Hrsg.), Kommunikation des Evangeliums. Leitbegriff der praktischen Theologie, Leipzig, 2014.
DULZ, Birger, SACK, Martin, SACHSSE, Ulrich, Störungen der Sexualität bei Menschen mit komplexen Traumafolgestörungen. In: SACK, Martin, SACHSSE, Ulrich, SCHELLONG, Julia, Komplexe Traumafolgestörungen. Diagnostik und Behandlung von schwerer Gewalt und Vernachlässigung, Stuttgart 2013/2018[6].
EBACH, Jürgen, Streiten mit Gott, Hiob I: Hiob 1–20, Neukirchen, 1995/2007[3].
EBACH, Jürgen, Streiten mit Gott, Hiob II: Hiob 21–42, Neukirchen-Vluyn, 1996/2005[2].
EBERWEIN, Werner, Was ist Mentalisierung? 2015. https://www.werner-eberwein.de/was-ist-mentalisieren/ (Zugriff am 16.01.2025).
EDER, Sigrid, Identifikationspotenziale in den Psalmen. Emotionen, Metaphern und Textdynamik in den Psalmen 30, 64, 90 und 147, Göttingen, 2018.
EGGER, Josef W., Theorie und Praxis der biopsychosozialen Medizin. Körper-Seele-Einheit und sprechende Medizin, Wien, 2017.
EHLERS, Lampe mit Christusdarstellung, Skulpturensammlung und Museum für Byzantinische Kunst der Staatlichen Museen zu Berlin, 2017, http://www.smb-digital.de/eMuseumPlus?service=ExternalInterface&module=collection&objectId=1793224&viewType=detailView (Zugriff am 20.02.2025).
EKMAN, Paul, Gefühle lesen. Wie Sie Emotionen lesen und richtig interpretieren, Berlin/Heidelberg, 2004/2010/2014.
ELLENBERGER, Henri F., Die Entdeckung des Unbewussten. Geschichte und Entwicklung der dynamischen Psychiatrie von den Anfängen bis zu Janet, Freud, Adler und Jung. Bern, 1973.
EMMONS, Robin A., Thanks! How the New Science of Gratitude Can Make You Happier. New York, 2007, https://greatergood.berkeley.edu/pdfs/GratitudePDFs/6Emmons-BlessingsBurdens.pdf (Zugriff am 22.02.2025).
EMMONS, Robin A., Das kleine Buch der Dankbarkeit: Bewusst das Leben wertschätzen für mehr Zufriedenheit und Glück, München, 2016/2018.
ENDRISS, Lilo, Die psychische Gewalt der Ignoranzfalle, Berlin, 2018.
ENGEMANN, Wilfried (Hrsg.), Handbuch der Seelsorge. Grundlagen und Profile, Leipzig, 2007/2016[3].
ENGEMANN, Wilfried, Kommunikation des Evangeliums. Anmerkungen zum Stellenwert einer Formel im Diskurs der Praktischen Theologie. In: DOMSGEN, Michael, SCHRÖDER, Bernd (Hrsg.), Kommunikation des Evangeliums. Leitbegriff der Praktischen Theologie, Leipzig, 2014.
ERBELE-KÜSTER, Dorothea, Lesen als Akt des Betens. Eine Rezeptionsästhetik der Psalmen, Neukirchen/Eugene, Oregon, 2001/2013.
ERBELE-KÜSTER, Dorothea, OEMING, Manfred, MORICZ, Nikolett (Hrsg.), Gewaltig wie das Meer ist dein Zusammenbruch (Klgl 2,13). Theologische, psychologische und literarische Zugänge der Traumaforschung, Tübingen, 2022.

ERICKSON, Milton H., ROSSI, Ernest L., Hypnotherapie. Aufbau – Beispiele – Forschungen, Stuttgart, 2016/2022[14].

ESCH, Tobias, Die Neurobiologie des Glücks: Wie die Positive Psychologie die Medizin verändert, Stuttgart/New York, 2011/2017[3].

EVANGELISCHES GESANGBUCH. Ausgabe für die Evangelisch-Lutherischen Kirchen in Bayern und Thüringen, Hrsg. Evangelisch-Lutherische Kirche in Bayern und Thüringen, München/Weimar, 1994.

EVANGELISCHER OBERKIRCHENRAT Stuttgart (Hrsg.), Segnen. Eine Arbeitshilfe, Stuttgart, 2001.

FANDER, Monika, »Mein Gott, mein Gott, warum hast du mich verlassen?« (Mk 15,34): (Kriegs-) Traumatisierung als Thema des Markusevangeliums. In: MOLTMANN-WENDEL, Elisabeth, KIRCHHOFF, Renate (Hrsg.), Christologie im Lebensbezug, Göttingen, 2005.

FAULDE, Cornelia, Wenn frühe Wunden schmerzen. Glaube auf dem Weg zur Traumaheilung, Mainz, 2002.

FECHTNER, Christian, LAUSTER, Jörg (Hrsg.), Starke Gefühle. Praktische Theologie. Zeitschrift für Praxis in Kirche, Gesellschaft und Kultur, 2/2012, Gütersloh, 2012.

FEDERN, Paul, Ego Psychology and the Psychosis, New York, 1952.

FEGERT, Michael, BROWN, Rebecca, RASSENHOFER, Mirjam, SUKALE, Thorsten, Posttraumatische Belastungsstörung und Traumafolgestörungen. In: REMSCHMIDT, Helmut, BECKER, Katja, Kinder- und Jugendpsychiatrie und Psychotherapie, Stuttgart, 2020.

FIDDES, Paul S., Participating in God: A Pastoral Doctrine of the Trinity, Louisville KY, USA, 2000.

FISCHER, Anton M., Sigmund Freuds erstes Land. Eine Kulturgeschichte der Psychotherapie in der Schweiz, Gießen, 2013.

FISCHER, Gottfried, Mehrdimensionale Psychodynamische Traumatherapie, MPTT: Manual zur Behandlung psychotraumatischer Störungen, Kröning, 2000.

FISCHER, Gottfried, Neue Wege aus dem Trauma. Erste Hilfe bei seelischen Belastungen, Düsseldorf/Zürich, 2003/2008[6].

FISCHER, Gottfried, RIEDESSER, Peter, Lehrbuch der Psychotraumatologie, München, 2009[4].

FLEBBE, Jochen, »Ich glaube – hilf meinem Unglauben.« Strukturen antithetischer Krisenbewältigung im Neuen Testament. In: RICHTER, Cornelia (Hrsg.), Ohnmacht und Angst aushalten. Kritik der Resilienz in Theologie und Philosophie, Stuttgart, 2017.

FOGEL, Alan, Selbstwahrnehmung und Embodiment in der Körperpsychotherapie. Vom Körpergefühl zur Kognition, Stuttgart, 2013, Vorwort der Übersetzerin Helmi Boese (Original: The Psychophysiology of Self-Awareness, 2009).

FONAGY, Peter, GERGELY, György, JURIST, Elliot L., Affektregulierung, Mentalisierung und die Entwicklung des Selbst, Stuttgart, 2002.

FRANKL, Victor E., Gesammelte Werke 4: Ärztliche Seelsorge. Grundlagen der Logotherapie und Existenzanalyse, sowie: Vorarbeiten zu einer sinnorientierten Psychotherapie, Wien, 1942/2011.

FRANKL, Victor, E., »... trotzdem Ja zum Leben sagen. Ein Psychologe erlebt das Konzentrationslager«, Erstveröffentlichung Wien, 1946; München, 2018.

FRANKLIN, Eric N., Frei Bewegen: Mit der wissenschaftlich fundierten Franklin-Methode zu mehr Beweglichkeit und einer dynamisch perfekten Haltung, München, 2020/2021[2] (Original: Dynamic Alignment through Imagery, Champaign IL, 2012).

FREI, Lia (2023). Die therapeutische Beziehung als zentraler Wirkfaktor der Psychotherapie. https://www.klaus-grawe-institut.ch/archiv/die-therapeutische-beziehung-als-zentraler-wirkfaktor-der-psychotherapie/ (Zugriff am 21.03.2025).

FRETTLÖH, Magdalene L., Theologie des Segens. Biblische und dogmatische Wahrnehmungen, Gütersloh 1998/1999[3].

FRETTLÖH, Magdalene L., Wenn Mann und Frau im Bilde Gottes sind ... Über geschlechtsspezifische Gottesbilder, die Gottesbildlichkeit des Menschen und das Bilderverbot, Wuppertal, 2002.

FREUND, Henning, LEHR, Dirk, Dankbarkeit in der Psychotherapie. Ressource und Herausforderung, Göttingen, 2020.

FREVEL, Christian, »Du machst mich stark wie den Wildstier«: Resilienzmuster in den Psalmen. In: GÄRTNER, Judith, SCHMITZ, Barbara, Resilienznarrative im Alten Testament, Tübingen, 2022.

FREY, Jörg, Das Bild als Wirkungspotenzial. Ein rezeptionsästhetischer Versuch zur Funktion der Brotmetapher in Johannes 6. In: ZIMMERMANN, Ruben (Hrsg.), Bildersprache verstehen. Zur Hermeneutik der Metapher und anderer bildlicher Sprachformen. Mit einem Geleitwort von H.-G. Gadamer, München, 2000.

FREY-ANTHES, Henrike, Unheilsmächte und Schutzgenien, Antiwesen und Grenzgänger: Vorstellungen von »Dämonen« im Alten Israel, Fribourg/Zürich, 2007.

FRICK, Eckhard, Die eigene Verwundbarkeit und Hilfsbedürftigkeit spüren – lebensgeschichtliche Verletzungen und konstitutionelle Vulnerabilität. In: SAUTERMEISTER, Jochen, SKUBAN, Tobias, Handbuch psychiatrisches Grundwissen für die Seelsorge, Freiburg im Breisgau, 2018.

FRITZSCHE, Kai, Ego-State-Therapie bei Traumafolgestörungen. Handbuch für die Praxis, Heidelberg, 2021.

FRITZSCHE, Kai, HARTMANN, Woltemade, Einführung in die Ego-State-Therapie, Heidelberg, 2010/2016[3].

FURLER, Frieder, Zeichen des Segens. Salbungsfeiern. Einleitung und praktische Hinweise, Deutschschweizerische Liturgiekommission, 2004, https://www.gottesdienst-ref.ch (Zugriff am 23.02.2025).

GAFFURI, Sarah, Gebetsgruppen: eine Frage der persönlichen Spiritualität. Vom Rosenkranzgebet zum Taizé-Gesang. ITE. Das Magazin der Schweizer Kapuziner, Nr. 1/2024, Schwyz, 2024.

GAHLEITNER, Silke Brigitta, Genderaspekte in der Behandlung von Patientinnen und Patienten mit komplexen Traumafolgestörungen. In: SACK, Martin, SACHSSE, Ulrich, SCHELLONG, Julia (Hrsg.), Komplexe Traumafolgestörungen. Diagnostik und Behandlung von Folgen schwerer Gewalt und Vernachlässigung, Stuttgart, 2013[6]/2018.

GÄRTNER, Judith, SCHMITZ, Barbara (Hrsg.), Resilienznarrative im Alten Testament. Forschungen zum Alten Testament 156, Tübingen, 2022.

GAST, Ursula, Trauma und Dissoziation. In: JEFTIC, Karolina, JOLY, Jean-Baptiste (Hrsg.): Erinnern und Vergessen. Zur Darstellbarkeit von Traumata. Stuttgart, 2005.

GAST, Ursula, MARKERT, Elisabeth Christa, ONNASCH, Klaus, SCHOLLAS, Thomas, Trauma und Trauer. Impulse aus christlicher Spiritualität und Neurobiologie, Stuttgart, 2009.

GESANGBUCH DER EVANGELISCH-REFORMIERTEN KIRCHEN der deutschsprachigen Schweiz, Verein zur Herausgabe des Gesangbuchs der Evangelisch-reformierten Kirchen der deutschsprachigen Schweiz (Hrsg.), Basel/Zürich, 1998.

GIMMEL-ROHR, Ruth, Die Umkehrung der Verhältnisse im Lied der Hanna und im Lobgesang der Maria, dem Magnificat, Akzessarbeit Universität Bern, Bern, 1996.

GIRARD, René, Ich sah den Satan vom Himmel fallen wie einen Blitz, München. 2002.

GOSCHKE, Thomas, DREISBACH, Gesine, Kognitiv-affektive Neurowissenschaft: Emotionale Modulation des Denkens, Erinnerns und Handelns. In: WITTCHEN, Hans-Ulrich, HOYER, Jürgen (Hrsg.), Klinische Psychologie und Psychotherapie. Berlin, 2010.

GRAWE, Klaus, GRAWE-GERBER, Mariann, Ressourcenaktivierung. Ein primäres Wirkprinzip der Psychotherapie. In: Psychotherapeut, 44, Heidelberg, 1999.

GRAWE, Klaus, Psychologische Therapie, Göttingen, 2000.

GREINER Dorothea, Segen und Segnen. Eine systematisch-theologische Grundlegung, Stuttgart, 2003.

GRÖZINGER, Karl Erich, Jüdisches Denken: Theologie, Philosophie, Mystik. Meinungen und Richtungen im 20. und 21. Jahrhundert, Frankfurt/New York, 2019.

GRÜN, Anselm, Geistliche Begleitung bei den Wüstenvätern, Münsterschwarzach, 2006[9].

GYSI, Jan, Posttraumatische Störungen, Formen und Therapieempfehlungen, www.jangysi.ch (Zugriff am 11.01.2025).

GYSI, Jan, Psychologische Erste Hilfe nach schweren Belastungen: Empfehlungen für Hausärzte, 28. August 2015, Swiss Family Docs Conference, Bern, 2015, jg@jangysi.ch (Zugriff am 14.01.2025).

GYSI, Jan, Veränderungen im ICD-11 im Bereich Trauma & Dissoziation, Bern, 2018, https://www.nischak.com/fileadmin/nischak/Trauma___Dissoziation_im_ICD-11_1.pdf (Zugriff am 18.03.2025).

GYSI, Jan, Allgemeines Vorgehen nach einer Sexualstraftat. Interdisziplinäres Netzwerk Psychotraumatologie Schweiz, Jahrestagung, Bern, 2019, jg@jangysi.ch (Zugriff am 16.01.2025).

GYSI, Jan, Diagnostik von Traumafolgestörungen: Multiaxiales Trauma-Dissoziations-Modell nach ICD 11, Bern, 2020/2022[2].

GYSI, Jan, Einführung zum Seminar »Diagnostik und Differentialdiagnostik von Traumafolgestörungen«. YouTube-Video vom 03.07.2021. https://www.youtube.com/watch?v=JhfT_JT5wWQ (Zugriff am 21.03.2025).

HAASE, Hedi, EHRENBERG, Hilla, SCHWEIZER, Marianne, Lösungstherapie in der Krankengymnastik, München, 1985.

HAGEN, Thomas, FRICK, Eckhard, Rituale, Zeichen und Symbole. In: FRICK, Eckhard, ROSER, Traugott, Spiritualität und Medizin. Gemeinsame Sorge für den kranken Menschen, Stuttgart, 2009/2011[2].

HANSWILLE, Reinert, Trauma und Systemische Therapie. In: SEIDLER, Günter H., FREYBERGER, Harald J., GLAESMER, Heide, GAHLEITNER, Silke Birgitta (Hrsg.), Handbuch der Psychotraumatologie, Stuttgart, 2011/2019[3].

HARTL, Johannes, Metaphorische Theologie. Grammatik, Pragmatik und Wahrheitsgehalt religiöser Sprache, Berlin/Münster/Wien/Zürich/London, 2008.

HARTWIG, Sr. Hanna-Maura, Aufmerksam sein! Schwanbergbrief 1/2015, Schwanberg/Münsterschwarzach, 2015.

HASLBECK, Barbara, Der Stachel der Opfer. Zum kirchlichen Umgang mit Opfern sexualisierter Gewalt. In: GOERTZ, Stephan, ULONSKA, Herbert (Hrsg.), Sexuelle Gewalt. Fragen an Kirche und Theologie, Münster u. a., 2010.

HAUPT-SCHERER, Sabine, SCHERER, Uwe, Einen Schritt voran folgen. Psychotraumatologische Grundlagen und konzeptionelle Überlegungen zu einer traumazentrierten Seelsorge. In: Wege zum Menschen, 63/6, 2011.

HECKER, Tobias, MAERCKER, Andreas, Komplexe Posttraumatische Belastungsstörung nach ICD-11, Berlin, 2019.

HELIOS FACHKLINIKEN HILDBURGHAUSEN, Leistungen/Imagination, https://www.helios-gesundheit.de/standorte-angebote/kliniken/hildburghausen/fachbereiche/psychotherapie-kriseninterventon/#accordion-2b4d85eb85-item-484786b469 (Zugriff am 08.03.2025).

HELL, Cornelius, WIESMÜLLER, Wolfgang, Die Psalmen. Rezeption biblischer Lyrik in Gedichten. In: SCHMIEDINGER, Heinrich (Hrsg.): Die Bibel in der deutschsprachigen Literatur des 20. Jahrhunderts, Bd. 1: Formen und Motive, Mainz, 1999.

HELL, Daniel, Leben als Geschenk und Antwort. Weisheit der Wüstenväter, Freiburg i. Br., 2005.

HELL, Daniel, Die Haltung in der therapeutischen und seelsorgerlichen Beziehung. In: SEITLINGER, M. (Hrsg.), Was heilt uns? Zwischen Spiritualität und Therapie, Freiburg i. Br./Basel/Wien, 2006.

HELL, Daniel, Die Sprache der Seele verstehen. Die Wüstenväter als Therapeuten, Freiburg i. Br., 2007/2015[11].

HELL, Daniel, Lob der Scham – Nur wer sich achtet, kann sich schämen, Gießen, 2018/2021[2].

HERBOLD, Willy, SACHSSE, Ulrich, Das so genannte Innere Kind. Vom Inneren Kind zum Selbst. Mit Beiträgen von Ralf Bolle, Anna-Maria Reichel, Christine Unckel, Katja W., Stuttgart, 2007/2012[2].

HERBST, Michael, beziehungsweise. Grundlagen und Praxisfelder evangelischer Seelsorge, Neukirchen-Vluyn, 2012/2013[2].

HERHOLZ, Ingrid, JOHNEN, Rolf, SCHWEIZER, Dorothee (Hrsg.), Funktionelle Entspannung. Das Praxisbuch, Stuttgart, 2009.

HERMAN, Judith, Die Narben der Gewalt. Traumatische Erfahrungen verstehen und überwinden, Paderborn, 1992/1997 (Original: Trauma and Recovery. The Aftermath of Violence from Domestic Abuse to Political Terror, New York, 1992).

HERMER, Matthias, RÖHRLE, Bernd, Handbuch der therapeutischen Beziehung, Band 1: Allgemeiner Teil, Tübingen, 2008.

HERPETZ, Sabine C., Diagnostik der Borderline-Persönlichkeitsstörung (DGPPN), Heidelberg, https://www.neurologen-und-psychiater-im-netz.org/psychiatrie-psychosomatik-psychotherapie/stoerungen-erkrankungen/borderline-stoerung/diagnostik/ (Zugriff am 20.01.2025).

HESSISCHER RUNDFUNK, Drei Suizide, drei Hinterbliebene, drei Geschichten, Hessenschau vom 02.11.18. https://www.youtube.com/watch?v=YNzcFEPQhXI (Zugriff am 09.02.2025).

HILBERT, Anja, Soziale und psychosoziale Auswirkungen der Adipositas: Gewichtsbezogene Stigmatisierung und Diskriminierung. In: Handbuch Essstörungen und Adipositas, HERPERTZ, Stephan, ZWAAN, Martina, ZIPFEL, Stephan, Berlin, 2015, S. 419–423.

HILBERT, Anja, PULS, Hans-Christian, Stigmatisierung und Diskriminierung In: WABITSCH, Martin, HEBEBRAND, Johannes, KIESS, Wieland, REINEHR, Thomas, WIEGAND, Susanna, Adipositas bei Kindern und Jugendlichen, Berlin/Heidelberg, 2022, S. 537–543.

HILL, Harriet, HILL, Margaret, BAGGE, Richard, MIERSMA, Pat, Traumatisierte Menschen begleiten. Ein Arbeitsbuch für christliche Gemeinden, Norderstedt, 2018 (Original: Healing the Wounds of Trauma: How the Church Can Help, Philadelphia, 2014).

HIRSCH, Samson Raphael, Psalmen. Übersetzt und erläutert von Samson Raphael Hirsch (Erstausgabe: 1883 Frankfurt a. M.), Basel/Zürich, 1995.

HOLDER-FRANZ, Martina, »... dass du bis zuletzt leben kannst.« Spiritualität und Spiritual Care bei Cicely Saunders, Zürich, 2012.

HOSSFELD, Frank-Lothar, ZENGER, Erich, Die Psalmen I, Psalmen 1–50, NEB, Würzburg, 1993.

HOSSFELD, Frank-Lothar, ZENGER, Erich, Psalmen 51–100, HThKAT (Herders Theologischer Kommentar zum Alten Testament), Freiburg, Basel, Wien, 2000.

HOUCK-LOOMIS, Tiffany, History Through Trauma. History and Counter-History in the Hebrew Bible, Eugene, Oregon USA, 2018.

HUBER, Michaela, Wege der Traumabehandlung, Lehrbuch zu Komplextrauma und dissoziativen Störungen, Teil II, Paderborn, 2003.

HUBER, Michaela, Trauma und die Folgen. Trauma und Traumabehandlung, Teil 1, Paderborn, 2003/2009[4].

HUBER, Michaela, Multiple Persönlichkeiten. Seelische Zersplitterung nach Gewalt, Frankfurt a. M., 1995/2010.

HUBER, Michaela, FREI, Pauline C., Von der Dunkelheit zum Licht. Wie Persönlichkeit sich entwickeln kann. Trauma, Krankheit und Todesnähe überwinden, Paderborn, 2009.

HUBER, Michaela, Der innere Garten. Ein achtsamer Weg zur persönlichen Veränderung, Paderborn, 2010.

HUBER, Michaela, Viele sein. Ein Handbuch. Komplextrauma und dissoziative Identität – verstehen, verändern, behandeln, Paderborn, 2011.

HUBER, Michaela, Der geborgene Ort. Sicherheit und Beruhigung bei chronischem Stress. Ein Übungsbuch mit CD, Paderborn, 2015.

HUMPERDINCK, Engelbert, Was die deutschen Kinder singen, Mainz, 1914.

HUXOLL, Martina, BRAUN, Gisela, HASEBRINK, Marianne (Hrsg.), Pädosexualität ist Gewalt: (Wie) Kann Jugendhilfe schützen? Weinheim, 2002.

ICD 10-GM-2024: F 43.1 Posttraumatische Belastungsstörung, https://www.icd-code.de/icd/code/F43.1.html (Zugriff am 25.02.2025).
IRENÄUS VON LYON, Fünf Bücher gegen die Häresien, übersetzt von Ernst Klebba, Altenmünster, 2021 (Original: Adversus Haereses 1–5, um 180 n. Chr.).
IZARD, Caroll E., Die Emotionen des Menschen. Eine Einführung in die Grundlagen der Emotionspsychologie, Weinheim, 1994.
JACOBSON, Edmund, Entspannung als Therapie, Stuttgart, 1934/2019[9] (Erstveröffentlichung für Laien 1934; Originaltitel: You Must Relax. Practical Methods for Reducing the Tensions of Modern Living, Chicago Illinois, US, 1991[5]).
JANKA, Alexander, Das Potential des Ärgers nutzen. In: »wütend«, Magazin Bildungskirche. Eine Publikation von a+w und PWB, Zürich, 02/2021.
JANOFF-BULMAN, Ronnie, Shattered Assumptions. Towards a New Psychology of Trauma, New York, 1992.
JANOWSKI, Bernd, Konfliktgespräche mit Gott. Eine Anthropologie der Psalmen, Neukirchen-Vluyn, 2003/2006[2].
JANOWSKI, Bernd, Ein Gott, der straft und tötet? Göttingen, 2013/2018[3].
JANOWSKI, Bernd, Das erschöpfte Selbst. Zur Semantik der Depression in den Psalmen und im Ijobbuch. In: SCHNOCKS, Johannes (Hrsg.), »Wer lässt uns Gutes sehen?« (Ps 4,7). Internationale Studien zu Klagen in den Psalmen. Zum Gedenken an Frank-Lothar Hossfeld, Freiburg i. Br., 2016, 77–123.
JANOWSKI, Bernd, Das erschöpfte Selbst. Zur Semantik der Depression in den Psalmen und im Ijobbuch. In: Ders., Das hörende Herz: Beiträge zur Theologie und Anthropologie des Alten Testaments. 6, Göttingen, 2017.
JANOWSKI, Bernd, Das hörende Herz: Beiträge zur Theologie und Anthropologie des Alten Testaments 6, Göttingen, 2017.
JANOWSKI, Bernd, Anthropologie des Alten Testaments. Grundfragen – Kontexte – Themenfelder, Tübingen, 2019.
JANOWSKI, Leben in Gottes Gegenwart. Beiträge zur Theologie und Anthropologie des Alten Testaments 7, Göttingen, 2021.
JANZEN, David, The Violent Gift. Trauma's Subversion of the Deuteronomistic History's Narrative (The Library of Hebrew Bibel/Old Testament Studies, S. 651), London, 2013.
JANZEN, David, Trauma and the Failure of History: Kings, Lamentations, and the Destruction of Jerusalem, Atlanta US, 2018/2019[2].
JASCHKE, Helmut, »Aus der Tiefe rufe ich, Herr, zu Dir«. Psychotherapie aus den Psalmen, Freiburg i. Br., 1989.
JASCHKE, Helmut, Heilende Berührungen. Körpertherapeutische Aspekte des Wirkens Jesu, Ostfildern, 2004.
JASCHKE, Helmut, Du schlägst mit dem Stock, aber rettest sein Leben: Die religiösen Wurzeln kindlichen Missbrauchs und die Folgen, Gelnhausen, 2013.
JOEST, Franziskus, Jesus-Bruderschaft Gnadenthal, Geschichte, Glaube, Gemeinschaft: Unser Leben auf den Punkt gebracht, Witten, 2019.
JONES, Serena, Trauma and Grace. Theology in a Ruptured World, Louisville, Kentucky, 2009.
JUCHLI, Liliane, Allgemeine und spezielle Krankenpflege. Ein Lehr- u. Lernbuch, Stuttgart 1973[1], (seither in zahlreichen Neuerscheinungen und unter neuen Titeln wieder aufgelegt).
JUNGCLAUSSEN, Emmanuel, Unterweisung im Herzensgebet, St. Ottilien, 2008[3].
JUNGCLAUSSEN, Emmanuel (Hrsg.), Aufrichtige Erzählungen eines russischen Pilgers. Die vollständige Ausgabe, Freiburg i. Br., 2014 (Original: Aufrichtige Erzählungen eines Pilgers, seinem geistlichen Vater mitgeteilt, Kasan/Russland, 1870).
JÜRGENS, Henning P., Der Genfer Psalter. Europaweiter Kulturtransfer, konfessionelle Kultur und europäische Literaturen, 2010, http://ieg-ego.eu/de/threads/europaeische-medien/medien-des-religioesen-transfers/henning-p-juergens-der-genfer-psalter (Zugriff 07.03.2025).

KAHL, Ulrike, Depression – Eine Erkrankung unserer Zeit, die mit Sinnentleerung einhergeht. In: LEHMKUHL, Ulrike, SASSE, Heiner, WAHL, Pit (Hrsg.), Wozu leben wir? Sinnfragen und Werte heute. Beiträge zur Individualpsychologie, Bd. 33, Göttingen, 2007.
KAISER, Ursula Ulrike, Einführung in die Neutestamentliche Exegese, Hamburg, 2016.
KARSCH, Margret, »Das Dennoch jedes Buchstabens«. Hilde Domins Gedichte im Diskurs um Lyrik nach Auschwitz, Bielefeld, 2007.
KAST, Verena, Freude, Inspiration, Hoffnung, Olten/Freiburg i. Br., 1991, Ostfildern, 2013[6].
KAST, Verena, Wenn wir uns versöhnen, Stuttgart, 2005.
KAST, Verena, Vom Sinn des Ärgers. Anreiz zu Selbstbehauptung und Selbstentfaltung, Freiburg i. Br., 2005/2023.
KEEL, Othmar, Die Welt der altorientalischen Bildsymbolik und das Alte Testament. Am Beispiel der Psalmen, Göttingen, 1996[5].
KEEL, Othmar, Gott weiblich. Eine verborgene Seite des biblischen Gottes, Gütersloh, 2008.
KELLERHALS, Doris, Heilende Gemeinschaft in der Postmoderne unter besonderer Berücksichtigung der Benediktusregel: Ein Beitrag zum Bau von kirchlicher Gemeinschaft, Basel, 2008.
KERSTNER, Erika, HASLBECK, Barbara, BUSCHMANN, Annette, Damit der Boden wieder trägt. Seelsorge nach sexuellem Missbrauch, Ostfildern, 2016.
KIECHLE, Stefan, Macht ausüben. Ignatianische Impulse, Würzburg, 2010.
KIRSCHT, Ralph, Der Emmaus-Weg. Trauma-Heilung in der Emmaus-Erzählung (Lukas 24,13–35) und das Modell einer Spirituellen Traumafolgen-Therapie, Nordstrand, 2014.
KIRSCHT, Ralph, Gebrochenes Brot – gebrochene Menschen. Die heilsame Verwandlungskraft der Eucharistie im Kontext psychischer Traumatisierungen. In: GOLLER, Anja (Hrsg.): Weg-Gemeinschaft, FS Günter Eßer, Bonn, 2015.
KIRSCHT, Ralph, Trauma und Seelsorge, https://emmaus-institut.de/trauma-und-seelsorge/ (Zugriff am 14.03.2025).
KIRSCHT, Ralph, Wandlungsräume. Praxishandbuch traumasensible Seelsorge, Stuttgart, 2021.
KLESSMANN, Michael, Ambivalenz und Glaube. Warum sich in der Gegenwart Glaubensgewissheit zu Glaubensambivalenz wandeln muss, Stuttgart, 2018.
KLESSMANN, Michael, Verschwiegene Macht. Figurationen von Macht und Ohnmacht in der Kirche, Heidelberg, 2023.
KNOEPFLER, Nikolaus, Der Mensch als Empfangender und Handelnder. Menschliches Leben ist von Anfang an passiv und aktiv zugleich. https://www.philosophie.ch/2017-11-29-knoepffler (Zugriff am 14.03.2025).
KNUF, Andreas, Schreckgespenst Borderline? Wie eine ganz normale psychische Erkrankung zum schillernden Abgrund wird, 2002. https://www.andreas-knuf.de/psychiatrie-1/borderline-1/ (Zugriff am 25.03.2025).
KNUF, Andreas, Scham, Minderwertigkeit und Selbsthass überwinden, Kerbe Spectrum, Forum für soziale Psychiatrie, Berlin, 4/2018.
KNUF, Andreas, TILLY, Christiane, Borderline: Das Selbsthilfebuch, Bonn, 2007/2009[4].
KOCH, Sabine, www.refugee-trauma.help/fileadmin/downloads/pdf/selbsthilfeuebungen/deutsch/selbsthilfeuebungen-deutsch-lichtuebung.pdf (Zugriff am 27.01.2025).
KÖCKERT, Matthias, Dekalog/Zehn Gebote, 2007/2012, in: https://www.bibelwissenschaft.de (Zugriff am 20.01.2025).
KOENEN, Klaus, Jahwe wird kommen, zu herrschen über die Erde. Psalm 90–110 als Komposition. Frankfurt a. M., 1995.
KOENEN, Klaus, Gottesworte in den Psalmen: Eine formgeschichtliche Untersuchung, Neukirchen-Vluyn, 1996.
KOENEN, Klaus, Klagelieder Jeremias, 2014, https://www.bibelwissenschaft.de (Zugriff am 20.01.2025).

KOHLI REICHENBACH, Claudia, Gemeinschaft der Heiligen – Heilende Gemeinschaft? Zur salutogenetischen Funktion kirchlicher Gemeinschaft. In: NOTH, Isabelle, KUNZ, Ralph (Hrsg.), Nachdenkliche Seelsorge – seelsorgerliches Nachdenken. Festschrift für Christoph Morgenthaler zum 65. Geburtstag, Göttingen, 2012.

KOHLI REICHENBACH, Claudia, Seelsorge als Geistliche Begleitung. In: POHL PATALONG, Uta, LÜDTKE, Antonia (Hrsg.), Seelsorge im Plural, Berlin, 2019[2], S. 255–265.

KÖNIG, Lilith, Trauma und Bindung. In: LANDOLT, Markus A., HENSEL, Thomas (Hrsg.), Traumatherapie bei Kindern und Jugendlichen, Göttingen, 2008/2012.

KONRADT, Matthias, Das Evangelium nach Matthäus, Göttingen, 2015.

KÖSTER, Rolf, SCHMUCKER, Mervyn, IRRT zur Behandlung anhaltender Trauer. Imagery Rescripting & Reprocessing Therapy in der Praxis, Stuttgart, 2016.

KRAUS, Ann-Kathrin, Erfahrungen mit Organisierter und Ritueller Gewalt: Ressourcen von Betroffenen und Behandelnden, Masterarbeit, Universität Innsbruck, 2019.

KÜCHENHOFF, Joachim, MAHRER KLEMPERER, Regine (Hrsg.), Psychotherapie im psychiatrischen Alltag. Die Arbeit an der therapeutischen Beziehung, Stuttgart, 2008/2018.

KÜCHENHOFF, Joachim, PUSPA, Agarwalla, Körperbild und Persönlichkeit: Die klinische Evaluation des Körpererlebens mit der Körperbild-Liste, Berlin, 2012/2013[2].

KUMLEHN, Martina, Ekel und Alter. Ein heikles Thema im (religions-)gerontologischen Diskurs. In: KUNZ, Ralph, KOHLI REICHENBACH, Claudia (Hrsg.), Spiritualität im Diskurs. Spiritualitätsforschung in theologischer Perspektive, Zürich, 2012.

KUNZ, Ralph, Der Mantel der Liebe – Palliative Care als Umhüllung. https://www.pccv.ch/de/news/newsleser/83.html. (Zugriff am 10.10.2018; Link leider nicht mehr abrufbar.).

KURATLE, David, MORGENTHALER, Christoph, Männerseelsorge. Impulse für eine gendersensible Beratungspraxis, Stuttgart, 2015.

KURZ, Paul Konrad (Hrsg.), Psalmen. Vom Expressionismus bis zur Gegenwart, Freiburg, 1978.

LAKOFF, George, JOHNSON, Mark, Leben in Metaphern. Konstruktion und Gebrauch von Sprachbildern, Heidelberg, 1997/2018[9] (Originalausgabe: Metaphors We Live By, Chicago, 1980).

LAMMER, Kerstin, Kalter Schweiß auf dem Rücken. Seelsorge nach traumatischen Erlebnissen. Deutsches Pfarrerblatt 4/2009, Stuttgart, 2009.

LAMMER, Kerstin, Trauer verstehen. Formen, Erklärungen, Hilfen. Berlin/Heidelberg, 2014.

LANG, Herrmann, (Hrsg.), Wirkfaktoren der Psychotherapie, mit 24 Abbildungen und 32 Tabellen. Würzburg, 2003.

LANGE, Sinja, Emotion – Gefühl – Ausdruck. Theorien emotionaler Signalisierung nach Paul Ekmans These der Universalität von sieben emotionalen Gesichtsausdrücken, München, 2017.

LANGER, Gerhard, Herrlichkeit als kabod. In: KAMPLING, Rainer (Hrsg.), Herrlichkeit. Zur Deutung einer theologischen Kategorie, Paderborn, 2008.

LASOGGA, Frank, GASCH, Bernd, Notfallpsychologie. Lehrbuch für die Praxis. Heidelberg, 2008.

LAUTENSCHLAGER, Uschi, Erste Hilfe Maßnahmen bei Flashbacks und Dissoziation. In: HILL, Harriet, HILL, Margaret, BAGGE, Richard, MIERSMA, Pat, Traumatisierte Menschen begleiten. Ein Arbeitsbuch für christliche Gemeinden, Norderstedt, 2018 (Originaltitel: Healing the Wounds of Trauma. How the Church Can Help, Philadelphia, 2014).

LEIMGRUBER, Stephan, Psychologie für Pfarrer. Oskar Pfister war ein Freund Sigmund Freuds. https://www.kath.ch/newsd/psychologie-fuer-pfarrer-oskar-pfister-war-ein-freund-von-sigmund-freud/, veröffentlicht 23.02.2023 (Zugriff am 10.01.2025).

LEMME, Matthias, Die neuen Psalmensänger. Religiosität in deutschsprachiger Popmusik von Gentlemen bis Xavier Naidoo (Reihe: Populäre Kultur und Theologie POPKULT, Band 3), Jena, 2015.

LEUNER, Hanscarl, Die Grundprinzipien des Katathymen Bilderlebens (KB) und seine therapeutische Effizienz. In: SINGER, J. L. & POPE, K. S. (Hrsg.): Imaginative Verfahren in der Psychotherapie, Paderborn 1986 (Original: LEUNER, Hanscarl, The power of human imagination. New Methods in Psychotherapy, Heidelberg, 1978).

LEVINE, Peter, Traumaheilung. Das Erwachen des Tigers. Unsere Fähigkeit, traumatische Erfahrungen zu transformieren, Essen, 1999.

LEVINE, Peter, Vom Trauma befreien. Wie sie körperliche und seelische Blockaden lösen. München, 2007.

LEVINE, Peter, Sprache ohne Worte. Wie unser Körper Trauma verarbeitet und uns in die innere Balance zurückführt. München, 2011.

LIECHTI-GENGE, Manuela, Die Guttat zu ölen. Von der Wiederentdeckung der Salbung als Segenshandlung in ev.-ref. Gottesdiensten, CH-Kindshausen, 1996.

LINEHAN, Marsha M., Dialektisch-Behaviorale Therapie der Borderline-Persönlichkeitsstörung, München, 1996/2008/2017 (Original: Skills Training Manual for Treating Borderline Personality Disorder, New York USA, 1993).

LINEHAN, Marsha M., Handbuch der Dialektisch-Behavioralen Therapie zur Behandlung psychischer Störungen, Band 1: DBT Skills Training und Manual, München, 2015/2017[2] (Original: DBT Skills Training Manual, New York USA, 2015).

LINEHAN, Marsha M., Handbuch der Dialektisch-Behavioralen Therapie zur Behandlung psychischer Störungen, Band 2: Arbeitsbuch mit Handouts und Arbeitsblättern für TherapeutInnen und PatienntInnen, München, 2017 (Original: DBT Skills Training Handouts and Worksheets, Second Edition, New York USA, 2015).

LÖX, Markus: Christus, Apostel und Co., Christliche Motive auf spätantiker Sigillata aus Nordafrika. In: FLECKER, Manuel, (Hrsg.), Zwischen Dionysos und Christus. Bild und Tafelgeschirr im römischen Nordafrika, Kiel, 2022.

LÜCKE, Susanne, Kunst und Gestaltungstherapie im Prozess der Traumaheilung. In: REDDEMANN, Luise, Imagination als heilsame Kraft. Zur Behandlung von Traumafolgen mit ressourcenorientierten Verfahren, Stuttgart, 2001/2010[15].

LUDWIG, Ulrike, Imaginationsübungen – Tipps und Tricks, https://www.ludwig-ulrike.de/fileadmin/Ulrike-Ludwig/Dokumente/imaginationsuebungen_tipps_und_tricks.pdf, 13–14 (Zugriff am 31.01.2025).

LUMMA, Liborius Olaf, Die Komplet. Eine Auslegung des römisch-katholischen Nachtgebets. Regensburg, 2017.

LUNGERSHAUSEN, Christine, Heilsames statt Drama, Redaktion Feinschwarz, 5. Juni 2020, Kirche, Spiritualität, https://www.feinschwarz.net/heilsames-statt-drama/ (Zugriff am 08.02.2025).

LÜSCHER, Kurt, HEUFT, Gereon, Ambivalenz, Belastung, Trauma, Psyche – Zeitschrift für Psychoanalyse und ihre Anwendungen, 61 (3). Hrsg. von Werner Bohleber, Stuttgart, 2007.

LUTHER, Martin, Zweite Vorrede auf den Psalter (1528). In: BORNKAMM, Heinrich (Hrsg.), Luthers Vorreden zur Bibel, Hamburg 1967/Göttingen 1989/2005[4].

LUTHER, Martin, De servo arbitrio/Vom unfreien Willensvermögen (1525). In: HÄRLE, Wilfried (Hrsg.): Martin Luther. Lateinisch-Deutsche Studienausgabe, Band 1. Der Mensch vor Gott, Leipzig, 2006/2022[3].

LUTZ, Tilman, Wiedergutmachung statt Strafe? Restorative Justice und der Opfer-Täter-Ausgleich. In: DOLLINGER, Bernd, SCHMIDT-SEMISCH, Henning (Hrsg.), Handbuch Jugendkriminalität. Interdisziplinäre Perspektiven, Wiesbaden, 2018[3].

LUZ, Ulrich, Theologische Hermeneutik des Neuen Testaments, Göttingen, 2014.

LUZ, Ulrich, Zankapfel Bibel. Eine Bibel, viele Zugänge, Zürich, 1992/2007[5].

MAERCKER, Andreas (Hrsg.), Therapie der Posttraumatischen Belastungsstörung, Heidelberg, 2003[2].

MAERCKER, Andreas (Hrsg.), Posttraumatische Belastungsstörung, Heidelberg, 2009[3].

MAERCKER, Andreas (Hrsg.), Traumafolgestörungen, Heidelberg, 2019[5].

MAERCKER, Andreas, ZNOJ, Hansjörg, Anhaltende Trauerstörung, Basel, 2021, https://link.springer.com/chapter/10.1007/978-3-662-62298-8_90 (Zugriff am 14.01.2025).

MAERCKER, Andreas & ICD-10 Revision Working Group, Die neuen Trauma- und Belastungsdiagnosen des ICD-11: Konsequenzen für das Diagnostizieren und Therapieren, Zürich, 2021, https://www.zora.uzh.ch/115691/6/Hecker_KPTBS_inpress.pdf (Zugriff am 15.01.2025).

MAIER, Christl M., Wer schreibt Geschichte? Ein kulturelles Trauma und seine Träger im Jeremiabuch, Vetus Testamentum, Leiden NL, 2020.

MAIER, Christl, Jeremia 1–25, (Internationaler Exegetischer Kommentar zum Alten Testament), Stuttgart, 2022.

MARLOCK, Gustl, WEISS, Halko (Hrsg.), Handbuch der Körperpsychotherapie, Stuttgart, 2006.

MATTHESS, Helga, Strukturelle Dissoziation der Persönlichkeit. Störungsbilder mit schwerer dissoziativer Persönlichkeitsdesintegration mit der Wertigkeit einer Persönlichkeitsstörung. In: WÖLLER, Wolfgang, Trauma und Persönlichkeitsstörungen. Ressourcenbasierte Psychodynamische Therapie (RPT) traumabedingter Persönlichkeitsstörungen, Stuttgart, 2006/2013[2].

MATHWIG, Frank, MEIREIS, Torsten, PORZ, Rouven, ZIMMERMANN, Markus (Hrsg.), Macht der Fürsorge. Moral und Macht im Kontext von Medizin und Pflege, Zürich, 2015.

MAVROGIORGOU, Paraskevi, MEISTER, Klara, JUCKER, Georg, Der Vergebungsprozess als ein psychotherapeutischer Behandlungsansatz, Verhaltenstherapie, Volume 28/3, 2018.

MAYER, Cornelius Petrus, Die Psalmen der Bibel als Quelle christlicher Spiritualität, 2004. https://www.augustinus.de/einfuehrung/86-texte-ueber-augustinus/201-die-psalmen-der-bibel-als-quelle-christlicher-spiritualitaet (Zugriff am 20.01.2025).

MELZER, Friso, Unsere Sprache im Lichte der Christus-Offenbarung, Tübingen, 1952[2].

MESS, Anne Christina, Wenn ich das geahnt hätte. Suizid – Hilfe für Angehörige und Mitbetroffene. Moers, 2009[2].

MEYER, Verena, Lösungsorientierte Gesprächsführung in der Seelsorge (LOS), LOS 1. Kursunterlagen, Zürich, 2012.

MEYER-BLANCK, Michael, Theologische Implikationen der Seelsorge. In: ENGEMANN, Wilfried (Hrsg.), Handbuch der Seelsorge. Grundlagen und Profile, Leipzig, 2007/2016[3].

MIDDENDORF, Ilse, Der erfahrbare Atem. Eine Atemlehre, Paderborn, 1984/2007[9].

MILLER, Bonifaz (Hrsg.) Weisung der Väter: Apophtegmata Patrum (Sophia, Quellen östlicher Theologie), Trier, 2018.

MOHR, Peter, Nur die Schuldigen sind schuldig. Zum Tod des Friedensnobelpreisträgers Elie Wiesel, Titel-Kulturmagazin. Das online-Kulturmagazin seit 2000, http://titel-kulturmagazin.net/2016/07/03/zum-tod-des-friedensnobelpreistraegers-elie-wiesel/?cn-reloaded=1, 3. Juli 2016 (Zugriff am 20.02.2025).

MÖLLER, Christian, Internet-Examensreader für praktische Theologie, Heidelberg, 2015, https//backend.theologie.uni-heidelberg.de (Zugriff am 10.03.2025).

MOLTMANN, Jürgen, Theologie der Hoffnung. Untersuchungen zur Begründung und zu den Konsequenzen einer christlichen Eschatologie. Gütersloh, 1964/2005[14].

MOLTMANN, Jürgen, Der gekreuzigte Gott, Gütersloh, 1972/2002[9].

MOLTMANN, Jürgen, Das Kommen Gottes. Christliche Eschatologie, München, 1995/2005[2].

MOOSBACH, Carola, Gottflamme Du Schöne, Gütersloh, 1997.

MOOSBACH, Carola, Ja aber, 1999. https://feministische-theologinnen.ch/2012/03/uberlebensgebete/ (Zugriff am 11.03.2025).

MORGENTHALER, Christoph, Systemische Seelsorge, Stuttgart, 1999/2002[3].

MORGENTHALER, Christoph, Seelsorge, Gütersloh, 2009/2017[3].

MORICZ, Nikolett, »Wie die Verwundeten – derer du nicht mehr gedenkst«. Zur Phänomenologie des Traumas in den Psalmen 22, 88, 107 und 137, Göttingen, 2021.

MUJAWAYO, Esther, Ein Leben mehr. Wie ich der Hölle Ruandas entkam, Ulm, 2005/2007[2].

MÜLLER, Reinhard, Psalmen (AT), WiBiLex. Das wissenschaftliche Bibellexikon im Internet, https://bibelwissenschaft.de/stichwort/31528/ (Zugriff am 25.03.2025).

MÜLLER, Wunibald, Meine Seele weint. Die therapeutische Wirkung der Psalmen für die Trauerarbeit, Münsterschwarzach, 1993.
MÜLLER, Wunibald, Gönne dich dir selbst. Von der Kunst, sich gut zu sein, Münsterschwarzach, 2001.
MUNZ, Regine, Zur Theologie der Scham. Grenzgänge zwischen Dogmatik, Ethik und Anthropologie, Theologische Zeitschrift, Band 65, 2009.
NAEGELI, Antje Sabine, Umarme mich. Gebete voller Hoffnung, Freiburg i. Br., 2018.
NAFZGER, Willi, Gefängnisseelsorge als theologische Herausforderung. In: NOTH, Isabelle, KUNZ, Ralph (Hrsg.), Nachdenkliche Seelsorge – seelsorgerliches Nachdenken. Festschrift für Christoph Morgenthaler zum 65. Geburtstag, Göttingen, 2012, S. 170–183.
NAUER, Doris, Seelsorge. Sorge um die Seele, Stuttgart, 2007/2014[3].
NAUER, Doris, Spiritual Care statt Seelsorge? Stuttgart, 2015.
NAUMANN, Thomas, Geschichtsbücher und Geschichtsschreibung. In: DIETRICH, Walter (Hrsg.), Die Welt der Hebräischen Bibel. Umfeld-Inhalte-Grundthemen, Stuttgart, 2017, S. 123–135.
NAUMANN-LENZEN, Michael, Psychodynamisch basierte Traumatherapie mit Kindern. In: LANDOLT, Markus A., HENSEL, Thomas (Hrsg.), Traumatherapie bei Kindern und Jugendlichen, Göttingen, 2008/2012[2].
NEFF, Kristin, Selbstmitgefühl. Schritt für Schritt. Buch & 4 CDs, Freiburg i. Br., 2014/2015[2] (Originaltitel: Self-Compassion Step by Step, The Proven Power of Being Kind to Yourself, Louisville, Colorado, USA, 2013.).
NEUNER, Frank, Risiken und Nebenwirkungen der Traumatherapie. In: SEIDLER, Günter H., FREYBERGER, Harald J., GLAESMER, Heide, GAHLEITNER, Silke (Hrsg.), Handbuch der Psychotraumatologie, Stuttgart, 2011/2019[3].
NEUNER, Frank, CATANI, Claudia, SCHAUER, Maggie, Narrative Expositionstherapie NET, Göttingen, 2021.
NEUNER, Frank, SCHAUER, Margarete, ELBERT, Thomas, Testimony-Therapy als Psychotherapie für Überlebende politischer Gewalt, Zeitschrift für politische Psychologie 9, Hamburg, 2001.
NIGHTINGALE, Florence, Bemerkungen zur Krankenpflege. Die »Notes on Nursing« neu übersetzt und kommentiert von Christoph Schweikardt und Susanne Schulze-Jaschok, Frankfurt a. M., 2021[5] (Erstauflage »Notes on Nursing« 1859).
NOTH, Isabelle (Hrsg.), Sigmund Freud – Oskar Pfister: Briefwechsel 1909–1939, Zürich, 2014.
NOUWEN, Henri J. M., The Wounded Healer. Ministry in Contemporary Society, New York/London, 1979/1994.
NOUWEN, Henri J. M., Seelsorge, die aus dem Herzen kommt. Christliche Menschenführung in der Zukunft, Freiburg im Breisgau, 1989 (englischer Originaltitel: In the Name of Jesus. Reflections on Christian Leadership in the Future, London, UK, 1989).
OEMING, Manfred, MICHEEL, Rosemarie, Tränen und Brot. Sieben ausgewählte Psalmen. Texte zur Bibel 27, Neukirchen-Vluyn, 2011.
OEMING, Manfred, Biblische Hermeneutik: Eine Einführung, Darmstadt, 2013[4].
OEMING, Manfred, Krieg und Frieden. In: DIETRICH, Walter (Hrsg.) Die Welt der Hebräischen Bibel. Umfeld, Inhalte, Grundthemen, Stuttgart, 2017.
OEMING, Manfred, VETTE, Joachim, Das Buch der Psalmen. Psalm 90–151. Stuttgart, 2016.
OGDEN, Pat, MINTON, Kekuni, PAIN, Clare, Trauma und Körper. Ein sensumotorisch orientierter psychotherapeutischer Ansatz, Paderborn, 2010 (Originalausgabe: Trauma and the Body. A Sensorimotor Approach to Psychotherapy, New York/London, 2006).
OTZELBERGER, Manfred, Suizid. Das Trauma der Hinterbliebenen. Erfahrungen und Auswege, München, 1999/2010[5].
PACOT, Simone, L'évangélisation des profondeurs, Paris, 1999.

PAUL, Margaret, CHOPICH, Erika J., Aussöhnung mit dem inneren Kind, München, 1993/2019.
PEICHL, Jochen, Ego-State-Therapie. In: SEIDLER, Günter H, FREYBERGER, Harald J., GLAESMER, Heide, GAHLEIITNER, Silke Birgitta (Hrsg.), Handbuch der Psychotraumatologie, Stuttgart, 2011/2019[3].
PEICHL, Jochen, Hypno-Analytische Teilearbeit. Ego-State-Therapie mit inneren Selbstanteilen, Stuttgart, 2012/2019[3].
PEICHL, Jochen, Innere Kritiker, Verfolger und Zerstörer. Ein Praxishandbuch für die Arbeit mit Täterintrojekten, Stuttgart, 2013.
PEICHL, Jochen, Innere Kinder, Täter, Helfer & Co. Ego-State-Therapie des traumatisierten Selbst, Stuttgart, 2007/2017[6].
PENG-KELLER, Klinikseelsorge als spezialisierte Spiritual Care. Der christliche Heilungsauftrag im Horizont globaler Gesundheit, Göttingen, 2021.
PENG-KELLER, Simon, GAUDENZ, Chatrina, Sinnvoll mit Widersinnigem leben, Interview in: Aufbruch. Unabhängige Zeitschrift für Religion und Gesellschaft, Walchwil, 2016.
PETERMANN, Franz, WIEDEBUSCH, Silvia, Emotionale Kompetenz bei Kindern, Göttingen, 2016[3].
PETZOLD, Hilarion (Hrsg.), Psychotherapie & Babyforschung, Band 2: Die Kraft liebevoller Blicke, Säuglingsbeobachtungen revolutionieren die Psychotherapie, Paderborn, 1995.
PFEIFER, Samuel, Basiskurs Psychiatrie und Religion, Messung der Religiosität, 3, https://www.seminare-ps.net/_MAT/Seelsorge/Basiskurs/01_Messung_der_Religiositaet_Skript.pdf (Zugriff am 25.03.2025).
PIZELE, Peter, Die Brunnen unserer Väter. Midraschim und Bibliologe über Bereschit-Genesis, Stuttgart, 2012 (Original: Our Fathers' Wells. A Personal Encounter with the Myths of Genesis, San Francisco, 1995).
POHL-PATALONG, Uta, Bibel lesen. Die Kraft der Heiligen Texte, Freiburg i. Br., 2010.
POHL-PATALONG, Uta, Bibliolog. Impulse für Gottesdienst, Gemeinde und Schule. Band 1: Grundformen, Stuttgart, 2013[3].
POSER, Ruth, Heilsames Erzählen?! Schweigen und Sprechen im Markusevangelium, Junge Kirche 72/4, Uelzen, 2011.
POSER, Ruth, Das Ezechielbuch als Trauma-Literatur, Leiden/Boston, 2012.
POTRECK-ROSE, Friederike, JAKOB, Gitta, Selbstzuwendung, Selbstakzeptanz, Selbstvertrauen: Psychotherapeutische Interventionen zum Aufbau von Selbstwertgefühl, Stuttgart, 2003/2019[12].
PÖTZSCH, Arno, Um Tod und Leben, Welt und Gott. In: Aufatmen. Warum ich immer noch glaube, Holzgerlingen, 4/2014.
PRATL-ZEBINGER, Marianne, Zeitgemäß, schriftgemäß, heilsam? Kernkriterien verantworteter Seelsorge. Wien, 2009.
PRIEBE, Kathlen, DYER, Anne, Metaphern, Geschichten und Symbole in der Traumatherapie. Göttingen, 2014.
PROSS, Christian, GRAESSNER, Sepp, 10 Jahre Behandlungszentrum für Folteropfer und Suche nach Wegen zu einer Traumatherapie von Flüchtlingen und politisch Verfolgten. In: BIRCK, Angelika, PROSS, Christian, LANSEN, Johan, Das Unsagbare. Die Arbeit mit Traumatisierten im Behandlungszentrum für Folteropfer Berlin, Berlin/Heidelberg, 2002.
QUINNET, Paul G., Es gibt etwas Besseres als den Tod. Suizidgefährdung – Rat und Hilfe, Freiburg i. Br., 2000 (Amerikanisches Original: Suicide. The Forever Decision, Crossroad Publishing, 1987/1992).
RAMBO, Shelly, Spirit and Trauma. A Theology of Remaining, Louisville, Kentucky US, 2010.
RAMBO, Shelly, Resurrecting Wounds. Living in the Afterlife of Trauma, Waco, Texas US, 2017.
READ, Julian, Assyrian Sculpture, London, 1983/1998.
RECHBERGER, Uwe, Von der Klage zum Lob. Studien zum »Stimmungsumschwung« in den Psalmen, Neukirchen-Vluyn, 2012.

REDDEMANN, Luise, Imagination als heilsame Kraft. Zur Behandlung von Traumafolgen mit ressourcenorientierten Verfahren, Stuttgart, 2001/2010[15].

REDDEMANN, Luise, Imagination als heilsame Kraft. Ressourcen und Mitgefühl in der Behandlung von Traumafolgen, Stuttgart, überarbeitete Neuauflage 2022[23].

REDDEMANN, Luise, Eine Reise von 1.000 Meilen beginnt mit dem ersten Schritt. Seelische Kräfte entwickeln und fördern, Freiburg i. Br., 2004/2009/2010[5], (5. Auflage der Jubiläumsausgabe, 14. Gesamtauflage).

REDDEMANN, Luise, Überlebenskunst. Von Johann Sebastian Bach lernen und Selbstheilungskräfte entwickeln, Stuttgart, 2006/2011[6].

REDDEMANN, Luise, Dem inneren Kind begegnen, Hör-CD mit ressourcenorientierten Übungen und Booklet, Stuttgart, 2007.

REDDEMANN, Luise, Psychodynamisch Imaginative Traumatherapie. In: MAERCKER, Andreas, Posttraumatische Belastungsstörungen, Heidelberg, 2009[3].

REDDEMANN, Luise, Zur Würde der Beschämten und: Von der Faszination dissoziativer Menschen. In: HUBER, Michaela (Hrsg.), Viele sein. Ein Handbuch. Komplextrauma und dissoziative Identität – verstehen, verändern, behandeln, Paderborn, 2011.

REDDEMANN, Luise, Psychodynamisch Imaginative Traumatherapie PITT – Das Manual, Stuttgart, 2011/2014[8] Stuttgart (Neuauflage s. nächste Zeile).

REDDEMANN, Luise, Psychodynamisch Imaginative Traumatherapie – PITT. Ein Mitgefühls- und Ressourcen-orientierter Ansatz in der Psychotraumatologie, überarbeitete Neuauflage, Stuttgart, 2011/2021[11]: Buchbeschreibung auf http://www.luise-reddemann.de/publikationen/buecher/#c235 (Zugriff am 08.03.2025).

REDDEMANN, Luise, Traumastörungen – Annäherung an das Unsagbare. In: VON SPRETI, Flora, MARTIUS, Philipp, FÖRSTL, Hans (Hrsg.), Kunsttherapie bei psychischen Störungen, München, 2012[2].

REDDEMANN, Luise, Kriegskinder und Kriegsenkel in der Psychotherapie. Folgen der NS-Zeit und des Zweiten Weltkriegs erkennen und bearbeiten – Eine Annäherung, Stuttgart, 2015/2022[6].

REDDEMANN, Luise, Mitgefühl, Trauma und Achtsamkeit in psychodynamischen Therapien, Göttingen, 2016.

REDDEMANN, Luise, DEHNER-RAU, Cornelia, Trauma. Folgen erkennen, überwinden und an ihnen wachsen. Ein Übungsbuch für Körper und Seele, Stuttgart, 2004.

REDDEMANN, Luise, JOKSIMOVIC, Ljiljana, KASTER, Simone D., GERLACH, Christian, Trauma ist nicht alles. Ein Mutmach-Buch für die Arbeit mit Geflüchteten, Stuttgart, 2019.

REDDEMANN, Luise, WETZEL, Silvia, Der Weg entsteht unter deinen Füßen, Achtsamkeit und Mitgefühl in Übergängen und Lebenskrisen, Freiburg i. Br., 2011.

REDDEMANN, Luise, WÖLLER, Wolfgang, Psychodynamische Verfahren. In: SEIDLER, Günter H., FREYBERGER, Harald J., GLAESMER, Heide, GAHLEITNER, Silke Birgitta (Hrsg.), Handbuch der Psychotraumatologie, Stuttgart, 2011/2019[3].

REIBENSCHUH, Christine, Täglich mit Gott (zum 30. September 2024), Wetzikon, 2024.

RIEMANN, Fritz, Grundformen der Angst. Eine tiefenpsychologische Studie, München, 1961/2009[39].

RENDTORFF, Rolf, Die Offenbarungsvorstellungen im Alten Israel. In: PANNENBERG, Wolfhart, RENDTORFF, Rolf, RENDTORFF, Trutz, WILCKENS, Ulrich, Offenbarung als Geschichte, Göttingen, 1965.

RIEDE, Peter, Löwe. Bibelwissenschaft.de; Das wissenschaftliche Bibelportal der deutschen Bibelgesellschaft, 2010. https://bibelwissenschaft.de/stichwort/25081/ (Zugriff am 01.04.2025).

RILKE, Rainer Maria, Briefe an seinen Verleger, 1906–1926, Ed. Ruth Sieber-Rilke und Carl Sieber. Leipzig, 1934.

RILKE, Rainer Maria, Das Stundenbuch. Das Buch vom mönchischen Leben/Von der Pilgerschaft/Von der Armut und vom Tode. Neu herausgegeben und mit einer Biografie des Autors versehen von Klara Neuhaus-Richter, Berlin, 2021.

RODALE, Maria, Top 10 »Micro Moments« of Happiness, 2009/2001, https://www.huffpost.com/entry/top-ten-micro-moments-of_b_237567 (Zugriff am 12.02.2025).

RODERUS, Ursula, Handbuch zur Traumabegleitung. Hilfen für Seelsorger, Berater und Therapeuten, Schorndorf, 2011/2015.

ROGER, Frère, Prior von Taizé, Kampf und Kontemplation. Auf der Suche nach Gemeinschaft mit allen, Freiburg i. Br., 1989.

ROGERS, Carl R., Die nicht-direktive Beratung, Frankfurt a. M., 1985.

ROESSLER, Ingeborg, Krise, Trauma und Konflikt als Ausgangspunkte der Seelsorge. In: ENGEMANN, Wilfried (Hrsg.), Handbuch der Seelsorge, Grundlagen und Profile, Leipzig, 2007/2016[3].

ROLNIK, Eran, Redekur. Psychoanalyse verstehen, Frankfurt a. M., 2023.

ROSENBERG, Marshall B., Gewaltfreie Kommunikation. Eine Sprache des Lebens, Paderborn, 2016[12].

ROSNER, Rita, EILERS, Rebekka, Therapie der Posttraumatischen Belastungsstörung bei Kindern und Jugendlichen. In: SEIDLER, Günter H., FREYBERGER, Harald J., GLAESMER, Heide, GAHLEITNER, Silke Birgitta (Hrsg.), Handbuch der Psychotraumatologie, Stuttgart, 2011/2019[3].

ROTH, Martin, Nahum, Essay Zorn. In: Erklärt – Der Kommentar zur Zürcher Bibel, Band 2, Hrsg. Evangelisch-reformierte Landeskirche des Kantons Zürich, 2010/2011[2].

RUFFER, Herbert, RUFFER, Gisela, Liebe mit Wut im Bauch, Verband Freier Psychotherapeuten, https://www.vfp.de/verband/verbandszeitschrift/alle-ausgaben/76-heft-04-2016/882-liebe-mit-wut-im-bauch.html (Zugriff am 09.02.2025).

RUWE, Andreas, Die Psalmen zum Betrachten, Studieren und Vorlesen. Eine textanalytische Übersetzung von Andreas Ruwe, Zürich, 2012.

SACHS, Nelly, Fahrt ins Staublose. Gedichte, Frankfurt a. M. 1988 (erstmals veröffentlicht im Gedichtband *Sternenverdunkelung,* unter der Überschrift *Die Muschel saust,* Amsterdam, 1949).

SACHSSE, Ulrich, Vier Unterrichtseinheiten für Erwachsene mit Inneren Problemkindern. In: HERBOLD, Willy, SACHSSE, Ulrich, Das so genannte Innere Kind. Vom Inneren Kind zum Selbst. Mit Beiträgen von Ralf Bolle, Anna-Maria Reichel, Christine Unckel, Katja W., Stuttgart, 2007/2012[2].

SACHSSE, Ulrich, SACK, Martin, Alles Trauma oder was? Klinische Vorlesung Lindauer Psychotherapiewochen 2012, Göttingen/München 2012. https://www.lptw.de/archiv/vortrag/2012/sachsse-sack-alles-trauma-oder-was-lindauer-psychotherapiewochen2012.pdf (Zugriff am 13.03.2025).

SACK, Martin, Folgen schwerer Traumatisierungen – klinische Bedeutung und Validität der Diagnose komplexe Posttraumatische Belastungsstörung, Hannover, 2005, http://www.martinsack.de/_downloads/Sack_Komplexe_PTBS_2005.pdf (Zugriff am 07.02.2025).

SACK, Martin, Schonende Traumatherapie. Ressourcenorientierte Behandlung von Traumafolgestörungen, Stuttgart, 2010.

SACK, Martin, Individuelle psychotherapeutische Behandlungsbedürfnisse erkennen und therapeutisch umsetzen, Psychotherapiewoche Langeoog, 2014.

SACK, Martin, GOMES, Barbara, Schonende Traumatherapie. Ressourcenorientierte Behandlung von Traumafolgestörungen, P & S Magazin für Psychotherapie und Seelsorge, 02, Witten, 2013.

SACK, Martin, SACHSSE, Ulrich, Therapiemethoden und Behandlungstechniken. In: SACK, Martin, SACHSSE, Ulrich, SCHELLONG, Julia (Hrsg.), Komplexe Traumafolgestörungen. Diagnostik und Behandlung von Folgen schwerer Gewalt und Vernachlässigung, Stuttgart, 2013[6]/2018.

SACK, Martin, SACHSSE, Ulrich, SCHELLONG, Julia, Komplexe Traumafolgestörungen. Diagnostik und Behandlung von Folgen schwerer Gewalt und Vernachlässigung, Stuttgart, 2013[6]/2018.
SALZMANN, Jan, Es gab keinen Trost – und ich wollte keinen Trost. In: WIESE, Anja, Um Kinder trauern. Eltern und Geschwister begegnen dem Tod, Gütersloh, 2001/2009[4].
SAUNDERS, Cicely, Selected Writings 1958–2004, Oxford, 2006.
SAUNDERS, Cicely, Sterben und Leben. Spiritualität in der Palliative Care, aus dem Englischen von Martina Holder-Franz, Zürich, 2009.
SCHÄFER, Ingo, GAST, Ursula, HOFMANN, Arne, KNAEVELSRUD, Christine, LAMPE, Astrid, AWMF-Richtlinien Posttraumatische Belastungsstörung. S3 Leitlinie der Posttraumatischen Belastungsstörung, Berlin, 2019.
SCHADE, Miriam, Dem Schrecklichen begegnen. Seelsorge mit traumatisierten Kindern, Leipzig, 2019.
SCHÄFER, Ingo, Traumatisierung und Sucht. In: SEIDLER, Günter, FREYBERGER, Harald J., GLAESMER, Heide, GAHLEITNER, Silke Birgitta (Hrsg.), Handbuch der Psychotraumatologie, Stuttgart, 2019.
SCHALL, Traugott Ulrich, Zur Bedeutung der biblischen Tradition in Beratung und Seelsorge. In: Wege zum Menschen. Zeitschrift für Seelsorge und Beratung, heilendes und soziales Handeln, Nr. 37, Göttingen, 1985.
SCHAUER, Maggie, NEUNER, Frank, ELBERT, Thomas, Narrative Exposure Therapy. A Short-Term Intervention for Traumatic Stress Disorders after War, Terror or Torture. Göttingen, 2005/2011[2].
SCHEIBENZUBER, Marcus, Ba Duan Jin – Die acht Brokate. Das Übungsbuch, Norderstedt, 2016[2].
SCHICKEDANZ, Harald, PLASSMANN, Reinhard, Belastende Kindheitserfahrungen und körperliche Erkrankungen. In: SEIDLER, Günter, FREYBERGER, Harald J., GLAESMER, Heide, GAHLEITNER, Silke Birgitta (Hrsg.), Handbuch der Psychotraumatologie, Stuttgart, 2019.
SCHMID, Konrad, Jesaja, Essay Lamm zu Jes 52,13–53,12. In: Erklärt – Der Kommentar zur Zürcher Bibel, Band 2, Hrsg. Evangelisch-reformierte Landeskirche des Kantons Zürich, Zürich, 2010/2011[2].
SCHMID, Konrad, Gibt es Theologie im Alten Testament? Zum Theologiebegriff in der alttestamentlichen Wissenschaft, Zürich, 2013.
SCHMID, Konrad, PFEIFER, Regula, ›Die Bibel enthält Erzählungen von Gewalt, ruft aber nicht dazu auf‹, Interview in: https://www.kath.ch/newsd/theologe-bibel-enthaelt-erzaehlungen-von-gewalt-ruft-aber-nicht-dazu-auf (Zugriff am 20.01.2025).
SCHMID, Marc, Traumasensibilität und traumapädagogische Konzepte in der Jugendhilfe. In: SEIDLER, Günter H., FREYBERGER, Harald J., GLAESMER, Heide, GAHLEITNER, Silke Birgitta (Hrsg.), Handbuch der Psychotraumatologie, Stuttgart, 2011/2019[3].
SCHMID, Marc, FEGERT, Jörg M., KÖLCH, Michael, Komplex traumatisierte Kinder, Jugendliche und Heranwachsende. In: FEGERT, Jörg M., KÖLCH, Michael, Klinikmanual Kinder- und Jugendpsychiatrie und -psychotherapie, Heidelberg, 2010.
SCHMIDBAUER, Wolfgang, Hilflose Helfer. Über die seelische Problematik der helfenden Berufe, Hamburg, 1992/2025[24].
SCHMIDT, Andreas, über: »Hilarion Petzold: Psychotherapie & Babyforschung, Band 2: Die Kraft liebevoller Blicke.« In: PRITZ, Alfred, Einhundert Meisterwerke der Psychotherapie, Heidelberg, 2008.
SCHMIDT, Gunther, Einführung in die hypnosystemische Therapie und Beratung, Heidelberg, 2018.
SCHMIDT, Veronika, Liebeslust. Unverschämt und echt genießen, Holzgerlingen, 2015/2016[2].
SCHMITT, Veronika Elisabeth, Kontemplative Exerzitien mit Teresa von Avila und Johannes vom Kreuz, München, 2009.

SCHMUCKER, Mervin, KÖSTER, Rolf, Praxishandbuch IRRT. Imagery Rescripting & Reprocessing Therapy bei Traumafolgestörungen, Angst, Depression und Trauer, Stuttgart, 2014/2015[2].
SCHMUCKER, Mervin, KÖSTER, Rolf, »... und wie reagiert das KIND?« Diagnostik und Heilung durch Innere-Kind-Arbeit in der IRRT (Imagery Rescripting & Reprocessing Therapy), Stuttgart, 2019.
SCHNOCKS, Johannes, Gewalt und Gewaltüberwindung. In: DIETRICH, Walter (Hrsg.) Die Welt der Hebräischen Bibel. Umfeld, Inhalte, Grundthemen, Stuttgart, 2017.
SCHOLZ, Günter, Von Gewalt zur Gewaltüberwindung in der Bibel. Theologische, anthropologische und ethische Aspekte, Göttingen, 2021.
SCHÖNEMANN, Hubertus, Klage (AT), https://www.bibelwissenschaft.de/stichwort/23592/, 2012 (Zugriff am 20.02.2025).
SCHOTT, Heinz Gustav, Medizingeschichte(n): Physiologie – Mensch als Maschine, Deutsches Ärzteblatt, Berlin, 2005; https://www.aerzteblatt.de/archiv/47410/Medizingeschichte(n)-Physiologie-Mensch-als-Maschine (Zugriff am 10.01.2025).
SCHÖWE, Dirk, RENNER, Anett, »Systeme in Bewegung« – Systemisches Aggressions-Management. In: Praxis der Psychomotorik 36, S. 129–133, Dortmund, 2011.
SCHRIDDE, Katharina, Evangelisches Frauenbrevier, Gütersloh, 2006.
SCHROER, Silvia, »Im Schatten deiner Flügel«. Religionsgeschichtliche und feministische Blicke auf die Metaphorik der Flügel Gottes in den Psalmen, in 2 Mose 19,4; 5 Mose 32,11 und Mal 3,20. In: KESSLER, Rainer (Hrsg.), »Ihr Völker alle, klatscht in die Hände!« Festschrift für Erhard S. Gerstenberger zum 65. Geburtstag, Münster, 1997.
SCHROER, Silvia, STAUBLI, Thomas, Die Körpersymbolik der Bibel, Darmstadt, 1998.
SCHUBBE, Oliver, »Eye-Movement Desensitization and Reprocessing« (EMDR). In: MAERCKER, Andreas, Posttraumatische Belastungsstörung, Heidelberg, 2009[3].
SCHUBBE, Oliver, Dissoziation – Die Kapselmetapher. In: PRIEBE, Kathlen, DYER, Anne, Metaphern, Geschichten und Symbole, 2014.
SCHULT, Maike, Ein Hauch von Ordnung. Traumaarbeit als Aufgabe der Seelsorge, Leipzig, 2023.
SCHULT, Maike, Über die Grenze der Belastbarkeit. Trauma und Zeugenschaft bei Dietrich und Karl Bonhoeffer. In: RAMSTEIN, Christoph, TIETZ, Christiane, ZIEGLER, Philip G. (Hrsg.): Dietrich Bonhoeffer in einer globalen Zeit/in a Global Era. Christlicher Glaube, Zeugnis, Dienst/Christian Faith, Witness, Service (Forschungen zur systematischen und ökumenischen Theologie 177), Göttingen, 2024.
SCHULTZ, Johannes Heinrich, Das Autogene Training, Konzentrative Selbstentspannung, Leipzig, 1932/1970.
SCHULZ VON THUN, Friedemann, Miteinander reden 3. Das »innere Team« und situationsgerechte Kommunikation. Kommunikation, Person, Situation, Hamburg, 1999/2001[29].
SCHUMACHER, Thomas, Strahlen der Macht. Von Fächergrenzen und ikonographischen Brückenschlägen; Symposium: Antike Glanzlichter. Objekte aus der römisch-byzantinischen Zeit im BIBEL+ORIENT Museum, Freiburg (Videoausschnitt), Freiburg, 2021. https://tube.switch.ch/videos/QOOYE0dhcn (Zugriff am 13.03.2025).
SCHÜTTE, Wolfgang, Israels Exil in Juda: Untersuchungen zur Entstehung der Schriftprophetie, Göttingen, 2016.
SCHÜTZ, Helmut, Missbrauchtes Vertrauen. Sexueller Missbrauch als Herausforderung an Seelsorge, Kirche und Bibelauslegung, Gießen, 2008.
SCHÜTZ, Helmut, Missbrauchtes Vertrauen – Lesung von Pfarrer Helmut Schütz in der Alphabuchhandlung Gießen, https://bibelwelt.de/missbrauchtes-vertrauen/ (Zugriff am 19.02.2025).
SEIDLER, Günter H., FREYBERGER, Harald J., GLAESMER, Heide, GAHLEITNER, Silke Birgitta (Hrsg.), Handbuch der Psychotraumatologie, 2011/2019[3].

SEIDLER, Julia C., Spiritualität und traumatherapeutische Ansätze. In: SEIDLER, Günter H., FREYBERGER, Harald J., GLAESMER, Heide, GAHLEITNER, Silke Birgitta (Hrsg.), Handbuch der Psychotraumatologie, Stuttgart, 2011/2019[3].

SEYBOLD, Klaus, In der Angst noch Hoffnung! Drei persönliche Zeugnisse aus den Psalmen. In: FISCHER, Johannes, JENNI, Ernst, Angst und Hoffnung, Grunderfahrungen des Menschen im Horizont von Religion und Theologie, Stuttgart, 1997.

SEYBOLD, Klaus, Die Psalmen. In: Erklärt – Der Kommentar zur Zürcher Bibel, Band 2, Zürich, 2010/2011[2].

SHAPIRO, Francine, EMDR – Grundlagen und Praxis. Handbuch zur Behandlung traumatisierter Menschen, Paderborn, 2022[3] (Original: Eye Movement Desensitization and Reprocessing (EMDR) Therapy. Third Edition. Basic Principles, Protocols, and Procedures, New York, 2018).

SHAPIRO, Robin, Ego-State-Interventionen leicht gemacht. Strategien für die Teilearbeit, Lichtenau Westfalen, 2017 (Original: Easy Ego State Interventions. Strategies für Working with Parts, New York/London, 2016).

SIGGELKOW, Bernd, Kindheit am Rande der Verzweiflung. Die fatalen Folgen von Lockdown und Isolation, München, 2021.

SIGNOL, Christian, Marie des Brebis. Der reiche Klang des einfachen Lebens, Stuttgart, 2007/2022[21] (Französisches Original: Marie des Brebis, Paris, 1989).

SMIDCHENS, Guntis, The Power of Song. Nonviolent National Culture in the Baltic Singing Revolution, Seattle/Washington, USA, 2014.

SMUCKER, Mervin R., Wege der Traumabehandlung. Imagery Rescripting & Reprocessing Therapy (IRRT). In: Der traumatisierte Mensch in Therapie und Gesellschaft, de'ignis Magazin Nr. 42, Egenhausen, 2015.

SÖLLE, Dorothée, Mystik und Widerstand, »Du stilles Geschrei«, Hamburg, 1998.

SPITZER, Carsten, Gruppenpsychotherapeutische Ansätze zur Behandlung von Traumafolgestörungen. In: Trauma und Gewalt, Stuttgart, 2023.

SPITZER, Carsten, WINGENFELD, Katja, FREYBERGER, Harald J., Geschlechtsspezifische Aspekte der Posttraumatischen Belastungsstörung. In: SEIDLER, Günther H., FREYBERGER, Harald J., GLAESMER, Heide, GAHLEITNER, Silke Birgitta (Hrsg.), Handbuch der Psychotraumatologie, Stuttgart, 2011/2019[3].

STADLER, Arnold, Das Buch der Psalmen und die deutschsprachige Lyrik des 20. Jahrhunderts. Zu den Psalmen im Werk Bertolt Brechts und Paul Celans, Köln/Wien, 1989.

STAHL, Andreas, Traumasensible Seelsorge. Grundlinien für die Arbeit mit Gewaltbetroffenen, Stuttgart, 2019.

STANGL, Werner, *Intrusion.* Online Lexikon für Psychologie und Pädagogik, Linz, 2019. https://lexikon.stangl.eu/6496/intrusion (Zugriff am 25.02.2025).

STEFFENSKY, Fulbert, Schöne Aussichten. Einlassungen auf biblische Texte, Stuttgart, 2006.

STEFFENSKY, Fulbert, Mut zur Endlichkeit. Sterben in einer Gesellschaft der Sieger, Stuttgart, 2007.

STEFFENSKY, Fulbert, Die Kunst des halben Gelingens. In: P&S Magazin für Psychotherapie und Seelsorge, 4/2022, Witten, 2022.

STEGER, Florian (Hrsg.), Johann Christian Reil – Universalmediziner, Stadtphysikus, Wegbereiter von Psychiatrie und Neurologie, Gießen, 2014.

STEIGER, Renate, Gnadengegenwart. Johann Sebastian Bach im Kontext lutherischer Theologie und Frömmigkeit, Stuttgart-Bad Cannstatt, 2001.

STEIL, Regina, ROSNER Rita, Posttraumatische Belastungsstörung bei Kindern und Jugendlichen. In: MAERCKER, Andreas (Hrsg.), Posttraumatische Belastungsstörung, Heidelberg, 2009[3].

STEINER, Till Magnus, Verfinsterung. Die Psalmen als Anti-Depressivum? 2017, https://www.feinschwarz.net/verfinsterung-die-psalmen-als-anti-depressivum/ (Zugriff am 25.02.2025).

STEINPATZ, Anna, Hinabgestiegen in das Reich des Todes. Seelsorgerliche Begleitung von PatientInnen mit Essstörungen, Stuttgart, 2020.

STETTLER, Roland, Dissoziation und Multiple Persönlichkeitsstörung als Folge schwerer Traumata. In: RIEHENER SEMINAR 2004, Die Wunden der Gewalt. Seelische Traumatisierung – ihre Folgen, ihre Bewältigung, Seminarunterlagen, Riehen, 2004.

STOLLBERG, Dietrich, Wahrnehmen und Annehmen. Seelsorge in Theorie und Praxis, Gütersloh, 1978.

STOMPE, Thomas, SCHANDA, Hans (Hrsg.), Der freie Wille und die Schuldfähigkeit in Recht, Psychiatrie und Neurowissenschaften, Berlin, 2010.

STREEK-FISCHER, Annette, Traumafolgestörungen bei Kindern und Jugendlichen. In: SEIDLER, Günter H., FREYBERGER, Harald J., GLAESMER, Heide, GAHLEITNER, Silke Birgitta (Hrsg.), Handbuch der Psychotraumatologie, Stuttgart, 2011/2019[3].

TAUSCH, Reinhard, Gesprächspsychotherapie, Göttingen, 1970.

TEDESCHI, Richard G., CALHOUN, Lawrence G., Trauma and Transformation: Growing in the Aftermath of Suffering, Los Angeles, 1995.

TERJUNG, Jens, Seelsorge in der Kinderklinik. Eigene Erfahrungen im biblisch-theologischen Horizont. In: Wege zum Menschen. Zeitschrift für Seelsorge und Beratung, heilendes und soziales Handeln, 1/2014, Göttingen, 2014.

TERSTEEGEN, Gerhard, Geistliches Blumengärtlein, Frankfurt und Leipzig, 1766/1818[12]; danach in zahlreiche Liedsammlungen aufgenommen; Neuauflage des Druckes: Norderstedt, 2016.

THICH NHAT HANH, Zeiten der Achtsamkeit, Freiburg/Basel/Wien, 1996.

THOMAS, Johannes (Hrsg.), Im Schatten deines Todes. Wege durch die Trauer nach einem Suizid, Gütersloh, 2004.

THIEL Thomas, Frei-Sprechen und Wahr-Sagen. Seelsorgerliche Begleitung traumatisierter Menschen im Kontext von Scham, Schuld, Macht und Gewalt, Göttingen, 2023.

TIEDEMANN, Jens León, Die intersubjektive Natur der Scham, Dissertation, Abstract, Freie Universität Berlin, 2007. https://refubium.fu-berlin.de/handle/fub188/4758?show=full (Zugriff am 11.03.2025).

TIETZ, Christiane, Freiheit zu sich selbst. Entfaltung eines christlichen Begriffs der Selbstannahme, Göttingen, 2005.

TRENKLE, Bernhard, Dazu fällt mir eine Geschichte ein. Direkt-indirekte Botschaften für Therapie, Beratung und über den Gartenzaun, Heidelberg, 2014.

TSCHAN, Werner, Missbrauchtes Vertrauen. Grenzverletzungen in professionellen Beziehungen. Ursachen und Folgen: Eine transdisziplinäre Darstellung, Freiburg i. Br./Basel, 2001.

TSCHAN, Werner, Gibt es Hoffnung? Therapeutische Strategien in der Verarbeitung von psychischen Traumata. In: RIEHENER SEMINAR 2004, Die Wunden der Gewalt. Seelische Traumatisierung – ihre Folgen, ihre Bewältigung, Seminarunterlagen, Riehen, 2004.

UNCKEL, Christine, Das Konzept »Inneres Kind« und die Dialektisch-Behaviorale Therapie (DBT) und Skills-Training für Innere Kinder. In: HERBOLD, Willy, SACHSSE, Ulrich, Das so genannte Innere Kind. Vom Inneren Kind zum Selbst. Mit Beiträgen von Ralf Bolle, Anna-Maria Reichel, Christine Unckel, Katja W., Stuttgart, 2007/2012[2].

UTSCH, Michael, Pathologische Religiosität. Genese, Beispiele, Behandlungsansätze, Stuttgart, 2011.

UTSCH, Michael, BONELLI, Raphael M., PFEIFER, Samuel, Psychotherapie und Spiritualität. Mit existenziellen Konflikten und Transzendenzfragen professionell umgehen, Berlin/Heidelberg, 2014/2018[2].

UTSCH, Michael, DEMMRICH, Sarah, Psychologie des Glaubens. Einführung in die Religionspsychologie, Göttingen, 2023.

VAN DER HART, Onno, STEELE, Kathy, BOON, Suzette, BROWN, Paul, Die Behandlung traumatischer Erinnerungen: Synthese, Bewusstwerdung und Integration, München, 1995.

VAN DER HART, Onno, BROWN, Paul, VAN DER KOLK, Bessel A., Pierre Janet's Treatment of Post-Traumatic Stress, Oxford, 1995.

VAN DER HART, Onno, NIJENHUIS, Ellert R. S., STEELE, Kathy, Das verfolgte Selbst. Strukturelle Dissoziation und die Behandlung chronischer Traumatisierung, Paderborn, 2008, (Original: The Haunted Self. Structural Dissociation and the Treatment of Chronic Traumatization, New York, 2006).

VAN DER KOLK, Bessel A., FISLER, Rita E., Dissociation and the fragmentary nature of traumatic memories: Overview and exploratory study. Journal of Traumatic Stress, 8 (4), Oxford, 1995, 505–525.

VAN DER KOLK, Bessel, Verkörperter Schrecken. Traumaspuren in Gehirn, Geist und Körper und wie man sie heilen kann. Lichtenau/Westfalen 2015/2016[3]. (Originalausgabe: The Body Keeps the Score. Brain, Mind and Body in the Healing of Trauma, New York, USA, 2014.)

VOGT, Ralph, Ekel als Folge traumatischer Erfahrungen. Psychodynamische Grundlagen und Studien, psychotherapeutische Settings, Fallbeispiele, Gießen, 2010/2020[2].

VON AUER, Anne Kristin, BOHUS, Martin, Interaktives Skillstraining für Jugendliche mit Problemen der Gefühlsregulation (DBT-A). Das Therapeutenmanual, Stuttgart, 2017.

VON BISMARCK, Ruth-Alice, KABITZ, Ulrich (Hrsg.), Brautbriefe Zelle 92: 1943–1945, Dietrich Bonhoeffer, Maria von Wedemeyer, München, 1992, für die Beck'sche Reihe überarbeite Ausgabe, München, 2013.

VON CLAIRVAUX, Bernard, Was ein Papst erwägen muss. De consideratione ad Eugenium Papam, übertragen und eingeleitet von Hans Urs von Balthasar, Christliche Meister 26, Einsiedeln, 1985.

VON HEYL, Andreas, Zwischen Burnout und spiritueller Erneuerung. Studien zum Beruf des evangelischen Pfarrers und der evangelischen Pfarrerin, Frankfurt a. M., 2003.

VON HEYL, Andreas, Exerzitien im Alltag. Ein innerer Übungsweg, Saarbrücken 2012.

VON MAGDEBURG, Mechthild, Das fließende Licht der Gottheit, Zweisprachige Ausgabe, Berlin, 2010.

VON RAD, Gerhard, Theologie des Alten Testaments, Bd. 1: Die Theologie der geschichtlichen Überlieferung Israels, München, 1958/1987[9], (bis 8. Auflage erschienen unter dem Titel: Einführung in die evangelische Theologie, Bd. 1: Die Theologie der geschichtlichen Überlieferung Israels).

VON SASS, Hartmut, Plädoyer für eine Kirche, die irritiert, LKF Bulletin, Magazin des Landeskirchenforums (LKF), Dübendorf, 1/2020.

WAGENSOMMER, Georg, Klagepsalmen und Seelsorge. Der Psalter als Ausdruck persönlicher Frömmigkeit und Sprachhilfe für kranke Menschen (Schriftreihe der Evangelischen Fachhochschule Freiburg 4), Münster, 1998.

WAGNER, David, Art. Krone/Krönung (AT), Das wissenschaftliche Bibellexikon im Internet (www.wibilex.de), 2008 (Zugriff am 11.02.2025).

WAGNER, Doris, SCHÖNBORN, Kardinal Christoph, Schuld und Verantwortung. Ein Gespräch über Macht und Missbrauch in der Kirche, Freiburg i. Br., 2019.

WAGNER-RAU, Ulrike, Den Blick nicht abwenden. Über einen vom Segen inspirierten Umgang mit der Scham. In: EILERT, Herms (Hrsg.), Leben: Verständnis – Wissenschaft – Technik. Kongressband, Gütersloh, 2005.

WAGNER-RAU, Ulrike, Schwierige Ohnmacht, https://www.feinschwarz.net/schwierige-ohnmacht, S. 3 (Zugriff am 24.02.2025).

WÄLCHLI, Stefan H., Gottes Zorn in den Psalmen: Eine Studie zur Rede vom Zorn Gottes in den Psalmen im Kontext des Alten Testaments und des Alten Orients, Fribourg/Göttingen/Zürich, 2012.

WATKINS, John G., WATKINS, Helen H., Ego-States – Theorie und Therapie. Ein Handbuch. Heidelberg, 2003/2012[3] (Original: WATKINS, John G., WATKINS, Helen H., Ego States Theory and Therapy, New York/London, 1997).

WEBER, Beat, Werkbuch Psalmen II. Die Psalmen 73 bis 150, Stuttgart, 2003/2016[2].
WEBER, Beat, Werkbuch Psalmen III. Theologie und Spiritualität des Psalters und seiner Psalmen, Stuttgart, 2010.
WEISS, Wilma, KESSLER, Tanja, GAHLEITNER, Silke Birgitta, (Hrsg.), Handbuch Traumapädagogik, Weinheim/Basel, 2016.
WESTERMANN, Claus, Das Loben Gottes in den Psalmen, Göttingen, 1968.
WESTERMANN, Claus, Der Segen in der Bibel und im Handeln der Kirche, München, 1968.
WESTERMANN, Claus, Lob und Klage in den Psalmen, Göttingen, 1983.
WESTERMANN, Claus, Gottes Engel brauchen keine Flügel. Was die Bibel von den Engeln erzählt, Freiburg i. Br., 1957/1997.
WHO, Fact Sheets: Palliative Care. https://www.who.int/news-room/fact-sheets/detail/palliative-care (Zugriff am 03.03.2025).
WHO, Health topics: Palliative care. https://www.who.int/cancer/palliative/definition/en/ (Zugriff am 10.01.2025).
WIESEL, Elie, Adam oder das Geheimnis des Anfangs. Legenden und Portraits, Freiburg i. Br., 1980 (Franz. Originalausgabe: Célebration biblique. Portraits et légendes, Paris, 1975).
WILD, Karin, BINDER, Jochen, Arbeit mit körperbezogenen Traumaspuren – ein pragmatischer Ansatz für effektive Körpertherapie. In: SEIDLER, Günther H., FREYBERGER, Harald J., GLAESMER, Heide, GAHLEITNER, Silke Birgitta (Hrsg.), Handbuch der Psychotraumatologie, Stuttgart, 2011/2019[3].
WILKE, Alexa F., »Ich aber!« – Identität und Sprache im Gebet des Psalters. In: WILK, Florian, Identität und Sprache. Prozesse jüdischer und christlicher Identitätsbildung im Rahmen der Antike, Göttingen, 2018.
WILKING-BECKRATH, Ulrike, BIBERACHER, Marlene, DITTMAR, Volker, WOLF-SCHMID, Regina, Traumafachberatung, Traumatherapie und Traumapädagogik. Ein Handbuch für Psychotraumatologie im beratenden, therapeutischen und pädagogischen Kontext, Paderborn, 2013.
WILLIAMS, Mary Beth, POIJULA, Soili, Das PTBS-Arbeitsbuch. Wirksame Techniken zur Überwindung von Symptomen traumatischer Belastung, Lichtenau/Westfalen, 2012/2017[2], (Originalausgabe: The PTSD-Workbook. Simple, Effective Techniques for Overcoming Traumatic Stress Symptoms, Oakland/USA, 2002).
WILLIAMS, Rowan, Christsein heute. Taufe, Bibel, Abendmahl, Gebet, Zürich, 2023 (Originalausgabe: Being Christian. Baptism, Bible, Eucharist, Prayer, London, 2014).
WOLF, Karin, Die Metta-Meditation. Liebevolle Güte für sich und andere, https://mehrentspannung.de/achtsamkeitsuebung-metta-meditation-der-liebenden-gute/ (Zugriff am 31.01.2025).
WÖLLER, Wolfgang, Trauma und Persönlichkeitsstörung. Psychodynamisch-Integrative Therapie, Stuttgart, 2006.
WÖLLER, Wolfgang, Trauma und Persönlichkeitsstörungen. Ressourcenbasierte Psychodynamische Therapie (RPT) traumabedingter Persönlichkeitsstörungen, Stuttgart, 2006/ 2013[2].
WÖLLER, Wolfgang, KRUSE, Johannes (Hrsg.), Tiefenpsychologisch fundierte Psychotherapie. Basisbuch und Praxisleitfaden, Stuttgart, 2001/2010[3].
WÜRTTEMBERGISCHE LANDESBIBLIOTHEK, Der Stuttgarter Psalter, Stuttgart, https://www.leo-bw.de/highlights/der-stuttgarter-psalter (Landeskunde entdecken online, Zugriff am 20.02.2025).
YALOM, Irvin D., Theorie und Praxis der Gruppen-Psychotherapie, New York, 1970/Stuttgart, 2007[9].
YANSEN, James, Daughter Zion's Trauma. A Trauma Informed Reading of Lamentations, Athens Georgia, US, 2019.
YOUNG, Jeffrey E., KLOSKO, Janet S., WEISHAAR, Marjorie E., Schematherapie. Ein praxisorientiertes Handbuch, Paderborn, 2008 (Original: Schema-Therapy. A Practicioner's Guide, New York, 2006).

ZDF heute, Suizid-Zahlen steigen – was sich tun lässt, Ratgeber, 08.09.2024 (Quelle: KNA), https://www.zdf.de/nachrichten/ratgeber/gesundheit/suizid-praevention-angehoerige-faq-100.html (Zugriff am 19.02.2025).
ZEINDLER, Matthias, Gott der Richter. Zu einem unverzichtbaren Aspekt christlichen Glaubens, Zürich, 2004.
ZEHENDER, Christoph, DÜRR, Thomas, Gott sei Dank für fünfzig Jahre: Erfahrungen von Christusträgerschwestern und -brüdern – 50 Jahre Kommunität Christusträger, Münsterschwarzach, 2011.
ZENGER, Erich, Psalmen Auslegungen 2, Ich will die Morgenröte wecken, Freiburg i. Br., 1996/2003.
ZENGER, Erich, Psalmen Auslegungen 4, Ein Gott der Rache? Feindpsalmen verstehen, Freiburg i. Br., 2003.
ZENGER, Erich, u. a., Einleitung in das Alte Testament, Stuttgart, 1995.
ZENGER, Erich, u. a., hrsg. von FREVEL, Christian, Einleitung in das Alte Testament, Stuttgart, 2015[9].
ZIEMER, Jürgen, Seelsorgelehre, Göttingen, 2015[4].
ZIMMERLING, Peter, Niklaus Ludwig Graf von Zinzendorf und die Herrnhuter Brüdergemeine. Geschichte, Spiritualität und Theologie, Holzgerlingen, 1999.
ZIMMERLING, Peter, Evangelische Spiritualität. Wurzeln und Zugänge, Göttingen, 2003.
ZIMMERLING, Peter, Studienbuch Beichte, Göttingen, 2009.
ZIMMERLING, Peter, Beichte. Gottes vergessenes Angebot, Leipzig, 2014.
ZIMMERMANN, Ruben, Hermeneutik, 2015, https://doi.org/10.23768/wirelex.Hermeneutik_.100005 (Zugriff am 03.03.2025).
ZINK, Jörg, Wer im Schutz des Höchsten wohnt. Trostpsalmen der Bibel, ausgelegt von Jörg Zink, Eschbach, 1986.
ZINK, Jörg, Gespräche mit dem dunklen Gott. Das Vaterunser ausgelegt nach Bildern des Stuttgarter Psalters, Eschbach, 1988.
ZORZI, Heidi, Psychotherapie mit komplex traumatisierten Jugendlichen. Ein integrativer Ansatz für die Praxis, Stuttgart, 2019.

## Bibelausgaben

DIE BIBEL. Nach Martin Luthers Übersetzung, Revidiert 2017, Stuttgart, 2017 (abgekürzt mit *Lut*).
DIE BIBEL. MIT BILDERN VON MARC CHAGALL. Einheitsübersetzung, Stuttgart, 2007 (abgekürzt mit *EÜ*).
DIE HEILIGE SCHRIFT. Aus dem Grundtext übersetzt, Revidierte Elberfelder Bibel, Wuppertal, 1986 (abgekürzt mit *Elb*).
ZÜRCHER BIBEL, Genossenschaft Verlag der Zürcher Bibel beim Theologischen Verlag Zürich, Zürich, 2007 (wo nichts anderes angegeben ist, wird die Zürcher Bibel zitiert; bei allfälligen Vergleichen abgekürzt mit *ZB*).

## Weitere Internetquellen

AGUS, Angehörige um Suizid, https://www.agus-selbsthilfe.de/ (Zugriff am 19.02.2025).
Allgemeine Einführung in das Stundengebet (ohne Verfasserangabe), Deutsches Liturgisches Institut, Absatz 131, 23, http://www.liturgie.de (Zugriff am 20.02.2025).
Arsenios, der Kappadokier: https://www.orthodoxie.at/gemeinde/kapelle/synaxarion/arsenios, http://orthodoxwiki.org/Arsenios_the_Cappadocian (Zugriff am 04.02.2025).
AWMF-Richtlinien, Borderline- Persönlichkeitsstörung, S3-Leitlinie der Deutschen Gesellschaft für Psychiatrie und Psychotherapie, Psychosomatik und Nervenheilkunde, Berlin, 2022. https://register.awmf.org/assets/guidelines/038-015l_S3_Borderline-Persoenlichkeitsst%C3%B6rungen_2022-11.pdf (Zugriff am 05.05.2025).
BAG, Nationale Strategie für Palliative Care, https://www.bag.admin.ch/bag/de/home/strategie-und-politik/nationale-gesundheitsstrategien/palliative-care/nationale-strategie-palliative-care.html (Zugriff am 11.03.2025).
Blaues Kreuz, Themen, Konsumzahlen, https://www.blaueskreuz.info/de/themen/aktuelle-konsumzahlen/ (Zugriff am 17.02.205).
DUDEN, Ambivalenz. https://www.duden.de/rechtschreibung/Ambivalenz (Zugriff am 12.03.2025).
EMDR, Was ist EMDR? https://www.emdria.de/emdr/was-ist-emdr (Zugriff am 11.01.2024).
KISS, Kontakt- und Informationsstelle für Selbsthilfegruppen, https://www.selbsthilfe-ehrenamt.de/index.php/selbsthilfe/angebot-kiss (Zugriff am 13.03.2025).
MINDFULNESS (Deutsch »Achtsamkeit«), https://www.mindfulness.swiss/achtsamkeit/achtsamkeit/, (Zugriff am 14.03.2025)
Nebelmeer – Perspektiven für suizidbetroffene Jugendliche: https://nebelmeer.net/ (Zugriff am 19.02.2025).
Refugium – Verein für Hinterbliebene nach Suizid: https://www.verein-refugium.ch/ (Zugriff am 19.02.2025).
Selbsthilfe Schweiz, https://www.selbsthilfeschweiz.ch/shch/de.html (Zugriff am 13.03.2025).
U2, Lyrics »40«, https://www.u2tour.de/discographie/lyrics/40.html (Zugriff am 24.02.2025).

## Abbildungen

**Abbildung 7:** Klappnetz und Stellholz (Vogelfallen) (Othmar Keel, 1996, S. 80, Abbildung 112; © 1996 by Vandenhoeck & Ruprecht GmbH & Co. KG © 2021 wbg in der Verlag Herder GmbH, Freiburg i. Br.) (Ps 69,23, so auch Ps 91,3).

**Abbildung 8:** Die dreiteilige Struktur von Psalm 91 nach thematischen Inhalten: klare Abfolge, Teil III als Höhepunkt (erstellt von Silvia Bolatzki).

**Abbildung 9:** Assyrischer Krieger mit Schild (links; Keel, 1996, S. 202, Abbildung 306) und zwei Assyrische Krieger mit Setzschild (rechts; Keel, 1996, S. 203, Abbildung 307) (© 1996 by Vandenhoeck & Ruprecht GmbH & Co. KG © 2021 wbg in der Verlag Herder GmbH, Freiburg i. Br.).

**Abbildung 10:** Ein brüllender Löwe findet sich als Symbol königlicher Herrschaft auf dem Siegel des Schema', des Dieners Jerobeams (Megiddo; 8. Jh. v. Chr.) (© 2002 Deutsche Bibelgesellschaft, Stuttgart).

**Abbildung 11:** Ein Drache (hier eine siebenköpfige Schlange) bedroht als Chaoswesen die göttliche Heilsordnung. Die Götter und als ihr Stellvertreter der irdische König müssen das Chaos in Zaum halten (Rollsiegel, Tell Asmar; 3. Jahrtausend v. Chr.) (© 2002 Deutsche Bibelgesellschaft, Stuttgart).

**Abbildung 12:** Bei Othmar Keel (1996, S. 45, Abbildung 51; © 1996 by Vandenhoeck & Ruprecht GmbH & Co. KG © 2021 wbg in der Verlag Herder GmbH, Freiburg i. Br.) mit dem Psalmtext »Er dämpft das Tosen der Meere, das Tosen ihrer Wogen (und den Lärm der Völker).« Ps 65,8.

**Abbildung 13:** Stuttgarter Psalter, 825/830 n. Chr.: Psalm 42,6.12; Ps 43,5: *Was betrübst du dich, meine Seele, und bist so unruhig in mir? Harre auf Gott; denn ich werde ihm noch danken, dass er meines Angesichts Hilfe und mein Gott ist.* (Gespräch des Psalmisten; © Stuttgart, Württembergische Landesbibliothek, Cod. bibl. fol. 23, Bl. 55r).

**Abbildung 14:** Die Psalmen als ein Herzstück der Theologie, welche zu einer Quelle der Gesprächskultur wurde und mit ihrer Metaphorik kulturprägend und kulturformend wirkte (erstellt von Silvia Bolatzki).

**Abbildung 15:** Traumarelevante Basisemotionen nach Ekman (2004/2010/2014): Freude, Traurigkeit/Trauer, Angst, Ärger/Aggression, Ekel, sowie Scham/Beschämung (nach Izard; erstellt von Silvia Bolatzki).

**Abbildung 16:** »Die christliche Lampe«, spätantik-byzantinisch (De Waal, 1900).

**Abbildung 17:** Stuttgarter Psalter, 825/830 n. Chr., Folio 23, zu Psalm 91,13 (© Stuttgart, Württembergische Landesbibliothek, Cod. bibl. fol. 23, f. 107v).

**Abbildung 18:** Albani Psalter, Handschrift, 1120/1130 n. Chr. (Abtei St. Alban in Hertfordshire; heutiger Standort: Dombibliothek, Hildesheim); © Dombibliothek Hildesheim, St. God. Nr. 1 (Eigentum der Basilika St. Godehard, Hildesheim), S. 49.

**Abbildung 19:** Anastasis – Auferstehung, Fresko im Deckengewölbe der Chorakirche, Konstantinopel, um 1315 n. Chr. (später: Istanbul) (Quelle: Till Niermann, https://commons.wikimedia.org/wiki/File:Anastasis_fresco,_Chora_Church,_Istanbul.jpg), »Anastasis fresco, Chora Church, Istanbul«, https://creativecommons.org/licenses/by-sa/3.0/legalcode).

**Abbildung 20:** Christus resurrexit (© AdobeStock/yoemll)

**Abbildung 21:** Praetextatus Katakombe, Rom: Der Gute Hirte, 2. Jh. n. Chr. (Psalm 23) (Wilpert, 1903, https://doi.org/10.11588/diglit.1339#0108).

**Abbildung 22:** Fassade des Puzzle Hauses in der Kiefernstr. 17, Düsseldorf. Eine Initiative des Farbfiebervereins e. V., Düsseldorf, Ben Mathis/MaJo Brothers, 2021. Foto: Samara Blue Photo Art, Hochgeladen von Samara Blue/© Kerstin Ellinghoven. »Ich habe mich verirrt wie ein verlorenes Schaf; such und finde mich, denn ich habe deine Gebote nicht vergessen.« Psalm 119,176.

**Abbildung 23:** Rise Up in the Dirt, Mural Art, Kiew (BKFoxx, Künstlerin aus New York; Foto: © Sergiy Kadulin, 2017).